# ବୀଣାପାଣି ମହାନ୍ତିଙ୍କ ସୃଷ୍ଟି ଓ ଦୃଷ୍ଟି

# ବୀଣାପାଣି ମହାନ୍ତିଙ୍କ ସୃଷ୍ଟି ଓ ଦୃଷ୍ଟି

ଡକ୍ଟର ରେବତୀ ମୁଦୁଲି

ବ୍ଲାକ୍ ଈଗଲ୍ ବୁକ୍ସ
ଭୁବନେଶ୍ୱର, ଓଡ଼ିଶା

**BLACK EAGLE BOOKS**
Dublin, USA

**ବୀଣାପାଣି ମହାନ୍ତିଙ୍କ ସୃଷ୍ଟି ଓ ଦୃଷ୍ଟି / ଡକ୍ଟର ରେବତୀ ମୁଦୁଲି**

ବ୍ଲାକ୍ ଈଗଲ୍ ବୁକ୍ସ : ଭୁବନେଶ୍ୱର, ଓଡ଼ିଶା • ଡବ୍‌ଲିନ୍, ଯୁକ୍ତରାଷ୍ଟ୍ର ଆମେରିକା

BLACK EAGLE BOOKS

USA address:
7464 Wisdom Lane
Dublin, OH 43016

India address:
E/312, Trident Galaxy, Kalinga Nagar,
Bhubaneswar-751003, Odisha, India

E-mail: info@blackeaglebooks.org
Website: www.blackeaglebooks.org

First International Edition Published by
Black Eagle Books, 2024, Basanta panchami

**BINAPANI MOHANTYNKA SRUSTI O DRUSTI**
**by Dr. Rebati Muduli**

Copyright © **Dr. Rebati Muduli**

All rights reserved. No part of this publication may be reproduced, stored in a retrieval system, or transmitted, in any form or by any means, electronic, mechanical, photocopying, recording or otherwise without the prior permission of the publisher.

Cover & Interior Design: Ezy's Publication

ISBN- 978-1-64560-503-4 (Paperback)

Printed in the United States of America

# ଉତ୍ସର୍ଗ

ଅନେକ ଝଡଝଞ୍ଜା, ଘାତପ୍ରତିଘାତ, ଉତ୍‌ଥାନ-ପତନ ଭିତରେ ଯାହାଙ୍କ ପଣତଛାଇ ମୋ' ଭିତରେ ଉତ୍ସାହ ଓ ଉଦ୍ଦୀପନା ଭରିଦେଇଛି ସେହି ମୋର ଇଷ୍ଟଦେବୀ ମଙ୍ଗଳକାରିଣୀ ମାଆ ମଙ୍ଗଳାଙ୍କୁ ମୋ ମନୋଦ୍ୟାନର ପ୍ରଥମ ସାରସ୍ୱତ ପୁଷ୍ପକୁ ଅର୍ପଣ କରୁଛି ।

ବିନୟାବନତା

ରେବତୀ

## ମୁଖବନ୍ଧ

# ମୋ ଦୃଷ୍ଟିରେ ସେ

ମଣିଷକୁ ଭଲପାଇବା ନିଶାରେ ଯେ ନିୟତ କ୍ଷତାକ୍ତ ହୋଇ କେବଳ ଭଲପାଇବାର କଥା ହିଁ ବୁଝିଥିଲେ, ସେ ଥିଲେ ଆଧୁନିକ ଓଡ଼ିଆ କଥାସାହିତ୍ୟର ଯଶସ୍ୱିନୀ ସାହିତ୍ୟିକା ପଦ୍ମଶ୍ରୀ ବୀଣାପାଣି ମହାନ୍ତି । ଅଶୀ ଦଶକ ପରବର୍ତ୍ତୀ ଓଡ଼ିଆ କଥା ସାହିତ୍ୟ କ୍ଷେତ୍ରରେ ନିଜ ଲେଖନୀ ଓ ପାଠକୀୟତା କ୍ଷେତ୍ରରେ ସ୍ୱତନ୍ତ୍ର ପରିଚୟ ସୃଷ୍ଟି କରିଥିବା କୃତବିଦ୍ୟ ସାଧିକା ଥିଲେ ସେ । ତାଙ୍କ ପ୍ରତିଭାଦୀପ୍ତ ସାରସ୍ୱତ ଜୀବନ ଥିଲା ବହୁମୁଖୀ । କବିତା, ଗଳ୍ପ, ଉପନ୍ୟାସ, ଏକାଙ୍କିକା, ଅନୁବାଦ କର୍ମ ସହିତ 'ଓଡ଼ିଶା ଲେଖିକା ସଂସଦ'ର ପ୍ରତିଷ୍ଠାତ୍ରୀ ଭାବରେ ଜଣେ ସଂଗଠିକା ମଧ୍ୟ । ଶହେରୁ ଉର୍ଦ୍ଧ୍ୱ ତାଙ୍କ ସାରସ୍ୱତ କର୍ମ ମଧ୍ୟରେ ରହିଛି ୩୦ରୁ ଉର୍ଦ୍ଧ୍ୱ ଗଳ୍ପ ସଂକଳନ, ୩ଟି ଉପନ୍ୟାସ ଏବଂ ଅନ୍ୟାନ୍ୟ ରଚନା । ଏତାଦୃଶ ଜୀବନବ୍ୟାପୀ ସାଧନାର ଫଳଶ୍ରୁତି ସ୍ୱରୂପ ଭାରତ ସରକାରଙ୍କ ପଦ୍ମଶ୍ରୀ, ଅତିବଡ଼ୀ ଜଗନ୍ନାଥ ଦାସ ପୁରସ୍କାରଠାରୁ ଆରମ୍ଭ କରି ଓଡ଼ିଶା ସାହିତ୍ୟ ଏକାଡେମୀ, ସାହିତ୍ୟ ଏକାଡେମୀ ତଥା ଶାରଳା ସମ୍ମାନ ତାଙ୍କ ଅଜସ୍ରସ୍ରାବୀ ଲେଖନୀର ଗୌରବକୁ ଔଜ୍ଜ୍ୱଲ୍ୟରେ ପରିପୂର୍ଣ୍ଣ କରିଛି । 'ପାଟଦେଈ', 'ନଈକୁ ରାସ୍ତା', 'ବସ୍ତ୍ରହରଣ', 'କସ୍ତୁରୀ ମୃଗ ଓ ସବୁଜ ଅରଣ୍ୟ' ପ୍ରମୁଖ ତାଙ୍କ ପ୍ରସିଦ୍ଧ କୃତି । ବିଶିଷ୍ଟ ସାହିତ୍ୟିକା ବୀଣାପାଣି ମହାନ୍ତି ଅର୍ଥଶାସ୍ତ୍ରର ଜଣେ ବିଶେଷଜ୍ଞ ଭାବରେ ଅଧ୍ୟାପିକା ଅପେକ୍ଷା ସାହିତ୍ୟର ପରିବ୍ୟାପ୍ତ ଜୀବନକୁ ନିଷ୍ପାପର ଭାବରେ ବଞ୍ଚିଥିଲେ । ପଞ୍ଚାଅଶୀତି ବର୍ଷର ଜୀବଦ୍ଦଶା ମଧ୍ୟରେ ଷାଠିଏରୁ ଉର୍ଦ୍ଧ୍ୱ ବର୍ଷ ସେ ସାହିତ୍ୟ ସାଧନାରେ ନିମଗ୍ନ ଥିଲେ ।

ବୀଣାପାଣି ମହାନ୍ତିଙ୍କ ମତରେ ସାହିତ୍ୟ ଅନ୍ତଃକରଣରୁ ସୃଷ୍ଟି । ୧୯୫୫ ମସିହାରେ 'ତନ୍ଦ୍ରାହତ' କବିତାରୁ ତାଙ୍କ ସାହିତ୍ୟଯାତ୍ରାର ଆରମ୍ଭ । ଅର୍ଦ୍ଧଶତାବ୍ଦୀରୁ ଉର୍ଦ୍ଧ୍ୱ ତାଙ୍କ ସାରସ୍ୱତ ଜୀବନ ଭାରତୀୟ ପାଠକ ତଥା ଅସଂଖ୍ୟ ନାରୀମାନଙ୍କପାଇଁ ଅଦମ୍ୟ ପ୍ରେରଣାର ଉତ୍ସ ପାଲଟିଛି । ଓଡ଼ିଶାରେ ଓଡ଼ିଆ ଲେଖିକା ସୃଷ୍ଟି କରିବା କ୍ଷେତ୍ରରେ ତାଙ୍କର ଉଲ୍ଲେଖନୀୟ

ଅବଦାନ ରହିଛି । ଷାଠିଏ ଦଶକରୁ ଊର୍ଦ୍ଧ୍ୱ ତାଙ୍କ ସାହିତ୍ୟିକ ଯାତ୍ରା ଏତେ ସହଜ ନ ଥିଲା । ରକ୍ଷଣଶୀଳ ସମାଜର ରୁଢ଼ିବାଦୀ – ତିର୍ଯ୍ୟକ୍ ଦୃଷ୍ଟିପ୍ରତି ଭୟଭୀତ ନ ହୋଇ ସେ ସ୍ୱଚ୍ଛନ୍ଦ ଭାବରେ ସମାଜର ଅନ୍ତର୍ନିହିତ ବିକୃତି, ଅସଂଗତି ତଥା ବାସ୍ତବତାକୁ ନିଜ ଗଳ୍ପସାହିତ୍ୟରେ ଚିତ୍ରିତ କରିଛନ୍ତି । ନିଜର ଶକ୍ତିଶାଳୀ ଲେଖନୀ ଚାଳନାଦ୍ୱାରା ତାଙ୍କର ମୌନ ବିଦ୍ରୋହ ରକ୍ଷଣଶୀଳ ସମାଜ ପାଇଁ ଥିଲା ନମ୍ର ସାରସ୍ୱତ ପ୍ରତିବାଦ । ବିଶିଷ୍ଟ ସାହିତ୍ୟିକ ଅନନ୍ତ ପଟ୍ଟନାୟକ, ଗୌରଚନ୍ଦ୍ର ପଟ୍ଟନାୟକ, ବ୍ରହ୍ମୋତ୍ରୀ ମହାନ୍ତିଙ୍କ ପ୍ରଗତିବାଦୀ ଅନୁଚିନ୍ତା ତାଙ୍କ ସାହିତ୍ୟର ନାରୀବାଦୀ ବିଚାରକୁ ଶକ୍ତି ଯୋଗାଇଥିଲା । ନାରୀର ସମସ୍ୟା, ସଂଗ୍ରାମ, ଯନ୍ତ୍ରଣାର ସେ ପ୍ରତିନିଧିତ୍ୱ କରିଛନ୍ତି । ଜୀବନାନୁଭୂତି ସହିତ ବ୍ୟକ୍ତିକ ଅଭିଜ୍ଞତା ହିଁ ତାଙ୍କ ଲେଖନୀର ସାମର୍ଥ୍ୟ । ଓଡ଼ିଆ ଅସ୍ମିତାର ସେ ଥିଲେ ସଚେତନ ଧାତ୍ରୀ । ସେଥିପାଇଁ ସାମାଜିକ, ସାଂସ୍କୃତିକ ପରିବର୍ତ୍ତନର ସ୍ୱର ତାଙ୍କ ସୃଷ୍ଟି ମଧ୍ୟରେ ପର୍ଯ୍ୟାପ୍ତ ମାତ୍ରାରେ ପରିଲକ୍ଷିତ ହୁଏ ।

ସେ ଓଡ଼ିଆ କଥା ସାହିତ୍ୟର 'ପାଟଦେଈ' । ପାଟଦେଈ ମାଧ୍ୟମରେ ବୀଣାପାଣି ମହାନ୍ତି ପୁରୁଷକୈନ୍ଦ୍ରିକ ସମାଜକୁ ଆହ୍ୱାନ କରିଛନ୍ତି । ଏହାଛଡ଼ା ନିଜ ଚତୁଃପାର୍ଶ୍ୱରେ ନିତିଦିନ ଭେଟୁଥିବା ଅନେକ ଚରିତ୍ର ତାଙ୍କ କାହାଣୀର ନାୟକ-ନାୟିକା । ତାଙ୍କ ଗଳ୍ପରେ ପ୍ରାୟତଃ ସବୁ ଘଟଣା ବାସ୍ତବ ଥାଏ । ଖୁବ୍ କମ୍ ଘଟଣା କଳ୍ପନାପ୍ରସୂତ ଥାଏ । ନାରୀ ମନର ଭାଷାକୁ ସେ ଅତି ଜୀବନ୍ତ ଭାବରେ ତାଙ୍କ ଗଳ୍ପ ଉପନ୍ୟାସରେ ଉପସ୍ଥାପିତ କରିଛନ୍ତି । ନାରୀ-ପୁରୁଷ ଊର୍ଦ୍ଧ୍ୱରେ ସେ ସମସ୍ତଙ୍କ ଦୁର୍ଦ୍ଦଶାକୁ ଅତି କରୁଣ ଭାବରେ ମଧ୍ୟ ବ୍ୟାଖ୍ୟା କରିଛନ୍ତି । 'ଅନ୍ଧକାରର ଛାଇ' ଗଳ୍ପ 'ଭଙ୍ଗା ସିଲଟ' ନାମରେ ଚଳଚ୍ଚିତ୍ର ହୋଇ ଆନ୍ତର୍ଜାତୀୟ ସ୍ତରରେ ଖ୍ୟାତିଲାଭ ପାଇଛି । ତାଙ୍କ ସାହିତ୍ୟରେ ଅସୀମ ଦୟା, କରୁଣା, ସମ୍ବେଦନା ସହିତ ନାରୀର ମାନ-ମର୍ଯ୍ୟାଦା ସୁରକ୍ଷିତ ରହିଛି । ଆଧୁନିକ ଓଡ଼ିଆ ସାହିତ୍ୟରେ ବୀଣାପାଣି ମହାନ୍ତି 'କଥା'ର ଆତ୍ମିକ ସୌଷ୍ଠବକୁ ଅଭିନବ ରୂପ ପ୍ରଦାନ କ୍ଷେତ୍ରରେ ସ୍ୱତନ୍ତ୍ର ଓ ଅଦ୍ୱିତୀୟ ।

ଅଧ୍ୟାପିକା ରେବତୀ ମୁଦୁଲି ବୀଣାପାଣି ମହାନ୍ତିଙ୍କ ସାରସ୍ୱତ ସାଧନାର ବିବିଧ ବୈଚିତ୍ର୍ୟବିମଣ୍ଡିତ ରୂପକୁ ଖୁବ୍ କଳାତ୍ମକ ଶୈଳୀରେ ମୂଲ୍ୟାୟନ କରିଛନ୍ତି । ବୀଣାପାଣି ମହାନ୍ତିଙ୍କ ସୃଷ୍ଟିସମଗ୍ରର ଆଲୋଚନା ମଧ୍ୟଦେଇ ତାଙ୍କ ବ୍ୟକ୍ତିତ୍ୱର ଅନେକ ମହନୀୟ ଦିଗକୁ ଆକଳନ କରିବାରେ ସେ ସଫଳ ହୋଇଛନ୍ତି । ଷାଠିଏତ୍ତୋର ଓଡ଼ିଆ ସାହିତ୍ୟର କଥାବସ୍ତୁ ଓ ଶୈଳୀଗତ ରୂପକୁ ସ୍ୱତନ୍ତ୍ର କରି ଗଢ଼ି ତୋଳିବାରେ ମହାନ୍ ଲେଖିକା ବୀଣାପାଣି ମହାନ୍ତିଙ୍କ ଅବଦାନ ସଂପର୍କରେ ଡକ୍ଟର ରେବତୀ ମୁଦୁଲିଙ୍କ ଅଧ୍ୟୟନ, ଅନୁଶୀଳନ ଓ ମୂଲ୍ୟାୟନ ବେଶ୍ ଅଭିନନ୍ଦନୀୟ ।

**ଡକ୍ଟର ସଂଘମିତ୍ରା ଭଞ୍ଜ**
**ବିଭାଗୀୟ ମୁଖ୍ୟ, ଓଡ଼ିଆ ଭାଷା-ସାହିତ୍ୟ ବିଭାଗ**
**ରମାଦେବୀ ମହିଳା ବିଶ୍ୱବିଦ୍ୟାଳୟ, ଭୁବନେଶ୍ୱର**

# ଅନୁଭବରୁ ପଦେ

ସାହିତ୍ୟ ଜୀବନର କଥା କହେ। ସେହି ସାହିତ୍ୟ ଜାତିର ସାମୂହିକ ଅନୁଭବକୁ ରୂପ ଦେଲେ ତାହା ହୁଏ ସର୍ବୋତୋମୁଖୀ ଓ ସର୍ବକାଳୀନ। ସମୟ, ସମାଜ ତଥା ସାଧାରଣ ମଣିଷର ଦୃଷ୍ଟିକୋଣଠାରୁ ଊର୍ଦ୍ଧ୍ୱକୁ ଯାଇ ସାହିତ୍ୟସ୍ରଷ୍ଟା ଜୀବନକୁ, ସାଧାରଣ ସମସ୍ୟାକୁ, ସମ୍ମୁଖସ୍ଥ ଜଗତକୁ ଅନ୍ତରଙ୍ଗ ଭାବରେ ନିରୀକ୍ଷଣ ଓ ଅନୁଭବ କରି ତାକୁ ନିଜ ସୃଷ୍ଟି ରୂପରେ ଦିଏ ଜୀବନ୍ୟାସ। ଫଳରେ, ପାଠକ ତନ୍ମଧ୍ୟରେ ନିଜକୁ ଏବଂ ନିଜ ଭାବନାକୁ ଖୋଜିପାଏ। ଏହିଭଳି ଜଣେ ଅନତିକ୍ରମଣୀୟ ଓଡ଼ିଆ ସାହିତ୍ୟସ୍ରଷ୍ଟା ହେଲେ ବୀଣାପାଣି ମହାନ୍ତି। ନାରୀ ଜୀବନ, ବିଶେଷକରି ତା'ର ସ୍ୱାଧିକାର, ଅନ୍ତରର ଅକୁହା କଥା ଓ ବହୁବିଧ ସମସ୍ୟାକୁ ବିଶ୍ୱସ୍ତ ଭାବରେ ତୋଳିଧରି ପାଠକକୁ ଚକିତ କରିଦେବାର ଦକ୍ଷତା ତାଙ୍କ ସାହିତ୍ୟରେ ରହିଛି। ଛାତ୍ରୀ ଜୀବନରୁ ତାଙ୍କ କଥାସାହିତ୍ୟର ଦୃଷ୍ଟିକୋଣ ମୋତେ ଗଭୀର ଭାବରେ ପ୍ରଭାବିତ କରିଆସିଛି। ତାଙ୍କ ସାହିତ୍ୟର ବିଭିନ୍ନ ଦିଗକୁ ତନ୍ନତନ୍ନ କରି ଆକଳନ କରିବାର ସୁଯୋଗ ମୋତେ ଗବେଷିକା ଜୀବନରେ ମିଳିଛି। ଏହି ଅନ୍ୱେଷଣ-ଅନୁସନ୍ଧାନ ମଧ୍ୟରୁ 'ବୀଣାପାଣି ମହାନ୍ତିଙ୍କ ସୃଷ୍ଟି ଓ ଦୃଷ୍ଟି' ପୁସ୍ତକର ଉନ୍ମେଷ।

କଥାସାହିତ୍ୟର ବିକାଶ ପର୍ଯ୍ୟାୟରେ ବୀଣାପାଣିଙ୍କ ଆବିର୍ଭାବ, ଜନ୍ମ, ଜୀବନୀ, ତାଙ୍କ ସାହିତ୍ୟର ଭାବପକ୍ଷ ଓ କଳାପକ୍ଷ ସାଙ୍ଗକୁ ବୀଣାପାଣୀୟ ସାହିତ୍ୟର ସ୍ୱତନ୍ତ୍ରତା ସମ୍ପର୍କରେ ଉଲ୍ଲେଖ କରାଯାଇଛି। ଜୀବନ ସହିତ ତାଙ୍କ ସାହିତ୍ୟ ଅଙ୍ଗାଙ୍ଗୀ ଭାବେ ଜଡ଼ିତ। ସାଧାରଣ ମଣିଷର ଦୃଷ୍ଟି ଯେଉଁଠି ଶେଷ ହୋଇଛି ସେଇଠୁ ତାଙ୍କ ଅସାଧାରଣ ଦୃଷ୍ଟି ହୋଇଛି ଊର୍ଦ୍ଧ୍ୱାୟିତ। ସମାଜ ତଥା ନାରୀ ହୃଦୟର ଅନ୍ତରାଳରେ ଲୁକ୍କାୟିତ ବେଦନାବୋଧର

ମର୍ମସ୍ପର୍ଶୀ ଅନୁଭବ ତାଙ୍କ ସାହିତ୍ୟର ଭାବପକ୍ଷ। ତାଙ୍କର କବିତା, ଗଳ୍ପ, ଉପନ୍ୟାସ, ଆତ୍ମଜୀବନୀ ପ୍ରତ୍ୟେକଟିରେ ଏହି ଦର୍ଶନର ଛବିଳ ପରିପ୍ରକାଶ ଲକ୍ଷ୍ୟ କରାଯାଇଥାଏ।

ମୋର ଗବେଷଣାଲବ୍ଧ ଅଭିଜ୍ଞତାକୁ ପୁସ୍ତକ ଆକାରରେ ପ୍ରକାଶ ନିମନ୍ତେ ମୁଁ ପ୍ରତ୍ୟକ୍ଷ ଏବଂ ପରୋକ୍ଷ ଭାବରେ ବହୁ ହିତାକାଂକ୍ଷୀ ତଥା ବୁଦ୍ଧିଜୀବୀଙ୍କ ପ୍ରେରଣା ପାଇଛି। ମୋର ଗବେଷଣା କାର୍ଯ୍ୟରେ ଦିଗ୍‌ଦର୍ଶନ ପ୍ରଦାନ କରିଥିବା ଉଦୟନାଥ ସ୍ୱୟଂଶାସିତ ବିଜ୍ଞାନ ଓ ବୈଷୟିକ ମହାବିଦ୍ୟାଳୟର ଓଡ଼ିଆ ଭାଷା-ସାହିତ୍ୟ ବିଭାଗର ବରିଷ୍ଠ ଅଧ୍ୟାପିକା ଡକ୍ଟର କବିତା ମିଶ୍ର, ଡ.ପ୍ରଦୀପ୍ତ କୁମାର ଚୌଧୁରୀ, ମୋର ସହକର୍ମୀ ବନ୍ଧୁ ଡକ୍ଟର ଲୋକନାଥ ସେଠୀ ଏବଂ ଆଠଗଡ ମହାବିଦ୍ୟାଳୟ, ଓଡ଼ିଆ ବିଭାଗମୁଖ୍ୟ ଡକ୍ଟର ପ୍ରହଲ୍ଲାଦ ସାହୁଙ୍କ ପ୍ରେରଣା ଓ ଉତ୍ସାହପାଇଁ ତାଙ୍କୁ ହୃଦୟରୁ କୃତଜ୍ଞତା ଜଣାଉଛି। ପୁସ୍ତକର ମୁଖବନ୍ଧ ଲେଖି ମୋ ପ୍ରତି ସହୃଦୟତା ପ୍ରକାଶ କରିଥିବାରୁ କବି-ସମାଲୋଚିକା ଡକ୍ଟର ସଂଘମିତ୍ରା ଭଞ୍ଜଙ୍କଠାରେ ମୁଁ କୃତଜ୍ଞ। ମୋ ପରି ନବୀନ ଲେଖକର ଲେଖାକୁ ଆଗ୍ରହର ସହ ପ୍ରକାଶ କରିବା ନିମନ୍ତେ ସମ୍ମତି ଜଣାଇଥିବା 'ବ୍ଲାକ୍ ଇଗଲ୍ ବୁକ୍ସ'ର ପ୍ରକାଶକ ଶ୍ରୀ ସତ୍ୟ ପଟ୍ଟନାୟକଙ୍କୁ ମୁଁ ଗଭୀର କୃତଜ୍ଞତା ଜଣାଉଛି। ମୋର ଏ କାର୍ଯ୍ୟର ନେପଥ୍ୟରେ ଥାଇ ଉତ୍ସାହ ଯୋଗାଇଥିବା ମୋର ଜୀବନପଥର ସହଯାତ୍ରୀ ଶ୍ରୀ ନିରଞ୍ଜନ ମୁଦୁଲି ଏବଂ କନ୍ୟା ରାଗିଣୀ ରତ୍ନପର୍ଣ୍ଣାଙ୍କୁ ମୋର ବିଶେଷ ଧନ୍ୟବାଦ। ଅଳକା ମହାବିଦ୍ୟାଳୟ ଓଡ଼ିଆ ଭାଷା-ସାହିତ୍ୟ ବିଭାଗର ଅଧ୍ୟାପିକା ତଥା ମୋର ସହକର୍ମୀ ଅନୁଜା ଦୀପ୍ତିମୟୀ ସାହୁଙ୍କର ସହଯୋଗ ଓ ଉତ୍ସାହ ମୋର ସବୁଦିନେ ସ୍ମରଣ ରହିବ। ପୁସ୍ତକଟି ବୀଣାପାଣୀୟ ସାହିତ୍ୟର ଅନୁରାଗୀ ଓ ଅନୁସନ୍ଧିତ୍ସୁ ପାଠକ ଓ ଗବେଷକମାନଙ୍କୁ ଭଲ ଲାଗିଲେ ମୁଁ ମୋର ଶ୍ରମ ସାର୍ଥକ ମଣିବି।

**ରେବତୀ ମୁଦୁଲି**

# ସୂଚୀପତ୍ର

**ପ୍ରଥମ ପରିଚ୍ଛେଦ :**

ବୀଣାପାଣି ମହାନ୍ତିଙ୍କ ସାହିତ୍ୟ ରଚନାର ଇତିବୃତ୍ତ ୧୩

୧. ବୀଣାପାଣି ମହାନ୍ତିଙ୍କ ଜୀବନୀ

୨. ସାହିତ୍ୟ ସାଧନାର କାଳ ଓ କଳାକୃତି

୩. ସାରସ୍ୱତ ସମ୍ମାନ ଓ ସ୍ୱୀକୃତି

**ଦ୍ୱିତୀୟ ପରିଚ୍ଛେଦ :**

କବୟିତ୍ରୀ ବୀଣାପାଣି ମହାନ୍ତି ୨୫

୧. କବିତା ରଚନାର ଅଙ୍କୁରୋଦ୍‌ଗମ୍

୨. ରୋମାଣ୍ଟିକ୍ ଚେତନାଧର୍ମୀ କବିତା

୩. ବାସ୍ତବବାଦୀ କବିତା

୪. ବିପ୍ଳବୀ କବିତା

୫. ବିଭୁପ୍ରୀତି ସମ୍ବନ୍ଧୀୟ କବିତା

**ତୃତୀୟ ପରିଚ୍ଛେଦ :**

ଗାଳ୍ପିକା ବୀଣାପାଣି ମହାନ୍ତି ୬୦

୧. ବୀଣାପାଣି ମହାନ୍ତିଙ୍କ ଗଳ୍ପ ଜଗତ

୨. ବୀଣାପାଣିଙ୍କ ଗଳ୍ପରେ ବିଷୟବସ୍ତୁ ସଂଯୋଜନା

୩. ବୀଣାପାଣିଙ୍କ ଗଳ୍ପର କଥାବସ୍ତୁରେ ଘଟଣା ପ୍ରବାହ

୪. ବୀଣାପାଣିଙ୍କ ଗଳ୍ପରେ ଜୀବନ ଦର୍ଶନ

୫. ବୀଣାପାଣିଙ୍କ ଗଳ୍ପରେ ଚରିତ୍ର ଚିତ୍ରଣ

୬. ବୀଣାପାଣିଙ୍କ ଗଳ୍ପରେ ସମାଜ ଚିତ୍ର

୭. ବୀଣାପାଣିଙ୍କ ଗଳ୍ପରେ ନାରୀମନସ୍ତତ୍ତ୍ୱ

୮. ବୀଣାପାଣିଙ୍କ ଗଳ୍ପରେ ମାନବିକ ଆବେଦନ

**ଚତୁର୍ଥ ପରିଚ୍ଛେଦ :**

ଔପନ୍ୟାସିକା ବୀଣାପାଣି ମହାନ୍ତି ୧୨୨
୧. ବୀଣାପାଣି ମହାନ୍ତିଙ୍କ ଉପନ୍ୟାସ ଜଗତ
୨. ସୀତାର ଶୋଣିତ: ଏକ ବିହଙ୍ଗ ଦୃଷ୍ଟି
୩. କୁନ୍ତୀ-କୁନ୍ତଳା-ଶକୁନ୍ତଳା: ଏକ ଆଲୋଚନା
୪. ମନସ୍ୱିନୀ: ଏକ ତୀର୍ଯ୍ୟକ୍ ଦୃଷ୍ଟି

**ପଞ୍ଚମ ପରିଚ୍ଛେଦ:**

ଅନୁବାଦିକା ବୀଣାପାଣି ମହାନ୍ତି ୧୭୬
୧. ବୀଣାପାଣିଙ୍କ ଅନୁବାଦ ସାହିତ୍ୟର ସାଧନା ଓ ସିଦ୍ଧି
୨. ପ୍ରେମଚାନ୍ଦ: ଏକ ବିଶେଷ ଦୃଷ୍ଟି
୩. ସୁନ୍ଦରୀ ଭାସିଲିସା: ଏକ ମୂଲ୍ୟାୟନ
୪. ସୁନେଲି ଚାବି: ଏକ ଦୃଷ୍ଟିପାତ
୫. ପାଚେରି ଓ ଅନ୍ୟାନ୍ୟ ଗଳ୍ପ: ଏକ ବିଚାର ବିମର୍ଶ
ଆତ୍ମଜୀବନୀକାର ବୀଣାପାଣି ମହାନ୍ତି: ଏକ ମୁଗ୍ଧ ଅନୁଶୀଳନ

ଉପସଂହାର : ୨୩୦
ପ୍ରାନ୍ତଟୀକା ୨୩୫
ସହାୟକ ଗ୍ରନ୍ଥସୂଚୀ ୨୫୩
ସାକ୍ଷାତ୍‌କାର ୨୫୭

# ପ୍ରଥମ ପରିଚ୍ଛେଦ

# ବୀଣାପାଣି ମହାନ୍ତିଙ୍କ ସାହିତ୍ୟ ରଚନାର ଇତିବୃତ୍ତ

**ବୀଣାପାଣି ମହାନ୍ତିଙ୍କ ଜୀବନୀ:**

ସ୍ରଷ୍ଟାର ଜୀବନ ତା'ର ସୃଷ୍ଟିକୁ ଅଧିକ କମନୀୟ ତଥା ଭାବପୂର୍ଣ୍ଣ କରିଥାଏ । ସୃଷ୍ଟିର ପ୍ରକୃତ ଆଭିମୁଖ୍ୟକୁ ଉପଲବ୍ଧି କରିବାକୁ ହେଲେ ସ୍ରଷ୍ଟାର ଜୀବନୀ ସଂପର୍କରେ ଅବଗତ ହେବା ବାଞ୍ଛନୀୟ । ଆଧୁନିକ ଓଡିଆ ସାହିତ୍ୟର ଦରବାରରେ ବୀଣାପାଣି ମହାନ୍ତି ବହୁ ପରିଚିତ ସ୍ୱର ଓ ସ୍ୱାକ୍ଷର । କବିତା, ଅନୁବାଦ ତଥା ଉପନ୍ୟାସ ଆଦିରେ ନିଜ ପ୍ରତିଭାର ପରିଚୟ ଦେଇଥିଲେ ବି ଗଳ୍ପ ରଚନା କ୍ଷେତ୍ରରେ ତାଙ୍କର ସିଦ୍ଧି ଓ ସ୍ୱୀକୃତି ସର୍ବାଧିକ । ତେବେ ବୀଣାପାଣିଙ୍କ ସାରସ୍ୱତ କଳା ଜଗତର ବ୍ୟାପକ ଅଧ୍ୟୟନ ପୂର୍ବରୁ ତା'ଙ୍କ ଜୀବନ ଇତିହାସ ଅନୁଶୀଳନ ଏକାନ୍ତ ଅପରିହାର୍ଯ୍ୟ । ଯେକୌଣସି ସ୍ରଷ୍ଟାଙ୍କ ଜୀବନୀ ତାଙ୍କ ସୃଷ୍ଟିର ଯଥାର୍ଥ ମୂଲ୍ୟାୟନରେ ସହାୟକ ହୋଇଥାଏ । ସ୍ରଷ୍ଟାର ବ୍ୟକ୍ତିତ୍ୱ ତା' ସୃଷ୍ଟିର ଅନ୍ତରାଳରେ ପ୍ରଚ୍ଛନ୍ନଭାବରେ ନିହିତ ଥାଏ । ଦେଖା ନଗଲେ ବି ତାହାକୁ ଅନୁଭବ କରିହୁଏ । ତେଣୁ ଏହିସବୁ ଦୃଷ୍ଟିରୁ ବୀଣାପାଣିଙ୍କ ଜୀବନ ବୃତ୍ତାନ୍ତ ଅଧ୍ୟୟନ ଅତ୍ୟନ୍ତ ଜରୁରୀ ମନେହୁଏ ।

୧୯୩୬ ମସିହା ନଭେମ୍ବର ୧୧ ତାରିଖରେ କେନ୍ଦ୍ରାପଡା ଜିଲ୍ଲାର ଚାନ୍ଦୋଳ ଗ୍ରାମରେ ଏକ ରକ୍ଷଣଶୀଳ ପରିବାରରେ ଏହି ବରେଣ୍ୟା ନାରୀ ପ୍ରତିଭାଙ୍କର ଜନ୍ମ । ବୀଣାପାଣିଙ୍କ ପିତା ଚତୁର୍ଭୁଜ ମହାନ୍ତି ଜଣେ ଶିକ୍ଷକ ଥିଲେ । ଚାକିରୀ ଜୀବନର ଶେଷ ପର୍ଯ୍ୟାୟରେ ସେ ଶିକ୍ଷା ବିଭାଗର ଇନ୍ସପେକ୍ଟର ଭାବରେ ନିଯୁକ୍ତ ହୋଇଥିଲେ । ବୀଣାପାଣିଙ୍କ ପିତା ରକ୍ଷଣଶୀଳ ମନୋବୃତ୍ତି ଓ ପଦମର୍ଯ୍ୟାଦାକୁ ବିଶେଷ ଗୁରୁତ୍ୱ ଦେଉଥିଲେ, ତାର ପ୍ରଭାବ ମଧ୍ୟ ତା'ଙ୍କ ଉପରେ ପଡିଥିଲା । ଯଦିଓ ପିତା ଚତୁର୍ଭୁଜ ମହାନ୍ତି ବୀଣାପାଣିଙ୍କୁ ଖୁବ୍ ସ୍ନେହ କରୁଥିଲେ ତଥାପି ପିତାଙ୍କ ଅପେକ୍ଷା ମାତା କୁମୁଦିନୀଙ୍କର ସାହିତ୍ୟ ପ୍ରତି ଥିବା ଅନୁରାଗ ଓ ଅନୁରକ୍ତି ଲେଖିକାଙ୍କର ଉତ୍ସାହକୁ ବହୁଗଣିତ କରିଦେଇଥିଲା । ବୀଣାପାଣିଙ୍କ ଭାଷାରେ :- "ମୋର ବୋଉ କାବ୍ୟ, କବିତା, ନଭେଲ୍ ପଢିବାକୁ ଭାରି ସୁଖ ପାଉଥିଲା । ତା'ର ସବୁଠାରୁ ଗର୍ବ ହେଲା ତା'ର ବାପା ଲେଖୁଥିଲେ, ତା ଭାଇର ପୁଅ ଅନନ୍ତ ପଟ୍ଟନାୟକ ସୁନାମଧନ୍ୟ କବି ହିସାବରେ ସେତେବେଳେ ପରିଚିତ । ଲେଖାଲେଖି କି ବହିକଥା ପଡିଲା ବେଳେ ସେ ଯେମିତି ଝଲକି ଉଠେ, ତା'ର ବାପଘରର ଗୌରବରେ ତା'ର ଉଜ୍ଜ୍ୱଳ ମୁହଁରେ ଭରିଯାଏ ଆନନ୍ଦ ।[୧] ପିତା, ମାତା, ପାଞ୍ଚଭାଇ ଓ ତିନିଭଉଣୀଙ୍କୁ

ନେଇ ବୀଣାପାଣିଙ୍କ ପରିବାର। ଭାଇମାନେ ହେଲେ ବିଚିତ୍ରାନନ୍ଦ ମହାନ୍ତି, ସଚ୍ଚିଦାନନ୍ଦ ମହାନ୍ତି, ବିବେକାନନ୍ଦ ମହାନ୍ତି, ପ୍ରେମାନନ୍ଦ ମହାନ୍ତି ଓ ଅଭେଦାନନ୍ଦ ମହାନ୍ତି। ତିନିଭଉଣୀ ହେଲେ ଶୈଳବାଳା ଦାସ, ଡାକ୍ତର ନିରୂପମା ରଥ ଏବଂ ଶ୍ରୀମତୀ ଆଶାଲତା ମହାନ୍ତି। ପିତାମାତା ତଥା ଭାଇଭଉଣୀଙ୍କର ଅଫୁରନ୍ତ ସ୍ନେହ ଶ୍ରଦ୍ଧାରେ ବୀଣାପାଣିଙ୍କ ଆଦ୍ୟ ଜୀବନ ହସ ଖୁସିରେ କଟିଥିଲା। ଚାନ୍ଦୋଳସ୍ଥିତ ପ୍ରାଇମେରୀ ସ୍କୁଲ୍‌ରେ ତା'ଙ୍କ ବିଦ୍ୟା ଜୀବନର ଅୟମାରମ୍ଭ ହୋଇଥିଲା। ସେଠାରେ ସେ ପଞ୍ଚମ ଶ୍ରେଣୀ ପର୍ଯ୍ୟନ୍ତ ପାଠ ପଢ଼ିଥିଲେ। ପରେ କଟକର ସେଣ୍ଟ୍ରାଲ୍ ଏମ.ଇ.ସ୍କୁଲ୍‌ରୁ ମାଇନର ପାଶ୍ କଲେ। ଚାକିରି ଜୀବନରୁ ଅବସର ନେଇଥିବା ପିତାଙ୍କର ଉଦାସୀ ଖିଆଲ ସତ୍ତ୍ୱେ ଅଧିକ ପଢ଼ିବା ନିମିତ୍ତ ବୀଣାପାଣି ଚାନ୍ଦୋଳରୁ ଚାରି ପାଞ୍ଚ କିଲୋମିଟର ଦୂର ଦୋହଳି ମଡ଼େଲ ହାଇସ୍କୁଲରେ ନାମ ଲେଖାଇଥିଲେ। ପାଠପଢ଼ା ପ୍ରତି ଥିଲା ତାଙ୍କର ଅହେତୁକ ଆଗ୍ରହ। ରକ୍ଷଣଶୀଳ ପରିବେଶରେ ପାଠପଢ଼ା ବନ୍ଦ ହୋଇଯିବା ଭୟରେ ଲେଖିକା ଛାତ୍ରୀ ଜୀବନରେ କୁଆଡେ ନଚାହିଁ କେବଳ ସ୍କୁଲ୍ ଯାଉଥିଲେ ଏବଂ ସ୍କୁଲ୍‌ରୁ ସିଧା ଘରକୁ ଫେରି ଆସୁଥିଲେ। ପ୍ରତିକୂଳ ପରିସ୍ଥିତି ସତ୍ତ୍ୱେ ଉଚ୍ଚଶିକ୍ଷା ଲାଭ କରିବାର ଆଶା ତାଙ୍କର ବଳବତ୍ତର ଥିଲା।

"୧୯୫୩ ମସିହାରେ ସେ ମାଟ୍ରିକ୍ ପାଶ୍ କଲେ। ୧୯୫୫ ମସିହାରେ ସେ ଆଇ.ଏ. ପାଶ୍ କରି ଅର୍ଥନୀତି ଅନର୍ସ ନେଇ ରେଭେନ୍‌ସା କଲେଜରେ ଅଧ୍ୟୟନ କଲେ। ୧୯୫୭ ମସିହାରେ ସେ ସମଗ୍ର ଓଡିଶାରେ ନବମ ସ୍ଥାନ ଅଧିକାର କରିଥିଲେ। ୧୯୫୯ ମସିହାରେ ସେ ରେଭେନ୍‌ସା କଲେଜରେ ଅର୍ଥନୀତିରେ ଏମ୍.ଏ. ପଢ଼ିଲେ।"[୨] କହିବା ବାହୁଲ୍ୟ ବୀଣାପାଣି ଅର୍ଥନୀତିରେ ପ୍ରଥମ ଓଡିଆ ଛାତ୍ରୀ ହେବାର ଗୌରବ ଅର୍ଜନ କରିଥିଲେ।

ତୁଳସୀ ଦୁଇ ପତ୍ରରୁ ବାସେ, ବାସ୍ନା ବିତରିବା ତା'ର ଧର୍ମ। ବୀଣାପାଣି ଯେ ଜଣେ ସୁନାମଧନ୍ୟା ସାହିତ୍ୟିକା ହେବେ ସତେ ଯେମିତି ଏହା ଥିଲା ବିଧି ନିର୍ଦ୍ଦିଷ୍ଟ। ସାହିତ୍ୟ କ'ଣ ଜାଣିବା ଆଗରୁ ଅତି ଅଳ୍ପ ବୟସରୁ ସାହିତ୍ୟ ସାଧନାରେ ମନ ବଳାଇଥିଲେ ସେ। ଭିଣୋଇ ଆଇନଜ୍ଞ ସାହିତ୍ୟିକ ଗଙ୍ଗାଧର ରଥଙ୍କ ପ୍ରୋତ୍ସାହନ ବୀଣାପାଣିଙ୍କ ସାହିତ୍ୟ ପ୍ରତିଥିବା ଅନୁରାଗକୁ ଆହୁରି ବଢ଼ାଇ ଦେଇଥିଲା। ଗଙ୍ଗାଧର ରଥ 'ସଙ୍କେତ' ନାମକ ପତ୍ରିକାର ସଂପାଦକ ଥିବାରୁ ବ୍ରହ୍ମୋତ୍ରୀ ମହାନ୍ତି, ବସନ୍ତ କୁମାରୀ, ତୁଳସୀ ଦାସ ଆଦି ବିଶିଷ୍ଟ ସାହିତ୍ୟିକାଙ୍କ ସହିତ ତାଙ୍କର ପରିଚୟ ହୋଇଥିଲା। ପ୍ରତ୍ୟେକ ସର୍ଜନଶୀଳ ସ୍ରଷ୍ଟା ପ୍ରଥମତଃ କବି। ସେହି ନ୍ୟାୟରେ ବୀଣାପାଣି ପ୍ରଥମେ କବି, ତା'ପରେ ଗାଳ୍ପିକା, ଔପନ୍ୟାସିକା ଆଉ ଅନୁବାଦିକା। କବିତା ରଚନାରୁ ହିଁ ବୀଣାପାଣି ପ୍ରଥମେ ସାହିତ୍ୟ ରାଜ୍ୟରେ ପାଦଥାପି ଥିଲେ। ଏ ସଂପର୍କରେ ଲେଖିକାଙ୍କର ଅଭିମତ – 'ପ୍ରାୟ ବାରବର୍ଷ

ବୟସରୁ ମୁଁ ଲେଖା ଆରମ୍ଭ କରିଛି । ସେତେବେଳକୁ ମୁଁ ଷଷ୍ଠ ସପ୍ତମ ଶ୍ରେଣୀରେ ପଢୁଥାଏ । ଲୁଚେଇ ଲୁଚେଇ କବିତା ଲେଖେ, ମୋ ଭାଇମାନେ ଖୁବ୍ ଚିଡାନ୍ତି ।"(୩) ଏହି ସମୟରେ ବୀଣାପାଣି ଆଲୋକ ନାମରେ ଏକ ହାତଲେଖା ପତ୍ରିକା ପ୍ରକାଶ କରିଥିଲେ । ଏଥିରୁ ସାହିତ୍ୟ ପ୍ରତି ଥିବା ତାଙ୍କର ଆଗ୍ରହ ସ୍ପଷ୍ଟ ଜଣାପଡେ । ଲେଖିକା ବି.ଏ ପଢୁଥିବା ସମୟରେ ତାଙ୍କର ପ୍ରଥମ କବିତା "ତନ୍ଦ୍ରାହତ" (୧୯୫୫) ପ୍ରଜାତନ୍ତ୍ରର ନାରୀ ବିଭାଗରେ ପ୍ରକାଶ ପାଇଥିଲା । ପରବର୍ତ୍ତୀ ସମୟରେ ତାଙ୍କର ଆଉ ଏକ କବିତା "କେତେ ଟୋପା ରକ୍ତ" ଝଙ୍କାରରେ ପ୍ରକାଶ ପାଇ ବେଶ୍ ପାଠକୀୟ ଆଦୃତି ଲାଭକରିପାରିଥିଲା ।

୧୯୬୦ ମସିହାରେ ବୀଣାପାଣିଙ୍କ ଚାକିରି ଜୀବନ ଆରମ୍ଭ ହୁଏ । ଏହି ବର୍ଷ ବାଲେଶ୍ୱରର କୁନ୍ତଳାକୁମାରୀ ସାବତ ମହିଳା ମହାବିଦ୍ୟାଳୟରେ ଅଧ୍ୟାପିକା ଭାବେ ସିଏ ଯୋଗ ଦିଅନ୍ତି । ବାଲେଶ୍ୱରରେ ଅବସ୍ଥାନ କାଳରେ ବ୍ରଜନାଥ ରଥ, ଅନ୍ନଦା ପ୍ରସାଦ ରକ୍ଷିତ ପ୍ରମୁଖ ସାହିତ୍ୟିକଙ୍କ ସଂସ୍ପର୍ଶରେ ଆସି ତାଙ୍କ ସାହିତ୍ୟ ସାଧନାର ପଥ ଉନ୍ମୁକ୍ତ ହୁଏ । ବାଲେଶ୍ୱର ଫକୀରମୋହନ ସାହିତ୍ୟ ପରିଷଦର ବୀଣାପାଣି ସକ୍ରିୟ ସଦସ୍ୟା ଥିଲେ; ଉପସଭାପତି ରୂପେ ମଧ୍ୟ ଦାୟିତ୍ୱ ଗ୍ରହଣ କରିଥିଲେ । ୧୯୬୪ ମସିହାରେ ପ୍ରଥମ କରି ଆରମ୍ଭ ହୋଇଥିବା ଯୁବଲେଖକ ସମ୍ମିଳନୀରେ ବି ଲେଖିକା ସକ୍ରିୟ ଅଂଶ ଗ୍ରହଣ କରିଥିଲେ । ଏହା ପୂର୍ବରୁ ତାଙ୍କର ବିବାହ ପାଇଁ ବିଭିନ୍ନ ସ୍ଥାନରୁ ପ୍ରସ୍ତାବ ଆସିଥିଲେ ମଧ୍ୟ ଶେଷ ପର୍ଯ୍ୟନ୍ତ ବିବାହ ସମ୍ଭବ ହୋଇପାରିନଥିଲା । ବାଲେଶ୍ୱରରେ ରହୁଥିବା ସମୟରେ ବୀଣାପାଣି ଗଳ୍ପ ରଚନାରେ ମନୋନିବେଶ କଲେ । କ୍ରମାନ୍ୱୟରେ ଗଳ୍ପ ରଚନା କରି ଗଳ୍ପ ସାହିତ୍ୟର ଦିଗନ୍ତକୁ ବିସ୍ତୃତ କରିବାରେ ସେ ସଫଳ ହୋଇଥିଲେ । ତାଙ୍କର ପ୍ରଥମ ଗଳ୍ପ 'ଗୋଟିଏ ରାତିର କାହାଣୀ' ୧୯୫୮ ମସିହାରେ ପ୍ରଜାତନ୍ତ୍ରରେ ପ୍ରକାଶ ପାଇଥିଲା । କବି ଅନନ୍ତ ପଟ୍ଟନାୟକ ଏହି ଗଳ୍ପଟିକୁ ପଢି ବୀଣାପାଣିଙ୍କୁ ଗଳ୍ପ ରଚନା କରିବାକୁ ଉତ୍ସାହିତ କରିଥିଲେ । ତେବେ ତାଙ୍କର ପ୍ରଥମ ଗଳ୍ପ ସଙ୍କଳନ 'ନବ ତରଙ୍ଗ' ୧୯୬୨ ମସିହାରେ ପ୍ରକାଶ ପାଇଥିଲା । ତାଙ୍କ ରଚିତ 'ନାଉଗଛ', 'ମରୁମର୍ମର' ଓ 'ନାକମାଛି' ଗଳ୍ପ ଯଥାକ୍ରମେ 'ପ୍ରଜାତନ୍ତ୍ର', 'ଡଗର' ଏବଂ 'ଯୁଗନାରୀ'ରେ ପ୍ରକାଶ ପାଇ ବେଶ୍ ଲୋକପ୍ରିୟ ହୋଇପାରିଥିଲା । ଗାଳ୍ପିକାଙ୍କ ଭାଷାରେ- "ସବୁ ଦୃଷ୍ଟିରୁ ବିଚାର କଲେ ନାଉଗଛ" ଗଳ୍ପଟି ମୋର ପ୍ରଥମ ଗଳ୍ପ ପଦବାଚ୍ୟ। ଯଦିଓ ପୂର୍ବରୁ କେତୋଟି ଗଳ୍ପ ପ୍ରକାଶିତ ହୋଇଥିଲା ଏହି ଗଳ୍ପଟି ପରେ ମୋ ପାଇଁ ଅନେକ ସୁଖ୍ୟାତି ପ୍ରଶଂସା ପତ୍ର ଓ ଶୁଭେଚ୍ଛା ବାର୍ତ୍ତା ଅର୍ଜନ କରିଥିଲା ଏବଂ କେତେକ ପତ୍ରପତ୍ରିକାରେ ତାର ପୁନଃ ପୁନଃ ପ୍ରକାଶନ ହୋଇଥିଲା'' ।(୪) ବୀଣାପାଣିଙ୍କ ସାରସ୍ୱତ ପ୍ରତିଭାର ବିକାଶ ଦିଗରେ କଟକ ପ୍ରଜାତନ୍ତ୍ର ପ୍ରଚାର ସମିତିର ଭୂମିକା ଥିଲା ଗୁରୁତ୍ୱପୂର୍ଣ୍ଣ । ୧୯୭୨ ମସିହା ଅଗଷ୍ଟ ମାସରେ ବୀଣାପାଣି ରମାଦେବୀ

ମହିଳା ମହାବିଦ୍ୟାଳୟକୁ ବଦଳି ହୋଇ ଯାଇଥିଲେ । ୧୯୭୫ ମସିହାରେ ତାଙ୍କ ପ୍ରଚେଷ୍ଟାରେ ପୁରୀରେ ଏକ ଲେଖକ ସମ୍ମିଳନୀ ଅନୁଷ୍ଠିତ ହୋଇଥିଲା । ୧୯୭୮ ମସିହାରେ ପୁଣିଥରେ ଶୈଳବାଳା ମହାବିଦ୍ୟାଳୟକୁ ତାଙ୍କର ବଦଳି ହୋଇଯାଇଥିଲା । କିଛି ଦିନଧରି ମହିଳା ମହାବିଦ୍ୟାୟଳର ଛାତ୍ରୀନିବାସର ତତ୍ତ୍ୱାବଧାରିକା ରୂପେ ନିଯୁକ୍ତ ହୋଇଥିଲେ । ବୀଣାପାଣି ୧୯୯୨ ମସିହାରେ ଚାକିରୀ ଜୀବନରୁ ଅବସର ଗ୍ରହଣ କରିଥିଲେ । ମାତ୍ର ସାହିତ୍ୟ ସାଧନାରୁ ନିବୃତ୍ତ ହୋଇ ନ ଥିଲେ । ଶ୍ରଦ୍ଧା ସମ୍ମାନର ଅନନ୍ୟ ଉଚ୍ଚାରଣ ବୀଣାପାଣି କେବଳ ଜଣେ ସୁସାହିତ୍ୟିକା ନୁହନ୍ତି ଭଲ ଗାଳ୍ପିକା ମଧ୍ୟ । ମାନବବାଦର ପୂଜାରିଣୀ, ମାନବିକ ପ୍ରେମକୁ ସଂଜ୍ଞାୟିତ କରି କହନ୍ତି 'ମଣିଷକୁ ଭଲ ପାଇବାରେ ଯେଉଁ ନିଶା, ତାହା ପୃଥିବୀର ସବୁଠୁ ଉତ୍କଟ ନିଶା, ସେ ନିଶାରେ ଥରେ ଘାରି ହୋଇଗଲେ ଆଗାମୀ ପୃଥିବୀ ନିଶ୍ଚୟ ସୁନ୍ଦର [୫] । ସାହିତ୍ୟ ସାଧନାରେ ମଗ୍ନ ତାଙ୍କର ପ୍ରତିଟି ମୁହୂର୍ତ୍ତ ଥିଲା ବେଶ୍ ଆନନ୍ଦମୟ । ଈଶ୍ୱର ବିଶ୍ୱାସରେ ଆସ୍ଥା ରଖୁଥିବା ବୀଣାପାଣି ପ୍ରେମକୁ ସକଳ ସୃଷ୍ଟିର ଆଧାର ବୋଲି ମନେ କରନ୍ତି । ବୀଣାପାଣିଙ୍କର ବ୍ୟକ୍ତି ଜୀବନ ତାଙ୍କ ସାହିତ୍ୟ ଜୀବନରୁ ଅଲଗା ନୁହେଁ । 'ପାଟ ଦେଇ'ରୁ ପାଚେରୀ ସେପଟ ନଇ ମାତ୍ର ନୁହେଁ "ଅପହଞ୍ଚ ଆକାଶ" ପର୍ଯ୍ୟନ୍ତ ପ୍ରଲମ୍ବିତ ତାଙ୍କ ଗଳ୍ପ ସାହିତ୍ୟର ଦିଗନ୍ତ । ତାଙ୍କର ସମସ୍ତ କଳାକୃତିରେ ବିଭଙ୍ଗ ପାରିବାରିକ ଜୀବନର ଦୁଃସ୍ଥିତି ଦର୍ଶାଇ ଶୋଷଣ ମୁକ୍ତ ସୁନ୍ଦର ସମାଜ ପାଇଁ ରହିଛି ଆହ୍ୱାନ । ୭୮ ବର୍ଷ ବୟସରେ ପଦାର୍ପଣ କରି ସୁଦ୍ଧା ଏବେ ବି ଥକି ପଡିନାହାନ୍ତି ସେ । ସାହିତ୍ୟକୁ ନେଇ ତାଙ୍କର ଆଶା ଅସରନ୍ତି, ସ୍ୱପ୍ନ ବି ଅନେକ । ଦୃଷ୍ଟି ତାଙ୍କର ଆଗକୁ ଆଗକୁ ଆଉ ଆଗକୁ । ସାହିତ୍ୟକୁ ନେଇ ବଞ୍ଚୁଥିବା ବୀଣାପାଣି କହନ୍ତି – ''ଉପନ୍ୟାସ, ଗଳ୍ପ ଓ କିଛି ଏକାଙ୍କିକା ଯୋଜନା ଏମିତି ଗଢା ହୋଇଛି ବର୍ଷ ବର୍ଷ ମାତ୍ର ସବୁ ରହିଯାଇଛି ଆସନ୍ତା କାଲି ପାଇଁ । ତେବେ ବି ଅସରନ୍ତି ଆଶା ଓ ସ୍ୱପ୍ନ ରହିଛି ଲେଖିବା ପାଇଁ, ଆସନ୍ତା କାଲି କେବେ ଆସିବ ଜାଣେନା, ମାତ୍ର ଆସିବ ଏ ବିଶ୍ୱାସ ମୋର ରହିଛି ।"[୬] ବୀଣାପାଣି ଗଭୀର ଆଶାବାଦୀ । ନୂଆଏକ ସୁନ୍ଦର ପୃଥିବୀ ପରି କଳ୍ପନାରେ ତାଙ୍କ ସ୍ରଷ୍ଟାମାନସ କହେ– ''ବହୁ ସଂଘାତ ଓ ବିରୋଧ ସତ୍ତ୍ୱେ ମଣିଷ ବଞ୍ଚିବ, ପୃଥିବୀ ରସସିକ୍ତ ହେବ, କାରଣ ସ୍ନେହ,ପ୍ରେମ, ବିଶ୍ୱାସ କେବେ ହେଲେ ତାକୁ ନଷ୍ଟ କରିଦେବ ନାହିଁ'' ।[୭]

**ସାହିତ୍ୟ ସାଧନାର କାଳ ଓ କଳାକୃତି:**

ବୀଣାପାଣି ମହାନ୍ତି ଓଡିଆ ସାହିତ୍ୟର ଏକ ବହୁପରିଚିତ ନାମ । କଳ୍ପନାର କାନ୍‌ଭାସ୍‌ରେ ବାସ୍ତବତାର ରଙ୍ଗ ଦେଇ ଦରଦୀ ମଣିଷର ନିଖୁଣ ଚିତ୍ର ଆଙ୍କିବାରେ ସେ ଜଣେ ସୁଦକ୍ଷା ସାହିତ୍ୟଶିଳ୍ପୀ । କଳା ଉପରେ କାଳର ପ୍ରଭାବ ଅପ୍ରତିହତ । ତେଣୁ ବୀଣାପାଣିଙ୍କ

ସୃଷ୍ଟି ସମ୍ଭାରକୁ ବିଚାର କଲାବେଳେ ତାଙ୍କ ସମକାଳୀନ ସାହିତ୍ୟଧାରାକୁ କିଞ୍ଚିତ୍ ଅନୁଶୀଳନ କରିବା ଉଚିତ୍ ହେବ । ବିଂଶ ଶତାବ୍ଦୀର ମଧ୍ୟବର୍ତ୍ତୀ ସମୟରେ ଓଡ଼ିଆସାହିତ୍ୟରେ ହୋଇଥିଲା ବୀଣାପାଣିଙ୍କର ଆବିର୍ଭାବ । ଜାତି ଓ ଦେଶପ୍ରେମକୁ ନେଇ ଗଢ଼ି ଉଠିଥିଲା ସତ୍ୟବାଦୀ ସାହିତ୍ୟ । କଳ୍ପନାର ପରିଧିରେ ସ୍ୱପ୍ନାଚାରୀ ଭାବକୁ ନେଇ ସବୁଜ ସାହିତ୍ୟ ଗତିକରୁଥିବା ବେଳେ ଭଗବତୀ ଚରଣଙ୍କ ନେତୃତ୍ୱରେ ୧୯୩୫ ମସିହାରେ ଗଠିତ ହୋଇଥିଲା 'ନବଯୁଗ ସାହିତ୍ୟ ସଂସଦ' । ସାହିତ୍ୟର ଗତିପଥକୁ ବିବର୍ତ୍ତିତ ରୁପ ଦେବାରେ ଏହି ସଂସଦର ଭୂମିକା ଥିଲା ଅନସ୍ୱୀକାର୍ଯ୍ୟ । ସ୍ୱାଧୀନତା ଆନ୍ଦୋଳନ, ଆନ୍ତର୍ଜାତିକ ଭାବଧାରା, ଫ୍ରଏଡୀୟ ମନସ୍ତାତ୍ତ୍ୱିକ ବିଶ୍ଳେଷଣ ତଥା ମାର୍କସୀୟ ଶ୍ରେଣୀଚେତନା ଏହି ସମୟର ଓଡ଼ିଆ ସାହିତ୍ୟକୁ ପ୍ରଭାବିତ କରିଥିଲା । ପ୍ରଗତିର ବାର୍ତ୍ତା ନିହିତ ଥିବାରୁ ଏହା ପ୍ରଗତି ସାହିତ୍ୟ ନାମରେ ପରିଚିତ ହେଲା । 'ଆଧୁନିକ' ସାହିତ୍ୟ ପତ୍ରିକା ଏହି ପ୍ରଗତିଶୀଳ ଭାବଧାରାକୁ ବିଶେଷ ଭାବରେ ତ୍ୱରାନ୍ୱିତ କରିଥିଲା । ତେବେ ୧୯୩୬ ମସିହାର ପରବର୍ତ୍ତୀ ସମୟରେ ସାହିତ୍ୟର ଆଙ୍ଗିକ ଓ ଆତ୍ମିକରେ ଆସିଥିଲା ଅନେକ ପରିବର୍ତ୍ତନ । ସ୍ୱାଧୀନତା ସଂଗ୍ରାମ ଏବଂ ଶ୍ରେଣୀହୀନ ସମାଜ ଗଠନ ପାଇଁ ସାମ୍ୟବାଦର ସ୍ୱର ସାହିତ୍ୟରେ ବିଶେଷତଃ କବିତାରେ ଅନୁରଣିତ ହୋଇଥିଲା । ବୀଣାପାଣିଙ୍କ କବିତା ଗୁଡ଼ିକରେ ଏହି ସମୟର ପ୍ରାଣସ୍ପନ୍ଦନ ଦେଖିବାକୁ ମିଳେ । ସମକାଳୀନ ସାହିତ୍ୟ ସ୍ରୋତରେ ନିଜକୁ ସାମିଲ କରି ବୀଣାପାଣି ବିଂଶ ଶତାବ୍ଦୀର ପଞ୍ଚମ ଦଶକରୁ ଅଦ୍ୟାବଧି ଲେଖନୀ ଚାଳନା କରି ଓଡ଼ିଆ ସାହିତ୍ୟକୁ ସରସ ସୁନ୍ଦର କରିପାରିଛନ୍ତି । ସେ ବୀଣାପାଣି, ସବୁଠି ତାଙ୍କ ସାରସ୍ୱତ ବୀଣାର ସ୍ୱର ପାଠକକୁ ମନ୍ତ୍ରମୁଗ୍ଧ କରେ । ସେ କେବଳ ଗାଳ୍ପିକା ନୁହନ୍ତି ବା ଗଳ୍ପ ତାଙ୍କର ଏକମାତ୍ର ପରିଚୟ ନୁହେଁ । ଗଳ୍ପ ବ୍ୟତୀତ କବିତା, ଉପନ୍ୟାସ, ଅନୁବାଦ ଆଦି ସାହିତ୍ୟର ବିଭିନ୍ନ ବିଭାଗରୁ ତାଙ୍କ ହାତର ଯାଦୁକରୀ ସ୍ପର୍ଶ ବାରି ହୋଇପଡ଼େ । ଉଣେଇଶ ଶହ ସତୁରୀ ଓ ଅଶୀଦଶକର ସାହିତ୍ୟରେ ରୋମାଣ୍ଟିକ୍ ବାସ୍ତବବାଦ ସହ ସମାଜବାଦୀ ବାସ୍ତବବାଦର ପ୍ରତିଫଳନ ଘଟିଥିଲା । ବ୍ୟକ୍ତି କେବଳ ବିଚ୍ଛିନ୍ନ ବ୍ୟକ୍ତିଟିଏ ନୁହେଁ, ସମାଜ ସହିତ ତାର ସଂପର୍କ ନିବିଡ଼ ଓ ଅନ୍ତରଙ୍ଗ । ଏହି ସମାଜବାଦୀ ବାସ୍ତବତା ବା (Social Realism)ର ସ୍ୱର ବୀଣାପାଣିଙ୍କ ସାହିତ୍ୟରେ ଭାସ୍ୱର । ନିଜ ଅଭିବ୍ୟକ୍ତିରେ ବୀଣାପାଣି କହନ୍ତି "ମୁଁ ନଇଁପଡ଼େ ପ୍ରତିଟି କଣ୍ଟକିତ ଯନ୍ତ୍ରଣା ଜର୍ଜରିତ ଅସହାୟ ନିପୀଡ଼ିତ ମଣିଷର ମୁମୂର୍ଷୁ ଚେତନାର ତନ୍ତୁର ପ୍ରତୀକ୍ଷିତ ବେଦାନାକ୍ତ ବକ୍ଷରେ ଟୋପାଏ ରକ୍ତ ଢାଳି ଦେବାକୁ ତଥା କାନେ କାନେ କହି ଦେବାକୁ ଯେ ରାତିପାହି ନିଶ୍ଚୟ ପ୍ରଭାତ ଆସିବ, ଏକ ରକ୍ତ ଗୋଲାପର ସ୍ତବକ ନେଇ ପ୍ରତିଟି କୁଟୀର; ପ୍ରତିଟି ହୃଦୟକୁ' ।[୮]

**ବୀଣାପାଣି ମହାନ୍ତିଙ୍କ ସୃଷ୍ଟିସମ୍ଭାର:**

ବୀଣାପାଣିଙ୍କର ଆଦ୍ୟାବଧି ତିରିଶଟି ଗଳ୍ପ ସଂକଳନ ପ୍ରକାଶ ପାଇଛି। ତାଙ୍କ ରଚିତ ପ୍ରାୟ ପାଞ୍ଚଶହ ପାଖାପାଖି ଗଳ୍ପ ବିଭିନ୍ନ ସମୟରେ ବିଭିନ୍ନ ପତ୍ର ପତ୍ରିକାରେ ପ୍ରକାଶ ପାଇଛି। ତାଙ୍କର ଅନେକ ଗଳ୍ପ ଇଂରାଜୀ, ହିନ୍ଦୀ, ବଙ୍ଗଳା, କନ୍ନଡ, ରୁଷିଆନ୍, ମରାଠୀ, ତେଲଗୁ ଆଦି ବିଭିନ୍ନ ଭାଷାରେ ଅନୂଦିତ ହୋଇ ପ୍ରକାଶ ପାଇଛି।

ବୀଣାପାଣିଙ୍କ ରଚିତ ତିରିଶଟି ଗଳ୍ପ ସଂକଳନ ହେଲା:-

୧. ନବତରଙ୍ଗ (୧୯୬୩)ପ୍ରଥମ ସଂସ୍କରଣ ପର୍ଣ୍ଣିମା ପବ୍ଲିକେଶନ, ଭୁବନେଶ୍ୱର -୨ ।
୨. ପାନ୍ଥଶାଳା ଓ ରକ୍ତ କରବୀ (୧୯୬୫) ବାଣୀ ଭଣ୍ଡାର, କଟକ -୩ ।
୩. କସ୍ତୁରୀ ମୃଗ ଓ ସବୁଜ ଅରଣ୍ୟ(୧୯୬୭) ନ୍ୟୁଷ୍ଟୁଡେଣ୍ଟସ୍ ଷ୍ଟୋର, ବିନୋଦ ବିହାରୀ, କଟକ-୪ ।
୪. ତଟିନୀର ତୃଷ୍ଣା(୧୯୭୨) ଓଡିଶା ବୁକ୍ଷ୍ଟୋର, କଟକ
୫. ସାୟାହ୍ନର ସ୍ୱର (୧୯୭୪) ସାଥୀ ମହଲ , କଟକ
୬. ଅନ୍ଧକାରର ଛାଇ (୧୯୬୭) ସାଥୀ ମହଲ, କଟକ
୭. କାଳାନ୍ତର (୧୯୭୭) ବୁକ୍ସ ଆଣ୍ଡ ବୁକ୍ସ, କଟକ
୮. ଆରୋହଣ (୧୯୭୮) ସାଥୀ ମହଲ, କଟକ
୯. ମଧ୍ୟାନ୍ତର (୧୯୭୯) ଫ୍ରେଣ୍ଡସ୍ ପବ୍ଲିସର୍ଶ, କଟକ
୧୦. ବସ୍ତ୍ର ହରଣ (୧୯୮୦) ଫ୍ରେଣ୍ଡସ୍ ପବ୍ଲିସର୍ଶ, କଟକ
୧୧. ଅନ୍ୟ ଅରଣ୍ୟ (୧୯୮୧) ଫ୍ରେଣ୍ଡସ୍ ପବ୍ଲିସର୍ଶ, କଟକ।
୧୨. ଇଣ୍ଟରଭିଉ (୧୯୮୧) ନ୍ୟୁ ଷ୍ଟୁଡେଣ୍ଟସ୍ ଷ୍ଟୋର, କଟକ।
୧୩. ଖେଳନା (୧୯୮୩) ଫ୍ରେଣ୍ଡସ୍ ପବ୍ଲିସର୍ଶ, କଟକ।
୧୪. ଦୃଶ୍ୟାନ୍ତର (୧୯୮୬)ଫ୍ରେଣ୍ଡସ୍ ପବ୍ଲିସର୍ଶ, କଟକ।
୧୫. ଚରିତ୍ର ହସୁଛି (୧୯୮୬)ନ୍ୟୁ ଏରା ପବ୍ଲିକେଶନ୍ସ, ଭୁବନେଶ୍ୱର -୭।
୧୬. ପାଟଦେଈ (୧୯୮୭) ବିଦ୍ୟାପୁରୀ, କଟକ - ୨।
୧୭. ତୃତୀୟ ପାଦ (୧୯୮୯)ଫ୍ରେଣ୍ଡସ୍ ପବ୍ଲିସର୍ଶ, କଟକ।
୧୮. ବହ୍ନି ବଳୟ (୧୯୯୦) ନବଯୁଗ ଗ୍ରନ୍ଥାଳୟ, କଟକ।
୧୯. ଜନ୍ମାନ୍ତର (୧୯୯୧) ନ୍ୟୁ ଷ୍ଟୁଡେଣ୍ଟସ୍ ଷ୍ଟୋର, କଟକ।
୨୦. ଅଶ୍ରୁ ଅନଳ (୧୯୯୨) ଗ୍ରନ୍ଥମନ୍ଦିର, କଟକ।
୨୧. ଶକୁନିର ଛକା (୧୯୯୨) ଓଡିଶା ବୁକ୍ ଷ୍ଟୋର, କଟକ।

୨୨.  ଏକାକୀ ପରାଶର (୧୯୯୪) ଆର୍ଯ୍ୟ ପ୍ରକାଶନୀ, କଟକ।
୨୩.  ଅଭିନେତ୍ରୀ (୧୯୯୭) ଆର୍ଯ୍ୟ ପ୍ରକାଶନୀ, କଟକ।
୨୪.  ଖେଳ ଚାଲିଛି (୧୯୯୮) ଗ୍ରନ୍ଥମନ୍ଦିର, କଟକ -୨।
୨୫.  ପାଚେରୀ ସେପଟ ନଈ (୧୯୯୯) ଲାର୍କ ବୁକ୍ସ, ଭୁବନେଶ୍ୱର।
୨୬.  ପଦ୍ମ ଘୁଞ୍ଚି ଘୁଞ୍ଚି ଯାଉଛି (୨୦୦୦) ପଶ୍ଚିମା ପବ୍ଲିକେଶନ, ଭୁବନେଶ୍ୱର।
୨୭.  ବର୍ଷ ବର୍ଷ ଭାରତ ବର୍ଷ (୨୦୦୪) ଲାର୍କ ବୁକ୍ସ, ଭୁବନେଶ୍ୱର।
୨୮.  ଅପହଞ୍ଚ ଆକାଶ (୨୦୦୭) ପଶ୍ଚିମା ପବ୍ଲିକେଶନ, ଭୁବନେଶ୍ୱର।
୨୯.  ନଈକୁ ରାସ୍ତା (୨୦୦୮) ଦିବ୍ୟଦୂତ ପ୍ରକାଶନୀ, କଟକ।
୩୦.  ଉତ୍ତରାୟଣ (୨୦୧୨) ପଶ୍ଚିମା ପବ୍ଲିକେଶନ, ଭୁବନେଶ୍ୱର।

**ଉପନ୍ୟାସ:**

ବୀଣାପାଣି ମୁଖ୍ୟତଃ ତିନିଗୋଟି ଉପନ୍ୟାସ ରଚନା କରିଛନ୍ତି। ସେଗୁଡିକ ହେଲା 'ସୀତାର ଶୋଣିତ', 'କୁନ୍ତୀ- କୁନ୍ତଳା- ଶକୁନ୍ତଳା' ଏବଂ 'ମନସ୍ୱିନୀ'। ପ୍ରଥମ ଉପନ୍ୟାସ 'ସୀତାର ଶୋଣିତ'ପଶ୍ଚିମା ପବ୍ଲିକେଶନସ୍ ଦ୍ୱାରା ୧୯୯୯ ମସିହାରେ ପ୍ରକାଶିତ। ଉକ୍ତ ଉପନ୍ୟାସଟି ପୁସ୍ତକ ରୂପେ ପ୍ରକାଶିତ ହେବାପୂର୍ବରୁ ଧାରାବାହିକ ଭାବରେ ଆସନ୍ତାକାଲିରେ ପ୍ରକାଶ ପାଇଥିଲା। ଦ୍ୱିତୀୟ ଉପନ୍ୟାସଟି 'ବହ୍ନିଲଗ୍ନା' ନାମରେ ଝଙ୍କାରରେ ଧାରାବାହିକ ଭାବରେ ପ୍ରକାଶ ପାଇଥିଲା, ଯାହାକି ପରବର୍ତ୍ତୀ ସମୟରେ 'କୁନ୍ତୀ-କୁନ୍ତଳା-ଶକୁନ୍ତଳା' ନାମରେ ପରିଚିତ ହେଲା। ଏହା ୧୯୮୯ ମସିହାରେ ଫ୍ରେଣ୍ଡସ୍ ପବ୍ଲିସର୍ଶ ଦ୍ୱାରା ପ୍ରକାଶିତ ହୋଇଥିଲା। ବୀଣାପାଣିଙ୍କ ତୃତୀୟ ଉପନ୍ୟାସ 'ମନସ୍ୱିନୀ' ୨୦୦୨ ମସିହାରେ କାଦମ୍ବିନୀ ମିଡିଆ ଦ୍ୱାରା ପ୍ରକାଶ ପାଇଥିଲା।

**କବିତା:**

ସ୍ରଷ୍ଟା ଜୀବନର ଆଦିପର୍ଯ୍ୟାୟରେ ବୀଣାପାଣି କବିତା ରଚନା କରିଥିଲେ । ୧୯୬୦ରୁ ୧୯୬୫ ମସିହା ପର୍ଯ୍ୟନ୍ତ ତାଙ୍କ ରଚିତ ବହୁ କବିତା 'ପ୍ରଜାତନ୍ତ୍ର', 'ଡଗର', 'ସହକାର', 'ଧରିତ୍ରୀ' ଓ 'ଆସନ୍ତାକାଲି' ଆଦି ପତ୍ରିକାରେ ପ୍ରକାଶ ପାଇଥିଲା। ତାଙ୍କ ରଚିତ ଏକମାତ୍ର କବିତା ସଂକଳନ 'ଆସିବାର ବେଳ' ୧୯୯୮ ମସିହା ଫେବୃଆରୀ ମାସରେ ଭୁବନେଶ୍ୱରର ପଶ୍ଚିମା ପବ୍ଲିକେଶନ ଦ୍ୱାରା ପ୍ରକାଶ ପାଇଥିଲା। ଏହି ସଂକଳନରେ ମୋଟ୍ ଷାଠିଏଟି କବିତା ରହିଛି। ଏହା ବ୍ୟତୀତ ବୀଣାପାଣିଙ୍କର ଶତାଧିକ ଅପ୍ରକାଶିତି କବିତା ରହିଛି, ଯାହାର ପାଣ୍ଡୁଲିପି ମିଳିବା ଦୂରୁହବ୍ୟାପାର।

ଏକାଙ୍କିକା:

ବୀଣାପାଣିଙ୍କର 'କ୍ରାନ୍ତି' ନାମରେ ଏକ ଏକାଙ୍କିକା ରହିଛି ଯାହା ୧୯୯୯ ମସିହାରେ ପଶ୍ଚିମା ପବ୍ଲିକେଶନସ୍ ଦ୍ୱାରା ପ୍ରକାଶ ପାଇଥିଲା । ତାଙ୍କ ରଚିତ ପ୍ରୌଢ଼ଶିକ୍ଷାମୂଳକ ରଚନା 'ଝିଅ - ବୋହୂ - ମେଳିକଲେ' ୧୯୯୮ ମସିହାରେ ପ୍ରକାଶିତ ।

**ଅନୁବାଦ:**

ଓଡ଼ିଆ ଅନୁବାଦ ସାହିତ୍ୟକୁ ବୀଣାପାଣିଙ୍କ ଅବଦାନ ଅନସ୍ୱୀକାର୍ଯ୍ୟ । ପରିମାଣ ଦୃଷ୍ଟିରୁ ଅନୁବାଦ ସାହିତ୍ୟର ପରିଧି ବ୍ୟାପକ ବିସ୍ତୃତ ନହେଲେ ମଧ୍ୟ ସାଧନାର ସିଦ୍ଧି ଯେ ଅଧିକ ଏଥିରେ ଦ୍ୱିରୁକ୍ତି ନାହିଁ । ତାଙ୍କ ଅନୂଦିତ ଗ୍ରନ୍ଥ ମଧ୍ୟରେ 'ପ୍ରେମଚାନ୍ଦ', 'ସୁନେଲି ଚାବି', 'ସୁନ୍ଦରୀ ଭାସି ଲିସା', 'ସାଦା ଲଫାପା', 'ପାଚେରି ଓ ଅନ୍ୟାନ୍ୟ ଗଳ୍ପ' ଅନ୍ୟତମ । 'ପ୍ରେମଚାନ୍ଦ' ଓଡ଼ିଆ ଅନୁବାଦ କେନ୍ଦ୍ର ସାହିତ୍ୟ ଏକାଡେମୀ ଆନୁକୂଲ୍ୟରେ ଗ୍ରନ୍ଥମନ୍ଦିର, କଟକ ଦ୍ୱାରା ପ୍ରକାଶିତ । ଆଲାକ୍ସି ଟଲଷ୍ଟୟଙ୍କର ଋଷ୍ ପରୀ ଉପନ୍ୟାସ Golden Keyର ଓଡ଼ିଆ ଅନୁବାଦ ସୁନେଲି ଚାବି ୧୯୮୪ ମସିହାରେ ରାଦୁଗା ପ୍ରକାଶନ ଦ୍ୱାରା ପ୍ରକାଶିତ । ବଙ୍ଗଳା ଲେଖକ ମତିନନ୍ଦିଙ୍କର 'ସାଦାଖାମ୍'ର ଓଡ଼ିଆ ଅନୁବାଦ 'ସାଦା ଲଫାପା' ୧୯୯୭ ମସିହାରେ କେନ୍ଦ୍ର ସାହିତ୍ୟ ଏକାଡେମୀ ଦ୍ୱାରା ପ୍ରକାଶିତ । "The walls and other stories"ର ଓଡ଼ିଆ ଅନୁବାଦ 'ପାଚେରି ଓ ଅନ୍ୟାନ୍ୟ ଗଳ୍ପ' ୨୦୦୬ ମସିହାରେ ନ୍ୟାସନାଲ ବୁକ୍ ଟ୍ରଷ୍ଟ, ନୂଆଦିଲ୍ଲୀ ଦ୍ୱାରା ପ୍ରକାଶିତ ।

ଚଳିତ ଶତାବ୍ଦୀର ସାର୍ଥକ ସୃଜନଶିଳ୍ପୀ ବୀଣାପାଣିଙ୍କର କେତେକ ପୁସ୍ତକ ହିନ୍ଦୀ, ଇଂରାଜୀ ଓ ବଙ୍ଗଳା ଭାଷାରେ ଅନୂଦିତ ହୋଇଛି । ବିଜୟ କୁମାର ମହାନ୍ତିଙ୍କ ଦ୍ୱାରା 'ମନସ୍ୱିନୀ' - ୨୦୦୩, ଶଙ୍କର ଲାଲ୍ ପୁରୋହିତଙ୍କ ଦ୍ୱାରା 'କୁନ୍ତୀ-କୁନ୍ତଳା-ଶକୁନ୍ତଳା' ଉପନ୍ୟାସଟି ଅନୂଦିତ ହୋଇଛି । ମହାଦେବ ଶର୍ମା 'ମନସ୍ୱିନୀ' ଉପନ୍ୟାସ ଏବଂ ଦୀପ୍ତି ପ୍ରକାଶ 'ପାଟଦେଈ' ତଥା ନିର୍ବାଚିତ ଗଳ୍ପକୁ ହିନ୍ଦୀରେ ଅନୁବାଦ କରିଛନ୍ତି ।

ଇଂରାଜୀରେ ବୀଣାପାଣିଙ୍କ 'ସୀତାର ଶୋଣିତ' ଉପନ୍ୟାସକୁ ଚନ୍ଦ୍ରମଣି ଏନ୍.ସ୍ୱାମୀ. The Agony of Fire ନାମରେ ଅନୁବାଦ କରିଛନ୍ତି । ୨୦୦୨ ମସିହାରେ ପଶ୍ଚିମା ପବ୍ଲିକେଶନ୍ସ ଦ୍ୱାରା ପ୍ରକାଶିତ 'କସ୍ତୁରୀ ମୃଗ ଓ ସବୁଜ ଅରଣ୍ୟ' ଗଳ୍ପ ସଂକଳନଟି "Musk Deer and Green Forest" ନାମରେ ଡଃ ଅଜିତ୍ ମୁଖାର୍ଜୀଙ୍କ ପ୍ରଚେଷ୍ଟାରେ ରାଇଟର୍ସ ୱାର୍କସପ୍, କୋଲକତା ଦ୍ୱାରା ୧୯୯୯ରେ ପ୍ରକାଶିତ ହୋଇଛି । ଡଃ ଅଶୋକ ମହାନ୍ତିଙ୍କଦ୍ୱାରା 'କୁନ୍ତୀ-କୁନ୍ତଳା-ଶକୁନ୍ତଳା'-୨୦୦୪ ମସିହା ଓ 'ପାଟଦେଈ' - ୨୦୦୫ ମସିହାରେ ଇଂରାଜୀ ଭାଷାରେ ଅନୂଦିତ ହୋଇଛି । ଏହି

'ପାଟଦେଈ' ଗଳ୍ପ ସଂକଳନଟି ଭାରତୀ ନନ୍ଦୀଙ୍କଦ୍ୱାରା ବଙ୍ଗଳା ଭାଷାରେ ମଧ୍ୟ ଅନୂଦିତ ହୋଇଛି । ତେଲଗୁ ଭାଷାରେ ୟ. ଅନୁରାଧାଙ୍କ ଦ୍ୱାରା 'ବୀଣାପାଣି ମହାନ୍ତି କଥାଲୁ' ଏବଂ ଗୁଜୁରାଟୀରେ ବୀଣାପାଣି ମହାନ୍ତିଙ୍କ ନିର୍ବାଚିତଗଳ୍ପ ଯଥାକ୍ରମେ ୨୦୦୯, ୨୦୧୦ ମସିହାରେ ଅନୂଦିତ ହୋଇଛି ।

ପ୍ରାୟ ପାଞ୍ଚଶହ ପାଖାପାଖି ଗଳ୍ପରଚନା କରିଥିବା ବଳିଷ୍ଠ କଥାଶିଳ୍ପୀ ବୀଣାପାଣିଙ୍କର 'ପାଟଦେଈ' ଗଳ୍ପଟି "The State of Life" ନାମକ ଏକ ସର୍ବଭାରତୀୟ ସ୍ତରର ଜାତୀୟ ଇଂରାଜୀ ପୁସ୍ତିକାରେ ସ୍ଥାନ ପାଇପାରିଛି । ଗାଳ୍ପିକାଙ୍କର 'ଅନ୍ଧକାରର ଛାଇ' ଗଳ୍ପଟିକୁ ନେଇ 'ଭଙ୍ଗା ସିଲଟ' ଚଳଚ୍ଚିତ୍ର ନିର୍ମିତ ହୋଇଛି । 'ଚାମେଲିର ଚା' ଗଳ୍ପଟି କଟକ ଦୂରଦର୍ଶନ ଦ୍ୱାରା ପ୍ରସ୍ତୁତ ହୋଇ କୋମଳଗାନ୍ଧାର କାର୍ଯ୍ୟକ୍ରମରେ 'ଚାମେଲି' ନାମରେ ପ୍ରସାରିତ ହୋଇଛି ।

ବୀଣାପାଣି ମହାନ୍ତି ଓଡିଶା ସାହିତ୍ୟ ଏକାଡେମୀର ସଦସ୍ୟା ଥିଲେ । ତାଙ୍କ ପ୍ରଚେଷ୍ଟାରେ ଶହେ ଷାଠିଏ ଜଣ ଲେଖିକାଙ୍କର ଗଳ୍ପ ତଥା କବିତା 'ଭୂମା' ଗଳ୍ପ ସଂକଳନ ପ୍ରଥମ ଭାଗ, ଭୂମା ଗଳ୍ପ ସଂକଳନ ଦ୍ୱିତୀୟ ଭାଗ, ଭୂମା କବିତା ସଂକଳନରେ ପ୍ରକାଶ ପାଇପାରିଛି ।

**ସାରସ୍ୱତ ସମ୍ମାନ ଓ ସ୍ୱୀକୃତି:**

ପୁରସ୍କାରର ମୁକୁଟରେ ମଣ୍ଡିତ ହେବାକୁ କିଏ ବା ନ ଚାହେଁ ? ଯଦିଓ ପୁରସ୍କାର ସାହିତ୍ୟକୁ ଜୀବନ କରି ବଞ୍ଚିଥିବା ଜଣେ ଶିଳ୍ପୀର ସର୍ବଶ୍ରେଷ୍ଠ ପ୍ରାପ୍ତି ଅବା ପରିଚୟ ନୁହେଁ ତଥାପି ସ୍ରଷ୍ଟା ଜୀବନରେ ସାମାଜିକ ସମ୍ମାନ ଓ ସ୍ୱୀକୃତି ଏକ ଆଭୂଷଣ ।

ସେ ବୀଣାପାଣି ମହାନ୍ତି, ବାଣୀ ଆରାଧନା ତାଙ୍କ ଜୀବନର ମୂଳମନ୍ତ୍ର । ସେଇ ବୀଣାପାଣି ଜୀବନ କାଳ ମଧ୍ୟରେ ବିଭିନ୍ନ ଅନୁଷ୍ଠାନ ଓ ସାରସ୍ୱତ ସଂଗଠନ ଦ୍ୱାରା ସମ୍ମାନିତ ହୋଇଛନ୍ତି । ନିମ୍ନରେ ସେସବୁର ବିବରଣୀ ପ୍ରଦାନ କରାଗଲା ।

**ବୀଣାପାଣି ପାଇଥିବା କେତେକ ପ୍ରମୁଖ ସାରସ୍ୱତ ସାହିତ୍ୟିକ ପୁରସ୍କାର-**

୧. ୧୯୫୬ ମସିହାରେ କବିତା ପାଇଁ ରବିବାର ପ୍ରଜାତନ୍ତ୍ର ପୁରସ୍କାର ।

୨. ୧୯୬୧ ମସିହାରେ କବିତା ପାଇଁ ଝଙ୍କାର ପୁରସ୍କାର ।

୩. 'କସ୍ତୁରୀ ମୃଗ ଓ ସବୁଜ ଆରଣ୍ୟ' ଗଳ୍ପ ସଂକଳନ ପାଇଁ ୧୯୬୮ ମସିହାରେ ଓଡିଶା ସାହିତ୍ୟ ଏକାଡେମୀ ପୁରସ୍କାର ।

୪. କ୍ଷୁଦ୍ରଗଳ୍ପ ପାଇଁ ୧୯୭୩ ମସିହାରେ ଜୀବନରଙ୍ଗ ପୁରସ୍କାର ।

୫. କ୍ଷୁଦ୍ରଗଳ୍ପ ପାଇଁ ୧୯୭୩ ମସିହାରେ ଚଳାପଥ ପୁରସ୍କାର ।

୬.	ପ୍ରଜାତନ୍ତ୍ର ପ୍ରଚାର ସମିତି ଦ୍ୱାରା କ୍ଷୁଦ୍ରଗଳ୍ପ ପାଇଁ ୧୯୭୪ ମସିହାରେ ଝଙ୍କାର ପୁରସ୍କାର।
୭.	୧୯୮୦ ମସିହାରେ କ୍ଷୁଦ୍ରଗଳ୍ପପାଇଁ ଧରିତ୍ରୀ ପୁରସ୍କାର।
୮.	୧୯୮୫ ମସିହାରେ କ୍ଷୁଦ୍ରଗଳ୍ପପାଇଁ ସହକାର ପୁରସ୍କାର।
୯.	୧୯୮୭ ମସିହାରେ କ୍ଷୁଦ୍ରଗଳ୍ପପାଇଁ ନୀଳଶୈଳ ପୁରସ୍କାର।
୧୦.	୧୯୮୮ ମସିହାରେ କ୍ଷୁଦ୍ରଗଳ୍ପପାଇଁ ସୁଚରିତା ପୁରସ୍କାର।
୧୧.	୧୯୯୦ ରେ ପାଟଦେଇ ଗଳ୍ପସଂକଳନ ପାଇଁ କେନ୍ଦ୍ର ସାହିତ୍ୟ ଏକାଡେମୀ ପୁରସ୍କାର।
୧୨.	୧୯୯୨ ମସିହାରେ କ୍ଷୁଦ୍ରଗଳ୍ପପାଇଁ ସୁଧନ୍ୟା ପୁରସ୍କାର।
୧୩.	୧୯୯୯ ମସିହାରେ ଗୋକର୍ଣ୍ଣିକା ପୁରସ୍କାର।
୧୪.	୨୦୦୦ ମସିହାରେ ବିଷୁବ ମିଳନ ସାହିତ୍ୟ ପୁରସ୍କାର।
୧୫.	୨୦୦୨ ମସିହାରେ ସାହିତ୍ୟ ଭାରତୀ ପୁରସ୍କାର।
୧୬.	୨୦୦୨ ମସିହାରେ ଗୃହିଣୀ ସମାଜ ପୁରସ୍କାର।
୧୭.	ସମ୍ବଲପୁର ବିଶ୍ୱବିଦ୍ୟାଳୟ ଦ୍ୱାରା ୨୦୦୨ ମସିହାରେ 'ଭରତ ଚନ୍ଦ୍ର ସାହିତ୍ୟ ସ୍ମୃତି' ସମ୍ମାନ।
୧୮.	୨୦୦୪ ମସିହାରେ ପ୍ରଥମ ରେବାରାୟ ସମ୍ମାନ।
୧୯.	୨୦୦୯ ମସିହାରେ ପଶ୍ଚିମା ସାହିତ୍ୟ ପୁରସ୍କାର।
୨୦.	୨୦୦୯ ମସିହାରେ କାଦମ୍ବିନୀ ଜାତୀୟ ସମ୍ମାନ।
୨୧.	୨୦୧୦ ମସିହାରେ ଶାରଳା ପୁରସ୍କାର।
୨୨.	୨୦୧୦ ମସିହାରେ ଉତ୍ତର ଓଡିଶା ଲେଖକ ସମ୍ମିଳନୀ ତରଫରୁ 'ସାହିତ୍ୟ ସମ୍ମାନ'।
୨୩.	୨୦୧୦ ମସିହାରେ ସମ୍ବାଦପତ୍ର 'ସମୟ' ତରଫରୁ ସାହିତ୍ୟ ସମ୍ମାନ।

**ଏସବୁ ପୁରସ୍କାର ବ୍ୟତୀତ ବୀଣାପାଣି ପାଇଥିବା କେତେକ ସାରସ୍ୱତ ସମ୍ମାନ ଓ ସ୍ୱୀକୃତି:**

ବୀଣାପାଣି ବିଭିନ୍ନ ସାହିତ୍ୟିକ ସାଂସ୍କୃତିକ ଅନୁଷ୍ଠାନ ତରଫରୁ ସମ୍ବର୍ଦ୍ଧିତ ହୋଇଛନ୍ତି। ସେଗୁଡ଼ିକର ବିବରଣୀ ନିମ୍ନରେ ପ୍ରଦାନ କରାଗଲା।

୧.	୧୯୯୧ ମସିହାରେ ଉତ୍କଳ ସାହିତ୍ୟ ସମାଜ।
୨.	୧୯୯୧ ମସିହାରେ ଉତ୍କଳ ମହିଳା ସମିତି।

୩.	୧୯୯୧ ମସିହାରେ ପ୍ରଜାତନ୍ତ୍ର ପ୍ରଚାର ସମିତି।
୪.	ବିଦ୍ୟାଭାରତୀ।
୫.	କଳିଙ୍ଗ ଭାରତୀ।
୬.	ମାନବିକତା ସମାଜ ତରଫରୁ ସମ୍ବର୍ଦ୍ଧିତ।
୭.	ଜୀବନରଙ୍ଗ ସାହିତ୍ୟ ପରିଷଦ।
୮.	ଶୈଳବାଳା ମହିଳା ମହାବିଦ୍ୟାଳୟ।
୯.	ରମାଦେବୀ ମହିଳା ମହାବିଦ୍ୟାଳୟ।
୧୦.	ଇମର୍ତ୍ତୀ ଦେବୀ ମହିଳା ମହାବିଦ୍ୟାଳୟ।
୧୧.	ତୁଳସୀ ମହିଳା ମହାବିଦ୍ୟାଳୟ।
୧୨.	ରେଭେନ୍‌ସା କଲେଜ୍ ନ୍ୟୁ ହଷ୍ଟେଲ୍।
୧୩.	ଶାରଳା ସାହିତ୍ୟ ସଂସଦ।
୧୪.	ବସୁନ୍ଧରା।
୧୫.	ଓଡ଼ିଶା ସାହିତ୍ୟ ସମାଜ, ନୂଆଦିଲ୍ଲୀ।
୧୬.	ଅଭିନନ୍ଦନ - କେନ୍ଦ୍ରାପଡା ଅଭ୍ୟର୍ଥନା ସମିତି।
୧୭.	ଖରସ୍ରୋତା ସାଂସ୍କୃତିକ ପରିଷଦ।
୧୮.	ବାଲେଶ୍ୱର ଜିଲ୍ଲା ନାରୀ ସଂଘ।
୧୯.	ନୀଳଶୈଳ।
୨୦.	କୁଜଙ୍ଗ ସାହିତ୍ୟ ସମାଜ।
୨୧.	୧୯୯୯ରେ ଆଦିକବି ସମ୍ମାନ।
୨୨.	୧୯୯୯ରେ ଭୁବନେଶ୍ୱର ପୁସ୍ତକ ମେଳା ସମ୍ମାନ।
୨୩.	୨୦୦୦ ମସିହାରେ ରୋଟାରୀ କ୍ଲବ୍ ସାହିତ୍ୟ ସମ୍ମାନ।
୨୪.	୨୦୦୦ ମସିହାରେ ଲାଇଅନସ୍ କ୍ଲବ୍ ସାହିତ୍ୟ ସମ୍ମାନ।
୨୫.	୨୦୦୨ ମସିହାରେ ସହସ୍ରାବ୍ଦ ସାରସ୍ୱତ ପ୍ରତିଭା ସମ୍ମାନ।
୨୬.	୨୦୦୩ ମସିହାରେ ରାଜୀବ ଗାନ୍ଧୀ ପ୍ରତିଭା ସମ୍ମାନ।
୨୭.	୨୦୦୪ ମସିହାରେ ସାହିତ୍ୟ ପାଇଁ ଷ୍ଟେଟ୍ ବ୍ୟାଙ୍କ ସମ୍ମାନ।
୨୮.	୨୦୦୫ ମସିହାରେ ଅଭୀପ୍ସା ତରଫରୁ 'ପ୍ରଥମ ସାହିତ୍ୟ ଗୌରବ ସମ୍ମାନ।
୨୯.	୨୦୦୫ ମସିହାରେ ଅନନ୍ତ ପ୍ରସାଦ ପଣ୍ଡା ସ୍ମୃତି ସାହିତ୍ୟ ସମ୍ମାନ।
୩୦.	୨୦୦୬ ମସିହାରେ ବିଜୟ ଗୋବିନ୍ଦ ଟ୍ରଷ୍ଟ ଦ୍ୱାରା 'କୁମୁଦିନୀ ଦେବୀ ସାହିତ୍ୟ ସ୍ମୃତି ସମ୍ମାନ'ରେ ସମ୍ମାନିତ।

୩୧.	୨୦୦୭ ମସିହାରେ ନିଖିଳ ଭାରତୀୟ ବେତାର ପ୍ଲାଟିନମ୍ ଜୟନ୍ତୀ ସାହିତ୍ୟ ସମ୍ମାନରେ ସମ୍ମାନିତ।

ସାହିତ୍ୟରେ ରକ୍ତ ଗୋଲାପ ଫୁଟାଉଥିବା ବୁଲ୍‌ବୁଲ୍ ବୀଣାପାଣି ଏହିପରି ବହୁ ପୁରସ୍କାରରେ ସମ୍ମାନିତ ହୋଇଛନ୍ତି। ଖ୍ୟାତିପାଇଁ ପୁରସ୍କାର ପ୍ରାପ୍ତି ଆଶାରେ ବ୍ୟସ୍ତ ରହିଲେ ସ୍ରଷ୍ଟାର ସୃଷ୍ଟି କଳାତ୍ମକ ହୁଏ ନାହିଁ ବୋଲି ମନେକରୁଥିବା ବୀଣାପାଣିଙ୍କର ପୁରସ୍କାର ପ୍ରାପ୍ତିର ଆଶା କେବେବି ନଥିଲା। ପରନ୍ତୁ ବାଣୀ ଆରାଧନା ପାଇଁ ସେ ପାଇଥିଲେ ନବଜନ୍ମ; ନୂଆ ପରିଚିତି। ସାହିତ୍ୟମନସ୍କ ହେବା ଯେମିତି ତାଙ୍କପାଇଁ ଥିଲା ଅମୃତ ଆହ୍ୱାନ। ଉତ୍ତର ସତୁରୀରେ ପଦାର୍ପଣ କରି ଏବେବି ସାହିତ୍ୟ ସାଧନାରେ ମଗ୍ନ ବୀଣାପାଣି କହନ୍ତି – "ତନ୍ଦ୍ରାହତରୁ ପାଟଦେଇ କିମ୍ବା ବହ୍ନି ବଳୟରୁ ଜନ୍ମାନ୍ତର ମୋ ଜୀବନର ଶେଷ କଥା ନୁହେଁ, ଯେମିତି ମାଟିର, ଆକାଶର, ପାଣିପବନର ଶେଷକଥା ନାହିଁ।"[୯] ଓଡ଼ିଆ ସାହିତ୍ୟରେ ବୀଣାପାଣିଙ୍କ ସ୍ଥାନ ଯେ ସ୍ୱତନ୍ତ୍ର, ଏଥିରେ ସନ୍ଦେହର ଅବକାଶ ନାହିଁ। ତାଙ୍କର ନିରବଧି ସାହିତ୍ୟ ସାଧନା ତାଙ୍କୁ ଚିରକାଳ ଅମର ରଖିବ।

ଫୁଲର ମହକ, ଜହ୍ନର ଜୋଛନା, ଚନ୍ଦନର ସୁବାସ ପରି ପ୍ରତିଭାଧାରୀ ବ୍ୟକ୍ତି ସ୍ୱକୀୟ ପ୍ରତିଭାରେ ଅନ୍ୟକୁ ଚମତ୍କୃତ କରିଦେଇଥାନ୍ତି ।

Doing easily what others find difficult is tallent, doing what is impossible for tallent is genious । ଯାହାକୁ ଅତି କଷ୍ଟରେ ଅନ୍ୟମାନେ କରିପାରନ୍ତି ତାହା ହେଉଛି ଦକ୍ଷତା, ଦକ୍ଷତା ଯାହାକୁ ଅସମ୍ଭବ ବୋଲି ମନେକରେ ତାହା ହେଉଛି ପ୍ରତିଭା ।[୧୦] ସେହିପରି ଅସାଧାରଣ ପ୍ରତିଭାସମ୍ପନ୍ନ ସାହିତ୍ୟିକା ହେଲେ ବୀଣାପାଣି ମହାନ୍ତି ।

■

## ଦ୍ୱିତୀୟ ପରିଚ୍ଛେଦ

# କବୟିତ୍ରୀ ବୀଣାପାଣି ମହାନ୍ତି

ହୃଦୟର କଥା କହେ କବିତା। ଭଲ କବିତାଟିଏ ପାଠକକୁ ଏତେ ବିମୁଗ୍ଧ କରିଦିଏ ଯେ କବି ପାଲଟିଯାଏ ତା'ର ପରମ ଆତ୍ମୀୟ। ସାହିତ୍ୟର ଆଦ୍ୟ ଓଁକାର ଶୁଣାଯାଇଥିଲା କବିତାରେ । କବିତାରେ ହିଁ ପ୍ରକାଶ ପାଇଥିଲା ବ୍ୟଥିତ କବିପ୍ରାଣର ପ୍ରଥମ ଅଭିବ୍ୟକ୍ତି ଶ୍ଳୋକହୋଇ । କବିତାର ପଦଲାଳିତ୍ୟ ଶ୍ରୋତାର କର୍ଣ୍ଣ, ମନ ଓ ହୃଦୟକୁ ଗଭୀର ରସାନନ୍ଦରେ ପ୍ଲାବିତ କରିବାକୁ ସକ୍ଷମ ହୋଇଥାଏ । ତେଣୁ କବିତାର ସ୍ଥାନ ସବୁଠୁ ଉର୍ଦ୍ଧ୍ୱରେ।

**କବିତାର ସଂଜ୍ଞା, ସ୍ୱରୂପ ଓ ପ୍ରକାରଭେଦ:**

ସାଧାରଣ ଜଗତଠାରୁ କବିର ଜଗତ ଭିନ୍ନ। ସାଧାରଣରେ ଏହା କଳ୍ପନାତୀତ। ମାତ୍ର କବି ସେଇ କଳ୍ପଲୋକର ଅଧିବାସୀ। କବିତା କବି ହୃଦୟର କମନୀୟ କଳାତ୍ମକ ଅଭିବ୍ୟକ୍ତି। ପ୍ରେମ, ଈଶ୍ୱର ଓ ସମୟକୁ ନିର୍ଦ୍ଦିଷ୍ଟ ସଂଜ୍ଞାରେ ବାନ୍ଧି ନହେଲା ପରି କବିତାକୁ ମଧ୍ୟ କୌଣସି ନିର୍ଦ୍ଦିଷ୍ଟ ସଂଜ୍ଞାରେ ଆବଦ୍ଧ କରାଯାଇ ନପାରେ। ଉଭୟ ପ୍ରାଚ୍ୟ ଓ ପାଶ୍ଚାତ୍ୟ ଆଳଙ୍କରିକ ତଥା ସମାଲୋଚକ କବିତାର ବିଭିନ୍ନ ସଂଜ୍ଞା ନିରୂପଣ କରିଛନ୍ତି। ପ୍ରାଚ୍ୟ ସାହିତ୍ୟରେ ଆଚାର୍ଯ୍ୟ ବାମନ 'ରୀତି'କୁ କାବ୍ୟର ଆତ୍ମାଭାବେ ଗ୍ରହଣ କରିଥିଲା ବେଳେ ଆନନ୍ଦବର୍ଦ୍ଧନ 'ବ୍ୟଙ୍ଗ୍ୟାର୍ଥକୁ' କାବ୍ୟର ଶ୍ରେଷ୍ଠ ଲକ୍ଷଣ ବୋଲି କହିଛନ୍ତି। କ୍ଷେମେନ୍ଦ୍ର ଔଚିତ୍ୟକୁ କାବ୍ୟର ଆତ୍ମା ବୋଲି ସ୍ୱୀକାର କରୁଥିଲାବେଳେ ବିଶ୍ୱନାଥ କବିରାଜ ରସକୁ କାବ୍ୟର ଆତ୍ମା ବୋଲି କହନ୍ତି। "ସାହିତ୍ୟ ଦର୍ପଣରେ ବିଶ୍ୱନାଥ କବିରାଜ 'ବାକ୍ୟଂ ରସାତ୍ମକ କାବ୍ୟ' ଅର୍ଥାତ୍ 'ରସସ୍ରାବୀ ବାକ୍ୟ ହିଁ କାବ୍ୟ' ବୋଲି ଯାହା କହିଛନ୍ତି ତାହା କାବ୍ୟର ଶ୍ରେଷ୍ଠତମ ସଂଜ୍ଞାଭାବେ ସ୍ୱୀକୃତି ଲାଭ କରିଛି ।[୧]"

ପ୍ରାଚ୍ୟ ଆଳଙ୍କରିକଙ୍କ ପରି ପାଶ୍ଚାତ୍ୟ ଆଲୋଚକମାନେ ମଧ୍ୟ କବିତାର ବିଭିନ୍ନ ସଂଜ୍ଞା ନିରୂପଣ କରିଛନ୍ତି। ସକ୍ରେଟିସ୍, ପ୍ଲାଟୋ, ଆରିଷ୍ଟୋଟଲ୍ ପ୍ରଭୃତି କବିତା ସଂପର୍କରେ ଭିନ୍ନ ଭିନ୍ନ ମତ ପ୍ରଦାନ କରିଛନ୍ତି। ସେହିପରି ଡଃ ଜନ୍‌ସନ୍, କାର୍ଲାଇଲ୍, ସେଲି, କଲରିଜ୍ ପ୍ରମୁଖ ପାଶ୍ଚାତ୍ୟ କବିଗଣ କବିତାର ବିଭିନ୍ନ ସଂଜ୍ଞା ନିରୂପଣ କରିଛନ୍ତି। କବି କଲରିଜ କହନ୍ତି – "କବିତା ହେଉଛି ଉତ୍ତମ ଶବ୍ଦମାନଙ୍କର ଉପଯୁକ୍ତ ସହାବସ୍ଥାନ।" [୨] କଳ୍ପନା

ଓ ବାସ୍ତବତାର ମଧୁର ସମନ୍ୱୟ ହେଉଛି କବିତା। ଜୀବନକୁ ବିଶ୍ଳେଷଣ କରିପାରେ କବିତା। କବିତା ପୁଣି ଶକ୍ତିଶାଳୀ ଅନୁଭୂତିର ସ୍ୱତଃସ୍ଫୂର୍ତ୍ତ ପରିପ୍ରକାଶ। ଏଡ୍‌ଗାର ଆଲେନ୍ ପୋ କବିତାର ସଂଜ୍ଞା ନିରୂପଣ କରି କହନ୍ତି - "କବିତା ହେଉଛି ସଂଗୀତର ଛନ୍ଦମୟ ପ୍ରକାଶ"।[୩] ଶବ୍ଦର ଏକ ଯାଦୁକରୀ ଶିଳ୍ପ ହେଉଛି କବିତା। କବିତାରେ ଅରୂପ ରୂପଲାଭ କରିପାରେ। କବିତା କୁତ୍ସିତକୁ ଲାବଣ୍ୟ କରିପାରେ, ନଗଣ୍ୟକୁ ପ୍ରତିଷ୍ଠା ଦେଇପାରେ, ତେଣୁ କବିତା ହେଉଛି ସୌନ୍ଦର୍ଯ୍ୟର ଛାନ୍ଦସିକ ସୃଷ୍ଟି। କବିତା ସଂପର୍କରେ ମତ ଦେଇ କାର୍ଲାଇଲ୍ କହନ୍ତି - "ସଂଗୀତମୟ ଭାବନା ଛଡ଼ା କବିତା ଅନ୍ୟ କିଛି ନୁହେଁ।" [୪] କାଳିରେ ଲେଖାଯାଏନି କାଳର କବିତା। ସମୟର ଲହୁ ଲୁହରେ ଲେଖିବାକୁ ହୁଏ କବିତା। କବିତାରେ ଭାବ ହିଁ ମୁଖ୍ୟ। କବି ଟି. ଏସ୍. ଏଲିଅଟ୍‌ଙ୍କ ମତରେ - "Poetry is the engineer of human soul"। [୫]

କବିତା ସଂପର୍କରେ ମତ ଦେଇ ଡଃ ନୃସିଂହ ଷଡଙ୍ଗୀ କହନ୍ତି - "କବିତା ମଣିଷ ମନର ଏକ ଗୀତିମୟ ଅଭିବ୍ୟକ୍ତି। ଯେ କୌଣସି ବସ୍ତୁକୁ ନେଇ କବିତା ଲେଖାଯାଇପାରେ। ମାତ୍ର ସମସ୍ତେ ବା ସବୁ ସମୟରେ କବିତା ଲେଖିହୁଏ ନାହିଁ କାରଣ ଏହା ଏକ ଦିବ୍ୟ ଅନୁଭୂତି, ଯାହାକି ସବୁ ସମୟରେ ଆସେନାହିଁ।"[୬] ସଂପ୍ରତି କାବ୍ୟ ଓ କବିତାକୁ ଅଲଗା ଅଲଗା ବିଚାର କରାଯାଉଛି। ବିଭିନ୍ନ ଘଟଣା ଚରିତ୍ର ପରିବେଶ ନାନା ଛାନ୍ଦ ତଥା ଦୀର୍ଘ ବିଷୟବସ୍ତୁକୁ ନେଇ କାବ୍ୟ ରଚିତ ହୋଇଥାଏ। କିନ୍ତୁ କବିତାର ଆକାର କ୍ଷୁଦ୍ର ଏବଂ ଏହା ଏକମାତ୍ର ଭାବକୁ ନେଇ ରଚିତ ହୋଇଥାଏ। ଆଙ୍ଗିକ ଓ ଆତ୍ମିକ ଦୃଷ୍ଟିକୋଣରୁ ଆଧୁନିକ କବିତା ଭିନ୍ନ।  କବିତାର ସଂଜ୍ଞା ନିରୂପଣ କରି କେହି କେହି କହନ୍ତି - "କବିତ୍ୱମୟ ପ୍ରାଣର ସ୍ୱତଃସ୍ଫୂର୍ତ୍ତ ଭାଷା ହିଁ କବିତା" [୭] କେତେକଙ୍କ ମତରେ କବିତା ଆମକୁ ମୋହମୁକ୍ତ କରେ ପୁଣି ଅନ୍ୟ କେହି କହନ୍ତି କବିତା ଆମକୁ ମୋହଗ୍ରସ୍ତ କରେ - [୮] କବିତାର ବାହ୍ୟରୂପ ସହିତ ତାର ଅନ୍ତରୂପ ଉପରେ ଗୁରୁତ୍ୱ ଆରୋପ କରି ପ୍ରଫେସର ବୈଷ୍ଣବ ଚରଣ ସାମଲ କହନ୍ତି 'କବିତାର ସିଦ୍ଧି କେବଳ ତାର ଶରୀର ସୌନ୍ଦର୍ଯ୍ୟ ନୁହେଁ - ଆତ୍ମାର ଐଶ୍ୱର୍ଯ୍ୟ ମଧ୍ୟ। ଯେଉଁ କବିତାରେ ରୂପକଳା (structure) ଓ ଭାବପକ୍ଷ (thought) କ୍ଷୀର ନୀର ନ୍ୟାୟରେ ସମନ୍ୱିତ ଓ ଯାହା ପାଠକର ମନ, ହୃଦୟ ଓ ବୁଦ୍ଧିକୁ ପ୍ରସାରିତ ଉଲ୍ଲସିତ ଓ ଉଦ୍‌ବୁଦ୍ଧ କରେ ତାହା ହିଁ ଉତ୍ତମ କବିତା"[୯] କବିତା କବି ହୃଦୟର ଉତୁରା ଆବେଗ; ପ୍ରାଣକୁ ମହକିତ କଲାଭଳି ବୁନ୍ଦାଏ ଅତର। ସଫଳ କବିତାର ସଂଜ୍ଞା ନିରୂପଣ କରି ଦୀପକ ମିଶ୍ର କହନ୍ତି - "କବିର ଅନୁଶୀଳନ ହେବ ସର୍ବପଥଗାମୀ। ଜଣେ ନିରପେକ୍ଷ ଦର୍ଶକ ଓ ନିର୍ଲିପ୍ତ ଅନିସନ୍ଧିତ୍ସୁ ହିସାବରେ ମାଟିର ଗନ୍ଧ, ଆକାଶର ବ୍ୟାପ୍ତି ମଣିଷ ଜୀବନର ସର୍ବମୟତା , ପଶୁପକ୍ଷୀର ସାବଲୀଳ ଜୀବନ

ସ୍ରୋତକୁ ନିଜ ଭିତରେ ଅନୁଭବ କରିବା ଏକାନ୍ତ ପ୍ରୟୋଜନ। କିନ୍ତୁ ନିର୍ଲିପ୍ତତାର ଅର୍ଥ ଅନାତ୍ମୀୟତା ନୁହେଁ, ସେ ସବୁଠି ଅଛି ଓ ସମସ୍ତଙ୍କୁ ସ୍ପର୍ଶ କରୁଛି ଅଥଚ ନିର୍ବିକାର ଭାବରେ ମଧ୍ୟ ସେଥିରୁ ଓହରି ଆସୁଛି। ଏଇ ଖେଳ ଏକ ରହସ୍ୟ କିନ୍ତୁ ଏହି ରହସ୍ୟର ଆଲୋଚନା ଅସମ୍ଭବ ଭାବରେ ଅବଚେତନ ମନକୁ ଆଚ୍ଛନ୍ନ କରି ରଖେ ଠିକ୍ ଏକ ନିଶା ପରି ଏବଂବିଧ ଅନୁଶୀଳନର ମାର୍ଗ ଯଦି ପରିମାର୍ଜିତ ହୁଏ, ହୁଏ ସମ୍ବେଦନଶୀଳ, ତାର ଜଠରୁ ଉତ୍ପନ୍ନ କବିତା ନିଶ୍ଚିତ ଭାବରେ ସଫଳ ହେବ, ଏହା କହିବା ବାହୁଲ୍ୟ । (୧୦)

"କବିତା ଏକ ଦୁର୍ଲ୍ଲଭ ଅନୁଭବ। ଏକ ଅଜ୍ଞାତ ଅପାସୋରା ଆଲୋଡନ ଯାହା ଅଦୃଶ୍ୟ କଳାପଟାରେ ଲେଖାହୋଇ ରହିଥାଏ ଅଲିଭା କାଳିରେ ନିତ୍ୟ ଚେତନାର ଇଲାକାରେ। କେଉଁ କେଉଁ ସମୟଖଣ୍ଡରେ ତାହା ଆତ୍ମପ୍ରକାଶ କରେ, ଉନ୍ମୁକ୍ତ କରେ କେଉଁ ବିରଳ ଚୈତନ୍ୟକୁ ଏକ ଦିବ୍ୟ ମୁହୂର୍ତ୍ତରେ । ସେହି ବାଙ୍ମୟ ମୁହୂର୍ତ୍ତ ହିଁ ସର୍ଜନାର ସମୟ, କବିତା ଆବିର୍ଭାବର ଦୁର୍ଲ୍ଲଭ ଘଡି। ତାକୁ ସଂପୂର୍ଣ୍ଣ ସମର୍ପିତ ହୋଇ ସ୍ୱାଗତ କଲେ ତାହା ସକଳ ଐଶ୍ୱର୍ଯ୍ୟରେ ବିମଣ୍ଡିତ ହୋଇ ତାର ଉପସ୍ଥିତିକୁ ଜାହିର କରେ ଏବଂ ସଭିଙ୍କର ଆଦରଣୀୟ ହୁଏ, କବିତା ପାଠକରି ପାଠକ ଅନୁଭବ କରେ "The sweetness has entered into my soul and thou has filled all my being with joy" (Srima)। (୧୧) "କବିତା ମଣିଷର ସର୍ବମୂଳ ମହିମାର ଭାବଭୂମି ଓ ସେ ଭୂମିରେ ମଣିଷର ବିକାଶର ସ୍ୱପ୍ନ ମହଜୁଦ୍ ରହେ। ଜୀବନର ସମଗ୍ର ଭୂମି କବିତାର ଭୂମି ଏବଂ ସେ ସମଗ୍ରତାର ସଂଧାନ କବିର ଧର୍ମ। ସେହି ଧର୍ମ ପାଳନ କରିପାରିଥିଲେ କବି ଓ କବିତା ତ୍ରିକାଳଦର୍ଶୀ ହୁଏ।" (୧୨)

### କବିତାର ସ୍ୱରୂପ:

ଜୀବନର ସୁଖ ଦୁଃଖ ବ୍ୟଥା ବେଦନା ମଧ୍ୟରେ କବିତା ଜନ୍ମନିଏ। କବିତାର ଭାଷା କବି ହୃଦୟର ସ୍ୱତଃସ୍ଫୁର୍ତ୍ତ ଅଭିବ୍ୟକ୍ତି। ୱାର୍ଡସୱାର୍ଥଙ୍କ ମତରେ "ମନୁଷ୍ୟର ସ୍ୱାଭାବିକ ଅନଳଙ୍କୃତ ସରଳଭାଷା ହେଉଛି କାବ୍ୟର ପ୍ରକୃଷ୍ଟ ଭାଷା'(୧୩) ପ୍ରାଚୀନ କବିତାରେ ମଣିଷ ଭାଗ୍ୟ ଓ ଭଗବାନ୍‌ଙ୍କ ହାତରେ କ୍ରୀଡନକ ଥିଲା ମାତ୍ର ଆଧୁନିକ କବିତାରେ ମଣିଷ ତା' ଭାଗ୍ୟ ନିୟନ୍ତା। କବିତାର ଲକ୍ଷ୍ୟ କେବଳ ଆନନ୍ଦଦାନ ନୁହେଁ ଚିତ୍ତ ପ୍ରସାରଣ ମଧ୍ୟ। କବିତା ଦିବ୍ୟ ଭାବର ଅଭିବ୍ୟକ୍ତି। "କବିତାର ଲକ୍ଷ୍ୟ ହେଉଛି ରମଣୀୟ ରୂପସୃଷ୍ଟି ଯାହାକି ପାଠକକୁ ସୌନ୍ଦର୍ଯ୍ୟାତ୍ମକ ଆନନ୍ଦ ଦେଇପାରିବ" (୧୪) ପ୍ରାଚୀନ କାବ୍ୟ କବିତା ପରି ଆଜିର କବିତା ଦୀର୍ଘ ନୁହେଁ। ସ୍ୱଳ୍ପ ଅଳଙ୍କାର ପରିହିତା ଆଜିର କବିତା ସୁନ୍ଦରୀ, ଭାବମୟୀ ଏବଂ ରୁଚିସଂପନ୍ନା। ଯୁଗ ପରିବର୍ତ୍ତନ ସହ କବିତାର

ସ୍ୱରୂପ ପରିବର୍ତ୍ତିତ ହୋଇଥାଏ। ଆଧୁନିକ କବିତା ଆଧୁନିକ ଜୀବନର ବାସ୍ତବ ଆଲେଖ୍ୟ। ଆଧୁନିକ ଓଡିଆ କବିତାର ସାର୍ଥକତା କବିର ଅନୁଭବ, ଅଭିଜ୍ଞତା ତଥା ଶବ୍ଦ ପ୍ରୟୋଗର ଦକ୍ଷତା ଉପରେ ନିର୍ଭର କରିଥାଏ। ସାମାଜିକ ଦାୟିତ୍ୱ ବହନ କରିବାରେ କବି ହେଉଛନ୍ତି ଅଗ୍ରଗାମୀ ସାରଥି।

**କବିତାର ପ୍ରକାର ଭେଦ:**

ବିଷୟବସ୍ତୁ ଦୃଷ୍ଟିରୁ କବିତାକୁ ମୁଖ୍ୟତଃ ଦୁଇ ଭାଗରେ ବିଭକ୍ତ କରାଯାଇଥାଏ। ବ୍ୟକ୍ତିନିଷ୍ଠ କବିତା ବା ମନ୍ମୟ କବିତା। ଅନ୍ୟଟି ବସ୍ତୁନିଷ୍ଠ କବିତା ବା ତନ୍ମୟ କବିତା।

**ବ୍ୟକ୍ତିନିଷ୍ଠ ବା ମନ୍ମୟ କବିତା:**

ଏହି କବିତା ଗୀତିକବିତାର ଅନ୍ତର୍ଗତ। କବିର ଭାବୋଚ୍ଛ୍ୱାସ ପ୍ରଣୋଦିତ-ଆତ୍ମାନୁଭୂତିମୂଳକ ସଂକ୍ଷିପ୍ତ ସଂଗୀତମୟ କବିତା ହେଉଛି ଗୀତିକବିତା। ଯେଉଁ କବିତାରେ କବି ହୃଦୟର ଅନୁଭୂତି, ଅଭିଜ୍ଞତା ତଥା ଏକାନ୍ତ ବ୍ୟକ୍ତିଗତ ଭାବନା ସ୍ଥାନ ପାଇଥାଏ ତାହାକୁ ବ୍ୟକ୍ତିନିଷ୍ଠ ବା ମନ୍ମୟ କବିତା କହନ୍ତି। ଏହି କବିତା ଆତ୍ମନିଷ୍ଠ। ବ୍ୟକ୍ତିନିଷ୍ଠ କବିତା ପୁଣି ବିଭିନ୍ନ ପର୍ଯ୍ୟାୟରେ ବିଭକ୍ତ। ଚିନ୍ତାମୂଳକ, ଭକ୍ତିମୂଳକ, ସ୍ୱଦେଶପ୍ରୀତି ମୂଳକ, ପ୍ରେମ ମୂଳକ, ପ୍ରକୃତି ଧର୍ମୀ, ଶୋକଗୀତି, ସନେଟ୍ ବା ଚତୁର୍ଦ୍ଦଶପଦୀ କବିତା, ସମ୍ବୋଧ ଗୀତିକା ଏବଂ ଲଘୁ ବୈଠକୀ କବିତା।

**ବସ୍ତୁନିଷ୍ଠ କବିତା:**

ବ୍ୟକ୍ତିନିଷ୍ଠ କବିତା ପରି ବସ୍ତୁନିଷ୍ଠ ବା ତନ୍ମୟ କବିତାରେ କବି ପ୍ରତ୍ୟକ୍ଷ ଭାବରେ ଆତ୍ମପ୍ରକାଶ କରିପାରିନଥାଏ। ଏହି କବିତାରେ ବସ୍ତୁସତ୍ତା ଏବଂ ସେହି ସମ୍ବନ୍ଧୀୟ କବିର ଅଭିଜ୍ଞତା ପ୍ରକାଶ ପାଇଥାଏ। ବସ୍ତୁନିଷ୍ଠ କବିତା ମଧ୍ୟ ବିଭିନ୍ନ ଭାବରେ ବିଭକ୍ତ। ଯଥା :- ଗାଥା କବିତା, ମହାକାବ୍ୟ, ନୀତି କବିତା, ରୂପକ କବିତା, ବ୍ୟଙ୍ଗ କବିତା, ନାନାବାୟା ଗୀତ ଏବଂ ଲଳିକା। ସବୁକାଳରେ କବିତାର ସ୍ୱରୁପ ଅପରିବର୍ତ୍ତିତ ରହିପାରେ ନାହିଁ ତେଣୁ କବିତାର ସ୍ୱରୂପ ଆଧୁନିକ କାଳରେ ପରିବର୍ତ୍ତିତ ହୋଇଛି।

**ଆଧୁନିକ ଓଡିଆ କବିତାର ଧାରା:**

ରୀତି ଓ ଗୀତିଯୁଗର ଅବସାନ ପରେ ଓଡିଆ କାବ୍ୟସାହିତ୍ୟର ଧାରା ପରିବର୍ତ୍ତିତ ହୋଇଛି। ଉଭୟ ଆଙ୍ଗିକ ଓ ଆତ୍ମିକ ଦିଗରୁ କବିତାରେ ପରିବର୍ତ୍ତନ ସଂଗଠିତ

ହୋଇଛି । ୧୮୬୬ ମସିହାର ନ'ଅଙ୍କ ଦୁର୍ଭିକ୍ଷ, ୧୮୬୮ ମସିହାର ଭାଷା ବିଲୋପ ଆନ୍ଦୋଳନ, ଇଂରେଜ ଶିକ୍ଷା ସଭ୍ୟତାର ପ୍ରଚାର ପ୍ରସାର ଫଳରେ ଓଡିଆ ସାହିତ୍ୟର ଉନ୍ମେଷ ସମ୍ଭବ ହୋଇପାରିଥିଲା । ମୁଦ୍ରଣଯନ୍ତ୍ରର ଉଦ୍‌ଭାବନ ସାଙ୍ଗକୁ ବିଭିନ୍ନ ପତ୍ର ପତ୍ରିକାର ପ୍ରକାଶନ ଓଡିଆ ସାହିତ୍ୟର ଉନ୍ମେଷ ଓ ବିକାଶକୁ ତ୍ୱରାନ୍ୱିତ କରିପାରିଥିଲା । ପ୍ରାଚୀନତା ଓ ନୂତନତା ମଧ୍ୟରେ ଏ ଯୁଗ ଥିଲା ସମନ୍ୱୟର ଯୁଗ । ରାଧାନାଥ ରାୟ ଥିଲେ ଏହି ସମନ୍ୱିତ ଚିନ୍ତାଧାରାର ପଟ୍ଟପୁରୋଧା । ଊନବିଂଶ ଶତାବ୍ଦୀର ଶେଷ (ତ୍ରିଦଶକରୁ) ଆଧୁନିକ ଓଡିଆ କବିତାର ସୃଷ୍ଟି ହୋଇଛି ବୋଲି କୁହାଯାଇପାରେ । ରାଧାନାଥଙ୍କୁ ଏହି ଯୁଗର ସ୍ରଷ୍ଟା ଭାବେ ଗ୍ରହଣ କରାଯାଇଥାଏ । ଯୁଗସ୍ରଷ୍ଟା ରାଧାନାଥ ଥିଲେ ଆଧୁନିକ ଓଡିଆ କବିତାରେ ନୂତନତାର ଆବାହକ ତଥା ଅମିତ୍ରାକ୍ଷର ଛାନ୍ଦର ପ୍ରଥମ ପ୍ରବକ୍ତା । ପାରମ୍ପରିକ ରକ୍ଷଣଶୀଳତାର ନିଗଡରୁ ଓଡିଆ କବିତାକୁ ମୁକ୍ତ କରି ସେଥିରେ ସେ ଭରିଦେଲେ ନୂତନ ପ୍ରାଣସ୍ପନ୍ଦନ । ପ୍ରାଚ୍ୟ ଜଗତର ଭାବଧାରାକୁ ପାଶ୍ଚାତ୍ୟ ସାହିତ୍ୟର ଶିଳ୍ପରୀତି ସହିତ ମିଶାଇ ରାଧାନାଥ ସୃଷ୍ଟି କଲେ ଓଡିଆ ସାହିତ୍ୟରେ ନୂତନ କାବ୍ୟଧାର । ଆହରଣ ଓ ସମୀକରଣରେ ମୌଳିକତା ଓ ଅପୂର୍ବ ସାମଞ୍ଜସ୍ୟ ତଥା ଟ୍ରାଜେଡି କାବ୍ୟ ରଚନା ଥିଲା ତାଙ୍କ କାବ୍ୟିକ ପ୍ରତିଭାର ବିଶେଷତ୍ୱ ସୌନ୍ଦର୍ଯ୍ୟର ଅନନ୍ୟ ରୂପକାର ରାଧାନାଥଙ୍କ ରଚିତ 'ଚିଲିକା', 'ମହାଯାତ୍ରା', 'ଦରବାର', 'ଉଷା', 'ପାର୍ବତୀ', 'କେଦାରଗୌରୀ', 'ନନ୍ଦିକେଶ୍ୱରୀ' ଆଦି ଓଡିଆ କାବ୍ୟ ସାହିତ୍ୟକୁ ଏକ ଏକ ଉଲ୍ଲେଖ ଯୋଗ୍ୟ ସୃଷ୍ଟି । କବିତାର ଭାବ, ଭାଷା, ଶୈଳୀରେ ନୂତନତ୍ୱ ପ୍ରକାଶ ପାଇଥିବାରୁ ଏହି ଯୁଗକୁ ଆଧୁନିକ ଯୁଗ ନାମରେ ଅଭିହିତ କରାଯାଇଥାଏ ।

ରାଧାନାଥ ଯୁଗର ଅନ୍ୟତମ ସଫଳ କବି ହେଉଛନ୍ତି ଭକ୍ତକବି ମଧୁସୂଦନ ରାଓ । ତାଙ୍କ ରଚିତ କବିତାରେ ବହ୍ମବାଦୀ ଚିନ୍ତାଧାରାର ପ୍ରତିଫଳନ ଘଟିଛି । 'କୁସୁମାଞ୍ଜଳି', 'ଛାନ୍ଦମାଳା', 'ବସନ୍ତ ଗାଥା', 'ସାହିତ୍ୟ କୁସୁମ' ଆଦି ତାଙ୍କ କବି ପ୍ରତିଭାର ଅପୂର୍ବ ନିଦର୍ଶନ । ଏହି ଯୁଗର ଅନ୍ୟଜଣେ ପ୍ରତିଭାସମ୍ପନ୍ନ କବି ଗଙ୍ଗାଧର ମେହେର । ପ୍ରାଚୀନ ଭାରତୀୟ ପରମ୍ପରାରେ ପରିପୁଷ୍ଟ ତାଙ୍କ କାବ୍ୟ  ଜଗତ; ସୃଜନ ସମ୍ଭାର । ଅନ୍ତଃପ୍ରକୃତି ସହିତ ବହିଃପ୍ରକୃତିର ସୁମଧୁର ସମନ୍ୱୟ ତାଙ୍କ ସୃଷ୍ଟିରେ ଭାସ୍ୱର । ତାଙ୍କ ଲେଖନୀ ନିସୃତ 'ତପସ୍ୱିନୀ', 'ପ୍ରଣୟବଲ୍ଲରୀ', 'ଇନ୍ଦୁମତୀ', 'ଉତ୍କଳ ଲକ୍ଷ୍ମୀ' 'ରସରତ୍ନାକର' ଆଦି ଓଡିଆ କାବ୍ୟ ସାହିତ୍ୟର ଶ୍ରୀବୃଦ୍ଧିରେ ସହାୟକ ହୋଇପାରିଛି । ପଲ୍ଲୀକବି ଭାବେ ପରିଚିତ ନନ୍ଦକିଶୋରଙ୍କ ରଚିତ 'ପଲ୍ଲୀଗୀତ', 'ନିର୍ଝରିଣୀ', 'ଶର୍ମିଷ୍ଠା' ଆଦି କାବ୍ୟ ଓଡିଆ ସାହିତ୍ୟକୁ ଅନବଦ୍ୟ ଅବଦାନ ।

ରାଧାନାଥ ଯୁଗପରେ ୧୯୧୦ ରୁ ୧୯୨୧ ମସିହା ମଧ୍ୟରେ ଏ ମାଟିର

କେତେଜଣ ବରପୁତ୍ର, ସାରସ୍ୱତ ସାଧକଙ୍କ ସ୍ୱଦେଶପ୍ରୀତି ଏବଂ ଜାତୀୟଭାବପୂର୍ଣ୍ଣ ସାହିତ୍ୟ ସୃଷ୍ଟି ଦ୍ୱାରା ଓଡ଼ିଆ ସାହିତ୍ୟରେ ସତ୍ୟବାଦୀ ଯୁଗର ଆବିର୍ଭାବ ହୁଏ । ଜାତି ଓ ଦେଶପ୍ରେମରେ ମଗ୍ନ ଥିଲା ଏହି ସତ୍ୟବାଦୀ ସାହିତ୍ୟ । ନୀଳକଣ୍ଠ ଦାସ, ଗୋପବନ୍ଧୁ ଦାସ, ଗୋଦାବରୀଶ ମିଶ୍ର, ଗୋଦାବରୀଶ ମହାପାତ୍ର ପ୍ରମୁଖ ଏହି ଯୁଗର ବରେଣ୍ୟ କବି । ଗୋପବନ୍ଧୁଙ୍କ 'ବନ୍ଦୀର ଆତ୍ମକଥା' 'କାରାକବିତା' 'ଧର୍ମପଦ' ଗୋମହାତ୍ମ୍ୟ, ନୀଳକଣ୍ଠଙ୍କ 'କୋଣାର୍କେ', 'ପ୍ରଣୟିନୀ', 'ଖାରବେଳ' ଗୋଦାବରୀଶ ମିଶ୍ରଙ୍କର 'ଆଲେଖିକା', 'କିଶଳୟ', 'ଚୟନିକା', ଗୋଦାବରୀଶ ମହାପାତ୍ରଙ୍କର 'କଣ୍ଟା ଓ ଫୁଲ', 'ବଙ୍କା ଓ ସିଧା', 'ଉଠ କଙ୍କାଳ', 'ପାହାଚତଳର ଘାସ' ଆଦି ସୃଷ୍ଟି ଓଡ଼ିଆ ସାହିତ୍ୟକୁ ସମୃଦ୍ଧ କରିପାରିଛି । ସତ୍ୟବାଦୀଯୁଗର ସମସାମୟିକ କବି ଭାବେ କୁନ୍ତଳାକୁମାରୀ, ବୀରକିଶୋର ଦାସ, ବାଞ୍ଛାନିଧି ମହାନ୍ତି, ମାୟାଧର ମାନସିଂହ,ଗଣକବି ବୈଷ୍ଣବପାଣି ଆଦିଙ୍କ ନାମ ଉଲ୍ଲେଖଯୋଗ୍ୟ । କୁନ୍ତଳାକୁମାରୀ ସାବତଙ୍କ ରଚିତ 'ଅଂଜଳି', 'ଉଚ୍ଛ୍ୱାସ', 'ଅର୍ଚ୍ଚନା', ବୀରକିଶୋର ଦାସଙ୍କ 'ସବୁଜସାଥୀ', 'ମୋହନବଂଶୀ', ବିଦ୍ରୋହୀ ବୀଣା, ମାୟାଧର ମାନସିଂହଙ୍କ 'ହେମଶସ୍ୟ', 'ହେମପୁଷ୍ପ', 'ଧୂପ', 'ସାଧବଝିଅ', 'କୋଣାର୍କ' ଆଦି କାବ୍ୟକବିତା ଓଡ଼ିଆ କାବ୍ୟସାହିତ୍ୟ ଅଗ୍ରଗତିରେ ବିଶେଷ ଭୂମିକା ଗ୍ରହଣ କରିଛି । ଜାତୀୟତା ବ୍ୟତୀତ ସମାଜସଂସ୍କାର, ଅନ୍ଧବିଶ୍ୱାସ ଦୂରୀକରଣ ଦିଗରେ ସତ୍ୟବାଦୀ ସାହିତ୍ୟଗୋଷ୍ଠୀ ସଚେତନ ଥିଲେ । ୧୯୨୧ରୁ ୧୯୩୫ ମସିହା ପର୍ଯ୍ୟନ୍ତ ସମୟକୁ ଓଡ଼ିଆ ସାହିତ୍ୟରେ "ସବୁଜଯୁଗ"ଭାବରେ ଗ୍ରହଣ କରାଯାଇଛି । କାଳିନ୍ଦୀ ଚରଣପାଣିଗ୍ରାହୀ, ଅନ୍ନଦାଶଙ୍କର ରାୟ,ବୈକୁଣ୍ଠନାଥ ପଟ୍ଟନାୟକ, ହରିହର ମହାପାତ୍ର, ଶରତ ମୁଖାର୍ଜୀ ପ୍ରମୁଖ ଥିଲେ ଏହିଯୁଗର ବିଶିଷ୍ଟ କବି ଓ ସାଧକ । ଯୁଗବୀଣା ପତ୍ରିକା ମାଧ୍ୟମରେ ବାଜିଉଠିଥିଲା ସବୁଜର ଶୁଭ ଶଙ୍ଖ ଧ୍ୱନି । ସବୁଜ କବିଙ୍କର ସୃଷ୍ଟିରେ କଳ୍ପନା ପ୍ରବଣତା ଓ ପଳାୟନବାଦୀ ଚିନ୍ତାଧାରା ମୁଖ୍ୟ ରୂପେ ସ୍ଥାନ ପାଇଥିଲା । କାଳିନ୍ଦୀଚରଣଙ୍କ 'ଲୋହିତବ୍ୟଥା', 'ତୁମେ ମୁକୁଳି ପଡ଼ଗୋ', ବୈକୁଣ୍ଠନାଥଙ୍କ 'କାବ୍ୟ ସଂଚୟନ', 'ଉତ୍ତରାୟଣ', ଅନ୍ନଦାଶଙ୍କରଙ୍କ 'ପ୍ରଳୟ ପ୍ରେରଣା', 'ସବୁଜଅକ୍ଷର', ଶରତ ମୁଖାର୍ଜୀଙ୍କ 'ପଞ୍ଚପୁଷ୍ପ' ଇତ୍ୟାଦି କବିତାରେ ସବୁଜ ଯୁଗୀୟ ପ୍ରବୃତ୍ତି ଓ ଆଭିମୁଖ୍ୟ ପ୍ରକାଶ ପାଇଛି ।

"ସବୁଜଯୁଗ" ପରେ ଓଡ଼ିଆ ସାହିତ୍ୟରେ ଦେଖାଦିଏ ପ୍ରଗତିଯୁଗ । ୧୯୩୬ ମସିହାରୁ ସ୍ୱାଧିନତା ପ୍ରାପ୍ତି ପର୍ଯ୍ୟନ୍ତ ସମୟକୁ ପ୍ରଗତିଯୁଗ ନାମରେ ଚିହ୍ନିତ କରାଯାଇଥାଏ । ଋଷ୍ ବିପ୍ଳବ, ମାର୍କ୍ସୀୟ ଚିନ୍ତାଧାରା ଯୋଗୁଁ ଓଡିଆ ସାହିତ୍ୟରେ ଏହି ନବଚେତନାର ଉନ୍ମେଷ ହୁଏ । ଶୋଷଣ ମୁକ୍ତ ସମାଜ ଗଠନପାଇଁ ଏ ସାହିତ୍ୟରେ ଥିଲା ଦୃପ୍ତ ଆହ୍ୱାନ । ଭାଗ୍ୟ, ଭଗବାନ୍, ଧର୍ମ ଓ ପରମ୍ପରାକୁ ବିରୋଧ କରେ ପ୍ରଗତି ସାହିତ୍ୟ । ବୈପ୍ଳବିକ ମାନବବାଦର

ଯୁଗ ଏହି ପ୍ରଗତି ଯୁଗର ପ୍ରଥମ ଅଗ୍ରଦୂତ ଥିଲେ ଭଗବତୀ ଚରଣ ପାଣିଗ୍ରାହୀ। ତାଙ୍କ ପଦାଙ୍କ ଅନୁକରଣ କରିଥିଲେ ପଦ୍ମଶ୍ରୀ କବି ସଚ୍ଚିଦାନନ୍ଦ ରାଉତରାୟ, ଅନନ୍ତ ପଟ୍ଟନାୟକ, ରାଧାମୋହନ ଗଡନାୟକ, ମନମୋହନ ମିଶ୍ର, ନିତ୍ୟାନନ୍ଦ ମହାପାତ୍ର, କୃଷ୍ଣ ଚନ୍ଦ୍ର ତ୍ରିପାଠୀ, କୁଂଜବିହାରୀ ଦାଶ ଆଦି କେତେ ସାରସ୍ୱତ ସାଧକ। ଏହି ସମୟର କବିତାର ଆଙ୍ଗିକ ଆତ୍ମିକରେ ଆସିଥିଲା ପରିବର୍ତ୍ତନ। କବିତାରେ ନୂତନଭାଷାରୀତି, ନୂତନ ଉପମା, ରୂପକର ପ୍ରୟୋଗ, ଗଦ୍ୟଛନ୍ଦର ବ୍ୟବହାର, ବାକ୍‌ରୀତି ସହ କାବ୍ୟରୀତିର ଅପୂର୍ବ ମିଳନ ଘଟାଇ ନିଜ କ୍ରାନ୍ତିକାରୀ କବି ପ୍ରତିଭାର ପରିଚୟ ଦେଇଛନ୍ତି ସଚ୍ଚି ରାଉତରାୟ। 'ଅଭିଯାନ', 'ବାଜି ରାଉତ', 'ପଲ୍ଲିଶ୍ରୀ', 'ପାଣ୍ଡୁଲିପି' ଆଦି କବିତା ପଲ୍ଲୀ ପ୍ରବଣତା, ରୋମାଣ୍ଟିକ୍ ଚିନ୍ତାଧାରା ତଥା ପ୍ରଗତିଶୀଳ ଚେତନାକୁ ନେଇ ରଚିତ ହୋଇଛି। ସ୍ୱାଧୀନତା ପରବର୍ତ୍ତୀ ସମୟରେ ତାଙ୍କ ଅଭିନବ କବିତ୍ୱର ପରିଚୟ ଦେଇଛି 'ସ୍ୱଗତ', 'ଅଭିଜ୍ଞାନ', 'ପାଥେୟ', 'ହସନ୍ତ', 'କବିତା- ୧୯୬୨', 'କବିତା ୧୯୬୯', 'କବିତା ୧୯୭୧', 'କବିତା ୧୯୭୪' ଇତ୍ୟାଦି। ବିପ୍ଳବୀ କବି ଅନନ୍ତ ପଟ୍ଟନାୟକଙ୍କ ରଚିତ 'ଶାନ୍ତି-ଶିଖା', 'ରକ୍ତ ଶିଖା', 'ତର୍ପଣ କରେ ଆଜି', 'ଅ-ଋତୁ ଋତୁ' ପ୍ରଭୃତି କବିତାରେ ଶୋଷଣମୁକ୍ତ ସମାଜପାଇଁ ରହିଛି ଆହ୍ୱାନ। ମନମୋହନ ମିଶ୍ରଙ୍କ ପଞ୍ଚଜନ୍ୟ, କାଳରତ୍ରି, କୃଷ୍ଣଚନ୍ଦ୍ର ତ୍ରିପାଠୀଙ୍କ 'ଆହୁତି', 'ଅଗ୍ନିଶଙ୍ଖ', 'ମାଟିଦୀପ', କୁଂଜବିହାରୀ ଦାଶଙ୍କ 'ପ୍ରଭାତୀ', 'ବୀରଶ୍ରୀ', 'ମାଟି ଓ ଲାଠି', 'ନବମାଳିକା' ଆଦି କବିତାରୁ ପ୍ରଗତିଶୀଳ ଚେତନାର ପରିଚୟ ମିଳେ। ଏହା ବ୍ୟତୀତ ରଘୁନାଥ ଦାସ, ସୁନନ୍ଦ କର, ବୀରକିଶୋର ଦାସ, ବାଞ୍ଛାନିଧି ମହାନ୍ତି ଆଦି କବି ଦଳିତ ଓ ନିଷ୍ପେଷିତ ଜନତାର ପ୍ରତିନିଧି ସାଜି କବିତାର ସୃଜନ ବୀଣାରେ ବିଦ୍ରୋହ ଓ ବିପ୍ଳବର ସ୍ୱର ଝଙ୍କାର ତୋଳିଥିଲେ। ୧୯୫୦ ମସିହା ବେଳକୁ ଗାନ୍ଧିବାଦ, ମାର୍କସବାଦୀ ଦୃଷ୍ଟିଭଙ୍ଗୀ ପ୍ରାୟତଃ ଓଡିଆ କବିତା ରାଜ୍ୟରୁ ତିରୋହିତ ହୋଇଯାଇଥିଲା। ସ୍ୱାଧୀନତା ପ୍ରାପ୍ତି ପରେ ବ୍ୟକ୍ତିକୈନ୍ଦ୍ରିକ ଦୃଷ୍ଟିଭଙ୍ଗୀ କବିତାକୁ ଆଛନ୍ନ କଲା। ଫଳସ୍ୱରୂପ ଅବକ୍ଷୟୀ ଚିନ୍ତାଧାରା, ବିଭଙ୍ଗ ରାଜନୀତି, ବ୍ୟକ୍ତିବାଦୀ ନିଃସଙ୍ଗତା, ଅସହାୟତା, ଜୀବନ-ଯନ୍ତ୍ରଣା ଆଦି ବିଭିନ୍ନ ଭାବ କବିତାକୁ ଆବୋରି ବସିଲା। ଏହି ସମୟର କବିତାରେ ଜୀବନ ପ୍ରତି ଆତ୍ମିକ ଓ ଅଧିକ ବସ୍ତୁବାଦୀ ମନୋଭାବ ପ୍ରକାଶ ପାଇଲା। ଏହି ମିଶ୍ରିତ କାବ୍ୟ ଚେତନାର ରୂପକାର ଭାବରେ ନୀଳନିଥର କବି ଗୁରୁପ୍ରସାଦ ମହାନ୍ତି, ରମାକାନ୍ତ ରଥ, ଭାନୁଜୀ ରାଓ, ସୀତାକାନ୍ତ ମହାପାତ୍ର, ବେଣୁଧର ରାଉତ, ଚିନ୍ତାମଣି ବେହେରା, ଦୀପକ ମିଶ୍ର ଆଦି କବିଙ୍କୁ ଦେଖିବାକୁ ମିଳିଲା। ଦୁଇ ଦୁଇଟା ବିଶ୍ୱଯୁଦ୍ଧ, ବାସ୍ତବବାଦୀ ଚିନ୍ତାଧାରା, ସ୍ଥିତିବାଦୀ ଦର୍ଶନ, ଫ୍ରଏଡୀୟ ମନସ୍ତାତ୍ତ୍ୱିକ ବିଶ୍ଳେଷଣ କବିତାରେ ରୂପ ପାଇଲା। ପ୍ରତୀକ, ଚିତ୍ରକଳ୍ପ ଓ ମିଥର ପ୍ରୟୋଗ ହେତୁ କବିତାର ଆଙ୍ଗିକ ପରିବର୍ତ୍ତନ ସଂଗଠିତ ହେଲା।

ପରିବର୍ତ୍ତନଶୀଳତାର ବହୁ ପରୀକ୍ଷା ନିରୀକ୍ଷା ମଧ୍ୟ ଦେଇ କବିତା କଳ୍ପଲତା ଗତି କରୁଥିବା ବେଳେ କବୟିତ୍ରୀ ବୀଣାପାଣିଙ୍କ କବିତା ଆମର ବିଚାର୍ଯ୍ୟ।

**କବିତା ରଚନାର ଅଙ୍କୁରୋଦ୍‌ଗମ:**

ଆଧୁନିକ ଓଡିଆ କବିତା କାନନରେ ବୀଣାପାଣିଙ୍କ କବିତାକୃତି ହେଉଛି ସୁରଭିତ କୁସୁମ। କଥାକାର ଭାବରେ ପରିଚିତ ବୀଣାପାଣିଙ୍କ କବିପଣ ଅନେକ ସମୟରେ ପାଠକଙ୍କ ନିକଟରେ ଲୁକ୍‌କାୟିତ ହୋଇ ରହିଯାଏ। ତେବେ ବୀଣାପାଣିଙ୍କ କବିତା ସଂକଳନ 'ଆସିବାର ବେଳ' ୧୯୯୮ ମସିହା ଫେବୃଆରୀ ମାସରେ ଭୁବନେଶ୍ୱରର ପଶ୍ଚିମା ପବ୍ଲିକେଶନ ଦ୍ୱାରା ପ୍ରକାଶ ପାଇଥିଲା। ଏଥିରେ ସଂକଳିତ ହୋଇଥିବା କବିତା ଗୁଡିକ ପ୍ରାୟ ତିରିଶ ବର୍ଷତଳୁ 'ଝଙ୍କାର', 'ଆସନ୍ତାକାଲି', 'ଡଗର' ଆଦି ବିଭିନ୍ନ ପତ୍ରପତ୍ରିକାରେ ପ୍ରକାଶିତ ହୋଇ ସାରିଥିଲା। ବୀଣାପାଣିଙ୍କର ସାହିତ୍ୟିକ ପ୍ରତିଭାର ପରିପ୍ରକାଶ ପ୍ରଥମେ କବିତାରୁ ହିଁ ହୋଇଥିଲା। କବିତା ରଚନାର ଅଙ୍କୁର ଯେ ତାଙ୍କ ଗାଳ୍ପିକା ଜୀବନର ମହାଦ୍ରୁମ ପାଇଁ ବାଟ କଢାଇଥିଲା, ଏହା ନିଃସନ୍ଦେହ। ଶତାଧିକ କବିତାର ଜନନୀ ବୋଲି କବୟିତ୍ରୀ ନିଜେ ସ୍ୱୀକାର କରି କହନ୍ତି – "ମଣିଷର ଏକ ନିର୍ଦ୍ଦିଷ୍ଟ ବୟସ ଓ ସମୟ ଥାଏ। ଯେତେବେଳେ କବିତା ଲେଖିବାକୁ ମନ ହୁଏ। ଅନେକଙ୍କ ଜୀବନରେ କବିତାର ଜୁଆର ଜୀବନର ଭଟ୍ଟା ପର୍ଯ୍ୟନ୍ତ ଅବ୍ୟାହତ ରହେ। ଅଧିକାଂଶ ସମୟରେ ଭଟ୍ଟା ପଡିଯାଏ। ମୁଁ ପ୍ରଥମ ଅବସ୍ଥାରେ ବହୁ କବିତା ଲେଖିଥିଲି ଓ କବି ହେବାପାଇଁ ମୋର ପ୍ରବଳ ଇଚ୍ଛାଥିଲା। ମାତ୍ର ପାଠକ ଓ ସଂପାଦକଙ୍କ ଦାବିକୁ ସ୍ୱୀକାର କରି ମୁଁ କବିତାକୁ ବାଦ୍ ଦେଇ ଗଳ୍ପ ଲେଖିବା ସ୍ଥିର କଲି"।[୧୫]

ପ୍ରଜାତନ୍ତ୍ରର ନାରୀ ବିଭାଗରେ ତାଙ୍କର ପ୍ରଥମ କବିତା "ତନ୍ଦ୍ରାହତ" ପ୍ରକାଶ ପାଇଥିଲା। 'ଆସିବାର ବେଳ' ତାଙ୍କ ରଚିତ ଏକମାତ୍ର କବିତା ସଂକଳନ। ନିଜର କବିତା ସଂପର୍କରେ ବୀଣାପାଣି କହନ୍ତି – "କବିତା ମଧ୍ୟରେ ନିଜ ମନର ଘାତ ପ୍ରତିଘାତ ଓ ଦ୍ୱନ୍ଦ୍ୱକୁ ମୁଁ ପ୍ରଥମ ଅବସ୍ଥାରେ ସ୍ଥାନ ଦେଇଥିଲି। କେତେକ କବିତା ବେଶ୍ ରୋମାଣ୍ଟିକ୍ ମଧ୍ୟ ଥିଲା। ପରେ ସମାଜ ଓ ଜୀବନ ପ୍ରତି ସଚେତନ ଓ ଏକନିଷ୍ଠ ହୋଇ ମୁଁ କବିତା ଲେଖୁଥିଲି। ପ୍ରଥମ ଆଭିମୁଖ୍ୟଥିଲା ଯେପରି କବିତା ଗୁଡିକ ପାଠକର ହୃଦୟକୁ ସ୍ପର୍ଶ କରିବ। ପରବର୍ତ୍ତୀ ପର୍ଯ୍ୟାୟରେ ସେମାନଙ୍କ ମନରେ କିଛିଟା ପ୍ରଶ୍ନ, କିଛିଟା ତୃଷ୍ଣା ସୃଷ୍ଟି କରିବା ନିମିତ୍ତ ମୁଁ କବିତା ଲେଖୁଥିଲି।[୧୬] କବିତାକୁ ନେଇ ପ୍ରଥମକରି ସାହିତ୍ୟ ରାଜ୍ୟରେ ପାଦ ଥାପିଥିବା ବୀଣାପାଣିଙ୍କର ସୃଜନ ପ୍ରତିଭା ପରବର୍ତ୍ତୀ ସମୟରେ କ୍ଷୁଦ୍ରଗଳ୍ପରେ ଅଧିକ ପରିବ୍ୟାପ୍ତ ତଥା ବିସ୍ତୃତ ହୋଇପାରିଥିଲା। ମାତ୍ର କବି ନିଜର ପ୍ରଥମପ୍ରେମକୁ ଭୁଲି

ପାରିନଥିଲେ । ସେଥିପାଇଁ ବିଭିନ୍ନ ପତ୍ର ପତ୍ରିକାରେ ପ୍ରକାଶିତ ହୋଇଥିବା କବିତା ଗୁଡିକୁ ଏକାଠି କରି ପ୍ରକାଶ କଲେ ଏକମାତ୍ର କବିତା ପୁସ୍ତକ 'ଆସିବାର ବେଳ' । ଷାଠିଏଟି ମନଛୁଆଁ କବିତାରେ କବି ଜୀବନର ସୁଖ ଦୁଃଖ ମିଶ୍ରିତ ଅନୁଭୂତିହିଁ ସ୍ଥାନ ପାଇଛି । କୈଶୋର ଜୀବନର କୌତୁହଳ, ଯୌବନର ଆବେଗ ପ୍ରବଣତା ଏହି କବିତା ଗୁଡିକରେ ପ୍ରତିଫଳିତ ହୋଇଛି । କବିଙ୍କର ଏହି ଷାଠିଏଟି କବିତାକୁ ମୋର ଆଲୋଚନା ପରିସର ଦୃଷ୍ଟିରୁ ଚାରିଭାଗରେ ବିଭକ୍ତ କରିଛି । ଯଥା - (୧) ରୋମାଣ୍ଟିକ୍ କବିତା, (୨) ବାସ୍ତବବାଦୀ କବିତା, (୩) ବିପ୍ଳବୀ କବିତା, (୪) ବିଭୁପ୍ରୀତି ସମ୍ବନ୍ଧୀୟ କବିତା ।

**(୧)ରୋମାଣ୍ଟିକ୍ ଚେତନାଧର୍ମୀ କବିତା** - ବୀଣାପାଣିଙ୍କ ରୋମାଣ୍ଟିକ୍ କବିତା ସଂପର୍କରେ ଆଲୋଚନା କରିବା ପୂର୍ବରୁ ରୋମାଣ୍ଟିକ୍ ଚେତନା ସଂପର୍କରେ ଅବଗତ ହେବା ବାଞ୍ଛନୀୟ । ଆଧୁନିକ ସାହିତ୍ୟର ବିଭିନ୍ନ ପ୍ରବାହ ମଧ୍ୟରୁ ରୋମାଣ୍ଟିସିଜିମ୍ ସର୍ବାପେକ୍ଷା ସୁବିସ୍ତୃତ ଓ ଶକ୍ତିଶାଳୀ । ସ୍ୱତଃସ୍ଫୂର୍ତ୍ତତା ବା spontaneity ରୋମାଣ୍ଟିକ୍ ସାହିତ୍ୟର ସବୁଠାରୁ ଐଶ୍ୱର୍ଯ୍ୟଶାଳୀ ବିଭବ । ମନୁଷ୍ୟ ଅନ୍ତରର ଗଭୀରତମ ରହସ୍ୟକୁ ଉଦ୍‌ଘାଟନ କରେ ଏହି ସାହିତ୍ୟ ।

ଫରାସୀ 'Romanz' ଶବ୍ଦରୁ ଏହି ରୋମାଣ୍ଟିକ୍ ଶବ୍ଦର ସୃଷ୍ଟି । ପାଶ୍ଚାତ୍ୟ ସାହିତ୍ୟରୁ ସୃଷ୍ଟିଲାଭ କରିଥିବା ରୋମାଣ୍ଟିକ୍ ଶବ୍ଦ ଏକ ବହୁ ଆଲୋଚିତ ତତ୍ତ୍ୱ । ପ୍ରାଥମିକ ପର୍ଯ୍ୟାୟରେ ଏହା ଅବାସ୍ତବ ସ୍ୱପ୍ନ କାହାଣୀ ରଚନା ଆଦି ଅର୍ଥରେ ବ୍ୟବହୃତ ହୋଇଥିଲା । କ୍ଲାସିକ ସାହିତ୍ୟର ବିପରୀତ ଚେତନା ହୋଇଥିବାରୁ ଏଥିରେ ଅବାସ୍ତବତା, ଲଘୁଧର୍ମିତା, କଳ୍ପନା ପ୍ରବଣତା ଆଦି ବିଭିନ୍ନ ଅର୍ଥ ପରିଲକ୍ଷିତ ହେଲା ।

**ରୋମାଣ୍ଟିକ୍ ଚେତନାର ପୃଷ୍ଠଭୂମି:**

କ୍ଲାସିକ୍ ପନ୍ଥୀମାନଙ୍କ କୃତ୍ରିମ ପରିକଳ୍ପନା ବିରୁଦ୍ଧରେ -Wordsworthଙ୍କ ଶୁଦ୍ଧ ଘୋଷଣା କବି କିଟ୍‌ସଙ୍କ ମନକୁ ଆନ୍ଦୋଳିତ କରିଥିଲା । ତେଣୁ ସେ କହିଥିଲେ - "If poety comes not as naturally as the leaves to a tree, it had better not come at all" ।(୧୭)

ମୁଖ୍ୟତଃ ଚାରିଗୋଟି କାରଣଯୋଗୁଁ ରୋମାଣ୍ଟିକ୍ ଚେତନାର ସୃଷ୍ଟି ସମ୍ଭବ ହୋଇଥିଲା । ପ୍ରଥମରେ ଫରାସୀ ବିପ୍ଳବର ପ୍ରଭାବ ରୋମାଣ୍ଟିକ୍ ଚେତନାର ସୃଷ୍ଟିପାଇଁ ମୁଖ୍ୟ ଭୂମିକା ଗ୍ରହଣ କରିଥିଲା । ଦ୍ୱିତୀୟରେ ରଷୋଙ୍କର ଦାର୍ଶନିକ ଚିନ୍ତାଧାରା ଏହି ଯୁଗର କବିମାନଙ୍କୁ ବିଶେଷଭାବରେ ପ୍ରଭାବିତ କରିଥିଲା । ଶାରୀରିକ ଓ ମାନସିକ ବିକାଶ ପାଇଁ ପ୍ରକୃତି ରାଜ୍ୟକୁ ପ୍ରତ୍ୟାବର୍ତ୍ତନ କରିବା ଆବଶ୍ୟକ ବୋଲି ରଷୋ ଅଭିମତ ପ୍ରଦାନ

କରିଥିଲେ । ରଷୋଙ୍କଦ୍ୱାରା ପ୍ରବର୍ତ୍ତିତ Sentimentalsim; Primitivism ଓ Indivisualism କବିମାନଙ୍କର ଚିନ୍ତାଧାରାକୁ ବିଶେଷ ଭାବରେ ଆଲୋଡିତ କରିଥିଲା । ତୃତୀୟରେ ଇଂଲଣ୍ଡର ରାଜନୈତିକ ଓ ସାମାଜିକ ପରିସ୍ଥିତି ଇଂଲଣ୍ଡର କବିମାନଙ୍କୁ ରୋମାଣ୍ଟିକ୍ ଚେତନାରେ ଉଦବୁଦ୍ଧ କରିଥିଲା । ଚତୁର୍ଥରେ ଅଗଷ୍ଟାନ୍ ଯୁଗର କ୍ଲାସିକାଲ୍ କାବ୍ୟାଦର୍ଶର ପ୍ରତିକ୍ରିୟା ରୋମାଣ୍ଟିକ୍ ଚେତନାର ଉଦ୍‌ଭବରେ ସହାୟକ ହୋଇଥିଲା । ଅଗଷ୍ଟାନ୍ ଯୁଗରେ ନିର୍ଦ୍ଦିଷ୍ଟ କାବ୍ୟାଦର୍ଶ ମଧ୍ୟରେ କବିତା ରଚନା କରିବାପାଇଁ କବି ବାଧ୍ୟ ଥିଲା । କିନ୍ତୁ ରୋମାଣ୍ଟିକ୍ ଯୁଗରେ ବ୍ୟକ୍ତିଗତ ଭାବନା, ଆବେଗ ଉଚ୍ଛ୍ୱାସ ସ୍ୱାଧିନଭାବେ ପ୍ରକାଶ ପାଇପାରିଥିଲା ।

**ରୋମାଣ୍ଟିକ୍ ବାଦର ସଂଜ୍ଞା -**

ରୋମାଣ୍ଟିକ୍ ବାଦ ସଂପର୍କରେ ବିଭିନ୍ନ ଆଲୋଚକ ଭିନ୍ନ ଭିନ୍ନ ମତ ପ୍ରଦାନ କରିଛନ୍ତି । ଦାର୍ଶନିକ ଗେଟେ କହନ୍ତି - "କ୍ଲାସିକ ଚେତନା ସାହିତ୍ୟର ସ୍ୱାସ୍ଥ୍ୟୋନ୍ନତିର ଲକ୍ଷଣ କିନ୍ତୁ ରୋମାଣ୍ଟିକ୍ ଚେତନା ସାହିତ୍ୟର ରୁଗ୍‌ଣତାକୁ ପ୍ରକାଶ କରିଥାଏ [୧୮]। ଫରାସୀଦାର୍ଶନିକ ରଷୋ, 'ପ୍ରକୃତି ରାଜ୍ୟକୁ ପ୍ରତ୍ୟାବର୍ତ୍ତନ' ରୋମାଣ୍ଟିକ୍ ବାଦର ମୁଖ୍ୟ ଲକ୍ଷ୍ୟ ବୋଲି କହନ୍ତି । ପାର୍ଟର ରୋମାଣ୍ଟିସିଜିମ୍‌କୁ "ସୌନ୍ଦର୍ଯ୍ୟ ସହିତ ସତ୍ୟର ଅଦଭୂତ ସମନ୍ୱୟ" ବୋଲି କହନ୍ତି । ସମସ୍ତ ଉଚ୍ଚକୋଟୀର ଲେଖକ ସେମାନଙ୍କ ସମୟରେ ରୋମାଣ୍ଟିକ୍ ବୋଲି ସ୍ୱୀକାର କରୁଥିବା ରାସିନିଟ୍ ସେକ୍ସପିୟର "ରୋମାଣ୍ଟିକବାଦ" ସଂପର୍କରେ ଅଭିମତ ଦେଇ କହନ୍ତି - "Romanticism is the art of offering people the literary works likely to give them the greatest possible pleasure having due regard to the habits and beliefs of the time" ।[୧୯]

ରୋମାଣ୍ଟିକବାଦ ପ୍ରଥମେ ଇଂଲଣ୍ଡର ଏଲିଜାବେଥୀୟ ଯୁଗରେ ପରିଚିତ ଓ ଆଦୃତ ହୋଇଥିଲେ ମଧ୍ୟ ପରବର୍ତ୍ତୀ ସମୟରେ ଫ୍ରାନସ୍‌ରେ ଏହାର ଆଦର ବୃଦ୍ଧି ପାଇଥିଲା । ରୋମାଣ୍ଟିକବାଦ ଏକ କାଳ୍ପନିକ ସାହିତ୍ୟରୁପେ ଗୃହୀତ ହୋଇଥିଲା । ମଣିଷର ଚିତ୍ତବୃତ୍ତିକୁ ଆଲୋଡିତ କରୁଥିବା ରୋମାଣ୍ଟିକ୍‌ବାଦ ସଂପର୍କରେ ମତଦେଇ ଜ୍ୟୋସ୍ନାମୟୀ ପ୍ରଧାନ କହନ୍ତି - "ଏହା ସାହିତ୍ୟର ମୋଡ କେବଳ ବଦଳାଇଦେଇ ନଥିଲା; ଅଧିକନ୍ତୁ ମଣିଷର ଚିନ୍ତାଧାରା ଓ ପ୍ରକୃତିର ରୂପରେଖରେ ମଧ୍ୟ ବିବର୍ତ୍ତନ ଆନୟନରେ ସମର୍ଥ ହୋଇଥିଲା । ବସ୍ତୁତଃ ବର୍ଷ ବର୍ଷ ଧରି ଯେଉଁ ବିବର୍ତ୍ତନ ସଂଗଠିତ ହୋଇ ଆସୁଥିଲା ତାହାର ଏକ ମଧୁର ପରିଣତ ହେଉଛି ରୋମାଣ୍ଟିକ୍ ଚେତନା" ।[୨୦] ରୋମାଣ୍ଟିକ୍ ଯୁଗର ପ୍ରାକ୍‌କାଳକୁ

ଚେତନାର ଯୁଗ (Age of sensibility) ବୋଲି କୁହାଯାଉଥିଲା । ଏହି ଯୁଗର ସାହିତ୍ୟରେ ପ୍ରକୃତିର ସୌନ୍ଦର୍ଯ୍ୟମୟ ରୂପ ସ୍ଥାନ ପାଇଲା । ଏହି ସମୟର କବିଗଣ ସତ୍ୟ-ଶିବ - ସୁନ୍ଦରର ନିରାଜନାରେ ତତ୍ପର ହୋଇଉଠିଲେ । ରୋମାଣ୍ଟିସିଜିମ୍‌କୁ ସାହିତ୍ୟ ସମାଲୋଚକମାନେ 'An extraodinary development of Imaginative sensibility' ବୋଲି କହିଛନ୍ତି । [୨୧]

**ରୋମାଣ୍ଟିକ୍ କାବ୍ୟାଦର୍ଶ:**

ପଳାୟନବାଦୀ ଚିନ୍ତାଧାରା, ବିଷାଦବାଦ, କଳ୍ପନା ପ୍ରବଣତା, ପ୍ରକୃତି ପ୍ରୀତି, ଶୈଶବ ପ୍ରୀତି, ବାର୍ଦ୍ଧକ୍ୟ ଭୀତି, ବ୍ୟକ୍ତିକୈନ୍ଦ୍ରିକ ଚିନ୍ତାଧାରାର ପ୍ରକାଶ, ରହସ୍ୟବାଦୀ ବା ମିଷ୍ଟିକ୍ ଦୃଷ୍ଟିଭଙ୍ଗୀ, ପରିବର୍ତ୍ତିତ ଆଙ୍ଗିକ ରୂପରେଖ ଆଦି ଥିଲା ରୋମାଣ୍ଟିକ୍ ସାହିତ୍ୟର ମୁଖ୍ୟ ଆଦର୍ଶ । ଏହି ସମୟର କବିତାରେ ଛନ୍ଦ ବୈଚିତ୍ର୍ୟ, ଶବ୍ଦ ବସାଣ, ଚିତ୍ରକଳ୍ପ ପ୍ରୟୋଗରେ ନୂତନତା ପରିଲକ୍ଷିତ ହେଲା । ସରଳ ସାବଲୀଳ କଥିତ ଭାଷାର ପ୍ରୟୋଗ କବିତାକୁ ସାଧାରଣ ଲୋକଙ୍କର ଅଧିକ ନିକଟବର୍ତ୍ତୀ କରାଇଲା । ରୋମାଣ୍ଟିସିଜିମ୍‌ର ବିଶେଷତ୍ୱ ରୂପେ ଗୃହୀତ ହୋଇଥିବା ପଳାୟନବାଦୀ ଚିନ୍ତାଧାରା ସଂପର୍କରେ ଡଃ.ଜାନକୀ ବଲ୍ଲଭ ମହାନ୍ତି କହନ୍ତି - "ଏହି ପଳାୟନବାଦ ଜୀବନର ସମସ୍ୟାକୁ ସମ୍ମୁଖୀନ ନହୋଇ ବାସ୍ତବ ଜୀବନରୁ ଏକ ଅବାସ୍ତବ ସ୍ୱପ୍ନ ରାଜ୍ୟକୁ ପ୍ରୟାଣ ହେଉ ବା ସୁନ୍ଦର ଲୋଭନୀୟ ଅନ୍ୟ ଏକ ଜୀବନ୍ତ କ୍ଷେତ୍ରକୁ ପ୍ରୟାଣ ହେଉ (କାରଣ କେତେକଙ୍କ ମତରେ it is not an escape from life but to life) ଏହି ଯୁଗର କବିମାନେ ଶାନ୍ତି ଖୋଜିବାକୁ ଯାଇ କିଏ ପ୍ରକୃତିର ସୁକୋମଳ କୋଳରେ, କିଏ ସୁନେଲି ଭବିଷ୍ୟର ରହସ୍ୟାଲୋକରେ କିଏ ବା ଅତୀତର ମାୟା କାନନରେ ଆଶ୍ରୟ ନେଇଛନ୍ତି । କଳାର ସୃଷ୍ଟି କେବଳ କଳା ପାଇଁ (art for artsake) ଏଇଆ ହେଉଛି କେତେକ କବିଙ୍କର ଆଦର୍ଶ । ସାମାଜିକ ଚେତନାକୁ ପୃଷ୍ଠ ପ୍ରଦର୍ଶନ କରି ଏକାନ୍ତ ଆତ୍ମଚର୍ଚ୍ଚା ବ୍ୟକ୍ତିଗତ ହୃଦୟୋଚ୍ଛ୍ୱାସର ଅଭିବ୍ୟକ୍ତିରେ କେଉଁ କବିତାର ପରିସର ହେଲା ସୀମାବଦ୍ଧ । [୨୨]

ଇଂରାଜୀ ସାହିତ୍ୟରେ ୱାର୍ଡସୱାର୍ଥ ଓ କଲ୍‌ରିଜଙ୍କର ମିଳିତ ଉଦ୍ୟମରେ ପ୍ରକାଶ ପାଇଥିଲା Lyrical Ballads, ଯାହା ରୋମାଣ୍ଟିକ୍ ସାହିତ୍ୟକୁ ତ୍ୱରାନ୍ୱିତ କରିବାରେ ସକ୍ଷମ ହୋଇଥିଲା । ଏହି ଇଂରେଜ କବିଙ୍କ ବ୍ୟତୀତ ବାଇରନ୍, ଶେଲୀ, କୀଟ୍‌ସ, ସ୍କଟ୍, ମୁର୍, କାମ୍ପବେଲ ପ୍ରମୁଖ କବି ଏହି ଧାରାରେ କବିତା ରଚନାରେ ପ୍ରବୃତ୍ତ ରହି ଇଂରାଜୀ ରୋମାଣ୍ଟିକ୍ ସାହିତ୍ୟକୁ ସମୃଦ୍ଧ କରିଥିଲେ । ଏକଦା ଇଂଲଣ୍ଡରେ ସୃଷ୍ଟି ଲାଭ କରିଥିବା ରୋମାଣ୍ଟିକ୍ ଚେତନା ଆଜି ସାରା ଜଗତର ଚିନ୍ତା ଚେତନାର ବାହକ ହୋଇପାରିଛି ।

## ଓଡିଆ କବିତାରେ ରୋମାଣ୍ଟିକ୍ ଚେତନାର ଧାରା:

ଊନବିଂଶ ଶତାବ୍ଦୀର ଦ୍ୱିତୀୟାର୍ଦ୍ଧରୁ ଓଡିଆ କାବ୍ୟ କବିତାରେ ରୋମାଣ୍ଟିକ୍ ଚେତନାର ପ୍ରବାହମାନ ଧାରାକୁ ଲକ୍ଷ୍ୟ କରାଯାଇପାରେ। ରାଧାନାଥ ରାୟ ଥିଲେ ଏହି ରୋମାଣ୍ଟିକ୍ ଚେତନାର ବାର୍ତ୍ତାବହ। ପ୍ରକୃତି ପ୍ରୀତି, ଅତୀତ ପ୍ରତି ମୋହ, ସ୍ୱଦେଶ ପ୍ରୀତି, ବିଷାଦ ବାଦ, ମୃତ୍ୟୁ ଚେତନା, ଆଧ୍ୟାତ୍ମିକତା ଆଦି ଚମତ୍କାର ଭାବେ ରାଧାନାଥଙ୍କ କବିତାରେ ରୂପ ପାଇଛି। ରାଧାନାଥଙ୍କ ପରେ ଫକୀର ମୋହନ, ମଧୁସୂଦନ, ନନ୍ଦକିଶୋର, ଗଙ୍ଗାଧର ମେହେର, ଗୋପବନ୍ଧୁ ଦାସ, ନୀଳକଣ୍ଠ ଦାସ, ଗୋଦାବରୀଶ ମିଶ୍ର, କୁନ୍ତଳା କୁମାରୀ, ମାୟାଧର ମାନସିଂହ ଆଦି କବିମାନଙ୍କର କାବ୍ୟ କବିତା ଗୁଡିକରେ ରୋମାଣ୍ଟିକ୍ ଚେତନାର ପ୍ରତିଫଳନ ଘଟିଥିଲା। ମଧୁସୂଦନଙ୍କର ହିମାଳୟେ ଉଦୟସ୍ତୋବ, ନନ୍ଦକିଶୋର ବଳଙ୍କର 'ପଲ୍ଲୀଚିତ୍ର' ଆଦିରେ ଏହି ଚେତନା ସୁସ୍ପଷ୍ଟ। ନାରୀ କବି କୁନ୍ତଳାକୁମାରୀଙ୍କ କବିତା ସମୂହରେ ପ୍ରକାଶିତ ପ୍ରକୃତି ପ୍ରେମ, ବିଭୁ ପ୍ରେମ, ସ୍ୱଦେଶାନୁରାଗ ତଥା ଆଧ୍ୟାତ୍ମିକବାଦ ଦେଇ ରୋମାଣ୍ଟିକ୍ ଚେତନାର ପରିପ୍ରକାଶ ଘଟିଛି।

ସବୁଜ ସ୍ରଷ୍ଟାଙ୍କ ସୃଷ୍ଟିରେ ରୋମାଣ୍ଟିକ୍ ଚେତନା ନୂତନ ରୂପ ନେଇ ଆତ୍ମପ୍ରକାଶ କରିଛି। ବିଶେଷ ଭାବରେ ଅନ୍ନଦାଶଙ୍କର, କାଳିନ୍ଦୀ ଚରଣ ଓ ବୈକୁଣ୍ଠ ନାଥଙ୍କ କବିତାରେ ଏହି ରୋମାଣ୍ଟିକ୍ ଚେତନାର ସ୍ୱର ବେଶ୍ ତୀବ୍ର ଓ ସ୍ପଷ୍ଟ। ଉଦାର ମାନବିକ ଭାବଧାରା, ସୌନ୍ଦର୍ଯ୍ୟ ଦୃଷ୍ଟି, କଳ୍ପନା ପ୍ରବଣତା, ପ୍ରକୃତି ପ୍ରୀତି, ରହସ୍ୟମୟୀ ଦୃଷ୍ଟିଭଙ୍ଗୀ, ଅରୂପପ୍ରତି ଆକର୍ଷଣ, ବୈପ୍ଳବିକ ଭାବଧାରା ସେମାନଙ୍କୁ ବିଶିଷ୍ଟ ରୋମାଣ୍ଟିକ୍ କବି ଭାବରେ ପରିଚିତ କରାଇଛି। କବି ଅନ୍ନଦାଶଙ୍କର କଳ୍ପଲୋକରବାସୀ ହେବା ପାଇଁ ଚାହିଁଛନ୍ତି। ନିଜକୁ 'ପଉଷ ତରୁ' ବୋଲି ମନେକରୁଥିବା ବୈକୁଣ୍ଠନାଥଙ୍କ କବିତାରେ ଆଧ୍ୟାତ୍ମିକତା ଓ ବିଷାଦ ବାଦ ଦେଇ ରୋମାଣ୍ଟିକ୍ ଚେତନାର ପ୍ରତିଫଳନ ଘଟିଛି। ସବୁଜ ସମସାମୟିକ କବି ମାୟାଧର ମାନସିଂହଙ୍କ କବିତାରେ ବ୍ୟକ୍ତିଗତ ଜୀବନର ପ୍ରେମ-ପ୍ରଣୟ, ବିରହ-ମିଳନ ସ୍ଥାନ ପାଇଛି। ତେବେ ତାଙ୍କ ରଚିତ 'ଧୂପ' ମାୟାଧର ମାନସିଂହଙ୍କୁ ପ୍ରେମିକ ତଥା ରୋମାଣ୍ଟିକ୍ କବି ଭାବେ ପରିଚିତ କରାଇଛି। 'କବି ହେବା ପାଇଁ ବାସନା ମୋର ପ୍ରବଳ ଭାରିରେ ପ୍ରବଳ ଭାରି' ବୋଲି କହୁଥିବା ରାଧାମୋହନ ଗଡନାୟକଙ୍କ 'ଉତ୍କଳିକା', 'କୈଶୋରିକା', 'ସ୍ମରଣିକା', 'ଶାମୁକାର ସ୍ୱପ୍ନ' ଆଦି ପୁସ୍ତକରେ ରୋମାଣ୍ଟିକ୍ ଚେତନାର ପରିପ୍ରକାଶ ଘଟିଛି।

ଅତ୍ୟାଧୁନିକ ଓଡ଼ିଆ କବିତାରେ ବିଭିନ୍ନ ପ୍ରତୀକ ଓ ଚିତ୍ରକଳ୍ପ ମାଧ୍ୟମରେ ଏହି ରୋମାଣ୍ଟିକ୍ ଚେତନା ପ୍ରକାଶ ପାଇଛି। ସଚ୍ଚି ରାଉତରାୟ, ରମାକାନ୍ତ ରଥ, ବିନୋଦ ଚନ୍ଦ୍ର ନାୟକ, ସୀତାକାନ୍ତ ମହାପାତ୍ର, ଗୁରୁ ପ୍ରସାଦ ମହାନ୍ତି, ଭାନୁଜୀ ରାଓ, ବେଣୁଧର

ରାଉତ, ବିଭୁଦତ୍ତ ମିଶ୍ର, ସୌଭାଗ୍ୟ ମିଶ୍ର, ଦୀପକ ମିଶ୍ର, ଶକୁନ୍ତଳା ଦେବୀ ଆଦିଙ୍କ କବିତାରେ ରୋମାଣ୍ଟିକ୍ ଚେତନା ଆଭାସିତ। ଜୀବନରେ କବିତା କେବଳ ଆବଶ୍ୟକ ନୁହେଁ, ଜୀବନକୁ ପୁଲକିତ କରିବା ଦିଗରେ ଏହା ଅଭିପ୍ରେତ ।

**ବୀଣାପାଣିଙ୍କ ରୋମାଣ୍ଟିକ୍ କବିତା :**

ରୋମାଣ୍ଟିକ୍ ଏକ ଚେତନା,ଏକ ଚିରନ୍ତନୀ ଭାବସତ୍ତା। କବିମାତ୍ରେ ହିଁ ରୋମାଣ୍ଟିକ୍। କବି ଜୀବନର ଆଦିପର୍ବରେ ବୀଣାପାଣି ଥିଲେ ବେଶ୍ ରୋମାଣ୍ଟିକ୍। 'ଆସିବାର ବେଳ' କବିତା ସଂକଳନର ବହୁ କବିତା ରୋମାଣ୍ଟିକ୍ ଚେତନାକୁ ଆଧାର କରି ରଚିତ। 'ମୋ ଅନୁଭୂତିରେ ତୁମେ', 'ଖେଳଣା', 'ସେଦିନ ଆଷାଢରେ', 'ସୁପ୍ରଭାତ', 'ଦୁର୍ବାର ବାସନା', 'କୁହୁଡି', 'ଚିରାଚିଠି', 'ବାଲୁକାର ଆତ୍ମଲିପି', 'ତୁମ ହାତରେ ଦେଲି', 'ରକ୍ତ କରବୀ', 'ଶ୍ରାବଣର ସ୍ୱପ୍ନ', 'ମନପ୍ରତି', 'ଏକ କ୍ରନ୍ଦସୀ ପ୍ରଭାତେ', 'ଚିର ବସନ୍ତ', 'ତୁମର ସାହାନାଇ ବାଜୁ', 'ଘୂର୍ଣ୍ଣନ', 'ଦାନ' 'ଏକ ମୁହୂର୍ତ୍ତରେ ତୁମେ', 'ଅନେକରେ ଏକ', 'ମୁଁ ଓ ସେ', 'ଶୀତ ଶେଷେ', 'ଫୁଟନ୍ତା ଫୁଲର ଛାୟା', 'ଚଇତି ବରଷା', 'ତୁମକୁ ସାଉଁଟିଯାଏ', 'ମୁହୂର୍ତ୍ତ', 'ହୃଦୟ ବିହୀନ ପଥେ', 'ରବିବାରର ସ୍ୱପ୍ନ', 'ଅରଣ୍ୟ', 'ଏକ ଛିନ୍ନ ରାଗିଣୀ ପ୍ରତି', 'ଚଲା ବାଦଲ', 'କଥାକହ', 'ଧରାବନ୍ଧା', 'ଛିନ୍ନ ପ୍ରାଣ', 'ଅଶ୍ରୁ ହସ', 'ନିଦ୍ରାର ମୋର ପହଡ ନାହିଁ ଭାଙ୍ଗେ', 'ବସନ୍ତ ସମ୍ଭାଷଣ' ଓ 'ଅର୍ଦ୍ଧପଥେ' ଆଦି କବିତା ଗୁଡିକରେ ରୋମାଣ୍ଟିକ୍ ଭାବପ୍ରବଣତା ଦେଖିବାକୁ ମିଳେ। ଏହି କବିତା ଗୁଡିକରେ କବିଙ୍କର ନିବିଡ ଆବେଗ ପ୍ରବଣ ଅନୁଭୂତିର ସ୍ପର୍ଶ ରହିଚି। କେତେ ଗୁଡିଏ କବିତାରେ ରୋମାଣ୍ଟିକ୍ ପ୍ରବଣତାର ସ୍ପଷ୍ଟ ପ୍ରତିଫଳନ ହୋଇଥିବାବେଳେ କେତେକ କବିତାରେ ରୋମାଣ୍ଟିକ୍ ବିଷାଦବାଦ ଦେଖିବାକୁ ମିଳେ। ରୋମାଣ୍ଟିକ୍ ବିଷାଦବାଦ ଓ ରୋମାଣ୍ଟିକ୍ ଆଶାବାଦହିଁ ଏହି କବିତାଗୁଡିକର ମୁଖ୍ୟ ସ୍ୱର ପାଲଟି ଯାଇଛି। କେତେକ କବିତାରେ କବି ଅତୀତର ସ୍ମୃତି ଚାରଣ କରିଛନ୍ତି ତ ଆଉ କେତେକ କବିତାରେ ପ୍ରକୃତିକୁ ନିଜର ବନ୍ଧୁ ଭାବରେ ଅନୁଭବ କରି ମନର ଭାବପ୍ରକାଶ କରିଛନ୍ତି।

"ମୋ ଅନୁଭୂତିରେ ତୁମେ" କବିତାରେ କବିଙ୍କର ନିଜର ବନ୍ଧୁଙ୍କ ସହିତ ପ୍ରଥମ ଦିନ, ପ୍ରଥମ ସାକ୍ଷାତର କଥା ମନେପଡିଯାଉଛି। ସେ ଦିନ ସେ ସମୟ ଆଉ ନାହିଁ। କିନ୍ତୁ କବିଙ୍କ ମନରେ ଛାଡିଯାଇଛି କ୍ଷତ। ସେହି ହଜିଲା ସ୍ମୃତି ମନେପଡ଼ିଗଲେ କବିଙ୍କ ହୃଦୟରେ ଅଗ୍ନିର ଶିଖା ଆଉ ଟିକେ ତେଜି ଉଠିଛି। ସେଥିପାଇଁ କବିଙ୍କର ଆତ୍ମ ଅଭିବ୍ୟକ୍ତି-"ପୁଣି କେବେ ଅସମୟେ / ସଂଧ୍ୟା ସକାଳରେ / ଚମକି ଉଠଇ ସେହି ଦରଲିଭା ସ୍ମୃତି / ସେମିତି ଜଳୁଛି ଶିଖା ମଉଳିନି ଟିକିଏ ବି ବତୀ।"(୨୩)

କବିଙ୍କ ଆଖିରେ ଜାଗିଥିବା ସ୍ୱପ୍ନ ଶେଷ ହୋଇନାହିଁ । ସେହି ସ୍ମୃତିର ନୀରବତା କବି ଅନ୍ତରରେ ସୃଷ୍ଟି କରିଛି କୋଳାହଳ । 'ଖେଳଣା' କବିତାରେ କବି ସେଇ ଅତୀତର ସ୍ମୃତିକୁ ମନେପକାଇଛନ୍ତି । କିଶୋରୀ ବୟସରେ ଖେଳୁଥିବା ଖେଳନାକୁ ନେଇ ଖେଳିବାର ବୟସ ଆଉ କବିଙ୍କର ନାହିଁ । କିନ୍ତୁ ସେଇ ଖେଳର ସ୍ମୃତି ଭୁଲି ହେଉ ନାହିଁ । ଜୀବନ ଠିକ୍ ସେହିପରି କେତେବେଳେ କିଏ ଆସେ ଆଉ ଯାଏ ତାହା ମଣିଷ ଜାଣି ପାରେନାହିଁ । ଖେଳନା ପରି ସଂପର୍କ ମଧ୍ୟ କ୍ଷଣସ୍ଥାୟୀ ହୁଏ । ମିଛ ପାଲଟି ଯାଏ, ସେଥିପାଇଁ କବି ଆଖିରୁ ଲୁହ ଢାଳି କହିଛନ୍ତି "ମିଛ ମିଛ ସବୁ ମିଛ /ମିଛ ଆମ ଖେଳଣା /ଝରୁଥାଉ ଲୁହର ମୋ ଅଫୁରନ୍ତ ଝରଣା"/ ଆଉ ଆମେ ଖେଳିବାନି / ଖେଳିବାନି ଖେଳଣା । (୨୪)

ବାସ୍ତବତାର ଚାବୁକ୍ ମାଡରେ କବି ମନ କଠିନ ହୋଇଯାଇଥିଲେ ହେଁ ଲୁହର ଝରଣାକୁ ସେ ଅଟକାଇ ପାରିନାହାନ୍ତି । ବରଂ ସେହି ଲୁହରେ କବିଙ୍କର ଦୁଃଖ ଅବଶୋଷ ସବୁ ବହିଯାଇଛି ହୃଦୟ କନ୍ଦରରୁ । 'ସେ ଦିନ ଆଷାଢରେ' କବିତାରେ କବି ଆପଣାର ତରୁଣ ଜୀବନର ସ୍ମୃତିକୁ ଉଜ୍ଜୀବିତ କରିଛନ୍ତି । ତରୁଣ ପ୍ରାଣରେ ଥାଏ ଅନେକ ଆକାଂକ୍ଷା, ଅନେକ ଆଶା ଏବଂ ସେସବୁକୁ ସଫଳ କରିବାର ଦୁର୍ବାର ପ୍ରଚେଷ୍ଟା । ଦୁର୍ଗମ ଗିରି ଲଙ୍ଘି ଯିବାର ଅସୀମ ଆଗ୍ରହ । ପହିଲି ଆଷାଢ଼ର ପ୍ରଥମ ମୂର୍ଚ୍ଛନା କବିପ୍ରାଣକୁ କରିଥିଲା ବ୍ୟାକୁଳ । ସେହି ବ୍ୟାକୁଳତାର ପରିପ୍ରକାଶ ହେଉଛି 'ସେ ଦିନ ଆଷାଢ଼ରେ' କବିତା । 'ଚିରାଚିଠି' କବିତାରେ ମଧ୍ୟ ରହିଛି ସେହି ଅତୀତର ଅନୁଭୂତି । ପ୍ରେମର ଅପ୍ରକାଶ୍ୟ ଅନୁଭବରେ କେତେ ବେଳେ ପ୍ରାଣ ବିଭୋର ହୁଏ ତ କେତେବେଳେ ଗଭୀର ବେଦନାରେ ଆବେଗ ସବୁ ଲୁହ ହୋଇ ଝରିପଡେ । ପ୍ରାପ୍ତି ଉନ୍ମୁଖ ମନ ଅପ୍ରାପ୍ତିର ବିଷାଦବୋଧରେ ଘାରି ହୁଏ । ମନର ଗୋପନ ଆକାଂକ୍ଷା କିନ୍ତୁ ଅବଚେତନ ସ୍ତରରେ ଉଜ୍ଜୀବିତ ରହିଥାଏ ସବୁବେଳେ ଅପାସୋରା ଅଲିଭା ହୋଇ ।ଯେଉଁ ଚିଠିରେ ଥିଲା ଅତୀତର ଭାଷା କେତେ ସ୍ନେହ ମମତାର ମୋହ କବି ସେହି ମାୟାକୁ କାଟି ଚିରି ଦେଇଛନ୍ତି ଚିଠି । କାରଣ ଚିଠିରେ ଯାହା ସାଇତା ହୋଇ ରହି ପାରେନି, ତାହା ହୃଦୟରେ ସାଇତା ହୋଇ ରହେ ତେଣୁ ଲୁହରେ ପ୍ରୀତି ନିରାଜନା କରି କବି କହନ୍ତି – 'ତେଣୁ ମୁଁ ଗୋ ଚିରିଦେଲି / ବର୍ଷା ଛିଟା ପଡ଼େ ଝରି ଝରି / ତବ ପ୍ରୀତି ଅମଳିନ / ମୋ ନୟନେ ଅଶ୍ରୁଠୋପା ଧରି' । (୨୫)

'ବାଲୁକାର ଆତ୍ମଲିପି' କବିତାରେ ନିଜକୁ ଛୋଟ ଏକ ବାଲିକଣା ବୋଲି କହିଛନ୍ତି କବି । ମରୁଭୂମିର ବାଲୁକା ସ୍ତୁପ ତଳେ ଜଳର ସଂଧାନ କଷ୍ଟସାଧ୍ୟ ହେଲେ କବିଙ୍କ ହୃଦୟ ଶୁଷ୍କ ନୁହେଁ । ମନର ମଣିଷର ହସର ଝରଣାରେ କବିଙ୍କ ବକ୍ଷରେ ଶିଉଳିର ମସୃଣତା ସୃଷ୍ଟି ହୋଇଛି । 'ତୁମ ହାତରେ ଦେଲି' କବିତାରେ କବି ନିଜର ପ୍ରିୟ ବନ୍ଧୁଙ୍କୁ

ଯେଉଁ ଅଶେଷ ସ୍ନେହ କରନ୍ତି ତାହା ପ୍ରକାଶ କରିଛନ୍ତି। ହୃଦୟର ସମସ୍ତ ମମତା ସେଇ ବନ୍ଧୁଙ୍କପାଇଁ ସେ ଢାଳି ଦେଇଛନ୍ତି। କବି ବନ୍ଧୁଙ୍କର ଅଭିମାନକୁ ସ୍ୱୀକାର କରିଛନ୍ତି। ସେହି ଅଭିମାନକୁ ଜୀବିତ ରଖିବାପାଇଁ କବି ତାଙ୍କ ବନ୍ଧୁଙ୍କୁ  ନିବେଦନ କରିଛନ୍ତି। କାରଣ ଆପଣାର ମଣିଷ ଉପରେ ହିଁ ଅଭିମାନ କରିହୁଏ। ଅଭିମାନ ରହିଲେ ହିଁ ଆପଣାର ଭାବ ଲାଗିରହେ। 'ଶ୍ରାବଣର ସ୍ୱପ୍ନ' କବିତାରେ କବି ମେଘକୁ ନିଜର ସାଥୀ କରିଛନ୍ତି। ମେଘ ମନରେ ଭିରିଦିଏ ଆଶା ଓ ସ୍ୱପ୍ନ। କବି ଚାତକ ପରି ଚାହିଁ ରହିଛନ୍ତି ସେଇ ଶ୍ରାବଣକୁ । କବି ପ୍ରାଣ ଆତଙ୍କିତହୋଇ ଗାଇଉଠିଛି – "ତମେ କି ଆସିବ ନାହିଁ ମନ ପ୍ରାଣ ଯାଏ ସବୁଜଳି / ହେ ବାରିଦ ! ଶ୍ରାବଣର ସ୍ୱପ୍ନ ମୋର ପଡ଼ଇ ଝାଉଁଳି" (୧୬) ଜୀବନର ଚରମ ବ୍ୟର୍ଥତାର ଚିତ୍ର ରହିଛି 'ଏକ କ୍ରନ୍ଦସୀ ପ୍ରଭାତେ' କବିତାରେ। କବି ଯାହା ପାଇବାକୁ ଚାହିଁଥିଲେ ତାହା ପାଇପାରି ନାହାନ୍ତି। ତାହା ହିଁ ଜୀବନର ଚରମ ବ୍ୟର୍ଥତା ବୋଲି କବି ସ୍ୱୀକାର କରିଛନ୍ତି। କବିଙ୍କ ଭାଷାରେ "ଏତେ ସ୍ନେହ, ଏତେ ପ୍ରୀତି,ଏତେ ଭାଷା ଦେଇ / ମୁଁ ତୁମକୁ ପାଇଲିନି ସେହି  ମୋର ଚରମ ବ୍ୟର୍ଥତା" (୧୭)

ତଥାପି କବି ମନରେ ବିଷାଦ ନାହିଁ, ହତାଶା ନାହିଁ। ଜୀବନରେ ପାଇବା ଓ ନପାଇବାର ଦ୍ୱନ୍ଦ୍ୱ ଯାହା ତାଙ୍କ ମନରେ ଥିଲା ତାହା ଦୂରୀଭୂତ ହୋଇଯାଇଛି। ବିଚ୍ଛେଦକୁ ଜୀବନର ଛନ୍ଦ ବୋଲି ମାନି ନେଇ 'ଚିର ବସନ୍ତ' କବିତାରେ କବି କହିଛନ୍ତି – 'ମୋର ଆଜି ନାହିଁ କିଛି ଦ୍ୱନ୍ଦ୍ୱ / ବିଚ୍ଛେଦେ ମିଳିଛି ମତେ ଜୀବନର ଅଫୁରନ୍ତ ଛନ୍ଦ' (୧୮) କବି ପୁଣି ଆଶାବାଦୀ ହୋଇଛନ୍ତି। ବନ୍ଧୁତ୍ୱର ମହକରେ ପୁଲକିତ ହୋଇଛନ୍ତି। ବନ୍ଧୁତ୍ୱର ସାହାନାଇ ବାଜିଉଠିବ ବୋଲି ସେ ଉଚ୍ଚାଟ ହୋଇ ଚାହିଁ ବସିଛନ୍ତି। 'ତୁମର ସାହାନାଇ ବାଜୁ' କବିତାରେ କବି କହିଛନ୍ତି – 'ତୁମଠାରେ ପ୍ରଥମ ସନ୍ଧି / ସଂଘର୍ଷପରେ ବନ୍ଧୁତ୍ୱର ସ୍ୱାକ୍ଷର / ସାହାନାଇରେ ପ୍ରାଣର ଝଙ୍କାର / ଆହା ! ଆଉଥରେ ବାଜୁ'(୧୯) କବିଙ୍କର ଆଶା ଅସୁମାରୀ ନୁହେଁ ଜୀବନରେ କିଛି ସାମାନ୍ୟ ମିଳି ଗଲେ କବି ପରିତୃପ୍ତ ହୋଇଯିବେ। ସେଥିପାଇଁ କବି ଅନେକ ନୁହେଁ, ଏକ ହିଁ ଚାହିଁଛନ୍ତି। ତାହା ହିଁ ତାଙ୍କ ହୃଦୟକୁ ଶାନ୍ତି ଦେଇ ପାରିବ। 'ଦାନ', 'ଅନେକରେ ଏକ', "ଏକ ମୁହୂର୍ତ୍ତରେ ତମେ" ପ୍ରଭୃତି କବିତାରେ କବିଙ୍କର ଏହି ଅଳ୍ପରେ ସନ୍ତୁଷ୍ଟ ଭାବର ପ୍ରତିଫଳନ ଘଟିଛି। 'ମୁଁ ଓ ସେ' କବିତାରେ କବି ସ୍ୱପ୍ନର ତାଜମହଲ ଓ ସ୍ୱପ୍ନର ଗୋଟେ କୋଣାର୍କ  ଗଢିବାକୁ ଚାହିଁଛନ୍ତି। ଶିଳ୍ପୀ ହୋଇ ଜୀବନ ସୌଧ ନିର୍ମାଣ କରିଛନ୍ତି। କିନ୍ତୁ ପରେ ଅନୁଭବ କରିଛନ୍ତି ସେ ନିଜେ ହିଁ ସେଇଠି ବନ୍ଦୀ ହୋଇଯାଇଛନ୍ତି। କବି ଚାହିଁଛନ୍ତି ସେହି ଦୁର୍ଭେଦ୍ୟ ପାଚେରି ଭାଙ୍ଗିବା ପାଇଁ କିନ୍ତୁ ପାରିନାହାନ୍ତି। ସେ ଗୁମୁରି ଉଠିଲା ବେଳେ କିଏ ଯେପରି କହିଛି – "ଅସୀମ ବେଦନା ନେଇ ଯେବେ ମୁଁ ଗୋ ଉଠିଲି ଗୁମୁରୀ / ମୋର ତୂଳୀ ମୋର ଭାଷା ଉଠିଲେ ଗୋ ମରମେ ଶିହରୀ /

ସେତେବେଳେ ଲାଜଭୁଲି, ଭୁଲି ସବୁ କ୍ରୁର ଲାଲ ଆଖି / ସେ କହିଲା "ବନ୍ଦୀ ମୁଁ ଯେ ଅଛି ତୁମ ହୃଦୟରେ ସଖୀ"। (୩୦)

'ଶୀତଶେଷେ' କବିତାରେ କବି ଅପେକ୍ଷା କରିଛନ୍ତି ବସନ୍ତର ଆଗମନକୁ। ଶୀତ ଶେଷ ହେଲେ ବସନ୍ତ ଆସେ। ସାଙ୍ଗରେ ଆଣିଥାଏ ସବୁଜିମା, ସ୍ୱପ୍ନର ଲହରୀ। ବସନ୍ତ ଋତୁ ଆଣିଦିଏ ଅନେକ ଆକର୍ଷଣ ପ୍ରକୃତିର ମନଲୋଭା ଦୃଶ୍ୟ କବିଙ୍କୁ ଶିହରିତ କରିଛି। ତେଣୁ ଶୀତର ଚାଲିଯିବାଟା କବିଙ୍କ ମନରେ କରୁଣା ସୃଷ୍ଟି କରିପାରିନାହିଁ। ତେଣୁ କବି କହିଛନ୍ତି – 'ବସନ୍ତ ଆସିବ ପରା ତୁମେ ଗଲେ / ଧରା ବକ୍ଷ ଛାଡି / ନୂତନ ସପନ କେତେ ନୂତନର ମଧୁ ଆକର୍ଷଣ / ବିଭୋର କରିବ ପ୍ରାଣ ପୁଲକିତ ହେବ ଏଇ ଧରା / ତୁମର ବିଦାୟ ଲଗ୍ନେ ନୁହେଁ ସେତ କିଞ୍ଚିତ କରୁଣ' । (୩୧)

ଶୀତଶେଷ କବିଙ୍କ ମନରେ ସ୍ୱପ୍ନର ଇନ୍ଦ୍ରଧନୁ ସୃଷ୍ଟି କଲାବେଳେ 'ଚଇତି ବରଷା' କବିଙ୍କର ସେ ସ୍ୱପ୍ନକୁ ବ୍ୟାହତ କରିଛି। ଚଇତରେ ଫଗୁ ନଆସି ହୋଇଯାଇଛି ଅସରାଏ ବର୍ଷା। ସେହି ବର୍ଷା ପ୍ରିୟ ଆଗମନର ବାର୍ତ୍ତାକୁ ବ୍ୟାହତ କରିଛି। କବି ଦୁଃଖରେ ଗାଇଉଠିଛନ୍ତି – "ଝରୁଛି ଝରି ଝରି ଚଇତି ବରଷା ଗୋ/ କି ବାର୍ତ୍ତା ଦେଇଯାଏ ପରାଣେ ଆଜି ମୋର। ଯିବ ଏ ଫଗୁଣର ସକଳ ଫଗୁଝରି / ଅସରା ଏ ବସନ୍ତେ ବିରହ ଖାଲି ସାର"। (୩୨)

ମୁହୂର୍ତ୍ତ ମୁହୂର୍ତ୍ତର ସମଷ୍ଟି ହେଉଛି ମଣିଷର ଜୀବନ। ଜୀବନରେ ଏମିତି ଅନେକ ମୁହୂର୍ତ୍ତ ଆସେ ଯାହାକୁ ମଣିଷ ଭୁଲି ପାରେ ନାହିଁ। ସେମିତି ମୁହୂର୍ତ୍ତ ସବୁ କବିଙ୍କର ଚଲାପଥକୁ କେବେ କେବେ ବିପର୍ଯ୍ୟସ୍ତ କରିଦେଇଛି। ସେହି ମୁହୂର୍ତ୍ତ ଗୁଡିକୁ ମନେ ପକାଇଛନ୍ତି କବି "ମୁହୂର୍ତ୍ତ" କବିତାରେ । 'ପୂଜାଚିଠି' କବିତାରେ କବିଙ୍କ ମନ ବେଦନାର ଚିତ୍ର ରହିଛି। ସମସ୍ତଙ୍କ ଇଛାକୁ ପୂରଣ କରିବାକୁ ଯାଇ କବି ଯନ୍ତ୍ରଣା ଅନୁଭବ କରିଛନ୍ତି। ହେଲେ କେହିଜଣେ ତାଙ୍କର ଇଛା ଜାଣିବାକୁ ଚେଷ୍ଟା କରିନାହାନ୍ତି। ଏହାହିଁ କବି ହୃଦୟର ବ୍ୟଥା ଓ ବେଦନା। "ହୃଦୟବିହୀନ ପଥେ" କବିତାରେ ଭଗ୍ନହୃଦୟର କାହାଣୀ ରହିଛି। ମଣିଷ କେତେ ଆଶା କରିଥାଏ। କିନ୍ତୁ ତାର ଆଶାସବୁ ନିରାଶାରେ ପରିଣତ ହୋଇଯାଏ। ନିରାଶା ଜର୍ଜରିତ ହୋଇ କବି ନୀରବ ରହିବାକୁ ଉଚିତ୍ ମନେ କରିଛନ୍ତି। ତାଙ୍କ ହୃଦୟରେ କୌଣସି ପ୍ରୀତିଭାବନାକୁ ସ୍ଥାନ ଦେବାକୁ ସେ ଚାହିଁନାହାନ୍ତି। ସେଥିପାଇଁ ସେ କହିଛନ୍ତି –

"ଆସ ଆସ ଚୁପ୍ ଚାପ୍ ଯିବା ଏଇ ବାଟରେ,
ହୃଦୟ ଲୋଡେନା ପ୍ରୀତି ଆଜି କେଉଁ ତଟରେ"। (୩୩)

"ଖୋଲ ବନ୍ଧୁ ପ୍ରସ୍ତର ତୋରଣ" କବିତାରେ କବି ଅତୀତର ସେଇ ବନ୍ଧୁଙ୍କୁ ମନେପକାଇଛନ୍ତି; ଯିଏ ଆଉ ଏ ଧରାଧାମରେ ନାହାନ୍ତି। ତାଙ୍କ ସହିତ କଟାଇଥିବା

ସମୟକୁ ମନେପକାଇ କବି ବିଷାଦିତ ହୋଇଛନ୍ତି। ବନ୍ଧୁଙ୍କ ସ୍ନେହ ପାଇବା ଲାଗି କବି ବ୍ୟାକୁଳ ହୋଇ ପଡିଛନ୍ତି। ହେଲେ ବନ୍ଧୁଙ୍କ ସମାଧିକୁ ଦେଖି କବି ଶୋକାକୁଳହୋଇ ଉଠିଛନ୍ତି। କବି ଚାହିଁଛନ୍ତି – " ତୁମରି ଏ ସମାଧି ତଳପେ / ମୋ ବିକଳ ଆତ୍ମାଘୁରେ। ପାଇବାକୁ ସ୍ନେହ-ସୁଧା/ କିଞ୍ଚିତ ଅଳପେ"। (୩୪)

କାର୍ଯ୍ୟବ୍ୟସ୍ତ ଜୀବନରୁ ମଣିଷ ଟିକିଏ ବିଶ୍ରାମ ଚାହେଁ, ଅବସର ଚାହେଁ। କିନ୍ତୁ ସବୁ ବେଳେ ତାହାମିଳେ ନାହିଁ। ସେଥିପାଇଁ 'ରବିବାର' କବିଙ୍କୁ କ୍ଳାନ୍ତହୀନ, ହାଲୁକା ଦିବସ ମନେହୁଏ। ଏହି ଦିନ କବି ହିସାବ କିତାବ ନକରି ବଗିଚାର ଫୁଲକୁ ମନଭରି ଉପଭୋଗ କରିବାକୁ ଚାହିଁଛନ୍ତି। ରବିବାରଯେ ମନରେ ସ୍ୱପ୍ନର ମୀନାର ତୋଳେ ତାହା କବିଙ୍କର 'ରବିବାରର ସ୍ୱପ୍ନ' କବିତାରେ ଦେଖିବାକୁ ମିଳେ। 'ଅରଣ୍ୟ' କବିତାରେ କବି ଅରଣ୍ୟର ଶୋଭା ଦେଖିପାରିନଥିବାରୁ ଦୁଃଖିତ ହୋଇଛନ୍ତି। କବି ବାହାରିଥିଲେ ଅରଣ୍ୟର ଶୋଭାଦେଖିବା ପାଇଁ ହେଲେ ଦେଖିପାରିନାହାନ୍ତି। ସେଥିପାଇଁ କବି କହିଛନ୍ତି – 'ତୁମ ପାଇଁ ହେ ଅରଣ୍ୟ ! ପାରିଲିନି ଦେଖି / ଅକଳନ୍ତି ଶୋଭା ତୁମବାରେ ଜୀବନରେ / ଏଇ ଅଭିମାନ/ ତୁମ ପ୍ରତି ହେ ଅରଣ୍ୟ ! ହେଉ ଚିରନ୍ତନ / ମୋ ସ୍ମୃତିର ସୌଧରେ ତୁମେ ବନ୍ଧୁ ! ହୁଅ ଆୟୁଷ୍ମାନ୍। (୩୫)

କବି ପ୍ରକୃତିକୁ ସମ୍ବୋଧନ କରି ଅନେକ କବିତା ରଚନା କରିଛନ୍ତି। 'ଚଲାବାଦଲ', 'କଥାକହ', 'ବସନ୍ତ ସମ୍ଭାଷଣ' ପ୍ରଭୃତି କବିତାରେ କବି ପ୍ରକୃତିର ସୌନ୍ଦର୍ଯ୍ୟକୁ ମନଭରି ଉପଭୋଗ କରିଛନ୍ତି। ଧରାବନ୍ଧା ଜୀବନରେ ଭୁଲ୍ ଓ ଠିକ୍‌ର ମଝିରେ ଠିଆ ହୋଇ ସେ ଚିନ୍ତା ଗ୍ରସ୍ତ ହୋଇଛନ୍ତି ଭୁଲ୍ ନ ହେଲେ ଠିକ୍, ଏହାର ମଝିରେ କ'ଣ କିଛି ନାହିଁ ? ମଣିଷ ଖାଲି ଠିକ୍ କରେ ନାହିଁ କି ଭୁଲ୍ କରେ ନାହିଁ। ଠିକ୍ ଓ ଭୁଲ୍‌ର ମଝିରେ ବହୁତ କିଛି ରହିଛି। କବିଙ୍କ ମତରେ –"ସବୁବେଳେ ଭୁଲ୍‌ପୁଣି / ସବୁବେଳେ ଧରାବନ୍ଧା ଠିକ୍ / ମଝିରେ ରହିଲେ କଣ / ତମେ ଆମେ ସମସ୍ତେ ବେଠିକ୍"। (୩୬)

'ଅଶ୍ରୁ ହସ' କବିତାରେ କବି ନିଜର ଦୁଃଖ ଓ ଅଶ୍ରୁଠାରୁ ମୁକ୍ତି ଚାହିଁଛନ୍ତି। ଅଶ୍ରୁକୁ ହସ ଖୋଜିବାର ମାଧମ ବୋଲି କବି ମନେ ପକାଇଛନ୍ତି। ଜୀବନ ସାରା ଦୁଃଖ ଭୋଗ କରି, ଲୁହ ଝରାଉଥିବା କବି ଆଉ ଲୁହ ଝରାଇବାକୁ ଚାହିଁ ନାହାନ୍ତି। ସେ ଯେତେ ଅଶ୍ରୁ ଝରାଇଛନ୍ତି, ସେତେ ହସ ପାଇଁ ବ୍ୟାକୁଳ ହୋଇଛନ୍ତି ତେଣୁ କବି କହିଛନ୍ତି- "ହେ ଅଶ୍ରୁ ! ହେ ମୋର ହସର ସାଧନା। ହୀରାର ଫସଲ ଆଉ ମାଣିକର ଖଳା / ସୌଦାଗରୀ କାହାଣୀର ବିପୁଳ ଯୋଜନା /ନଷ୍ଟ ହେଲେ ନଷ୍ଟ ହୋଇଯାଉ/ ତୁମର ମମତା ଆଉ ଖୋଲନା, ଖୋଲନା" (୩୭) 'ଅର୍ଦ୍ଧପଥେ' କବିତାରେ ମଧ୍ଯ କବି ହସ ଓ

ଲୁହକୁ ଏକାଠି କରି ବସିଛନ୍ତି । ଲୁହକୁ ଛାଡିବେ କି ହସକୁ ଛାଡିବେ କବି ବୁଝିପାରୁନାହାନ୍ତି । କବିଙ୍କ ଭାଷାରେ – "ଏପାଖେ ଲୁହମୋର, ସେ ପାଖେ ଫୁଲହସ/ ଏପଥ ପରିଚିତ ସେ ମୋର କୁତୁହଳ / କାହାକୁ ଯିବି ତେଜି କାହାର ପାଖ ଚାଲି / ଅର୍ଦ୍ଧପଥେ ମୁଁ / ଆକୁଳ ଜରଜର" । (୩୮)

କବି ବୀଣାପାଣି ମହାନ୍ତିଙ୍କ ରୋମାଣ୍ଟିକ୍ କବିତାଗୁଡିକ ପ୍ରାୟତଃ ବିଷାଦବାଦୀ ଚେତନା ଆଧାରିତ । ରୋମାଣ୍ଟିକ୍ ବିଷାଦବାଦ ତାଙ୍କ କବିତାର ମୁଖ୍ୟସ୍ୱର । ଅତୀତର ସ୍ମୃତିଚାରଣ କରି କବି ମନେ ପକାଇଛନ୍ତି ସେହି ସବୁ ସୁଖଦ ଅଥବା ଦୁଃଖଦ ମୁହୂର୍ତ୍ତ ଗୁଡିକୁ । ଯାହାକୁ ସେ କେବେ ଭୁଲିପାରି ନାହାନ୍ତି । ସେହିସବୁ ଅତୀତର ଅପାସୋରା କଥାକୁ 'ଗୁନ୍ଥି' ସେ ରଚନା କରିଛନ୍ତି 'ଆସିବାର ବେଳ' କବିତା ପୁସ୍ତକ । କବିଙ୍କ ଅନେକ କବିତାରେ ରୋମାଣ୍ଟିକ୍ ଆଶାବାଦର ଚିତ୍ର ରହିଛି । ଯଦିବି ଅନେକ ସମୟରେ ସେ ନିରାଶାବାଦୀ ହୋଇଛନ୍ତି ତଥାପି ସେ ଆଶା ହରାଇ ନାହାନ୍ତି । ଆଶା ହିଁ ହେଉଛି ଜୀବନ, ଆଶା ବିନା ମଣିଷ ମୃତ । ତେଣୁ କବି ଜୀବନରେ ଆଶାକୁ ବଞ୍ଚାଇ ରଖିଛନ୍ତି ।

**ବାସ୍ତବବାଦୀ କବିତା:**

ଊନବିଂଶ ଶତାବ୍ଦୀର ମଧ୍ୟଭାଗ ବେଳକୁ ପାଶ୍ଚାତ୍ୟ ସାହିତ୍ୟ ଜଗତରେ ଏକ ପରିବର୍ତ୍ତନ ଲକ୍ଷ୍ୟ କରାଯାଇଥିଲା । ପୂର୍ବରୁ ପ୍ରଚଳିତ ହେଉଥିବା ରୋମାଣ୍ଟିକ୍ ଚିନ୍ତାଧାରାର କଳ୍ପନା ପ୍ରବଣତା ପରିବର୍ତ୍ତେ ବାସ୍ତବବାଦୀ ଚିନ୍ତାଧାରାର ବିକାଶ ଘଟିଥିଲା । ଫରାସୀ ବିପ୍ଳବର ଫଳାଫଳ, ଇଟାଲୀ ଓ ଜର୍ମାନୀର ଏକତ୍ରୀକରଣ ତଥା ଋଷ ବିପ୍ଳବ ପାଶ୍ଚାତ୍ୟ ଜନମାନସରେ ଏକ ଅଦ୍‌ଭୁତ ଆଲୋଡନ ସୃଷ୍ଟି କଲା । ଫଳରେ ମଣିଷ ଅନ୍ଧ ଭାବେ ଗତାନୁଗତିକ ଭାବଧାରାକୁ ସ୍ୱୀକାର ନ କରି ବାସ୍ତବ ସ୍ଥିତି ପ୍ରତି ସଚେତନ ହେଲା । ନିଜ ସ୍ୱାର୍ଥରେ ବାଧା ସୃଷ୍ଟି କରୁଥିବା ପରମ୍ପରାକୁ ପ୍ରତିରୋଧ କରିବାପାଇଁ ପଶ୍ଚାତ୍‌ପଦ ହେଲାନାହିଁ । ଶିଳ୍ପ ବିପ୍ଳବ ଫଳରେ ବିଭିନ୍ନ ଯନ୍ତ୍ରପାତିର ଉଦ୍‌ଭାବନ, କଳକାରଖାନା ପ୍ରତିଷ୍ଠା, ବ୍ୟବସାୟ ବାଣିଜ୍ୟର ପ୍ରସାର ଯୋଗୁଁ ସମାଜରେ ପୂର୍ବ ପ୍ରଚଳିତ ବ୍ୟବସ୍ଥାରେ ଆସିଲା ଚୂମୂଳ ପରିବର୍ତ୍ତନ । ଶିଳ୍ପର ପ୍ରସାର ହେତୁ ସମାଜରେ ପୁଂଜିପତି, ମାଲିକ, ଖଟିଖିଆ ବା ଶ୍ରମିକ ଏହି ଦୁଇ ଶ୍ରେଣୀର ସୃଷ୍ଟି ହେଲା । ଫଳରେ ସେମାନେ ଏକତ୍ରିତ ହୋଇ ନିଜର ଦାବି ଉପସ୍ଥାପନ କଲେ । ଜୀବନ ଜୀବିକା ଦାୟରେ ଧନୀ-ଦରିଦ୍ର ନିର୍ବିଶେଷରେ ସମସ୍ତଙ୍କ ମନରେ ବାସ୍ତବବାଦୀ ଚିନ୍ତାଧାରା ସୃଷ୍ଟି ହେଲା । ସେଣ୍ଟ୍ ଭିକ୍ଟରଙ୍କ ଫଟୋଗ୍ରାଫୀର ଆବିଷ୍କାର ବାସ୍ତବବାଦୀ ଚିନ୍ତାଧାରାକୁ ବଳିଷ୍ଠ କରିବାରେ ସହାୟକ ହୋଇଥିଲା ।

**ବାସ୍ତବବାଦର ସଂଜ୍ଞା, ସ୍ୱରୂପ:**

ବାସ୍ତବବାଦ ବସ୍ତୁ ଜଗତର ବାହ୍ୟ ରୂପ ଅର୍ଥରେ ଗୃହୀତ ହୋଇଥିଲା। ଉନବିଂଶ ଶତାବ୍ଦୀର ଶେଷଭାଗ ବେଳକୁ ଇଂରାଜୀ ଔପନ୍ୟାସିକ ଡିକେନ୍‌ସ, ଜର୍ଜ ମୁର୍, ଜର୍ଜ ଇଲିଅଟ୍, ମେରେଡିଥ୍ ପ୍ରଭୃତିଙ୍କ ରଚନାରେ ବାସ୍ତବବାଦ ଆତ୍ମପ୍ରକାଶ କରେ। ବାସ୍ତବ କଥା, ସତ୍ୟକଥା, ଅକୃତ୍ରିମ କଥା ଯାହା ମାଧ୍ୟମରେ ପ୍ରକାଶ ଲାଭ କରେ ତାହା ବାସ୍ତବ ଏବଂ ଯେତେବେଳେ ଏହା ନିର୍ଦ୍ଦିଷ୍ଟ 'ବାଦ'ର ଗଣ୍ଡିଭିତରେ ଆବଦ୍ଧ ହୋଇଯାଏ ସେତେବେଳେ ତାହା 'ବାସ୍ତବ ବାଦ' ନାମରେ ପରିଚିତ ହୁଏ। ବାସ୍ତବବାଦର ନିଛକ ରୂପ ଅତୀବ ଉଗ୍ର ଓ ମାରାତ୍ମକ। ବାସ୍ତବବାଦ ସଂପର୍କରେ ବିଭିନ୍ନ ଆଲୋଚକ ବିଭିନ୍ନ ମନ୍ତବ୍ୟ ପ୍ରଦାନ କରିଛନ୍ତି। ଜନ୍ ରସେଲ୍ ବାସ୍ତବବାଦକୁ 'ଲଳିତ କଳ୍ପନା' ବୋଲି କହୁଥିଲା ବେଳେ ବାସ୍ତବବାଦ ଜୀବନକୁ ନୂଆକରି ଗଢିତୋଳିବାରେ ସାହାଯ୍ୟ କରେ ବୋଲି ରଷୋ ମତ ଦିଅନ୍ତି। ବାସ୍ତବବାଦ ବାସ୍ତବ ଜୀବନର ରୂପକାର। ବାସ୍ତବ ଅର୍ଥରେ ଏହା କଦାପି କୁତ୍ସିତ କିମ୍ବା ଯନ୍ତ୍ରଣା କ୍ଲିଷ୍ଟ ଜୀବନକୁ ଉପେକ୍ଷାକରେ ନାହିଁ। T.S Eliot ଜନ୍ମ, ବିକାଶ ଓ ମୃତ୍ୟୁ (Birth, Population, Death)କୁ ବାସ୍ତବ ସତ୍ୟ ବୋଲି ମନେକରିଛନ୍ତି। ଜୀବନର ଚରମ ସତ୍ୟ ଆବିଷ୍କାର କରିବା ଏହାର ଲକ୍ଷ୍ୟ। ନୈତିକ ଅନୁଶାସନକୁ ବାସ୍ତବବାଦ ମାନେ ନାହିଁ। ପ୍ରତ୍ୟେକ ଅନ୍ତର୍ନିହିତ ସତ୍ତାର କୁତ୍ସିତ, ଅସୁନ୍ଦର, ଅସହ୍ୟ, ନଗ୍ନ ରୂପଭିତରୁ ନୀତିବୋଧକୁ ଆବିଷ୍କାର କରେ ବାସ୍ତବବାଦୀ ସାହିତ୍ୟ। ଯେଉଁଠାରେ କଳ୍ପନାର ଅବାଧସଂଚରଣ ଜୀବନର ବାସ୍ତବତାକୁ ଅସ୍ୱୀକାର କରିବସେ ସେଠାରେ କଳା ତାର ସର୍ବକାଳୀନ ମୂଲ୍ୟବୋଧ ହରାଇ ବସେ। ସେଥିପାଇଁ ଗ୍ରୀକ୍ ଦାର୍ଶନିକ ପ୍ଲାଟୋ ତାଙ୍କର 'Idial Republic' ରୁ କବି ଓ କଳାକାରକୁ ନିର୍ବାସିତ କରିଦେଇଥିଲେ। ଯିଏ ଯେପରି ତାକୁ ଅବିକଳ ଅବିକୃତ ଭାବେ ପ୍ରକାଶ କରେ ବାସ୍ତବବାଦୀ ସାହିତ୍ୟ । ବାସ୍ତବତା ଚିରନ୍ତନ । ସମସ୍ତ ଉଚ୍ଚମାନର ଯୋଗ୍ୟକଳା ବାସ୍ତବତାକୁ ଅପେକ୍ଷା ରଖେ।

ଫ୍ରାନ୍‌ସ ଔପନ୍ୟାସିକ ବାଲ୍‌ଜାକ୍ ଫ୍ଲେବଏ ହେଉଛନ୍ତି ବାସ୍ତବବାଦର ପ୍ରତିଷ୍ଠାତା। ଜଗତ ଓ ଜୀବନର ସ୍ୱଭାବ ସୁନ୍ଦର ରୂପାୟନ ହିଁ ବାସ୍ତବବାଦର ଉଦ୍ଦେଶ୍ୟ।

ବାସ୍ତବବାଦ ସଂପର୍କରେ ମତଦେଇ ଅଧ୍ୟାପକ ପୂର୍ଣ୍ଣଚନ୍ଦ୍ର ମହାନ୍ତି କହନ୍ତି - "ଯେଉଁ ସାହିତ୍ୟ-ରଚନାରେ ଜୀବନ ଓ ଜଗତର ବାସ୍ତବ ଚିତ୍ର ଅବିକଳ ଭାବେ ଉପସ୍ଥାପିତ ହୋଇଥାଏ ତାହାକୁ ବାସ୍ତବବାଦୀ ସାହିତ୍ୟ କହନ୍ତି"। [୩୯] ବାସ୍ତବଜଗତର ବାହ୍ୟରୂପ ସହିତ କଳ୍ପନାର ସମ୍ମିଶ୍ରଣରେ ଯେଉଁ ନୂତନ ସାହିତ୍ୟ ସୃଷ୍ଟି ହେଲା ତାକୁ କୁହାଗଲା ବାସ୍ତବବାଦ।

ବାସ୍ତବବାଦୀ ସାହିତ୍ୟରେ ସଂପ୍ରତିକ ଘଟଣା ଓ ଚଳଣୀର ପୁଙ୍ଖାନୁପୁଙ୍ଖ ବର୍ଣ୍ଣନା ସ୍ଥାନପାଇଥାଏ । ସାଧାରଣ ଜୀବନ ଓ ଜଗତର ଚିତ୍ର ଏହି ସାହିତ୍ୟର ବିଷୟବସ୍ତୁ। ସାଧାରଣ କଥିତ ଭାଷାର ପ୍ରୟୋଗ ସହିତ ବକ୍ତବ୍ୟର ପୁର୍ନଗଠନ ଏବଂ ଗଦ୍ୟଛନ୍ଦର ପ୍ରବର୍ତ୍ତନ ଏହି ସାହିତ୍ୟରେ ମୁଖ୍ୟ ରୂପେ ଗୃହୀତ ହୋଇଥାଏ। ବାସ୍ତବତା ସଂପର୍କରେ ମତ ଦେଇ ଡ଼ଃ ସଂଘମିତ୍ରା ମିଶ୍ର କହନ୍ତି – "ମଣିଷର ଜୀବନ ସ୍ୱପ୍ନ ଓ ବାସ୍ତବତାର ତିଳ ତଣ୍ଡୁଳିତ ରୂପ। ସ୍ୱପ୍ନ ଆମର ଆବେଗ ଆକାଙ୍କ୍ଷାକୁ ପ୍ରତିଫଳିତ କରାଏ ଓ ବାସ୍ତବତା ଆମକୁ ମାଟିରେ ଦୃଢ ଭାବରେ ଠିଆ ହେବାର ଇଚ୍ଛାଶକ୍ତି ଦିଏ। ସାହିତ୍ୟ ସୃଷ୍ଟିରେ ମଧ୍ୟ ସ୍ୱପ୍ନ ଓ ବାସ୍ତବତା ଉଭୟଙ୍କର ଭୂମିକା ଗୁରୁତ୍ୱପୂର୍ଣ୍ଣ"। [୪୦]

ଯେଉଁଠାରେ ବିଷୟବସ୍ତୁ ପ୍ରକୃତ ଜଗତକୁ ନେଇଯାଏ ଏବଂ ଯାର ଉପସ୍ଥାପନା ଯଥାଯଥ ବର୍ଣ୍ଣନା ଉପରେ ଆଧାରିତ ତାକୁ ବାସ୍ତବଧର୍ମୀ ସାହିତ୍ୟ କୁହାଯାଏ ଅର୍ଥାତ୍ ବିଷୟବସ୍ତୁକୁ ବାସ୍ତବରୂପେ ଉପସ୍ଥାପନା କରିବା ହିଁ ବାସ୍ତବବାଦର ପ୍ରଧାନ ଆଭିମୁଖ୍ୟ।

ଓଡିଆ କବିତାରେ ମାର୍କସୀୟ ଚିନ୍ତା ଚେତନାର ଉଦ୍ରେକ ସହିତ ବାସ୍ତବବାଦୀ ଚେତନାର ବିକାଶ ଘଟିଛି। ମାର୍କସଙ୍କ ମତରେ "କଳା ବାସ୍ତବତା ନୁହେଁ ବରଂ ବାସ୍ତବତାର ପ୍ରତିରୂପ। ସେ ବାସ୍ତବତାର ବିପୁଳ ରୂପ ସଂପର୍କରେ ସଚେତନ ହୋଇ ଲେଖକ ବାହ୍ୟରୂପର ପ୍ରତାରଣାରେ ଭୁଲିବା ଅନୁଚିତ୍"। [୪୧] ପଙ୍କ ଅପେକ୍ଷା ପଙ୍କଜ ଉପରେ ଅଧିକ ନିବଦ୍ଧ ଥାଏ ବାସ୍ତବବାଦୀଙ୍କ ଦୃଷ୍ଟିଭଙ୍ଗୀ। ଏହି ବାସ୍ତବବାଦକୁ ମରୁଭୂମିର କବିତା ବୋଲି ଆଖ୍ୟାଦେଇ ପଦ୍ମଶ୍ରୀ ସଚ୍ଚିରାଉତରାୟ କହନ୍ତି – "XXX ହୋଇପାରେ ଆଜିର କବିତା କେବଳ ମରୁଭୂମିର କବିତା, କିନ୍ତୁ ଏ ମରୁଭୂମି ପାଇଁ ସେ ଦାୟୀ ନୁହେଁ। ଏଥିରେ ଲଜ୍ଜାର ବିଷୟ କ'ଣ ଅଛି ? XXXXXX ମରୁଭୂମିର ଭଙ୍ଗା ଯୋଡା ସହିତ ତାର ସ୍ୱବିରୋଧ ଓ ଅନ୍ତର୍ଦ୍ୱନ୍ଦ୍ୱ ଅମେଳ ଭିତରେ ହିଁ ଆଜି ସୁନ୍ଦର ଭାବରେ ପ୍ରକାଶ ପାଇପାରୁଛି। ଆଜିର କବିତା ଯେମିତି ଆଜିର ଶ୍ରେଷ୍ଠ ପ୍ରତିବାଦ"। [୪୨]

ଭାରତର ସ୍ୱାଧୀନତା ସଂଗ୍ରାମ, ଅସହଯୋଗ ଆନ୍ଦୋଳନ, ଆଦିଯୋଗୁଁ ଭାରତୀୟ ସାହିତ୍ୟ ସଂସ୍କୃତିରେ ସୃଷ୍ଟି ହୋଇଥିଲା ନୂତନ ଅଧ୍ୟାୟ। "ମନୁଷ୍ୟର ଅପର ମନୁଷ୍ୟ ଉପରେ ଅତ୍ୟାଚାର, ସବଳର ଦୁର୍ବଳକୁ ଶୋଷଣ କରିବା ଇତ୍ୟାଦି ଚିନ୍ତା କବି ଚିନ୍ତାର ସରହଦ ଭିତରକୁ ପ୍ରବେଶ କରିଥିଲା। ଶ୍ରେଣୀ ସଂଗ୍ରାମର ଚିନ୍ତାମଧ୍ୟ କବି ଚିନ୍ତାରାଜ୍ୟରେ ସୃଷ୍ଟି କଲା ବାସ୍ତବତାର ଆଲୋଡନ"। [୪୩] ସମାଜର ଅର୍ଥନୈତିକ ଅବସ୍ଥାକୁ ବୈପ୍ଳବିକ ଦୃଷ୍ଟିଭଙ୍ଗୀକୋଣରୁ ବିଚାର କରି ମଣିଷକୁ ନୂତନ ଭାବରେ ଆବିଷ୍କାର କରିବାଥିଲା ବାସ୍ତବବାଦୀ ଦୃଷ୍ଟିକୋଣର ସ୍ୱାତନ୍ତ୍ର୍ୟ।

**ଓଡିଆ କବିତାରେ ବାସ୍ତବବାଦୀ ଚେତନାର ଧାରା:**

କବିତା ମାତ୍ରକେ ପ୍ରଗତିଶୀଳ, ଏଥିରୁ ପୃଥକ୍ ହେଲେ କବିତାର କେହି ଜଣେ ରଚୟିତା ଥାଇପାରେ କିନ୍ତୁ ସେଥିରେ କବି ବା କବିତ୍ୱ ନଥାଏ।

ଓଡ଼ିଆ ସାହିତ୍ୟରେ ପ୍ରଗତିଶୀଳତା ଯୋଗୁଁ ବାସ୍ତବବାଦର ପଥ ଉନ୍ମୁକ୍ତ ହୋଇଥିଲା। ବାସ୍ତବବାଦ ପୁଣି ସମାଜବାଦୀ ବାସ୍ତବବାଦ, ରୋମାଣ୍ଟିକ୍ ବାସ୍ତବବାଦ, ସ୍ୱଭାବ ବାଦ ଆଦି ବିଭିନ୍ନ ଭାବରେ ପରିଦୃଷ୍ଟ ହୁଏ।

ଓଡିଆ କବିତାରେ ବାସ୍ତବବାଦର ଅନୁପ୍ରବେଶ ଲାଗି "ନବଯୁଗସାହିତ୍ୟ ସଂସଦର" ଭୂମିକା ଥିଲା ଗୁରୁତ୍ୱପୂର୍ଣ୍ଣ। ସବୁଜ କବି କାଳିନ୍ଦୀ ଚରଣ ବାସ୍ତବବାଦୀ କବିତା ରଚନାରେ ପ୍ରବୃତ୍ତ ହୋଇଥିଲେ। ତାଙ୍କ ରଚିତ 'ହାସ୍ୟ ତର୍ପଣ', 'ଆମେ ଶଳା ଶଇତାନ୍' ଆଦି ବାସ୍ତବବାଦୀ କବିତା । ମାୟାଧର ମାନସିଂହ, ରାଧାମୋହନ ଗଡନାୟକ, କୃଷ୍ଣଚନ୍ଦ୍ର ତ୍ରିପାଠୀ ପ୍ରଭୃତି କବିଙ୍କ ବାସ୍ତବବାଦୀ କବିତାରେ 'ମାଟି ଓ ମାନବ ପ୍ରୀତି' ମୁଖ୍ୟ ରୂପେ ସ୍ଥାନ ପାଇଛି। ସ୍ୱାଧୀନତା ପ୍ରାପ୍ତି ପର୍ଯ୍ୟନ୍ତ ସଚ୍ଚି ରାଉତରାୟ, ଅନନ୍ତ ପଟ୍ଟନାୟକ, ମନମୋହନ ମିଶ୍ର, ନିତ୍ୟାନନ୍ଦ ମହାପାତ୍ରଙ୍କ କବିତାରେ ବାସ୍ତବବାଦୀ ଚେତନା ପରିଲକ୍ଷିତ ହୋଇଥିଲା। ସଚ୍ଚିରାଉତରାୟଙ୍କ 'ପ୍ରତିମା ନାୟକ', 'ଅଳକା ସାନ୍ୟାଲ' ରମାକାନ୍ତଙ୍କ 'ଚନ୍ଦ୍ରମାର ଚୁଡି', ଗୁରୁପ୍ରସାଦଙ୍କ 'ହରେକୃଷ୍ଣ ଦାସ' ଆଦି କବିତା ବାସ୍ତବତାର ପ୍ରତିରୂପ। ସ୍ୱାଧୀନତା ପରବର୍ତ୍ତୀ କାଳରେ ବିନୋଦ ନାୟକ, ଲକ୍ଷ୍ମୀଧର ନାୟକ, ଜ୍ଞାନୀନ୍ଦ୍ର ବର୍ମା, ରମାକାନ୍ତ ରଥ, ଗୁରୁପ୍ରସାଦ ମହାନ୍ତି, ବାଞ୍ଛାନିଧି ମହାନ୍ତି ଆଦି କବିଙ୍କ କବିତାରେ ବାସ୍ତବବାଦୀ ଚେତନାର ସ୍ୱର ଝଙ୍କାର ଶୁଣିବାକୁ ମିଳେ। କବିତାରେ ବାସ୍ତବତାର ଗୁରୁତ୍ୱ ଉପଲବ୍ଧି କରି ପ୍ରଫେସର ସଂଘମିତ୍ରା ମିଶ୍ର କହନ୍ତି - "ଯଦି କବିତା ଜୀବନ ସହିତ ସମନ୍ୱିତ ହୋଇ ନପାରେ ତେବେ ତାର ଆବେଦନ କ୍ଷୁର୍ଣ୍ଣ ହୁଏ। କବି ହୁଏତ କେଉଁ ହାତୀ ଦାନ୍ତରେ ଗଢା ସୌଖୀନ ପ୍ରାସାଦର କଥା କହିପାରେ ବା ଶ୍ରମିକ ବସ୍ତିର ଜୀବନମୃତ ମଣିଷର କଥା କହିପାରେ ମାତ୍ର ତହିଁରେ ତାର ଅନୁଭବ ନଥିଲେ ତାହା ପ୍ରାଣସ୍ପର୍ଶୀ ହେବ କିପରି ? ଯଦି ତାହା ଅନୁଭୂତି ସଂଜାତ ନୁହେଁ ତେବେ ତାହା 'ସହାନୁଭୂତି' ସୃଷ୍ଟିରେ ଅସମର୍ଥ ହେବ"। [୪୪]

କଳ୍ପନା ଆଧାରିତ ହେଲେ ହେଁ ଜୀବନ ଠାରୁ ଉର୍ଦ୍ଧ୍ୱରେ ନୁହେଁ କବିତା। ଜୀବନାନୁଭୂତିର ଜୀବନ୍ତ ପ୍ରକାଶ ଲାଗି ଏହା ଉଦ୍ଦିଷ୍ଟ। କବିତା ହେଉଛି ଜୀବନର ଏକ ପ୍ରତିଛବି। କବିତା ସଂପର୍କରେ ମତ ଦେଇ P.B. Shelly କହନ୍ତି - "କବିତା ହେଉଛି ମଣିଷ ଜୀବନର ପ୍ରୀତି ଓ ସ୍ୱପ୍ନର ଏକ ଭାବ ପରିଧି। କବିତା ଆତ୍ମାର କଥା କହେ - ପରମାର୍ଥର ଆବାହନୀ ମନ୍ତ୍ର ଶୁଣାଏ"। [୪୫]

କବିତାରେ ବାସ୍ତବବାଦୀ ଚେତନା ସଂପର୍କରେ ମତ ପ୍ରଦାନ କରି ଡ. ଶରତ କୁମାର ଜେନା କହନ୍ତି- "ଗୋଷ୍ଠୀ ଜୀବନରେ ଚିନ୍ତା ଓ ଚେତନାକୁ ପ୍ରତିଫଳିତ କରିପାରୁଥିବା କବି ଯେତେବେଳେ ବାସ୍ତବବାଦୀ ହୋଇ ସତ୍ୟ ଓ ଶାଶ୍ୱତର ପ୍ରତିଭୂପାଲଟେ ସେତେବେଳେ ହିଁ ସାହିତ୍ୟରେ ପ୍ରତିଫଳିତ ହୁଏ ମାନବାତ୍ମାର ସ୍ୱର। ସଭ୍ୟତା, ସମାଜ ଓ ଜୀବନ କବିର କାବ୍ୟ ପୁଷ୍ପ ଚୟନର ଉର୍ବର ଭୂମି। ପରିବର୍ତ୍ତନଶୀଳ ସମାଜ ଓ ଜୀବନର ବହୁବିଧ ଘଟଣା ଓ ଦୁର୍ଘଟଣାରେ ପ୍ରତିଫଳିତ ହେଉଥିବା ସତ୍ୟ ହିଁ ବାସ୍ତବ ସତ୍ୟ। ଏହା କଳ୍ପନା ଓ ସ୍ୱପ୍ନର ବିପରୀତ। ତେଣୁ ରୋମାଣ୍ଟିକ୍ ଚେତନାର ବିପରୀତ ଭାବେ ଦେଖା ଦେଇଥିବା ଏହି ବାସ୍ତବବାଦୀ ଚେତନାରେ ସାଧାରଣ ଜୀବନର ଘଟଣା ଓ ପରିବେଶ ମୁଖ୍ୟ ବିଭାବ ଭାବରେ ସ୍ଥାନ ପାଇଥାଏ।" [(୪୬)]

ବାସ୍ତବ ବାଦର ଜୟଗାନ କରି ପଦ୍ମଶ୍ରୀ ସଚ୍ଚି ରାଉତରାୟ କହନ୍ତି - "ମଣିଷର ପ୍ରେମ, ଅଶ୍ରୁ ସୁଖ ଦୁଃଖ ଖାପଛଡା / ରୂପପାଏ ଇସ୍ତାହାରେ ମୋର ଷୋଳଅଣା / ଯାହା ସୁନ୍ଦର ତାହା କବିତା / ମଣିଷ ଜୀବନବୋଧର ଛବିତା"। [(୪୭)]

**ବୀଣାପାଣିଙ୍କ ବାସ୍ତବବାଦୀ କବିତା:**

ବୀଣାପାଣିଙ୍କ 'ଆସିବାର ବେଳ' କବିତା ସଂକଳନସ୍ଥ 'ମୁଁ ତାର ବନ୍ଦନା କରେ', 'ଚିରବସନ୍ତ', 'ଅନେକରେ ଏକ', 'ମୁଁ ଏକ ନୂତନ କାବ୍ୟ ଝଡର ସକାଳେ', 'ପୂଜାଚିଠି', 'ଅଶ୍ରୁ ହସ', 'ବସନ୍ତ ସମ୍ଭାଷଣ' ଆଦି କେତେକ କବିତା ବାସ୍ତବବାଦୀ ଚିନ୍ତା ଚେତନାକୁ ନେଇ ରଚିତ। କବିତା ସଂପର୍କରେ ମତଦେଇ ସ୍ୱୟଂ କବୟିତ୍ରୀ କହନ୍ତି :- " କବିତା ପାଇଁ କେତେ ବେଳେ ସମୟ ନଥାଏ ବର୍ଷା ଋତୁପରି। ଏ ମୋ ପାଇଁ କବିତା ବା ସାହିତ୍ୟ ଯେତେ ନୁହେଁ। ସେତେଟା ପଛକୁ ଫେରିଚାହିଁବାର କୌତୁହଳ ଆବେଗ। ଏ ଆବେଗକୁ ପାଠକମାନେ କିପରି ସ୍ୱୀକୃତି ଦେବେ ଜାଣେନି। କିନ୍ତୁ ମୁଁ ଜାଣେ ଏଇ ଗଚ୍ଛିତ ପୁଂଜି ବା ଆବେଗ ଉପରେ ହିଁ ମୋର ଲେଖନୀ ବାସ୍ତବତାକୁ ଖୋଜିଛି"। [(୪୮)]

" ମୁଁ ତାର ବନ୍ଦନା କରେ' ଏକ ବାସ୍ତବବାଦୀ କବିତା। ବାସ୍ତବତା ସହିତ ତୀବ୍ର ଆଶାବାଦର ସ୍ୱର କବିତାକୁ ହୃଦୟସ୍ପର୍ଶୀ କରିପାରିଛି। ହସ ଲୁହ ସୁଖ ଦୁଃଖ ମିଶ୍ରିତ ଜୀବନର ଆତ୍ମଲିପି ବାଢିଛନ୍ତି କବି। ଝଡ ହେବା ପରେ ଆଶ୍ୱିନର ପ୍ରଥମ ସକାଳେ ସୂର୍ଯ୍ୟଙ୍କର ପହିଲି କିରଣ ଛୋଟ ଗଛର ଡାଳପତ୍ରକୁ ସ୍ପର୍ଶକରେ ହେଉପଛେ ତାହା ନ୍ୟୂନ। ବର ଗଛ ପରି ବିରାଟ ଦ୍ରୁମର ପତ୍ର ସହ ଘାସ ତଥା ଅନାବନା କ୍ଷୁଦ୍ରପାଦପରେ ସୂର୍ଯ୍ୟଙ୍କର ସୁନେଲି କିରଣ ଆଷାଢର ଅନ୍ଧକାରକୁ ଅଚିରେ ବିଲୁପ୍ତ କରିଦିଏ। ଚମ୍ପା, କିଆ, କେତକୀ ଫୁଲ ପରିବର୍ତ୍ତେ ଅଶିଣର କାଶତଣ୍ଡୀ ହସି ଉଠେ।

ବତାଶ, ବାତ୍ୟା, ଆଷାଢ଼ର ଘନ ଅନ୍ଧକାର ସବୁ ପରେ  ନୂଆ ଉନ୍ମାଦନା ନୂତନ ମୂର୍ଚ୍ଛନା ନେଇ ସୂର୍ଯ୍ୟଆସେ ଆକାଶରେ । ସେଇ ସୂର୍ଯ୍ୟ ପଦ୍ମିନୀର ହେଉ ଅବା ହେଉ କାଶତଣ୍ଡୀର । ହେଲେ ସବୁରି ପାଇଁ ତାଙ୍କ ଆଗମନରେ ଥାଏ ଉନ୍ମାଦନା । ଅନ୍ଧକାର ପରେ  ସମ୍ଭାବ୍ୟ ସୂର୍ଯ୍ୟୋଦୟ ତ ସଭିଙ୍କ କାମନା । ସେଇ ସମ୍ଭାବନାରେ କବିପ୍ରାଣ ଉନ୍ମାଦିତ ହୋଇଛି । କବି ତେଣୁ ପହିଲି  ପ୍ରଭାତରେ ସୂର୍ଯ୍ୟଙ୍କର  ବନ୍ଦନା ଗାନ କରିଛନ୍ତି । ରୋମାଣ୍ଟିକ୍ ବାସ୍ତବତା କବିତାର  ଭାବକୁ ମର୍ମସ୍ପର୍ଶୀ କରିପାରିଛି । କବିଙ୍କ ଭାଷାରେ - " ସେ ଆସିଛି / ଗୋଟିଏ  ସ୍ପର୍ଶ ନେଇ ସବୁରି ପାଇଁ   ଅନେକ ଉନ୍ମାଦନା / ମୁଁ ଆଜି ତାରେ ପ୍ରଥମ ପ୍ରଭାତରେ କରୁଛି  ବନ୍ଦନା" । (୪୯)

ଚିରବନ୍ଦନୀୟ ବସନ୍ତ ଋତୁ । ବସନ୍ତଋତୁକୁ କେବେ ବି ସଂଶୟ ସୃଷ୍ଟି ହେଉନଥିବା ଆଶା ଭରସାର ଋତୁ ରୂପେ  କାମନା  କରିଛନ୍ତି କବୟିତ୍ରୀ ବୀଣାପାଣି । ପୁଣି ବସନ୍ତ ଫଲ୍‌ଗୁର ସରାଗ ସ୍ପର୍ଶର ଅଭୁଲା ମୁହୂର୍ତ୍ତ କବିଙ୍କର  ଚିରଦିନ ସ୍ମରଣୀୟ ହୋଇ ରହିବ । କବିଙ୍କ ମତରେ ବସନ୍ତର କୀର୍ତ୍ତିକଳା, ଗୌରବ ସବୁକିଛି ଧନ୍ୟ । କବି ତେଣୁ  ଆନମନା ବସନ୍ତକୁ ନେଇ । କବି ଆଉ ବସନ୍ତ ମଧ୍ୟରେ ଦୂରତାର ବ୍ୟବଧାନ  ଅନେକ । ଏହି ଦୂରତାରେ, ବିଚ୍ଛେଦରେ ଲୁଚିରହିଛି ଜୀବନର ଅଫୁରନ୍ତ ଛନ୍ଦ । ବିଚ୍ଛେଦରେ ଜୀବନର ପ୍ରକୃତ ଆନନ୍ଦ, ପ୍ରକୃତ ମାଧୁର୍ଯ୍ୟ ଉପଲବ୍ଧି କରିହୁଏ । ଏହି ବାସ୍ତବତାକୁ ଅନୁଭବ କରିଛି କବି ପ୍ରାଣ । ହାତପାହାନ୍ତାରେ ମିଳୁଥିବା ଜିନିଷ ପ୍ରତି ଆକର୍ଷଣ କମିଯାଏ । ତେଣୁ ସ୍ୱପ୍ନମୟ ଦୂର ବସନ୍ତ କବି ପାଇଁ ଏକାନ୍ତ  କାମ୍ୟ । ବିଶ୍ୱାସରେ ଭରସାରେ ଦ୍ୱନ୍ଦ୍ୱର ସ୍ଥାନ ନଥାଏ । କବି ମନର ଆନ୍ତରିକ ଅଭିବ୍ୟକ୍ତି - "ମୋର ଆଜି ନାହିଁ କିଛି ଦ୍ୱନ୍ଦ୍ୱ/ ବିଚ୍ଛେଦେ ମିଳିଛି ମତେ / ଜୀବନର ଅଫୁରନ୍ତ ଛନ୍ଦ / ସେଇପରି  ଥାଅ  ଦୂରେ ରହି / ଚିରଦିନ  ଏ ବସନ୍ତ ହେଉ ସ୍ୱପ୍ନମୟ / ଏମାଟିରେ ଆଶା ଆଉ ଭରସାର ନଜାଗୁ ସଂଶୟ" । (୫୦) କଳା ଯେତେବେଳେ ଜୀବନ ଅଭିମୁଖୀ ହୁଏ ସେତେବେଳେ ତାର ସାର୍ଥକତା ରହେ । ଜୀବନ ପାଇଁ କଳା ର ତେଣୁ ଆବଶ୍ୟକତା ରହିଛି । 'ଅନେକରେ ଏକ' ବୀଣାପାଣିଙ୍କ ଆଉ ଏକ ବାସ୍ତବବାଦୀ କବିତା । ଅନେକଙ୍କ ଭିତରେ ନିଜକୁ ଏବଂ ନିଜ ଭିତରେ ଅନେକଙ୍କୁ ଖୋଜିଛି କବି ଆତ୍ମା କବି ନିଜ ଛୋଟ ହୃଦୟରେ ଅନେକଙ୍କୁ ଅଭୟ ଆଶ୍ରୟ ଦେଇଛନ୍ତି । କବି ସ୍ଥିର କରିପାରି ନାହାନ୍ତି କାହାକୁ ଗ୍ରହଣ କରିବେ । ଜବାର ରକ୍ତିମା, ଚମ୍ପା ଫୁଲର ତନିମା, ଗୋଲାପ ଆଉ ହେନାର ସୁରଭି ଅବା ମଲ୍ଲୀ ମାଳତୀର ଗଭୀର ସୁଆଗ । ଏ ସବୁଥିରେ ରହିଛି ନିଆରାପଣ । କବି ମନରେ ତେଣୁ ସୃଷ୍ଟି ହୋଇଛି ପ୍ରଶ୍ନବାଚୀ ?

"ପ୍ରଶ୍ନ ଉଠେ ନେବି ତୋଳି ଚଂପାର ତନିମା / ଅବା ଗୋଲାପ କି ହେନାର ସୁରଭି / ମଲ୍ଲୀ ଡାକେ ଫୁଲି ଫୁଲି ମାଳତୀର ଗଭୀର ସୁଆଗ / ଦୀର୍ଘଶ୍ୱାସ ଛାଡି ଚାହେଁ

ଜବାର ରକ୍ତିମା [୫୧] ବହୁ ଫୁଲର ଗନ୍ଧରେ କବି ପ୍ରାଣ ଆମୋଦିତ। ହେଲେ ଅନେକଙ୍କ ଭିତରେ ନିଜର ସନ୍ଦିଗ୍ଧ ଅସ୍ତିତ୍ୱକୁ ନେଇ କବି ମନରେ ସୃଷ୍ଟି ହୋଇଛି ହାହାକାର। ପରି ଶେଷରେ ଅନେକ ଅପେକ୍ଷା ଏକ ହିଁ ହୋଇଛି କବି ପାଇଁ ଶ୍ରେୟ। ବହୁ ପୁଷ୍ପରେ ମଧୁ ନଥାଏ ଯେମିତି ବହୁ ମଧ୍ୟରେ ଶାନ୍ତି ମିଳିନଥାଏ ଅନେକ ସୁଗନ୍ଧଯୁକ୍ତ ଫୁଲ ଅପେକ୍ଷା ଏକ ବାସହୀନ ଗନ୍ଧହୀନ ଫୁଲ ପ୍ରାଣରେ ଅଫୁରନ୍ତ ଶାନ୍ତି ଆଣିପାରେ ବୋଲି କବି ନିଜର ଭାବନାକୁ ରୂପଦେଇ କହିଛନ୍ତି -

"ବହୁ ମଧ୍ୟେ ଶାନ୍ତି କାହିଁ / ବହୁ ପୁଷ୍ପେ ଥାଏ କି ଗୋ ମଧୁ / ଏକ ପୁଷ୍ପ ହେଉ ପଛେ / ଗଂଧ ବାସତାର/ ଦେଇପାରେ ଶାନ୍ତି ହୃଦେ / ନାହିଁ କରୁପଛେ ଆକର୍ଷଣ"।[୫୨]

ବାସ୍ତବବାଦୀ ଚିନ୍ତାଧାରାର ଅନନ୍ୟସ୍ୱାକ୍ଷର ବହନକରେ ବୀଣାପାଣିଙ୍କ 'ପୂଜାଚିଠି' କବିତା। ପୂଜା ଆସୁଛି। ତେଣୁ ପୂଜା ପାଇଁ ଗାଁ କୁ ଆସିବା ନିମନ୍ତେ କବିଙ୍କ ପାଇଁ ରହିଛି ଚିଠିରେ ଚିଠିରେ ବାପା, ବୋଉ, ନୂଆ ବୋଉ ତଥା ଅପାଙ୍କର ଅଜସ୍ର ଆକୁତି ଆଉ ନିବେଦନ। କବି ତା'ର ସୁନ୍ଦର ରୂପ ଦେଇ କହିଛନ୍ତି - "ବାପା ତେଣୁ ଲେଖିଛନ୍ତି ପୁରାଣ ଓ ଗୀତାରୁ ଉଖାରି / ପୂଜାର ମହାତ୍ମ୍ୟ କଥା, ପାପ ପୁଣ୍ୟ ଜୀବନ ସଂବାଦ / ପଶ୍ଚାତେ ଦିଧାଡି ମାତ୍ର, ଜଗି ରଖି ଖର୍ଚ୍ଚ କରୁଥିବ / ଦିଭାଗ ସଂଚୟ କରି, ଏକ ଭାଗେ ଜୀବିକା ବାହିବ"[୫୩] ଅଥଚ ନିଷ୍ଠୁର ବାସ୍ତବତାର ତାଡନାରେ ଫଳବତୀ ହୋଇ ପାରିନି- ସେ ସମସ୍ତଙ୍କ ଆଶା ଓ ଆକାଙ୍‌କ୍ଷା। କବିଙ୍କର ଅସହାୟବୋଧତାକୁ କେହି ବି ବୁଝିପାରନ୍ତିନି। ବାସ୍ତବତା କେବଳ ମଣିଷ ଜୀବନରେ ଆସେନାହିଁ, ପରିବେଶ ଓ ପ୍ରକୃତିରେ ଫୁଟିଉଠେ ଏହି ବାସ୍ତବତାର ଚିତ୍ର।

ବାସ୍ତବତାର ଯୂପକାଷ୍ଠରେ ବସନ୍ତ କିପରି ଅବାଞ୍ଛିତ ଅନାକାଂକ୍ଷିତ ହୋଇପଡିଛି ତାର ଚମତ୍କାର ଚିତ୍ର ପ୍ରଦାନ କରିଛନ୍ତି କବି ବସନ୍ତ ସମ୍ଭାଷଣ କବିତାରେ। କବି ପାଇଁ ଆଜି କିନ୍ତୁ କାମ୍ୟ ନୁହେଁ ମଳୟର ବ୍ୟଞ୍ଜନ କି କୋଇଲିର ମଧୁର ଗୁଂଜନ ଅବା ଅଗରୁ ଚନ୍ଦନ। ଦିନଥିଲା ସ୍ୱର୍ଗର ବୈଭବ ବିଳାସ ଠାରୁ ଉଚ୍ଚତର ମନେହେଉଥିଲା ବସନ୍ତର ଅମୃତ ଉଲ୍ଲାସ। ହୃଦୟର ଅସୀମ ଆଶ୍ୱାସ ରୂପେ ସ୍ୱୀକୃତ ବସନ୍ତ ତଥାପି ଆଜି ଶୁଷ୍କ ହୋଇଯାଇଛି ମାଟି ଆଉ ସଂଗ୍ରାମରେ ବିଦୀର୍ଣ୍ଣ ହୋଇଛି ଧରା। ଏ ପ୍ରକାର ପରିବର୍ତ୍ତନରେ କବି ପ୍ରାଣ ବିଳପି ଉଠିଛି। କବି ମନର ଏଇ ବିକଳ ବେଦନା ରୂପ ପାଇଛି କବିତାରେ "କିନ୍ତୁ ହାୟ ଆଜି? ରୁକ୍ଷ ଶୁଷ୍କ ଏଇ ମାଟି ସଂଗ୍ରାମର ବିକ୍ଷତ ଆଘାତେ / ଯୌବନ ବିହୀନ ଧରା / ଶଯ୍ୟାଶାୟୀ ଜରାର ପ୍ରକୋଷ୍ଠେ / ରାଜକନ୍ୟା ବସ୍ତ୍ରହୀନ"।[୫୪] ନିଷ୍ଠୁର ବାସ୍ତବତାରେ ଦେବତା ବି ପାଷାଣ ପାଲଟିଯାଏ। ପ୍ରେମ ପରାହତ ହୁଏ; ଧୈର୍ଯ୍ୟଚ୍ୟୁତ ହୁଏ, କଲ୍ୟାଣ ଓ ଆଶ୍ୱାସ ସବୁ ଦୁର୍ବଳତାର ଆଖ୍ୟା ନିଏ।

ବାସ୍ତବତାର ଜୀବନ୍ତ ରୂପ ଚିତ୍ର ପ୍ରଦାନ କରିବାକୁ ଯାଇ କବି ପୁଣି କହନ୍ତି :

"ଜୀବନର ଦରଦାମ୍ / ହିସାବ ନିକାଶ / ସବୁ ଆଜି ଏକାକାର / ବଣିକର ରକ୍ତମୁଖା ତଳେ" (୫୫) ତେଣୁ ବାସ୍ତବ ବିଧୂର ଦୁନିଆରେ କିଏ ବା କାହିଁକି ବସନ୍ତକୁ ସ୍ୱାଗତ କରିବ। ଜରାଗ୍ରସ୍ତ ପ୍ରାଣ କିପରି ବୁଝିପାରିବ ଯୌବନର ମହତ୍ତ୍ୱ ? ଅତଏବ ବସନ୍ତ ପ୍ରତି ସମ୍ବେଦ୍ୟ କବିଙ୍କର ଆତ୍ମଅଭିବ୍ୟକ୍ତି ହେଉଛି "ଜରାଗ୍ରସ୍ଥ ପ୍ରାଣ କାହୁଁ / ବୁଝିବ ବା ଯୌବନର ମହତ୍ତ୍ୱ / ତୁମେ ଚିର ଆକାଂକ୍ଷିତ / ଆଜି ଅନାଦୃତ"। (୫୬)

'ଅଶ୍ରୁ ହସ' ବୀଣାପାଣିଙ୍କ ବାସ୍ତବ ଚିନ୍ତା ଚେତନା ସମ୍ପର୍କିତ ଏକ ସୁନ୍ଦର କବିତା'। ମଣିଷର ଆବେଗର ସ୍ୱତଃ ପ୍ରସ୍ରବଣ ହେଉଛି ଅଶ୍ରୁ। ବାସ୍ତବରେ 'ଅଶ୍ରୁ'ମଣିଷର ଅତି ଆପଣାର। ମଣିଷର ସୁଖ ଦୁଃଖକୁ ଲାଘବ କରିବାରେ 'ଅଶ୍ରୁ'ର ଭୂମିକା ଖୁବ୍ ଗୁରୁତ୍ୱପୂର୍ଣ୍ଣ। ଜୀବନରେ ହସପରି ଲୁହର ଆବଶ୍ୟକତାକୁ ସ୍ୱୀକାର କରିଛନ୍ତି କବି। ହସପାଖରେ ପହଞ୍ଚିବା ପାଇଁ ଲୁହର ଆବଶ୍ୟକତା ରହିଛି। ଏ କଥାକୁ ଇଂରାଜୀ ସାହିତ୍ୟର ବିଶିଷ୍ଟ କବି **P.B. Shelly** ମଧ୍ୟ ସ୍ୱୀକାର କରିଛନ୍ତି ତାଙ୍କ କବିତାରେ ତେଣୁ ରିକ୍ତ ପ୍ରାଣରେ ମହୁ ଭରିଦେବା ନିମନ୍ତେ ଲୁହକୁ ଆପଣାର କରିବାକୁ ପଡିବ। କବିଙ୍କ ଭାଷାରେ :- "ନିଶ୍ଚିତରେ ବଂଚିବାର କମନୀୟ ଆଶା / ଗାଇବାକୁ ପ୍ରୀତିରାଗ ହୃଦୟର ଭାଷା / ଟୋପାଏ ହସର ମହୁ / ରିକ୍ତ ପ୍ରାଣେ ତୋଳିବାକୁ କୁହୁ" । (୫୭)

'ଅଶ୍ରୁ' ପ୍ରାଣଠାରୁ ବି ପ୍ରିୟ ହୋଇଯାଇଛି କବିଙ୍କ ପାଇଁ। 'ଅଶ୍ରୁ'କୁ ଆଉ ଡରୁନାହାନ୍ତି କବି। ତେଣୁ କବି ମନର ସଂଗୋପନ ଆତ୍ମଲିପି ଏହି ଭାବରେ ଉତୁରି ଆସିଛି "ଆଗୋ ଅଶ୍ରୁ !ଆଗୋ ମୋର ପ୍ରାଣର କାକଳି / ଛଳନାର ଆବରଣ ଦିଅ ଆଜି ଖୋଲି। ମୁଁ ତ ଆଉ ଡରୁନାହିଁ ତୁମ ଆଖି କଜ୍ଜ୍ୱଳ ଭଉଁରୀ / ମୋ ଅଙ୍ଗନେ ତୁମେ ଆଜି ମୁଖରିତ ହସର ଲହରୀ"। (୫୮)

ଝଡ ପରବର୍ତ୍ତୀ ସକାଳର ଏକ ନୂତନ କାବ୍ୟ ଭାବେ ଗ୍ରହଣ କରନ୍ତି କବି ନିଜକୁ। ଜୀବନର ସମୟ ସରିସରି ଆସିଛି। ଖିଆଲରେ କବି ମୃତ୍ୟୁର ସ୍ୱରୂପକୁ ଭୁଲିଯାଇଛନ୍ତି। ଯଦିବା ମୃତ୍ୟୁ ଚିରନ୍ତନ ସତ୍ୟ, ବାସ୍ତବ କଥା। ସୁଖ ଦୁଃଖ ବେଦନାକୁ ନେଇ ବିତିଯାଇଛି କବିଙ୍କ ଜୀବନ। କବି ତେଣୁ କହିଛନ୍ତି - "ଦୁଃଖ ସୁଖ ବେଦନାର ଧାରା। କିଏ ମତେ ଦେଇଥିଲା ଏତେଦିନ / ରୁଦ୍ଧ କରି - ଦୁର୍ବିସହ କାରା"। (୫୯)

ଶ୍ରାବଣର ଶ୍ୱାସରେ ପୁଣି ତୁଟିଯାଏ ମଳୟର ବନ୍ଧନ। ସବୁ ଲକ୍ଷ୍ୟ କରିଛନ୍ତି, ଅନୁଭବ କରିଛନ୍ତି କବି। କବିର ବାସ୍ତବବାଦୀ ଦୃଷ୍ଟିର ଅନ୍ତରାଳରେ କିଛିବି ଛପି ରହିପାରିନି। ଝଡରେ ଧୋଇଯାଇଛି ଫାଲ୍‌ଗୁନର ମଳୟ ଚନ୍ଦନ ଆଉ ଝରିଯାଇଛି ଗଭାରୁ କେତକୀ ଓ ଚଂପା। ତେଣୁ ଝଡ ପରବର୍ତ୍ତୀ ଫାଲ୍‌ଗୁନର ବ୍ୟର୍ଥତାକୁ କବିତାରେ କମନୀୟ ରୂପଦେଇ

କବି କହିଛନ୍ତି :- "ଫାଲଗୁନର ଲିପି ମୋର ଚରମ ବ୍ୟର୍ଥତା / ମୁଁ ଏକ ନୂତନ କାବ୍ୟ ଝଡର ସକାଳେ / ପାଇଛି ଜୀବନ ସ୍ପର୍ଶ / ତୁଚ୍ଛ କାରୁଣ୍ୟତା / ଦୀପ୍ତିମୋର ସ୍ପନ୍ଦନରେ / ପ୍ରତି ହୃଦେ ଝଳେ"। (୬୦) ଜୀବନ ଜଗତର ବହୁ ଅନୁଦ୍‌ଘାଟିତ ରହସ୍ୟକୁ ଉନ୍ମୋଚନ କରିବା ଦିଗରେ ବାସ୍ତବତାର ବହୁ ଆବଶ୍ୟକତାକୁ ଉପଲବ୍ଧି କରି କବିତାରେ ଏହାର ପ୍ରୟୋଗ କରାଯାଇଛି । ସମାଲୋଚକ ଡ୍ରାଇଡ୍ରେନ୍‌ଙ୍କ ମତରେ :- "ସାହିତ୍ୟ ହେଉଛି ବାସ୍ତବ ଜୀବନର ଏକ ପ୍ରତିରୂପ।" (୬୧) ସାହିତ୍ୟର ପୂଜାରିଣୀ ବୀଣାପାଣିଙ୍କ କବିତା ସମ୍ଭାରରେ ରୋମାଣ୍ଟିକ୍ ଚିନ୍ତାଧାରାର ଚମତ୍କାର ପ୍ରତିଫଳନ ଘଟିଥିଲେ ମଧ୍ୟ ତହିଁରେ ପ୍ରଚ୍ଛନ୍ନ ଭାବରେ ନିହିତ ଥିବା ତାଙ୍କର ବାସ୍ତବବାଦୀ ଦୃଷ୍ଟିଭଙ୍ଗୀକୁ ଆଦୌ ଉପେକ୍ଷା କରାଯାଇନପାରେ ।

**ବିପ୍ଳବୀ କବିତା:**

ସୃଷ୍ଟି କରିବାର ଅନ୍ୟନାମ ବିପ୍ଳବ। ପୁରୁଣା ପ୍ରଥା ଗତାନୁଗତିକ ଧାରାରେ ଅବସାନ ଘଟାଇ ନୂଆ କିଛି କରିବାର ସଂକଳ୍ପରେ ପ୍ରୟାସଶୀଳ ସଚେତନ ବ୍ୟକ୍ତି ହିଁ ବିପ୍ଳବୀ। ପାଶ୍ଚାତ୍ୟ ଚିନ୍ତାଧାରାର ସମନ୍ୱୟ ହେତୁ ପାଶ୍ଚାତ୍ୟ ଦେଶର ମୁକ୍ତି ସଂଗ୍ରାମ ପାଇଁ ଘଟିଯାଇଥିବା ବିପ୍ଳବ ସମ୍ବନ୍ଧରେ ଭାରତର ଜନମାନସ ସଚେତନ ହେଲା। ଋଷ ବିପ୍ଳବ, ଫରାସୀ ରାଷ୍ଟ୍ର ବିପ୍ଳବ ଆଦି ଦେଶର ରାଜନୈତିକ ବିପ୍ଳବ ଭାରତୀୟ ସମାଜ ଜୀବନରେ ବୈପ୍ଳବିକ ଦୃଷ୍ଟିଭଙ୍ଗୀର ସୂତ୍ରପାତ କଲା। କାର୍ଲମାର୍କସ୍, ଲେନିନ୍‌ଙ୍କ ସାମ୍ୟବାଦୀ ଚିନ୍ତାଧାରା ଏହି ବୈପ୍ଳବିକ ଚେତନାକୁ ତ୍ୱରାନ୍ୱିତ କରିଥିଲା ।

'ଦାସ କ୍ୟାପିଟାଲ୍'ର ପ୍ରଣେତା କାର୍ଲମାର୍କସ୍ ଆଧୁନିକ ଯୁଗର ଜଣେ ବିଶିଷ୍ଟ ଚିନ୍ତାନାୟକ। ସମାଜରୁ ସର୍ବହରା ଶ୍ରମିକମାନଙ୍କ ଦୁର୍ଗତିର ଅପମୋଚନ ପାଇଁ ସେ କରିଥିଲେ ଆପ୍ରାଣ ଉଦ୍ୟମ। ନିଃସ୍ୱ ଦରିଦ୍ର ଅସହାୟଙ୍କ ପ୍ରତି ସମ୍ବେଦନଶୀଳ କାର୍ଲମାର୍କସ ଦୃଢ କଣ୍ଠରେ ଘୋଷଣା କରିଥିଲେ - "ଅଭାବକ୍ଲିଷ୍ଟ ଦୁର୍ଦ୍ଦଶାପୀଡିତ ମନୁଷ୍ୟ ମନରେ ସୁନ୍ଦରତମ ନାଟକର ମଧ୍ୟ କୌଣସି ଆବେଦନ ନାହିଁ। ଧାତୁ ଦ୍ରବ୍ୟର କାରିଗରୀ କେବଳ ତା'ର ବଜାରଦର ହିଁ ଦେଖେ; ଧାତୁର ସୌନ୍ଦର୍ଯ୍ୟ ବା ସ୍ୱକୀୟତା ଦେଖେନା"।(୬୨) ବିଶ୍ୱ ମାନବକୁ ଦୁର୍ଗତିରୁ ମୁକ୍ତ କରି ଶ୍ରମ ନିର୍ଭର ଶୋଷଣମୁକ୍ତ ସମାଜ ଗଠନ ପାଇଁ ମାର୍କସବାଦର ଆବିର୍ଭାବ ହୋଇଥିଲା। ସମଗ୍ର ବିଶ୍ୱରେ ନବଜୀବନ ନୂଆଦିଗନ୍ତ ପ୍ରଦାନ କରିବାରେ ମାର୍କସୀୟ ଦର୍ଶନ ଉଲ୍ଲେଖଯୋଗ୍ୟ ଭୂମିକା ଗ୍ରହଣ କରିଥିଲା। କୁହାଯାଏ - "ବର୍ତ୍ତମାନ କାଳରେ ଲିଖିତ କୌଣସି ଗ୍ରନ୍ଥ 'ଭଲ' ହୋଇପାରେନା, ଯଦି ତାହା ମାର୍କସୀୟ ଅଥବା ପ୍ରାୟ-ମାର୍କସୀୟ ଦୃଷ୍ଟିଭଙ୍ଗୀରୁ ଲିଖିତ ହୋଇନଥାଏ"। (୬୩) ଏହି ମାର୍କସବାଦର ପ୍ରଭାବରେ

ଓଡ଼ିଆ କବିତାରେ ସୃଷ୍ଟି ହୋଇଥିଲା ପ୍ରଗତିଶୀଳ ଚେତନା । ଷଷ୍ଠ ଦଶକର ଶେଷ ସମୟରୁ ଓଡ଼ିଆ କବିତାରେ ବିପ୍ଳବର ସ୍ୱର ଶୁଣିବାକୁ ମିଳିଛି । ବିପ୍ଳବୀ କବିଙ୍କ ସଂପର୍କରେ ମତ ଦେଇ ଡଃ ସଂଘମିତ୍ରା ମିଶ୍ର କହନ୍ତି – "ବିପ୍ଳବର ଅଗ୍ନିଗର୍ଭ ଆହ୍ୱାନ ଭିତରେ ବାସ୍ତବବାଦ ଆଡକୁ କବି ଦୃଷ୍ଟି ପକାଇଛି । ସେ ଦୃଷ୍ଟିରେ ଅଛି କ୍ରୋଧ ଆଉ ନିଜ ସ୍ଥିତିକୁ ଜାହିର କରିବାର ମାନସିକତା" । [୬୪] କବି ତା'ର ଚତୁର୍ଦ୍ଦିଗରେ ଦେଖୁଥିବା ଶୋଷଣ ଜୀବନର ଚିତ୍ରକୁ ରୂପ ଦେଇଛି ତାର କବିତାରେ । ଭଗବତୀ ପାଣିଗ୍ରାହୀ, ଅନନ୍ତ ପଟ୍ଟନାୟକ, ସଚ୍ଚି ରାଉତରାୟ, ମନମୋହନ ମିଶ୍ର, ରଘୁନାଥ ଦାସ ପ୍ରମୁଖ କବି ଏହି ଚେତନାର କବିତା ରଚନା କରି ଓଡ଼ିଆ ସାହିତ୍ୟକୁ ସମୃଦ୍ଧ କରିପାରିଛନ୍ତି । ଅନନ୍ତ ପଟ୍ଟନାୟକଙ୍କ 'ଜାଗ ବନ୍ଧନହରା', 'ଝରରେ ରୁଧିର ଝର', ସଚ୍ଚି ରାଉତରାୟଙ୍କ 'ବାଜିରାଉତ', 'ଶ୍ରମିକ କବି', 'ମାରତୁ ଯେତେ ଗୁଳି', 'ବିପ୍ଳବର ଜନ୍ମଦିନେ', 'କବିତାର କବର' 'କୋଣାର୍କ', 'ସର୍ବହରା', 'ଫାଶୀଖୁଣ୍ଟ', ମନମୋହନ ମିଶ୍ରଙ୍କ 'କୋଟିକଣ୍ଠେ', ରଘୁନାଥ ଦାସଙ୍କ 'ପଦଧ୍ୱନୀ', 'ଶତାବ୍ଦୀ', 'କୋରିଆ', 'ମୃତ୍ୟୁହୀନ' ଆଦି କବିତା ବୈପ୍ଳବିକ ଚେତନାର ସ୍ୱରରେ ସମୃଦ୍ଧ । ମେହନତି, ଖଟିଖିଆ ମଣିଷ ପାଇଁ ଉଷ୍ମ ଚିନ୍ତାଧାରା କବି ରଘୁନାଥ ଦାସଙ୍କ କଣ୍ଠରେ ସୃଷ୍ଟି କରିଛି ସମବେଦନା । ଲକ୍ଷ୍ମୀଧର ନାୟକ, ସୁନନ୍ଦ କର, ଜୀବନାନନ୍ଦ, କୃଷ୍ଣ ଚରଣ ବେହେରା ଆଦି କବିଙ୍କ କବିତାରେ ଶାନ୍ତି – ମୈତ୍ରୀ, ପ୍ରୀତି – ପ୍ରତ୍ୟୟ ଆଉ ବିଶ୍ୱାସ ସହ ବିପ୍ଳବର ସ୍ୱର ଝଙ୍କୃତ ହୋଇଛି । ବିପ୍ଳବୀ କବି ରବି ସିଂ ଓଡ଼ିଆ କବିତାରେ ସଶ୍ରଦ୍ଧ ନାମ । ଆଗାମୀ ଯୁଗର ସନ୍ତୁ ହେବାକୁ ଆଶା ରଖିଥିବା କବି ରବି ସିଂହଙ୍କର 'ପାଦଟୀକା', 'ଚରମପତ୍ର', 'ଲାଲ୍ ପାଗୋଡାର ପ୍ରେତ', 'ପଥ ପ୍ରାନ୍ତର କବିତା', 'ତମେ ଦେଖିଥିବ', 'ହେ ମୋର ଶାୟକ', 'ଝଡ', ଆଦି କବିତାରେ ବିପ୍ଳବର ବଜ୍ର ନିର୍ଘୋଷ ଶୁଣିବାକୁ ମିଳେ । ବିପ୍ଳବ ତଥା ପରିବର୍ତ୍ତନ ପ୍ରତି କବିର ଆନ୍ତରିକତା ଏହି କବିତାରୁ ଉପଲବ୍ଧ ହୋଇଥାଏ । ସାଂପ୍ରତିକ ଓଡ଼ିଆ କବିତାରେ ପ୍ରସନ୍ନ ପାଟ୍ଟଶାଣୀ, ବ୍ରଜନାଥ ରଥ, ଅମରେଶ ପଟ୍ଟନାୟକଙ୍କ କବିତାରେ ମଧ୍ୟ ଏହି ବୈପ୍ଳବିକ ଚେତନା ସୁସ୍ପଷ୍ଟ । ସମାଜରେ ଶୋଷଣ କଷଣ ଲାଗି ରହିଛି । ତା ଭିତରେ କବିମାନେ ଦୁଃଖ ଦାରିଦ୍ର୍ୟର ଚିତ୍ରକୁ ଉପସ୍ଥାପନ କରିଛନ୍ତି । ଆବଶ୍ୟକ ହେଲେ କବି କଳା ପାଇଁ କଳାର ବିରୋଧ କରି କହିଛି – "ମୁଁ ତ ଚାହେଁ ଯହିଁ କଳା ପାଇଁ କଳା, ଏ ମହାଜୀବନ ପାଇଁ କଳା ଟେକୁ ତାର ମହାନ୍ ଅର୍ଘ୍ୟ ରୁଧିର ଆରତି ଦେଇ"– 'ଝଡ'– ରବି ସିଂ । [୬୫]

ପାରମ୍ପରିକ ଜୀବନାଦର୍ଶ, ମୂଲ୍ୟବୋଧ, ଆଦର୍ଶ ପାପ ପୁଣ୍ୟର ପଦ୍ଧତିକୁ ଭାଙ୍ଗି ନିଜମତେ ସମାଜକୁ ପୁନଃ ନିର୍ମାଣ କରିବା ପାଇଁ କବିତାର ଚିନ୍ତନରେ ପ୍ରୟୋଗ ପରିଲକ୍ଷିତ ହୁଏ । ସମାଜରେ କିଛି ଗୋଟିଏ ପରିବର୍ତ୍ତନ ଆଣିବା ପାଇଁ ନିଜ ଭିତରେ ଆଉଟୁ ପାଉଟୁ

ହେଉଥିବା କବିଟିଏ ଆତ୍ମଗ୍ଲାନିରେ ମର୍ମାହତ ହୁଏ। ତାର ସେଇ ଆତ୍ମଗ୍ଲାନି ବିଦ୍ରୋହର ରୂପ ନେଇ ଆତ୍ମପ୍ରକାଶ କରେ ତା' କବିତାରେ।

**ବୀଣାପାଣିଙ୍କ ବିପ୍ଳବୀ କବିତା:**

'ଆସିବାର ବେଳ' କବିତା ସଂକଳନରେ କବିଙ୍କର ବିପ୍ଳବୀ ମନୋଭାବର ଝଲକ ଦେଖିବାକୁ ମିଳେ। ସାହିତ୍ୟିକା ଜୀବନର ପ୍ରଥମ ପର୍ଯ୍ୟାୟରେ କବିଙ୍କୁ ସାମ୍ୟବାଦୀ ଚିନ୍ତାଧାରା ବେଶ୍ ଉତ୍ସାହିତ କରିଥିଲା। ସେହି ଚିନ୍ତାଧାରାରେ ପ୍ରଭାବିତ ହୋଇ କବି ଲେଖିଥିବା କବିତାଗୁଡିକ ହେଲା 'ଉଷାର ନିଶିରେ', 'ମୁଁ ଯେ ଦୁର୍ବାର', 'ମୁଁ ତାରେ ବନ୍ଦନା କରେ', 'ମୁଁ ଏକ ନୂତନ କାବ୍ୟ ଝଡର ସକାଳେ' 'ମଇ ପହିଲାର ସୂର୍ଯ୍ୟ', 'ଶୋଣିତ ଶିଖା', 'ଚାଲ୍ ଚାଲ୍ ଆରେ ଆଗେଇ ଚାଲ୍', 'ତାକୁ ମୁଁ ଜାଣିଛି', 'ମୁକ୍ତି ସଂଗୀତ ପାଇଁ ଗୋଟିଏ କବିତା', 'ଇସ୍ପାତ ଆଜି ସଂଧାନ ଦିଅ', 'ଝଡର ଝଙ୍କାର', 'କ୍ଳାନ୍ତି ଶେଷେ', 'ଆତ୍ମ ପରାଜୟ' ଓ 'କେତେ ମୁଠାବାଲି, କେତେ ଟୋପା ରକ୍ତ'।

ସାମାଜିକ ଗତାନୁଗତିକ ବିଧି ବ୍ୟବସ୍ଥା କବିଙ୍କ ପାଇଁ ଅସହ୍ୟ। ସବୁ ସାମାଜିକ ବିରୋଧକୁ କବି ଭାଙ୍ଗିବାକୁ ଚାହିଁଛନ୍ତି। ଜୀବନରେ ସାଲିସ୍ କରି କରି ଥକି ପଡିଥିବା କବି ଆଉ ସାଲିସ୍ କରିବାକୁ ଚାହିଁ ନାହାନ୍ତି। 'ଉଷାର ନିଶିରେ' କବିତାରେ କବି ପ୍ରତିବାଦ କରି କହିଛନ୍ତି – "ଲୋଡା ନାହିଁ ଆଉ ବନ୍ଧୁ ! ଲୁହ ଲହୁ ଆତ୍ମାର ସାଲିସ / ଲୋଡା ନାହିଁ କାରିଗରୀ, ଲୋଡା ନାହିଁ ସ୍ୱପ୍ନର ବାର୍ଣ୍ଣିସ୍"। (୬୬)

ପୁରାଣର ନୀତିବାଣୀ ଓ ଶାସ୍ତ୍ରର ଉଦାହରଣ ଦେଇ ନିରୀହ ମଣିଷକୁ ଠକୁଥିବା ଅନ୍ୟାୟୀ ଅତ୍ୟାଚାରୀମାନଙ୍କୁ କବି ସହ୍ୟ କରି ପାରି ନାହାନ୍ତି । ଆଜିର ଆଇନ୍ ବ୍ୟବସ୍ଥା ଉପରେ କବି ପ୍ରଶ୍ନବାଚୀ ଉଠାଇଛନ୍ତି – "କେଉଁ ବିଜ୍ଞ ବିଚାରକ ରାୟ ଦିଏ। ନାଲି ନାଲି ଲୋହିତ ରକ୍ତରେ / ସାକ୍ଷୀ ଓ ପ୍ରମାଣ ଯା'ର କେତେଗୋଟି ମୁହୂର୍ତ୍ତର ଅଳସ ପାଣ୍ଡିତ୍ୟ ଏବଂ କିଛି ସିଲ୍ ଦିଆ ଶୋଚନୀୟ ତଥ୍ୟ"। (୬୭)

ବାରମ୍ବାର ସମାଜର ବଡପଣ୍ଡାମାନଙ୍କର ଚାବୁକ୍ ମାଡରେ ଜଳିପୋଡି ଯାଉଥିବା ମଣିଷ ବିଦ୍ରୋହ କରେ। ସହିବାର ସୀମା ଟପି ଗଲେ ବିପ୍ଳବ କରେ। କବି ମନରେ ସେହିପରି ବୈପ୍ଳବିକ ଭାବନା ସୃଷ୍ଟି ହୋଇଛି। ସମାଜର ସବୁସ୍ତରର ଲୋକଙ୍କ ଭିତରେ ସମାନତା ଆଣିବାକୁ ଚାହିଛନ୍ତି କବି ବୀଣାପାଣି। 'ମୁଁ ତା'ର ବନ୍ଦନା କରେ' କବିତାରେ କବି ଏହି ସମାନତାର ଚିତ୍ର ଦେଖାଇଛନ୍ତି। ପ୍ରଥମ ସୂର୍ଯ୍ୟଙ୍କୁ କବି ବନ୍ଦନା କରିଛନ୍ତି। ପ୍ରଥମ ସୂର୍ଯ୍ୟ ଅର୍ଥ ନୂତନତା। ସୂର୍ଯ୍ୟଙ୍କର ଲାଲ୍‌ରଙ୍ଗ ମନରେ ଉତ୍ସାହ ଆଣିଦିଏ। ଲାଲ୍‌ରଙ୍ଗ ସାମ୍ୟବାଦର ପ୍ରତୀକ। ସେହି ଲାଲ୍‌ରଙ୍ଗ ମନରେ ଭରିଦିଏ ଅଦମ୍ୟ ସାହସ। ତେଣୁ କବି

ପ୍ରଥମ ସୂର୍ଯ୍ୟଙ୍କୁ ସ୍ୱାଗତ କରି କହିଛନ୍ତି – "ଆଜି ପ୍ରଥମ ସୂର୍ଯ୍ୟ ଆସୁଛି। ଉନ୍ମେଷ ମୂର୍ଚ୍ଛନା କାକଳି କଲ୍ଲୋଳ / ସବୁ ନେଇ ଆସୁଛି'। [୬୮]

ସମାଜର ଅବ୍ୟବସ୍ଥା, ଉଚ୍ଚନୀଚ ଭେଦଭାବ, ଜାତିପ୍ରଥା, ଦିନ ମଜୁରିଆଙ୍କ ଦୁଃଖ କବିଙ୍କୁ ବ୍ୟଥିତ କରିଛି। ଫଳରେ ତାଙ୍କ ଭିତରେ ଏକ ବିପ୍ଳବର ଝଡ଼ସୃଷ୍ଟି ହୋଇଛି। ତାହାର ପ୍ରତିଫଳନ କବିଙ୍କର 'ମୁଁ ଏକ ନୂତନ କାବ୍ୟ ଝଡ଼ର ସକାଳେ' କବିତାରେ ଦେଖିବାକୁ ମିଳେ।

"ମୁହିଁ ତାର ନୂତନ କବିତା / ଏଝଡ଼ର ଲଗ୍ନେ ଯେଣୁ / ସର୍ଶେ ତାର ହେଲି ମୁଁ ରଚିତା"। [୬୯] "ମୁଁ ଯେ ଦୁର୍ବାର" କବିତାରେ କବିଙ୍କର ଏହି ବୈପ୍ଳବିକ ଭାବନା ତୀବ୍ର ହୋଇଛି। ସେ ନିଜକୁ 'ଦୁର୍ବାର' ବୋଲି ମନେ କରି ଲେଖିଛନ୍ତି – "ମୁଁ ଯେ ଦୁର୍ବାର ଆଜି ଛୁଟେ। ଚଉରାଳିଶ କୋଟିକଣ୍ଠେ ମୁଁ ସାଥୀ / ନୂଆ ସଂଗୀତ ଫୁଟେ। ପଥ କାହିଁ, ପଥ କାହିଁ ?[୭୦]

କବି ସବୁ ସାମାଜିକ ବାଧା ବନ୍ଧନ ଦୂର କରିବାକୁ ଚାହିଁଛନ୍ତି। କୋଟିକୋଟି ନିରୀହ ଜନତାଙ୍କ ପ୍ରାଣରେ ଭାଷା ଫୁଟାଇବାକୁ ଚାହିଁଛନ୍ତି। କବିଙ୍କ ଭାଷାରେ – "ବିଷ୍ଣୁ ମୁହଁରେ କଶ୍ୟପୁ ଛାତି / ଛିନ୍ନ କରିବି ତୃଷ୍ଣା ନିବାରି / ଚଉରାଳିଶି କୋଟିବକ୍ଷେ ଆଣିବି / ନୂଆ ସ୍ପନ୍ଦନ, ନୂଆ ଅନୁଭୂତି / ଏକତା ମୈତ୍ରୀ – ଶାନ୍ତି"।[୭୧]

ସାମାଜିକ ସମତା ଆଣିବା ପାଇଁ ଅନେକ ପଥ ରହିଛି। ଅତ୍ୟାଚାର ନିର୍ଯ୍ୟାତନାରୁ ମୁକୁଳିବା ପାଇଁ ବହୁବାଟ ରହିଛି। ସେସବୁ ପଥରେ ବାଧା ଅନେକ। ତଥାପି କବି କୋଟିଏ ମୁଖରେ ହସ ଦେବାପାଇଁ ଚାହିଁଛନ୍ତି। ଶାନ୍ତିମୈତ୍ରୀ ସ୍ଥାପନ କରିବା ପାଇଁ ଭାରତ ବାସୀଙ୍କୁ ଏକଜୁଟ୍ ହେବାକୁ କବି ଆହ୍ୱାନ କରିଛନ୍ତି। ନିରୀହ ଜନତାଙ୍କ ପାଇଁ କବି କେତେବେଳେ ବିଷ୍ଣୁଙ୍କ ରୂପନେଇଛନ୍ତି ତ' କେତେବେଳେ ଶନିଙ୍କ ରୂପ ନେଇଛନ୍ତି। "ତୁଷାର ବୁକୁରେ ଜାଗିଛି ଅଗ୍ନି / ମୁଁ ଯେ ପାଲଟିଛି ଶନି"। [୭୨]

କବି ସଚେତନ ହୋଇଛନ୍ତି ଏବଂ ତାଙ୍କ ପଥରେ କେହି ବାଧା ଦେଇପାରିବେ ନାହିଁ ବୋଲି ସେ ଦୃଢ଼ ସ୍ୱରରେ କହିଛନ୍ତି। ମଇ ପହିଲା ଶ୍ରମିକ ଦିବସ ଭାବରେ ପରିଚିତ। ସାମ୍ୟବାଦର ଝଣ୍ଡା ଏହି ଦିବସରେ ଉଡିଥିଲା। କୃଷକ, ମଜଦୁର ଶ୍ରମିକମାନଙ୍କୁ ସେମାନଙ୍କ ପ୍ରାପ୍ୟ ଦେବା ପାଇଁ ଏହି ଦିବସ ଏକ ସ୍ମୃତିର ଦିବସ। ପୁଞ୍ଜିବାଦର ବିଲୋପ ପାଇଁ ମଇ ପହିଲାରେ ହୋଇଥିଲା ବିଶ୍ୱବ୍ୟାପୀ ବିପ୍ଳବ। ସେଥିପାଇଁ 'ମଇ ପହିଲାର ସୂର୍ଯ୍ୟ' କବିତାରେ ଆହ୍ୱାନ ଦେଇ କବି କହିଛନ୍ତି – "ଏକଜୁଟ୍ ହୁଅ କୃଷକ ମଜଦୁର୍ / ଦୁନିଆରୁ ହେଉ ପୁଞ୍ଜିବାଦର ଲୋପ / ଯୁଗ ପରେ ଯୁଗ ମଣିଷ ଦେଇଛି ଡାକ/ ତଥାପି ସରିନି, ସରିନି ଏ ଅଭିଶାପ।" [୭୩]

'ଶୋଣିତଶିଖା' କବିତାରେ ଭାରତ ଓ ଚୀନ ମଧ୍ୟରେ ଥିବା ତିକ୍ତ ସଂପର୍କର କଥା କହିଛନ୍ତି କବି । ଦିନେ ଏକଦା ବୁଦ୍ଧଦେବଙ୍କ ମାର୍ଗ ଅନୁସରଣ କରୁଥିବା ଚୀନ୍ ଚାରିଆଡ଼େ ଶାନ୍ତିର ବାର୍ତ୍ତା ପ୍ରଚାର କରୁଥିଲା । ଭାରତର ସ୍ୱାଧୀନତା ପରେ ପଞ୍ଚଶୀଳ ନୀତି ସହିତ ଚୀନ୍ ଭାରତ ଆଡ଼କୁ ବନ୍ଧୁତାର ହାତ ବଢ଼ାଇଥିଲା । କିନ୍ତୁ ଦିନେ ସେହି ମୈତ୍ରୀର ବନ୍ଧନକୁ ଛିନ୍ନ କରି ଚୀନ୍ ଆକ୍ରମଣ କରିଥିଲା ଭାରତ ଉପରେ । ସେହି ଦିନଠାରୁ ଛିନ୍ନ ହେଲା ଭାଇଭାଇର ସଂପର୍କ । ଚୀନ୍‌ର ଛଳନା, ସ୍ୱାର୍ଥପରତା, ସାମ୍ରାଜ୍ୟବିସ୍ତାରର ମୁଖା ଖୋଲିଗଲା । ସେହିଦିନଠାରୁ ଯେଉଁ ନିଆଁ ଲାଗିଲା ତାହା ଆଜି ପର୍ଯ୍ୟନ୍ତ ମଧ୍ୟ ଜଳୁଛି । କବି ତେଣୁ କହିଛନ୍ତି - "ଏ ଅଗ୍ନି ଲିଭିବ ନାହିଁ / ଶୋଷି ନେଇ ସପ୍ତ ଜଳ ରାଶି । ସଂଧିର ମସୃଣ ତୈଳ / ମିନତିର ଅସଂଖ୍ୟ ଯଜ୍ଞରେ / ସେ ଯେ ଜାତି ଶୋଷିତର ଶିଖା ।" (୭୪)

ସେ ନିଆଁ ଲିଭି ନାହିଁ । କାରଣ ଏ ହେଉଛି ଛଳନାର ନିଆଁ । ତା'କୁ ଧ୍ୱଂସ କରିବାକୁ ପଡିବ । ବୌଦ୍ଧଧର୍ମକୁ ଆପଣାର କରି ହାତରେ ତରବାରୀ ଧରି ଚୀନ୍ ଭାରତ ଆଡ଼କୁ ଚାହିଁ ରହିଛି ଶତ୍ରୁ ଦୃଷ୍ଟିରେ । ଦୁଇଟି ବିପରୀତଧର୍ମୀ ଭାବନା । ଅହିଂସା ବୌଦ୍ଧ ଧର୍ମର ମୂଳମନ୍ତ୍ର । କିନ୍ତୁ ଅହିଂସାର ମୁଖା ଧାରଣ କରି ହିଂସା ଆଉ ରକ୍ତପାତ ଚୀନ୍‌ର ହେଉଛି ମୂଳଲକ୍ଷ୍ୟ । ତା'ର ସେହି ଛଳନାକୁ ଜାଣିବାକୁ ପଡ଼ିବ । ଭାରତବାସୀଙ୍କ ସରଳତା ଓ ଉଦାରତାକୁ ସେ ଉପହାସ କରିଛି । ବିଶ୍ୱାସଘାତକ ଚୀନ୍‌କୁ ଉଚିତ୍ ଜବାବ ଦେବାକୁ ପଡ଼ିବ । କବି ସେଥିପାଇଁ ସୈନିକମାନଙ୍କୁ 'ଚାଲ୍ ଚାଲ୍ ଆରେ ଆଗେଇ ଚାଲ୍' କବିତାରେ କହିଛନ୍ତି - "ତେଣୁ ଆଜି ଚାଲ / ଚଂଚଳ ଚାଲ / ଆଣିବାକୁ ହେବ ନୂତନ ସୂର୍ଯ୍ୟ / ଗାଇବାକୁ ହେବ ନୂତନ ତୂର୍ଯ୍ୟ / ଚୂରିବାକୁ ହେବ ଅସୀମ ଧୈର୍ଯ୍ୟ / ଶତ୍ରୁର ସେହି ଗାରିମା ଶୌର୍ଯ୍ୟ ।"(୭୫) କବିଙ୍କର ଦୃପ୍ତ ଆହ୍ୱାନକୁ ସ୍ୱୀକାର କରିବାକୁ ପଡ଼ିବ । ନୂତନ ସୂର୍ଯ୍ୟଙ୍କୁ ଆଣିବାକୁ ପଡ଼ିବ ହିଁ ପଡ଼ିବ । ଚୀନ୍ -ଭାରତ ଯୁଦ୍ଧ ପରିପ୍ରେକ୍ଷୀରେ ରଚିତ ଏହି କବିତା ବେଶ୍ ପ୍ରେରଣାଦାୟୀ ହୋଇପାରିଛି ।

ଇସ୍ପାତ ନଗରୀ ରାଉରକେଲା ଉପରେ ଆଧାରିତ କବିତା "ଇସ୍ପାତ ଆଜିସନ୍ଧାନ ଦିଅ" । ଆଜିର ଯୁଗ ହେଉଛି ଇସ୍ପାତର ଯୁଗ । ଏହି ଯୁଗରେ ଇସ୍ପାତ ଉପରେ ନିର୍ଭର କରି ମଣିଷ ବଞ୍ଚିବାର ରାହା ମିଳିବ ବୋଲି ଆଶା କରିଛି । ହଜାର ହଜାର ଲୋକଙ୍କୁ ରୋଜଗାର ଦେବ ଇସ୍ପାତ କଲକାରଖାନା । ସେହି ଆଶାରେ କବିଙ୍କ ମନରେ ବାଜି ଉଠିଛି ତୂର୍ଯ୍ୟନାଦ । ନୂତନତାର ସୂର୍ଯ୍ୟ ଉଇଁବ ବୋଲି କବି ଆଶାବାଦୀ । 'ଜଡ଼ର ଝଙ୍କାର' କବିତାରେ ମୁକ୍ତି ପାଇଁ କବି ହୃଦୟରେ ବିପ୍ଳବ ସ୍ୱର ଶୁଣିବାକୁ ମିଳେ । କବି ମୁକ୍ତି ଚାହିଁଛନ୍ତି । ସାମାଜିକ ବନ୍ଧନରୁ ପରମ୍ପରାର ଶଗଡ଼ଗୁଳାରୁ ମୁକୁଳି ପାରିବେ କି ନାହିଁ କବି ଜାଣିନାହାନ୍ତି । ତେଣୁ କବି କହିଛନ୍ତି-

"ତଥାପି ତ କିଛି ଦେଖେ ନାହିଁ / ମନେ ପ୍ରାଣେ ଜମାଟ ଅନ୍ଧାର ।
ଏ ସୃଷ୍ଟିର ଚମତ୍କାରେ ମୁଁ ଯେ ଜଡ଼ କରୁଛି ଚିତ୍କାର
ତଥାପି ତ ଆଗାମୀ ସକାଳେ /ଝଙ୍କାର ତୋଳିବାପାଇଁ ଅଲକ୍ଷ୍ୟେ ଅକାଳେ
ମୁହିଁ କ'ଣ ପଥ ଖୋଜେ ନାହିଁ''(୭୬)

ପରମ୍ପରାର ନିଗଡ଼ରୁ ବାହାରିପାରୁନଥିବା ନାରୀତ୍ୱର ବେଦନାକୁ କବି ବର୍ଣ୍ଣନା କରିଛନ୍ତି 'ଆତ୍ମପରାଜୟ' କବିତାରେ। ପ୍ରତିଯୁଗରେ ନାରୀ ପରୀକ୍ଷାର ନିଆଁରେ ଜଳିଛି। ସେ ସୀତା ହୋଇ, ଦ୍ରୌପଦୀ ହୋଇ ଜଳିଛି। ଆଜିର ଯୁଗରେ ମଧ୍ୟ ନାରୀ ଅହରହ ଜଳୁଛି। ନାରୀର ସତୀତ୍ୱକୁ ନେଇ ଅନେକ ସନ୍ଦେହ ଅନେକ ପ୍ରଶ୍ନବାଚୀ! କବିସବୁ ସନ୍ଦେହର ଊର୍ଦ୍ଧ୍ୱକୁ ଯିବାକୁ ଚାହିଁଛନ୍ତି । ତେଣୁ ତାଙ୍କ ହୃଦୟରେ ସୃଷ୍ଟି ହୋଇଛି ବିଦ୍ରୋହ । ନାରୀ କେବଳ କ୍ଷତି ହିଁ ସହି ଆସୁଛି । ତେଣୁ କବିଙ୍କ ବିଦ୍ରୋହୀ ମନ ଗାଇଉଠିଛି-"ଆଜି ଖାଲି ଫର୍ଦ୍ଦ ଫର୍ଦ୍ଦ କ୍ଷୟ ଆଉ କ୍ଷତିର ନମୂନା। ମନ ମୋର ଭସ୍ମ ହେଉ ରାମ -ଆତ୍ମା ଜଳୁଛି କରୁଣା''। (୭୭)

'ସ୍ୱପ୍ନ' କବିତାରେ କବିଙ୍କର ବିପ୍ଳବୀ ଭାବନା ପ୍ରତିଫଳିତ ହୋଇଥିଲେ ମଧ୍ୟ ତାହା ବେଶ୍ ଶାଣିତ। କବି ଚାହୁଁଛନ୍ତି ଏକ ସୁସ୍ଥ ସୁନ୍ଦର ସମାଜ, ଯେଉଁଠି ଉଚ୍ଚନୀଚ ଭେଦଭାବ ନଥିବ, ନଥିବ ମଧ୍ୟ ଧନୀ ଦରିଦ୍ରର ପ୍ରଭେଦ । ସାମ୍ପ୍ରତିକ ସମସ୍ୟାକୁ ନେଇ କବି ହୋଇଛନ୍ତି ବିଦ୍ରୋହୀ।

**ବିଭୁପ୍ରୀତି ସମ୍ବନ୍ଧୀୟ କବିତା:**

ଯୁଗେ ଯୁଗେ ଭକ୍ତ, ସାଧକ, କବିମାନେ ନିଜର ପ୍ରିୟ ପରମଙ୍କ ନିକଟରେ ନିଜ ହୃଦୟର ଆକୁତି, ପ୍ରେମ, ଅନୁରାଗ, ଓ ଭକ୍ତି ନିବେଦନ କରିବା ପାଇଁ ସ୍ତବ, ସ୍ତୁତି ଓ ସଂଗୀତକୁ ମାଧ୍ୟମ ରୂପେ ଗ୍ରହଣ କରିଛନ୍ତି। "ସଂଗୀତ ମାଧ୍ୟମରେ ସମଗ୍ର ଭୁବନକୁ ପ୍ରତ୍ୟକ୍ଷ କରିବା ଏବଂ ତତ୍‌ସଙ୍ଗେ ସଙ୍ଗେ ସେହି ଭୁବନେଶ୍ୱରକୁ ଜାଣିବା କବି ପକ୍ଷରେ ସମ୍ଭବ। ସ୍ୱର ଲୋକ ହିଁ ସ୍ପନ୍ଦିତ ରସ ଲୋକ। ସେହି ରସ ଲୋକର ସୃଷ୍ଟି ଇତର ବା ସାଧାରଣ ନୁହେଁ ; ତାହା ରଂଜନରଶ୍ମି ଭଳି ସ୍ଥୁଳ ଆବରଣ ଭେଦ କରି ସୂକ୍ଷ୍ମରୁ ସୂକ୍ଷ୍ମ ତମ ପର୍ଯ୍ୟନ୍ତ ପ୍ରତ୍ୟକ୍ଷ କରିପାରେ। କେବଳ ସୂକ୍ଷ୍ମ ଦର୍ଶନ ନୁହେଁ; ଦୂର ଦର୍ଶନ ଓ ଭୂୟୋଦର୍ଶନ ମଧ୍ୟ ସେହି ରସଲୋକରେ ସହଜ ହୋଇଥାଏ"

ଯେଉଁ କବି ନିଜର ଭକ୍ତି, ଶ୍ରଦ୍ଧା ଈଶ୍ୱରଙ୍କ ଉଦ୍ଦେଶ୍ୟରେ ଶବ୍ଦ ମାଧ୍ୟମରେ ପ୍ରକାଶ କରେ ସେ ହେଉଛନ୍ତି ଭକ୍ତକବି। ଯେଉଁ କବିତାରେ ଶବ୍ଦ, ଭକ୍ତି ଓ ଭାବାବେଗ ଆତ୍ମିକ ରୀତିରେ ଈଶ୍ୱରଙ୍କ ଠାରେ ସର୍ବାନ୍ତକରଣରେ ସମର୍ପିତ ହୋଇଥାଏ ତାହାକୁ ଆତ୍ମନିଷ୍ଠ

ଭକ୍ତିଗୀତ ବା ଭକ୍ତି କବିତା କୁହାଯାଏ। ଭକ୍ତି କବିତା ମାଧ୍ୟମରେ ଭୁବନେଶ୍ୱରଙ୍କୁ ଚିହ୍ନିବା ଏବଂ ଜାଣିବା ସହଜ ହୁଏ।

କବିର ବିଭୁ ଅନୁଚିନ୍ତା ବା ଈଶ୍ୱରାନୁକ୍ତି ଯେଉଁ କବିତାରେ ସ୍ୱଚ୍ଛନ୍ଦ ଓ ସ୍ୱାଭାବିକ ଭାବରେ ପ୍ରକାଶ ପାଇଥାଏ ତାହାକୁ ବିଭୁଚେତନାଧର୍ମୀ କବିତା କହନ୍ତି। କବିର ବିଭୁପ୍ରୀତି ସମ୍ବନ୍ଧୀୟ ଭାବନା ସ୍ୱତଃସ୍ଫୂର୍ତ୍ତ ଭାବରେ ଏଥିରେ ଆତ୍ମପ୍ରକାଶ କରିଥାଏ। ଈଶ୍ୱର ବିଶ୍ୱାସ ଏହି କବିତାରେ ମୁଖ୍ୟ ରୂପେ ସ୍ଥାନ ପାଇଥାଏ। ଏପରି କବିତା ପାଠକ ଓ ଶ୍ରୋତାର ହୃଦୟକୁ ଭକ୍ତି ରସରେ ଆପ୍ଳୁତ କରିଥାଏ।

ଓଡ଼ିଆ ଭାଷାରେ ରଚିତ ହୋଇଥିବା ରାଶି ରାଶି ଚଉତିଶା ମଧ୍ୟରୁ ଭକ୍ତି ରସାତ୍ମକ ଚଉତିଶା ବିଭୁପ୍ରୀତି ସମ୍ବନ୍ଧୀୟ ଗୀତିକବିତାର ଅନନ୍ୟ ଉଦାହରଣ। ଦୀନକୃଷ୍ଣ ଦାସଙ୍କର 'ଆର୍ତ୍ତତ୍ରାଣ ଚଉତିଶା', ବଳରାମ ଦାସଙ୍କର 'କମଳ ଲୋଚନ ଚଉତିଶା' ଭକ୍ତ ଚରଣଙ୍କ 'ମନବୋଧ ଚଉତିଶା' ଆଦି ପ୍ରଧାନ। ଏହି କବିତାଗୁଡ଼ିକରେ କବିମାନେ ନିଜ ନିଜ ଇଷ୍ଟର ମହିମା ଗାନ କରିଛନ୍ତି। ଉତ୍କଳର ଦାରୁ ଦେବତା ଜଗନ୍ନାଥଙ୍କୁ ନେଇ ଅନେକ ବିଭୁପ୍ରୀତି ସମ୍ବନ୍ଧୀୟ ଭକ୍ତି କବିତା ରଚନା କରାଯାଇଛି। କେତେବେଳେ ଭକ୍ତ ସଂପୂର୍ଣ୍ଣଭାବେ ଦିବ୍ୟ ମହିମାରେ ଅଭିଭୂତ ହୋଇ ଉପାସ୍ୟ ଦେବତାଙ୍କର ମହିମା କୀର୍ତ୍ତନ କରି ଐଶ୍ୱରୀୟ ବିଭୂତିରେ ବିସ୍ମୟ ବିହ୍ୱଳ ହୋଇ କବିତା ରଚନା କରିଛି ତ ଆଉ କେତେବେଳେ ନିଜ ମନସ୍କାମନା ପୂରଣ ପାଇଁ ଈଶ୍ୱରଙ୍କୁ ପ୍ରାର୍ଥନା କରିଛି। ଏହି ପର୍ଯ୍ୟାୟରେ ଜଗନ୍ନାଥ ଦାସଙ୍କର 'ଭୁଲାମନ ଭୁଲୁ କାହିଁକି'! 'ନମସ୍ତେ ପ୍ରଭୁ ଜଗନ୍ନାଥ' 'ଭାଗବତ ଭଜନମାଳା', ଅଚ୍ୟୁତାନନ୍ଦଙ୍କର 'ଜଗନ୍ନାଥ ତତ୍ତ୍ୱ ଚଉତିଶା', ଯଶୋବନ୍ତ ଦାସଙ୍କର 'ମନମତ୍ତ ଦୁହାଁଳ ଗାଈ' ଦୀନବନ୍ଧୁଙ୍କ 'ଜୟ ଜୟ ଜଗନ୍ନାଥ' ପ୍ରଭୃତି ଭକ୍ତି କବିତା ଉଲ୍ଲେଖଯୋଗ୍ୟ। ଯିଏ ପ୍ରକୃତରେ ଭକ୍ତ ସିଏ ଜାଣିଥାଏ ଭଗବାନଙ୍କର ଦର୍ଶନ ତଥା ଐଶ୍ୱରୀୟ ଅନୁଭବ ପାଇଁ କେବଳ ପ୍ରେମପୂର୍ଣ୍ଣ ହୃଦୟ ଆବଶ୍ୟକ।

"ଶ୍ରେଷ୍ଠ ପର୍ଯ୍ୟାୟର ଭକ୍ତମାନେ ହେଲେ ପ୍ରେମୀଭକ୍ତ। ସେମାନେ ଈଶ୍ୱରଙ୍କ ଅସ୍ତିତ୍ୱକୁ ନେଇ କୌଣସି ପ୍ରଶ୍ନ ଉଠାନ୍ତି ନାହିଁ ବା ସେଥିପାଇଁ କୌଣସି ବାହ୍ୟ ପ୍ରମାଣ ଉପରେ ନିର୍ଭର କରନ୍ତି ନାହିଁ। ତାଙ୍କର ଅନ୍ତର ଈଶ୍ୱର ଭକ୍ତିରେ ପରିପୂର୍ଣ୍ଣ ହୋଇଥାଏ। ଈଶ୍ୱରଙ୍କ ବ୍ୟତୀତ ତାଙ୍କର ଅନ୍ୟ କୌଣସି ଚାହିଁବା ନଥାଏ। ତାଙ୍କର ପରମପ୍ରିୟ ଭଗବାନ ତାଙ୍କୁ କାହିଁକି ଦର୍ଶନ ଦେଇନାହାନ୍ତି ବା ତାଙ୍କ କଥା ଶୁଣୁ ନାହାନ୍ତି ଭାବି ସେମାନେ ବିମର୍ଷ ହୁଅନ୍ତି ନାହିଁ। ସେମାନେ ଚାହାନ୍ତି ତାଙ୍କ ଜୀବନରୁ ସବୁକିଛି ଅପସରି ଯାଉପଛେ ହୃଦୟରେ ଭକ୍ତି କେବଳ ଥାଉ। ସେ ଈଶ୍ୱରଙ୍କୁ ପାଉ ବା ନପାଉ କିନ୍ତୁ ତାଙ୍କୁ ସେମିତି ଅବିରତ ଭାବରେ ଜନ୍ମରୁ ଜନ୍ମାନ୍ତର ଖୋଜି ଚାଲିଥାଉ"। (୭୯)

ଓଡ଼ିଆ ବୈଷ୍ଣବ ଭକ୍ତ କବିମାନଙ୍କର ବିପୁଳ ସଂଖ୍ୟକ ବିଭୁପ୍ରୀତି ସମ୍ବନ୍ଧୀୟ କବିତା ଓଡ଼ିଆ ସାହିତ୍ୟ ଭଣ୍ଡାରକୁ ସମୃଦ୍ଧ କରିଛି । ଭକ୍ତ କବି ସାଲବେଗଙ୍କର "ଆହେନୀଳ ଶୈଳ", କବିସୁର୍ଯ୍ୟଙ୍କର 'ସର୍ପ ଜଣାଣ', 'ବାଧିଲା ଜାଣି କ୍ଷମା', ଗୌରଚରଣଙ୍କ 'ନୀଳ ଚକ୍ରହେ ଦେଖ ଉଡୁଛି ବାନା,' ଗୋପାଳକୃଷ୍ଣଙ୍କ 'ଭଜମନ ହରି', 'ଅନୁସରିତ', ବନମାଳୀଙ୍କ 'ଦୀନବନ୍ଧୁ ଦଇତାରି, ଆଦି କବିତାରେ ଈଶ୍ୱରଙ୍କ ପ୍ରତି ଭକ୍ତି ନିବେଦନ ପ୍ରକାଶ  ପାଇଛି । ଭୀମଭୋଇଙ୍କ 'ସ୍ତୁତି ଚିନ୍ତାମଣି', 'ଭଜନ ମାଳା', ଆଧୁନିକ ଯୁଗର ଭକ୍ତ କବି ମଧୁରାଓଙ୍କ 'ସଂଗୀତମାଳା' ବିଭୁ ଅନୁଚିନ୍ତାର ଉଦାତ୍ତ ସ୍ୱାକ୍ଷର । ମଧୁରାଓଙ୍କ 'ହେ ଆନନ୍ଦ ମୟ କୋଟି ଭୂବନ ପାଳକ', ଗଙ୍ଗାଧରଙ୍କ 'ବିଶ୍ୱ ଜୀବନହେ', ମାୟାଧର ମାନସିଂହ 'ତିନୋଟି ସନେଟ୍' କବିତାରେ ପରମ କାରୁଣିକ ଈଶ୍ୱରଙ୍କ ନିକଟରେ ସମର୍ପିତ ହେବାର ଭାବନା ପ୍ରକାଶ ପାଇଛି । ଈଶ୍ୱର ଉପାସନା ଭଗବତ୍ ନିରାଜନାରେ ମଣିଷର ଚେତନ ସ୍ତରରେ ଉତ୍ତରଣ ଘଟେ । ଆତ୍ମିକ ପ୍ରଶାନ୍ତି ମିଳେ ।  ପ୍ରତ୍ୟେକ ସ୍ରଷ୍ଟା ଜଣେ ଜଣେ ମଣିଷ । ଈଶ୍ୱର ଅନୁଚିନ୍ତାରେ ସ୍ରଷ୍ଟା ବି ବିଭୋର । ବିଶ୍ୱର ସବୁ ସାହିତ୍ୟରେ ପରମାତ୍ମା ଈଶ୍ୱରଙ୍କ ପ୍ରତି ରହିଛି ଭକ୍ତ ହୃଦୟର ଅନବଦ୍ୟ ଭକ୍ତି ନୈବେଦ୍ୟ ।

ଈଶ୍ୱରଙ୍କୁ ମୁଖ୍ୟ ସ୍ଥାନ ଦେଇ ପ୍ରାଚୀନ ଓଡ଼ିଆ ସାହିତ୍ୟରେ ରଚିତ ହୋଇଥିଲା ରାଶି ରାଶି  ବିଭୁପ୍ରୀତି ସମ୍ବନ୍ଧୀୟ ଭକ୍ତି କବିତା । ଆଧୁନିକ ଯୁଗର କବିଙ୍କ କବିତାରେ ଏହି ଅନୁଚିନ୍ତାର ପ୍ରତିଫଳନ ଲକ୍ଷ୍ୟ କରି ହୁଏ । ଉତ୍ତର ସତୁରୀ ଓଡ଼ିଆ କବିତାରେ ବି ଜୀବନ ଯନ୍ତ୍ରଣାରୁ ମୁକ୍ତି ପାଇଁ ରହିଛି କବିର ଆଧ୍ୟାତ୍ମିକ ଅନ୍ୱେଷା; ଐଶ୍ୱରୀୟ ଭାବ। ବ୍ରହ୍ମୋତ୍ରୀ ମହାନ୍ତି, ମମତା ଦାସ ଓ ଶକୁନ୍ତଳା ଦେବୀଙ୍କ କବିତାରୁ ଏହା ଉପଲବ୍ଧ ହୁଏ ।

**ବୀଣାପାଣିଙ୍କ ବିଭୁପ୍ରୀତି ସମ୍ବନ୍ଧୀୟ କବିତା:**

ବୀଣାପାଣିଙ୍କ "ଆସିବାର ବେଳ" କବିତା ସଂକଳନର କେତେଗୋଟି କବିତା ବିଭୁପ୍ରୀତିକୁ ନେଇ ରଚିତ । ତେବେ କବିଙ୍କ କବିତାରେ ରହସ୍ୟାଚ୍ଛନ୍ନ ବିଭୁବୋଧ ହିଁ ଦେଖିବାକୁ ମିଳେ । କୌଣସି କବିତାରେ ସେ ଭଗବାନ୍‌ଙ୍କର ନାମ ଉଲ୍ଲେଖ କରିନାହାନ୍ତି । ତଥାପି ଏକ ଅତିନ୍ଦ୍ରିୟ ଶକ୍ତି ପ୍ରତି କବିଙ୍କର ସମର୍ପଣ ଭାବ ତାଙ୍କ କବିତାରେ ସ୍ପଷ୍ଟ ଦେଖିବାକୁ ମିଳେ । 'ଗୋଟିଏ ସନେଟ୍' କବିତାରେ କବି ଆଧ୍ୟାତ୍ମିକ ଭାବରେ ଉଦ୍‌ବୁଦ୍ଧ ହୋଇଛନ୍ତି । ଭଗବାନ୍‌ଙ୍କ ପାଦପଦ୍ମରେ ନିଜକୁ ସମର୍ପଣ କରିବାର ଅଭିଳାଷ ବ୍ୟକ୍ତ କରିଛନ୍ତି କବି । କବି ନିଜକୁ ଏକ ଛୋଟ ଫୁଲ ସହିତ ତୁଳନା କରିଛନ୍ତି । ଭଗବାନଙ୍କ ଦେହରେ ଶୋଭା ପାଉଥିବା ମାଳାରେ ଅନେକ ଫୁଲ ଥାଏ । ଗୋଲାପ, ମଲ୍ଲୀ, ଚମ୍ପା ପ୍ରଭୃତି ଫୁଲ ଆଗରେ କବି ନିଜକୁ ଛୋଟ ଓ ହୀନ ମନେକରିଛନ୍ତି । କବି ଭଗବାନଙ୍କ ଗଳାର ମାଳାରେ

ସ୍ଥାନ ପାଇବାକୁ ଚାହିଁଛନ୍ତି। ଭକ୍ତି ଓ ପରିପୂର୍ଣ୍ଣ ସମର୍ପଣରେ ଈଶ୍ୱରଙ୍କ ସାନ୍ନିଧ୍ୟଲାଭ କରିହୁଏ। କବିଙ୍କର ଆନ୍ତରିକ କାମନା ହେଉଛି – "ତବ ମାଳା ଦେହେ ସ୍ଥାନ ନାହିଁ ମୋର ନାହିଁ ଗୋ ସାଧନା / ତବ ପଦ ସ୍ପର୍ଶ ମୋର / ଏ ଜୀବନେ ଏକାନ୍ତ କାମନା"। (୮୦)

ବୀଣାପାଣିଙ୍କର ଆଧ୍ୟାତ୍ମିକ ଆସ୍ପୃହା ଓ ଈଶ୍ୱର ଅନୁରକ୍ତିକୁ ଉକ୍ତ କବିତାରୁ ଲକ୍ଷ୍ୟ କରିହୁଏ। କବିଙ୍କର ଏହି କାମନା ମଧ୍ୟରେ ତାଙ୍କର ଆତ୍ମ ସମର୍ପଣ ଭାବସ୍ପଷ୍ଟ । 'ମତେ ଦିଅ' କବିତାରେ କବି ଭଗବାନଙ୍କ ସାନ୍ନିଧ୍ୟ କାମନା କରିଛନ୍ତି। କବି ଭଗବାନଙ୍କୁ ସେହି ହସ ମାଗିଛନ୍ତି ଯାହା ସବୁ କାରୁଣ୍ୟକୁ ଦୂର କରି ଦେବ। କବି ଦରିଦ୍ର ହେବାକୁ ଚାହିଁ ମଧ୍ୟ ଶାନ୍ତି କାମନା କରିଛନ୍ତି। କବି ନିର୍ବାଣ ଚାହିଁଛନ୍ତି। ସବୁ କିଛି ତାଙ୍କ ଠାରୁ ନେଇ ଯାଇ ତାଙ୍କୁ ନିଃସ୍ୱ କରି କେବଳ ଶାନ୍ତି ଦେବାକୁ ସେ ପ୍ରାର୍ଥନା କରିଛନ୍ତି। କବିଙ୍କ ଭାଷାରେ –

କାର କାର ଚିତ୍ତ ତନ୍ତ୍ରୀ ଛୁଇଁ
ଉଠିବ ମର ମରି, ମୁଁ ପଛକେ ମୂକ ହୁଏ
ସେଇ ମୋର ଅନ୍ତିମ ନିର୍ବାଣ । (୮୧)

ଈଶ୍ୱରଙ୍କ ସାନ୍ନିଧ୍ୟ ଲାଭ କରିବା ପରିପ୍ରେକ୍ଷୀରେ ଆଲୋକ ଅପେକ୍ଷା ଅନ୍ଧକାର ବେଶି ପ୍ରିୟ ମନେ ହୋଇଛି। ଈଶ୍ୱରଙ୍କ ମୃଦୁ ସ୍ପର୍ଶ ହିଁ ତାଙ୍କ ପ୍ରାଣରେ ଶାନ୍ତି ଭରି ଦେବ ବୋଲି କବି ଆଶା ପ୍ରକାଶ କରିଛନ୍ତି। ପରମ କାରୁଣିକ ଈଶ୍ୱରଙ୍କ ନିକଟରେ କବିଙ୍କର ଏକାନ୍ତ କାମନା – "ଆଲୋକର ଭ୍ରାନ୍ତିଠାରୁ / ଅନ୍ଧକାରେ ତୁମ ମୃଦୁସ୍ପର୍ଶ / ଛୁଉଁ ମୋର ଲୋତକର ଖାଲି ଅଗ୍ରଭାଗ"। (୮୨)

'କିଏ ତୁମେ' କବିତାରେ କବିଙ୍କର ରହସ୍ୟାଚ୍ଛନ୍ନ ବିଭୁ ବୋଧ ପ୍ରକାଶିତ। ଭଗବାନଙ୍କର ବିଦେହ ସତ୍ତାକୁ କବି କେତେବେଳେ ଅତି ଆପଣାର ମନେକରିଛନ୍ତି ତ କେତେବେଳେ ସେ ପୁଣି କବିଙ୍କ ନିକଟରେ ଅଚିହ୍ନା ମନେ ହୋଇଛନ୍ତି। କବି ତାଙ୍କର ସ୍ୱରୂପକୁ ଚିହ୍ନି ପାରି ନାହାନ୍ତି। ତେଣୁ କବି ବାରମ୍ବାର ପ୍ରଶ୍ନ କରୁଛନ୍ତି – "କିଏ ଆଗୋ କିଏ ତମେ କହ / ଚତୁର୍ଦ୍ଦିଗେ ଘୂରିରଚ ମାୟା ଅହରହ / ସ୍ୱପ୍ନ ରଚି ପୁଣି ଦିଅ କାଟି / କେ ତୁମେ ମୋହର କହ ? / ଅହର୍ନିଶି ଉନ୍ମତ୍ତ ପ୍ରହରୀ / ସଜାଉଛି ପ୍ରାଣେ ମାୟା ମୋହ" ।(୮୩)

ଭଗବାନ କବିଙ୍କର ଛାୟା ଅଥବା ମାୟା ତାହା ସେ ବୁଝିପାରୁ ନାହାନ୍ତି। କିନ୍ତୁ ସିଏ ଯିଏ ବି ହୁଅନ୍ତୁ ନା କାହିଁକି, ସେ ଅହେତୁକ ମାୟା ସୃଷ୍ଟି କରନ୍ତି କବି ଏହା ସ୍ୱୀକାର କରିଛନ୍ତି। କବିଙ୍କ ଚେତନାରେ ସେ ସର୍ବଦା ଅବସ୍ଥାନ କରିଛନ୍ତି। କବିଙ୍କର ଆତ୍ମଅଭିବ୍ୟକ୍ତି – " ଆଜିପରା ହସେ ନାହିଁ। ଝିମିଝିମି ମେଘ ଡାକେ ବାତାୟନେ / ହେନାଫୁଲ ରଜନୀରେ ଜାକି ଜୁକି ଜମାଟ ଅନ୍ଧାରେ/ ତୁମକୁ କି ନିଦ ଆସେ ନାହିଁ/ ଗୁରୁଗୁରୁ

ଆକାଶର ଝୁରୁଝୁରୁ ହସ / ମୋ ମଥାରେ ହାତରଖି କିମ୍ବା ତମେ/ ଭରୁଛ ଆଶ୍ୱାସ"।[୮୪] 'ସ୍ୱପ୍ନର ଖିଅ' କବିତାରେ 'ବେଣୁସ୍ୱନ', 'ଚେତନ ଜଗତ' ଆଦି ଶବ୍ଦ ମଧ୍ୟରେ ସେହି ରହସ୍ୟାଚ୍ଛନ୍ନ ବିଭୁଚେତନା ବିଦ୍ୟମାନ। ସେହି ଅଦୃଶ୍ୟ ଐଶୀସତ୍ତାକୁ କବି "ନିବୁଜ ପ୍ରୀତି ଖିଏ" ବୋଲି କହିଛନ୍ତି ତାଙ୍କ କବିତାରେ – "ତୁମେ କି ସପନର ନିବୁଜ ପ୍ରୀତି ଖିଏ / ମରମ ତଳେ ମୋର ଅସୀମ କୁହୁତାନ। ନିଦ୍ରା ଚେତନାରେ ସତେକି ତିଥି ଡୋର/ ଆକୁଳ କଲ ମତେ କି ପଥ-ବେଣୁସ୍ୱନ"।[୮୫]

'କେତେ ମୁଠା ବାଲି କେତେ ଟୋପାରକ୍ତ' କବୟିତ୍ରୀ ବୀଣାପାଣିଙ୍କ ଅନନ୍ୟ ଆଧ୍ୟାତ୍ମିକ ଭାବନାର ଚମତ୍କାର ଦସ୍ତାବିଜ। କବି ଆତ୍ମହରା ହୋଇ ସେହି ବିଦେହୀ ଅରୂପ ସତ୍ତା ନିକଟରେ ନିଜକୁ ସମର୍ପି ଦେଇଛନ୍ତି – "ହେ ବିଦେହ ! ହେ ଅରୂପ ଶକ୍ତି ମନ୍ତ୍ର/ ମାନୁଛି ମୁଁ ପରାଜୟ/ ଶତ ଶତ କ୍ଷୟର ଏ ଖସଡାରେ / ବାଢି ଆତ୍ମଲିପି / ଅବ୍ୟକ୍ତ ଅଠର ନଳାରେ ସଢି / ବଡ ଦାଣ୍ଡ ବିଶାଳ ଛାତିରେ / ହେ ଅରୁଣ ! ଖମ୍ବ ମୋର / ଗରୁଡର ପକ୍ଷ ଖୋଜି ଖୋଜି / ମୁଁ ଆଜି ଏ ସର୍ପର ଦଂଶନେ/ ନୀଳକଣ୍ଠ ପାରିନାହିଁ ହୋଇ"। [୮୬]କବି ସିଦ୍ଧି ଲାଭ କରି ପାରି ନାହାନ୍ତି। ତେଣୁ ମୁକ୍ତି ପ୍ରୟାସୀ ମନ ତାଙ୍କର ପ୍ରଶ୍ନବାଚୀ ତୋଳିଛି" "କେତେ ମୁଠା ବାଲି ହେଲେ / ସମୁଦ୍ରର ନିଝୁମ୍ ନିଶାରେ / ଆକାଶ ଓ ପୃଥିବୀର ଦୂରତାକୁ / ସମୟର କମାକାଟି / ଜୀବନର ପୂର୍ଣ୍ଣଚ୍ଛେଦେ / ବିଦେହର ମୁକ୍ତି ମିଳିପାରେ।[୮୭]

ବୀଣାପାଣିଙ୍କ ରଚିତ ବିଭୁପ୍ରୀତି ସମ୍ବନ୍ଧୀୟ କବିତା ଖୁବ୍ କମ୍ ହେଲେ ମଧ୍ୟ ତାହା ବେଶ୍ ପ୍ରଭାବଶାଳୀ। ବିଶ୍ୱାସ ଓ ଅବିଶ୍ୱାସର ଦୋଛକିରେ ଛିଡା ହୋଇ କବି କାମନା କରିଛନ୍ତି ଶାନ୍ତି। ଏହି ଶାନ୍ତି ପାଇଁ କବି ପରମାର୍ଥିକ ଐଶୀ ସତ୍ତା ନିକଟରେ ଆତ୍ମସମର୍ପଣ କରିଛନ୍ତି।

ଆଦ୍ୟ ଜୀବନରେ କବି କବିତା ରଚନା କରିଥିଲେ। 'କବିତାକୁ ନିଜର ପ୍ରଥମ ପ୍ରେମ' ଏବଂ 'ଗଳ୍ପକୁ ପରକୀୟା ପ୍ରୀତି' ବୋଲି ମନେକରୁଥିବା ବୀଣାପାଣିଙ୍କ କବିତା ରଚନାର ପରିଧି ବ୍ୟାପକ ବିସ୍ତୃତ ନହେଲେ ମଧ୍ୟ ତାଙ୍କର କବି ପ୍ରତିଭା, ଅନୁରାଗୀ କବିପଣ, ସର୍ବୋପରି ତାଙ୍କ ସାରସ୍ୱତ ସୃଜନଶୀଳତାକୁ କଦାପି ଅସ୍ୱୀକାର କରାଯାଇନପାରେ। କବିର ଭୌତିକ ମୃତ୍ୟୁ ଥାଇପାରେ ମାତ୍ର କବିତା ମରେନା। ତେଣୁ ବୀଣାପାଣିଙ୍କ 'ଆସିବାର ବେଳ' କବିତା ସଂକଳନଟି ଓଡିଆ ସାହିତ୍ୟରେ ଚିରକାଳ ଅମର ହୋଇ ରହିବ ନିଶ୍ଚୟ। ବସନ୍ତ ଆସିଲେ ମଳୟ ବହେ, କୋଇଲି ଗାଏ, ଫଗୁଣ ଆସିଲେ ଫୁଲ ଫୁଟେ ଆଉ ଆମ୍ବ ବଉଳେ। ଆସିବାର ବେଳ ହେଲେ ସମସ୍ତେ ଆସନ୍ତି। ଅତଏବ ଏଇ ଆସିବାର ବେଳ ଭିତରେ ବୀଣାପାଣିଙ୍କ 'ଆସିବାର ବେଳ' ଓଡିଆ କବିତା ସାହିତ୍ୟରେ ସ୍ୱତନ୍ତ୍ର ଆସନ ଦାବି କରେ।

■

## ତୃତୀୟ ପରିଚ୍ଛେଦ

# ଗାଳ୍ପିକା ବୀଣାପାଣି ମହାନ୍ତି

ଜୀବନ ସହ ଅଙ୍ଗାଙ୍ଗୀଭାବେ ଜଡିତ ସାହିତ୍ୟ। ସାଧାରଣ ମଣିଷର ନିତିଦିନିଆ ଜୀବନର ହସ-କାନ୍ଦ-ଲୁହ-ଲହୁରେ ସାହିତ୍ୟର ଅନ୍ତରାତ୍ମା ହୁଏ ଅନୁରଂଜିତ। ଜୀବନର ବିସ୍ତୃତ ମରୁଭୂମିରେ ସାହିତ୍ୟ ହେଉଛି ମରୁଝରା ଓଏସିସ୍। ଉଭୟ ଆନନ୍ଦଦାନ ଓ ଶିକ୍ଷା ଏହାର ମୌଳିକ ଲକ୍ଷ୍ୟ। ସାହିତ୍ୟ ଜୀବନର ପ୍ରତିବିମ୍ବ, ପ୍ରାଣର ଚରମ ଅଭିବ୍ୟକ୍ତି ଆଉ ଅନୁପମ ସୃଷ୍ଟି ସୌନ୍ଦର୍ଯ୍ୟର ଗନ୍ତାଘର। ତେବେ ଏହି ସାହିତ୍ୟର ବିଭିନ୍ନ ବିଭାଗ ମଧ୍ୟରୁ କ୍ଷୁଦ୍ରଗଳ୍ପ ହେଉଛି ଅନ୍ୟତମ ପ୍ରମୁଖ ବିଭାଗ।

ସବୁଠି ସବୁକାଳରେ ଛଳ ଛଳ ଭାବଟିଏ ଲୁଚି ରହିଥାଏ ହୃଦୟ ଭିତରେ। ବୋଧହୁଏ ସେଥିପାଇଁ ଗାଳ୍ପିକଟିଏ ଅସାଧାରଣ ହୋଇ ସାଧାରଣ ଭାବରେ ଜୀବନ ବଞ୍ଚେ ଏ ତେଲ ଲୁଣର ସଂସାର ଭିତରେ। ପରିସ୍ଥିତିର ତାଡନାରେ ଅନେକ ଭାବନା ମରିଯାଏ ସତ; ହେଲେ ଅନେକ ବ୍ୟଥା ବେଦନାରୁ ଜନ୍ମ ନିଏ ଗଳ୍ପ। ଅସ୍ଥିର ମନକୁ ଶାନ୍ତ କରିଦେବା ସହିତ ପାଠକକୁ ଗଭୀର ଆତ୍ମଚିନ୍ତନ ଭିତରକୁ ଟାଣିନେବାପାଇଁ ସମର୍ଥ ହୋଇଥାଏ ସାର୍ଥକ ଗଳ୍ପ।

ଆଧୁନିକ ମଣିଷର ଜୀବନ ଜଂଜାଳପୂର୍ଣ୍ଣ। ବ୍ୟସ୍ତ ବହୁଳ ଜୀବନ ମଧ୍ୟରେ ଆଜିର ମଣିଷ ସ୍ୱଳ୍ପ ସମୟ ମଧ୍ୟରେ ନିଜର ସାହିତ୍ୟିକ ରସ ପିପାସାକୁ ଚରିତାର୍ଥ କରିବାକୁ ଚାହେଁ। ତାର ଏହି ଆବଶ୍ୟକତାକୁ ପୂରଣ କରିବାରେ ସମର୍ଥ ହୋଇଥାଏ କେବଳ କ୍ଷୁଦ୍ରଗଳ୍ପ। କବିତା, ପ୍ରବନ୍ଧ, ନାଟକ ଆଦି ସାହିତ୍ୟର ଅନ୍ୟାନ୍ୟ ବିଭାଗ ବିଦଗ୍ଧ ପାଠକର ଅପେକ୍ଷା ରଖୁଥିଲା ବେଳେ କ୍ଷୁଦ୍ରଗଳ୍ପ ସବୁ ଶ୍ରେଣୀର ପାଠକ ପାଇଁ ବିଶେଷ ଉପଯୋଗୀ ହୋଇଥାଏ। କ୍ଷୁଦ୍ରଗଳ୍ପକୁ ତେଣୁ ସାର୍ବଜନୀନ ଗଣତାନ୍ତ୍ରିକ କଳା (Democratic Literary Art) ବୋଲି କୁହାଯାଇଥାଏ। ଗଳ୍ପ ପରି ଶ୍ରେଷ୍ଠତମ ସୃଷ୍ଟି ସାହିତ୍ୟ ଜଗତରେ ଆଉକିଛି ନାହିଁ। ଅର୍ବାଚୀନ ହେଲେ ହେଁ କ୍ଷୁଦ୍ରଗଳ୍ପ ସାଂପ୍ରତିକ ସାହିତ୍ୟର ଏକ ବହୁ ଚର୍ଚ୍ଚିତ ବିଭାଗ। ସମାଜ ଜୀବନର ଦର୍ପଣ, ଜୀବନ ଯନ୍ତ୍ରଣାର ନିର୍ଭୁଲ୍ ଦଲିଲ୍ ହେଉଛି ଆଜିର କ୍ଷୁଦ୍ରଗଳ୍ପ। ସମଗ୍ର ଜୀବନର ଜଳଛବିକୁ ପ୍ରକାଶ କରିନ ଥାଏ କ୍ଷୁଦ୍ରଗଳ୍ପ ଏକ ବିଶେଷ ମୁହୂର୍ତ୍ତର ଚିତ୍ର ତୋଳିଧରେ କ୍ଷୁଦ୍ରଗଳ୍ପ; ଯାହା ପାଠକର ପ୍ରାଣକୁ ଅଭିଭୂତ କରେ।

କାହାଣୀ କହିବା ଓ ଶୁଣିବା ମନୁଷ୍ୟର ଏକ ସହଜାତ ପ୍ରବୃତ୍ତି। ବୟସ୍କ ବୃଦ୍ଧ

ବୃଦ୍ଧାଙ୍କ ଠାରୁ ଆରମ୍ଭ କରି କିଶୋର ଓ ଶିଶୁ ପର୍ଯ୍ୟନ୍ତ କାହାଣୀର ଆବେଦନ ଏହାକୁ ସାର୍ବଜନୀନ କଳାରେ ପରିଣତ କରିପାରିଛି। ମନର ଭାବକୁ ଭାଷା ମାଧ୍ୟମରେ ପ୍ରକାଶ କରିପାରେ ବୋଲି ଈଶ୍ୱରଙ୍କ ସୃଷ୍ଟିରେ ମନୁଷ୍ୟ ସର୍ବଶ୍ରେଷ୍ଠ ପ୍ରାଣୀ । ଏହି ଭାଷା ମାଧ୍ୟମରେ ସେ କହିପାରେ କାହାଣୀ। ଆଦି ମାନବ ତେଣୁ ଅରଣ୍ୟର ସବୁଜ ସୁଷମା ଭିତରେ ପାଇଥିଲା କାହାଣୀ କହିବାର କଳା ଓ କୌଶଳ । କିନ୍ତୁ ଆଜିର କ୍ଷୁଦ୍ରଗଳ୍ପ ପ୍ରାଚୀନ କାହାଣୀର ବିକଶିତ ଅବା ବିକୃତ ରୂପ ନୁହେଁ। ତେବେ ଆଧୁନିକ କ୍ଷୁଦ୍ରଗଳ୍ପ ସୃଷ୍ଟିରେ ପ୍ରାଚୀନ ଲୋକ କାହାଣୀର ଅବଦାନକୁ କଦାପି ଉପେକ୍ଷା କରାଯାଇ ନପାରେ।

**କ୍ଷୁଦ୍ରଗଳ୍ପର ସଂଜ୍ଞା:**

କ୍ଷୁଦ୍ରଗଳ୍ପର ସଠିକ୍ ଓ ନିର୍ଦ୍ଦିଷ୍ଟ ସଂଜ୍ଞା ନିରୂପଣ କରିବା ସହଜ କଥା ନୁହେଁ। କ୍ଷୁଦ୍ରଗଳ୍ପର କୌଣସି ସଂଜ୍ଞା ସ୍ୱୟଂ ସଂପୂର୍ଣ୍ଣ ହୋଇ ନପାରେ। ଭାରତୀୟ ଲେଖକଙ୍କଠାରୁ ଆରମ୍ଭ କରି ବହୁ ପାଶ୍ଚାତ୍ୟ ଲେଖକ ଏହାର ସଂଜ୍ଞା ନିରୂପଣ କରିଛନ୍ତି। ଋଷିଆର ଗଳ୍ପ ଲେଖକ 'ଚେଖଭ୍' କ୍ଷୁଦ୍ରଗଳ୍ପ ସଂପର୍କରେ ମତଦେଇ କହନ୍ତି- 'କ୍ଷୁଦ୍ର ଗଳ୍ପର କୌଣସି ନିର୍ଦ୍ଦିଷ୍ଟ ଆଦି ନାହିଁ ବା ଅନ୍ତ ନାହିଁ। ଏହା ଜୀବନର ଏକ ଖଣ୍ଡିତ ଭଗ୍ନାଂଶ ମାତ୍ର। ଅତି ସୂଚନାତ୍ମକ ଭାବରେ ଏହା ଶିଳ୍ପୀର ଶୈଳୀ ନିକଟରେ ରସୋତୀର୍ଣ୍ଣ'। [୧]

ସାହିତ୍ୟିକ ବିଭୂତି ପଟ୍ଟନାୟକଙ୍କ ମତରେ- 'କ୍ଷୁଦ୍ରଗଳ୍ପ ହେଉଛି ଏକ କଥା କବିତା, ଯାହା କଥା ନୁହେଁ କି କବିତା ମଧ୍ୟ ନୁହେଁ' [୨] "ଛୋଟ ଗଳ୍ପ ହେଉଛି ଏକ ଲଘୁ ପ୍ରଜାପତି। ତାର ପ୍ରତି ପଦକ୍ଷେପରେ ଦ୍ରୁତ ଲୟର ଛନ୍ଦ। ସେ ଭାରମୁକ୍ତ, ସେ ଲଘୁ ଛନ୍ଦ। ଫୁଲରୁ ମହୁ ଶୋଷି ନେବା ପାଇଁ ଯେତିକି ସମୟ ପ୍ରୟୋଜନ, ସେହି ସମୟରେ ଛୋଟ ଗଳ୍ପ ନିବଦ୍ଧ" ।[୩] ମନୁଷ୍ୟ ଜୀବନର ଏକ ନିର୍ଦ୍ଦିଷ୍ଟ ମୁହୂର୍ତ୍ତକୁ ରସୋଜ୍ଜ୍ୱଳ କରିବା ହେଉଛି କ୍ଷୁଦ୍ରଗଳ୍ପର ଉଦ୍ଦେଶ୍ୟ। କ୍ଷୁଦ୍ରଗଳ୍ପ ସଂପର୍କରେ ମତ ପ୍ରଦାନ କରି କୃଷ୍ଣଚରଣ ବେହେରା କହନ୍ତି- "ପରିମିତ ସମୟ ମଧ୍ୟରେ ଜୀବନର ଗୋଟିଏ ଦିଗ, ଖଣ୍ଡ ଖଣ୍ଡ ଆବେଗ ଅନୁଭୂତି, ବିଶେଷ ଦୃଶ୍ୟ ବା ଘଟଣାକୁ ଯାହା ସଂହତ ଓ ସଂଯତ ରୂପେ ପ୍ରଭାବଶାଳୀ କରି ପ୍ରକାଶ କରେ ତାହା ହିଁ କ୍ଷୁଦ୍ରଗଳ୍ପ ।[୪] ଲୋକପ୍ରିୟତାରେ ସାହିତ୍ୟର ବିଭିନ୍ନ ବିଭାଗକୁ ବଳିଯାଇଛି ଆଜିର କ୍ଷୁଦ୍ରଗଳ୍ପ। କ୍ଷୁଦ୍ରଗଳ୍ପରେ ଜୀବନର ଏକ ବିଶିଷ୍ଟ ମୁହୂର୍ତ୍ତ, ଏକ ବିଶିଷ୍ଟ ପରିବେଶ ମଧ୍ୟରେ ଲେଖକଙ୍କ ଦ୍ୱାରା ପ୍ରତ୍ୟୟୀଭୂତ ହୋଇଥାଏ। କ୍ଷୁଦ୍ରଗଳ୍ପର ସଂଜ୍ଞା ନିରୂପଣ କରି ବ୍ରାଣ୍ଡାର ମାଥ୍ୟୁସ୍ କହନ୍ତି- "A short story is a single thought, a single emotion a single action or a series of actions called forth by a single situation"। [୫]

'ଗୀତି କବିତାଭଳି କ୍ଷୁଦ୍ରଗଳ୍ପ ଏକମୁଖୀ ଗାଢ ନିବନ୍ଧ ଆଙ୍ଗିକର ସହାୟତାରେ ଏକ ବିଶେଷ ସତ୍ୟ ବା ଏକ ବିଶେଷ ମାନସିକତା (Mood) ଉପରେ ଆଲୋକ ପ୍ରକ୍ଷେପ କରେ।[୬]

କ୍ଷୁଦ୍ର ଗଳ୍ପ ଏକ ତୀର ଭଳି; ଯେ ଲକ୍ଷ୍ୟ ସାଧନ ଉଦ୍ଦେଶ୍ୟରେ ବିଦ୍ୟୁତ୍ ଗତିରେ ଛୁଟି ଯାଇ ଏକ ଭାବ ପରିମାପକୁ ପାଠକର ମର୍ମସ୍ଥଳରେ ବିଦ୍ଧ କରିଦିଏ । [୭]

ସମାଲୋଚକ ହଡ୍‌ସନ୍‌ଙ୍କ ମତରେ - Singleness of aim and singleness of effect are therefore, the two great canons by which we have to try the value of a short story as a piece of Art । [୮]

ହିନ୍ଦୀ ସାହିତ୍ୟର କଥା ସମ୍ରାଟ ପ୍ରେମଚାନ୍ଦଙ୍କ ମତରେ- "ଗଳ୍ପ ଗୋଟିଏ କ୍ଷୁଦ୍ର କବିତା, ଯେଉଁଥିରେ ଜୀବନର ଏକ ଅଂଶ ଅଥବା କୌଣସି ଗୋଟିଏ ମାନସିକ ଭାବ ପ୍ରଦର୍ଶନ କରିବା ହିଁ ଲେଖକର ଏକମାତ୍ର ଉଦ୍ଦେଶ୍ୟ' । [୯]

କୌଣସି ଏକ ନିର୍ଦ୍ଦିଷ୍ଟ ମୁହୂର୍ତ୍ତକୁ କେନ୍ଦ୍ରକରି କ୍ଷୁଦ୍ରଗଳ୍ପ ରଚିତ ହେଉଥିବାରୁ ଏଥିରେ ଜୀବନର ପୂର୍ଣ୍ଣାଙ୍ଗ ଚିତ୍ର ପ୍ରକଟିତ ହୋଇପାରେ ନାହିଁ। ନୋବେଲ୍ ବିଜେତା ବିଶ୍ୱକବି ରବୀନ୍ଦ୍ରନାଥ ତାଙ୍କର ' ବର୍ଷା ଯାପନ' କବିତାରେ କ୍ଷୁଦ୍ରଗଳ୍ପକୁ ସଂଜ୍ଞାୟିତ କରି କହନ୍ତି -

'ଛୋଟ ପ୍ରାଣ ଛୋଟ ବ୍ୟଥା          ଛୋଟ ଛୋଟ ଦୁଃଖ କଥା
ନିତାନ୍ତଇ ସହଜ ସରଲ୍
ସହସ୍ର ବିସ୍ମୃତି ରାଶି          ପ୍ରତ୍ୟହ ଯେତେଛେ ଭାସି
ତାରି ଦୁଚାରିଟି ଅଶ୍ରୁଜଲ ।
ନାହିଁ ବର୍ଣ୍ଣନାର ଛଟା          ଘଟନାର ଘନଘଟା
ନାହିଁ ତତ୍ତ୍ୱ ନାହିଁ ଉପଦେଶ
ଅନ୍ତରେ ଅତୃପ୍ତ ରବେ          ସାଙ୍ଗ କରି ମନେ ହବେ
ଶେଷ ହୟେ ହଇଲନା ଶେଷ" । [୧୦]

ଉକ୍ତ କବିତାଂଶରୁ କ୍ଷୁଦ୍ରଗଳ୍ପର ମହତ୍ତ୍ୱ ପ୍ରକଟିତ ।

ସତ୍ୟବାଦୀ ସାହିତ୍ୟ ସାଧକ ଗୋଦାବରୀଶ ମହାପାତ୍ର କ୍ଷୁଦ୍ରଗଳ୍ପ ସଂପର୍କରେ କହନ୍ତି - "ସାଧାରଣତଃ ଗଳ୍ପଗୁଡ଼ିକ ଘଟଣା ପ୍ରଧାନ । କିନ୍ତୁ କ୍ଷୁଦ୍ରଗଳ୍ପ ଅନୁଭୂତି ପ୍ରଧାନ" [୧୧]

ଅଧ୍ୟାପକ ଚିନ୍ତାମଣି ବେହେରା କ୍ଷୁଦ୍ରଗଳ୍ପ ସଂପର୍କରେ ମତଦେଇ କହନ୍ତି - "ଗୋଟିଏ ବିଶେଷ ଅନୁପ୍ରାଣିତ ମୁହୂର୍ତ୍ତର ଗଭୀର ଅନୁଭୂତିର ଆଲୋକରେ ଆଲୋକିତ ଚରିତ୍ର ବା ଘଟଣାର

ଅପରୂପ ଅର୍ଥ ସଂପୃକ୍ତ ପ୍ରକାଶ ହିଁ କ୍ଷୁଦ୍ରଗଳ୍ପ'। [୧୨] 'କ୍ଷୁଦ୍ରଗଳ୍ପ ଜୀବନର ଖଣ୍ଡାଂଶକୁ ଚକିତ ଉଦ୍‌ଭାସ କରେ' [୧୩] ବୋଲି ପ୍ରଫେସର ବୈଷ୍ଣବ ଚରଣ ସାମଲ କହନ୍ତି। ମହାପାତ୍ର ନୀଳମଣି ସାହୁ କ୍ଷୁଦ୍ରଗଳ୍ପର ସ୍ୱରୂପ ସଂପର୍କରେ ଅଭିମତ ପ୍ରକାଶ କରି କହନ୍ତି – "ଉପନ୍ୟାସ, କାବ୍ୟ, ନାଟକ ଓ ମହାକାବ୍ୟମାନେ ଜୀବନର ବିପୁଳ ବିସ୍ତାରକୁ ନେଇ ବିକଶିତ ହେଲାବେଳେ, କ୍ଷୁଦ୍ରଗଳ୍ପ ଜୀବନର ଏକ ଖଣ୍ଡିତ ଓ ସୀମିତ ବିଭବ ବା ପରିସରକୁ ନେଇ ବିକଶିତ ହୋଇଥାଏ।" [୧୪]

ପ୍ରକାଶ କୁମାର ପରିଡା କ୍ଷୁଦ୍ରଗଳ୍ପର ମହତ୍ତ୍ୱ ପ୍ରତିପାଦନ କରି 'ଗଳ୍ପ ବିଚାର ବିମର୍ଶ ପୁସ୍ତକରେ କହନ୍ତି – "ବ୍ୟକ୍ତି ମଣିଷର ସୀମିତ ପରିସରରେ ଆବଦ୍ଧ ହେଲେ ହେଁ ସାଂପ୍ରତିକ କ୍ଷୁଦ୍ରଗଳ୍ପ ପ୍ରକୃତରେ ସୀମିତ ନୁହେଁ। ଏହା ବିସ୍ତାରିତ ଓ ବିସ୍ଫୋରିତ। ଏହାର ସ୍ୱରୂପ ଖଣ୍ଡିତ; ମାତ୍ର ଚେତନାରେ ପୂର୍ଣ୍ଣତାର କ୍ଷୁଦ୍ରଗଳ୍ପ ଶିଶିର ବିନ୍ଦୁଟିଏ, ଏଥିରେ ବିରାଟ ଆକାଶ ପ୍ରତିଫଳିତ ହୁଏ। ଏହା ପୁଣି ରୂପାନ୍ତରିତ ହୁଏ ମିନି ସୂର୍ଯ୍ୟଟିରେ। ଏଥିରେ ସୂର୍ଯ୍ୟର ଦାହ ନଥାଏ, ମାତ୍ର ଥାଏ ଅଧିକତର ଦୀପ୍ତି। ସେ ଦୀପ୍ତିରେ ସମୁଦାୟ ଜୀବନାନୁଭବ ଉଦ୍‌ଭାସିତ ହୁଏ" [୧୫]

ଉପରୋକ୍ତ ଆଲୋଚନାରୁ ଜଣାପଡେ ଯେ ନିର୍ଦ୍ଦିଷ୍ଟ ମୁହୂର୍ତ୍ତର ଗୋଟିଏ ମାତ୍ର ଭାବକୁ ନେଇ କ୍ଷୁଦ୍ରଗଳ୍ପ ରଚିତ ହେବା ଆବଶ୍ୟକ ଏବଂ ଏହାର ଲକ୍ଷ୍ୟ ମଧ୍ୟ ଏକମୁଖୀ ହେବା ଜରୁରୀ। ଏକମାତ୍ର ବକ୍ତବ୍ୟ କ୍ଷୁଦ୍ରଗଳ୍ପରେ ରହିଥିବ। କ୍ଷୁଦ୍ରଗଳ୍ପ ପୁଣି ୧୫ ମିନିଟ୍‌ରୁ ଏକ ଘଣ୍ଟା ମଧ୍ୟରେ ପଢାଯାଇ ପାରୁଥିବ। ସ୍ୱଳ୍ପ ସଂଖ୍ୟକ ଚରିତ୍ରକୁ ନେଇ କ୍ଷୁଦ୍ରଗଳ୍ପ ରଚିତ ହୋଇଥାଏ। କ୍ଷୁଦ୍ରଗଳ୍ପର ଆରମ୍ଭ  ଆକସ୍ମିକ ହୋଇଥିଲେ ମଧ୍ୟ ତା'ର ପରିସମାପ୍ତିରେ ଥାଏ ଅନ୍ତହୀନ ଜିଜ୍ଞାସା। କ୍ଷୁଦ୍ରଗଳ୍ପର ବିଷୟବସ୍ତୁ ବ୍ୟାପକ। ଜୀବନ ଓ ଜଗତର ଯେ କୌଣସି ବିଷୟକୁ ନେଇ କ୍ଷୁଦ୍ରଗଳ୍ପ ରଚିତ ହୋଇଥାଏ। କ୍ଷୁଦ୍ରଗଳ୍ପରେ ଲେଖକର ବକ୍ତବ୍ୟ ରହିବା ନିହାତି ଆବଶ୍ୟକ।

କବିତାର ଗୀତିମୟତା, ନାଟକର ନାଟକୀୟତା, ଉପନ୍ୟାସର କାହାଣୀଧର୍ମୀତା ଓ ପ୍ରବନ୍ଧର ମନ୍ନୟତାକୁ ନେଇ ଆତ୍ମପ୍ରକାଶ କରିଥାଏ କ୍ଷୁଦ୍ରଗଳ୍ପ। କ୍ଷୁଦ୍ରଗଳ୍ପ ସଂକ୍ଷିପ୍ତ ତଥା ଇଙ୍ଗୀତଧର୍ମୀ ହେବା ବାଞ୍ଛନୀୟ। Ellery Sidgewick କହନ୍ତି "A short story is like a horse race. It is the st art and finish which count most । [୧୬]

**କ୍ଷୁଦ୍ରଗଳ୍ପର ପ୍ରକାରଭେଦ:**

କ୍ଷୁଦ୍ରଗଳ୍ପକୁ ବିଭିନ୍ନ ଭାବରେ ବିଭକ୍ତ କରାଯାଇଥାଏ।

୧) ଅନୁରାଗ ଓ ଅବସ୍ଥାପ୍ରଧାନ ଗଳ୍ପ

୨) ଘଟଣା ପ୍ରଧାନ ଗଳ୍ପ

୩) ଚରିତ୍ର ପ୍ରଧାନ ଗଳ୍ପ

୪)　　ଐତିହାସିକ ଗଳ୍ପ
୫)　　ସାମାଜିକ ଗଳ୍ପ
୬)　　ପୌରାଣିକ ଗଳ୍ପ
୭)　　ଆଞ୍ଚଳିକ ଗଳ୍ପ
୮)　　ପ୍ରଣୟ ମୂଳକ ଗଳ୍ପ
୯)　　ମନସ୍ତାତ୍ତ୍ୱିକ ଗଳ୍ପ
୧୦)　　କାଳ୍ପନିକ ଗଳ୍ପ
୧୧)　　ରାଜନୈତିକ ଗଳ୍ପ
୧୨)　　ବାସ୍ତବବାଦୀ ଗଳ୍ପ
୧୩)　　ରହସ୍ୟାତ୍ମକ ଗଳ୍ପ
୧୪)　　ବୈଜ୍ଞାନିକ ଗଳ୍ପ
୧୫)　　ଉଦ୍‌ଭଟ ଗଳ୍ପ
୧୬)　　ଦାର୍ଶନିକ ଗଳ୍ପ
୧୭)　　ଅତି ପ୍ରାକୃତିକ ଗଳ୍ପ
୧୮)　　ଆଭାସ ଓ ଅଣୁଗଳ୍ପ
୧୯)　　ଆଦର୍ଶ ବାଦୀ ଗଳ୍ପ
୨୦)　　ହାସ୍ୟରସାତ୍ମକ ଗଳ୍ପ
୨୧)　　ନୃତାତ୍ତ୍ୱିକ ଗଳ୍ପ

**ଦାର୍ଶନିକ ଗଳ୍ପ:** ଦାର୍ଶନିକ ଗଳ୍ପରେ ଜୀବନ ଓ ଜଗତ ସଂପର୍କିତ ଦାର୍ଶନିକ ଚିନ୍ତାଧାରା ମୁଖ୍ୟ ରୂପେ ସ୍ଥାନ ପାଇଥାଏ । ମହାପାତ୍ର ନୀଳମଣି ସାହୁଙ୍କ 'ଅନ୍ଧରାତିର ସୂର୍ଯ୍ୟ' "ମନମତ୍ତ ଦୁହାଂଳ ଗାଇ" ଏହି ପ୍ରକାରର ଗଳ୍ପ ।

**ଘଟଣା ପ୍ରଧାନ ଗଳ୍ପ:** ଏ ପ୍ରକାର ଗଳ୍ପରେ ଘଟଣାର ବର୍ଣ୍ଣନା ଉପରେ ଗୁରୁତ୍ୱ ଆରୋପ କରାଯାଇଥାଏ ।

**ଚରିତ୍ର ପ୍ରଧାନ ଗଳ୍ପ:** ଚରିତ୍ର ପ୍ରଧାନ ଗଳ୍ପରେ ଚରିତ୍ରକୁ ପ୍ରାଧାନ୍ୟ ଦେଇ ଘଟଣା ଗତିଶୀଳ ହୋଇଥାଏ ।

**ଐତିହାସିକ ଗଳ୍ପ:** ଇତିହାସକୁ ଉପଜିବ୍ୟ କରି ରଚିତ ହୋଇଥାଏ ଐତିହାସିକ ଗଳ୍ପ । ଏଥିରେ ପ୍ରଚ୍ଛନ୍ନ ଭାବରେ ନିହିତ ଥାଏ ଅତୀତ ପ୍ରତି ମୋହ, ଜାତୀୟ ଗୌରବର ପ୍ରଖ୍ୟାପନ ତଥା ବୀର ପୂଜାର ମହାନ ଉଦ୍ଦେଶ୍ୟ । ରାଜକିଶୋର ରାୟଙ୍କର 'କଳିଙ୍ଗ ଶିଳ୍ପୀ' ସୁରେନ୍ଦ୍ର ମହାନ୍ତିଙ୍କ 'ପିତା ଓ

ପୁତ୍ର' ଐତିହାସିକ ଗଳ୍ପର ପ୍ରକୃଷ୍ଟ ଉଦାହରଣ।

**ସାମାଜିକ ଗଳ୍ପ:** ସମାଜର ବିଭିନ୍ନ ସମସ୍ୟାକୁ ଉପସ୍ଥାପିତ କରିଥାଏ ସାମାଜିକ ଗଳ୍ପ। ଫକୀର ମୋହନଙ୍କ 'ରେବତୀ', 'ପେଟେଣ୍ଟ ମେଡିସିନ୍', ସଚ୍ଚିରାଉତରାୟଙ୍କ 'ମଶାଣି ଫୁଲ', ବୀଣାପାଣି ମହାନ୍ତିଙ୍କ 'ଅନ୍ଧକାରର ଛାଇ' ଆଦି ସାମାଜିକ ଗଳ୍ପର ଅନ୍ତର୍ଗତ।

**ପୌରାଣିକ ଗଳ୍ପ:** ପୁରାଣର ବିଷୟବସ୍ତୁକୁ ନେଇ ରଚିତ ହୋଇଥାଏ ପୌରାଣିକ ଗଳ୍ପ। ସୁରେନ୍ଦ୍ର ମହାନ୍ତିଙ୍କ 'ଶ୍ରୀକୃଷ୍ଣଙ୍କ ହସ', ଅସିତ୍ କବିଙ୍କର 'ରକ୍ତର ବିଳାପ' ଆଦି ଏହି ଶ୍ରେଣୀର ଗଳ୍ପ।

**ଆଞ୍ଚଳିକ ଗଳ୍ପ:** ଆଞ୍ଚଳିକ ଗଳ୍ପରେ ଯେ କୌଣସି ଅଞ୍ଚଳର ବିଶେଷତା ମୁଖ୍ୟ ରୂପେ ସ୍ଥାନ ପାଇଥାଏ।

**କାଳ୍ପନିକ ଗଳ୍ପ:** କାଳ୍ପନିକ ଗଳ୍ପରେ କଳ୍ପନା ହିଁ ମୁଖ୍ୟ। ଏହି ପ୍ରକାର ଗଳ୍ପରେ ବିଷୟବସ୍ତୁ ଓ ଚରିତ୍ର ଲେଖକଙ୍କର କଳ୍ପନାରୁ ସୃଷ୍ଟି ଲାଭ କରିଥାଏ।

**ପ୍ରଣୟ ପ୍ରଧାନ ଗଳ୍ପ:** ଚରିତ୍ର ମାନଙ୍କ ପ୍ରେମ ଓ ପ୍ରଣୟକୁ  ନେଇ ରଚିତ ହୋଇଥାଏ ପ୍ରଣୟ ପ୍ରଧାନ ଗଳ୍ପ। ରବି ପଟ୍ଟନାୟକଙ୍କ 'ରାଗତୋଡି', ଫକୀର ମୋହନଙ୍କ 'ବଗୁଲା ବଗୁଲୀ' ପ୍ରଣୟ ପ୍ରଧାନ ଗଳ୍ପର ବଳିଷ୍ଠ ଉଦାହରଣ।

**ମନସ୍ତାତ୍ତ୍ୱିକ ଗଳ୍ପ:** ଚରିତ୍ର ମାନଙ୍କର ମନୋଜଗତର ରହସ୍ୟ ଉନ୍ମୋଚନ କରିବା ଉଦ୍ଦେଶ୍ୟରେ ରଚିତ ହୋଇଥାଏ ମନସ୍ତାତ୍ତ୍ୱିକ ଗଳ୍ପ। ମନୋଜ ଦାସଙ୍କ 'ଲକ୍ଷ୍ମୀର ଅଭିସାର' କିଶୋରୀ ଚରଣ ଦାସଙ୍କ 'ରାତି କୁକୁର' 'ଭଙ୍ଗା ଖେଳଣା' ସୁରେନ୍ଦ୍ର ମହାନ୍ତିଙ୍କ 'ପାଗଳ ଗାରଦର କାହାଣୀ' ଆଦି ଗଳ୍ପ ଏହି ଶ୍ରେଣୀର।

**ରାଜନୈତିକ ଗଳ୍ପ:** ରାଜନୈତିକ ବିଭିନ୍ନ ଘଟଣା ଓ ସମସ୍ୟାକୁ ନେଇ ରଚିତ ହୋଇଥାଏ ରାଜନୈତିକ ଗଳ୍ପ। ରାଜନୈତିକ ଗଳ୍ପ ରଚନାରେ ସୁରେନ୍ଦ୍ର ମହାନ୍ତି ଅଗ୍ରଗଣ୍ୟ।  ତାଙ୍କ ରଚିତ 'ଗୃହଦାହ' 'ସାମ୍ୟବାଦର ଶେଷ ଇସ୍ତାହାର' ଏକ ଏକ ସଫଳ ରାଜନୈତିକ ଗଳ୍ପ।

**ବାସ୍ତବବାଦୀ ଗଳ୍ପ:** ବାସ୍ତବବାଦୀ ଗଳ୍ପରେ ବାସ୍ତବ ଜୀବନର ଚିତ୍ର ପ୍ରତିଫଳିତ ହୋଇଥାଏ।

**ରହସ୍ୟାତ୍ମକ ଗଳ୍ପ:** ଗୁଇନ୍ଦା ତଥା ଡକାୟତ ପ୍ରସଙ୍ଗକୁ ନେଇ ରଚିତ ହୋଇଥାଏ ରହସ୍ୟାତ୍ମକ ଗଳ୍ପ। ଏହି ଗଳ୍ପରେ ଚୋରି ଡକାୟତି ହତ୍ୟାପରି ଲୋମହର୍ଷଣ-କାରୀ ବିଷୟ  ସ୍ଥାନ ପାଇଥାଏ।

**ହାସ୍ୟରସାତ୍ମକ ଗଳ୍ପ:** ହାସ୍ୟରସ ମାଧ୍ୟମରେ ସମାଜର ଦୋଷ ଦୁର୍ବଳତା ଦର୍ଶାଇ ସମାଜକୁ ସୁଧାରିବାର ସଂକଳ୍ପରେ ରଚିତ ହୋଇଥାଏ ଏହି ଧରଣର ଗଳ୍ପ। ଫତୁରାନନ୍ଦଙ୍କ 'ମଙ୍ଗଳ ବାରିଆ ସାହିତ୍ୟ ସଂସଦ', ଚୌଧୁରୀ ହେମକାନ୍ତ ମିଶ୍ରଙ୍କ 'ଛୁରୀ' ଏହି ହାସ୍ୟରସାତ୍ମକ ଗଳ୍ପର ଉଦାହରଣ।

**ଆଦର୍ଶବାଦୀ ଗଳ୍ପ:** ଆଦର୍ଶବାଦୀ ଗଳ୍ପରେ ଗାଳ୍ପିକଙ୍କର ଆଦର୍ଶବାଦ, ନୈତିକମୂଲ୍ୟବୋଧ ପ୍ରତି ଅତୁଟ ଶ୍ରଦ୍ଧା ପ୍ରକଟିତ ହୋଇଥାଏ।

**ଉଦ୍‌ଭଟ ଗଳ୍ପ:** ଉଦ୍‌ଭଟ ଗଳ୍ପରେ ଅବାସ୍ତବ କାହାଣୀର ବର୍ଣ୍ଣନା ରହିଥାଏ। ମନୋଜ ଦାସଙ୍କ 'ଭୂତୁଣୀ ଏକ ବିଦାୟ' ଏହାର ଉଦାହରଣ।

**ଅତି ପ୍ରାକୃତିକ ଗଳ୍ପ:** ଅଲୌକିକ କାହାଣୀକୁ ନେଇ ରଚିତ ହୋଇଥାଏ ଅତି ପ୍ରାକୃତିକ ଗଳ୍ପ। ମନୋଜ ଦାସଙ୍କ 'କିମ୍ପିରିଣୀ' ଏହି ଧରଣର ଗଳ୍ପ।

**ପ୍ରତୀକ ଧର୍ମୀ ଗଳ୍ପ:** ପ୍ରତୀକାତ୍ମକ ଶବ୍ଦ ବିନ୍ୟାସରେ ରଚିତ ହୋଇଥାଏ ପ୍ରତୀକଧର୍ମୀ ଗଳ୍ପ।

**ବୈଜ୍ଞାନିକ ଗଳ୍ପ:** ବିଜ୍ଞାନର ବିଷୟକୁ ଆଧାର କରି ରଚିତ ହୋଇଥାଏ ବୈଜ୍ଞାନିକ ଗଳ୍ପ। ଓଡିଆ ସାହିତ୍ୟରେ ଗୋକୁଳାନନ୍ଦ ମହାପାତ୍ର ଏହି ବୈଜ୍ଞାନିକ ଗଳ୍ପ ରଚନାରେ ପାରଦର୍ଶିତା ପ୍ରଦର୍ଶନ କରିଛନ୍ତି।

**ଆଭାସ ଓ ଅଣୁ ଗଳ୍ପ:** କାବ୍ୟିକ ଭାଷାରେ ରଚିତ ହୋଇଥାଏ ଆଭାସଧର୍ମୀ ଗଳ୍ପ। କୌଣସି ତତ୍ତ୍ୱ ବା ଭାବ ଏହି ଗଳ୍ପରେ ଆଭାସିତ ହୋଇଥାଏ। ଅଣୁଗଳ୍ପ ବିନ୍ଦୁ ମଧ୍ୟରେ ସିନ୍ଧୁକୁ ଦର୍ଶନ କରାଏ।

**ନୃତାତ୍ତ୍ୱିକ ଗଳ୍ପ:** ଆଦିବାସୀ ଜୀବନକୁ ନେଇ ରଚିତ ଗଳ୍ପ ଗୁଡିକ ଏହି ଶ୍ରେଣୀର। କୌଣସି ଗୋଷ୍ଠୀ ବା ଜାତିର ଆଚାର, ବିଚାର ସଂସ୍କୃତି ଏଥିରେ ସ୍ଥାନ ପାଇଥାଏ ।

ଯାହାବି ହେଉନା କାହିଁକି ଆବେଦନର ସ୍ୱାତନ୍ତ୍ର୍ୟ ହିଁ କ୍ଷୁଦ୍ର ଗଳ୍ପକୁ ରମଣୀୟ କରିବାରେ ସମର୍ଥ ହୋଇଥାଏ।

## ପାଶ୍ଚାତ୍ୟ ସାହିତ୍ୟରେ କ୍ଷୁଦ୍ରଗଳ୍ପର ବିକାଶଧାରା:

ଆଧୁନିକ ଓଡିଆ ସାହିତ୍ୟର ଏକ ପ୍ରମୁଖ ବିଭାଗ ହେଉଛି କ୍ଷୁଦ୍ରଗଳ୍ପ।ଊନବିଂଶ ଶତାବ୍ଦୀରେ ହିଁ କ୍ଷୁଦ୍ରଗଳ୍ପର ସୃଷ୍ଟି। ଊନବିଂଶ ଶତାବ୍ଦୀରେ ପାଶ୍ଚାତ୍ୟ ଜଗତରେ ସମାଜ ଓ ରାଜନୀତି କ୍ଷେତ୍ରରେ ଦେଖାଦେଇଥିଲା ଘୋର ପରିବର୍ତ୍ତନ। ଇଂଲଣ୍ଡର ଶିଳ୍ପ ବିପ୍ଳବ, ଫରାସୀ ରାଷ୍ଟ୍ର ବିପ୍ଳବ ତଥା ରୁଷ ବିପ୍ଳବ ଆଦି ମଣିଷର ଜୀବନକୁ ପରିବର୍ତ୍ତିତ

କରିଦେଇଥିଲା । ମାନବିକ ମୂଲ୍ୟବୋଧରେ ନବଚେତନା ସୃଷ୍ଟି କରିବାରେ ଏହି ସବୁ ବିପ୍ଳବର ଭୂମିକା ଥିଲା ଗୁରୁତ୍ୱପୂର୍ଣ୍ଣ । ସାହିତ୍ୟ ଜଗତରେ ମଧ୍ୟ ଏହାର ପ୍ରଭାବ ଅନୁଭୂତ ହୋଇଥିଲା ଫଳସ୍ୱରୂପ କ୍ଷୁଦ୍ରଗଳ୍ପର ସୃଷ୍ଟି ସମ୍ଭବ ହୋଇପାରିଥିଲା ।

ଇଂଲଣ୍ଡର ଶିଳ୍ପ ବିପ୍ଳବ, ଫ୍ରାନସର ରାଷ୍ଟ୍ର ବିପ୍ଳବ ପରର ପରିବର୍ତ୍ତିତ ଜୀବନ ଶୈଳୀ ଆଧୁନିକ ମଣିଷ ମନରେ ଏକ ନୂତନ ଭାବଧାରା ସୃଷ୍ଟିକଲା । ମନୁଷ୍ୟର ମନୋରାଜ୍ୟର ଏଇ ବିବର୍ତ୍ତିତ ଚେତନା ହିଁ କ୍ଷୁଦ୍ରଗଳ୍ପ ସୃଷ୍ଟିର ମୂଳ ହେତୁ ।

ବିଶିଷ୍ଟ ମାର୍କିନ କଥାକାର Washington Irving ତାଙ୍କ ରଚିତ 'Sketch Book' ପୁସ୍ତକରେ କ୍ଷୁଦ୍ରଗଳ୍ପ ରଚନାର ସୂତ୍ରପ୍ରଦାନ କରିଥିଲେ । Irvingଙ୍କ ପରେ Edgar Allen Poe ଏବଂ Howthorne କ୍ଷୁଦ୍ରଗଳ୍ପର ପ୍ରାଣ ପ୍ରତିଷ୍ଠା କରିଥିଲେ । କ୍ଷୁଦ୍ରଗଳ୍ପର ବିକାଶ ସଂପର୍କରେ ପ୍ରଫେସର ବୈଷ୍ଣବ ଚରଣ ସାମଲ କହନ୍ତି – " ଊନବିଂଶ ଶତାବ୍ଦୀର ଦ୍ୱିତୀୟାର୍ଦ୍ଧ ବେଳକୁ କ୍ଷୁଦ୍ରଗଳ୍ପର ହେଲା ଯଥାର୍ଥ ବିକାଶ । କ୍ଷୁଦ୍ରଗଳ୍ପର ହେଲା ନାମ କରଣ । ବ୍ରାଣ୍ଡାର ମାଥ୍ୟୁସ ତାଙ୍କର 'The Philosophy of the Story' ପୁସ୍ତକ ଗ୍ରନ୍ଥରେ ସର୍ବ ପ୍ରଥମେ ସାହିତ୍ୟର ଏହି ସର୍ବ କନିଷ୍ଠ ବିଭାଗଟିକୁ କ୍ଷୁଦ୍ରଗଳ୍ପ (Short Story) ନାମ ଦେଲେ" । [୧୭] ଫରାସୀ ସାହିତ୍ୟରେ Victer Hugo, ମେରିମେ, ମୋପାଁସା, ଆଲେକ୍‌ଜାଣ୍ଡାର ଡୁମା ଆଦି ଲେଖକ ଗଣ ଏହି ନବଚେତନାରେ ଉଦ୍‌ବୁଦ୍ଧ ହୋଇ କ୍ଷୁଦ୍ରଗଳ୍ପର ବିକାଶ ସାଧନ କରିଥିଲେ । ଋଷ ସାହିତ୍ୟରେ ଚେକଭ, ଟଲଷ୍ଟୟ, ଦସ୍ତୋଭଏସ୍କି, ପୁସ୍କିନ୍ ପ୍ରମୁଖ କ୍ଷୁଦ୍ରଗଳ୍ପ ରଚନାରେ କୃତିତ୍ୱ ଅର୍ଜନ କରିଥିଲେ । ଆମେରିକାର ୱାସିଂଟନ ଆରଭିଂ, ଏଡ୍‌ଗାର ଆଲେନ୍ ପୋ ଏବଂ 'ଓ ହେନେରୀ' ଏଦୃଷ୍ଟିରୁ ସ୍ମରଣୀୟ । ଆର୍, ଏଲ୍, ଷ୍ଟିଭେନସନ୍ ଏବଂ ଓସ୍କାର ୱାଇଲଡଙ୍କ ଦ୍ୱାରା ଇଂରାଜୀ କ୍ଷୁଦ୍ରଗଳ୍ପର ବିକାଶ ହୋଇଥିଲେ ମଧ୍ୟ ରଡୱାର୍ଡ କିପ୍ଲିଂଙ୍କ ଦ୍ୱାରା ତାହା ସମୃଦ୍ଧ ହୋଇପାରିଥିଲା । ଜେମସ୍ ଜଏସ୍ , ଡି.ଏଚ୍ ଲରେନ୍ସ, ଆର୍‌ନଲଡବେନେଟ୍ , ଏଚ୍, ଜି, ଓେଲସ୍, ଇ ଏମ, ଫୋଷ୍ଟର, ସମରସେଟ ମମ୍ ଆଦି ଇଂରାଜୀ ସାହିତ୍ୟରେ ଗଳ୍ପ ରଚନା କରି ବିଶ୍ୱ ପ୍ରସିଦ୍ଧ ହୋଇପାରିଥିଲେ ।ବିଶ୍ୱଯୁଦ୍ଧ ପରବର୍ତ୍ତୀ ସମୟରେ ସୃଷ୍ଟିଲାଭ କରିଥିବା 'ବାସ୍ତବ-ବାଦ', ସ୍ଥିତିବାଦୀ ଦର୍ଶନ, ଫ୍ରଏଡଙ୍କ 'ମନସ୍ତତ୍ତ୍ୱବାଦ', ଏବଂ କାର୍ଲମାର୍କସଙ୍କ 'ସାମ୍ୟବାଦ' କ୍ଷୁଦ୍ରଗଳ୍ପକୁ ନୂତନ ମୋଡ ପ୍ରଦାନ କରିପାରିଥିଲା ଊନବିଂଶ ଶତାବ୍ଦୀର ଶେଷ ଦଶକ ଓ ଚଳିତ ଶତାବ୍ଦୀର ପ୍ରଥମାର୍ଦ୍ଧ କ୍ଷୁଦ୍ରଗଳ୍ପ ସାହିତ୍ୟର ସୁବର୍ଣ୍ଣଯୁଗ ବୋଲି ସମୀକ୍ଷକମାନେ ମତ ପ୍ରଦାନ କରନ୍ତି ।

**ଆଧୁନିକ ଭାରତୀୟ ସାହିତ୍ୟରେ କ୍ଷୁଦ୍ରଗଳ୍ପର ବିକାଶ:**

ଆମଦେଶରେ ବହୁପ୍ରାଚୀନ କାଳରୁ ଗଳ୍ପର ପରମ୍ପରା ରହିଥିଲେ ମଧ୍ୟ ପାଶ୍ଚାତ୍ୟ ସାହିତ୍ୟ ଅନୁସରଣରେ ହିଁ ଆଧୁନିକ ଭାରତୀୟ କ୍ଷୁଦ୍ରଗଳ୍ପର ସୃଷ୍ଟି ସମ୍ଭବ ହୋଇଛି । ପାଶ୍ଚାତ୍ୟ କ୍ଷୁଦ୍ରଗଳ୍ପର ଭାବ ଓ ଶୈଳୀ ଆଧୁନିକ ଭାରତୀୟ କ୍ଷୁଦ୍ରଗଳ୍ପରେ ମୁଖ୍ୟରୂପେ ଅନୁସୃତ ହୋଇଛି । ପାଶ୍ଚାତ୍ୟ ସାହିତ୍ୟ ପ୍ରଭାବରେ ଆଧୁନିକ କ୍ଷୁଦ୍ରଗଳ୍ପରେ ମାନବ ଜୀବନର ଅସହାୟତା, ନିଃସଙ୍ଗତା ସଂଘର୍ଷ, ଶୂନ୍ୟତା ଆଦି ରୂପପାଇଛି । କେବଳ ଭାବ ନୁହେଁ, ଭାଷା ଓ ଶୈଳୀ ଦୃଷ୍ଟିରୁ ମଧ୍ୟ କ୍ଷୁଦ୍ର ଗଳ୍ପରେ ପରିବର୍ତ୍ତନ ଆସିଛି । ବିଂଶ ଶତାବ୍ଦୀରେ ପରିପୂର୍ଣ୍ଣ ରୂପ ନେଇ ଭାରତୀୟ କ୍ଷୁଦ୍ରଗଳ୍ପ ପ୍ରାନ୍ତୀୟ ଭାଷାମାନଙ୍କରେ ରୂପ ପାଇଛି । ହିନ୍ଦୀ ସାହିତ୍ୟରେ ପ୍ରେମଚାନ୍ଦ, ଭୀଷ୍ମ ସାହାଣୀ, ଶରଦ ଯୋଷୀ, ମହାଦେବୀ ବର୍ମା, କୁଲଓ୍ବନ୍ତ ସିଂହ, ବଙ୍ଗଳା ସାହିତ୍ୟରେ ରବୀନ୍ଦ୍ରନାଥ, ସୁନୀଲ ଗଙ୍ଗୋପାଧ୍ୟାୟ, ଆଶାପୂର୍ଣ୍ଣା ଦେବୀ, ମହାଶ୍ୱେତା ଦେବୀ, ମନୋଜବସୁ, ବୁଦ୍ଧଦେବ ଭଟ୍ଟାଚାର୍ଯ୍ୟ, ଓଡ଼ିଆ ସାହିତ୍ୟରେ ଫକୀର ମୋହନ, ଗୋଦାବରୀଶ, ଲକ୍ଷ୍ମୀକାନ୍ତ, କାଳିନ୍ଦୀ ଚରଣ, ଭଗବତୀ ଚରଣ, ସଚ୍ଚିରାଉତରାୟ, ସୁରେନ୍ଦ୍ର ମହାନ୍ତି ଓ ମନୋଜଦାସ ପ୍ରମୁଖ କଥାକାର ଗଣ କ୍ଷୁଦ୍ରଗଳ୍ପକୁ ଆନ୍ତର୍ଜାତିକ ସ୍ତରରେ ପ୍ରତିଷ୍ଠିତ କରାଇବାରେ ପ୍ରମୁଖ ଭୂମିକା ନିର୍ବାହ କରିଛନ୍ତି । ତେବେ ବିଭିନ୍ନ ଭାବ ଓ ବିଭିନ୍ନ ଶୈଳୀର ପରୀକ୍ଷା ନିରୀକ୍ଷା ମଧ୍ୟ ଦେଇ ଭାରତୀୟ କ୍ଷୁଦ୍ରଗଳ୍ପ ଆଜି ସମଗ୍ର ବିଶ୍ୱରେ ସ୍ୱତନ୍ତ୍ର ସ୍ଥାନ ଅଧିକାର କରିପାରିଛି ।

**ଓଡିଆ ସାହିତ୍ୟରେ କ୍ଷୁଦ୍ରଗଳ୍ପର ବିକାଶ:**

**କ୍ଷୁଦ୍ରଗଳ୍ପର ପ୍ରଥମ ପର୍ଯ୍ୟାୟ:** ଭାରତର ଅନ୍ୟାନ୍ୟ ପ୍ରାନ୍ତୀୟ ଭାଷା ସାହିତ୍ୟ ଭଳି ଓଡିଆ ଭାଷା ସାହିତ୍ୟରେ ମଧ୍ୟ ଗଳ୍ପର ପ୍ରାଚୀନ ପରମ୍ପରା ରହିଥିଲା । ୧୮୦୩ ମସିହାରେ ଇଂରେଜମାନେ ଓଡିଶା ଅଧିକାର କଲାପରେ ଓଡ଼ିଶାର ଧର୍ମ, ସମାଜ, ରାଜନୀତି ଆଦି କ୍ଷେତ୍ରରେ ବ୍ୟାପକ ପରିବର୍ତ୍ତନ ସଂଗଠିତ ହୋଇଥିଲା । ପାଶ୍ଚାତ୍ୟ ପ୍ରଭାବ ଫଳରେ ଓଡ଼ିଶାର ସମାଜ, ଧର୍ମ, ରାଜନୀତି ଏମିତିକି ସାହିତ୍ୟ କ୍ଷେତ୍ରରେ ପରିବର୍ତ୍ତନ ଦେଖାଦେଇଥିଲା । ଏହି ସମୟର ସାହିତ୍ୟର ବିଭିନ୍ନ ବିଭାଗରେ ନୂତନତା ପରିଲକ୍ଷିତ ହେଲା । କ୍ଷୁଦ୍ରଗଳ୍ପର ଆବିର୍ଭାବ ଏହି ସମୟରେ ହିଁ ହୋଇଥିଲା । ଫକୀର ମୋହନ ସେନାପତି ହେଉଛନ୍ତି ଆଧୁନିକ ଓଡ଼ିଆ କ୍ଷୁଦ୍ରଗଳ୍ପର ଜନକ । ତାଙ୍କ ରଚିତ ବିବାଦମାନ ଗଳ୍ପ 'ଲଛମନିଆ'କୁ ବାଦ୍‌ଦେଲେ ୧୮୯୮ ମସିହାରେ ଉତ୍କଳ ସାହିତ୍ୟରେ ପ୍ରକାଶିତ 'ରେବତୀ' ହିଁ ଓଡ଼ିଆ ସାହିତ୍ୟର ପ୍ରଥମ ଗଳ୍ପ । 'ସୁନା ବୋହୂ' 'ଗାରୁଡିମନ୍ତ୍ର', 'ପେଟେଣ୍ଟ ମେଡିସିନ', 'ବିରେଇ ବିଶାଳ', 'ଡାକମୁନସୀ', 'ରାଣ୍ଡିପୁଅ ଅନନ୍ତା', 'ଅଧର୍ମବିତ୍ତ', ସଭ୍ୟ ଜମିଦାର, 'ଧୂଳିଆବାବା', 'ବଗୁଲା ବଗୁଲୀ,' 'ମୌନାମୌନୀ', ଅଜାନାତିକଥା,

'କମଳା ପ୍ରସାଦ ଗୋରାପ', 'କାଳିଆ ପ୍ରସାଦ ଗୋରାପ' ଆଦି ଗଳ୍ପ ଗୁଡିକ ତାଙ୍କୁ ଜଣେ ଉଚ୍ଚକୋଟୀର ଗାଳ୍ପିକ ଭାବେ ପରିଚିତ କରାଏ। ସର୍ବମୋଟ୍ କୋଡିଏଟି ଗଳ୍ପର ସ୍ରଷ୍ଟା ଫକୀର ମୋହନ ତାଙ୍କ ଗଳ୍ପ ଗୁଡିକରେ ସମାଜରୁ କୁସଂସ୍କାର, ଅନ୍ଧବିଶ୍ୱାସ ଆଦି ଦୂରକରିବାକୁ ପ୍ରୟାସ କରିଛନ୍ତି। ମାନବିକ ସମ୍ବେଦନଶୀଳତା ତାଙ୍କ ଗଳ୍ପଗୁଡିକୁ ଜୀବନ୍ତ ଓ ମର୍ମସ୍ପର୍ଶୀ କରିପାରିଛି। ଫକୀରମୋହନ ତାଙ୍କ ସୃଷ୍ଟିରେ ବ୍ୟଙ୍ଗ ବିଦ୍ରୁପାତ୍ମକ ଶୈଳୀକୁ ଆପଣେଇ ନେଇଛନ୍ତି। ନଟବର ସାମନ୍ତରାୟ ଫକୀର ମୋହନଙ୍କ ଗଳ୍ପର ସମୀକ୍ଷା କରି ସେ ସଂପର୍କରେ ମନ୍ତବ୍ୟ ଦେଇ କହନ୍ତି – 'ରେବତୀ, 'ପୁନର୍ମୂଷିକୋଽଭବ; 'ସୁନାବୋହୁ', 'ପେଟେଣ୍ଟମେଡିସିନ୍, 'ପାଠୋଇ ବୋହୁ', 'ମାଧ ମହାନ୍ତିଙ୍କ କନ୍ୟାସୁନା', 'ଗାରୁଡିମନ୍ତ୍ର – ଏ ସାତୋଟି କ୍ଷୁଦ୍ରଗଳ୍ପର ଆଙ୍ଗିକ ଓ ଆତ୍ମିକ ପରିପ୍ରକାଶ ସଂପୂର୍ଣ୍ଣ ସ୍ୱତନ୍ତ୍ର। ଯେଉଁ ସୃଷ୍ଟି ପ୍ରତିଭାର କମନୀୟ ସ୍ପର୍ଶ ଲାଭ କରି ଏମାନେ ସାର୍ଥକ ରୂପସଂପଦରେ ମହୀୟାନ ସେ ସୃଷ୍ଟିର କୌଣସି ଲକ୍ଷଣ ସେନାପତିଙ୍କ ଅନ୍ୟାନ୍ୟ ତେରଟି ରଚନାରେ ପ୍ରାୟ ଦେଖିବାକୁ ମିଳେ ନାହିଁ। ତେଣୁ ଏ ମାନଙ୍କୁ ଫକୀରମୋହନଙ୍କ ପ୍ରକୃତ କ୍ଷୁଦ୍ରଗଳ୍ପ ବୋଲି ଗ୍ରହଣ କରିବାକୁ ଇଚ୍ଛାହୁଏ"। (୧୮)

ଫକୀରମୋହନଙ୍କ ସମସାମୟିକ ଗଳ୍ପ ସ୍ରଷ୍ଟାଭାବରେ ଚନ୍ଦ୍ରଶେଖର ନନ୍ଦ, ଦିବ୍ୟସିଂହ ପାଣିଗ୍ରାହୀ, ଦୟାନିଧି ମିଶ୍ର, ବାଙ୍କନିଧି ପଟ୍ଟନାୟକ, କବିଶେଖର ଚିନ୍ତାମଣି ପ୍ରଭୃତିଙ୍କ ନାମ ଉଲ୍ଲେଖ ଯୋଗ୍ୟ। ଚନ୍ଦ୍ରଶେଖର ନନ୍ଦଙ୍କ ରଚିତ ଗଳ୍ପ ଗୁଡିକ ମଧ୍ୟରେ 'ସତ୍ୟକାମ ଜାବାଳ', 'ନଚିକେତା', 'ଆହତପକ୍ଷୀ', 'ପାରାବତୀ', 'ସହମରଣ,' 'ସତ୍ୟବାଟ' ଭୀଲ ବାଳକ, 'ପ୍ରତିଶୋଧ', 'ବାସି ଖିରିପିଠା,' କଲ୍ୟାଣୀ', 'ଦୁଇଭାଇ', 'ଛୋଟରାମ ଦାସ', 'ମା'ମୁଁ ସେଥିରେ ଜମା ହାତ ଦେଇନାହିଁ' ଆଦି ପ୍ରଧାନ। ବହୁବିଧ ସାମାଜିକ ସମସ୍ୟାକୁ ନେଇ ରଚିତ ଚନ୍ଦ୍ରଶେଖରଙ୍କ କ୍ଷୁଦ୍ରଗଳ୍ପର ବିଷୟବସ୍ତୁରେ କିଛିଟା ନୂତନତ୍ୱ ପରିଲକ୍ଷିତ ହୁଏ।

ଐତିହାସିକ ଗଳ୍ପ ରଚନାରେ ଦୟାନିଧି ମିଶ୍ରଙ୍କ ନାମ ସ୍ମରଣୀୟ। ତାଙ୍କ ରଚିତ 'ଶାନ୍ତି', ଅରୁଣା, 'ମିଳନ ପ୍ରଦୀପ' 'ନିର୍ବାଣ' ଆଦି ଐତିହାସିକ ଗଳ୍ପ ଗୁଡିକରେ ପ୍ରେମର ମହନୀୟତା ପ୍ରତିପାଦିତ ହୋଇଛି। ଏହା ବ୍ୟତୀତ 'ଆକର୍ଷଣ', 'ଭୁଲ, କଳିକାଳ ଟୋକାକୁ ବଳ ନାହିଁ' ଆଦି ତାଙ୍କ ରଚିତ ସଫଳ ସାମାଜିକ ଗଳ୍ପ।

ଏହିସମୟରେ ଆଉଜଣେ ସଫଳ ଗାଳ୍ପିକ ହେଉଛନ୍ତି ଦିବ୍ୟସିଂହ ପାଣିଗ୍ରାହୀ। ତାଙ୍କ ଚରିତ 'ଅମୃତ କଙ୍କଣ', 'ପାନବାଲୀ', 'ମାଳତୀ' 'ଆଦ୍ୟ ପରିଣାମ' ଆଦି ଗଳ୍ପ ଗୁଡିକରେ ଉତ୍କଳୀୟ ସମାଜ ଜୀବନର ଚିତ୍ର ନିଖୁଣ ଭାବରେ ପରିବେଷିତ ହୋଇଛି। ଏହି ସବୁ ଗଳ୍ପ ବ୍ୟତୀତ 'ପରିବର୍ତ୍ତନ', 'ଗୟାଶ୍ରାଦ୍ଧ', 'ସାବିତ୍ରୀ ଅମାବାସ୍ୟା',

'ନିଶାବସାନ', 'ହିସାବ ନିକାଶ' ଆଦି ଗଳ୍ପଗୁଡିକରେ ସମାଜ ଜୀବନର ବିଭିନ୍ନ ସମସ୍ୟା ସ୍ଥାନ ପାଇଛି ।

ବାଙ୍କନିଧି ପଟ୍ଟନାୟକ ସାମାଜିକ ଗଳ୍ପରଚନା କରିବାରେ କୃତିତ୍ୱ ଅର୍ଜନ କରିଥିଲେ । 'ଲଛମନଜୀ' 'ପୋଷ୍ୟପୁତ୍ର,' 'ମୁକ୍ତି', 'ପ୍ରତିଦାନ', 'ମୋହର ଚୋରି' ଇତ୍ୟାଦି ତାଙ୍କ ରଚିତ ଗଳ୍ପ ଗୁଡିକ ଓଡ଼ିଆ ଗଳ୍ପ ସାହିତ୍ୟକୁ ସମୃଦ୍ଧ କରିବାରେ ସମର୍ଥ ହୋଇପାରିଛି '। "ବିଷୟ ବସ୍ତୁକୁ ବାଦ୍ ଦେଇ କେବଳ ଶିଳ୍ପକଳା ଦୃଷ୍ଟିରୁ ବିଚାର କଲେ "ଲଛମନଜୀ" ଓ ମୋହର ଚୋରି' ଗଳ୍ପ ଉଚ୍ଚକୋଟୀର ବୋଲି ଅନୁମିତ ହୁଅନ୍ତି"। (୧୯)

**କ୍ଷୁଦ୍ରଗଳ୍ପର ଦ୍ୱିତୀୟ ପର୍ଯ୍ୟାୟ:**

ଓଡ଼ିଆ କ୍ଷୁଦ୍ରଗଳ୍ପର ଦ୍ୱିତୀୟ ପର୍ଯ୍ୟାୟର ଗାଳ୍ପିକମାନେ ଫକୀରମୋହନଙ୍କ ଶୈଳୀକୁ ଆପଣାର କରିନେଇ ଥିଲେ । ଏହି ସମୟର ଗାଳ୍ପିକମାନଙ୍କ ଚରିତ୍ରମାନେ ଅନ୍ୟାୟ, ଅନୀତି ତଥା ଶୋଷଣ ବିରୁଦ୍ଧରେ ପ୍ରତିବାଦର ସ୍ୱର ଶୁଣାଇବାକୁ ସମର୍ଥ ହୋଇପାରିଥିଲେ । ଏହି ପର୍ଯ୍ୟାୟର ଗାଳ୍ପିକମାନଙ୍କ ମଧ୍ୟରେ ଗୋଦାବରୀଶ ମିଶ୍ର, ଗୋଦାବରୀଶ ମହାପାତ୍ର, ବାସୁଦେବ ମହାପାତ୍ର, କାଳିନ୍ଦୀ ଚରଣ ପାଣିଗ୍ରାହୀ, ଭଗବତୀ ଚରଣ ପାଣିଗ୍ରାହୀ, କାନ୍ତକବି ଲକ୍ଷ୍ମୀକାନ୍ତ ମହାପାତ୍ର, ଅନନ୍ତ ପ୍ରସାଦ ପଣ୍ଡା, ସଚ୍ଚିରାଉତରାୟ, କମଳାକାନ୍ତ ଦାସ ଆଦି ଅନ୍ୟତମ । ସତ୍ୟବାଦୀ ଯୁଗର ବରେଣ୍ୟ ସାଧକ ଗୋଦାବରୀଶ ମିଶ୍ରଙ୍କ ଗଳ୍ପ ଗୁଡିକରେ ବିଶେଷକରି ମାନବୀୟ ସମ୍ବେଦନଶୀଳତା ପରିଲକ୍ଷିତ ହୁଏ । ସୁଖଦୁଃଖ ମିଶ୍ରିତ ମଣିଷ ଜୀବନର କରୁଣ କାହାଣୀ ରୂପାୟିତ ହୋଇଛି ଗୋଦାବରୀଶଙ୍କ 'ତୋଳାକନ୍ୟା', 'ପାଣ୍ଡୁମିଶ୍ରେ', 'ପାଷାଣର ଭାଷା' ଆଦି ଗଳ୍ପଗୁଡିକରେ । ଏହି ସମୟର ଆଉ ଜଣେ ପ୍ରତିଷ୍ଠିତ ଗାଳ୍ପିକ ହେଉଛନ୍ତି ଗୋଦାବରୀଶ ମହାପାତ୍ର । ସମାଜରୁ କୁସଂସ୍କାରୁ ଅନ୍ଧ ବିଶ୍ୱାସ ଦୂରୀକରଣ ଦିଗରେ ଗାଳ୍ପିକ ତାଙ୍କ ରଚିତ ଗଳ୍ପଗୁଡିକରେ ସଫଳ ପ୍ରୟାସ କରିଛନ୍ତି । ତାଙ୍କ ଗଳ୍ପଗୁଡିକରେ ଗଣ ଜୀବନର ଚିତ୍ର ସହ ଅବହେଳିତ ପ୍ରତି ସମବେଦନାର ଚିତ୍ର ପ୍ରତିଫଳିତ ହେଉଛି । ତାଙ୍କ ରଚିତ 'ଏବେ ମଧ୍ୟ ବଞ୍ଚିଛି', 'ନୀଳ ମାଷ୍ଟ୍ରାଣୀ', 'ମୁଁ ଦିନେ ମନ୍ତ୍ରୀ ଥିଲି', 'ପଲ୍ଲୀଛାୟା', 'ମାଗୁଣିର ଶଗଡ' ଆଦି ଓଡ଼ିଆ ଗଳ୍ପ ସାହିତ୍ୟକୁ ସର୍ବଶ୍ରେଷ୍ଠ ଅବଦାନ ।

କାନ୍ତକବି ଲକ୍ଷ୍ମୀକାନ୍ତ ମହାପାତ୍ର ଏହି ସମୟର ଜଣେ ସ୍ମରଣୀୟ କଥାଶିଳ୍ପୀ । କବି ହେଲେ ମଧ୍ୟ ଗଳ୍ପ ରଚନା କ୍ଷେତ୍ରରେ ତାଙ୍କ ପ୍ରସିଦ୍ଧି ଅନନ୍ୟ । 'ପ୍ରତିଦାନ', 'ପ୍ରାୟଶ୍ଚିତ', 'ଭଲଲୋକ', 'ପ୍ରଜାପତିଙ୍କ ପରିହାସ', 'ପ୍ରଜାପତିଙ୍କ ଅଭିଶାପ', 'ଆଦର୍ଶପତ୍ନୀ', 'ବୁଡାଶଙ୍ଖାରୀ' ଇତ୍ୟାଦି ଗଳ୍ପ ଲକ୍ଷ୍ମୀକାନ୍ତଙ୍କୁ ସଫଳ ଗାଳ୍ପିକ ଭାବେ ପରିଚିତ କରାଏ ।

ସବୁଜଯୁଗୀୟ ପ୍ରତିଷ୍ଠିତ ଗାଳ୍ପିକ କାଳିନ୍ଦୀ ଚରଣ ପାଣିଗ୍ରାହୀ ଭିନ୍ନ ଧରଣର ଗଳ୍ପ ରଚନା କରି ଓଡ଼ିଆ ସାହିତ୍ୟରେ ନିଜ ପାଇଁ ସ୍ୱତନ୍ତ୍ର ଆସନ ସୃଷ୍ଟି କରିପାରିଛନ୍ତି। 'ଦ୍ୱାଦଶୀ', 'ରାଶିଫଳ', 'ସାଗରିକା', 'ମୋ କଥାଟି ସରିନାହିଁ' ଆଦି ଗଳ୍ପଗ୍ରନ୍ଥ ତାଙ୍କ ଗଳ୍ପ ପ୍ରତିଭାର ପରିଚୟ ଦିଏ। ମାନବେତର ଚରିତ୍ର ମାଧ୍ୟମରେ ଜୀବନର ଶ୍ରେଷ୍ଠ ସତ୍ୟକୁ ଉଦ୍‌ଘାଟନ କରିବାକୁ ଲେଖକ ସମର୍ଥ ହୋଇଛନ୍ତି। 'ମାଂସର ବିଳାପ' ଗଳ୍ପରେ ଗାଳ୍ପିକ ପଶୁ ଚରିତ୍ରର ମହତ୍ତ୍ୱକୁ ଉପସ୍ଥାପିତ କରିଛନ୍ତି। କାଳିନ୍ଦୀ ଚରଣଙ୍କ ଗଳ୍ପ ପ୍ରତିଭା ସଂପର୍କରେ ମତଦେଇ ବୃନ୍ଦାବନ ଚନ୍ଦ୍ର ଆଚାର୍ଯ୍ୟ କହନ୍ତି – " ଗଳ୍ପ କ୍ଷେତ୍ରରେ ନୂତନ ଶୈଳୀର ପ୍ରୟୋଗ ପରୀକ୍ଷାରେ, ବ୍ୟଂଜନାଧର୍ମର ପ୍ରବର୍ତ୍ତନରେ, ସ୍ୱପ୍ନ ଓ ଛାୟାବାଦର ସୂଚନାରେ କାଳିନ୍ଦୀ ଚରଣଙ୍କ ସାଧନା ଓ ସିଦ୍ଧି ଅପୂର୍ବ।[୨୦]

ଜଳନ୍ଧର ଦେବ ଏହି ସମୟର ଅନ୍ୟଜଣେ ଯଶସ୍ୱୀ ଗଳ୍ପସ୍ରଷ୍ଟା। 'ଅତିଥି ସତ୍କାର', 'ସନ୍ଧ୍ୟାଗମନ', 'ସନ୍ତାନ ସ୍ନେହ', 'ଗୌରୀ ଓ କାହ୍ନୁ', 'ଗୋଟିଏ କଥା', 'ଆଈ ନାତୁଣୀ' ଆଦି ଗଳ୍ପ ତାଙ୍କ ସ୍ରଷ୍ଟା ପ୍ରତିଭାର ଅନନ୍ୟ ନିଦର୍ଶନ। ହରିଶ୍ଚନ୍ଦ୍ର ବଡାଳ ଓ ଶରତଚନ୍ଦ୍ର ମୁର୍ଖାର୍ଜୀ ମଧ୍ୟ ଏହି ସମୟରେ ଗଳ୍ପ ରଚନା କରି କୃତିତ୍ୱ ଅର୍ଜନ କରିଛନ୍ତି। ସାମାଜିକ ଆବେଦନରେ ସେମାନଙ୍କ ଗଳ୍ପ ଗୁଡ଼ିକ ହୃଦୟସ୍ପର୍ଶୀ ହୋଇପାରିଛି।

ଓଡିଆ କ୍ଷୁଦ୍ର ଗଳ୍ପକୁ ନୂତନ ମୋଡ଼ ପ୍ରଦାନ କରିବାରେ ଗାଳ୍ପିକ ଭଗବତୀ ଚରଣ ପାଣିଗ୍ରାହୀଙ୍କ ଭୂମିକା ଅନସ୍ୱୀକାର୍ଯ୍ୟ। ତାଙ୍କର ଗଳ୍ପ ସବୁ ସାମ୍ୟବାଦୀ ଚିନ୍ତାଧାରା ଉପରେ ପର୍ଯ୍ୟବେସିତ। ଶିକାର; 'ହାତୁଡ଼ି ଓ ଦା', 'ମୀମାଂସା', 'ଝଡ', 'ଆରମ୍ଭ' ଓ 'ଶେଷ' ଆଦି ଗଳ୍ପଗୁଡିକ ସାମ୍ୟବାଦୀ ଚିନ୍ତାଧାରାର ବଳିଷ୍ଠ ଉଦାହରଣ। ପଦ୍ମଶ୍ରୀ ସଚ୍ଚିଦାନନ୍ଦ ରାଉତରାୟ ମଧ୍ୟ ଏହି ସମୟର ଜଣେ ଉଚ୍ଚକୋଟୀର ଗାଳ୍ପିକ। ମାନବୀୟ ଚେତନା ଆଧାରିତ ତାଙ୍କ ରଚିତ 'ମାଟିର ତାଜ', 'ମଶାଣିର ଫୁଲ', 'ଅନ୍ଧାରୁଆ', 'ହାତ', 'ବିସର୍ଜନ' ଆଦି ଗଳ୍ପଗୁଡିକ ଓଡ଼ିଆ ସାହିତ୍ୟକୁ ଅମୂଲ୍ୟ ଦାନ। ସଚ୍ଚିରାଉତରାୟଙ୍କ ଗଳ୍ପ ଗୁଡିକରୁ ପ୍ରଗତିବାଦର ସ୍ୱର ଶୁଣିବାକୁ ମିଳିଥାଏ। ଏହି ସମୟର ଅନ୍ୟତମ ପ୍ରତିଭାସଂପନ୍ନ ଗାଳ୍ପିକ ହେଲେ ଅନନ୍ତ ପ୍ରସାଦ ପଣ୍ଡା। ତାଙ୍କ ରଚିତ 'ନୈଶ ସୁନ୍ଦରୀ', 'ମନର ଭୂତ', 'ସଭ୍ୟତାର ତଳେ', 'ବାରମଜା', 'ତୃଣଗଛ' ଆଦି ଗଳ୍ପଗୁଡିକ ମାନବୀୟ ଆବେଗରେ ସମ୍ବେଦନଶୀଳ ହୋଇପାରିଛି। ସମାଜ ସଂସ୍କାର ତଥା ମାନବିକ ସମ୍ବେଦନଶୀଳତା ଥିଲା ଏହି ସମୟର ଗାଳ୍ପିକମାନଙ୍କର ମୁଖ୍ୟ ଲକ୍ଷ୍ୟ। ଏହି ସମୟର ଗଳ୍ପଗୁଡିକର ଭାଷା ଓ ଶୈଳୀ ସରଳ ସାବଲୀଳ ହୋଇଥିଲେ ମଧ୍ୟ ଶୈଳୀରେ ସେପରି କିଛି ଗୁରୁତ୍ୱପୂର୍ଣ୍ଣ ପରିବର୍ତ୍ତନ ସଂଗଠିତ ହୋଇପାରି ନଥିଲା।

**ଓଡ଼ିଆ କ୍ଷୁଦ୍ରଗଳ୍ପର ସାଂପ୍ରତିକ ପର୍ବ:**

ସବୁଜଯୁଗପର୍ଯ୍ୟନ୍ତ ଓଡ଼ିଆ ଗଳ୍ପ ସାହିତ୍ୟରେ ସେପରି କିଛି ପରିବର୍ତ୍ତନ ଦେଖାଦେଇନଥିଲା। ମାତ୍ର ୧୯୩୫-୩୬ ମସିହା ବେଳକୁ ଓଡ଼ିଆ ସାହିତ୍ୟରେ ଦେଖାଦେଇଥିଲା ଅଭୂତ ପୂର୍ବ ପରିବର୍ତ୍ତନ। ମହାତ୍ମାଗାନ୍ଧୀଙ୍କ ସ୍ୱାଧୀନତା ଆନ୍ଦୋଳନ, ସାମ୍ୟବାଦୀ ଚିନ୍ତାଧାରାର ପ୍ରବର୍ତ୍ତନ ତଥା ସ୍ୱତନ୍ତ୍ର ଉତ୍କଳ ପ୍ରଦେଶ ଗଠନ ଓଡ଼ିଆ ସାହିତ୍ୟକୁ ନୂତନ ଦିଗ୍‌ଦର୍ଶନ ଦେଇଥିଲା। ଓଡ଼ିଆ କ୍ଷୁଦ୍ରଗଳ୍ପରେ ମଧ୍ୟ ସେହି ଚିନ୍ତାଧାରାର ପ୍ରତିଫଳନ ଲକ୍ଷ୍ୟ କରିହୁଏ। ଶୋଷଣ ମୁକ୍ତ ସମାଜ ଗଠନ ପାଇଁ ଏହି ସମୟର ଗାଳ୍ପିକମାନେ ସେମାନଙ୍କ ସୃଷ୍ଟିରେ ଆହ୍ୱାନ ଦେଇଥିଲେ। ସାମ୍ୟବାଦୀ ଚିନ୍ତାଧାରାରେ ଅନୁପ୍ରାଣିତ ମଣିଷ ମନରୁ କ୍ରମଶଃ ଈଶ୍ୱର ବିଶ୍ୱାସ ଦୂରେଇ ଯିବାକୁ ଲାଗିଲା। ଏହି ସମୟରେ ଗଳ୍ପର ଉଭୟ ଆଙ୍ଗିକ ଓ ଆତ୍ମିକରେ ଆସିଥିଲା ବ୍ୟାପକ ପରିବର୍ତ୍ତନ। ସଚ୍ଚିରାଉତରାୟ, କାହ୍ନୁଚରଣ ମହାନ୍ତି, ଗୋପୀନାଥ ମହାନ୍ତି, ରାଜକିଶୋର ରାୟ, ରାଜକିଶୋର ପଟ୍ଟନାୟକ, ପ୍ରାଣବନ୍ଧୁକର, ଲକ୍ଷ୍ମୀଧର ନାୟକ, ଅନନ୍ତ ପ୍ରସାଦ ପଣ୍ଡା ଆଦି ଏହି ସମୟର ପ୍ରମୁଖ ଗାଳ୍ପିକ।

କବି ଭାବରେ ପରିଚିତି ଲାଭ କରିଥିବା ସଚ୍ଚିରାଉତରାୟଙ୍କ ଗଳ୍ପଗୁଡିକୁ କଦାପି ଉପେକ୍ଷା କରାଯାଇନପାରେ। 'ମଶାଣିଫୁଲ', 'ମାଟିର ତାଜ', 'ହାତ', 'ଆଙ୍ଗୁଠି', 'ଅନ୍ଧାରୁଆ', 'ମଲାକଇଁ', ଆଦି ଗଳ୍ପ ତାଙ୍କ ଗଳ୍ପ ପ୍ରତିଭାର ପରିଚୟ ବହନ କରେ। ଏହି ସବୁ ଗଳ୍ପ ଗୁଡିକରେ ପଲ୍ଲୀ ଜୀବନର ଯଥାର୍ଥ ଚିତ୍ର ରୂପାୟିତ ଏହି ସମୟର ଅନ୍ୟଜଣେ ପ୍ରମୁଖ କଥାକାର ହେଲେ ରାଜକିଶୋର ରାୟ। ଶ୍ରୀଯୁକ୍ତ ରାୟଙ୍କ ଗଳ୍ପସଂପର୍କରେ ମତଦେଇ ବୃନ୍ଦାବନ ଚନ୍ଦ୍ର ଆଚାର୍ଯ୍ୟ କହନ୍ତି – "ସାଂପ୍ରତିକ କାଳର ମଣିଷକୁ ଓ ତାର ବ୍ୟବହାରକୁ ମନୋବୈଜ୍ଞାନିକ ରୀତିରେ ବିଶ୍ଳେଷଣ କରି ରସ ସୃଷ୍ଟି କରିବାର ବୈଶିଷ୍ଟ୍ୟ ତାଙ୍କର ଗଳ୍ପକୁ ଅନେକତ୍ର ଏକ ବିଶେଷ ମୂଲ୍ୟ ପ୍ରଦାନ କରିଥାଏ।" (୨୧)

ତାଙ୍କ ରଚିତ ଗଳ୍ପ ଗୁଡିକ ମଧ୍ୟରେ 'କଳିଙ୍ଗ ଶିଳ୍ପୀ', 'ନୀଳଲହରୀ', 'ଜୟଶଙ୍ଖ', 'ବନଜ୍ୟୋସ୍ନା', 'ମନର ମୃଣାଳ', 'ଆଦି ପୁରୁଷ', 'ପଙ୍କ ଚନ୍ଦନ', 'ଦୁର୍ବଳଦେବାଳୟ' ଆଦି ପ୍ରଧାନ।

ପ୍ରତିଭା ସଂପନ୍ନ ଗାଳ୍ପିକଭାବେ ଓଡିଆ ଗଳ୍ପ ସାହିତ୍ୟକୁ ପ୍ରାଣବନ୍ଧୁକରଙ୍କର ଅବଦାନ ଅନସ୍ୱୀକାର୍ଯ୍ୟ । ବିଶ୍ୱଯୁଦ୍ଧ ପରବର୍ତ୍ତୀ ସମାଜ ତଥା ପାରିବାରିକ ଜୀବନର ବିପର୍ଯ୍ୟୟକୁ ସେ ତାଙ୍କ ଗଳ୍ପରେ ସ୍ଥାନ ଦେଇଛନ୍ତି। 'ନିଶୀଥର ପ୍ରେତାତ୍ମା,' 'ଭ୍ରାନ୍ତି', 'ସୁଅମୁହଁରେ ପତର' ଆଦି ତାଙ୍କ ରଚିତ ଏକ ଏକ ଉଚ୍ଚକୋଟୀର କ୍ଷୁଦ୍ରଗଳ୍ପ। ଏହି ସମୟର ଅନ୍ୟଜଣେ କୃତବିଦ୍ୟ ଗଳ୍ପପ୍ରତିଭା ହେଲେ ରାଜକିଶୋର ପଟ୍ଟନାୟକ। ମନସ୍ତତ୍ତ୍ୱ ଏବଂ ସାମାଜିକ ସମସ୍ୟାର ଉପସ୍ଥାପନା ତାଙ୍କ ଗଳ୍ପଗୁଡିକରୁ ଲକ୍ଷ୍ୟ କରିହୁଏ। 'ହାଟସଉଦା',

'ଶାଳଗ୍ରାମ', 'ନିଶାଣ ଖୁଣ୍ଟ', 'କଳ୍ପନାର ଫୁଲ', 'ସଂଜବତୀ', 'ଭସାମେଘ', 'ତୁଠପଥର' ଆଦି ଗଳ୍ପ ତାଙ୍କୁ ଜଣେ ସଫଳ ଗାଳ୍ପିକର ମାନ୍ୟତା ପ୍ରଦାନ କରେ। ନିତ୍ୟାନନ୍ଦ ମହାପାତ୍ରଙ୍କ ରଚିତ 'ଧଳାଗାର', 'କଳାଗାର', 'କାଳରଡି', 'ଏଗାରଟା' ପ୍ରଭୃତି ଏକ ଏକ ଉଚ୍ଚକୋଟୀର ଗଳ୍ପ। ଲକ୍ଷ୍ମୀନାରାୟଣ ମହାନ୍ତି ଏହି ସମୟର ଆଉ ଜଣେ ବରିଷ୍ଠ କଥାକାର। ତାଙ୍କ ରଚିତ 'ନୈବେଦ୍ୟ', 'ଉଡନ୍ତା ବୋମା', 'ଗୋଟିଏ ସନ୍ଧ୍ୟା', 'ଅନ୍ଧ ଦେଶକୁ ଗଲି' ଆଦି ଗଳ୍ପ ଓଡ଼ିଆ ଗଳ୍ପ ସାହିତ୍ୟକୁ ରୁଦ୍ଧିମନ୍ତ କରେ।

ଓଡ଼ିଆ କ୍ଷୁଦ୍ରଗଳ୍ପକୁ ତ୍ୱରାନ୍ୱିତ କରିବାରେ ସ୍ୱାଧୀନତା ପୂର୍ବବର୍ତ୍ତୀ ଗଳ୍ପ ସାହିତ୍ୟର ଭୂମିକା ଗୁରୁତ୍ୱପୂର୍ଣ୍ଣ। ପ୍ରକୃତିବାଦ, ସ୍ୱଚ୍ଛଳତା ବାଦ, ପ୍ରଗତିବାଦ, ସମୟ ସଚେତନତା, ମାନବିକତା ବୋଧ ଆଦି ବିବିଧ ଭାବ ଭାବନା ଏହି ସମୟର ଗଳ୍ପଗୁଡିକୁ ଆଚ୍ଛନ୍ନ କରିରଖିଥିଲା।

**ଓଡ଼ିଆ କ୍ଷୁଦ୍ରଗଳ୍ପର ସାଂପ୍ରତିକ ପର୍ବ (ସ୍ୱାଧୀନତା ପରବର୍ତ୍ତୀ):**

ସ୍ୱାଧୀନତା ପରବର୍ତ୍ତୀ ଓଡ଼ିଆ କ୍ଷୁଦ୍ରଗଳ୍ପ ନୂତନ ଭାବନେଇ ଆତ୍ମପ୍ରକାଶ କରିଥିଲା। ସ୍ୱାଧୀନୋତ୍ତର ଓଡ଼ିଆ ଗଳ୍ପ ସାହିତ୍ୟରେ ପ୍ରତୀକବାଦ, ଉଗ୍ରବାସ୍ତବବାଦ, ଆତ୍ମକୈନ୍ଦ୍ରିକତା, ସମାଜବାଦୀ ଦୃଷ୍ଟିଭଙ୍ଗୀ, ଅବଚେତନ ମନର ରହସ୍ୟ ଉଦଘାଟନ ଆଦି ବହୁବିଧ ବୈଚିତ୍ର୍ୟ ଚମକ ସୃଷ୍ଟି କରିପାରିଛି।

ଏହି ସମୟର ବଳିଷ୍ଠ କଥାକାର ହେଲେ ସୁରେନ୍ଦ୍ର ମହାନ୍ତି। ଆଧୁନିକ ଜୀବନ ଓ ଜଗତର ସଫଳ ରୂପାୟନ ତାଙ୍କ ଗଳ୍ପ ଗୁଡିକରୁ ଲକ୍ଷ୍ୟ କରିହୁଏ। ତାଙ୍କର "ମହାନଗରୀର ରାତ୍ରି, 'କୃଷ୍ଣଚୂଡ଼ା', 'ରୁଟି' ଓ ଚନ୍ଦ୍ର,' 'ମରାଳର ମୃତ୍ୟୁ' '୦୪ କାଲ୍‌କାଟା', 'ଦୁଇସୀମାନ୍ତ', 'ଶେଷ କବିତା', 'ସବୁଜପତ୍ର' ଓ 'ଧୂସର ଗୋଲାପ', 'ମହାନିର୍ବାଣ' ଆଦି ଗଳ୍ପ ଗ୍ରନ୍ଥ ଓଡ଼ିଆ ସାହିତ୍ୟକୁ ଅନବଦ୍ୟ ଅବଦାନ।

ସ୍ୱାଧୀନତା ପରବର୍ତ୍ତୀ ସମୟରେ ଅନ୍ୟଯେଉଁମାନେ ଗଳ୍ପ ରଚନାରେ କୃତିତ୍ୱ ଅର୍ଜନ କରିଛନ୍ତି ସେମାନଙ୍କମଧ୍ୟରେ ମନୋଜ ଦାସ, ମହାପାତ୍ର ନୀଳମଣି ସାହୁ, ଚନ୍ଦ୍ର ଶେଖର ରଥ, କିଶୋରୀ ଚରଣ ଦାସ, ଅଖିଳ ମୋହନ ପଟ୍ଟନାୟକ, ଶାନ୍ତନୁ ଆଚାର୍ଯ୍ୟ, ବାମା ଚରଣ ମିତ୍ର, ବସନ୍ତ ଶତପଥୀ, ପ୍ରତିଭା ରାୟ, ବୀଣାପାଣି ମହାନ୍ତି, ରବି ପଟ୍ଟନାୟକ, ରାମଚନ୍ଦ୍ର ବେହେରା, କୃଷ୍ଣପ୍ରସାଦ ମିଶ୍ର, ବିଭୂତି ଭୂଷଣ ତ୍ରିପାଠୀ, ଅବନୀ କୁମାର ବରାଳ, ରତ୍ନାକର ଚଇନି, ଦେବଦାସ ଛୋଟରାୟ ପ୍ରମୁଖ ସ୍ମରଣଯୋଗ୍ୟ ।

ମଣିଷ ମନଗହନର ସଂଗୁପ୍ତ ଭାବନାକୁ ସୂକ୍ଷ୍ମାତି ସୂକ୍ଷ୍ମ ବିଶ୍ଲେଷଣ କରି ଗଳ୍ପ ରଚନାରେ ପାରଦର୍ଶିତା ପ୍ରଦର୍ଶନ କରିଛନ୍ତି କଥାକାର କିଶୋରୀ ଚରଣ ଦାସ। 'ଭଙ୍ଗା

ଖେଳଣା', 'ଲକ୍ଷ ବିହଙ୍ଗ', 'ନାଲି ଗୁଲୁଗୁଲୁ ସାଧବ ବୋହୂ', 'ମଣିହରା', 'ଘରବାହୁଡା', 'ଠାକୁର ଘର', 'ଶୀତ ଲହରୀ', 'ତ୍ରୟୋବିଂଶ ମୃତ୍ୟୁ' ଆଦି ଗଳ୍ପ ସଂକଳନ ତାଙ୍କ ସ୍ରଷ୍ଟା ପ୍ରତିଭାର ଅନନ୍ୟ ଦୃଷ୍ଟାନ୍ତ ।

ଏହି ସମୟର ଅନ୍ୟ ଜଣେ ପ୍ରତିଭାସଂପନ୍ନ ଗାଳ୍ପିକ ହେଉଛନ୍ତି ବାମା ଚରଣ ମିତ୍ର 'ନର ଛଞ୍ଚାଣ' 'ସ୍ୱପ୍ନସିନ୍ଧ' 'ପାଷାଣର ପ୍ରାଣ' 'କୀର୍ତ୍ତି ଯସ୍ୟ', 'ଚନ୍ଦ୍ର ଓ ଚଂମ୍ପା', 'ପରାଗ' ଆଦି ଗଳ୍ପଗ୍ରନ୍ଥ ତାଙ୍କୁ ସଫଳ ଗାଳ୍ପିକ ରୂପେ ପରିଚିତ କରାଏ ।

ବ୍ୟଙ୍ଗ ବିଦ୍ରୂପ ମାଧ୍ୟମରେ ସାଂପ୍ରତିକ ଜୀବନର ବିଭିନ୍ନ ସମସ୍ୟାକୁ ଉପସ୍ଥାପନ କରିବାରେ ସୁଦକ୍ଷ ଶିଳ୍ପୀ ମହାପାତ୍ର ନୀଳମଣି ସାହୁ ଆଧୁନିକ ଓଡିଆ କ୍ଷୁଦ୍ର ଗଳ୍ପର ଜଣେ ବଳିଷ୍ଠ ପ୍ରତିଭା । ତାଙ୍କ ରଚିତ ଗଳ୍ପ ସଙ୍କଳନ ଗୁଡିକ ମଧ୍ୟରେ 'ସୁମିତ୍ରାର ହସ', 'ମିଛବାଘ', 'ରାନୁ ଅପାଠାରୁ ପୁଷି ପର୍ଯ୍ୟନ୍ତ', 'ଅନ୍ଧ ରାତିର ସୂର୍ଯ୍ୟ'; ଶୃଣନ୍ତୁ ସର୍ବେ ଅମୃତସ୍ୟ ପୁତ୍ର, 'ବିଷ୍ଣୁମାୟା' ଆଦି ପ୍ରଧାନ ।

ବୁଦ୍ଧିଦୀପ୍ତ ତଥା ଚିନ୍ତାଶୀଳ ଗଳ୍ପ ରଚନାରେ ସିଦ୍ଧହସ୍ତ ଅଖିଳମୋହନ ପଟ୍ଟନାୟକ ଜଣେ ସମାଜ ସଚେତନଶୀଳ ସାହିତ୍ୟଶିଳ୍ପୀ । 'ନଦୀରନାମ ଗଣତନ୍ତ୍ର', ଓ 'ଅନ୍ଧଗଳି', 'ଝଡର ଇଗଲ' ଓ 'ଧରଣୀର କୃଷ୍ଣସାର' ତାଙ୍କ ରଚିତ ପ୍ରଧାନ ଗଳ୍ପ ସଙ୍କଳନ ।

ଓଡିଆ କ୍ଷୁଦ୍ରଗଳ୍ପକୁ ଆର୍ନ୍ତଜାତିକ ସ୍ତରରେ ମର୍ଯ୍ୟାଦା ପ୍ରଦାନ କରିବାରେ କଥାଶିଳ୍ପୀ ମନୋଜ ଦାସଙ୍କ ଅବଦାନ ସର୍ବଦା ସ୍ମରଣଯୋଗ୍ୟ । 'ସମୁଦ୍ରର କ୍ଷୁଧା', 'ଆରଣ୍ୟକ', 'ଲକ୍ଷ୍ମୀର ଅଭିସାର', 'ଶେଷ ବସନ୍ତର ଚିଠି', 'ମନୋଜ ଦାସଙ୍କ କଥା ଓ କାହାଣୀ' ଆଦି ଗଳ୍ପ ସଙ୍କଳନ ତାଙ୍କ ଅସାମାନ୍ୟ ଶିଳ୍ପୀ ପ୍ରତିଭାର ପରିଚାୟକ ।

ବଳିଷ୍ଠ ଭାଷା ଶୈଳୀ ମାଧ୍ୟମରେ ମଣିଷ ମନର ଭାବନାକୁ ଚମତ୍କାର ଭାବେ ଉପସ୍ଥାପନ କରିବାରେ କଥାକାର ଶାନ୍ତନୁ କୁମାର ଆଚାର୍ଯ୍ୟଙ୍କ ନାମ ଅବିସ୍ମରଣୀୟ । 'ମନମର୍ମର', 'ଦୂର୍ବାର', 'ଅଦିନ ବଉଳ', 'ଆଦ୍ୟସକାଳ', 'ଅରଣ୍ୟରଚୂଳ' ପ୍ରଭୃତି ତାଙ୍କ ରଚିତ ଶ୍ରେଷ୍ଠ ଗଳ୍ପ ସଂକଳନ ।

ନୂତନ ଶୈଳୀ ପ୍ରୟୋଗ ପୂର୍ବକ ଓଡିଆ କ୍ଷୁଦ୍ରଗଳ୍ପକୁ ମର୍ଯ୍ୟାଦାସଂପନ୍ନ କରିବାରେ ଗାଳ୍ପିକ ବ୍ରହ୍ମାନନ୍ଦ ପଣ୍ଡାଙ୍କ ଭୂମିକା ଅନସ୍ୱୀକାର୍ଯ୍ୟ । 'ସାଧାରଣ ସତ୍ୟ', 'ଭୋଳିକକା','କଳା ଓ କଳ୍ପନା' 'ମହକ', 'ଆତ୍ମପରିଚୟ' ଆଦି ତାଙ୍କ ରଚିତ ଉଚ୍ଚକୋଟୀର ଗଳ୍ପ ସଂକଳନ । ଏହି ସମୟର ଅନ୍ୟ ଜଣେ ବଳିଷ୍ଠ କଥାକାର ହେଲେ ବସନ୍ତ ଶତପଥୀ । 'ନୀଡ଼ାଶ୍ରୟୀ', 'ଗଙ୍ଗା ଓ ଗାଙ୍ଗୀ', 'ମାଂସାଶୀ ମାନଙ୍କ ଉଦ୍ଦେଶ୍ୟରେ' ଓ 'ଆକାଶଫୁଲ' ପ୍ରଭୃତି ପ୍ରଧାନ ।

କୃଷ୍ଣ ପ୍ରସାଦ ମିଶ୍ରଙ୍କ 'ମୈନାବତୀର ରାତ୍ରି', 'ନାଏଗ୍ରା ଓ ଦେବଯାନୀ', 'କ୍ରୀତଦାସୀର କାବ୍ୟ' ଅଚ୍ୟୁତାନନ୍ଦ ପତିଙ୍କର 'ଉଗ୍ରସେନ ଉବାଚ', 'ସ୍ନାୟୁ ଓ ସନ୍ୟାସୀ',

'ଅଶୁଭପୁତ୍ରର କାହାଣୀ', 'ନିଆଁ ଜଳୁଛି' ବିଭୂତିଭୂଷଣ ତ୍ରିପାଠୀଙ୍କ 'ନିଶାନ୍ତ', 'ସେତୁ,' ଚନ୍ଦନା', ରବି ପଟ୍ଟନାୟକଙ୍କ 'ଅନ୍ଧଗଳିର ଅନ୍ଧକାର', 'ରାଗତୋଡି', 'ବହୁରୂପୀ', 'ହିରଣ୍ୟ ଗର୍ଭ', ଚୌଧୁରୀ ହେମକାନ୍ତ ମିଶ୍ରଙ୍କ 'କୁରୁଳିଆ ଗଳ୍ପ', 'ନିଷିଦ୍ଧ ପୁସ୍ତକ', 'ହସକୁରା କଥାମାନ', ଚନ୍ଦ୍ରଶେଖର ରଥଙ୍କ 'ସବୁଯାକ ସ୍ୱପ୍ନ', 'ଅଶ୍ୱାରୋହୀର ଗଳ୍ପ', ଉମାଶଙ୍କର ମିଶ୍ରଙ୍କ 'ତ୍ରିଶଙ୍କୁ', 'ଶ୍ୱେତ ଅମୃତ', ସାତକଡି ହୋତାଙ୍କ 'ମଧୁଲଗ୍ନ', 'ମୋ ଗଳ୍ପର ନାୟକ', 'ନୀଳାଚଳକୁ ରାସ୍ତା', ରାମଚନ୍ଦ୍ର ବେହେରାଙ୍କ 'ଓଁକାରଧ୍ୱନି', 'ଦ୍ୱିତୀୟ ଶ୍ମଶାନ', 'ଅବଶିଷ୍ଟ ଆୟୁଷ', ବୀଣାପାଣି ମହାନ୍ତିଙ୍କ 'ପାଟଦେଇ', 'କାଳାନ୍ତର', 'ମଧ୍ୟାନ୍ତର', 'କସ୍ତୁରୀ ମୃଗ' ଓ 'ସବୁଜ ଅରଣ୍ୟ', 'ଅନ୍ଧକାରର ଛାଇ', ପ୍ରତିଭା ରାୟଙ୍କ 'ସାମାନ୍ୟ କଥନ', 'ଘାସ ଓ ଆକାଶ', 'ଷଷ୍ଠସତୀ', 'ଉଲ୍ଲଘଂନ' ଆଦି ପ୍ରଧାନ।

ଏହି ସମୟରେ ଆହୁରି ଅନେକ କଥାକାର ଅସଂଖ୍ୟ କ୍ଷୁଦ୍ରଗଳ୍ପ ରଚନା କରି ଓଡ଼ିଆଗଳ୍ପ ସାହିତ୍ୟକୁ ସମୃଦ୍ଧ କରିପାରିଛନ୍ତି। ସେମାନଙ୍କ ମଧ୍ୟରେ ବିଭୂତି ପଟ୍ଟନାୟକ, ତରୁଣକାନ୍ତି ମିଶ୍ର, ପଦ୍ମଜ ପାଳ, ଜଗନ୍ନାଥ ପ୍ରସାଦ ଦାସ, ଜଗଦୀଶ୍ ମହାନ୍ତି, ନାରୁ ମହାନ୍ତି, ସତ୍ୟ ମିଶ୍ର, ଯଶୋଧାରା ମିଶ୍ର, ଶକୁନ୍ତଳା ପଣ୍ଡା, ସୁଧାଂଶୁବାଳା ପଣ୍ଡା, ପ୍ରସନ୍ନ ପାଟ୍ଟଶାଣୀ, ପ୍ରଫୁଲ୍ଲତା ମହାପାତ୍ର, ଉତ୍ତମ ପ୍ରଧାନ ଆଦିଙ୍କ ନାମ ଉଲ୍ଲେଖଯୋଗ୍ୟ। ବିଭୂତି ପଟ୍ଟନାୟକଙ୍କ 'ଅନ୍ୟ କେଉଁ ଭାରତବର୍ଷ', 'ଉପନଗରୀର ରୂପ କଥା', ତରୁଣକାନ୍ତି ମିଶ୍ରଙ୍କ 'କୋମଳ ଗାନ୍ଧାର', 'ନିଃସଙ୍ଗତାର ସ୍ୱର', ପଦ୍ମଜ ପାଳଙ୍କର 'ଇଗଲର ନଖ ଦନ୍ତ', 'ଯେଉଁଠି ସୂର୍ଯ୍ୟ ଅସ୍ତଯାଏ', ଜଗନ୍ନାଥ ପ୍ରସାଦ ଦାସଙ୍କ 'ସଂପର୍କ', 'ତୃତୀୟ ପୃଥିବୀ', 'ପିକ୍‌ନିକ୍', ଶକୁନ୍ତଳା ପଣ୍ଡାଙ୍କ 'ସୂର୍ଯ୍ୟଶିଖା', ଜଗଦୀଶ ମହାନ୍ତିଙ୍କ 'ସ୍ତବ୍ଧ ମହାରଥୀ', 'ଦକ୍ଷିଣ ଦୁଆରୀ', ନାରୁ ମହାନ୍ତିଙ୍କ 'ଶେଷଲୋକର କାହାଣୀ', 'ବାଟ ପାଉନଥିବା ଜଣେ ପ୍ରୌଢ଼ର ଦୁର୍ଦ୍ଦଶା', ସତ୍ୟ ମିଶ୍ରଙ୍କର 'ବହୁ ବଚନ', ଯଶୋଧାରା ମିଶ୍ରଙ୍କର 'ତୁଳନା', 'ସମୟରୁ ଭାଗେ', 'ସୃଷ୍ଟି', ସୁଧାଂଶୁ ବାଳା ପଣ୍ଡାଙ୍କ 'ନବବର୍ଷର ସକାଳ', ପ୍ରସନ୍ନ ପାଟ୍ଟଶାଣୀଙ୍କ 'ନିଆଁର ବିନ୍ଦୁ ଓ 'ରନ୍ ବୃତ୍ତର ପରିଧି', 'ଆଖି', ପ୍ରଫୁଲ୍ଲତା ମହାପାତ୍ରଙ୍କର 'ସବୁଜ ବନଭୂଇଁ', 'ଯେଉଁଠି ଫୁଲଫୁଟେ', ଉତ୍ତମ ପ୍ରଧାନଙ୍କ 'ବସନ୍ତର ପ୍ରତିବେଶୀ', 'ବୁଢ଼ିଆଣୀ ଓ ବୃଦ୍ଧ ପ୍ରଜାପତି' ଆଦି ଗଳ୍ପ ଓଡିଆ ଗଳ୍ପ ସାହିତ୍ୟକୁ ଶ୍ରୀମଣ୍ଡିତ କରିବାରେ ସହାୟକ ହୋଇପାରିଛି।

ଏମାନଙ୍କ ବ୍ୟତୀତ ଅନେକ ଗାଳ୍ପିକ ଗଳ୍ପ ରଚନାରେ ପ୍ରବୃତ୍ତ ରହି ଓଡିଆ ଗଳ୍ପ ସାହିତ୍ୟର ଦିଗନ୍ତକୁ ପ୍ରସାରିତ କରିପାରିଛନ୍ତି। ସେମାନଙ୍କ ମଧ୍ୟରେ ହୃଷିକେଶ ପଣ୍ଡା, ବରେନ୍ଦ୍ର କୃଷ୍ଣ ଧଳ, ବିପିନ୍ ବିହାରୀ ମିଶ୍ର, ସୁଲୋଚନା ଦାସ, ବିଜୟିନୀ ଦାସ, ଜୟନ୍ତୀରଥ, ସୁସ୍ମିତା ବାଗଚୀ, ପୁଷ୍ପା ମହାନ୍ତି, ଅଳକା ଚାନ୍ଦ୍ ,ଆର୍ଯ୍ୟଯଜ୍ଞ ଦତ୍ତ, ମନୋଜ ମଂଜରୀ ମିଶ୍ର, ଲକ୍ଷ୍ମୀପ୍ରିୟା ଆଚାର୍ଯ୍ୟ, କନକ ଲତା ହାତୀ, ପାରମିତା ଶତପଥୀ, ଚିରଶ୍ରୀ ଇନ୍ଦ୍ରସିଂ, ହିରଣ୍ମୟୀ

ମିଶ୍ର, ଶାନ୍ତି ମହାପାତ୍ର, ଭୀମ ପୃଷ୍ଟି, ଗନ୍ତାୟତ ଶିବପ୍ରସାଦ, ବିଦ୍ୟୁତ୍‌ଲତା ନନ୍ଦ ଆଦିଙ୍କ ନାମ ସ୍ମରଣଯୋଗ୍ୟ।

ଏକ ମୁଡ୍ ବା ମାନସିକତାକୁ ନେଇ ଆଜିର କ୍ଷୁଦ୍ରଗଳ୍ପ ରଚିତ ହେଉଛି। ଆନ୍ତର୍ଜାତିକ ସାହିତ୍ୟିକ ଭାବଧାରା ସହ ନିଜକୁ ସାମିଲ୍ କରି ଆଜିର କ୍ଷୁଦ୍ରଗଳ୍ପ ପରିବର୍ତ୍ତନଶୀଳ ଉଚ୍ଚକୋଟୀର ଏକ ସାରସ୍ୱତ କଳାରେ ପରିଣତ ହୋଇପାରିଛି। କ୍ଷୁଦ୍ରଗଳ୍ପ ହେଉଛି ସାଂପ୍ରତିକ ଜୀବନର ବ୍ୟର୍ଥତା, ଅସହାୟତା, ନିଃସଙ୍ଗତା, ତଥା ମଣିଷ ମନର ରୁଦ୍ଧ ନଗ୍ନତାର ପରିପ୍ରକାଶ। କ୍ଷୁଦ୍ରଗଳ୍ପ ସଂପର୍କରେ ମତବ୍ୟକ୍ତ କରି ମୃତ୍ୟୁଞ୍ଜୟ ନାୟକ କହନ୍ତି – "ବାସ୍ତବିକ ଆଧୁନିକ କ୍ଷୁଦ୍ରଗଳ୍ପ ଯୁଗଚେତନା, ମନୁଷ୍ୟର ଅନ୍ତର୍ବେଦନା ଓ ମାନସିକ ଚିତ୍ତବୃତ୍ତିର ପ୍ରକୃଷ୍ଟ ଶୈଳ୍ପିକ ବିକାଶ ହୋଇପଡ଼ିଛି। ଆଜିର ଯଥାର୍ଥବାଦୀ କଳାକାର କାଳ୍ପନିକତା ଓ ଭାବସର୍ବସ୍ୱ ଅପେକ୍ଷା ବୁଦ୍ଧି ଓ ଯୁକ୍ତିତର୍କରେ ଜୀବନକୁ ବିନ୍ୟାସ କରି ନୂତନ ଦିଗନ୍ତର ସଂଧାନ ଦେଉଛନ୍ତି।" (୨୨)

## ୧. ବୀଣାପାଣି ମହାନ୍ତିଙ୍କ ଗଳ୍ପଜଗତ:

ଗଦ୍ୟ ହିଁ ସାହିତ୍ୟ ସ୍ରଷ୍ଟାର କଷଟି ପଥର। ସେଥିପାଇଁ ତ କୁହାଯାଇଅଛି – "ଗଦ୍ୟଂ କବୀନାଂ ନିକଷଂ ବଦନ୍ତି"। ପୁଣି ଗଦ୍ୟ ରାଜ୍ୟରେ ଗଳ୍ପର ପ୍ରତିଷ୍ଠା ସର୍ବାଗ୍ରେ ସ୍ୱୀକୃତ। "ଗଳ୍ପାତ୍ ପରତରଂନହି" ଉକ୍ତିଟି ସେହି ଦୃଷ୍ଟିରୁ ଅତ୍ୟନ୍ତ ତାତ୍ପର୍ଯ୍ୟପୂର୍ଣ୍ଣ। ବୀଣାପାଣିଙ୍କର ସ୍ରଷ୍ଟାମାନସ ଅନୁବାଦ, କବିତା,ଉପନ୍ୟାସ ଓ ଗଳ୍ପ ଜଗତରେ ବିଚରଣ କରି ଆସିଥିଲେ ହେଁ ଗଳ୍ପ ସୃଷ୍ଟିରେ ହିଁ ସର୍ବୋତ୍ତମ ମାନସ ମନ୍ଥନ ଓ ଅମୃତ – ପ୍ରାପ୍ତି ତାଙ୍କୁ ଜଣେ ମହାନ୍ ସ୍ରଷ୍ଟାର ଆସନରେ ଆସୀନ କରିଛି। ଲେଖକୀୟ ବ୍ୟକ୍ତିତ୍ୱ ତାଙ୍କର ଗଳ୍ପ ମାଧ୍ୟମରେ ହିଁ ସ୍ୱତଃ ଫୁଟିଉଠିଛି। କହିବାକୁ ଗଲେ ଲେଖିକାଙ୍କର ଗଳ୍ପକୃତିର ସମୀକ୍ଷଣ ଓ ଗାଳ୍ପିକା ଭାବରେ ଯଥାଯଥ ମୂଲ୍ୟାବଧାରଣ ବିନା ତାଙ୍କର ସାହିତ୍ୟିକ ଆଭିମୁଖ୍ୟ ଅସ୍ପଷ୍ଟ ରହିଯିବ।

ଗାଳ୍ପିକାଙ୍କର ଗଳ୍ପସଂଭାରର ବିଷୟବସ୍ତୁଗତ ବୈବିଧ ଓ ବୈଚିତ୍ର୍ୟ ଦୃଷ୍ଟିରୁ ଡଃ ସୁରେଶ ଛୋଟରାୟ ତଦୀୟ ଗବେଷଣାତ୍ମକ ନିବନ୍ଧ "ବୀଣାପାଣି ଗଳ୍ପ ମାନସ"ରେ ଗଳ୍ପ ଗୁଡ଼ିକର ବିଷୟବସ୍ତୁଗତ ଯେଉଁ ବିଭାଜନ କରିଛନ୍ତି, ତାହା ଯଥାର୍ଥ ମନେହୁଏ। ଯଥା:

କ) ସାମାଜିକ ସମସ୍ୟାମୂଳକ ଗଳ୍ପ

ଖ) ପାରିବାରିକ ଗଳ୍ପ

ଗ) ବାସ୍ତବବାଦୀ ଗଳ୍ପ

ଘ) ରାଜନୈତିକ ଗଳ୍ପ

ଙ)　　ଅର୍ଥନୀତି ବିଷୟକ ଗଳ୍ପ

ଚ)　　ପ୍ରେମ ମୂଳକ ଗଳ୍ପ

ଛ)　　ମନସ୍ତାତ୍ତ୍ୱିକ ଗଳ୍ପ

ଜ)　　ଶିଶୁ ମନସ୍ତାତ୍ତ୍ୱିକ ଗଳ୍ପ

ଝ)　　ପଲ୍ଲୀକେନ୍ଦ୍ରିକ ଗଳ୍ପ

ଞ)　　ହାସ୍ୟ ଓ ବ୍ୟଙ୍ଗାତ୍ମକ ଗଳ୍ପ

**କ.ସାମାଜିକ ସମସ୍ୟାମୂଳକ ଗଳ୍ପ:**

ଗାଳ୍ପିକା ଉଚ୍ଚଶିକ୍ଷିତା ଓ ଆଧୁନିକ ଯୁଗର ବ୍ୟସ୍ତବହୁଳ ଜୀବନ ସହ ସଂଗ୍ରାମରତ। ଚତୁଃପାର୍ଶ୍ୱର ସମାଜରେ ବିଚରଣ କରୁଥିବା ଭିନ୍ନ ଭିନ୍ନ ଶ୍ରେଣୀର ଚରିତ୍ରମାନଙ୍କୁ ଭିନ୍ନ ଭିନ୍ନ ପରିବେଶ ଓ ଭିନ୍ନ ଭିନ୍ନ ସମସ୍ୟା ଭିତରେ ନିରେଖି ଦେଖିଛନ୍ତି । ତାଙ୍କର ଦୃଷ୍ଟି ସଂଚରି ଯାଇଛି ସମାଜର ପ୍ରତିଟି ସମସ୍ୟା ଆଡକୁ ଆମ ସମାଜର ଦୈନନ୍ଦିନ ଘଟଣାପ୍ରବାହ ତାଙ୍କର ଗଳ୍ପ ଗୁଡିକର ମୁଖ୍ୟ ଉପଜୀବ୍ୟ ବିଶେଷ କରି ନାରୀର ବିଭିନ୍ନ ସମସ୍ୟାକୁ ନେଇ ତାଙ୍କର ଗଳ୍ପସଂଭାର ଋଦ୍ଧିମନ୍ତ। 'ଚାମେଲିର ଚା', 'ସତୀ', 'ଭଉଁରୀ', 'ଜଉ', 'ଶ୍ୟାମଳୀର ଉପାଖ୍ୟାନ', 'ସମୟର ସମୟ', 'ଆହା ବିଚାରୀ', 'ପଦ୍ମତୋଳା', 'ଆରୋହଣ' , 'କାଳିସୀ', 'ନଈ', 'ଅଶ୍ରୁ ଅନଳ', 'କାହାଣୀ ନୁହେଁ', 'ବସ୍ତ୍ର ହରଣ', 'ଆହୁତି', 'ମରୁଛାୟା', 'ପ୍ରହେଳିକା', 'କାକ୍‌ଟସ୍', 'ଦେବୀ', 'ସାରଥୀ', 'ପରିଚୟ', 'ଶତାବ୍ଦୀର ସିଂହାସନ', କିଏ କାହାର, 'ବୋହୂ ବୋହୂକା', 'କ୍ରମଶଃ' 'ଅମୁହାଁ ଦେଉଳ', 'କଳ୍ପନା', 'ପ୍ଲାବନୀ', 'ଶିଖା' ପ୍ରଭୃତି ଗଳ୍ପ ଗୁଡିକରେ ଉଚ୍ଚବିତ୍ତରୁ ନିମ୍ନବିତ୍ତ ଯାଏଁ ଶିକ୍ଷିତାରୁ ଅଶିକ୍ଷିତା ଯାଏଁ ସର୍ବ ସଂହାଠାରୁ ସଂହାରକାରିଣୀ ଯାଏଁ ନାରୀର ଅମର ଯାତ୍ରା ପଥ କଣ୍ଟକିତ। ଗାଳ୍ପିକାଙ୍କର ସଂସ୍କାରମୁଖୀ ନାରୀ ଚିନ୍ତାଧାରା ପୁରୁଷ ପ୍ରଧାନ ସମାଜରେ ସବୁ ଅତ୍ୟାଚାରରୁ ମୁକ୍ତି ଦେବାକୁ ପ୍ରୟାସୀ। ଏଣୁ ସମାଧାନର ପନ୍ଥା ନିର୍ଦ୍ଦେଶ କରିବାକୁ ଯାଇ ବହୁ କ୍ଷେତ୍ରରେ ବୈପ୍ଳବିକ ସନ୍ଦେଶ ଦେଇ ଯାଇଛନ୍ତି ।

ସେହିଭଳି ଆଧୁନିକ ତ୍ରୁଟିପୂର୍ଣ୍ଣ ଶିକ୍ଷାପଦ୍ଧତିର କୁପରିଣତି ଭାବିନାଗରିକଙ୍କୁ କେଉଁଠି ବିପଥଗାମୀ କରୁଛି ତ କେଉଁଠି ବେକାରୀ ଜୀବନକୁ ଅସାରତାରେ ପଙ୍ଗୁ କରିଦେଇଛି। ଲାଞ୍ଚ ମିଛ ଆମର ଯୋଜନାସବୁକୁ ବିଫଳ କରି ସାମାଜିକ ଜୀବନର ଅବକ୍ଷୟ ଘଟାଉଛି। ଏସବୁ ସମସ୍ୟାର ଗମ୍ଭୀର ରୂପ ଗାଳ୍ପିକାଙ୍କର 'ବିକଳ୍ପ', 'ତାଣ୍ଡବ', 'ଜଞ୍ଜିର', 'କ୍ୟାନସର', 'ଦ୍ୱୀପ', 'ଦ୍ୱିତୀୟ ଈଶ୍ୱର', 'ବେଳାଭୂମି' ଓ 'ଅସାଧାରଣ' ପ୍ରଭୃତି ଗଳ୍ପରେ ଉତ୍‌କୀର୍ଣ୍ଣ ହୋଇପାରିଛି।

**ଖ.ପାରିବାରିକ ଗଳ୍ପ:**

ସମାଜ ଜୀବନର ଏକକ ହେଉଛି ପରିବାର। ଅତୀତର ପାରିବାରିକ ଜୀବନ ମଧ୍ୟରେ "ବୈକୁଣ୍ଠ ସମାନ ଆହା ଅଟେ ସେହି ଘର" ଯେଉଁ ଦୃଶ୍ୟ ମାନସ ପଟରେ ଉଙ୍କିମାରେ ଆଜି ଆଉ ବାସ୍ତବରେ ତାହା ଦୃଶ୍ୟମାନ ନୁହେଁ। ବସ୍ତୁର ମୋହ ଆଜି ମଣିଷକୁ ତାର ପରିବାରଠାରୁ ଅଲଗା କରି ଦେଇଛି। ଏପରିକି ପତି-ପତ୍ନୀର ସଂପର୍କ ମଧ୍ୟ ଆଜି ଆନ୍ତରିକତାହୀନ। ପାରିବାରିକ ସଂପର୍କର ମଧୁରତା କେଉଁଠି ତିକ୍ତତାରେ ଭରିଯାଉଛି ତ କେଉଁଠି କସ୍ତୁରୀ ମୃଗ ଭଳି ଆଜିର ମଣିଷ ଶାନ୍ତି ସନ୍ତୋଷର ମହ ମହ ବାସ୍ନାକୁ ଖୋଜୁଛି। ଖୋଜିବାର ଶେଷ ନାହିଁ କି ପ୍ରାପ୍ତିର ସମ୍ଭାବନା ନାହିଁ। ଭାଇ ଭଉଣୀ, ବାପ ପୁଅ, ମାଆ ଝିଅ, ଶାଶୁ ବୋହୂ, ଭାଉଜ, ନଣନ୍ଦ ଆଦି ପ୍ରତିଟି ପାରିବାରିକ ସଂପର୍କ ଭିତରେ ଆଜି ଘୁଣ ଧରିଛି। ଏ ସମସ୍ତଙ୍କର ସଫଳ ଚିତ୍ରଣ ସହ ସମାଧାନର ମାର୍ଗ ବାହାର କରିବାର ପ୍ରଚେଷ୍ଟା ଗାଳ୍ପିକାଙ୍କର ସବୁ ପାରିବାରିକ ସମସ୍ୟାମୂଳକ ଗଳ୍ପରେ ଲକ୍ଷଣୀୟ। 'ସାମାଜିକ', 'ଛାଇର ଛବି', 'ପୂର୍ଣ୍ଣ ବାସନା', 'ମାୟାବୀ', 'ମଧ୍ୟାନ୍ତର', 'ଦିଗବଳୟ', 'ଅନନ୍ୟା', 'ସମୁଦ୍ର', 'ମୌସୁମୀ', 'ଅଧିକାର' 'ଅର୍ଘ୍ୟ', 'ବ୍ୟୂହଭେଦ', 'ଜୀବନ ତୃଷ୍ଣା', ଆଦି ବହୁଗଳ୍ପରେ ଗାଳ୍ପିକା ପରିବାରର ବାସ୍ତବ ଚିତ୍ର ଅଙ୍କନ କରିଛନ୍ତି।

**ଗ. ବାସ୍ତବବାଦୀ ଗଳ୍ପ:**

ଆଧୁନିକ ସାହିତ୍ୟର ପ୍ରମୁଖସ୍ୱର ବାସ୍ତବ ବାଦ। ଗାଳ୍ପିକା ବୀଣାପାଣିଙ୍କର ଗଳ୍ପମାଳା ମଧ୍ୟରେ ଏହି ସ୍ୱର ଅନେକତ୍ର ଅନୁରଣିତ ହୋଇଛି। 'ନାକମାଛି', 'ରକ୍ତଗୋଲାପ ଓ ବୁଲ୍‌ବୁଲ୍', ତ୍ରିବେଣୀ, 'ସୂତ୍ର', 'ଅଭିନୟ', 'ଦୁର୍ଗ', 'ଜଟାୟୁ', 'ଅଦିନ ମେଘ', 'ଅସତୀ', 'ଫୁଲଝରି', 'ପେଣ୍ଡୁ', 'ତ୍ରିଶଙ୍କୁ', 'ଅବତାର', 'ଉଦ୍ଭିଦ', 'କୋଣ ଅନୁକୋଣ', 'ପାଟଦେଈ', 'ଖେଳାଳୀ', 'କୁହାଳିଆ', 'ମାନମୟୀ', 'ପ୍ରତିଷ୍ଠା', 'ବିସ୍ମୃତ ଆକାଶ', 'ମାଟି' ଆଦି ବହୁ ଗଳ୍ପ ବାସ୍ତବ ବାଦ ଉପରେ ଆଧାରିତ। ସାଂପ୍ରତିକ ସମାଜର ଦୁର୍ନୀତି, ବ୍ୟଭିଚାର, ଶୋଷଣ, ଅନାଚାର, ଅତ୍ୟାଚାର, ଭଣ୍ଡାମି, ଦେଶସେବା ନାମରେ ଆତ୍ମସେବା, ଭାଷଣ ସର୍ବସ୍ୱ ଶାସନ ସବୁକିଛିକୁ ନେଇ ଗାଳ୍ପିକାଙ୍କର ଗଳ୍ପସାମ୍ରାଜ୍ୟ ସମାଜର ବାସ୍ତବ ସତ୍ତାକୁ ପାଠକ ପାଠିକାଙ୍କ ସମ୍ମୁଖରେ ଉପସ୍ଥାପିତ କରିଛି। ଆଧୁନିକ ଗଳ୍ପର ଲକ୍ଷଣ ହେଲା ପାଠକ ପାଠିକା ଗଳ୍ପଟିଏ ପାଠ କରିସାରିବା ପରେ ଏହାର ପରିଣତି ଆଉ କି ପ୍ରକାରର ହୋଇପାରିଥାଆନ୍ତା ଚିନ୍ତା କରିଥାଏ। ଏଣୁ ଗଳ୍ପଟି ଶେଷ କରି ସାରିଥିଲେ ମଧ୍ୟ ଶେଷ ନକରି ପାରିଥିବା ଭଳି ଏକ ଅସନ୍ତୋଷ ତାଙ୍କୁ ଗ୍ରାସ କରେ। ଏହି ଅବସ୍ଥା ତାହାର ଚିନ୍ତା ଓ ଚେତନାକୁ ବିକ୍ଷୋଭିତ କରି ଏକ ଆଦର୍ଶର ଦ୍ୱାର ଦେଶରେ ପହଞ୍ଚାଇ

ଦିଏ। ଫଳରେ ଗଳ୍ପ ରଚନାର ଅସଲ ଉଦ୍ଦେଶ୍ୟ ଚରିତାର୍ଥ ହୁଏ। ଗଳ୍ପ ରଚନାର ଏହି କଳାତ୍ମକ ଦିଗଠାରୁ ଗାଳ୍ପିକା ବୀଣାପାଣି ଦୂରେଇ ଯାଇ ନାହାନ୍ତି।

**ଘ.ରାଜନୈତିକ ଗଳ୍ପ :**

ବୀଣାପାଣି ହେଉଛନ୍ତି ସ୍ୱାଧୀନୋତ୍ତର କାଳର ଗଳ୍ପସ୍ରଷ୍ଟା। ପ୍ରାକ୍ ସ୍ୱାଧୀନତା କାଳର ଦେଶସେବା ଓ ଆଜିର ଦେଶସେବା ସଂପୂର୍ଣ୍ଣ ଭିନ୍ନ। ସ୍ୱାଧୀନତା ସଂଗ୍ରାମୀ ମାନଙ୍କର ଲହୁ ଓ ଲୁହ ବଦଳରେ ଯେଉଁ ସ୍ୱାଧୀନତା ଆଜି ଆମ ହାତମୁଠାରେ ପାଇଛେ ସତେ ଯେମିତି ତାହା ଗାନ୍ଧିଜୀଙ୍କର ସ୍ୱପ୍ନର ଭାରତର ଏକ ପାଳଭୂତ ସଦୃଶ। ଭୋଟ- ସର୍ବସ୍ୱ ରାଜନୀତି, ନେତାମାନଙ୍କ ସେବା ନାମରେ ଆତ୍ମସେବା ସରକାରୀ କଳର କଚ୍ଛପଗତି ଦେଖିଲେ ଜଣେ ସଚେତନ ନାଗରିକ ମନରେ ପ୍ରଶ୍ନ ଉଠେ। ଏଥିପାଇଁ କ'ଣ ଆମର ପୂର୍ବ ପୁରୁଷମାନେ ଲହୁ - ଲୁହ ଢାଳି ଦେଶକୁ ସ୍ୱାଧୀନ କରିଥିଲେ। ଗାନ୍ଧୀଜୀ କହୁଥିଲେ ଯେତେବେଳେ ଅଧରାତିରେ ଜଣେ ନାରୀ ଏକାକିନୀ ନିର୍ଜ୍ଜନ ରାସ୍ତାରେ ଯାଇପାରିବ ସେତେବେଳେ ହିଁ ଭାରତ ସ୍ୱାଧୀନ ବୋଲି କହିହେବ। ଆଜିର ଭାରତରେ ଯେଉଁଠି ଖୋଦ୍ ରାଜଧାନୀ ଦିଲ୍ଲୀର ରାଜରାସ୍ତାରେ ନାରୀ ଅସୁରକ୍ଷିତ ଆମେ କେବେ କହି ପାରିବା କି ଗାନ୍ଧିଜୀଙ୍କର ସ୍ୱପ୍ନର ଭାରତ ଆଜି ଆମ ହାତ ମୁଠାରେ।

ଗାଳ୍ପିକା ବୀଣାପାଣି ଦେଶସେବା ଓ ରାଜନୀତି ଦୁଇଟି ଅଲଗା କଥା ବୋଲି ଉପଲବ୍ଧି କରିଛନ୍ତି। 'ଶେଷ ପ୍ରହର' ଗଳ୍ପରେ ମାଧବଙ୍କୁ ଧମକ ଦେଇ ସରପଞ୍ଚ ନିର୍ବାଚନରୁ ଓହରି ଯିବାକୁ ବାଧ୍ୟ କରାଯାଇଛି। ଭାଷଣ ବାଜି ବଳରେ ଜନତାକୁ ପ୍ରତିଶ୍ରୁତି ଦେଇ ସ୍ୱପ୍ନ ଦେଖାଇଥିବା ନେତାଟିଏ ଭୋଟରେ ଜିଣି ରାଜଧାନୀରେ ପାଦ ଥୋଇଲା ପରେ ଦେଇଥିବା କଥା ଭୁଲିଯାଏ। ଜନସେବା ନୁହେଁ ଆତ୍ମସେବା ହୋଇଥାଏ ତାର ଶ୍ରେୟ ଓ ଧ୍ୟେୟ। ଗାଳ୍ପିକା 'ବିଜୁଳି' ଗଳ୍ପରେ ଅନିପାତ୍ର ମୁଖରେ ଏହି ସତ୍ୟକୁ ପ୍ରକାଶ କରିଛନ୍ତି। ନିଷ୍ଠୁର ସତ୍ୟ ପ୍ରକାଶ କରି ଅନିପାତ୍ର ନହୁ-ନୁହାଣ ହୋଇଛି। ବାକ୍ ସ୍ୱାଧୀନତା ପ୍ରତି ଏହା ଏକ ଉପହାସ ନୁହେଁ କି ? ସେହିଭଳି 'ଜଞ୍ଜିର' ନାମକ ଗଳ୍ପରେ ମହେଶ ନାମକ ଏକ ଦରିଦ୍ର ବେକାର ଅଥଚ ପ୍ରତିଭାଧାରୀ ଯୁବକକୁ ଚାକିରୀର ପ୍ରଲୋଭନ ଦେଖାଇ ନେତା ଗୁଣନିଧି କିପରି ତା'ର ସର୍ବସ୍ୱ ନଷ୍ଟ କରିଛି ତାର ଚିତ୍ରଣ କରି ଆଜିର ଯୁବ ଶକ୍ତିର ବାସ୍ତବ ଅବସ୍ଥା ଏବଂ ରାଜନୈତିକ ନେତାମାନଙ୍କର ସ୍ୱାର୍ଥ ସର୍ବସ୍ୱ ରୂପକୁ ପ୍ରକାଶ କରିଛନ୍ତି।

**ଙ.ଅର୍ଥନୀତି ବିଷୟକ ଗଳ୍ପ :**

ଫ୍ରଏଡଙ୍କ ମତାନୁଯାୟୀ ମଣିଷ ଯାହାକିଛି କରୁଛି ତାର ଆଢୁଆଳରେ ସେକ୍ସ

ବିଦ୍ୟମାନ ।ସେହିପରି ମାର୍କ୍ସଙ୍କ ମତାନୁସାରେ ମଣିଷ ସବୁକିଛି ଅର୍ଥ ନିମିତ୍ତ କରୁଛି । ଆଧୁନିକ ମଣିଷର ଭୋଗବାଦୀ ମନ ଭିତରେ ଏ ଦୁଇଟିର ସତ୍ତାକୁ ଅସ୍ୱୀକାର କରିହୁଏ ନାହିଁ। ଗାଳ୍ପିକା ବୀଣାପାଣିଙ୍କର 'ଗୋଟିଏ ଶାଢିର ଇତିହାସ' 'ଡ଼ିମ୍ବିରିଫୁଲ', 'ପ୍ରତିଧ୍ୱନି', 'କସ୍ତୁରୀମୃଗ ଓ ସବୁଜ ଅରଣ୍ୟ' ପ୍ରଭୃତି ଅନେକ ଗଳ୍ପରୁ ପାଠକ ସାମାଜିକ ଜୀବନରେ ଅର୍ଥର ଆବଶ୍ୟକତାକୁ ଉପଲବ୍ଧି କରିପାରେ। ଗାଳ୍ପିକା ନିଜେ ଥିଲେ ଅର୍ଥନୀତିର ଅଧ୍ୟାପିକା। ଅର୍ଥନୀତିର ଜଟିଳ ତତ୍ତ୍ୱ ସହ ସୁପରିଚିତ । ତାଙ୍କର ଗଳ୍ପରାଜି ଅର୍ଥନୀତିର ଜଟିଳ ତତ୍ତ୍ୱ ଭିତରକୁ ଅନୁପ୍ରବେଶ କରିନି ବରଂ ଗଳ୍ପର ସାବଲୀଳତା ଭିତର ଦେଇ ଅଭାବୀ ପରିବାରର ଦୈନ୍ୟପୀଡ଼ିତ ଜୀବନର ଯେଉଁ ଛବି ପାଠକ ସମାଜର ଦୃଷ୍ଟି ସମ୍ମୁଖରେ ଫୁଟି ଉଠିଛି ତାହା ସମାଜର ନିମ୍ନବିତ୍ତ ଓ ମଧ୍ୟବିତ୍ତ ପରିବାରର ନିଚ୍ଛକ ସତ୍ୟ ପ୍ରକାଶ କରିଛି। ଅଧିକନ୍ତୁ 'କସ୍ତୁରୀମୃଗ ଓ ସବୁଜ ଅରଣ୍ୟ' ପରି ଗଳ୍ପରେ ଗାଳ୍ପିକା ଭିନ୍ନ କଥା କହିଛନ୍ତି। ନୀଳାମ୍ବରୀଙ୍କର ଧନସମ୍ପତ୍ତି କୋଠାବାଡିର ପ୍ରାଚୁର୍ଯ୍ୟ ସତ୍ତ୍ୱେ ଜୀବନ ନିଃସ୍ୱ ହୋଇଉଠିଛି । ଉପଲବ୍ଧି କରିଛନ୍ତି ଟଙ୍କାଦେଇ ସୁଖ କିଣି ହୁଏନା ।ଇନ୍ଦ୍ରଜିତ ସଂପତ୍ତିର ଅପବ୍ୟବହାର କରି ସୁରାସାକୀ ରେ ବୁଡ଼ି ରହିଛନ୍ତି। ଫଳରେ ତାଙ୍କର ପତ୍ନୀ ସବୁଥିବା ଭିତରେ ନଥିବାର ଦୁଃଖ ଅନୁଭବ କରିଦୁଃଖୀ ହୋଇଛନ୍ତି ।ଏଣୁ ଗାଳ୍ପିକାଙ୍କର ଅର୍ଥନୀତି ବିଷୟକ ଗଳ୍ପ ଗୁଡ଼ିକରେ ଯେଉଁ ସତ୍ୟ ପ୍ରକଟିତ ହୋଇଛି ତାହା ହେଲା ମଣିଷ ବଞ୍ଚିବା ପାଇଁ ଅର୍ଥ ଆବଶ୍ୟକ। ମାତ୍ର ଅଧିକ ସଂପଦ ମଣିଷକୁ କେବଳ ଦୁଃଖ ହିଁ ଦେଇଥାଏ।

**ଚ.ପ୍ରେମମୂଳକ ଗଳ୍ପ:**

ପ୍ରେମର ଏକ ମାଦକତା ଥାଏ। ଏଣୁ ପ୍ରତିଟି ମଣିଷ ମନରେ ପ୍ରେମ ପ୍ରତି ଦୁର୍ବାର ଆକର୍ଷଣ ରହିଥାଏ। କିନ୍ତୁ ପରିସ୍ଥିତି ର ତାଡ଼ନାରେ ସାମାଜିକ ମଣିଷଟିଏ ନିଜଅନ୍ତର ଭିତରେ ପ୍ରେମକୁ ସାଇତି ରଖେ। କାହାକୁ ଜାଣିବାକୁ ଦିଏନା ଅଥଚ ସାରା ଜୀବନ ସେହି ସ୍ମୃତିଟିର ଦଂଶନ ସହ୍ୟ କରେ । ଗାଳ୍ପିକାଙ୍କର ଲେଖନୀନିଃସୃତ 'ଝରିଲା ପତ୍ର ଓ ଟୋପାଏ ଲୁହ' ଗଳ୍ପରେ ସୁମନ୍ତ ନନ୍ଦିତା ଙ୍କୁ ବିବାହ କରିଛନ୍ତି କିନ୍ତୁ ପ୍ରଥମ ପ୍ରେମିକା ଲୀଳାବତୀର ସ୍ମୃତି ତାଙ୍କର ମନକୁ ଭାରାକ୍ରାନ୍ତ କରିଛି। ତାଙ୍କର ମନ କହୁଛି ପତ୍ନୀ ନନ୍ଦିତା ସବୁ ଦେଇପାରେ ହେଲେ ଭଲପାଇବା ଭିତରେ ଯେଉଁ ସ୍ନେହ, ମମତା ଟିକକ ଥାଏ, ତାହା ମିଳିବ କେଉଁଠୁ? ସେହିଭଳି 'ନବତରଙ୍ଗ' ଗଳ୍ପର ନାୟିକା ଅରୁନ୍ଧତୀ ଯାହାକୁ ଭଲ ପାଉଛି ତା'କୁ ବିବାହ କରି ପାରିନାହିଁ। ଯାହାକୁ ବିବାହ କରିଛି ତାକୁ ଭଲ ପାଇପାରୁନି। ଲୁଚି ଲୁଚି ମୃଣାଳ ପାଖକୁ ଯାଇ ତା ଜୀବନର ହାହାକାର ଶୁଣାଇଛି।

'ଜେନେରେସନ୍ ଗ୍ୟାପ୍' ଗଳ୍ପର ନାୟକ ଗୋପୀନାଥ ପରିଣତ ବୟସରେ ଯେତେବେଳେ ଅଦରକାରୀ ପରିତ୍ୟକ୍ତ ହୋଇପଡିଛନ୍ତି ସେତେବେଳେ ଅତୀତ ପ୍ରଣୟର ସ୍ମୃତି ହିଁ ବଂଚିବାର ଖୋରାକ ଯୋଗାଇଛି । 'କୈଫିୟତ' ଗଳ୍ପରେ ସ୍ନେହଲତା ଦୀର୍ଘ ପଚିଶି ବର୍ଷ ପରେ ଟ୍ରେନ୍ ଯାତ୍ରା ସମୟରେ ଦୁଇଟି ଯୁବକ -ଯୁବତୀଙ୍କର ଫୁସଫାସ୍ କଥା ଶୁଣିବା ପରେ ଶୁଭେନ୍ଦୁଙ୍କ ସହ ପ୍ରଥମ ପ୍ରେମର କଥା ସ୍ମରଣ କରିଛନ୍ତି ।

ବେଳେବେଳେ ମଣିଷ ଏକତରଫା ପ୍ରେମ କରି ବସେ । 'ପଲାଶ' ଗଳ୍ପରେ ସିନେମା ହଲର ପେଟ୍ କିପରି ମାଜିଷ୍ଟ୍ରେଟଙ୍କ ଝିଅ ରୀତାକୁ ଏକତରଫା ପ୍ରେମ କରିଛି । ଅଥଚ୍ ସେ ଭଲଭାବରେ ଜାଣେ ରୀତାକୁ କଦାପି ପାଇ ପାରିବନି ।

'ନିଶିପଦ୍ମ' ଗଳ୍ପର ନାୟିକା ମୀନା ଅନ୍ୟତ୍ର ବିବାହ କରିଥିଲେ ହେଁ ମନର ମଣିଷ ଉଦୟଶଙ୍କରଙ୍କ ନିକଟରେ ସବୁକିଛି ସମର୍ପି ଦେଇଛି । ଗାଳ୍ପିକାଙ୍କର କେଉଁ ଗଳ୍ପରେ ନାୟିକା ହୁଏତ ଜୀବନରେ ବଂଚିବା ଲାଗି ଦାନା- କନା ଯୋଗାଡ କରିବାକୁ ବେଶ୍ୟା ସାଜିଛି ତ କେଉଁ ଗଳ୍ପରେ ବଡ ହେବାର ସ୍ୱପ୍ନର ଦୁର୍ବାର ଆକର୍ଷଣରେ ବିବାହିତା ନାରୀଟିଏ ବହୁ ପୁରୁଷଙ୍କ ବାହୁଯୁଗଳରେ ନିଜକୁ ସମର୍ପି ଦେଇଛି। 'ବର୍ଷା' ଗଳ୍ପରେ ଛଳନାମୟୀ ନାରୀ ତନୁଜା ରାଜେନ୍ଦ୍ରକୁ ଉପଭୋଗ କରିଛି । କିନ୍ତୁ ବାସୁ ଦେବନକୁ ବିବାହ କରିଛି । ବରଂ ରାଜେନ୍ଦ୍ରକୁ ବୁଝାଇଛି- ପ୍ରେମ କେବେହେଲେ ବିବାହରେ ସୀମାବଦ୍ଧ ନୁହେଁ । ଆମର ସମାଜରେ ଜଣଙ୍କୁ ଭଲ ପାଇ ବିବାହ କରିବାକୁ କଥା ଦେଇ ଆଉଜଣଙ୍କୁ ବାହା ହୋଇଯିବାର ଦୃଷ୍ଟାନ୍ତ ବିରଳ ନୁହେଁ । 'ସ୍ଥିର ତରଙ୍ଗ' ଗଳ୍ପରେ ଏହା ପ୍ରକାଶିତ । 'ବନ ଉପବନ' ଗଳ୍ପରେ ସେହିପରି ବିବାହିତ ନାରୀଟିଏ ମା' ହୋଇ ମଧ୍ୟ ଅନ୍ୟ ପୁରୁଷ ସହ ପଳାୟନ କରିବାର ଦୃଷ୍ଟାନ୍ତ ରହିଛି। ଗାଳ୍ପିକା ଏକଥା ସୂଚାଇଦେଇଛନ୍ତି । ଯୌତୁକ ନାରୀର ଜୀବନକୁ ଜର୍ଜ୍ଜରିତ କରୁଛି । ଅନ୍ୟ ଇଲାକାର ସ୍ୱପ୍ନ' ଗଳ୍ପଟି ଏହାର ଉଦାହରଣ ।

ଏହିଭଳି ପ୍ରେମ-ପ୍ରଣୟର ନାନାଦିଗକୁ ଗାଳ୍ପିକା ଆଲୋକିତ କରିଛନ୍ତି । ତା ସହିତ କେତୋଟି ଗଳ୍ପରେ ଲେଖକୀୟ ବିଚାରବୋଧ ପ୍ରକଟନ ଲାଗି ପ୍ରଚଳିତ ସାମାଜିକତାଠାରୁ ଆଗେଇ ଯାଇଛନ୍ତି । ଉଦାହରଣ ସ୍ୱରୂପ. 'ବନଉପବନ' ଗଳ୍ପର ସବିତା ପିଲାଛୁଆର ମାଆ ହୋଇସାରିବା ପରେ କିଶୋର ସଂଗେ ପଳାଇ ଯାଇଛି । ଯେତେବେଳେ କିଶୋର ଘରଭିତରେ ବନ୍ଦକରି ପୁରୁଷତ୍ୱ ଜାହିର କରିଛି ସବିତାର ସ୍ୱପ୍ନ ଭଂଗ ହୋଇଛି ଓ ସେ ସ୍ୱାମୀ ପାଖକୁ ପ୍ରତ୍ୟାବର୍ତ୍ତନ କରିଛି । ସେହିଭଳି 'ଅନ୍ୟ ଇଲାକାର ସ୍ୱପ୍ନ' ଗଳ୍ପରେ ଶୀଲା ବବିକୁ ଭଲ ପାଉଥିଲେ ହେଁ ଘରେ ତାକୁ ଜବରଦସ୍ତ ଅନ୍ୟତ୍ର ବିଭା ଦେଇଛନ୍ତି। ଶାଶୁଘର ଲୋକ ଅଧିକ ଯୌତୁକ ଦାବିକରି ତା ମୁହଁରେ ଏସିଡ୍ ଢାଳି ଦେଇଛନ୍ତି।

ସେ ଶାଶୁଘରୁ ବବି ପାଖକୁ ପଳାଇ ଆସିଛି । ବବିର ମାଆ ତାକୁ କୁରୂପା ହୋଇଯିବା ପରେ ମଧ୍ୟ ବୋହୂ କରିବାକୁ ରାଜି ହୋଇଛନ୍ତି । ଏଣୁ ଗାଳ୍ପିକାଙ୍କର ପ୍ରଣୟ ମୂଳକ ଗଳ୍ପ ବିଚିତ୍ରବର୍ଣ୍ଣା । ଗଳ୍ପରଚନାର ଭିତ୍ତିଭୂମି ବିଭିନ୍ନ ସାମାଜିକ ସମସ୍ୟା ବିଶେଷତଃ ନାରୀ ସମସ୍ୟା ଉପରେ ଆଧାରିତ । ଫଳରେ ପ୍ରଣୟଭିତ୍ତିକ ଗଳ୍ପ ମଧ୍ୟ ସମସ୍ୟାମୂଳକ ସାମାଜିକ ଗଳ୍ପ ବୋଲି ଭ୍ରମ ସୃଷ୍ଟି ହୁଏ । ଏ ସଂପର୍କରେ ଡ଼ଃ ସୁରେଶ ଛୋଟରାୟଙ୍କର ମନ୍ତବ୍ୟ ପ୍ରଣିଧାନ ଯୋଗ୍ୟ । **"XXXX** ସୁତରାଂ ତାଙ୍କର ପ୍ରେମଧର୍ମୀ ଗଳ୍ପ ଗୁଡିକରେ 'ପ୍ରେମ' ପ୍ରତିପାଦ୍ୟ ବିଷୟ ନୁହେଁ । ଏହି ପ୍ରେମଧର୍ମୀ ଗଳ୍ପମାନଙ୍କରେ ମଧ୍ୟ ଅନ୍ତର୍ଦାହ, ଅଶ୍ୱସ୍ତି ଇତ୍ୟାଦି ଅନେକ ନାରୀ ସମସ୍ୟା ପ୍ରକାଶ ପାଇଛି"। [୨୩]

**ଛ. ମନସ୍ତାତ୍ତ୍ୱିକ ଗଳ୍ପ:**

'ଫ୍ରିଜଡ', 'ସମାନ୍ତରାଳ' ବାଉଁଶରାଣୀ', 'କର୍ତ୍ତବ୍ୟ', ସର୍ପଶିକାର'. ଦୂର ପର୍ବତ', 'ଅଜଗର' 'ଅବୁଝା', 'ତରଙ୍ଗ', 'ଜଡ', 'ପରିଚୟ', 'ସିଦ୍ଧାର୍ଥ', 'ସାହାସୀ', 'ବାପା', ଅମାନୁଷିକ', 'ଜୀବନ ଛନ୍ଦ' ' ଅସାଧାରଣ', 'ନିଷିଦ୍ଧ ସ୍ୱପ୍ନ' ପ୍ରଭୃତି କେତେକ ଗଳ୍ପରେ ଗାଳ୍ପିକା ବିଭିନ୍ନ ଚରିତ୍ରର ମନସ୍ତାତ୍ତ୍ୱିକ ବିଶ୍ଳେଷଣ କରିଛନ୍ତି । ମଣିଷର ଅବଚେତନ ମନର ରହସ୍ୟ ଆବିଷ୍କାର କରିବାର ପ୍ରଚେଷ୍ଟା କରିଛନ୍ତି । ନିଜର ସ୍ତ୍ରୀ ଓ ପିଲାଙ୍କର କଥା ବୁଝିବାକୁ ଯାହାର ସମୟ ନାହିଁ ସେ ପୁଣି ଅଫିସ କାମର ଭିଡ ଭିତରେ ସମୟ ବାହାର କରି ସାହେବାଣୀଙ୍କର ବ୍ରେସିୟର, ନେଲପଲିସ୍. ପାଉଡର କିଣିବା ପାଇଁ ସମୟ ଦେବା ସହିତ ତାଙ୍କୁ ସାଥିରେ ଧରି ଓଜନ କମାଇବା ଉଦ୍ଦେଶ୍ୟରେ ଡାକ୍ତର ଖାନା ନେବା - ଏ ପରିକି ଯିବା ବାଟରେ ସ୍ତ୍ରୀର ଅସୁସ୍ଥତାର ଖବର ପାଇ ମଧ୍ୟ ସ୍ତ୍ରୀ ପାଇଁ ଟିକିଏ ସମୟ ଦେଇ ନପାରିବା ଭଳି ଦୁଃଖଦ ଘଟଣା ସୁନ୍ଦରବାବୁଙ୍କ ମନଭିତରେ ଯେଉଁ ଦ୍ୱନ୍ଦ୍ୱ ସୃଷ୍ଟି କରିଛି ତା'ର ପରିପ୍ରକାଶ ଘଟିଛି ଯେତେବେଳେ ନିଜ ସ୍ତ୍ରୀର ପ୍ରେସକ୍ରିପସନ୍ ଦେଖିବା ପରେ ସେ କହିଛନ୍ତି ଜଣେ ଔଷଧ ଖାଇ ଓଜନ କମାଇବାକୁ ଚେଷ୍ଟା କରିଥିବା ବେଳେ ଅନ୍ୟ ଜଣେ ଭିଟାମିନ୍ ଖାଇ ବଞ୍ଚିବାକୁ ଚେଷ୍ଟା କରୁଛି । ବିବାହର ମାତ୍ର ଦଶଟି ଦିନ ବିତୁ ବିତୁ ସ୍ୱାମୀ କିପରି ଅନ୍ୟପୁରୁଷର ଅଙ୍କଶାୟି ହେବାକୁ ବାଧ କରୁଛି ଓ ତାର ପ୍ରଭାବ ନବବିବାହିତା ଉପରେ ପଡୁଛି ତାହା 'ସଂଜତ' ଗଳ୍ପରେ ପ୍ରକଟିତ ଲମ୍ପଟ ସ୍ୱାମୀର ଲାଞ୍ଛନା ହତାଦର ଜନିତ ଆତ୍ମଦାହ ଦେଇ ନାରୀର ମନ ପଥର ଭଳି ନିଶ୍ଚଳ ହେଲେ ମଧ୍ୟ ଆହତ ନାରୀ ସତ୍ତାର ନିଃଶବ୍ଦ ପ୍ରତିଧ୍ୱନି ଗାଳ୍ପିକା 'କର୍ତ୍ତବ୍ୟ' ଗଳ୍ପରେ ଶୁଣାଇଛନ୍ତି । ସେହିଭଳି 'ସର୍ପଶିକାର, ଗଳ୍ପଟିରେ ପ୍ରେମିକର ପ୍ରେମିକା ପ୍ରତି ଥିବା ଭଲପାଇବାର ଚମତ୍କାର ମନସ୍ତାତ୍ତ୍ୱିକ ବିଶ୍ଳେଷଣ କରାଯାଇଅଛି ।

ମଣିଷ ଅନେକ ସମୟରେ ନିଜେ ସ୍ୱପ୍ନ ଦେଖେ ଓ ଅନ୍ୟକୁ ସ୍ୱପ୍ନ ଦେଖାଏ । ମାତ୍ର ତାର ସ୍ୱପ୍ନ ଯେତେବେଳେ ସତ୍ୟ ହୁଏନା କିଂବା ଅନ୍ୟକୁ ଦେଖାଇଥିବା ସ୍ୱପ୍ନକୁ ସାକାର କରି ପାରେନା ସେତେବେଳେ ନିପାରିଲାପଣିଆର ଆତ୍ମଦାହ ସାର ହୁଏ । ଏଭଳି ନିପାରିଲା ମଣିଷର ମନସ୍ତାତ୍ତ୍ୱିକ ବିଶ୍ଳେଷଣ 'ଦୂର ପର୍ବତ' ଗଳ୍ପରେ ସ୍ପଷ୍ଟ ।

ଆମ ସମାଜରେ ଝିଅଟିଏ ବିବାହ କରି ନ ପାରି ବେଶୀ ଦିନ ଅବାଡୁଅ ରହିଗଲେ ସମାଜ ତାକୁ ସନ୍ଦେହ ଚକ୍ଷୁରେ ଦେଖେ ଓ ଧରିନିଏ ଯେ ଏହା ଏକ ପ୍ରେମ-ଜନିତ ବ୍ୟାପାର । 'ତରଙ୍ଗ' ଗଳ୍ପରେ ସମାଜ ସେହି ଆକ୍ଷେପ କରିଛି ସୀତାକୁ ଓ ତତ୍‌ଜନିତ ମାନସିକ ବିକ୍ଷୁବଧତା ସୀତା ଚରିତ୍ର ମଧ୍ୟରେ ଲେଖିକା ପ୍ରକାଶ କରିଛନ୍ତି ।

'ଜଡ' ଓ 'ପରିଚୟ' ଗଳ୍ପ ଦୁଇଟିରେ ଧର୍ଷିତା ନାରୀର ଆତ୍ମବିଶ୍ଳେଷଣ ଅତ୍ୟନ୍ତ ପ୍ରଭାବଶାଳୀ ହୋଇଛି । ଯୁବ ମନସ୍ତତ୍ତ୍ୱକୁ ଗାଳ୍ପିକା 'ସିଦ୍ଧାର୍ଥ' 'ସାହାସୀ' 'ବାପା', 'ଅମାନୁଷିକ' ଆଦି ଗଳ୍ପରେ ଉପସ୍ଥାପନ କରିଛନ୍ତି ।

ନାରୀର ସନ୍ଦେହୀମନ ବିଶ୍ଳେଷଣ କରିବା ଆଳରେ ଗାଳ୍ପିକା ସୃଷ୍ଟି କରିଛନ୍ତି 'ନିଷିଦ୍ଧ ସ୍ୱପ୍ନ' ଗଳ୍ପଟି ଯେଉଁଥିରେ ଗଳ୍ପର ନାୟିକା ଅହଲ୍ୟା ଦେବୀ ନିଜର ବୃଦ୍ଧସ୍ୱାମୀ ଅନିରୁଦ୍ଧଙ୍କର ପାର୍ବତୀ ସହ ସଂପର୍କ ଥିବାର ସନ୍ଦେହ କରିଛନ୍ତି ।

'ଜୀବନ ଛନ୍ଦ' ଗଳ୍ପର ମନ୍ଦାକିନୀ ସ୍ୱାମୀ ଅନ୍ୟନାରୀ ଗ୍ରହଣ କରିଦେଇଥିଲେ ବି ହାରି ଯାଇନାହାନ୍ତି । ଗଭୀର ଆତ୍ମପ୍ରତ୍ୟୟ ସହ ସ୍ୱାଭିମାନ ନେଇ ନିଜର ସ୍ଥିତି ବିଶ୍ଳେଷଣ କରିଛନ୍ତି ଓ ଜୀବନର ପଥରେ ଆଗେଇ ଚାଲିଛନ୍ତି । 'ଅସାଧାରଣ' ଗଳ୍ପର ଆରତି ମଧ୍ୟ ନିଜ ସ୍ୱାମୀଙ୍କର ଅଫିସରେ ଅନ୍ୟ ନାରୀମାନଙ୍କ ସହ ସଂପର୍କକୁ ସହଜ ଭାବରେ ଗ୍ରହଣ କରିନେଇଛନ୍ତି । ବାସ୍ତବିକ ଗାଳ୍ପିକା ବୀଣାପାଣି ବିବାହ ନକରି ମଧ୍ୟ ବିବାହିତା ନାରୀମାନଙ୍କର ମନସ୍ତାତ୍ତ୍ୱିକ ବିଶ୍ଳେଷଣରେ ସଫଳତା ଲାଭ କରିଛନ୍ତି । ଏହା ତାଙ୍କର ପରୋକ୍ଷ ଅଭିଜ୍ଞତାରୁ ଉପଲବଧି କରିଥାଇପାରନ୍ତି ।

**ଜ. ଶିଶୁ ମନସ୍ତାତ୍ତ୍ୱିକ ଗଳ୍ପ:**

ଆଜିର ଶିଶୁ ଆସନ୍ତାକାଲିର ନାଗରିକ । କଞ୍ଚାହାଣ୍ଡି ଭଳି ତାର ମନ । ତାକୁ ଗଢିବାର ଦାୟିତ୍ୱ ପିତା, ମାତା, ଗୁରୁ-ଗୁରୁଜନମାନଙ୍କର । ଏ ଦାୟିତ୍ୱ ଅତ୍ୟନ୍ତ ଗୁରୁ ଦାୟିତ୍ୱ ଏବଂ ଦାୟିତ୍ୱ ନିର୍ବାହ ନିମିତ୍ତ ଶିଶୁ-ମନସ୍ତତ୍ତ୍ୱ ଜାଣିବା ଏକାଂତ ପ୍ରୟୋଜନ । ମାତ୍ର ଅତ୍ୟନ୍ତ ଦୁଃଖ ଓ ପରିତାପର ବିଷୟ ଏହି ଯେ ସମାଜର ଅଧିକାଂଶ ପିତା, ମାତା, ଗୁରୁ-ଗୁରୁଜନ ଏ ବିଷୟରେ ସଂପୂର୍ଣ୍ଣ ଅଜ୍ଞ । ଗାଳ୍ପିକା ବୀଣାପାଣିଙ୍କର କେତେକ ଗଳ୍ପରେ ଶିଶୁ ମନସ୍ତତ୍ତ୍ୱର ସାର୍ଥକ ପରିପ୍ରକାଶ ଘଟିଛି । ପାଠକ-ପାଠିକାଙ୍କର ମନକୁ ଛୁଇଁଲାଭଳି

ଆବେଗାତ୍ମକ ପରିସ୍ଥିତି ସୃଷ୍ଟି କରି ଗାଳ୍ପିକା ବୀଣାପାଣି ପରୋକ୍ଷରେ ସେମାନଙ୍କର ଶିଶୁମାନଙ୍କ ପ୍ରତି ରହିଥିବା ଦାୟିତ୍ୱ ସଂପର୍କରେ ସଚେତନ କରାଇବାର ପ୍ରଚେଷ୍ଟା କରିଛନ୍ତି। ଏଥିରୁ ଗାଳ୍ପିକାଙ୍କର ସମାଜ ପ୍ରତି ଥିବା ନିଷ୍ଠା ଓ ପ୍ରତିବଦ୍ଧତାର ପରିଚୟ ମିଳେ।

ଆଧୁନିକ ଜୀବନରେ ସ୍ୱାମୀ-ସ୍ତ୍ରୀଙ୍କ ମଧ୍ୟରେ ଘଟୁଥିବା କଳି-ଝଗଡାର ମାତ୍ରା ବଢିବାରେ ଲାଗିଛି। ବିଶେଷକରି ଅର୍ଥନୈତିକ ସ୍ୱାଧୀନତା ଲାଭ କରିସାରିଥିବା ନାରୀ ପକ୍ଷରେ ପୁରୁଷ ପ୍ରଧାନ ସମାଜରେ ପୁରୁଷର ନାଲି ଆଖି ସହ୍ୟକରିବା ଦୁରୁହ ବ୍ୟାପାର। ପରିଣାମରେ "ବୈକୁଣ୍ଠ ସମାନ ଆହା ଅଟେ ସେହି ଘର, ପରସ୍ପର ସ୍ନେହ ଯହିଁ ଥାଏ ନିରନ୍ତର" କବି-ବାଣୀର ଦୃଷ୍ଟାନ୍ତ ଆଜିର ଯୁଗରେ ଦେଖିବା ସାତ ସପନ ହେଲାଣି। ଏହାର କୁପ୍ରଭାବ ପିଲା ମନରେ ପିତାମାତାଙ୍କ ଅଜାଣତରେ କ୍ଷତ ସୃଷ୍ଟି କରୁଛି। 'ଛାଇର ଛବି' ଗଳ୍ପରେ ସ୍ୱାମୀ-ସ୍ତ୍ରୀଙ୍କର ଝଗଡା ଯୋଗୁଁ ସେମାନଙ୍କର ପିଲାମାନେ ବନ୍ଧାହୋଇ ସ୍କୁଲ୍‌କୁ ପଠା ହୋଇଛନ୍ତି ଯାହାକି ପିଲା ଦୁଇଟିଙ୍କର ମନରେ ପ୍ରତିକୂଳ ପ୍ରଭାବ ପକାଇଛି ଓ ସେମାନଙ୍କର ମାନସିକ ପ୍ରତିକ୍ରିୟା ଗାଳ୍ପିକାଙ୍କର ଲେଖନୀ ପ୍ରକାଶ କରିଛି।

ସରକାରୀ କ୍ଷୀର ବଣ୍ଟନ କ୍ଷେତ୍ରରେ ଦୁର୍ନୀତି ପାଇଁ କ୍ଷୀର ନ ପାଇ ଶିଶୁଟିଏ କ୍ରୋଧରେ କ୍ଷୀର ବାଣ୍ଟୁଥିବା ଲୋକ ଉପରକୁ ଟେକା ଫିଙ୍ଗିବା ଓ ତା ଦେଖାଦେଖି ଅନ୍ୟପିଲାମାନେ ଟେକା ଫିଙ୍ଗିବା ଘଟଣା 'ମନ୍ଥନ' ଗଳ୍ପରେ ସ୍ଥାନିତ। ଘଟଣାଟିରୁ ଦୁର୍ନୀତି ମଧ୍ୟ ପିଲାମନରେ ପ୍ରତିକ୍ରିୟା ଆଣିପାରେ ତାର ପ୍ରମାଣ ମିଳୁଛି। ସେହିଭଳି 'ଅନ୍ଧକାରର ଛାଇ' ଗଳ୍ପରେ କୋଇଲିର ପାଠପଢାରେ ଆଗ୍ରହ ଥିବା ସତ୍ତ୍ୱେ ମାଆ ତା'ର ଏକ ବୟସ୍କ ବ୍ୟକ୍ତି ସହ ବିବାହ କରାଇଦେଇଛି। କୋଇଲିର ନୀରବ ପ୍ରତିକ୍ରିୟା ଗଳ୍ପଟିକୁ ଜୀବନ୍ତ କରି ତୋଳିଛି। ମାତ୍ର ପାଠପଢା ପ୍ରତି ଥିବା ଆଗ୍ରହ ଯୋଗୁଁ ହଲୁଭଳି ଏକ ଛୋଟ ପିଲା କିପରି ଘର ଛାଡି ପାଠପଢିବା ଲାଗି ପଳେଇଛି ତାହାର ଚିତ୍ର 'ଅକାହାଣୀ' ଗଳ୍ପରେ ଚିତ୍ରିତ ହୋଇଛି। 'ସ୍ୱପ୍ନ ଆଗାମୀ ପ୍ରଭାତର' ଗଳ୍ପରେ ଅଜୁ ଓରଫ୍ ଅଜୟ ପାଠପଢି ବଡ ମଣିଷ ହେବାର ସ୍ୱପ୍ନ ଦେଖିଛି। ମାଆ ସୁଭଦ୍ରା ଯେତେ ବୁଝାଇଲେ ବି ସେ ବୁଝିନି। ଦଶବର୍ଷ ପୁରିନାହିଁ। ଅଥଚ ଲଣ୍ଠନ ଜାଳି ରାତି ସାରା ବହି ବସ୍ତାନି ଫିଟାଇ ପଢୁଛି। ପାହାନ୍ତାରେ ଆଣ୍ଠୁମାଡି ବସି ଠାକୁରଙ୍କୁ ପ୍ରାର୍ଥନା କରିଛି। ଠାକୁର ପୁଣି କିଏ ନା ବାଲିଯାତ୍ରାରୁ କିଣିଆଣିଥିବା ମାଟିକଣ୍ଢେଇ ହର-ପାର୍ବତୀ, ରାଧାକୃଷ୍ଣ ଓ ଗଣେଶ, ସରସ୍ୱତୀ ଆଦି। "ଈଶ୍ୱରମାନେ। ପ୍ରତିଦିନ ମୁଁ ତୁମମାନଙ୍କୁ ଡାକୁଛି କେହି ଶୁଣୁନ କାହିଁକି ? ତୁମେ ଯଦି ମାଟି, ପଥର ନୁହଁ, ତାହେଲେ ଜବାବ ଦେଉନ କାହିଁକି ? ତୁମେ କିଛି ନକଲେ ନାହିଁ ଠାକୁର ଖାଲି ମୋ ମା'କୁ କହିଦିଅ ମୁଁ ବଡମଣିଷ ହେବି।

ଯେତେ କଷ୍ଟ ଯେତେ ଅସୁବିଧା ଆସୁ ପଛକେ ମୁଁ ଅଟକି ଯିବିନି । ପାଠ ପଢିବି । ନାଁ କରିବି" ।(୨୪)

ତିନୋଟିଯାକ ଗଳ୍ପ ଶିଶୁର ପାଠପଢା ନେଇ ରଚିତ ହୋଇଥିଲେ ହେଁ ପରିଣତି ଭିନ୍ନ ଭିନ୍ନ । ଦୁଇଟି ପୁଅଙ୍କ ମଧ୍ୟରୁ ଜଣେ ଘର ଛାଡି ଚାଲି ଯାଇଛି ପାଠ ପଢିବା ଲାଗି । ଆଉଜଣେ ଘରେ ଥାଇ ଠାକୁରଙ୍କ ପାଖେ ନିଜକୁ ସମର୍ପିଦେଇଛି ଅଗାଧ ବିଶ୍ୱାସ ରଖି ? ମାତ୍ର କୋଇଲି ଝିଅଟିଏ । ମାଆ ତାର ଭାଗ୍ୟ ନିର୍ଦ୍ଧାରକ ସାଜି ଛିଡା ହୋଇଛି । ନା ସେ ଘର ଛାଡି ଚାଲିଯାଇ ପାରୁଛି ନା ଠାକୁରଙ୍କ ଉପରେ ସବୁ ଛାଡିଦେଇ ଆଶା ବାଦିନୀ ହୋଇପାରିଛି । ପରୋକ୍ଷରେ ଆମ ସମାଜର ପୁଅ ଓ ଝିଅ ପିଲାଙ୍କର ମାନସିକତାକୁ ନେଇ ରହିଥିବା ପାର୍ଥକ୍ୟ ବେଶ୍ ସ୍ପଷ୍ଟ ରୂପେ ଚିତ୍ରିତ ।

ମାତ୍ର 'ସାହାସୀ' ଗଳ୍ପ ପାଠପଢାର ଭିତ୍ତିଭୂମି ଉପରେ ରଚିତ ହୋଇଥିଲେ ହେଁ ପରିବେଶ ଓ ପରିଣତିରେ ପାର୍ଥକ୍ୟ ଅଛି । ଟିପୁ ପାଠପଢି ପରୀକ୍ଷାରେ ତୃତୀୟ ଶ୍ରେଣୀ ପାଇଥିବା ସ୍ଥଳେ ଅନ୍ୟକେତେଜଣ ଅସାଧୁ ଉପାୟ ଅବଲମ୍ବନ କରି ପ୍ରଥମ ଶ୍ରେଣୀ ପାଇଛନ୍ତି । ଏଣୁ ଘରର ତୁମ୍ଭି ତୋଫାନକୁ ଡରି ଘରୁ ଚାଲିଯାଇଛି । ପାଠନପଢି ଗୁଣ୍ଡାମି କରୁଥିବା ଲଡୁଆ ତାର କଥା ଠିକ୍ ବୁଝିପାରିଛି । ଏଣୁ ଲଡୁଆ ପ୍ରତି ତାର ହୃଦୟ କୃତଜ୍ଞ ହୋଇଉଠିଛି । ପରୀକ୍ଷା ଫଳକୁ ନେଇ ଗଳ୍ପଟିରେ ଆମ ସମାଜରେ ଆଦର୍ଶର ମୂଲ୍ୟବୋଧ କିପରି ରସାତଳକୁ ଗଲାଣି ଚିତ୍ରିତ ହେବା ସଂଗେ ସଂଗେ ଆଦର୍ଶକୁ ଜାବୁଡି ଧରିଥିବା ଶିଶୁଟିର ମନସ୍ତତ୍ତ୍ୱର ବିଶ୍ଳେଷଣ ଚମତ୍କାର ଢଙ୍ଗରେ କରାଯାଇଛି ।

ନିଜର ମାଆ ଭାଇ-ଭଉଣୀଙ୍କ ମୁହଁରେ ହସଟିକିଏ ଫୁଟାଇବା ପାଇଁ ଜଣେ ବାଳକର ଆତ୍ମଦାନ 'ରକ୍ତର ଫୁଲ' ଗଳ୍ପର ଭିତ୍ତିଭୂମି । ନିଜ ମା'ର ଜୀବନ ପାଇଁ ନୀଳମଣି ଟ୍ରକ ଆଗକୁ ଡେଇଁ ପଡିଛି । ଏହିଭଳି ବିଭିନ୍ନ ଗଳ୍ପରେ ଗାଳ୍ପିକା ଶିଶୁମନସ୍ତତ୍ତ୍ୱ ଉପରେ ଆଲୋକପାତ କରି ବୟସ୍କ ବ୍ୟକ୍ତିମାନଙ୍କର ଶିଶୁମାନଙ୍କ ପ୍ରତି ରହିଥିବା ଦୃଷ୍ଟିକୋଣକୁ ବଦଳାଇବାକୁ ପ୍ରୟାସ କରିଛନ୍ତି ମାତ୍ର ।

### ୯. ପଲ୍ଲୀକୈନ୍ଦ୍ରୀକ ଗଳ୍ପ:

ଭାରତ ପଲ୍ଲୀ ବହୁଳ ରାଷ୍ଟ୍ର । ଆଜି ଅବଶ୍ୟ ପଲ୍ଲୀ ସହରାଭିମୁଖୀ ହୋଇଛି ।କିନ୍ତୁ ଆମର ସାହିତ୍ୟ ପଲ୍ଲୀ ପ୍ରାଣତା, ପଲ୍ଲୀ ପ୍ରକୃତି ପଲ୍ଲୀ ସଂସ୍କୃତିକୁ ରୂପ ଦେଇ ଆସିଛି । ସାହିତ୍ୟ ସୃଷ୍ଟିର ଆଦିକାଳରୁ ଅଦ୍ୟାବଧି ଗାଳ୍ପିକା ବୀଣାପାଣି ପଲ୍ଲୀଜୀବନଠାରୁ ଦୂରେଇ ଯାଇନାହାନ୍ତି । ଏଣୁ ତାଙ୍କର ଲେଖନୀରୁ ଝରିଆସିଛି କିଛି ପଲ୍ଲୀକୈନ୍ଦ୍ରୀକ ଗଳ୍ପ ।

'ନାଉଗଛ', ଅନ୍ୱେଷଣ', 'ଶତାବ୍ଦୀର ସିଂହାସନ', ଶେଷ ପ୍ରହର', 'ଅଧିକାର', 'ଖେଳଣା', 'ଡାହାଣୀ' ଆଦି ଗଳ୍ପ ପଲ୍ଲୀ କୈନ୍ଦ୍ରିକ ।

'ନାଉଗଛ' ଏକ ପ୍ରତୀକ ହୋଇ ଉଠିଛି । ଏହାକୁ କେନ୍ଦ୍ରକରି ଆଧୁନିକ ଓ ପଲ୍ଲୀ ସଭ୍ୟତାର ଏକ ତୁଳନାତ୍ମକ ଚିତ୍ର ଉପସ୍ଥାପିତ ହୋଇଛି । 'ଅନ୍ୱେଷଣ' ଗଳ୍ପରେ ନାୟକ ସୀତାନାଥ ନିଜ ଗାଁର ମାଟିକୁ ଭୁଲି ପାରିନାହାନ୍ତି । ଫେରି ଆସିଛନ୍ତି । ଗାଉଁଲି ମଣିଷର ଅକପଟ ସ୍ନେହ-ମମତା ଭିତରେ ନିଜକୁ ହଜାଇ ଦେଇଛନ୍ତି । ଆଧୁନିକ ମଣିଷ ଅପେକ୍ଷା ଗାଆଁ ମାଟିର ମଣିଷ, ଗାଁର ଦୃଶ୍ୟ ଓ ପୋଡା ମାଟିର ଗନ୍ଧ 'ଶତାବ୍ଦୀର ସିଂହାସନ' ଗଳ୍ପରେ ଗାଳ୍ପିକାଙ୍କୁ ଆମନ୍ତ୍ରିତ କରିଛି ।

ଏବେକାର ରାଜନୀତି ପଲ୍ଲୀଜୀବନକୁ ଅଶାନ୍ତ କରି ଦେଲାଣି । ସ୍ୱାଧୀନତା ପୂର୍ବ ଓ ସ୍ୱାଧୀନତା ପରବର୍ତ୍ତୀ ଗାଁର ଏକ ତୁଳନାତ୍ମକ ଚିତ୍ର 'ଶେଷପ୍ରହର' ଗଳ୍ପରେ ସ୍ଥାନ ପାଇଛି ।

'ଅଧିକାର' ଗଳ୍ପରେ ବହୁଦିନରୁ ସ୍ୱାମୀ ବିଚ୍ଛେଦ ସହିଥିବା କେତକୀ ସଦ୍ୟବିବାହିତା ସଉତୁଣୀ କମଳୀକୁ ସାନ୍ତ୍ୱନା ଦେଇଛି । ତାର ଛୁଆକୁ ନିଜର କରିଛି । ସେ କହିଛି - "କାନ୍ଦୁଛୁ କାହିଁକି ? ଯାହା ଭାଗ୍ୟରେ ଅଛି । ଘଟିବ । ସେ ସିନା ନାହିଁ ମୁଁ ତ ଅଛି । ତୁ ଡରିବୁ ନାହିଁ ହକ୍ ମୋର ଅଧିକାର ଅଛି । ଖାଲି ଜମି ଡିହରେ ନୁହେଁ ମ, ଏଇ ଛୁଆ ଉପରେ ବି"। [୨୫] ଏହା କେବଳ ଅଶିକ୍ଷିତା ଗ୍ରାମ୍ୟରମଣୀ କ୍ଷେତ୍ରରେ ହିଁ ସମ୍ଭବ । ଆଧୁନିକ ନାରୀଭଳି ସେ ପ୍ରତିହିଂସା ପରାୟଣା ନୁହେଁ କିମ୍ବା ହିଂସା ପ୍ରଣୋଦିତା ନୁହେଁ।

'ଖେଳଣା' ଗଳ୍ପଟିରେ ନଇବଢିରେ ସର୍ବସ୍ୱ ହରାଇଥିବା ଗାଉଁଲି ମଣିଷର କଥା କୁହାଯାଇଛି । ସବୁକିଛି ହରାଇ ମଧ୍ୟ ସନାତନର ମଣିଷପଣିଆ ବଂଚିଛି । ଏହା କେବଳ ସେ ଜଣେ ଗାଉଁଲି ନିଷ୍କପଟ ଚରିତ୍ର ବୋଲି ସଂଭବ ହୋଇଛି ।

'ଡାହାଣୀ' ଗଳ୍ପ ମାଧ୍ୟମରେ ପଲ୍ଲୀ ଜୀବନର ଅନେକ ଦିଗ ଉନ୍ମୋଚିତ ହୋଇଛି । କାଇଁଚ ଚରିତ୍ରଟି ନିର୍ଦ୍ଦୋଷ ହୋଇ ମଧ୍ୟ ଗାଁର ବିଭିନ୍ନ ଲୋକଙ୍କର ପରିହାସର ପାତ୍ରୀ ହୋଇଛି । ଗୁଣ୍ଡା ବଳରାମ ଠାରୁ ମାଡ ଖାଇଛି । କିଂତୁ ସାହସର ସହ ସାବତଝିଅ କନିକୁ ରକ୍ଷା କରିଛି ।

**ଙ. ହାସ୍ୟ ଓ ବ୍ୟଙ୍ଗାତ୍ମକ ଗଳ୍ପ:**

ହାସ୍ୟରସ ଏବଂ ବ୍ୟଙ୍ଗବିଦ୍ରୂପ ପାଠକକୁ କେବଳ ଆନନ୍ଦ ଦାନର ଉଦ୍ଦେଶ୍ୟ ରଖେ ନାହିଁ ବରଂ ବ୍ୟକ୍ତି ଓ ସମାଜର ଦୋଷତ୍ରୁଟି ସୁଧାରିବା ଲାଗି ଏକ ଉନ୍ନତ ମାଧ୍ୟମ ରୂପେ ସାହିତ୍ୟଜଗତରେ ସ୍ୱୀକୃତି ଲାଭ କରିଛି । ବୀଣାପାଣି ମହାନ୍ତିଙ୍କ ଗଳ୍ପ ସମୂହରେ

ସାମାଜିକ ଦୁରାଚାର ପ୍ରତି ତୀବ୍ର କଟାକ୍ଷପାତ କରାଯାଇଛି । ସେଥିରୁ ଜନ୍ମନେଇଛି ବ୍ୟଙ୍ଗ ଓ ହାସ୍ୟରସ ।

ଜୀବନର ମୂଲ୍ୟବୋଧଜନିତ ଅବକ୍ଷୟ ପ୍ରତି ଶାଣିତ ବ୍ୟଂଗରେ ରସାଳ ହୋଇଉଠିଛି ବୀଣାପାଣିଙ୍କର 'ସ୍ଖଳନ' ଗଳ୍ପଟି । ବିଗତ ଯୌବନା ନାରୀର ବୟସକୁ ଧରି ରଖିବାର ପ୍ରୟାସ ମାଧ୍ୟମରେ ସେ ଆଧୁନିକ ନାରୀର ଫେସନ , ସୁବିଧାବାଦୀ ମନୋବୃତ୍ତି ଉପରେ ଯେପରି କଟାକ୍ଷପାତ କରିଛନ୍ତି ଅହଂକାର ପ୍ରତି ସେହିଭଳି ସୁତୀବ୍ର ସଂସ୍କାର ଦୃଷ୍ଟି ନିକ୍ଷେପ କରିଛନ୍ତି । ଆଧୁନିକ ସମାଜରେ କିପରି ବିଭିନ୍ନ ପାର୍ଟି ଓ ଫ୍ୟାସନକୁ ନିଜର ସୁନ୍ଦରୀ ପତ୍ନୀମାନଙ୍କୁ ସାଥିରେ ନେଇ ନିଜର ସ୍ୱାର୍ଥ ସାଧନ ନିମିତ୍ତ ଯଥା- ନିଜର ପ୍ରମୋଶନ ଆଶା ହେଉବା ସରକାରୀ ଅର୍ଥ ତୋଷରପାତ କରି ସେହି ଅପବାଦରୁ ମୁକ୍ତି ପାଇବାକୁ ହେଉ ଅନ୍ୟର ଅଙ୍କ ଶାୟିନୀ କରିବାକୁ ପ୍ରବର୍ତ୍ତାଇବା ଏକ ସାଧାରଣ ଘଟଣା ହୋଇଗଲାଣି , ତାହାର ପୃଷ୍ଠଭୂମି ଉପରେ ରଚିତ ହୋଇଛି ତାଙ୍କର 'ବସ୍ତ୍ରହରଣ' ଗଳ୍ପ । ଆଶୁତୋଷ ଓ ସୁନନ୍ଦ ଭଳି ଚରିତ୍ର ମାନଙ୍କର ପତ୍ନୀକୁ ମାଧ୍ୟମ କରି ଅର୍ଥ ଉପାର୍ଜ୍ଜନ, ଅର୍ଥ ଆତ୍ମସାତ ଓ ଉତ୍କୋଚ ଗ୍ରହଣ ମନୋବୃତ୍ତିକୁ ଗାଳ୍ପିକା ବିଦ୍ରୁପ କରି ସାମାଜିକ ସଂସ୍କାର ଆଣିବାର ଉଦ୍ୟମ କରିଛନ୍ତି । ଶାସନ ସଂସ୍ଥାରେ ରହି ଆସିଥିବା ଲାଞ୍ଚ ପ୍ରତି ବିଦ୍ରୁପାତ୍ମକ ଦୃଷ୍ଟିଭଂଗୀ ତାଙ୍କର ପ୍ରକାଶ ପାଇଛି 'ବ୍ୟୂହ' ଗଳ୍ପରେ । 'ବାଉଁଶରାଣୀ', 'ସମୁଦ୍ର', 'ତାଣ୍ଡବ', 'ସମ୍ରାଟ୍', 'ଅନନ୍ୟ' ପ୍ରଭୃତି ଗଳ୍ପରେ ନାନା ସାମାଜିକ ଅବ୍ୟବସ୍ଥା ଓ ଦୁରାଚାର ପ୍ରତି ବିଦ୍ରୁପଭାବ ପ୍ରକାଶ ପାଇଛି । 'ଶୋକସଭା' ଗଳ୍ପରେ ଅଯଥା ସ୍ତୁତିଗାନ ପ୍ରସଙ୍ଗଟିକୁ ବ୍ୟଙ୍ଗ କରାଯାଇଛି । ଆଧୁନିକ ସଭ୍ୟତାକୁ ଆଦରି ନେଇଥିବା ଯୁବସମାଜର ଆମର ଧର୍ମ-ସଂସ୍କୃତି ପ୍ରତି ଅବଜ୍ଞା ଭାବକୁ 'ଆତ୍ମଜ' ଗଳ୍ପରେ ବ୍ୟଙ୍ଗ କରାଯାଇଛି । 'ଫ୍ରିଜ୍‌ଡ'ଗଳ୍ପରେ ଆଧୁନିକ ନାରୀର ଅତ୍ୟକ୍ତ ସେକ୍ସଇଚ୍ଛା ଓ ଫେସନ୍ ଲାଳସାକୁ ବ୍ୟଙ୍ଗ କରାଯାଇଛି । ସରକାରଙ୍କର ମାଗଣା ସେବାବ୍ୟବସ୍ଥା କିପରି ପ୍ରହସନରେ ପରିଣତ ହୋଇଛି ତାହା ମାଗଣା ଖଟିଆ' ଗଳ୍ପରେ ବ୍ୟଙ୍ଗାତ୍ମକ ପରିବେଶ ମଧ୍ୟରେ ଚିତ୍ରିତ ହୋଇଛି। 'ଅପରିଚିତ' ଓ 'ସାହାସୀ' ଗଳ୍ପ ଦ୍ୱୟରେ ପ୍ରକାଶ ପାଇଛି ତ୍ରୁଟିପୂର୍ଣ୍ଣ ପରୀକ୍ଷା ପଦ୍ଧତି ଓ ମୂଲ୍ୟାୟନ ପ୍ରତି ବ୍ୟଙ୍ଗବିଦ୍ରୂପାତ୍ମକ ଦୃଷ୍ଟିଭଙ୍ଗୀ । 'ମନ୍ଥନ' ଓ 'ଖେଳ ଘର' ଗଳ୍ପଦ୍ୱୟରେ ଯଥାକ୍ରମେ ନେତାମାନଙ୍କର ଇଙ୍ଗିତରେ ପିଲାଙ୍କ ପାଇଁ ଆସୁଥିବା କ୍ଷୀର, ଚାଉଳ, ଗହମ ଆଦିର ବାଟମାରଣା ପ୍ରସଙ୍ଗ ଓ ମିଥ୍ୟା ପ୍ରତିଶ୍ରୁତି ପ୍ରସଙ୍ଗକୁ ଗାଳ୍ପିକା ବ୍ୟଙ୍ଗ କରିଛନ୍ତି । ସଂକ୍ଷେପରେ କହିବାକୁ ଗଲେ ଆମ ସମାଜର ତଳୁ ଉପର ଯାଏଁ, ନଥିଲାବାଲା ଠାରୁ ଥିଲାବାଲା ଯାଏଁ, ପୁରୁଷ ଠାରୁ ନାରୀ ଯାଏଁ, ରୋଷଶାଳାରୁ ସରକାରୀ ଦପ୍ତର ଯାଏଁ ଯେଉଁଠି

ଲେଖିକା କିଛି ସ୍ଖଳନ ଦେଖିଛନ୍ତି ତାକୁ ବ୍ୟଙ୍ଗ କରିବାକୁ ଭୁଲିନାହାନ୍ତି। ଅବଶ୍ୟ କଳାତ୍ମକ ଢଙ୍ଗରେ ଏହା ସାମାଜିକ ଶୃଙ୍ଖଳା ଆନୟନ ନିମନ୍ତେ ଉଦ୍ଦିଷ୍ଟ।

**୨. ବୀଣାପାଣିଙ୍କ ଗଳ୍ପରେ ବିଷୟବସ୍ତୁ ସଂଯୋଜନା:**

ବିଷୟବସ୍ତୁ କହିଲେ ଗଳ୍ପ (Story) ବା ଘଟଣା ପ୍ରବାହ, ଗଳ୍ପର କାରଣ (Plot) ଏବଂ ସ୍ରଷ୍ଟାଙ୍କର ଜୀବନ ଦର୍ଶନ ବା ଜୀବନ ପ୍ରତି ଦୃଷ୍ଟିଭଙ୍ଗୀ (Property of the Author) ର ସମାହାରକୁ ବୁଝାଇଥାଏ। ଜୀବନ ସର୍ବଦା ଘଟଣାବହୁଳ। ଏହି ଘଟଣାମାନଙ୍କ ମଧ୍ୟରୁ ଯେଉଁଟି ଗଳ୍ପ ସ୍ରଷ୍ଟାର ଅନ୍ତରକୁ ଛୁଏଁ, ଚହଲାଇଦିଏ ତାକୁହିଁ ଆଧାର କରି ସ୍ରଷ୍ଟା ଗଳ୍ପଟିଏ ସୃଷ୍ଟି କରେ। ଓଡ଼ିଆ ଗଳ୍ପ ସାହିତ୍ୟର ପ୍ରଥମ ପର୍ଯ୍ୟାୟରେ ଯେମିତି ଗୋଟିଏ ଗୋଟିଏ କଥା ବସ୍ତୁକୁ ପ୍ରାଧାନ୍ୟ ଦେଇ ଗତାନୁ ଗତିକ ଧାରାରେ ବର୍ଣ୍ଣନାତ୍ମକ ଶୈଳୀରେ ଗଳ୍ପ ରଚିତ ହେଉଥିଲା। ଆଜି ସେ ଧାରାରେ ଯଥେଷ୍ଟ ପରିବର୍ତ୍ତନ ଘଟିଛି। ନିର୍ଦ୍ଦିଷ୍ଟ ଏକ ମୁଡ୍ ବା ଆଇଡିଆକୁ ନେଇ ଗଳ୍ପ ସୃଷ୍ଟି କରାଯାଇଛି। ଏହି ପରିପ୍ରେକ୍ଷୀରେ ଗାଳ୍ପିକା ବୀଣାପାଣିଙ୍କର କଥାବସ୍ତୁ ବିଚାର୍ଯ୍ୟ। ଯଦିଓ ଗଳ୍ପ ରଚନାର ପ୍ରାରମ୍ଭିକ କାଳରେ ସେ ରୋମାଣ୍ଟିକ ଗଳ୍ପ ଲେଖୁଥିଲେ ପରବର୍ତ୍ତୀ ପର୍ଯ୍ୟାୟରେ ଜୀବନ ସହ ଯୁଝୁଥିବା ଯନ୍ତ୍ରଣା ଜର୍ଜରିତ ମଣିଷର କଥାକୁ ସେ ଗୁରୁତ୍ୱ ଦେଇଛନ୍ତି। ବିଶେଷ କରି ନାରୀ ନିର୍ଯାତନା ଶୋଷଣ, ଧର୍ଷଣ, ଆଧୁନିକ ଶିକ୍ଷା ପଦ୍ଧତି, ବିପ୍ଳବ, ପ୍ରେମପ୍ରଣୟ, ହତାଶା ଛଳନା, ରାଜନୀତି ପ୍ରତିଟି କ୍ଷେତ୍ରରୁ ସେ କଥାବସ୍ତୁ ସାଉଁଟିଛନ୍ତି। କାହାଣୀଧର୍ମୀତା ବା ଘଟଣାସର୍ବସ୍ୱ କଥାବସ୍ତୁକୁ ଛାଡି ଗାଳ୍ପିକା ସାଂପ୍ରତିକ ମଣିଷର ଯନ୍ତ୍ରଣା କାତର ଜୀବନର ଗାଥା ଗାଇଛନ୍ତି ଏବଂ ଏକ ସୁସ୍ଥ ସୁନ୍ଦର, ସୁଖୀ ମଣିଷର ସ୍ୱପ୍ନ ଦେଖାଇଛନ୍ତି। ତାଙ୍କରି ଭାଷାରେ,"ମୋର ପ୍ରତ୍ୟେକ ଗଳ୍ପରେ କେବଳ ଯନ୍ତ୍ରଣାର କଥା ମୁଁ କହିନି, ଯନ୍ତ୍ରଣାକୁ ଅତିକ୍ରମ କରି ଏକ ସୁସ୍ଥ, ସୁନ୍ଦର ସମାଜ ଓ ସୁଖୀ ମଣିଷର ଚିତ୍ର ମୁଁ ଦେଖିଛି "।[୧୬]

ସମକାଳୀନ ସମାଜର ପ୍ରେକ୍ଷାପଟରେ ରାଜନୀତିକ, ସାଂସ୍କୃତିକ, ଆର୍ଥନୀତିକ ସଙ୍କଟ ଓ ସମସ୍ୟା ମଧ୍ୟରେ ନାରୀ-ପୁରୁଷକୁ ପକାଇ-ଉଠାଇ, ଗଢ଼ାଇ-ତଡ଼ାଇ ଗାଳ୍ପିକା ମାର୍କ୍ସବାଦ, ଅସ୍ତିତ୍ୱବାଦ, ଫ୍ରଏଡୀୟ ମନୋ ବିଜ୍ଞାନର ପୁଟ ଚଢାଇ ନାରୀ-ପୁରୁଷର ସମନ୍ୱୟ ଓ ସହାବସ୍ଥାନ ନିମିତ୍ତ ମାନବତାବାଦକୁ ଶ୍ରେୟ ମଣିଛନ୍ତି। ପ୍ରତିଟି ଗଳ୍ପରେ ଏକ ମାନବିକ ସମ୍ବେଦନଶୀଳତାର ସ୍ରୋତ ଅନୁଭୂତ ହୋଇଥାଏ। "ତେଣୁ ତାଙ୍କ ଗଳ୍ପ ହୋଇଯାଇଛି ଚଳନ୍ତି ସମୟର ଦର୍ପଣ ଯେଉଁଥିରେ ପ୍ରତିବିମ୍ବିତ ହୋଇଛି ସମାଜ ଓ ଜୀବନର ନାନା ଦିଗ।"[୧୭]

ଗାଳ୍ପିକାଙ୍କର ପ୍ରଥମ ଗଳ୍ପ "ଗୋଟିଏ ରାତ୍ରିର କାହାଣୀ" (୧୯୫୮) ଠାରୁ

ଆରମ୍ଭ କରି ପ୍ରାୟ ତିରିଶରୁ ଅଧିକ ଗଳ୍ପ ସଂକଳନ ମଧ୍ୟରେ ପାଞ୍ଚଶହ ପାଖାପାଖି ଗଳ୍ପ ପ୍ରକାଶିତ। ସବୁ ଗଳ୍ପ ଏକ ସୁଚିନ୍ତିତ କାହାଣୀର ଭିତ୍ତି ଉପରେ ଗଢ଼ି ଉଠିଥିବା ଲକ୍ଷ୍ୟ କରିହୁଏ। ବିଶେଷକରି କାହାଣୀର ଚମତ୍କାରିତାଠାରୁ ଘଟଣାର ପ୍ରାବଲ୍ୟ ଅଧିକ ପରିଲକ୍ଷିତ ହୋଇଥାଏ। ନାରୀ ଜୀବନ ପ୍ରତିଟି ଗଳ୍ପର କେନ୍ଦ୍ରବିନ୍ଦୁ ହୋଇଥିଲେ ହେଁ ତନ୍ମଧ୍ୟରେ ସାଂପ୍ରତିକ ଜୀବନର ଜଟିଳତା, ଦ୍ୱନ୍ଦ୍ୱ, ସମସ୍ୟା, ଉତ୍କଟ ଆର୍ଥିକ ଅଭାବ, ଦାମ୍ପତ୍ୟ ଜୀବନର ଅପୂର୍ଣ୍ଣତା, ପ୍ରେମଜନିତ ମାନସିକ ଜ୍ୱଳନ ଆଦିର ବିସ୍ତାର ଫଳରେ କଥାବସ୍ତୁ ଆକର୍ଷଣୀୟ ହୋଇଥାଏ। 'ସୁଅ', 'ଡିମିରି ଫୁଲ', 'ଭଉଁରି' 'ମେଘ', ପ୍ରତିଧ୍ୱନି, ଚିଡ଼ିଆଖାନା, ପଦ୍ମା, ପ୍ରଭୃତି ଗଳ୍ପ ଏ ସମସ୍ୟା ଉପରେ ଆଧାରିତ। ସମସ୍ୟା ଘେରା ଜୀବନ ମଧ୍ୟରେ ନିପୀଡ଼ିତ ମଣିଷର ବ୍ୟର୍ଥତା, ଅସହାୟତା ସତ୍ତ୍ୱେ ଲେଖିକା ମଣିଷପଣିଆ ଅନ୍ୱେଷଣ କରିଛନ୍ତି। ତାଙ୍କରି ଭାଷାରେ, "ମୋର ଶିଳ୍ପୀସତ୍ତା ଜାଣେ ନାହିଁ, ଗଳ୍ପଟି କେଉଁଠି ଆରମ୍ଭ ହୋଇ କେଉଁଠି ଶେଷ ହେଲେ ପାଠକ ହୃଦୟକୁ ଜୟ କରିପାରିବ। ସେଥିପାଇଁ କାହାଣୀ ଲେଖିବାର ଏକ ନିର୍ଦ୍ଦିଷ୍ଟ ଫର୍ମୁଲା ମୋର ଉତ୍ତର ଦାୟାଦକୁ ଦେଇ ଚମତ୍କୃତ କରାଇଦେବାର ଅଭିଳାଷ ମୋର କେବେହେଁ ନ ଥିଲା ଆଜି ମଧ୍ୟ ନାହିଁ। ନିଜ ଜୀବନର ରକ୍ତ ସ୍ରୋତରେ ରସାଣିତ ହୋଇ ମୁଁ ଖୋଜି ବୁଲୁଛି ଯାହା ଚିରନ୍ତନ ସତ୍ୟ ମଣିଷ ବଞ୍ଚିବା ପାଇଁ ପ୍ରତିଟି ଛକରେ ନୀପିଡ଼ିତ ମଣିଷର ଆର୍ତ୍ତଚିତ୍କାର ଶୁଣି ମୁଁ ଅଟକି ଯାଇଛି। ହାତରେ ତାର ତରବାରୀ ଧରେଇ ତାକୁ ପରିସ୍ଥିତିକୁ ଭେଟିବାକୁ ସାହସ ଦେଇଛି।"[୨୮] ଗାଳ୍ପିକାଙ୍କର ଏହି ଅଭିବ୍ୟକ୍ତି ହିଁ ସୁଚାଇଦିଏ ତାଙ୍କ ଗଳ୍ପ ସାମ୍ରାଜ୍ୟର ଦିଗଦିଗନ୍ତ। ଏହାର ବ୍ୟାପ୍ତି ସଂକୀର୍ଣ୍ଣ ନୁହେଁ; ବିସ୍ତୀର୍ଣ୍ଣ। ଏହି ବିସ୍ତୀର୍ଣ୍ଣତା ମଧ୍ୟରୁ ବାଛି ବାଛି କେତୋଟି ଗଳ୍ପର କଥାବସ୍ତୁକୁ ଆଲୋଚନାର ପରିସରଭୁକ୍ତ କରାଯାଇଛି ମୋର ଏହି ଗବେଷଣାତ୍ମକ ସନ୍ଦର୍ଭରେ। କାରଣ ବୀଣାପାଣିଙ୍କର ଗଳ୍ପ ସମଗ୍ରର ପ୍ରତିଟି ଗଳ୍ପକୁ ନେଇ କଥାବସ୍ତୁର ଆଲୋଚନା କଲେ ତାହା ଏକ ସ୍ୱତନ୍ତ୍ର ଗବେଷଣାର ବିଷୟବସ୍ତୁରୂପେ ଉପସ୍ଥାପିତ ହେବ।

ଗଳ୍ପରଚନାର ଉନ୍ମେଷ କାଳରେ କବୟିତ୍ରୀ ବୀଣାପାଣିଙ୍କର ଗାଳ୍ପିକା ରୂପେ ଆତ୍ମପ୍ରକାଶ ଘଟିଛି କେତୋଟି ରୋମାଣ୍ଟିକ୍ ଗଳ୍ପ ସଂକଳନ ମାଧ୍ୟମରେ। 'ନବତରଙ୍ଗ', 'ପାନ୍ଥଶାଳୀ ଓ ରକ୍ତକରବୀ' 'ତଟିନୀର ତୃଷ୍ଣା' ନାମରେ ପ୍ରକାଶ ପାଇଥିବା ତିନୋଟି ଗଳ୍ପ ସଂକଳନରେ ପ୍ରକାଶିତ ୩୫ ଗୋଟି ଗଳ୍ପ ଏହି ପର୍ଯ୍ୟାୟର। ଦେହଜ ଠାରୁ ଦେହାତୀତ ପ୍ରେମ ଯାଏଁ ଏସବୁ ଗଳ୍ପର ଚରିତ୍ରମାନେ ବିଚରଣ କରିଛନ୍ତି। ପ୍ରେମିକ-ପ୍ରେମିକାଙ୍କର ବିରହ, ବିଚ୍ଛେଦ, ମିଳନ, ସୁଖ ଦୁଃଖ ପାଠକ-ପାଠିକାଙ୍କ ମନରେ ଏକ ରୋମାଣ୍ଟିକ୍ ଭାବ ସୃଷ୍ଟିରେ ସହାୟକ ହୋଇଥାଏ। ୧୯୫୮ରୁ ୧୯୭୨ ପର୍ଯ୍ୟନ୍ତ ଲେଖିକାଙ୍କର ଗଳ୍ପ ସାମ୍ରାଜ୍ୟ ଏହି ରୋମାଣ୍ଟିକ ଭାବ-ବଳୟର କଥାବସ୍ତୁକୁ ନେଇ ଗତିଶୀଳ ହେବା ପରେ

୧୯୭୩ରୁ ୧୯୮୭ର ସମୟ ଲେଖିକାଙ୍କୁ ବାସ୍ତବବାଦୀ କରି ଗଢ଼ିଛି । ଅନ୍ୟୁନ ୧୭୩ଟି ଗଳ୍ପ ତେରଗୋଟି ଗଳ୍ପସଂକଳନରେ ସ୍ଥାନିତ ହୋଇଛି ଏବଂ ଏହି ସମୟର ଅବଧି ମଧ୍ୟରେ ଗାଳ୍ପିକା ଗଳ୍ପ ରଚନାରେ ସିଦ୍ଧି ଲାଭ କରିପାରିଛନ୍ତି ।

ସଂପ୍ରତି ସମାଜରେ ଘଟୁଥିବା ଦୁର୍ନୀତି, ବ୍ୟଭିଚାର , ଶୋଷଣ , ଧନୀକ, ମଧ୍ୟବିତ୍ତ ଓ ନିମ୍ନବିତ୍ତ ସଂପ୍ରଦାୟର ସ୍ୱପ୍ନ-ଭଙ୍ଗ, ସବୁ ସମସ୍ୟାର ବାସ୍ତବ ଚିତ୍ର ଏହିସମୟର ଗଳ୍ପ-ଗୁଡ଼ିକରେ ସ୍ଥାନ ପାଇଛି । 'ଅଂଧକାରରେ ଛାଇ' ଗଳ୍ପରେ ଧନୀକ ଶ୍ରେଣୀ ପରାଙ୍ଗ ପୁଷ୍ଟ ସାଜିଛି । ତାର ସ୍ୱାର୍ଥସାଧନ ଲାଗି ଦୁନୀତି ଓ ଶୋଷଣର ମାର୍ଗ ଖୋଜା ଚାଲିଛି । ରିଲିଫ୍ ବଣ୍ଟନର ଅବ୍ୟବସ୍ଥା ଜନିତ ବାସ୍ତବ ଚିତ୍ର 'ଦର୍ଶକ ' 'ଖେଳଘର' ଭଳି ଗଳ୍ପରେ ଦେଖିବାକୁ ମିଳିଥାଏ । 'କଳାପାହାଡ଼' 'ମନ୍ଥନ' ଗଳ୍ପରେ ଦୁର୍ନୀତି ଓ ଅତ୍ୟାଚାର ବିରୁଦ୍ଧରେ ବିଦ୍ରୋହର ସ୍ୱର ଅନୁରଣିତ ହୋଇଛି । 'ଦର୍ପଣ', 'କର୍ତ୍ତବ୍ୟ', 'ନଈ', 'କାଚଘର', 'ଅପରାଜିତା' ପ୍ରଭୃତି ଗଳ୍ପରେ ବିପର୍ଯ୍ୟସ୍ତ ଦାଂପତ୍ୟ ପ୍ରେମର ସୂଚନା ମିଳେ । ଆର୍ଥିକ ସଂକଟର ଚିତ୍ର 'ପେଣ୍ଡୁ', 'ଦ୍ୱିତୀୟ ଈଶ୍ୱର', 'ଚିତ୍ରିତ ଅନ୍ଧାର', 'ଜଉ', 'ଦ୍ୱୀପ', 'ଆରୋହଣ', 'ମରୁଛାୟା' ପ୍ରଭୃତି ଗଳ୍ପରେ ଦେଖିବାକୁ ମିଳେ । ପ୍ରାୟ ପ୍ରତ୍ୟେକଟି ଗଳ୍ପରେ ପୁରୁଷ ପ୍ରଧାନ ସମାଜରେ ଦେଖା ଦେଉଥିବା ପୁରୁଷର ଔଦ୍ଧତ୍ୟ ଓ ନାରୀଉପରେ ଘଟୁଥିବା ତଜ୍ଜନିତ ଅନ୍ୟାୟ ଅତ୍ୟାଚାର ଓ ଶୋଷଣର ଛବି ପ୍ରକୀର୍ତ୍ତିତ । ଜୀବିକାର୍ଜ୍ଜନ ଉଦ୍ଦେଶ୍ୟରେ ଚାକିରି ଖୋଜୁଥିବା ଝିଅଟିଏ 'ଇଣ୍ଟରଭିଉ' ଗଳ୍ପରେ ଧର୍ଷିତା ହୋଇଛି । ଚାକିରୀ କରୁଥିବା ସ୍ତ୍ରୀ ଲୋକଟିଏ ଅଫିସ ଫେରନ୍ତା ବାଟରେ ଧର୍ଷିତା ହେବାର କଥା 'ଜଉ' ଗଳ୍ପରେ ବର୍ଣ୍ଣିତ । ମଦ୍ୟପ ସ୍ୱାମୀ କର୍ତ୍ତୃକ ସ୍ତ୍ରୀଟିଏ ବେଶ୍ୟାବୃତ୍ତି କରିବାକୁ ବାଧ୍ୟ ହୁଏ -ଏଭଳି କାହାଣୀକୁ ନେଇ 'ପେଣ୍ଡୁ'ଗଳ୍ପ ରଚିତ ହୋଇଛି । ଅତ୍ୟାଚାର ସୀମା ଟପିଗଲେ ନାରୀ ମଧ୍ୟ ବିଦ୍ରୋହିଣୀ ହୋଇପାରେ । 'ପାଟ ଦେଈ'ର ପାଟ, 'ଶ୍ୟାମଳୀର ଉପାଖ୍ୟାନ' ଗଳ୍ପର ଶ୍ୟାମଳୀ , 'ଚାମେଲୀର ଚା'ଗଳ୍ପର ଚାମେଲୀ ଏ ସମସ୍ତେ ପୁରୁଷର ଅତ୍ୟାଚାର ବିରୁଦ୍ଧରେ ବିଦ୍ରୋହ କରିଛନ୍ତି । "ବିନାଶ୍ରୟେ ନ ବର୍ତ୍ତନ୍ତି କବିତା ବନିତା ଲତା'' ପରି ପାରଂପରିକ ବିଶ୍ୱାସମୂଳରେ କୁଠାରଘାତ କରି ଲେଖିକା ବହୁ ଗଳ୍ପରେ ପ୍ରମାଣିତ କରିଛନ୍ତି ପୁରୁଷର ଆଶ୍ରୟ ବିନା ନାରୀ ଏକାକୀ ବଞ୍ଚିପାରେ । ସମ୍ଭବତଃ ଲେଖିକାଙ୍କର ବ୍ୟକ୍ତିଗତ ଅନୁଭୂତି ଓ ଅଭିଜ୍ଞ ମାନସିକତା ଏଭଳି ଚରିତ୍ର ସୃଷ୍ଟିର କାରଣ ।

୧୯୮୭ ମସିହା ପରବର୍ତ୍ତୀ ଗଳ୍ପମାନଙ୍କରେ ଗାଳ୍ପିକାଙ୍କର ଗଳ୍ପ ଉତ୍ତରଣ ପର୍ଯ୍ୟାୟଭୁକ୍ତ ।ଏସବୁ ଗଳ୍ପରେ ବିବର୍ତ୍ତନର ଧାରା ପରିବର୍ତ୍ତନ ବଦଳରେ ଉନ୍ମେଷ ପର୍ଯ୍ୟାୟରେ କ୍ଷୀଣ ସ୍ୱରରେ ଆସିଛି ଦୃଢ଼ତା । ପ୍ରାଥମିକ ପର୍ଯ୍ୟାୟର ଗଳ୍ପ ଗୁଡ଼ିକରେ ଲେଖିକା ମାନବିକ ଶ୍ରଦ୍ଧା ଓ ନାରୀରସମସ୍ୟା ପ୍ରତି ସମ୍ବେଦନ ଶୀଳତା ଦେଖାଇଥିଲେ । ତାହାର

ବଳିଷ୍ଠତା ଉତ୍ତରଣ ପର୍ଯ୍ୟାୟରେ ସ୍ପଷ୍ଟ । ଏ ସମୟର ଗଳ୍ପଗୁଡ଼ିକରେ ନାରୀର ସମସ୍ୟା, ପାରିବାରିକ ଚିତ୍ର, ନାରୀର ସ୍ୱାଭିମାନ ଓ ସ୍ୱାଧିନ-ଚେତା ମନୋଭାବ, ଆଧ୍ୟାତ୍ମିକ ଚେତନା ଆଦି ପ୍ରକଟିତ ହୋଇଛି ।

'ଆହା ବିଚାରୀ' ଗଳ୍ପରେ ସରକାରୀ ଚାକିରୀ କରିଥିବା ଜନୈକା ନାରୀର ପରିବାର ତଥା ନିଜପାଖରେ ନିଜର ଅସହାୟତା ପ୍ରକାଶିତ । ଅନ୍ଧକୂପରେ ନାରୀ ଅତ୍ୟାଚାରର ରୂପ ପ୍ରତୀକିତ । 'କାହାଣୀନୁହେଁ ' ର ଯଶୋଦା ଏବଂ 'ଅନଳ' ଗଳ୍ପର କେତକୀ ଅନ୍ୟାୟ ବିରୁଦ୍ଧରେ ପ୍ରତିବାଦ କରିବା ଦର୍ଶାଯାଇଅଛି । 'ଭୂସ୍ୱର୍ଗ' ଗଳ୍ପରେ ଅବସର ପ୍ରାପ୍ତ ପ୍ରତାପ ସିଂ ନିଜଘରେ ନିଜେ ଅତିଥି ଭଳି ରହିଛନ୍ତି । ଘରର କଂସାବାସନ ଭାଇ-ଭାଇ ଭିତରେ ବଣ୍ଟା ହେବା ପରି ବୁଢ଼ା ବୁଢ଼ୀ ବଣ୍ଟା ଯାଇଛନ୍ତି । ଆଇନକୁ ରକ୍ଷା କରୁଥିବା ପୋଲିସ୍ ଦ୍ୱାରା ନାରୀ ଧର୍ଷିତା ହେବା 'ଶତାବ୍ଦୀର ସିଂହାସନ'ଗଳ୍ପର କଥାବସ୍ତୁ । 'ମାନମୟୀ' ଗଳ୍ପର ବିଷୟବସ୍ତୁ ହେଲା – ସ୍ୱାମୀର ମୃତ୍ୟୁ ପରେ ବିଧବା ସାଜିଥିବା ନାରୀଟିଏ ଅନ୍ୟ ସ୍ୱାମୀ ଗ୍ରହଣ କରି ପାରିବ ନାହିଁ; ଅଥଚ୍ ସ୍ତ୍ରୀ ମରିଗଲେ ସ୍ୱାମୀଟିଏ ଅନ୍ୟ ସ୍ତ୍ରୀ ଗ୍ରହଣ କରିବାରେ କିଛି ବାଧା ନାହିଁ । 'ଜନ୍ମାନ୍ତର' ଗଳ୍ପରେ କ୍ୟାନ୍ସର୍ ରୋଗୀଟିର ଆସନ୍ନ ମୃତ୍ୟୁ ଅବସ୍ଥାରେ ପୁଅ ,ବୋହୂ,ବନ୍ଧୁ-ବାନ୍ଧବ ଓ ଆତ୍ମୀୟ ଜନଙ୍କର ଲୋକଦେଖାଣିଆ ଆନ୍ତରିକତା ହୀନ ସମବେଦନା ଜ୍ଞାପନ ଚିତ୍ରିତ । 'ସମର୍ପଣ' ଗଳ୍ପଟିରେ ଆଧୁନିକ ଫେସନ ସର୍ବସ୍ୱ ମଣିଷର କଥା ପ୍ରତିବିମ୍ବିତ । 'ବଡଦାଣ୍ଡ' ଓ 'ଜନ୍ମାନ୍ତର' ଭଳି ଗଳ୍ପରେ ଆଧ୍ୟାତ୍ମିକ ମନୋଭାବ ପରିବେଷିତ ।

ଉପରୋକ୍ତ ଆଲୋଚନାରୁ ସ୍ପଷ୍ଟ ହୁଏ ଯେ ଗାଳ୍ପିକା ବୀଣାପାଣି ସମକାଳୀନ ସମାଜର ପ୍ରତିଟି ସମସ୍ୟାରୁ ଓ ସମାଜରେ ପ୍ରତିଟି ଶ୍ରେଣୀର ଅନ୍ତର୍ଭୁକ୍ତ ମଣିଷମାନଙ୍କୁ ତାଙ୍କ ଗଳ୍ପରେ ସ୍ଥାନ ଦେଇଛନ୍ତି । ମୁଖ୍ୟତଃ ସେ ତାଙ୍କ ଗଳ୍ପରେ ଏକ ସୁଚିନ୍ତିତ କାହାଣୀ କହିଯାଇଛନ୍ତି ।

ଯଥାର୍ଥରେ "କଥା ସାହିତ୍ୟର ସୃଜନ ବିଦ୍ଧାଣୀ ବୀଣାପାଣି" ପୁସ୍ତକରେ ସନ୍ନିହିତ "ବୀଣାପାଣିଙ୍କୁ ମୁଁ ଯେମିତି ଜାଣେ" ପ୍ରବନ୍ଧରେ ଅଳକା ଚାନ୍ଦଙ୍କର ମନ୍ତବ୍ୟଟି ଏ ଦୃଷ୍ଟିରୁ ବେଶ ପ୍ରଣିଧାନଯୋଗ୍ୟ ମନେ ହୁଏ । "ବୀଣାପାଣିଙ୍କ ଗଳ୍ପ ଜଗତ ଏକ ପ୍ରସାରିତ ଜଗତ, ମାଟିରୁ ଆକାଶଯାଏ ବ୍ୟାପ୍ତି । ମା, ସାବତମା, ଶାଶୁ, ବୁଢ଼ୀମା', ଗଣ ଭୋଗୀ ଝିଅ ... କିଶୋରୀ ବିଭିନ୍ନ ରୂପରେ ଆବିର୍ଭୂତା ତାଙ୍କର ଚରିତ୍ର, ବିଭିନ୍ନ ଗଳ୍ପ ସାଧାରଣ ମଧ୍ୟବିତ୍ତ ପରିବାର ଦରିଦ୍ର ନିଷ୍ପେସିତ ପରିବାର / ପୁରୁଷ ଅହଂଶାସିତ ପରିବାର ... ବିଭିନ୍ନ ପରିବାରକୁ ସେ ପ୍ରବେଶ କରିଛନ୍ତି । ନିଜକୁ ସର୍ବଦା ବିଚ୍ଛିନ୍ନ ରଖିଛନ୍ତି ।ଚରିତ୍ର ମାନଙ୍କୁ ଦୂରରୁ ନିରୀକ୍ଷଣ କରିଛନ୍ତି" ।

## ୩. ବୀଣାପାଣିଙ୍କ ଗଳ୍ପର କଥାବସ୍ତୁରେ ଘଟଣାପ୍ରବାହ

କାହାଣୀ ଅପେକ୍ଷା ବୀଣାପାଣିଙ୍କର ଗଳ୍ପମାଳାରେ ଘଟଣା ପ୍ରବାହର ମାତ୍ରା ଅଧିକ ଅନୁଭୂତ ହୁଏ । ଏହି ଘଟଣାଗୁଡିକ ଏକସୂତ୍ରରେ ବନ୍ଧା ହୋଇ ନ ରହିଲେ ଘଟଣାମାନଙ୍କ ମଧ୍ୟରେ ସାମଞ୍ଜସ୍ୟ ରହେ ନାହିଁ। ବୀଣାପାଣିଙ୍କର ଗଳ୍ପର ଘଟଣା ସବୁ ପରିବେଶ ଉପରେ ଅଧିକ ନିର୍ଭରକରନ୍ତି । ତାଙ୍କର ଗଳ୍ପରାଜିର ଘଟଣା କାଳ୍ପନିକ ନୁହନ୍ତି ବାସ୍ତବ । ସେ ସମାଜ ସଂସ୍କାରକ ନୁହଁନ୍ତି, ଅଥଚ ସମକାଳୀନ ସମାଜରୁ ପୂର୍ବପ୍ରଚଳିତ କୁସଂସ୍କାରସବୁକୁ ବିତାଡିତ କରିବା ସହ ଆଧୁନିକ ମଣିଷର ଏକାକୀତ୍ୱ ତାଙ୍କର ଗଳ୍ପ ଗୁଡିକର ଘଟଣାସମୂହ।

ଯଦିଓ କ୍ଷୁଦ୍ରଗଳ୍ପର ଲକ୍ଷଣ ଅନୁଯାୟୀ ନାହିଁ ବର୍ଣ୍ଣନାରେ ଛଟା, ଘଟଣାର ଘନ ଘଟା,ସଂଭୂତ ଘଟଣାଧିକ୍ୟ କବଳରୁ କ୍ଷୁଦ୍ରଗଳ୍ପ ମୁକ୍ତ ତଥାପି ବୀଣାପାଣିଙ୍କର ଗଳ୍ପସବୁରେ ଏକାଧିକ ଗଳ୍ପାଂଶ, ଘଟଣା ପ୍ରବାହରେ ଏମିତି ବନ୍ଧା ହୋଇ ଯାଇଛନ୍ତି ଯେ ଗଳ୍ପ ଆରମ୍ଭରୁ ପରିଣତି ଯାଏଁ ଏକ ଅବଚ୍ଛିନ୍ନତାର ଭାବ ଉପଲବ୍ଧ ହୁଏ। ଆଲୋଚନା ମାଧ୍ୟମରେ ବୀଣାପାଣିଙ୍କର ଗଳ୍ପର କଥାବସ୍ତୁରେ ଘଟଣା ପ୍ରବାହ କିପରି ହୋଇଛି ଲକ୍ଷ୍ୟ କଲେ ତାଙ୍କର ଗଳ୍ପ ଗୁମ୍ଫନ କଳାର ପରିଚୟ ସ୍ପଷ୍ଟ ହେବ।

'ଚାମେଲିର ଚା' ଗଳ୍ପର ଘଟଣାପ୍ରବାହ ଚାରୋଟି ଗଳ୍ପାଂଶ ଉପରେ ଛିଡା ହୋଇଛି । ଗଳ୍ପର ଶେଷ ଘଟଣାଟି ଆରମ୍ଭରେ ବର୍ଣ୍ଣନା କରିସାରି ଗାଳ୍ପିକା ପ୍ରଥମ ଘଟଣା ଉପରେ ଆଲୋକପାତ କରିଛନ୍ତି। ପ୍ରଥମ ଘଟଣାଟି ଏହିପରି – 'ଚାମେଲିକୁ ବିବାହ ବନ୍ଧନରେ ବନ୍ଧାଯାଇଛି  ଏକ ବୟସ୍କ ପୁରୁଷ ସହ ଯିଏ ପରବର୍ତ୍ତୀ ସମୟରେ ମାଆ ପାଖରେ ଚାମେଲିକୁ ଛାଡି କଲିକତା ପଳେଇଛି । ଦ୍ୱିତୀୟ ଘଟଣା ଘଟିଛି ପଡିଶା ଘରର ନଖି ଭାଉଜ ତାକୁ ଆଦରରେ ଘରକୁ ଡାକି ନେଇ ସ୍ନୋ, ପାଉଡ. ତେଲ ଲଗାଇ ମୁଣ୍ଡ ବାନ୍ଧି ଦେବା ପରେ । ଚାମେଲିର ମାଆ କଟୁକଥା କହିଛି ଓ ଚାମେଲିର ମୁଣ୍ଡରୁ କେଶତକ କାଟିଦେଇଛି । ଚାମେଲି କଟୁକଥା ଶୁଣି ମନରେ କଷ୍ଟ ପାଇଛି । ନଖି ଭାଉଜ ସହାୟତାରେ କାମଟିଏ ଯୋଗାଡ କରି ରୋଜଗାର କରିପାରିଛି । ମାଆ ତାର ରୋଜଗାର ଅର୍ଥ ହାତରେ ପାଇ ବଦଳି ଯାଇଛି। ତାର ପରବର୍ତ୍ତୀ ଘଟଣା ସ୍ୱାମୀ ଫେରିଛି। ଚାମେଲି ଓ ଝିଅ ଗୋଲିକୁ ସ୍ନେହ ମମତାରେ ବଶ କରିଛି। ଚାମେଲି ପଛର ଦୁଃଖ କଥା ଭୁଲି ଆସିଲା ବେଳକୁ ବିଶ୍ୱାସରେ ବିଷ ଦେଇ ତାର ସ୍ୱାମୀ କାନର ନୋଳି, ହାତର ରୂପା ଗଡ୍ଡୁ ଓ କୋଡିଏ ଟଙ୍କା ସହ ଗୋଲି ବେକରେ ପକାଇ ଥିବା ଠାକୁରାଣୀଙ୍କ ମଙ୍ଗୁଳା ସୁନା ଚେନ୍ ନେଇ ପଳାଇଛି । ତାର ଔରସରୁ ଚାମେଲି ଗର୍ଭଜାତ ଅନ୍ୟଏକ କନ୍ୟା ସନ୍ତାନ ସ୍ୱାମୀ ଯିବାର ଦଶଦିନ ପରେ ଜନ୍ମ ହୋଇ ମୃତ୍ୟୁ ମୁଖରେ ପଡିଛି । ପରେ ପରେ ଚାମେଲିର ମାଆ ମଧ୍ୟ ମୃତ୍ୟୁ ମୁଖରେ ପଡିଛି।

ଚାମେଲି ଜୀବନର ୪ର୍ଥ ଘଟଣା ସେ ଚା ଦୋକାନିଟିଏ କରିଛି । କଷ୍ଟଦିନ ପରେ ତାର ସ୍ୱାମୀ ଆସି ପହଞ୍ଚିଛି । ସ୍ୱାମୀର ଫେରିବା ଘଟଣା ତାର ମନରେ ସୁଖ ଦେଇନି । ଏବେ ସେ ପ୍ରତିଶୋଧ ପରାୟଣ । ତା' ହାତରେ ଯାହା ପଡିଛି ସ୍ୱାମୀ ଉପରକୁ ଫିଙ୍ଗିଛି । ଜୀବନ ବିକଳରେ ସ୍ୱାମୀ ଦୌଡି ପଳାଉ ପଳାଉ ମୁଣ୍ଡରେ ଦୁଧ ହାଣ୍ଡି ବାଜି ଭାଂଗି ଯାଇଛି । ପରବର୍ତ୍ତୀ ଘଟଣାଟି ଗଳ୍ପରେ ନାଟକୀୟତା ଆଣିଛି । ଚାମେଲି ଶୁଣିଛି ଯେ ସ୍ୱାମୀକୁ ବେମାର ଗ୍ରାସିଛି । ବଂଚିବ କି ନାହିଁ ଶେଷ ବେଳେ ତା'କୁ ଖୋଜୁଛି । ଭାରତୀୟ ନାରୀର ସର୍ବସଂହା କ୍ଷମାମୟୀ ରୂପ ତାକୁ କବଳିତ କରିଛି । ତାର ମନ ତରଳିଛି । ସବୁ ଭୁଲି ଦୋକାନ ବିକି ଓ ସଂଚିଥିବା ଅର୍ଥ ଧରି ସ୍ୱାମୀ ପାଖରେ ପହଞ୍ଚିଛି । ସ୍ୱାମୀର ସେବା-ଶୁଶୂଷା କରିବ । ତା'ରି ଭାଷାରେ 'ଜିଇଁ ଥାଉ ଥାଉ ମଣିଷଟା ନାରଖାର ହେବ ଦିହ ସହୁନି ରକତକୁ ରକତ ଡାକୁଛି"। (୨୯)

ଏଠାରେ ଲକ୍ଷ୍ୟ କରିବାର କଥାଯେ ଗଳ୍ପର ପ୍ରତିଟି ଗଳ୍ପାଂଶ ବା ଘଟଣା ପୂର୍ବାପର ସମ୍ବନ୍ଧରେ ଯୋଡି ହୋଇ ଯାଇଛି । ଗଳ୍ପର ଘଟଣା ବହୁଳତା ସତ୍ତ୍ୱେ ଗୁମ୍ଫନଶୈଳୀ ପାଠକୀୟ ଉତ୍କଣ୍ଠାକୁ ହ୍ରାସ ନକରି ବରଂ ବୃଦ୍ଧି କରିଛି । ପରବର୍ତ୍ତୀ ଘଟଣା କଣ ଜାଣିବାକୁ ଶେଷ ପର୍ଯ୍ୟନ୍ତ ପାଠକର ଏହି ଆବେଗ ଉତ୍କଣ୍ଠା ଥାଏ । ଏହିଠାରେ ହିଁ ତାଙ୍କର ଗଳ୍ପ ସୃଷ୍ଟିର ଚମତ୍କାରିତା ପ୍ରମାଣିତ ।

ସେହିପରି 'ପାଟ ଦେଈ' ଗଳ୍ପ । କ୍ଷୁଦ୍ରଗଳ୍ପର ଆରମ୍ଭ ନାଟକୀୟ । ଗଳ୍ପର ଶେଷ ଆରମ୍ଭରେ ସ୍ଥାନ ପାଇଛି । ତା'ପଛକୁ ପ୍ରଥମ ଘଟଣାଟି । - ଜଗୁ ବେହେରା ଜମି ପାଞ୍ଚଗୁଣ୍ଠ ବିକି ଝିଅ ପାଟକୁ ବାହା କରାଇବାର ଦୁଃସାହସ କରିଛି । ଯୋଗକୁ ସ୍ୱାମୀ ଚାଲି ଯାଇଛି କଲିକତା । ଶାଶୁ ଶ୍ୱଶୁରଙ୍କର ଗଞ୍ଜଣା ପାଟ ପକ୍ଷରେ ଅସହ୍ୟ ହୋଇଛି । ସେ ଫେରି ଆସିଛି ବାପା ପାଖକୁ । ଜଗୁ ଯେତେ ପଚାରିଲେ ମଧ୍ୟ ଶାଶୁ ଘରୁ ଚାଲିଆସିବାର କାରଣ ପାଟ କହିନାହିଁ । ବାପର ମନ କହିଛି -ପିଲାମନ ବୁଝିଗଲେ ଆପେ ପାଟ ଶାଶୁ ଘରକୁ ଚାଲିଯିବ ।

ଦ୍ୱିତୀୟ ଘଟଣା ଘଟିଛି ଦୋଳପୁନେଇଁ ପରଦିନ ଜଗୁ ବେହେରା ଘରର ଶିକୁଳି ଦେଇ ପାଟ କୁଆଡେ ଚାଲିଯାଇଛି ଯେ ଜଗୁ ଖୋଜି ଖୋଜି ପାଇନି । ଗାଁ ଲୋକେ ବାରକଥା କହିଛନ୍ତି । କେତେଦିନ ପରେ ବନ୍ଦଥିବା ଘରର ଶିକୁଳିକୁ ଚାହିଁ ଚାହିଁ ଜଗୁର ପ୍ରାଣ ଚାଲିଯାଇଛି । ସେଇ ପିଣ୍ଡାରେ ସେ ମରିଯାଇଛି ।

ଗଳ୍ପଟି ପରିଣତିରେ ପହଞ୍ଚି ଯାଇଛି ବୋଧ ହେଲାବେଳକୁ ଗାଳ୍ପିକା ନାଟକୀୟ ଢଙ୍ଗରେ ତୃତୀୟ ଘଟଣାଟି ସଂଯୋଜିତ କରିଛନ୍ତି । ହଠାତ୍ ଦିନେ ଜଗୁ ବେହେରାର ଚାଲିଯାଇଥିବା ଝିଅ ପାଟ ଗାଁକୁ ଫେରିଛି । କୋଳରେ ତାର ଦୁଇବର୍ଷର ପୁଅଟିଏ । ଗାଁ

ଲୋକଙ୍କର ଜିଜ୍ଞାସୁ ମନ ଚାହିଁଛି ଜାଣିବାକୁ ଏ ଛୁଆ କାହାର। ପାଟ ନୀରବ ରହିବା ଦ୍ୱାରା ଗାଁ ଲୋକଙ୍କର ସନ୍ଦେହ ବଢିଛି। ମଣି ଭାଉଜଙ୍କ ଶାଶୁ ସଂପର୍କୀୟ ଖୁଡି ପାଟର ଅଣ୍ଟାକୁ ଗୋଇଠାଟିଏ ପକାଇ ବେକରେ ଗୋଡ ଦେଇ ଗର୍ଜି ଉଠିକହିଲେ- କହ ସେ ଛୁଆ କାହାର ? କେଉଁ ଛତରରୁ ଆଣିଛୁ ? ସଭିଙ୍କ ସାମ୍ନାରେ ଅସହ୍ୟ ଯନ୍ତ୍ରଣାରେ ପାଟର ନିରବତା କଟିଯାଇଛି ଓ ଚତୁର୍ଥ ଘଟଣାଟି ସଂଘଟିତ ହୋଇ ଯାଇଛି। ପାଟ ବୁଢୀର ଗୋଡକୁ ଛିଞ୍ଚାଡି ଦେଇ ଛିଡା ହେଲା। ରାହା ଧରି କାନ୍ଦୁଥିବା ଛୁଆଟିକୁ କାଖେଇ ନେଇ କହିଲା ‘ ଏ ଛୁଆର ବାପା କିଏ ପଚାରୁଛତ ?ଏ ଛୁଆର ବାପା ତ ହେଇଟି ସମସ୍ତେ ଛିଡା ହୋଇଛନ୍ତି,ରମୁ,ନୀର,ଗୋପୀ,ମାଗୁଣି,ନରିଆ ଆଉ ତା’ପରକୁ ଦି ଚାରିଟା ସଭିଏଁତ କେମିତି କହିବି, ଛୁଆ କାହାର ବୋଲି। ରାତିରେ ଯେତେବେଳେ ମେଳଣ ଲଢେଇ ଲାଗିଥିଲା ଏଇ ସେ ରମୁ ସହ ସମସ୍ତେ ମିଶି ମୁହଁରେ ଗାମୁଛାଟା ମାଡିଦେଇ ଶୂନ୍ୟେ ଶୂନ୍ୟେ ଟେକି ନେଇଗଲେ। କଥାଟା ପ୍ରଘଟ ହେବା ଆଗରୁ ହରିଆକୁ ଟଙ୍କାଦେଇ କଟକ ପଠେଇ ଦେଲେ। ଖାଲି ବାପକୁ ନିନ୍ଦା ଦେବିନି ବୋଲି ଆଜି ପର୍ଯ୍ୟନ୍ତ ଆସି ନଥିଲି ଆଜି ମୋତେ ନ ପଚାରି ସେହିମାନଙ୍କୁ ପଚାର କିଏ ଏ ଛୁଆର ବାପ ?

ପାଟ ମୁହଁରୁ ଏକଥା ଶୁଣିବା ପରେ ସମସ୍ତେ ମୁହଁ ତଳକୁ କରି ଫେରି ଯାଇଛନ୍ତି। କାନ୍ଦଣା ଛୁଆଟାର ଶିଙ୍ଘାଣି ପୋଛି କାଖେଇ ନେଇ ବହେ ଗେଲକରି ପାଟ କହିଲା “ କାହିଁକି କାନ୍ଦୁଛୁ ? ଲୋକ ଦେଖିଲେ ତୋତେ ଡର ମାଡୁଛି କିରେ ସୁନା ? ଡର କାହିଁକିରେ ଧନ, ମୁଁ ଅଛି ପରା ? ଏ ଜଗତରେ କିଏ ମରଦପୁଅ ଅଛି ଯେ ତୋ’ ବାପ ବୋଲି ଚିହ୍ନାଦେବ ? ସେଥିପାଇଁ କାନ୍ଦନାରେ ପୁଅ, ତୋ ମା’ତ ଅଛି” । ଛୁଆଟା କଣ ବୁଝିଲା କେଜାଣି ହଠାତ୍ କାନ୍ଦଣା ବନ୍ଦ କରି ହସି ପକାଇଲା। ଏ ଗଳ୍ପରେ ଯେଉଁ ଚାରୋଟି ଘଟଣାକୁ ସମନ୍ୱୟ ରକ୍ଷାକରି ପରିବେଷଣ କରାଯାଇଛି ତାହା ଗଳ୍ପଟିକୁ ଗତିଶୀଳ କରିବା ସଙ୍ଗେ ସଙ୍ଗେ ପାଠକ ମନରେ ପରବର୍ତ୍ତୀ ଘଟଣା ଜାଣିବା ପାଇଁ ଉତ୍କଣ୍ଠା ସୃଷ୍ଟି କରିବାକୁ ସକ୍ଷମ ହୋଇଛି। ଏହିଭଳି ଭାବରେ ଗଳ୍ପର ମୁଖ୍ୟ ଘଟଣାକୁ କେନ୍ଦ୍ରକରି ଅନ୍ୟ ଛୋଟ, ଛୋଟ ଘଟଣା ଗୁଡିକୁ ଉପସ୍ଥାପନ କରିବାର ଶୈଳୀ ପ୍ରଧାନ ଘଟଣାକୁ ପ୍ରତିଷ୍ଠିତ କରିବାରେ ସହାୟକ ହୋଇଅଛି। ଗାଳ୍ପିକା ବୀଣାପାଣି ଗଳ୍ପରେ ଘଟଣାର ଉପସ୍ଥାପନରେ ପରୀକ୍ଷା ନିରୀକ୍ଷା କରି ସଫଳତା ଲାଭ କରିଛନ୍ତି। ଗଳ୍ପର ଘଟଣା ଉପସ୍ଥାପନାରେ କାହାଣୀର ବୃତ୍ତାନ୍ତ କେବଳ ନୁହେଁ ଏହାର ମୁଡ୍, ସିଚୁଏସନ୍ ଓ ପରିବେଶର ଚିତ୍ରଣ ଏକତ୍ର ହୋଇ କାହାଣୀକୁ ଗତିଶୀଳ କରିଥାଏ।

ଗାଳ୍ପିକା ବୀଣାପାଣି ତାଙ୍କ ଗଳ୍ପରେ ଯେଉଁଠି ଯେଉଁ ପରିବେଶର ଚିତ୍ର ଆଙ୍କିଛନ୍ତି ତାହା ଅତ୍ୟନ୍ତ ସ୍ୱାଭାବିକ ଏବଂ ଚରିତ୍ର ଓ ଘଟଣା ମାନଙ୍କୁ ଜୀବନ୍ତ କରିବା ପାଇଁ ଅନୁକୂଳ

ହୋଇଛି। ଉଦାହରଣ ସ୍ୱରୂପ 'ପାଟଦେଈ' ଗଳ୍ପରେ ଗାଁର ଦୋଳ ମେଳଣ ପରିବେଶ ଗାଁ ଲୋକଙ୍କ ଆନନ୍ଦ ମୁଖର ଅବସ୍ଥାର ଚିତ୍ର ଉପସ୍ଥାପନ କରିବାରେ ସମର୍ଥ। ବର୍ଷଣ ମୁଖର ରାତ୍ରୀରେ ପାଟ ଏକା ଏକା ଶାଶୁଘରୁ ବାପଘରକୁ ପଳେଇ ଆସିଛି। ବାପ ଜଗୁ ବେହେରା କାରଣ ସମ୍ପର୍କରେ ଯେତେ ପଚାରିଲେ ବି ପାଟ ନିରବ ରହିଛି। ଜଗୁ ଝିଅର ନିରବତାରୁ ସବୁ ବୁଝି ପାରିଛି। ବିବାହିତ ଝିଅ ରାତି ଅଧରେ ବାପଘରକୁ ଏକା ଏକା ପଳେଇ ଆସିବା ପରେ ବାପା ମନରେ ସୃଷ୍ଟି ହୋଇଥିବା ଆଶଙ୍କା ଭୟ ମିଶ୍ରିତ ଯେଉଁ ଗମ୍ଭୀର ପରିବେଶ ସୃଷ୍ଟି ହୋଇଛି ତାହା ଗଳ୍ପରେ ଉତ୍କଣ୍ଠା ସୃଷ୍ଟି କରିଛି। ପୁଣି ଗଳ୍ପର ପରିଣତିରେ ପାଟ ଯେତେବେଳେ କାନ୍ଦୁଥିବା ପୁଅକୁ କାଖେଇ ଦେଇ କହିଛି। "କାନ୍ଦନାରେ ପୁଅ ତୋ ମା'ତ ଅଛି" ସେଠାରେ ଯେଉଁ ନାଟକୀୟ ପରିବେଶର ବର୍ଣ୍ଣନା ଅଛି ତାହା ଗଳ୍ପକୁ ବେଶ ମନଛୁଆଁ କରିପାରିଛି। ଏହି ଭଳି ଗାଳ୍ପିକା ବୀଣାପାଣି ତା'ଙ୍କର ପ୍ରତ୍ୟେକଟି ଗଳ୍ପରେ ଅନୁକୂଳ ପରିବେଶ ସୃଷ୍ଟି କରିବାରେ ସିଦ୍ଧହସ୍ତା। ସେ ଏଭଳି ଗଳ୍ପର ପରିବେଶ ସୃଷ୍ଟି କରିଥାନ୍ତି'ଯେ କଥାବସ୍ତୁ ଶକ୍ତିଶାଳୀ ହୋଇଥାଏ। ସେଇ ପରିବେଶରେ ମଧ୍ୟ ପାଠକୀୟ ସତ୍ତା ନିମଜ୍ଜିତ ହୋଇଥାଏ।

**୪. ବୀଣାପାଣିଙ୍କ ଗଳ୍ପରେ ଜୀବନ ଦର୍ଶନ:**

ପ୍ରତିଟି ସୃଷ୍ଟିରେ ସ୍ରଷ୍ଟାଙ୍କର ନିଜସ୍ୱ ଦୃଷ୍ଟିଭଙ୍ଗୀ ପ୍ରତିବିମ୍ବିତ ହୋଇଥାଏ। ଏହି ପରିପ୍ରେକ୍ଷୀରେ ବୀଣାପାଣିଙ୍କ ଭଳି ଜନୈକ ଗାଳ୍ପିକା ଯାହାଙ୍କର ଲେଖନୀରୁ ଝରିଆସିଛି ପାଞ୍ଚଶହରୁ ଉର୍ଦ୍ଧ ଗଳ୍ପ। ନିଶ୍ଚିତଭାବେ ସ୍ରଷ୍ଟାଙ୍କର ସୃଷ୍ଟିମାନସରେ ଜୀବନ ପ୍ରତି ଦୃଷ୍ଟିଭଙ୍ଗୀ ପ୍ରତିଫଳିତ ହେବା ସ୍ୱାଭାବିକ।

ଗାଳ୍ପିକାଙ୍କର ନିଜସ୍ୱ ମତ ଏ କ୍ଷେତ୍ରରେ ପ୍ରଣିଧାନଯୋଗ୍ୟ। ତାଙ୍କରି ଭାଷାରେ- "ସମୟ ଓ ସଂଘର୍ଷର ପ୍ରତ୍ୟେକ ନୂତନ ପରିସ୍ଥିତିରେ ସାମାଜିକ ମୂଲ୍ୟବୋଧର ପରିବର୍ତ୍ତନ ଘଟି ନୂତନ ମୂଲ୍ୟବୋଧର ଜୀବନଚେତନା ଜାଗ୍ରତ ହେବା ସ୍ୱାଭାବିକ । XXX ଏହି ପରିବର୍ତ୍ତନର ସ୍ୱର ଓ ସ୍ୱାକ୍ଷର କ୍ରାନ୍ତିକାରୀ ଚେତନା ବହନ କରିଥିବା ହେତୁ ନୂତନର ବିକାଶ ପରିବର୍ତ୍ତେ ସୃଷ୍ଟି ହୋଇଛି ଏକ ସ୍ୱତନ୍ତ୍ର ଉଦ୍‌ଭାବନା। ଏହା ହିଁ ହେଉଛି ଜୀବନପ୍ରତି ଦୃଷ୍ଟିଭଙ୍ଗୀ, ସାହିତ୍ୟ ସୃଷ୍ଟିର ନୂତନ ଅନ୍ତଃ ପ୍ରେରଣା ଓ ଶୈଳୀ କ୍ଷେତ୍ରରେ ନୂତନ ଅଭିବ୍ୟକ୍ତି। ଏହି ଅନୁଭୂତି ଓ ଅଭିବ୍ୟକ୍ତି ପ୍ରକ୍ରିୟା ଓ ପ୍ରେରଣାକୁ ପାଥେୟ କରି ମୁଁ ଗଢି ଥୋଇଛି ମୋର ଗଳ୍ପ ଗୁଡିକରେ" ।[୩୦]

ଅଧିକନ୍ତୁ ସେ କହିଛନ୍ତି - "ମୋର ଶିଳ୍ପୀସତ୍ତା ଜାଣେ ନାହିଁ ଗଳ୍ପଟି କେଉଁଠି ଆରମ୍ଭ ହୋଇ କେଉଁଠି ଶେଷ ହେଲେ ପାଠକ ହୃଦୟକୁ ଜୟ କରିପାରିବ। ସେଥିପାଇଁ

କାହାଣୀ ଲେଖିବାର ଏକ ନିର୍ଦ୍ଦିଷ୍ଟ ଫର୍ମୁଲା ମୋର ଉତ୍ତରଦାୟଦକୁ ଚମତ୍କୃତ କରିଦେବାର ଅଭିଳାଷ ମୋର କେବେ ହେଁ ନଥିଲା ଆଜି ମଧ୍ୟ ନାହିଁ । ନିଜ ଜୀବନର ରକ୍ତସ୍ରୋତରେ ରସାଣିତ ହୋଇ ମୁଁ ଖୋଜି ବୁଲୁଛି ଯାହା ଚିରନ୍ତନ ସତ୍ୟ ପ୍ରତିଟି ଛକରେ ନିପୀଡିତ ମଣିଷର ବଞ୍ଚିବା ପାଇଁ ଆର୍ତ୍ତଚିତ୍କାର ଶୁଣି ମୁଁ ଅଟକି ଯାଇଛି । ହାତରେ ତାର ତରବାରୀ ଧରାଇ ତାକୁ ପରିସ୍ଥିତିକୁ ଭେଟିବାକୁ ସାହସ ଦେଇଛି । କାରଣ ସମୟ ମତେ କରଗତ କରିବାର ଅଧିକାରରୁ ମୋତେ କେହି ବଂଚିତ କରିପାରିବେ ନାହିଁ । XXXX ଅବଶ୍ୟ ଅନୁଭୂତି ରହିଛି ଦୈନନ୍ଦିନ ଜୀବନର ପ୍ରାଣ ମଣିଷର କଟକରୁ ହୁଏତ ଦକ୍ଷିଣ ଆଫ୍ରିକାରୁ ସୋଭିଏତ୍ ଋଷିଆ, ପାକିସ୍ଥାନରୁ ବାଲାଂଦେଶ, ଶ୍ରୀଲଙ୍କାରୁ ରାମ ଜନ୍ମଭୂମି କଥା" । ସମାଜରେ ଏବେ ବି ରାବଣ ଅଛି, ଶକୁନି ଅଛି, ଦୁର୍ଯ୍ୟୋଧନ, ଦୁଃଶାସନର ବିକଟାଳ ହସରେ ଦ୍ରୌପଦୀର ବସ୍ତ୍ରହରଣ ଥରେ ନୁହେଁ, ଅଜସ୍ରଥର ଘଟିଯାଉଛି । ସେମାନେ ତ ଥିଲେ ପୁରାତନ ଯୁଗର ଏକ ରାଜବଂଶର । ଏବେ ସେମାନେ ଅନେକ ମଣିଷରେ ରୂପାନ୍ତରିତ ହୋଇଛନ୍ତି । ଝିଅଟିଏ ନିରାପଦରେ ରାସ୍ତାରେ ଯିବ, ପାଠପଢ଼ି ଚାକିରୀ କରି ସ୍ୱାବଲମ୍ବୀ ହେବ, କିଏ ନଚାହେଁ ଆଜିର ଦୁନିଆରେ ହେଲେ ମାର୍କସିଟ୍‌ଟିଏ ଆଣିବାକୁ ବଜାରରେ ଇଣ୍ଟରଭିଉ ଦେଇ ଚାକିରୀଟିଏ ପାଇଁ ଅଫିସରଙ୍କୁ ନିବେଦନ କରିବାକୁ ଯାଇ ତାକୁ ସାମ୍ନା କରିବାକୁ ହୁଏ ଦୁଃଶାସନ, ଦୁର୍ଯ୍ୟୋଧନଙ୍କୁ, ଭୀଷ୍ମ, ଦ୍ରୋଣଙ୍କ ପରି ରଥୀମହାରଥୀ ମଥା ପୋତି ଦେଲେ । ଆଇନ୍‌କାନୁନର ତରାଜୁ କିଂନ୍ତୁ ସମତା ରକ୍ଷାକରି ଝୁଲୁଛି ସମାଜ ହାତରେ । ଯୌତୁକ ନଦେଇ ଘର କରିଥିବା ବୋହୂଟିଏ ଜନ୍ମ କରିଥିବା କନ୍ୟା ସନ୍ତାନ କ'ଣ ତାର ଅପରାଧ ? ତାକୁ ନିଆଁରେ ପୋଡ଼ି ମାରିବାର ଘଟଣା କିଛି ନୂଆ ନୁହେଁ । ଏହି ନିଷ୍ଠୁର ବାସ୍ତବତାକୁ କିପରି ଉପେକ୍ଷା କରିବି ? ମୁଁ ମଣିଷ ଗୋଷ୍ଠୀ ଅନ୍ତର୍ଭୁକ୍ତ ଓ ସବୁ ମଣିଷ ମୋ ନିଜର ଏହି ଲୁହ ଲହୁର ଜୀବନ ହିଁ ମୋ ଲେଖାର କଥାବସ୍ତୁ । (୩୧) ତାଙ୍କର ଏହି ସ୍ୱୀକାରୋକ୍ତି ହିଁ ତାଙ୍କ ଲେଖାରେ ପ୍ରତିଫଳିତ ଜୀବନ ପ୍ରତି ଦୃଷ୍ଟିକୋଣ ଓ ଜୀବନ ଦର୍ଶନ ।

ଉପରୋକ୍ତ ଆଲୋଚନା ଗାଳ୍ପିକା ବୀଣାପାଣିଙ୍କର ଗଳ୍ପ ସମୂହର ବିଷୟବସ୍ତୁଗତ ବୈଶିଷ୍ଟ୍ୟ, ରଚନାର ଉଦ୍ଦେଶ୍ୟ, ଗଳ୍ପାଶଂର ବା ଘଟଣାମାନଙ୍କର ସମନ୍ୱୟ, ଗଳ୍ପର ପଶ୍ଚାତ୍ ଦେଶରେ ଲେଖକୀୟ ସତ୍ତାର ପ୍ରତିଫଳନ ଆଦି ଉପରେ ସମ୍ୟକ୍ ଆଲୋକପାତ କରିବାର ପ୍ରୟାସ ମାତ୍ର । ପାଞ୍ଚଶହରୁ ଉର୍ଦ୍ଧ୍ୱ ସଂଖ୍ୟକ ଗଳ୍ପ ତୁଳନାରେ ଚର୍ଚ୍ଚିତ ଗଳ୍ପର ସଂଖ୍ୟା ନଗଣ୍ୟ ସତ୍ୟ; ମାତ୍ର ଶିଶିର ବିନ୍ଦୁରେ ସମଗ୍ର ଆକାଶ ପ୍ରତିବିମ୍ବିତ ହେଲା ଭଳି ଏହି କେତୋଟି ସୃଷ୍ଟି ମଧ୍ୟଦେଇ ଗାଳ୍ପିକା ବୀଣାପାଣିଙ୍କର ସମଗ୍ର ସୃଷ୍ଟିର ରହସ୍ୟ ଉଦ୍‌ଘାଟନ ଆଦୌ ଅସଂଭବ ନୁହେଁ ।

**୫. ବୀଣାପାଣିଙ୍କର ଗଳ୍ପରେ ଚରିତ୍ର ଚିତ୍ରଣ:**

ଗଳ୍ପରେ ଚରିତ୍ରର ଭୂମିକା ଗୁରୁତ୍ୱପୂର୍ଣ୍ଣ । ଗଳ୍ପ ସ୍ରଷ୍ଟା ଚରିତ୍ରମାନଙ୍କ ସହାୟତାରେ ନିଜର ବକ୍ତବ୍ୟକୁ ପାଠକପାଠିକାଙ୍କ ନିକଟରେ ପହଞ୍ଚାଇ ଥାଆନ୍ତି । ଘଟଣାର କ୍ରମବିକାଶ ଚରିତ୍ର ମାନଙ୍କ ମଧ୍ୟରେ ସମ୍ଭବ ହୁଏ । ଗାଳ୍ପିକା ବୀଣାପାଣିଙ୍କର ଗଳ୍ପଜଗତର ପୃଷ୍ଠଭୂମି ହେଉଛି ବାସ୍ତବତା । ଏଣୁ ଆଧୁନିକ ଜୀବନର ବାସ୍ତବ ଝଡ଼ଝଞ୍ଜା ସହି ଗଭୀର ଜୀବନାନୁଭୂତି ଅର୍ଜନ କରିଥିବା ଚରିତ୍ରମାନେ ବୀଣାପାଣିଙ୍କ ଗଳ୍ପ ସମୂହରେ ପ୍ରକାଶ ଲାଭ କରିଛନ୍ତି । ସମାଜର ଅତି ନିମ୍ନସ୍ତରରୁ ଆସିଥିବା ଚରିତ୍ରମାନେ ଯେମିତି ତାଙ୍କର ଗଳ୍ପର ଅଗଣାରେ ବିଚରଣ କରିଛନ୍ତି ସଂଭ୍ରାନ୍ତ ବଂଶୀୟ ଚରିତ୍ରମାନେ ମଧ୍ୟ ସେହି ସୁଯୋଗ ଲାଭ କରିଛନ୍ତି ।

ପୁରୁଷ ଓ ନାରୀ ସମାଜର ଦୁଇଟି ଅଂଗ । ଗୋଟିକ ବିନା ଅନ୍ୟଟିର ସ୍ଥିତି ଓ ପ୍ରଗତି ବିଡମ୍ବିତ ହୋଇଥାଏ । ଏଣୁ ସମାଜସଚେତନ ଗାଳ୍ପିକା ବୀଣାପାଣିଙ୍କର ଗଳ୍ପ ସମୂହରେ ନାରୀ ଓ ପୁରୁଷ  ଉଭୟ ଚରିତ୍ର ଚିତ୍ରିତ ହୋଇଛନ୍ତି । ପୁରୁଷମାନଙ୍କ ମଧ୍ୟରେ ଅତି ବାସ୍ତବବାଦୀ, ସ୍ୱାର୍ଥସର୍ବସ୍ୱ, ଆଦର୍ଶ ସଂଗ୍ରାମୀ, ପ୍ରେମିକ, ସଂଭ୍ରାନ୍ତ ଶ୍ରେଣୀୟ, ସାଂପ୍ରତିକ ଯୁଗମାନସ ଭିତ୍ତିକ ଚରିତ୍ରମାନଙ୍କୁ ଗାଳ୍ପିକା ତାଙ୍କ ଗଳ୍ପରେ ସ୍ଥାନ ଦେଇଥିବା ସ୍ଥଳେ ନାରୀ ଚରିତ୍ରମାନଙ୍କ ମଧ୍ୟରେ ଧର୍ଷିତା, ନିଃସଙ୍ଗ, ପ୍ରେମମୟୀ,  ସ୍ନେହମୟୀ, ସହିଷ୍ଣୁ, କ୍ଷମାମୟୀ, ଅର୍ଥନୀତି ଓ ସାମାଜିକ ବୈଷମ୍ୟ ଭିତରେ ବିବ୍ରତ ନାରୀ, ପୁରୁଷ ପ୍ରଧାନ ସମାଜରେ ନିର୍ଯ୍ୟାତିତା ନାରୀ, ନଷ୍ଟ ଚରିତ୍ର ଶିକ୍ଷିତା, ବ୍ୟକ୍ତି ସ୍ୱାତନ୍ତ୍ର୍ୟ ଆଶାୟୀ କର୍ମଜୀବୀ ନାରୀ, ଯୌତୁକ ବେଦୀରେ ବଳିପଡିଥିବା ନାରୀ, ସନ୍ଦେହୀ ନାରୀ,  ପ୍ରତିଶୋଧ ପରାୟଣା, ସ୍ୱାର୍ଥପର, ଆଦର୍ଶ ନାରୀ ସ୍ଥାନ ପାଇଛନ୍ତି ।

ବିଶେଷକରି ଲେଖିକା ସ୍ୱୟଂ ନାରୀ ହୋଇଥିବାରୁ ତାଙ୍କର ନାରୀ ଚରିତ୍ର ଗୁଡିକ ବେଶୀ ଗୁରୁତ୍ୱ ଲାଭ କରିଛନ୍ତି । ନାରୀ ଉପରେ ପୁରୁଷର ଅତ୍ୟାଚାର ବିରୁଦ୍ଧରେ ଗାଳ୍ପିକା ସ୍ୱର ଉତ୍ତୋଳନ କରିଛନ୍ତି ଓ ବିଭିନ୍ନ ନାରୀ ସମସ୍ୟାକୁ କେନ୍ଦ୍ରକରି ପୁରୁଷର ମୁଖା ଖୋଲିଛନ୍ତି । "ତାଙ୍କ ନାରୀ ପାତ୍ର ଗୁଡିକ କେବଳ ଓଡିଶା ଖଣ୍ଡର ନୁହେଁ, ସମଗ୍ର ଭାରତର । ତାଙ୍କ ସୃଷ୍ଟିରେ ନଗର ପରିବେଶର ନାରୀମାନଙ୍କ ଚିତ୍ତ-ବୃତ୍ତି ଯେପରି ପ୍ରକୀର୍ତ୍ତିତ, ସେହିପରି ଗ୍ରାମ୍ୟ ପରିବେଶର ନାରୀ ପାତ୍ର ଜୀବନ୍ତ ଭାସ୍ୱର । ଶିକ୍ଷିତା ଓ ଚାକିରିଜୀବୀ ନାରୀପାତ୍ର ଯେପରି ତାଙ୍କ ଗଳ୍ପ ଜଗତରେ ଦୃଷ୍ଟି ଆକର୍ଷଣ କରନ୍ତି, ସେହିପରି ଅଶିକ୍ଷିତା ନାରୀ ପାତ୍ରମାନେ ମଧ୍ୟ ତାଙ୍କର ହୃଦୟ ବୃତ୍ତରେ ରେଖାପାତ କରନ୍ତି" । [(୩୨)]

ଭାରତର ନାରୀ ସର୍ବସଂହା । ଯାବତୀୟ ଦୁଃଖ, ଯନ୍ତ୍ରଣା, ଅସହାୟତା ସତ୍ତ୍ୱେ ବିଷ ପିଇ ସେ ଅମୃତ ବାଣ୍ଟେ । 'ବାଉଁଶ ରାଣୀ' ଗଳ୍ପର ନାୟିକା ଅର୍ଚ୍ଚନା, ସ୍ୱାମୀ ଯାହାର

ଲମ୍ପଟ ସ୍ୱାମୀ କିମ୍ବା ପରିବାରର କାହାରିଠାରୁ ସେ ଉତ୍ତମ ବ୍ୟବହାର ପାଏ ନାହିଁ । ତଥାପି ସେ କହେ — 'ଗରମରେ ସମସ୍ତ ଦେହ ଶିଳାରେ ଭିଜି ଯାଉଛି, ପାଦ ଟଳୁଛି ତଥାପି ମୁଁ ଦଉଡି ଉପରେ ଚାଲୁଛି । ତଳେ ଅଂସଖ୍ୟ ଦର୍ଶକ ଆଟପଟାଳି ମାରି ମୋର ନୃତ୍ୟଙ୍କୁ ପ୍ରଶଂସା କରୁଛନ୍ତି । ('ବାଉଁଶ ରାଣୀ'-ବସ୍ତ୍ରହରଣ) 'ଭଉଁରୀ'ଗଳ୍ପର ନାୟିକା ଅଞ୍ଜନା, ଘରର ବୋହୂ । ଏଣୁ ସମସ୍ତଙ୍କ ମନନେଇ ଚଳିବା ତାର ଧର୍ମ । ରୋଷେଇ ବାସ, ଚିଟାଲେଖା ଠାରୁ ଆରମ୍ଭ କରି ସବୁ ତାକୁ କରିବାକୁ ହେବ ପ୍ରଫୁଲ୍ଲ ବଦନରେ କାରଣ, ସମ୍ବିଧାନ କୁହେ -ନାରୀ ପୁରୁଷର ସମାନ ଅଧିକାର । ଅଥଚ ଅସମୟରେ ସେ ବାହାରକୁ ଯାଇ ପାରିବନି । ଲଜ୍ଜାବତୀ,ଧୈର୍ଯ୍ୟ ଶୀଳା ହେବ । କାରଣ ତାହା ନାରୀର ଭୂଷଣ । ଏହା ହେଉଛି ଆଧୁନିକ ସମାଜରେ ନାରୀର ଅବସ୍ଥା । ତା'ର ଯେ ଏକ ମନ ଅଛି, ହୃଦୟ ଅଛି, ଏକଥା ବୁଝିବାକୁ ନା କାହାର ବେଳ ଅଛି; ନା ଅଛି ମନୋବୃତ୍ତି ।

'ଇଣ୍ଟରଭିଉ' ଗଳ୍ପରେ ଚାକିରୀ -ଆଶାୟୀ ନାରୀଟିଏ ଧର୍ଷିତା ହୋଇଛି । 'ଜଉ'ଗଳ୍ପର ନାୟିକା ସଂଯୁକ୍ତା ମଧ୍ୟ ଧର୍ଷିତା ହୋଇଛି ଅଫିସ୍ ଫେରନ୍ତା ବାଟରେ । ଯଦ୍ୱାରା ସେ ପରିବାର ଭିତରେ ଲାଞ୍ଛିତା ଓ ଅବାଞ୍ଛିତା ହୋଇପଡିଛି । ତା'ର ମନରେ ତୀବ୍ର ପ୍ରତିକ୍ରିୟା ଦେଖାଦେଇଛି ଏଯୁଗ ଯୁଗର ସ୍ତୂପୀକୃତ ବିଶ୍ୱାସ, ସ୍ନେହ, ମମତାବୋଧ ସାମାନ୍ୟ ଏକ ଧୂଳି ଝଡରେ ଧୂଳିସାତ ହୋଇଗଲା । ସେ ଆତ୍ମହତ୍ୟାର ସିଦ୍ଧାନ୍ତ ନେଲା । ଫାଶକଲା ବେଳେ ତା'ର ହାତ ଥରିଲାନି କିମ୍ବା ପ୍ରିୟଜନଙ୍କର ବ୍ୟାକୁଳ ଆଖି ଅଥବା ଈଶ୍ୱର ସ୍ତୁତି ତା'ର ମନେ ପଡିଲାନି । ପ୍ରଚଳିତ ସମାଜ ବ୍ୟବସ୍ଥା ଓ ମୂଲ୍ୟ-ବୋଧ ବିରୁଦ୍ଧରେ ଗାଳ୍ପିକାଙ୍କର ଏହା ମୌନ ପ୍ରତିବାଦ ।

ଅନ୍ଧକାରର ଛାଇ ଗଳ୍ପର ଦୁଇଟି ନାରୀ ଚରିତ୍ର କୋଇଲି ଓ ତା'ର ମାଆ । ଶିକ୍ଷାର ଅଭାବ ଏବଂ ଆର୍ଥିକ ନିରାପତ୍ତାର ଅଭାବ ପାଇଁ ସେମାନେ ହୋଇଛନ୍ତି ନିର୍ଯ୍ୟାତିତ । କୋଇଲିର ମାଆପାଗଳୀ ହୋଇଛି । ମଦ୍ୟପ ସ୍ୱାମୀର ନିର୍ମମ ଅତ୍ୟାଚାର କୋଇଲି ମୃତ୍ୟୁର କାରଣ ହୋଇଛି । ଫଳରେ କୋଇଲି ମାଆର ମାତୃତ୍ୱ ବିଳାପ କରିଛି- କୋଇଲି......ଲୋ......କୋଇଲି......ଆଲୋ ସବାଖାଇ କୁଆଡେ ଗଲୁ ଲୋ......ମୋ ରାଣୀଟା ପରା......ମୋ ବାଇଆଣୀ ଲୋ ....ଆ .....ଆଲୋ...। କୋଇ.....ଆ ....ଆ....ତୋ ଖଡିସିଲଟ, ବହି ବସ୍ତାନି ରଖିଛି ଲୋ.....ଆ.....ଆ.....ଆ......ଆ.....ଲୋ କୋଇ....ଆ !" (ଗଳ୍ପ ସମଗ୍ର, ପ୍ରଥମ ଭାଗ, ପୃ.-୪୧୮)

"ଜଣେ ଦାୟବଦ୍ଧ ବା ଅଙ୍ଗୀକାରବଦ୍ଧ ଗାଳ୍ପିକା ଭାବରେ ବୀଣାପାଣି ପ୍ରାୟ ତାଙ୍କର ବିଭିନ୍ନ ଗଳ୍ପରେ ନିମ୍ନବର୍ଗ ଓ ନିମ୍ନଜାତିର ନାରୀମାନଙ୍କୁ ସ୍ଥାନ ଦେଇ ସେମାନଙ୍କ ହୃଦୟର ପ୍ରତିକ୍ରିୟାକୁ ପ୍ରକାଶ କରିଅଛନ୍ତି ଓ ସେମାନଙ୍କର ସାମାଜିକ ଉତ୍‌ଥାନ ପାଇଁ

ପ୍ରେରଣା ଯୋଗାଇଛନ୍ତି । ସମାଜର ନିମ୍ନସ୍ତରରୁ ସେ ନାରୀପାତ୍ରମାନଙ୍କୁ  ସାଉଁଟି ଆଣି ଗଳ୍ପରେ ସ୍ଥାନ ଦେବା ସଙ୍ଗେ ସଙ୍ଗେ ସେମାନଙ୍କ ଅନ୍ତର୍ନିହିତ ସତ୍ତାକୁ ଆବିଷ୍କାର କରିଛନ୍ତି । ସେହି ନାରୀ ଉଚ୍ଚବର୍ଗର ହେଉ ଅଥବା ମଧ୍ୟବିତ୍ତ, ନିମ୍ନମଧ୍ୟବିତ୍ତ ଶ୍ରେଣୀର ହେଉ କିମ୍ବା ଦାରିଦ୍ର୍ୟର ସୀମାରେଖା ତଳେ ନିତ୍ୟନିୟତ ଯନ୍ତ୍ରଣାରେ ଛଟପଟ ହେଉଥାଉ, ଶିକ୍ଷିତା ହେଉ ବା ଅଶିକ୍ଷିତା ହେଉ, ଦେହ ବିକ୍ରୟ କରି ଜୀବିକା ନିର୍ବାହ କରୁଥାଉ ବା ରାଜନୀତି ମଞ୍ଚରେ ଅଭିନୟ କରୁଥାଉ – ସମସ୍ତଙ୍କୁ ସେ ଆପଣାର ସମ୍ବେଦନଶୀଳ ହୃଦୟ-ବୃତ୍ତରେ ଅନୁଭବିଛନ୍ତି ଓ ଯେଉଁ ସତ୍ୟରେ ଉପନୀତ ହୋଇଛନ୍ତି ତାହାଙ୍କୁ ସେ ରୂପ ଦେଇଛନ୍ତି । ପୁରୁଷ ସମାଜର ଆଧିପତ୍ୟ ବା ନାରୀଙ୍କୁ କ୍ରୀଡା ପୁତ୍ତଳିକା କରି ରଖିବାର ମନୋଭାବକୁ ସେ ପସନ୍ଦ କରି ପାରି ନାହାନ୍ତି । ତାଙ୍କର ଗୋଟିଏ ସିଦ୍ଧାନ୍ତ ଯେ, ନାରୀ ଯଦି ସ୍ୱାବଲମ୍ବଶୀଳା ହୋଇଯାଏ, ଶିକ୍ଷିତା ହୋଇଯାଏ, ତେବେ ପୁରୁଷ ଆପେ ଆପେ ତା'ର ରକ୍ଷଣଶୀଳ ଦୃଷ୍ଟିକୋଣକୁ ବଦଳାଇ ଦେବ" ।[୩୩]

ବୀଣାପାଣି ଯେତିକି ଆଦର୍ଶବାଦୀ ସେତିକି ବାସ୍ତବବାଦୀ ଓ ପ୍ରଗତିବାଦୀ ଚିନ୍ତାଧାରା ଦ୍ୱାରା ଅନୁପ୍ରାଣିତ ହୋଇଛନ୍ତି । ଏଣୁ ତାଙ୍କର ଲେଖାରେ ସବୁ ନାରୀ ଚରିତ୍ର ଆଦର୍ଶର ଦ୍ୱାହି ଦେଇ ନିର୍ବାକ୍ ଓ ଅସହାୟ ନୁହଁନ୍ତି କେତେକ ନାରୀ ଚରିତ୍ର ମଧ ଅନ୍ୟାୟ ଅତ୍ୟାଚାର ବିରୁଦ୍ଧରେ ବିଦ୍ରୋହିଣୀ ସାଜିଛନ୍ତି । ବିବିଧ ନାରୀ ଚରିତ୍ରଙ୍କୁ ଲେଖିକା ସମାଜର ପ୍ରତ୍ୟେକ ସ୍ତରରୁ ବାଛି ବାଛି ସଂଗ୍ରହ କରିଛନ୍ତି। ପରିବାର ମଧ୍ୟରେ ତାଙ୍କୁ ଆମେ ମା, ଶାଶୁ, ବୋହୂ, ଝିଅ, ନଣନ୍ଦ, ଭଗିନୀ, ଭାଉଜ ଆଦି ଚରିତ୍ର ମାଧ୍ୟମରେ ଦେଖିବାକୁ ପାଉ ତ ପରିବାର ବାହାରେ ଚାକରାଣୀ, ପ୍ରେମିକା, ବେଶ୍ୟା, ପଗଳ୍ଭା, ସ୍ୱେଚ୍ଛାଚାରିଣୀ, ସ୍ୱାଧିନ ଭର୍ତ୍ତୃକା ରୂପରେ ଦେଖିବାକୁ ପାଉ । ଗାଳ୍ପିକା ମାଆର ଅନ୍ତଃରଙ୍ଗ ଓ ବହିଃରଙ୍ଗ ରୂପଟିକୁ ଅତ୍ୟନ୍ତ ଯତ୍ନ ସହକାରେ ମାର୍ମିକ ରୂପରେ ଚିତ୍ରଣ କରିଥିବା ଦେଖିବାକୁ ମିଳେ। ରତ୍ନମଣି (ଡିମିରିଫୁଲ), କଲ୍ୟାଣୀ(ଅସ୍ତଚନ୍ଦ୍ରର କବିତା), ଇଚ୍ଛାମତି(ଅମୁହାଁ ଦେଉଳ), ପାଟ(ପାଟଦେଈ), ଝରଣା(ବଡଦାଣ୍ଡ), ରଘୁରମା(କଳାପାହାଡ), ଚିନ୍ମୟୀ(କାଚଘର), ମା(ଜନ୍ମାନ୍ତର), ବୋଉ(ଅକାହାଣୀ), ଧରିତ୍ରୀ(ଆହାବିଚାରୀ) ଆଦି ଚରିତ୍ର ମାଧ୍ୟମରେ ମାଆର ସ୍ୱରୁପ ପ୍ରତିଫଳିତ । ମାଆର ବାତ୍ସଲ୍ୟ, ସର୍ବଂସହା ଓ କର୍ତ୍ତବ୍ୟନିଷ୍ଠା ଗୁଣ ସହ ସ୍ୱାଭିମାନ ପ୍ରତି ଲେଖିକା ସଚେତନ ଅଛନ୍ତି । ସେଥିପାଇଁ ତ 'ଅମୁହାଁ ଦେଉଳ' ଗଳ୍ପରେ ମାଆ ଝିଅକୁ କହିଛି – "ଚାଲିଯା ଏ ଘରୁ, ନ ଗଲେ ତୁ ମଣିଷ ପରି ବଞ୍ଚିପାରିବୁନି...। ଛି କାନ୍ଦୁଛୁ କାହିଁକି ? ତୁ ତ କିଛି ଭୁଲ କରିନୁ- ଭୁଲ କରିଛି ମୁଁ। ମୁଁ  ବି.ଏ. ପାସ୍ କରିଥିଲି, ଅଥଚ ପଦେ କଥା କହିବାର ସାହସ ମୋର ନାହିଁ, କାହିଁକି ଜାଣୁ ? ମୁଁ, ଅକ୍ଷମ । ନିଜକୁ ଜାହିର କରିବାର

ଶକ୍ତି ନାହିଁ, ପରିସ୍ଥିତି ନାହିଁ, ପଶୁପରି ଖାଇପିଇ ବଞ୍ଚିଛି- ଜିନିଷଟି ପରି ମୋତେ ସମସ୍ତେ ଗୋଡରେ ଆଡେଇ ଦେଇଛନ୍ତି, ମୁଁ ଚାହେଁନା ତୁ ବି ସେମିତି ବଞ୍ଚିରହ"। (୩୪) ସମୟ ସମାଜ ଆଜି ବଦଳିଛି। ସେହି ପରିବର୍ତ୍ତିତ ସମାଜ ଓ ସମୟର ବହୁ ଚିତ୍ର ତାଙ୍କ ଗଳ୍ପର ପୃଷ୍ଠା ମଣ୍ଡନ କରିଛି। "ଯେଉଁ ଦୁରାରୋଗ୍ୟ ବ୍ୟାଧି ଆମ ସମାଜକୁ ରୁଗ୍‌ଣ ଓ ଅସୁସ୍ଥ କରିଛି, ତାହା ହେଉଛି ପୁରୁଷ ପ୍ରଧାନ ସମାଜରେ ନାରୀ ନିର୍ଯାତନା। ନାରୀ ଜୀବନର ସ୍ୱପ୍ନ ଓ ତାର ସ୍ୱର୍ଗୀୟ କୋମଳତା ଯେପରି ଭୂଲୁଣ୍ଠିତା ହେଉଛି ଗାଳ୍ପିକା ତାକୁ ମର୍ମେ ମର୍ମେ ଅନୁଭବ କରିଛନ୍ତି। ଫଳତଃ ତାଙ୍କ ଅଧିକାଂଶ ଗଳ୍ପ ହୋଇଛି ନାରୀ ଜୀବନର ମୁକ୍ତିବୋଧର ରୂପାୟନ। "(୩୫)

'ଆପଣାସୁନା ଭେଣ୍ଡି', 'ପ୍ଲାବନୀ', 'ପଦ୍ମପାରିଜାତ', 'ମଧୁଯାମିନୀ' ପ୍ରଭୃତି ଗଳ୍ପରେ ଶାଶୁର ରୂପ ଚିତ୍ରିତ। 'ଡାଆଣୀ' ଗଳ୍ପରେ ସାବତ ମା, 'ଛବି' ଗଳ୍ପରେ କନ୍ୟା, 'ରାହୁ', 'ଅମୁହାଁ ଦେଉଳ', 'ସଂପର୍କ', 'ସାମାଜିକ', 'ପାନ୍ଥଶାଳା', 'ରକ୍ତ କରବୀ', 'ମାୟା', 'ତୀର୍ଥଯାତ୍ରୀ', 'ଉଦୟନ', 'କାନିବାଲ', 'ଭାଗ୍ୟବତୀ', ବହ୍ନିବଳୟ, ଚୋରାବାଲି ପ୍ରଭୃତି ଗଳ୍ପରେ ଭଗିନୀର ରୂପ ପ୍ରତିଫଳିତ। 'ଅକାହାଣୀ', 'କୁହାଳିଆ', 'ଅନାଗତ', 'ନାକମାଛି', 'ଦର୍ପଣ', 'ତ୍ରିବେଣୀ', 'ଅଜଗର', 'ଅବୁଝା', 'ତୀର୍ଯ୍ୟକ୍', 'କ୍ରାନ୍ତିର ଡାଏରୀ', ଗୋଟିଏ ଶାଢୀର ଇତିହାସ', 'ତଟିନୀର ତୃଷ୍ଣା', 'ବସ୍ତ୍ରହରଣ', 'ଅସତୀ', 'ନିଷିଦ୍ଧ ସ୍ୱପ୍ନ', 'ଉଜାଣି ଢେଉ', 'ପୁନରାବୃତ୍ତି', 'କପୋତୀ', 'କାହାଣୀ ନୁହେଁ', ପ୍ରଭୃତି ଗଳ୍ପରେ ପୁତ୍ରବଧୂ ରୂପରେ ନାରୀ ଅବତୀର୍ଣ୍ଣା। ଏହିରୂପେ ବୀଣାପାଣିଙ୍କର ଗଳ୍ପଗୁଚ୍ଛ ନାରୀର ପ୍ରାୟ ସର୍ବବିଧ ରୂପର ଚିତ୍ରଣରେ କାର୍ପଣ୍ୟ କରିନାହିଁ। କେଉଁଠି ତାଙ୍କର ନାରୀ ପରମ୍ପରାର ନିଗଡରୁ ମୁକ୍ତି ପାଇପାରୁନାହିଁ ତ କେଉଁଠି ଆଧୁନିକ ଚିନ୍ତା ଓ ଚେତନା ଦ୍ୱାରା କବଳିତ ହୋଇ ପରିବେଶ ଓ ପରିସ୍ଥିତି ଦ୍ୱାରା ନିୟନ୍ତ୍ରିତ ହୋଇ ପରିବେଶ ଓ ପରିସ୍ଥିତିକୁ ନିଜର ବ୍ୟକ୍ତିତ୍ୱ ବଳରେ ପ୍ରଭାବିତ କରି ଶିଖିଛି।

ଏତେ ସଂଖ୍ୟକ ନାରୀ ଚରିତ୍ର, ଏତେ ରୂପର ନାରୀ ଚରିତ୍ର ଓଡିଆ ସାହିତ୍ୟରେ ଅନ୍ୟ କୌଣସି ସାହିତ୍ୟ ସାଧକଙ୍କର ଲେଖନୀ ମୁନରେ ଆଙ୍କି ହୋଇନାହାଁନ୍ତି। ଲେଖିକାଙ୍କର ଲକ୍ଷ୍ୟ ହେଉଛି ନାରୀର ଏକ ସ୍ୱତନ୍ତ୍ର ପରିଚୟ ସୃଷ୍ଟି କରିବା। "ଗୋଟେ ସୁନ୍ଦର ପୃଥିବୀର ସ୍ୱପ୍ନ ସେ ଦେଖିଛନ୍ତି। ମଣିଷ ସେହି ସୁନ୍ଦର ପୃଥିବୀରେ ସୁନ୍ଦରତମ ଜୀବନଟିଏ ବଞ୍ଚୁ, ଏହାହିଁ ତାଙ୍କ ସ୍ରଷ୍ଟା ଜୀବନର ଅଭିଳାଷ। ମଣିଷ ଜାଣି ଜାଣି କାହିଁକି ଆଉ ଗୋଟେ ମଣିଷ ଆତ୍ମାର ଉଲ୍ଲାସକୁ ଛିଡାଇନିଏ, ସେହି ଅନୁଚ୍ଚାରିତ ପ୍ରଶ୍ନଟି ଯେପରି ତାଙ୍କ ଅଧିକାଂଶ ଗଳ୍ପରେ ରହିଛି।" (୩୬)

**ବୀଣାପାଣିଙ୍କ ଗଳ୍ପରେ ପୁରୁଷ ଚରିତ୍ର:**

ବୀଣାପାଣିଙ୍କ ଗଳ୍ପମାଳାରେ ନାରୀଚରିତ୍ର ଉପରେ ଗୁରୁତ୍ୱ ଦିଆଯାଇଥିଲେ ମଧ୍ୟ ପୁରୁଷ ଚରିତ୍ର ଅବହେଳିତ ହୋଇନାହାନ୍ତି । ଡ.ଇନ୍ଦୁପ୍ରଭା ସାମଲ ଅଶୋକ ମହାନ୍ତିଙ୍କ ଦ୍ୱାରା ସଂପାଦିତ "କଥାସାହିତ୍ୟର ସୃଜନ ବିନ୍ଧାଣୀ ବୀଣାପାଣି" ପୁସ୍ତକରେ ସନ୍ନିହିତ ତାଙ୍କର ସନ୍ଦର୍ଭ 'ବୀଣାପାଣି ଜୀବନବୃତ୍ତ ଓ ସାରସ୍ୱତ ସୃଷ୍ଟି'ରେ ମତ ପ୍ରଦାନ କରିଛନ୍ତି- "ଆଦର୍ଶ ଓ ମୂଲ୍ୟ ବୋଧ ଭିତ୍ତିରେ ତାଙ୍କ ଗଳ୍ପଗୁଡିକ ଯଥାକ୍ରମେ ସମାଜ, ଚରିତ୍ର ଓ ଘଟଣା ଉପଯୋଗୀ ମଣିଷ ଚରିତ୍ର ସଂପର୍କରେ ତାଙ୍କର ଗବେଷଣା ଓ ଧ୍ୟାନ ରହିଥିବା ଯୋଗୁଁ ମଣିଷ ମନର ନାନା ଦୋଷ ଦୁର୍ବଳତା ଓ ତା'ର ଅନ୍ଧାରୀ ମନର ଗୋପନ କଥାକୁ ରୂପାୟନ କରିବା ସଂଗେ ସଂଗେ ନିରୀହ ମଣିଷମାନଙ୍କ ପ୍ରତି ସେ ଖୁବ୍ ସମ୍ବେଦନଶୀଳ ହୋଇପଡିଛନ୍ତି । xxxx କେତେ ବିଚିତ୍ର ପରିବେଶର ନର ନାରୀ, ଯୁବକ , ବାଳକ-ବାଳିକା, ଶିଶୁ ତାଙ୍କ ଗଳ୍ପରାଜ୍ୟରେ ଜୀବନ୍ତ ହୋଇଉଠିଛନ୍ତି । ସଇତାନ ଓ ଶୋଷକ ଚରିତ୍ରମାନେ ଯେପରି ପ୍ରାଣବନ୍ତ ହୋଇ ଉଠିଛନ୍ତି, ସେହିପରି ମଧ୍ୟ ଶୋଷିତ, ନିର୍ଯ୍ୟାତିତ ଓ ପୀଡିତ ଚରିତ୍ରମାନେ ହୋଇଛନ୍ତି ପ୍ରାଣବନ୍ତ । ରାଜନୀତିକ ନେତାମାନଙ୍କର ହିପୋକ୍ରାସି ଓ ପଦସ୍ଥ ଅଧିକାରୀ ତଥା ଉଚ୍ଚବିତ୍ତ ମଣିଷ ମାନଙ୍କର ପ୍ରମତ୍ତତା ଉପଭୋଗ ଓ ତୃଷ୍ଣାଙ୍କୁ ମଧ୍ୟ ସେ ରୂପ ଦେଇଛନ୍ତି । ସର୍ବତ୍ର କିନ୍ତୁ ସେ ମାନବିକ ସମ୍ବେଦନା ଉପରେ ଗୁରୁତ୍ୱ ପ୍ରଦାନ କରିଛନ୍ତି । ତେଣୁ, ତାଙ୍କର ଗଳ୍ପ ହୋଇଯାଇଛି ଚଳନ୍ତି ଅର୍ଦ୍ଧ-ଶତାବ୍ଦୀର ମାନବ ମନ ଓ ମନୀଷାର ମାର୍ମିକ ଇତିହାସ" ।(୩୭)

ବୀଣାପାଣିଙ୍କ ଗଳ୍ପରେ ଭରିରହିଛି ସମୀକ୍ଷାତ୍ମକ ସମାଜବାଦୀ ବାସ୍ତବତା । ତଦନୁଯାୟୀ ପରିବେଶ ସୃଷ୍ଟିରେ ଲେଖିକାଙ୍କର ଦକ୍ଷତା ରହିଛି ଓ ପରିବେଶ ମଧ୍ୟରେ ଚରିତ୍ରମାନେ ଗତିଶୀଳ ହୋଇଛନ୍ତି । ପ୍ରାଗ୍ ଐତିହାସିକ କାଳରୁ ଅଦ୍ୟାବିଧି ହୋଇ ଆସିଥିବା ନାରୀ ଉପରେ ପୁରୁଷର ଅବିଚାର ଓ ଅତ୍ୟାଚାରରୁ ନାରୀକୁ ରକ୍ଷା କରିବା ଉଦ୍ଦେଶ୍ୟ ନେଇ ଗାଳ୍ପିକା ବିଭିନ୍ନ ନାରୀସମସ୍ୟା ଉତ୍ଥାପନ କରି ପୁରୁଷ ଚରିତ୍ରର ମୁଖା ଖୋଲି ସ୍ଥଳ ବିଶେଷରେ ସମାଧାନର ସୂଚନା ପ୍ରଦାନ କରିଛନ୍ତି । ଗଳ୍ପ 'ଦେବୀ'ରେ ଠାକୁର ପୂଜକ ଓ ସମାଜ ଆଖିରେ ବ୍ରହ୍ମଚାରୀ ରୂପ ବହନ କରି ନରୁ କକେଇ ଅସହାୟ ବାଲ୍ୟ ବିଧବା ଦେବୀଙ୍କୁ ମନ୍ଦିର ବେଢାରେ ଧର୍ଷଣ କରିଛନ୍ତି । ଦେବୀ ଅବାଂଛିତ ମାତୃତ୍ୱ ଲାଭ କରିଛି । ଆଜିର ସମାଜର ଅତିବାସ୍ତବ ରୂପ ଏହା ନୁହେଁ କି ? 'ସମୟର ସମୟ' ଗଳ୍ପରେ ସେହିପରି ଏକ ବିଶୃଙ୍ଖଳିତ ପରିବାରର ଚିତ୍ରଣ ଅତି ବାସ୍ତବ ରୂପ ନେଇଛି । ସୁଧାକରଙ୍କର ସୀମିତ ଆୟରେ ତାଙ୍କର ମଧ୍ୟବିତ୍ତ ପରିବାରରେ ସବୁ ସ୍ୱପ୍ନ ବିଫଳ ହୋଇଛି । ଅପ୍ରାପ୍ତ ବୟସ୍କା ସାନ ଝିଅ ପ୍ରେମ କରିଛି । ମଝିଆଁ ପୁଅ କଳାବଜାରୀ ସାଜିଛି । ବଡପୁଅ ନିଶାଖୋର ।

ନିଶାଗ୍ରସ୍ତ ହୋଇ ରାତି ଅଧରେ ବୋହୂକୁ ବେଲ୍‌ଟରେ ପିଟୁଛି। ବିଧବା ଝିଅ ରାଜନୀତି କରୁଛି। ରାତି ଅଧରେ ଅନ୍ୟପୁରୁଷଙ୍କୁ ଧରି ଘରକୁ ଫେରୁଛି। ଆମ ସମାଜରେ ଏପରି ଘଟଣା ନୂଆ ନୁହେଁ। ଆଜି ବଞ୍ଚିବା ପାଇଁ ନାରୀର ଦେହକୁ ନିଜର ବାପ, ଭାଇ ସ୍ୱାମୀ ବିକ୍ରି କରି ଚାଲିଛନ୍ତି। 'ଥିଓରୀ' ଗଳ୍ପର ଯୋଗେଶ ନିଜ ଭଉଣୀର ଦେହ ନିଲାମ କରି ଘରଚଳାଇବାରୁ ମର୍ମାହତ ହୋଇଛି। 'ଇଣ୍ଟରଭିଉ' ଗଳ୍ପରେ ଉଚ୍ଚ ପଦାଧିକାରୀଙ୍କର ଚାକିରୀ ଆଶାୟୀ ମହିଳାଟିର ନାରୀତ୍ୱ ନଷ୍ଟ କରିବା ଭଳି ଅପରାଧ ପୁରୁଷର ହୀନମନ୍ୟତାର ପରିଚୟ ବହନ କରୁଛି। 'ଅସତୀ' ଗଳ୍ପରେ ସ୍ୱଚକ୍ଷୁରେ ନାରୀର ଦେହବିକ୍ରି, ରେପ୍ ମର୍ଡର ଦେଖିଥିଲେ ହେଁ କେହି କହିବାକୁ ନଚାହିଁ ଏବଂ ମୃତ ସ୍ତ୍ରୀ ପାଇଁ ସ୍ୱାମୀର ସ୍ୱୀକାରୋକ୍ତି ତା' ସ୍ତ୍ରୀର ଚରିତ୍ର ଭଲ ନୁହେଁ ଏବଂ ଅନ୍ୟପୁରୁଷ ସହ ଅନେକ ବାର ଯାଏ ଏଭଳି ବକ୍ତବ୍ୟ ସମାଜର ଅତି ବାସ୍ତବ ରୂପକୁ ପ୍ରକାଶ କରୁଛି। 'ଅମାନୁଷିକ' ଗଳ୍ପର ପଙ୍ଗୁ ନିଶିକାନ୍ତ ନିଜର ହୁଇଲ୍ ଚେୟାରକୁ ଆଖି ବନ୍ଦକରି ପାହାଚ ତଳକୁ ଗଡେଇ ଦେଇଛି। କାରଣ ସେ ପୁରୁଷ ତା'ର ଅହଂକାର ଅଛି। ରୋଜଗାରିଆ ସ୍ତ୍ରୀର ଉପାର୍ଜ୍ଜନରେ ବଂଚିବା ତା ପାଇଁ ଲଜ୍ଜାକର। ନାରୀର କର୍ତ୍ତୃତ୍ୱକୁ ସହ୍ୟ କରିବା ଠାରୁ ମରଣ ତା' ପାଇଁ ଶ୍ରେୟସ୍କର। 'ପ୍ଲାବନୀ' ଗଳ୍ପରେ ଜ୍ୟୋତିଷ ଗଣନା କରି କହିଛି ବୋହୂ ପୁଣି ଝିଅ ଜନ୍ମ କରିବ, ଏଣୁ ତାକୁ ପଣାରେ ବିଷ ଦେଇ ମାରି ଦିଆଯାଇଛି ଓ ପୁଅକୁ ଅନ୍ୟତ୍ର ବିବାହ କରାଇ ଯୌତୁକ ଆଣିବାର ମସୁଧା ଆଜିର ଏକ ନିତ୍ୟ ନୈମିତ୍ତିକ ଘଟଣା ହେଲାଣି। ପେଣ୍ଟୁ' ଗଳ୍ପରେ ଦଶଟି ଛୁଆର ମାଆ ଓ ରୋଗିଣା ସ୍ୱାମୀର ବୋଝ ବୋହିବାକୁ ନାରୀଟି ସ୍ୱାମୀର ମଧ୍ୟସ୍ଥତାରେ ଓ ଜୋର ଜବରଦସ୍ତିରେ ଟ୍ରକ ଡ୍ରାଇଭରକୁ ଦେହ ବିକି ଯେଉଁ ପଇସା ଆଣିଛି ନିଶାଖୋର ସ୍ୱାମୀ ତା' ଠାରୁ ଛଡାଇ ନେଇଛି। ନିଶାପାଣିରେ ଉଡାଇଛି। ସ୍ତ୍ରୀର କାକୁତି ମିନତି - ଛୁଆର ପଥି ଟିକିଏ ପାଇଁ ନେହୁରା ହେବାର ପରିଣତି - ନିସ୍ତୁକ ମାଡ। ଏତେ ନିର୍ଯ୍ୟାତନା ସହି ମଧ୍ୟ ଅସହାୟ ନାରୀର ମାତୃତ୍ୱ ବିଳପି ଉଠିଛି - "ମୋତେ ମାରିଦିଅ ହେଲେ ପିଲାଙ୍କୁ ମୁଠେ ଭାତ ନଦେଇ ତୁମ ନିଶାପାଣି ପାଇଁ ମୁଁ ଟଙ୍କା ଆଣି ପାରିବିନି। ମୁଁ ଆଉ ଗତର ଖଟେଇ ପାରିବିନି"। (୩୮)

ଆଜିର ପୁଅ ବଡ ହୋଇ ରୋଜଗାରକ୍ଷମ ହେବା ପରେ ସଂସାର ବନ୍ଧନରେ ବାନ୍ଧିହେବା ପରେ ମାତା-ପିତାଙ୍କୁ ବୋଝ ମନେ କରୁଛି। 'ପୂର୍ବବାସନା' ଗଳ୍ପରେ ପୁତ୍ର ଦୁହିଁଙ୍କର ବିବାହ ପରେ ବୃଦ୍ଧ ପିତା-ମାତା କଂସା ବାସନ ପରି ବଣ୍ଟା ହୋଇଛନ୍ତି। ଶେଷରେ ରାତିଅଧରେ ଘରଛାଡି ପଳେଇଯିବା ବାଟରେ ତାଙ୍କର ମୃତ୍ୟୁ ହୋଇଛି। 'କୁହାଳିଆ' ଗଳ୍ପରେ ଶିକ୍ଷିତ ପୁଅ ଚାକିରି ପାଇବା ପରେ ବୃଦ୍ଧ ପିତା-ମାତାଙ୍କ ପ୍ରତି କର୍ତ୍ତବ୍ୟ ନକରି ସମସ୍ତ ସଂପତ୍ତି ବିକ୍ରିକରି ସହର ପଳେଇବା ଓ ଅସହାୟ ଭାବେ

ବୁଢାବୁଢୀ ମୃତ୍ୟୁ ବରଣ କରିବା ଆଜିର ସମାଜର ନିଛକ ସତ୍ୟ ଘଟଣା ନୁହେଁ ତ ଆଉ କଣ ?

'ପ୍ରାପ୍ୟ' ଗଳ୍ପରେ ସ୍ତ୍ରୀ ଓ ପିଲାଦୁଇଟିଙ୍କୁ ଛାଡି ସ୍ୱାମୀ ପଳାଇଛି। 'ବହ୍ନି ବଳୟ' ଗଳ୍ପରେ ସ୍ୱାମୀ-ସ୍ତ୍ରୀର ମନୋମାଳିନ୍ୟ ଯୋଗୁଁ ଦୁହେଁ ଅଲଗା ହୋଇଯିବା, ଚାକରାଣୀ ଲକ୍ଷ୍ମୀ ପାଖରେ ପୁଅ ପ୍ରତିପାଳିତ ହୋଇ ବଡ ହେବା ମାତା-ପିତାଙ୍କୁ ଘୃଣା କରିବା ଆଧୁନିକ ସମାଜର ଏକ ଅତିବାସ୍ତବ ରୂପ ନୁହେଁ କି ?

ଆଜି ମଧ୍ୟ ସମାଜରେ ନାରୀ ଏକ ପଣ୍ୟ ବସ୍ତୁ ରୂପେ ବିବେଚିତ। ଏହାର ନଗ୍ନବାସ୍ତବ ଚିତ୍ର 'ତଫାତ' ଗଳ୍ପରେ ଅଙ୍କିତ। ସଭ୍ୟ ସମାଜରେ ମାତ୍ର ପାଞ୍ଚ ହଜାର ଟଙ୍କା ବିନିମୟରେ ନାରୀ ବିକ୍ରି ହୋଇଛି । ଯୌତୁକ ଦେଇ ନପାରି ଝିଅ ଆଜି ବିବାହ କରିପାରୁନି। ତାର ଅତି ବାସ୍ତବ ଚିତ୍ର 'ଝିଅ ଦେଖି ଯାଇଛନ୍ତି' ଗଳ୍ପରେ ଦେଖିବାକୁ ମିଳେ।

ଗାଳ୍ପିକାଙ୍କର ଏକାଧିକ ଗଳ୍ପରେ ସ୍ୱାର୍ଥପର ପୁରୁଷ ଚରିତ୍ର ଆତଯାତ ହୋଇଛନ୍ତି। ନାରୀମାଂସ ଲୋଭୀ ସ୍ୱାର୍ଥପର ଚରିତ୍ରର କଥା 'କଥାଟିଏ କହୁଁ' ଗଳ୍ପରେ କୁହାଯାଇଛି। ଅଫିସକୁ ନୂଆ ଆସିଥିବା ସୁରଭିକୁ ଉପଭୋଗ କରିବାକୁ ଜାଲ ବିଛାଇ ସଫଳ ନ ହେବାରୁ ସୁରଭିକୁ ଚାକିରିରୁ ବାହାର କରି ଦିଆଯାଇଛି। ସାମାଜିକ ପ୍ରତିପତ୍ତିରେ ଦାଗ ଲାଗିଯିବାର ଭୟ ସୁମନ୍ତକୁ 'ଝରିଲା ପତ୍ର ଟୋପାଏ ଲୁହ' ଗଳ୍ପରେ ବାଧ କରିଛି। 'ଶ୍ୟାମଳ ବନାନୀ' 'ମେଘମାଳାର ତୂଳୀ', 'କ୍ରାନ୍ତିର ଡ଼ାଏରୀ', 'ଛେଳି ବାଘ ଖାଏ', 'ଅସ୍ତ ଚନ୍ଦ୍ରର କବିତା' ପ୍ରଭୃତି ଅନେକ ଗଳ୍ପ ପୁରୁଷର ସ୍ୱାର୍ଥପରତାକୁ ଲୋକଲୋଚନକୁ ଆଣିଥାଏ। 'କାଳିସୀ' ଓ 'ନଈ' ଗଳ୍ପ ଦ୍ୱୟରେ ପୁରୁଷର ବହୁ ନାରୀ ଭୋଗଲାଳସା ସହିତ ନାରୀପ୍ରତି ପ୍ରତାରଣା, ଛଳନା, ସ୍ୱାର୍ଥପରତା ପ୍ରକାଶିତ।

'ଯେହେତୁ ମଧ୍ୟରାତ୍ରି' ଗଳ୍ପରେ ମଦ୍ୟପସ୍ୱାମୀର ଇଙ୍ଗିତରେ ଅନ୍ୟମଦ୍ୟପଙ୍କ ଦ୍ୱାରା ସ୍ତ୍ରୀର ମୃତ୍ୟୁ ଘଟିଛି। ସ୍ୱାମୀ ଅଜୟ ସ୍ତ୍ରୀର ଶବକୁ ଫିଙ୍ଗିଦେଇ ଫେରିଆସି ଛୁରୀ ଧରି ରକ୍ଷିତା ସ୍ତ୍ରୀକୁ ନିର୍ଦ୍ଦେଶ ଦେଇଛି - ପିଲାଟାକୁ ନର୍ଦ୍ଦମା କିମ୍ବା ରେଳ ଲାଇନ୍‌ରେ ଫିଙ୍ଗି ଆସିବାକୁ। ନିଶାଗ୍ରସ୍ତ ମଣିଷ କେମିତି ଜ୍ଞାନଶୂନ୍ୟ ପଶୁ ପାଲଟି ଯାଏ ତାହାର ଜ୍ୱଳନ୍ତ ଉଦାହରଣ ଅଜୟ। 'ଆରୋହଣ' ଗଳ୍ପରେ ସାବିତ୍ରୀର ସ୍ୱାମୀ ଗଣେଶ ପଙ୍ଗୁ ସ୍ତ୍ରୀ ରୋଜଗାରରେ ଚଳେ। ରମୁ ସହ ମିଶି ଦିନ ସାରା ଗଞ୍ଜେଇ ଟାଣେ। ଜୁଆ ଖେଳେ । ଅଥଚ ରମୁ କଥାରେ ପଡି ସ୍ତ୍ରୀ ଉପରେ ଅତ୍ୟାଚାର କରେ। ଏହା ପୁରୁଷର ଅହେତୁକ ଔଦ୍ଧତ୍ୟ ଓ ବର୍ବରତାର ପ୍ରତୀକ ନୁହେଁ କି ?

ତା'ଙ୍କର ଅନ୍ୟ ଗଳ୍ପଗୁଡ଼ିକରେ ଚିତ୍ରିତ ହୋଇଥିବା ସଂଭୋଗ ପ୍ରୟାସୀ ପୁରୁଷ

ଚରିତ୍ରମାନେ ଆଧୁନିକତାର ପ୍ରଭାବରେ ମଦ୍ୟପ, ବହୁନାରୀ ସାହାଚର୍ଯ୍ୟ-ଲୋଭୀ। ଏପରିକି କ୍ଲବ୍ ଜୀବନକୁ କେତେକ ଜୀବନର ପାଥେୟରୂପେ ଗ୍ରହଣ କରି ନିଜକୁ କୃତକୃତ୍ୟ ମନେ କରିଥା'ନ୍ତି। ନିଜର ପାରିବାରିକ ତଥା ଦାମ୍ପତ୍ୟଜୀବନକୁ ନଷ୍ଟ କରିବାରେ ସେମାନଙ୍କର ଅନୁଶୋଚନା ନାହିଁ।

ଆଉ କେତେକ ଯୁବଚରିତ୍ର ଉଦ୍‌ଭ୍ରାନ୍ତ। ସୁବିଧାସୁଯୋଗ ଉଣ୍ଡି ଝିଅ-ବୋହୂଙ୍କୁ ଧର୍ଷଣ କରିଛନ୍ତି। 'ଶ୍ୟାମଳୀ ଉପାଖ୍ୟାନ'ରେ ଶ୍ୟାମଳୀ ,'ଅସତୀ'ରେ ମଲ୍ଲିକା, 'ଚିଠି'ରେ ରଶ୍ମି, 'ଆହୁତି'ରେ ଫୁଲ, 'ପାଟଦେଇରେ' ପାଟ ଗଣଧର୍ଷଣରେ ଧର୍ଷିତା ହୋଇଛନ୍ତି। ରକ୍ଷକ କିଭଳି ଭକ୍ଷକ ସାଜେ ତା'ର ଜ୍ୱଳନ୍ତ ଉଦାହରଣ ଆମେ 'ଶତାବ୍ଦୀର ସିଂହାସନ' ଗଳ୍ପରେ ଦେଖୁ। ଏହି ଗଳ୍ପରେ କପିଳର ସ୍ତ୍ରୀ ଉମାକୁ କନେଷ୍ଟବଲ୍ ଥାନାରେ ରଖି ଧର୍ଷଣ କରିଛନ୍ତି। ଅର୍ଥଲୋଭୀ ମଣିଷ ସଇତାନ୍ ସାଜିବାକୁ ପଛାଏ ନାହିଁ। ନିଜ ସ୍ତ୍ରୀକୁ ମଧ୍ୟ ହତ୍ୟାକରିବାକୁ କୁଣ୍ଠିତ ହୁଏନାହିଁ। ଏଭଳି ଏକ ଘଟଣାକୁ ଆଧାର କରି ଲେଖିକା 'ମନିପ୍ଲାଣ୍ଟ୍' ଗଳ୍ପଟିକୁ ସୃଷ୍ଟି କରିଛନ୍ତି। ସ୍ୱାମୀ ଶ୍ରୀକାନ୍ତର ଦୁର୍ନୀତି ବ୍ୟଭିଚାର ସଂପର୍କରେ ପାଟି ଖୋଲିବାରୁ ସ୍ତ୍ରୀ ସ୍ନେହଲତାକୁ ସେ ମାରି ଦେଇଛି। ଏସବୁ ଗଳ୍ପ ମାଧ୍ୟମରେ ଲେଖିକା ବୀଣାପାଣି ପରୋକ୍ଷରେ ସାମାଜିକ ଓ ପାରିବାରିକ ଜୀବନରେ ଶୃଙ୍ଖଳା ଆଣିବାକୁ ପ୍ରୟାସ କରିଛନ୍ତି। ତା'ଙ୍କ ଗଳ୍ପଗୁଡ଼ିକରେ କ୍ୱଚିତ୍ ସରଳ, ଶାନ୍ତ, ତ୍ୟାଗୀ ଓ ଦେଶସେବୀ ଚରିତ୍ରର ନମୁନା ଦେଖିବାକୁ ମିଳେ। 'ନନ୍ଦିଘୋଷ' (କାଳାନ୍ତର) ଗପରେ କାଶୀନାଥ, 'ଦିଗ୍‌ବଳୟ' (ଅଶ୍ରୁଅନଳ) ଗପରେ ଜିତେନ୍ଦ୍ର, 'ସମର୍ପଣ' (ଜନ୍ମାନ୍ତର) ଗପରେ କେଦାରବାବୁ, 'ପାନ୍ଥଶାଳା' (ରକ୍ତକରବୀ) ଗପରେ ବିଶ୍ୱମୋହନ, 'ଶେଷ ପ୍ରହର' (ବହ୍ନିବଳୟ) ଗପରେ ମାଧବ, 'ଭୂସ୍ୱର୍ଗ' (ତୃତୀୟ ପାଦ) ଗପରେ ପ୍ରତାପ ଇତ୍ୟାଦି ଚରିତ୍ର ଗୁଡ଼ିକ ଏହି ଶ୍ରେଣୀର ଅଛନ୍ତି।"[୩୯] ଚାକିରିଜୀବୀ ପୁରୁଷଙ୍କ ମଧ୍ୟରୁ ଅଧିକାଂଶ ବୀଣାପାଣିଙ୍କ ଗଳ୍ପରେ ଦୁର୍ନୀତିଗ୍ରସ୍ତ। ସ୍ୱାଧୀନ ଭାରତବର୍ଷରେ ଜନସେବା ନାମରେ ନେତାମାନେ ଆତ୍ମସେବା କରିବାରେ ବ୍ୟସ୍ତ। ସ୍ୱ-ସ୍ୱାର୍ଥ ସାଧନ ନିମିତ୍ତ ଏଭଳି ନେତାମାନେ ଯେତେସବୁ ଗର୍ହିତ କାର୍ଯ୍ୟକଲେ ଆଇନ୍‌କାନୁନ୍ ସେମାନଙ୍କର କିଛିବି କରିପାରେନା। ଆଜିର ଯୁବଶକ୍ତି ସେମାନଙ୍କର ନିର୍ଦ୍ଦେଶରେ ପରିଚାଳିତ। ଗାଳ୍ପିକା ତଥାକଥିତ ଭଦ୍ରମୁଖାପିନ୍ଧା ନେତାମାନଙ୍କ ସ୍ୱରୂପ ଉଦ୍‌ଘାଟନ କରିଛନ୍ତି। 'ଜଞ୍ଜିର' ଗଳ୍ପର ମହେଶ ପ୍ରତିଭା ସମ୍ପନ୍ନ ଶିକ୍ଷିତ ଯୁବକ। ତା'ର ଦାରିଦ୍ର୍ୟ ଏବଂ ବେକାରୀର ସୁଯୋଗ ନେଇ ନେତା ଗୁଣନିଧି ତାହାର ସର୍ବନାଶ କରିଛନ୍ତି।

'ଭୂମିକା' ଗଳ୍ପରେ ଅଫିସ୍‌ର ବଡ଼ବାବୁ ଦୁର୍ନୀତି କରିବାକୁ ଟୋକା ଅଫିସରଙ୍କୁ ଧରିବାକୁ ଜାଲ ବିଛାଇଛନ୍ତି। ସଫଳ ନହେବା ପରେ ଛୁରୀ ମାରିଛନ୍ତି। 'ଦୁଃସ୍ୱପ୍ନ' ଗଳ୍ପରେ

ଏହାର ବିରୋଧାଭାସ ଦେଖିବାକୁ ମିଳେ । ଗଳ୍ପଟିରେ ରମେଶର ବାପା ଜଣେ ସଚ୍ଚୋଟ କର୍ତ୍ତବ୍ୟ ପରାୟଣ କର୍ମଚାରୀ । ଦୁର୍ନୀତିକୁ ସେ ପ୍ରଶ୍ରୟ ଦିଅନ୍ତି ନାହିଁ । ବେକାର ପୁଅର ଚାକିରି ଲାଗି ଖୋସାମତ କରିବାକୁ କିଂବା ଲାଞ୍ଚ ଦେବାକୁ ଘୃଣାକରନ୍ତି । 'ଅଜ୍ଞାନ' ଗଳ୍ପରେ ଆମେ ଏକ ଆଦର୍ଶ ସ୍ୱାମୀକୁ ଦେଖୁଁ । ସ୍ତ୍ରୀ ଅଂଜୁର ଆରୋଗ୍ୟ ପାଇଁ ସ୍ୱାମୀ କୈଳାସ ସବୁ ତ୍ୟାଗ କରିବାକୁ ପ୍ରସ୍ତୁତ । 'ମୃତ୍ୟୁ ଧ୍ରୁବ ସତ୍ୟ' ଜାଣିବା ସତ୍ତ୍ୱେ ଅଜସ୍ର ଟଙ୍କା ଖର୍ଚ୍ଚ କରି ମଧ୍ୟ ବିଧିର ବିଡ଼ମ୍ବନାରୁ ସଫଳତା ଲାଭ କରିପାରିନାହାନ୍ତି ।

ଗାଳ୍ପିକାଙ୍କର ପୁରୁଷ ଚରିତ୍ରମାନଙ୍କ ମଧ୍ୟରୁ କେତେକ ଚରିତ୍ର ନାରୀ ପ୍ରେମରେ ପାଗଳ ହୋଇଛନ୍ତି । ଆଉ କେତେକ ପରକୀୟା ପ୍ରେମ ପାଇଁ ନିନ୍ଦିତ ହୋଇଛନ୍ତି । କେତେକ ଲମ୍ପଟ ପୁରୁଷ ବହୁ ନାରୀ ସମ୍ଭୋଗରେ ଲିପ୍ତ ହୋଇଛନ୍ତି । ଏସବୁ ସତ୍ତ୍ୱେ ଲେଖିକା ପୁରୁଷ ଚରିତ୍ରର 'ସୁ' ଓ 'କୁ' ଉଭୟ ପାର୍ଶ୍ୱକୁ ଆଲୋକିତ କରିଛନ୍ତି । କେତେକ ଗଳ୍ପରେ ପୁରୁଷ ଦାମ୍ପତ୍ୟ ପ୍ରେମରେ ନିମଜ୍ଜିତ ହୋଇ ଆଦର୍ଶ ପ୍ରେମିକ ପୁରୁଷ ରୂପେ ପ୍ରତିଭାତ । 'ଗୋଟିଏ ଶାଢ଼ୀର ଇତିହାସ' ଗଳ୍ପରେ ବିନୟର ଦାଂପତ୍ୟ ପ୍ରେମର ପଟାନ୍ତର ନାହିଁ । 'ମରୁଝଡ଼' ଗଳ୍ପରେ ଡାକ୍ତର ପ୍ରବୀର ଦାସ ମଧ୍ୟ ଜଣେ ଆଦର୍ଶ ପ୍ରେମିକ ପୁରୁଷ । ବାଲ୍ୟବିଧବା ବିନତା ମିଶ୍ରକୁ ସେ ଭଲ ପାଇଛନ୍ତି । ଶେଷ ଜୀବନରେ ଏକ ଯକ୍ଷ୍ମା ହସ୍‌ପିଟାଲ୍ ଖୋଲି ଦୁହେଁ ମିଳିତ ହୋଇଛନ୍ତି ।

ଗାଳ୍ପିକା ବୀଣାପାଣିଙ୍କର ଗଳ୍ପରେ ନିମ୍ନ ଶ୍ରେଣୀଠାରୁ ଉଚ୍ଚ ସଂଭ୍ରାନ୍ତ ଶ୍ରେଣୀର ଚରିତ୍ରମାନେ ସ୍ଥାନ ପାଇଛନ୍ତି । 'ସାମାଜିକ' ଗଳ୍ପରେ ନାୟକ ଜୟନ୍ତ ଏକ ଉଚ୍ଚସଂଭ୍ରାନ୍ତ ଶ୍ରେଣୀର ଚରିତ୍ର । ଆଧୁନିକ ସଭ୍ୟତା କଳରେ ପୀଡ଼ିତ ନିଜର ସ୍ତ୍ରୀ,ଝିଅ ଉପରେ କର୍ତ୍ତୃତ୍ୱ ନାହିଁ । ଏଭଳି ଘର ତାଙ୍କର ପସନ୍ଦ ନୁହେଁ । ସେ ଚାହିଁଛନ୍ତି ସେହି ନୁଆଣିଆ ଚାଳଘର ଏବଂ ଚାଳକୁଧରି ବୋଉର ଲେଉଟାଣି ବାଟକୁ ।

ଆଧୁନିକ ମଣିଷର ମୁଖ୍ୟ ନିଶା-ଧନସଂଗ୍ରହ । ଧନଲୋଭୀ ଚରିତ୍ର ଆଦିତ୍ୟ (ସାରଥୀ ଗପରେ) ଧନ ସଂଗ୍ରହ କରି ବଡ଼ ହେବା ଆଶାରେ ନିଜ ସ୍ତ୍ରୀକୁ ଅନ୍ୟତ୍ର ପଠାଇବାକୁ କୁଣ୍ଠିତ ହୋଇନି । ଆଜି ସଂପର୍କଟା ଯେମିତି ଟଙ୍କାରେ ମପାଯାଉଛି । 'ସଂପର୍କ' ଗଳ୍ପରେ ରଂଜନ ଜଣେ କିରାଣୀ । ତା'ର ସୀମିତ ଆୟ ବଡ଼ଭାଇର ରୋଜଗାର ତୁଳନାରେ ନଗଣ୍ୟ । ସେ ଅନୁଭବ କରୁଛି ସ୍ୱଳ୍ପ ଆୟ କରୁଥିବା କିରାଣୀଟିର ସ୍ଥାନ ତାଙ୍କ ପରିବାରରେ ନାହିଁ । ଏଣୁ ବଂଚିବା ତା'ପାଇଁ ନିରର୍ଥକ ମନେ ହୋଇଛି ।

ଆଧୁନିକ ଜୀବନର ଅନ୍ୟଏକ ବ୍ୟାଧି ହୋଇଛି ପ୍ରଚାରଧର୍ମିତା । ଆଜିର ଶିକ୍ଷିତ ଶ୍ରେଣୀ ଭିତରେ ଅନ୍ୟକୁ ଦେଖେଇ ହେବାର ଲାଳସା ଅତ୍ୟଧିକ । ପରିବାରର ବାପା, ମାଆଙ୍କ ପ୍ରତି କର୍ତ୍ତବ୍ୟରେ ତ୍ରୁଟି ସଚରାଚର ଶିକ୍ଷିତ ଗୋଷ୍ଠୀମଧ୍ୟରେ ଦେଖିବାକୁ ମିଳୁଚି ।

ଲୋକଙ୍କର ସେବାଯତ୍ନ ଲାଗି ଏମାନଙ୍କର ବେଳ ନାହିଁ କିଂବା ଆଗ୍ରହ ନାହିଁ। ଅଥଚ ମୃତ୍ୟୁ ପରେ ଶୋକସଭାର ଆୟୋଜନ କରି ଗୁଣଗାନ କରିବା, ଖବରକାଗଜରେ ଫଟୋ ପ୍ରକାଶ କରିବା ଏକ ନିତ୍ୟନୈମିତ୍ତିକ ବ୍ୟପାରରେ ପରିଣତ ହେଲାଣି । 'ଶୋକ ସଭା' ଗଳ୍ପରେ ଯୁବମାନସର ଏଭଳି ଦିଗକୁ ଲେଖିକା ବ୍ୟଙ୍ଗ କରିଛନ୍ତି। ଏହିଭଳି ଆଜିର ପୁରୁଷ ପ୍ରଧାନ ସମାଜରେ ପୁରୁଷ ଚରିତ୍ରର ପ୍ରାୟତଃ ସବୁ ଦିଗକୁ ଉନ୍ମୋଚନ କରିବାକୁ ଯାଇ ଗାଳ୍ପିକା ସଫଳତା ଲାଭ କରିଛନ୍ତି । ବିଭିନ୍ନ ଦୃଷ୍ଟିକୋଣରୁ ବହୁ ପରୀକ୍ଷା ନିରୀକ୍ଷା ମାଧ୍ୟମରେ ପୁରୁଷର ଅସଲ ରୂପକୁ ସେ ପଦାରେ ପକାଇ ପାରିଛନ୍ତି ।

**୬. ବୀଣାପାଣିଙ୍କ ଗଳ୍ପରେ ସମାଜ ଚିତ୍ର:**

ସମାଜ, ଜୀବନ ଓ ସାହିତ୍ୟ - ତିନିହେଁ ପରସ୍ପର ସହ ଅନ୍ତରଙ୍ଗ ଭାବରେ ଜଡ଼ିତ। ସ୍ରଷ୍ଟାର ଜୀବନାନୁଭୂତି ଓ ଅଭିଜ୍ଞତା ସମାଜ ସହ ଘନିଷ୍ଠ ଭାବେ ସଂପୃକ୍ତିରୁ ହିଁ ଆସିଥାଏ ଏବଂ ଏହି ଅନୁଭୂତି, ଅଭିଜ୍ଞତା ଯେତେ ପରିମାଣରେ ବ୍ୟାପକ ଓ ଗଭୀର ହୁଏ ତଦନୁଯାୟୀ ସ୍ରଷ୍ଟାର ସୃଷ୍ଟି ଜୀବନ୍ତ ଓ ବାସ୍ତବ ରୂପ ପରିଗ୍ରହଣ କରେ। ଏ ଦୃଷ୍ଟିରୁ ବୀଣାପାଣିଙ୍କର ଗଳ୍ପ ସୃଷ୍ଟିରେ ସମାଜ ଚିତ୍ର ଆଲୋଚ୍ୟ।

ସମାଜ ସହିତ ମଣିଷ ଜୀବନର ସଂପର୍କ ସ୍ଥାପିତ ହୁଏ ପରିବାର ମଧ୍ୟରେ। କାରଣ ପରିବାର ହିଁ ସମାଜର କ୍ଷୁଦ୍ରତମ ଏକକ ଅନୁଷ୍ଠାନଟିଏ। ଗାଳ୍ପିକାଙ୍କର ଜନ୍ମ ଏକ ଉଚ୍ଚ ବଂଶ ରକ୍ଷଣଶୀଳ ପରିବାରରେ। ନିଜେ ବିବାହ କରି ନଥିଲେ ମଧ୍ୟ ସମାଜର ବିଭିନ୍ନ ପରିବାର ସଂସ୍ପର୍ଶରେ ସେ ଆସିଛନ୍ତି ଏବଂ ସେହିସବୁ ପରିବାରକୁ ଶିଳ୍ପୀର ତୃତୀୟ ନୟନ ନେଇ ଭିନ୍ନ ଭିନ୍ନ ଦୃଷ୍ଟି କୋଣରୁ ସମୀକ୍ଷା କରି ସ୍ଥିର ସିଦ୍ଧାନ୍ତରେ ଉପନୀତ ହୋଇଛନ୍ତି। ଏହି ସିଦ୍ଧାନ୍ତ ତାଙ୍କୁ ଜଣେ ସହୃଦୟ କଥାଶିଳ୍ପୀ ଭାବରେ ଗଢିତୋଳିଛି । ସମାଜ ଜୀବନର ଜଣେ ସାର୍ଥକ ଚିତ୍ରକାର ରୂପେ ସେ ସମାଜକୁ ଆମ ସମ୍ମୁଖରେ ଉଭା କରିଛନ୍ତି।

'ପାରିବାରିକ ଜୀବନ ଭିତରେ ସାମାଜିକ ଜୀବନ ଓ ତା'ର ବିବର୍ତ୍ତିତ ଜୀବନସତ୍ତାକୁ ବହୁ ପରିସ୍ଥିତି ଭିତରେ ସେ ତର୍ଜମା କରିଛନ୍ତି। ଘାତ ପ୍ରତିଘାତରେ ଜୀବନକୁ ସେ ବେଶ୍ ସଂଚରଣଶୀଳ କରିପାରିଛନ୍ତି ତାଙ୍କ ଚରିତ୍ରମାନଙ୍କ ସହ। ପାରିବାରିକ ଜୀବନରେ ଅସହାୟତାର ହୃତ୍‌ସ୍ପନ୍ଦନକୁ ଗାଳ୍ପିକା ଯେପରି ମର୍ମେମର୍ମେ ଉପଲବ୍ଧି କରିଛନ୍ତି। ସେହିପରି ଜୀବନ ପାଇଁ ସାନ୍ତ୍ୱନା ସହ ସ୍ୱଚ୍ଛନ୍ଦଭାବ ମଧ୍ୟ ଶାନ୍ତିରେ ବଂଚିବା ପାଇଁ ସଙ୍କେତ ବହନ କରିଛି ଗଳ୍ପରେ' ।(୪୦)

ସାମାଜିକ ବାସ୍ତବତାର ଧାରା ତାଙ୍କ ଗଳ୍ପରେ ମୃଦୁଗୁଞ୍ଜରଣ ସୃଷ୍ଟି କରିଛି। ପ୍ରକୃତି ସହିତ ମଣିଷର ସଂଘର୍ଷ, ସାମାଜିକ ଉତ୍ପାଦନ ଓ ବିବର୍ତ୍ତନ ଭିତରେ ତା'ର

ଚିନ୍ତା ଚେତନାର ଉତ୍ତରଣ, ବ୍ୟକ୍ତି ଓ ବ୍ୟଷ୍ଟିର ଦ୍ୱନ୍ଦ୍ୱ ମଣିଷର ଦୁଃଖ, ନୈରାଶ୍ୟ, ଆନନ୍ଦ, ଆସକ୍ତି, ଭ୍ରାନ୍ତି, ଜାଗରଣ, ପରିବର୍ତ୍ତନ ପାଇଁ ତା'ର ଶ୍ରେଣୀହୀନ ସଂଗ୍ରାମ ସବୁକିଛି ଏହି ବାସ୍ତବତା ପରିସରଭୁକ୍ତ। ଗାଳ୍ପିକାଙ୍କର ଅନୁଭୂତି ଦୃଷ୍ଟିଭଂଗୀ ଓ ଆଭିମୁଖ୍ୟର ସମନ୍ୱୟରେ ଏହି ବାସ୍ତବତାର ପ୍ରତିଫଳନ ଗଳ୍ପଗୁଡିକୁ ଆଣିଦେଇଛି ସ୍ୱତନ୍ତ୍ର ପରିଚୟ। ତାଙ୍କର ଲେଖନୀ ପ୍ରସୂତ ପାରିବାରିକ ଗଳ୍ପମାନଙ୍କରେ କେବଳ ନାରୀପୁରୁଷ, ପିତାମାତା, ଭାଇଭଉଣୀ, ପୁଅଝିଅ, ପତିପତ୍ନୀ ଶାଶୁ- ବୋହୂ, ନଣନ୍ଦ-ଭାଉଜ ଆଦି ପାରିବାରିକ ସଂପର୍କର ସେତୁ ଦେଖିବାକୁ ମିଳେନାହିଁ ବରଂ ତା' ସହିତ ପ୍ରେମ, ମମତା,ସ୍ନେହ, ଆତ୍ମତ୍ୟାଗ, ଇର୍ଷା, ବିଦ୍ୱେଷ, ହତାଶ, ଦ୍ୱନ୍ଦ୍ୱର ବଳିଷ୍ଠ ପରିପ୍ରକାଶ ଦେଖିବାକୁ ମିଳିଥାଏ। ଏଣୁ ସମାଜିକ ଜୀବନର ତେଲଲୁଣ ସଂସାରର  ବାସ୍ତବ ପରିଚୟ ତାଙ୍କର ଗଳ୍ପଗୁଡିକରୁ ମିଳିଥାଏ।

ଗ୍ରାମ୍ୟ ଜୀବନର ବିପର୍ଯ୍ୟସ୍ତ ଅବସ୍ଥା, ବୃଦ୍ଧ ବିବାହ, ବାଲ୍ୟ ବିଧବା, ଛୁଆଁ ଅଛୁଆଁ ଭାବ, ଅନ୍ଧବିଶ୍ୱାସ ଓ କୁସଂସ୍କାର,  ଜମିଦାରୀ  ଶୋଷଣରେ ନିପୀଡିତ ଜନତାର ଆକୁଳ ବିଳାପ, ବିଧବା ଜୀବନର କାରୁଣ୍ୟ, ଆର୍ଥିକ ଅନଟନରେ ସଢୁଥିବା ବେକାରୀ ଜୀବନର ବ୍ୟଥା ବେଦନା, ଧନିକ ଗୋଷ୍ଠୀର ସ୍ୱ-ସ୍ୱାର୍ଥ ସାଧନ ନିମନ୍ତେ ଦୁର୍ନୀତି ଓ ଶୋଷଣ କୁ ଆପଣେଇନେବା, ନେତାମାନଙ୍କର ଶୋଷଣ ଓ ଲୁଣ୍ଠନ ଭାଷଣବାଜି, ରିଲିଫ୍ ନାମରେ ପ୍ରହସନ ଓ ପ୍ରତାରଣା, ସାଂପ୍ରତିକ ଶିକ୍ଷା ଓ ସ୍ୱାସ୍ଥ୍ୟସେବାର ଅବ୍ୟବସ୍ଥା ପ୍ରଭୃତି ସମାଜଜୀବନର ବିଭିନ୍ନ ଘଟଣାର ଆଧାର ଉପରେ ଗାଳ୍ପିକା ଗଳ୍ପ ସୃଷ୍ଟି କରିଛନ୍ତି। ଏହା ସହିତ ସରଳ ନିରାଡମ୍ବର ଗ୍ରାମ୍ୟ ଜୀବନ, ଗାଁ ମାଟିର ମମତା, ମନଲୋଭା ଗ୍ରାମ୍ୟ ପ୍ରକୃତି ଓ ଗ୍ରାମ୍ୟ ସଂସ୍କୃତି ମଧ୍ୟ ଲେଖିକାଙ୍କୁ ଆକର୍ଷିତ କରିଛି। ଏକ ଶୋଷଣ ମୁକ୍ତ, ଶାନ୍ତ ସମାହିତ, ପ୍ରାକୃତିକ ସୌନ୍ଦର୍ଯ୍ୟଭରା ସଂସ୍କୃତି ସଂପନ୍ନ ମାନବିକତାର ବନ୍ଧନରେ ବନ୍ଧା ଗ୍ରାମ୍ୟ ଜୀବନ ପ୍ରତି ଔତ୍ସୁକ୍ୟ ତାଙ୍କ ଗଳ୍ପର ପ୍ରାଣସତ୍ତାରେ ପରିଣତ ହୋଇଛି।

ଗାଳ୍ପିକା ମଧ୍ୟ ସହର ଓ ସହରୀ ଜୀବନକୁ ନେଇ ବହୁ ଗଳ୍ପ ରଚନା କରିଛନ୍ତି। ଗ୍ରାମ୍ୟଜୀବନଠାରୁ ସହରୀ ଜୀବନର ଜ୍ୱାଳାଯନ୍ତ୍ରଣା ଅଧିକ। ପାରିବାରିକ ଶାନ୍ତି ସେଠାରେ ସୁଦୂର ପରାହତ। ପାରିବାରିକ ସଂପର୍କ ଭିତରେ କାହାରି ସହ କାହାରି ସହଯୋଗ ନାହିଁ। 'ଅନ୍ଧକୂପ' ଗଳ୍ପରେ ଆଧୁନିକତାର ଅନ୍ତଃସାର ଶୂନ୍ୟଜୀବନ ବିନୋଦକୁ ଯନ୍ତ୍ରଣାଗ୍ରସ୍ତ କରିଛି । ସେ ଦେଖିଛି ଏଇ ତା'ର ପ୍ରାସାଦ  ଯେଉଁଠି ଲକ୍ଷଲକ୍ଷ ଟଙ୍କାର ଚୋରା କାରବାର ପ୍ରତ୍ୟହ ଲାଗି ରହିଛି। ରାଜନୀତି, ଅର୍ଥନୀତି ଓ ଦେଶର ଭବିଷ୍ୟତ ନିମିତ୍ତ ବହୁ ଗଣ୍ୟମାନ୍ୟ ଲୋକ ଏଠି ବସି ମଧ୍ୟରାତ୍ରରେ ପାନୀୟ ଆଉ ଜୁଆଖେଳ ମଧ୍ୟରେ ସମାଧାନର ମାର୍ଗ ନିର୍ଣ୍ଣୟ କରୁଛନ୍ତି। ଏଇ ତା'ର ବାପା ଓ ବୋଉ ଓ ସ୍ତ୍ରୀର ସଂସାର, ଯାହାର କାହାଠାରେ

କିଛି ସଂପର୍କ ନାହିଁ, କେବଳ ଏକ ଜୈବିକ ତଥା ସାମାଜିକ ଜାଲରେ ଛନ୍ଦାଛନ୍ଦି ହୋଇ ଘାଣ୍ଟି ହେଉଛନ୍ତି । (୪୧)

"ଭୂସ୍ୱର୍ଗ" ଗଳ୍ପରେ ପ୍ରତାପସିଂହ ତିନୋଟି ପୁଅ ଓ ଗୋଟିଏ ଝିଅର ବାପା; ଝିଅଟିକୁ ବିଦେଶରେ ବିବାହ ଦେଇଛନ୍ତି । ପୁଅ ତିନୋଟିଙ୍କ ପାଇଁ ତିନୋଟି କୋଠା ତୋଳିଦେଇଛନ୍ତି । ଏତେ ପ୍ରାଚୁର୍ଯ୍ୟ ସତ୍ତ୍ୱେ ନାତିଟୋକା ମଣ୍ଟୁ ଠାରୁ ଶୁଣିଛନ୍ତି -ଜେଜେ ! ତୁମେ ମରିଗଲେ ମୋ ମା କହୁଥିଲା କୋଠା ଓ ନୂଆ ଗାଡ଼ି କିଣିବା ।"(୪୨)

ଆଧୁନିକ ଜୀବନର ରିକ୍ତତା 'କୁହାଳିଆ' ଗଳ୍ପରେ ସ୍ପଷ୍ଟ ପ୍ରକାଶ ପାଇଛି । "ସବୁ ଘରେ ଅଭାବ ଅନଟନ ସାଙ୍ଗକୁ ହିଂସା, ଦ୍ୱେଷ ବସାବାନ୍ଧିଛି; କେହି ଶାନ୍ତିରେ ନାହାନ୍ତି । ସବୁ ଆଡ଼େ ଘର ଅଛି, ମଣିଷ ନାହାନ୍ତି, ମଣିଷ ଥିଲେ ବି ଜୀବନ ନାହିଁ ।" (୪୩)

'ପୁନଶ୍ଚ ଫାଲଗୁନ' ଗଳ୍ପରେ ସ୍ତ୍ରୀ ସୁକାନ୍ତି ସ୍ୱାମୀଙ୍କୁ ବୁଝାଇବାକୁ ଯାଇ କହିଛନ୍ତି ଯେ ଆଜିକାର ସମାଜରେ ପୁଅବୋହୂ ଭିନ୍ନ ରକମର । ସେମାନଙ୍କୁ ଡ଼ରିମରି ସେ ରହୁଛନ୍ତି । "ସେମାନେ ପ୍ରତିଦିନ କଳିକରୁଛନ୍ତି ଅଲଗା ହୋଇ ରହିବେ ବୋଲି, ମୁଁ ବୁଝେଇ ସୁଝେଇ ହାତଧରି ରଖିଛି । ସଂସାରରେ ସବୁଘରେ ଏଇ ପାଲା ଚାଲିଛି । ଘରେ ବାପା-ମା'ଙ୍କଠାରୁ ପିଲାମାନେ ଅଲଗା ରହିବାକୁ ଚାହାନ୍ତି ।" (୪୪)

ଆର୍ଥନୀତିକ ସଙ୍କଟ ମଣିଷକୁ ଅନେକ କାର୍ଯ୍ୟ କରିବାକୁ ବାଧ୍ୟକରେ ଯାହାକି ସାମାଜିକ ସମ୍ମାନକୁ କ୍ଷୁର୍ଣ୍ଣ କରେ । 'ଦ୍ୱିତୀୟ ଈଶ୍ୱର' ଗଳ୍ପରେ ଅର୍ଥ ଲାଗି ମନିକାର ଝିଅ ଉମା ରମା ରୂପଜୀବୀରେ ପରିଣତ ହୋଇଛନ୍ତି । 'ଅମରିଚିତା' ଗଳ୍ପରେ ପ୍ରଚଳିତ ପରୀକ୍ଷା ପଦ୍ଧତିରେ ଲାଞ୍ଚ ଦେଇ ପରୀକ୍ଷା ଖାତାରେ ନମ୍ବର ବଢାଇବା, 'ଖେଳାଳୀ' ଗଳ୍ପରେ ପରୀକ୍ଷା ପୂର୍ବରୁ ମୁନାଫାଖୋରମାନଙ୍କ ଦ୍ୱାରା ପ୍ରଶ୍ନପତ୍ର ବିକ୍ରି, ଚାକିରୀ ପାଇଁ ଇଣ୍ଟରଭିଉ ବାହାନାରେ ଲାଞ୍ଚ ଦିଆନିଆ କଥା, 'ଦୁଃସ୍ୱପ୍ନ' ଓ 'ସାଧାରଣଲୋକ' ଗଳ୍ପରେ ପରିବେଷିତ ।

କଳାବଜାରୀ ବେପାରୀମାନେ କିପରି ଦଲାଲି ଗୁଣ୍ଡାମି ଓ ହତ୍ୟା, ବ୍ୟଭିଚାର ଆଦି କରିବାକୁ ପଛାନ୍ତି ନାହିଁ ତାହାର ଉଦାହରଣ ମଧ୍ୟ 'ମନିପ୍ଲାଣ୍ଟ', 'ଦ୍ୱୀପ' ଗଳ୍ପରେ ଦେଖିବାକୁ ମିଳେ ।

ଜାତିପ୍ରଥା କିପରି ଆମ ସମାଜକୁ ନଷ୍ଟକରି ଦେଉଛି ତାହାର ଚିତ୍ର 'ବିସ୍ମୃତ ଆକାଶ' ଗଳ୍ପରେ ସ୍ଥାନ ପାଇଛି । ବୋହୁଟିଏ ଅସବର୍ଣ୍ଣ ବିବାହରେ ମୁହଁ ଖୋଲି କହୁଛି ଆଜିକାଲି ବ୍ରାହ୍ମଣ, ପାଣ କ'ଣ ? ସମସ୍ତେ  ସମାନ । ମୁଁ ଏଇଠି ରହିବି ଦେଖିବି ଗାଁବାଲା କ'ଣ କରିବେ ?

'ଦ୍ୱିତୀୟ ଈଶ୍ୱର' ଗଳ୍ପରେ ମଧ୍ୟ ମୁକୁନ୍ଦ ଜାତିରେ ପାଣ; ଅଥଚ ବ୍ରାହ୍ମଣ ଘରର ଝିଅକୁ ବିବାହ କରିଛି । ଯୌତୁକ ପ୍ରଥା ଆମ ସମାଜର ଆଉ ଏକ କଳଙ୍କ । 'ଶିଖା' ଗଳ୍ପରେ ଯୌତୁକ ଲାଗି ସ୍ୱାମୀ ନିଜ ସ୍ତ୍ରୀ ନିର୍ମଳାକୁ ଶାରୀରିକ ନିର୍ଯାତନା ଦେବା 'ପ୍ଲାବନୀ' ଗଳ୍ପରେ ଯୌତୁକପାଇଁ ଶାଶୁ ଶ୍ୱଶୁର ବିମଳାକୁ ବିଷ ଦେଇ ମାରିବା, 'ଝିଅ ଦେଖି ଯାଇଛନ୍ତି' ଗଳ୍ପରେ ମଧ୍ୟବିତ୍ତ ପରିବାରର କନ୍ୟାଟିଏ ଯୌତୁକ ଦେଇନପାରି ଅବବାହିତା ହୋଇ ରହିଯିବା ଭଳି ଘଟଣାମାନ ଆଜିର ବସ୍ତୁବାଦୀ ସମାଜରେ ନିତ୍ୟ ନୈମିତ୍ତିକ ଘଟଣା । ଗାଳ୍ପିକା ଏକ ମାନବବାଦୀ ଦୃଷ୍ଟିକୋଣ ନେଇ ଯୌତୁକ ସମସ୍ୟାକୁ ଦୂର କରିବା ନିମନ୍ତେ ଇଙ୍ଗିତ ଦେଇଛନ୍ତି ।

ଏକଥା କହିଲେ ବାହୁଲ୍ୟ ହେବନାହିଁ ଯେ, ଗାଳ୍ପିକା ସାଂପ୍ରତିକ ସମାଜରେ ଅହରହ ଘଟିଚାଲିଥିବା ପ୍ରାୟ ପ୍ରତ୍ୟେକଟି ସମସ୍ୟାକୁ ନିଜ ଗଳ୍ପରେ ସ୍ଥାନ ଦେଇଛନ୍ତି । "କେବଳ ସମସ୍ୟାକୁ ଚିତ୍ରଣ କରିବା ଗାଳ୍ପିକାଙ୍କର ଲକ୍ଷ୍ୟ ନୁହେଁ । ତା'ର ସମାଧାନ ପାଇଁ ସେ ସଚେତନାତ୍ମକ ଅଭିବ୍ୟକ୍ତି ବାଢ଼ିଛନ୍ତି । ସହରୀ ସଭ୍ୟତାରେ ଯୌତୁକ, ମଦ୍ୟ, ନାରୀ ପ୍ରତି ଆସକ୍ତିର ନିରାକରଣ, ବେକାରୀ ସମସ୍ୟାର ସମାଧାନ, ନାରୀ ସ୍ୱାଧୀନତା ଆଳରେ ସ୍ୱେଚ୍ଛାଚାରିତାରୁ ନିବୃତ୍ତ ହେବାର ପ୍ରୟାସ, କୃଷକ ସମସ୍ୟାର ଆଶୁ ପ୍ରତିକାର, ଦୁର୍ନୀତିଗ୍ରସ୍ତ ସମାଜ ବ୍ୟବସ୍ଥାର ପରିବର୍ତ୍ତନ, ତ୍ରୁଟିପୂର୍ଣ୍ଣ ଶାସନ ପଦ୍ଧତିର ନିରାକରଣ, ଅର୍ଥଗୃଧ ଅବକ୍ଷୟୀ ମାନବିକତାର ପୂର୍ଣ୍ଣଚ୍ଛେଦ ପକାଇବା ପାଇଁ ଗାଳ୍ପିକା ମାନବ ସମାଜକୁ ସଚେତନ କରାଇଛନ୍ତି" । [୪୫] ତାଙ୍କର ଗଳ୍ପଜଗତ ସୁବିସ୍ତୃତ । ଗାଳ୍ପିକା ବାସ୍ତବରେ ସାଂପ୍ରତିକ ସାମାଜିକ ଅବ୍ୟବସ୍ଥାର ଜଣେ କ୍ରାନ୍ତି ଦର୍ଶନୀ ଓ ବିପ୍ଲବିଣୀ କଥାକାର ।

ଅଶୋକ ମହାନ୍ତିଙ୍କ କର୍ତ୍ତୃକ ସଂପାଦିତ "କଥା ସାହିତ୍ୟର ସୃଜନ ବିନ୍ଧାଣୀ - ବୀଣାପାଣି" ସଂକଳନରେ ବିଷ୍ଣୁ ସାହୁ ଯଥାର୍ଥରେ ତଦୀୟ ପ୍ରବଂଧ 'ନାରୀ ଦେବୀ ବା ଦାସୀ ନୁହେଁ ।" ଏହା ପ୍ରକୃତରେ ମାନବବାଦୀ ତଥା ବାସ୍ତବବାଦୀ ଚିନ୍ତାଧାରାର ବୋଲି ପୃ ୨୯ରେ ସ୍ୱମତ ପ୍ରକାଶ କରି କହିଛନ୍ତି । "ଏଇଠି ମନେ ପଡ଼ନ୍ତି ବ୍ୟାସକବି ଫକୀର ମୋହନ ସେନାପତି । ଊନବିଂଶ ଶତାବ୍ଦୀରେ ଯେଉଁ ସାମାଜିକ ଚିନ୍ତା ବିଭ୍ରାଟ, ଯେଉଁ ସାମାଜିକ ପ୍ରତିବଦ୍ଧତା ସେ ଦେଖାଇଥିଲେ ତାଙ୍କ ଗଳ୍ପରେ ସେଇ ଧାରାର ଜଣେ ଯଥାର୍ଥ ଉତ୍ତରାଧିକାରିଣୀ ହେଉଛନ୍ତି ଗାଳ୍ପିକା ବୀଣାପାଣି ମହାନ୍ତି ।'

**୭. ବୀଣାପାଣିଙ୍କ ଗଳ୍ପରେ ନାରୀ ମନସ୍ତତ୍ତ୍ୱ:**

ଗଭୀର ଜଳ ଆଉ ନାରୀର ମନ ଏକା ପରି । ନାରୀ ମନର ଗଭୀରତା ଦର୍ଶାଇବାକୁ ଯାଇ ମନସ୍ତତ୍ତ୍ୱବିତ୍ ଲାଗାଁ କହନ୍ତି - ନାରୀ ଗଭୀର ଏବଂ ତା'ର ଗଭୀରତା

ଅନ୍ତହୀନ - Women see deep because they have no bottom । ବୀଣାପାଣି ମହାନ୍ତିଙ୍କର ଗଳ୍ପମାନଙ୍କରେ ନାରୀର ସ୍ୱତନ୍ତ୍ର ସ୍ଥାନ ଲକ୍ଷ୍ୟଣୀୟ । ଏହାକୁ ଲକ୍ଷ୍ୟକରି ଡ଼. ଇନ୍ଦୁ ମିଶ୍ର ତାଙ୍କର "ସମୀକ୍ଷା ସନ୍ଦର୍ଭ" ପୁସ୍ତକରେ କହିଅଛନ୍ତି - "ଶ୍ରୀମତୀ ମହାନ୍ତିଙ୍କର ଗଳ୍ପ ପରଂପରାରେ ନାରୀ, ସ୍ୱୟଂ ଏକ ନଦୀ, ଯାହାର ଧର୍ମ କେବଳ କୂଳପ୍ଲାବନ ନୁହେଁ, ପକ୍ଷାନ୍ତର ସ୍ୱକୀୟ ଦୁଃଖ ଓ ଜୀବନ-ଦାହର ତରଙ୍ଗମାଳାରୁ ସଙ୍କୁଚିତ ଓ ରୂପାନ୍ତରିତ କରି ଉଷର ପୃଥିବୀକୁ ସେ ଶ୍ୟାମଳିମା ମଣ୍ଡିତ କରେ । (୪୬)

ଗାଳ୍ପିକା ନାରୀର ସଂଗୁପ୍ତ ଭାବ ଭାବନାକୁ ଚିତ୍ରଣ କରିବା ସଙ୍ଗେସଙ୍ଗେ ଆଜିର ସଭ୍ୟ ସମାଜରେ ତା'ର ସ୍ଥାନ ନିରୂପଣ କରି ନାର୍ଯ୍ୟ ଅଧିକାର ପ୍ରଦାନ କରିବାକୁ ଲେଖନୀ ଚାଳନା କାରିଥିବା ଭଳି ମନେହୁଏ । ପ୍ରତିଟି ଗଳ୍ପରେ ନାରୀ ମନକୁ ମନସ୍ତାତ୍ତ୍ୱିକ ଦୃଷ୍ଟିକୋଣରୁ ବିଚାର କରି ସେ ଏକ ଚିରନ୍ତନ ନାରୀର ରୂପ ଆବିଷ୍କାର କରିଛନ୍ତି ।

ଆଧୁନିକ ଜୀବନର ମୂଳରେ ଅଛି ଦାନାପାଣି ଓ ଯୌନ ଚେତନା ସମ୍ଭୂତ କ୍ରିୟା ପ୍ରତିକ୍ରିୟା । ଏଥିପାଇଁ ଅହରହ ସେ ଭୋଗିଚାଲିଛି ମାନସିକ, ଶାରୀରିକ ଏବଂ ଆତ୍ମିକ ସଂଘର୍ଷର ଜ୍ୱାଳା ଓ ଯନ୍ତ୍ରଣା । ଏହି ଜ୍ୱାଳା ଓ ଯନ୍ତ୍ରଣା ନାରୀ ଜୀବନରେ ପୁରୁଷ ଜୀବନଠାରୁ ଅଧିକ । କାରଣ ପୁରୁଷ ପ୍ରଧାନ ସମାଜରେ ଆଜିର ବିଜ୍ଞାନ ଯୁଗରେ ମଧ୍ୟ ନାରୀ ପ୍ରତ୍ୟେକ କ୍ଷେତ୍ରରେ ପୁରୁଷ ସହିତ କାନ୍ଧରେ କାନ୍ଧ ମିଳାଇ ଚାଲୁଥିଲାବେଳେ ନିର୍ଯ୍ୟାତିତା ହୋଇଛି । ଏଣୁ ନାରୀମୁକ୍ତି ପ୍ରସଙ୍ଗକୁ ପ୍ରାଧାନ୍ୟ ଦେଇ ଲେଖିକା ସ୍ୱଗଳ୍ପରେ ସମୟୋଚିତ ପଦକ୍ଷେପ ନେଇଛନ୍ତି କହିଲେ ଅତ୍ୟୁକ୍ତି ହେବନାହିଁ । ପ୍ରାୟ ନାରୀର ଜୀବନକୁ ନେଇ ଗଳ୍ପ ଲେଖୁଥିବାରୁ ତାଙ୍କୁ କେହି କେହି ବାମାବାଦୀ ଲେଖିକା ନାମରେ ନାମିତ କରିଥାଆନ୍ତି । ମାତ୍ର ଏ ସମ୍ବନ୍ଧରେ ଲେଖିକାଙ୍କର ସ୍ୱୀକାରୋକ୍ତି ହେଉଛି- "ମୁଁ ନାରୀ ମାନଙ୍କୁ ଯେପରି ଦେଖିଛି ସେପରି ଲେଖିଛି  ସେମାନେ ଯେ ରକ୍ତମାଂସର ମଣିଷ ତାହା ମୋ ଲେଖାରେ ପରିସ୍ଫୁଟ । ମୁଁ ନାରୀ ବୋଲି ଯେ 'ନାରୀ ଚରିତ୍ର'କୁ ଅଧିକ ଉପସ୍ଥାପିତ କରିଛି ତାହା ଭାବିବା ଭୁଲ୍ । ନାରୀମାନେ ସମାଜରେ ଅଧିକ ନିର୍ଯାତିତ । ପ୍ରାୟ ସମସ୍ତ ଲେଖକ ସେମାନଙ୍କପାଇଁ ସମ୍ବେଦନଶୀଳ ।" (ବୀଣାପାଣି ମହାନ୍ତିଙ୍କ ସହିତ ସାକ୍ଷାତକାରରେ ଜିତେନ୍ଦ୍ର ପଟ୍ଟନାୟକ - କଥା ସାହିତ୍ୟର ସୃଜନ ବିନ୍ଧାଣୀ ବୀଣାପାଣି, ପୃ -୧୨୯) ।

ନାରୀ ମନସ୍ତାତ୍ତ୍ୱିକ ଚେତନାର ବିଭିନ୍ନ ଦିଗ ଯଥା: ନାରୀ ସହ  ପୁରୁଷର ଦାମ୍ପତ୍ୟ ପ୍ରେମର ବିପର୍ଯ୍ୟୟ, ନାରୀ ସହ ସମାଜର ଦ୍ୱନ୍ଦ୍ୱ, ନାରୀସହ ପରିବାରର ମାନସିକ ସଂଘର୍ଷ, ଦାରିଦ୍ର୍ୟ ବିରୁଦ୍ଧରେ ନାରୀର ସଂଘର୍ଷ, ପରିବେଶ ଓ ପରିସ୍ଥିତି ସହ ଗଭୀର ଦ୍ୱନ୍ଦ୍ୱ, ରୋମାଣ୍ଟିକ୍ ଚେତନା ସମ୍ଭୂତ ନାରୀର ଯୌନକାମନା, ଦେହ ଭୋଗରେ ପୁରୁଷ ବଦଳ ପ୍ରବୃତ୍ତି ସହ ଅବଚେତନ ମନର ବିଳାପ ପ୍ରଭୃତିକୁ ଚିତ୍ରଣ କରିବା ସହିତ ନାରୀ

ମନର ଲୁକ୍କାୟିତ ଈର୍ଷା, ଦ୍ୱେଷ, ପରଶ୍ରୀକାତରତା, ଲୋଭ, ଅସହିଷ୍ଣୁତା, ଆଦି ମନୁଷ୍ୟୋତ୍ତର ଭାବ ଓ ଭାବନାକୁ ମଧ୍ୟ ଦର୍ଶାଇଛନ୍ତି।

'ଅଭିନେତ୍ରୀ ତମାଳିନୀ' ଗଳ୍ପର ନାୟିକା ତମାଳିନୀ ରବୀନ୍ଦ୍ରର ପତ୍ନୀ। ସାମାଜିକ ସ୍ୱୀକୃତି ଲାଭ କରିଛି ବୋଲି ଚେତନ ସ୍ତରରେ ସେ ସୁରକ୍ଷିତ। ମାତ୍ର ତା'ର ଅବଚେତନ ମନ କହୁଛି ସେ ଅସୁରକ୍ଷିତା କାରଣ ତା' ସ୍ୱାମୀଙ୍କର ପ୍ରେମିକା ହେଉଛି 'ପୂରବୀ'। ବୀଣାପାଣି ତମାଳିନୀର ଚେତନ ଓ ଅବଚେତନ ମନର ଦ୍ୱିଧାଗ୍ରସ୍ତ ଅବସ୍ଥାକୁ ରୂପ ଦେବାକୁ ଯାଇ ଲେଖିଛନ୍ତି – "ତମାଳିନୀ ତା'ର ଶୋଇବା ଘର ଭିତରକୁ ପଶିଲା। ପୂରବୀର ଚମତ୍କାର ବନ୍ଧେଇକରା ଫଟୋ। କାନ୍ଥ ଦେହରେ ଫଟୋଟା ଯେପରି ହସରେ ଆତ୍ମଗର୍ବରେ ଫାଟି ପଡି କହୁଛି, 'ଯାହା ଥିଲା ମୁଁ ସବୁ ନେଇଯାଇଛି ତମାଳିନୀ। ନିଃଶେଷ କରି ନେଇଯାଇଛି ସବୁ। ତୋ ପାଇଁ ମୁଁ କିଛି ରଖିନି। ତୁ କେବଳ ମରୀଚିକା ପଛରେ ଗୋଡାଇଛୁ। କ୍ଲାନ୍ତ ପଥିକୀ ତୁ ! ଶେଷରେ ତୋର ତୃଷ୍ଣାରେ କଣ୍ଠ ଫାଟି ଯିବ ସିନା, ଶୋଷ ମରିବନି। ତମାଳିନୀର ମନେ ହେଲା ସେ କହନ୍ତା ପୂରବୀ ! ତୁ ମୃତା ଜୀଇଁ ଥାଉଁ ଥାଉଁ ବି ମରିଛୁ ପୂରବୀ। ସୃଷ୍ଟିର ଯେଉଁ କୋଣରେ ରହିଥା ପଛେ କେହି ତୋର ଦାବିକୁ ସ୍ୱୀକାର କରିବେ ନାହିଁ। ଏ ମୋର ଘର। ଏ ମୋର ସଂସାର ପୂରବୀ। ଆଉ ସବୁଠାରୁ ବଡ କଥା କ'ଣ ଜାଣୁ ତୁ ? ରବୀନ୍ଦ୍ର ମୋର ସ୍ୱାମୀ। ତୋର ନୁହଁ।" (ବୀଣାପାଣି ମହାନ୍ତିଙ୍କ ଗଳ୍ପ ସମଗ୍ର – ୧ମ, ପୃ-୩୯)। ତମାଳିନୀ ଚରିତ୍ର ମାଧ୍ୟମରେ ନାରୀର 'ସୁପର ଇଗୋ'କୁ ଏଠାରେ ଗାଳ୍ପିକା ଚିତ୍ରଣ କରିଛନ୍ତି। ସେହିଭଳି 'ନାକମାଛି' ଗଳ୍ପର ସରସ୍ୱତୀଙ୍କ ଚରିତ୍ର ଦେଇ ଗାଳ୍ପିକା ନାରୀର 'ସୁପର ଇଗୋ'କୁ ଚିତ୍ରଣ କରିଛନ୍ତି। ବୀଣାପାଣିଙ୍କ ଭାଷାରେ – "ତିରିଶ ବର୍ଷର ବିବାହିତା ଜୀବନରେ କେବେହେଲେ ସରସ୍ୱତୀ ସ୍ୱାମୀଙ୍କର ଅବାଧ ହୋଇ ନାହାନ୍ତି। ଦିନରାତି ଚବିଶ ଘଣ୍ଟା ତାଙ୍କର ଆତ୍ମତୃପ୍ତି ପାଇଁ ସେ ନିଜକୁ ବଳି ଦେଇଛନ୍ତି। କେବେ ବିଦ୍ରୋହ କରି ନାହାନ୍ତି ସ୍ୱାମୀଙ୍କ ପାଖରେ ପତ୍ନୀର ଅଧିକାର ସାବ୍ୟସ୍ତ କରି। ଆଜି ମା'ର ଦାବି ଅଧିକାର ନେଇ ସେ ଆଗେଇ ଆସିଛନ୍ତି– ଶିତିକଣ୍ଠର ଦାବିକୁ ସେ ଏ ଘରେ ଏଡାଇ ପାରିବେନି। ସେଥିପାଇଁ ସେ ନାକମାଛି କାଢି ଦେଇଛନ୍ତି – କାଢି ଦେଇଛନ୍ତି ପୁରୁଣା ଢଙ୍ଗର ସବୁ ଅଳଂକାର''। (ବୀଣାପାଣି ମହାନ୍ତି ଗଳ୍ପ ସମଗ୍ର-ପ୍ରଥମ ଭାଗ-ପୃ- (୮୨)

ତମାଳିନୀଙ୍କ ଭଳି ଆଧୁନିକା ନାରୀ, ସରସ୍ୱତୀଙ୍କ ଭଳି ମଧ୍ୟବିତ୍ତ ପରିବାରର ନାରୀଙ୍କର ମନସ୍ତତ୍ତ୍ୱ କେବଳ ନୁହେଁ, ଗାଳ୍ପିକାଙ୍କର ଲେଖନୀ ଅଶିକ୍ଷିତା ନାରୀର ମନସ୍ତତ୍ତ୍ୱକୁ ମଧ୍ୟ ନିରେଖିଛନ୍ତି। ତା' ଭିତରୁ ଅନ୍ୱେଷଣ କରିଛନ୍ତି 'ସୁପର ଇଗୋ'କୁ। 'ଚାମେଲିରେ

ତା' ଗଳ୍ପରେ ଚାମେଲି ସ୍ୱାମୀ ଅତ୍ୟାଚାରରେ ଜର୍ଜ୍ଜରିତ। ଅଥଚ ସ୍ୱାମୀ ଆସନ୍ନ ମୃତ୍ୟୁ ମୁଖରେ ଜାଣିବା ପରେ ଗାଁକୁ ଯିବାପାଇଁ ପ୍ରସ୍ତୁତ ହୋଇଛି। ଯିବାବେଳେ କହୁଛି - "ଦିହ ସହୁନି। ହାତଧରି ବାହା ହୋଇଛି। ମଣିଷଟା ସେଠି ଛଟପଟ ହେବ, ଏଠି କେମନ୍ତେ ଭାତ ଖାଇ ନିଦରେ ଶୋଇବି। ଜୀଇଁ ଥାଉଁ ଥାଉଁ ମଣିଷଟା ନାରଖାର ହେବ। ଦିହ ସହୁନି। ରକତକୁ ରକତ ଡାକୁଛି ...। ସେ କ'ଣ ଆଉ ସତରେ ଭଲ ହେବ। ମୋର ସିନା ତାରି ନାଗି ସୁଖ।" (ବୀଣାପାଣି ମହାନ୍ତି - ଗଳ୍ପ ସମଗ୍ର- ୧ମ ଭାଗ- ପୃ-୨୩୨।)

ବେଳେବେଳେ ଚେତନ ଓ ଅବଚେତନ ମନର ସଂଘର୍ଷ ନାରୀକୁ ଦୁର୍ବଳ କରିଦିଏ। ଏହି ଦୁର୍ବଳତା 'ମେଘମାଳାର ତୂଳୀ' ଗଳ୍ପରେ ମେଘ ଚରିତ୍ର ମାଧ୍ୟମରେ ଗାଳ୍ପିକା ଦେଖାଇଛନ୍ତି। ମେଘମାଳା ଜଣେ ଶିଳ୍ପୀ। ନିଜକୁ ନିଜେ ପ୍ରଶ୍ନ କରୁଛି - "କାହିଁ ତା'ର ଶିଳ୍ପୀ ଜୀବନର ସାର୍ଥକତା ? ସବୁ ଯେପରି ବିମର୍ଷ ଶ୍ରୀହୀନ ହୋଇ ଆସିଛି। ସେଇ ଟିକି ଫଟୋଟିର ମଣିଷ ତାକୁ ଏତେକ କହୁଛି ଅବା - 'ମେଘ ! ଯାହା ମୁଁ ଦେଇ ପାରିବିନି ବୋଲି ତମେ ଭାବିଥିଲ - ତାହା କ'ଣ ରଂଜନ ଠାରୁ ପାଇଲ ଶିଳ୍ପୀ ? ସବୁ ନାରୀର ଦେହଭୋଗ ପରେ ଯାଇ ପୁରୁଷ ତା'ର ଆତ୍ମାର ସଂଧାନ କରେ। କିନ୍ତୁ ଜାଣ ଶିଳ୍ପୀ ! ସେହି ସଂଧାନୀ ପୁରୁଷଙ୍କ ସଂଖ୍ୟା ବୋଧେ କୋଟିକରେ ଗୋଟିଏ ଶିଳ୍ପୀ"। (ବୀଣାପାଣି ମହାନ୍ତି - ଗଳ୍ପ ସମଗ୍ର-ପୃ-୭୩)। ଏଥିପାଇଁ ମେଘମାଳାର ମନରେ ଭରିଯାଇଛି ଅସଂଖ୍ୟ ଅତୃପ୍ତି - ଅଜସ୍ର ହାହାକାର।

ଗାଳ୍ପିକାଙ୍କର କେତେକ ଗଳ୍ପ ଉଗ୍ରଆଧୁନିକା ନାରୀର ମନସ୍ତତ୍ତ୍ୱ ଉପରେ ଆଧାରିତ ହୋଇଛି। 'ପଳାଶ' ଗଳ୍ପର 'ଲୋରା' ଚରିତ୍ରକୁ ଉଗ୍ରଆଧୁନିକ ନାରୀର ପ୍ରତିନିଧି ରୂପେ ଅନୁଶୀଳନ କରାଯାଇପାରେ। ସେ ସ୍ୱାମୀ ଔରସରୁ ଜାତ ସନ୍ତାନର ମାଆ ହୋଇ ମଧ୍ୟ ପୂର୍ବତନ ପ୍ରେମିକ ନିକଟରେ ଅବଚେତନ ମନର ତୀବ୍ର ବେଦନା ଉପସ୍ଥାପନ କରିଛି। 'ଆହୁତି' ଗଳ୍ପର ଶିଖା ଚରିତ୍ର ଭିତରେ ଅଭିଜାତ୍ୟ ସଂପନ୍ନ ପରିବାରର ନାରୀମାନଙ୍କର ଯୌନ ଆକାଂକ୍ଷା ଓ ତଦ୍‌ଜନିତ ବିଫଳତା ପ୍ରକାଶ ପାଇଛି। ରୂପର ଐଶ୍ୱର୍ଯ୍ୟ, ଯୌବନର ପ୍ରାଚୁର୍ଯ୍ୟ ସେସବୁ ତ ସେ ବିତରଣ କରିଦେଇଛି ଅକାତରରେ। ସ୍ୱାମୀ ଘର ପୁତ୍ର ସବୁତ ତା'ର ଅଛି। ତଥାପି ଶାନ୍ତି କାହିଁ ? ସ୍ୱାଧୀନତା ତା'ର ପ୍ରଚୁର, କଥା ଓ କାର୍ଯ୍ୟରେ। ସ୍ୱାମୀଙ୍କର ଆପତ୍ତି ନାହିଁ ପୁରୁଷ ବନ୍ଧୁଙ୍କ ସହ ମିଳାମିଶା କରିବାରେ କିଂବା ଶିଖାରବି ଆପତ୍ତି ନାହିଁ ସ୍ୱାମୀଙ୍କର ନାରୀ ବନ୍ଧୁ କରିବାରେ"। (ବୀଣାପାଣି ମହାନ୍ତି-ଗଳ୍ପ ସମଗ୍ର - ୧ମ ଭାଗ - ପୃ-୫୬୭)

ନାରୀ ଅବଚେତନ ମନର ଇଦ୍ ଉପରେ ଗୁରୁତ୍ୱ ଦେଇ ଗାଳ୍ପିକା କେତେକ ଗଳ୍ପ ରଚନା କରିଛନ୍ତି। ଯେଉଁଥିରେ ନାରୀ ଚରିତ୍ରମାନେ ତାଙ୍କର ପରିପୂର୍ଣ୍ଣ ସଂସାର ବାହାରେ ଦେହ ସୁଖ ଲାଗି ପରପୁରୁଷ ନିକଟରେ ନିଜକୁ ସମର୍ପି ଦେଇଛନ୍ତି। 'ସକାଳ'

ଗଳ୍ପର ରୀତା ଦେଇ, 'କଲ୍ଲୋଳିନୀ' ଗଳ୍ପର କଲ୍ଲୋଳିନୀ, 'ଦ୍ୱୀପ' ଗଳ୍ପର ମେନକା, 'ବନଉପବନ' ଗଳ୍ପର 'ସବିତା' ଆଦି ଏହି ଶ୍ରେଣୀର ଚରିତ୍ର। ଆହୁରି ଅନେକ ଗଳ୍ପରେ ନାରୀ ମନର ଅବଚେତନ ସ୍ତରରେ ପରପୁରୁଷ ପ୍ରତି ଆସକ୍ତି ରହିଥିଲେ ମଧ୍ୟ ଚେତନ ମନ ସେମାନଙ୍କର ଚିତ୍ତବୃତ୍ତିକୁ ଦମନ କରିବାରେ ସହାୟକ ହୋଇଛି। 'କୈଫିୟତ୍' ଗଳ୍ପର ନାୟିକା ସ୍ନେହଲତା। ଅତୀତ ଜୀବନରେ ଶୁଭେନ୍ଦୁକୁ ଭଲ ପାଇଥିଲେ ମଧ୍ୟ ପରିସ୍ଥିତିରେ ପଡି ବିବାହ କରିଛି ବିଷ୍ଣୁ ପ୍ରସାଦଙ୍କୁ। ଶୁଭେନ୍ଦୁ ବିବାହ କରନ୍ତି ମୀରାଙ୍କୁ। ବ୍ୟବସାୟଗତ ବ୍ୟସ୍ତତା ଭିତରେ ବୁଡି ରହନ୍ତି ବିଷ୍ଣୁ ପ୍ରସାଦ। ସ୍ନେହଲତାଙ୍କର ନିଃସଙ୍ଗ ଜୀବନରେ ଭରିଯାଇଛି ଅସହ୍ୟ ମାନସିକ ଯନ୍ତ୍ରଣା। ତଥାପି ସ୍ୱାମୀଙ୍କର ପ୍ରଶ୍ନ – "ତୁମେ ମୁହଁ ଖୋଲ କିଛି କହୁନା କାହିଁକି ? ସ୍ନେହ, ତୁମର କିଛି ଦରକାର ହୁଏନା, କୌଣସି ଜିନିଷର କେବେ ଅଭାବହୁଏନା" ? ଉତ୍ତରରେ ସ୍ନେହଲତା ଚକିତ ହୋଇ ସ୍ୱାମୀଙ୍କ ଛାତିରେ ବୋତାମ ଲଗାଉ ଲଗାଉ ଲୁହରେ ଟଳମଳ କରି ଉଠିଲେ ମଧ୍ୟ ନିଜକୁ ସଂଯତ କରି ନେଇ କହିଛନ୍ତି – "ଅଖଣ୍ଡ ତୃପ୍ତି ଯାହାକୁ ମିଳିଛି, ସେ କ'ଣ ଆଉ କିଛି ଚାହେଁ ? ଭାବିଛି ଏସବୁ ମୋତେ ସହ୍ୟ ହେବ କି ନାହିଁ। ଏତେ ସୁଖ ମୁଁ କଳ୍ପନା କରିନଥିଲି। (ବୀଣାପାଣି ମହାନ୍ତି – ଗଳ୍ପ ସମଗ୍ର – ୧ମ ଭାଗ – ପୃ – ୨୭୮)। ଏତଦ୍‌ଭିନ୍ନ 'ଧୂପ' ଗଳ୍ପରେ ନେତା, 'ଶ୍ୟାମଳୀ ଉପନ୍ୟାସ'ରେ ଶ୍ୟାମଳୀ 'ବାଉଁଶ ରାଣୀ'ରେ ମିସେସ୍ ଚୌଧୁରୀ, 'ବୁଦ୍‌ବୁଦ୍' ଗଳ୍ପରେ ସୁଶୀଳା ଆଦି ଚରିତ୍ରଙ୍କଠାରେ ଚିତ୍ତବୃତ୍ତିକୁ ଦମନ କରି ପାରିବାର ସ୍ୱଭାବ ପରିଦୃଷ୍ଟ ହୁଏ। ଗାଳ୍ପିକାଙ୍କର ଆଉ କେତେକ ଗଳ୍ପରେ ଆମେ 'ଲିବିଡୋ'କୁ ସାମ୍ନା କରିଥିବା ନାରୀଙ୍କୁ ଦେଖୁ ଯେଉଁମାନେ କି ନିଜକୁ ଯୌନ ଆକର୍ଷଣରୁ ମୁକ୍ତ ରଖିପାରି ନାହାନ୍ତି। 'ଅଜଣା ପୃଥିବୀ' ଗଳ୍ପର ମିନାକ୍ଷୀ ସ୍ୱାମୀର ସାହାଚର୍ଯ୍ୟ ନପାଇ ପ୍ରେମିକ ସୁମନ୍ତ ନିକଟରେ ପ୍ରେମପାଗଳୀ ସାଜିଛି। 'ପଳାଶ' ଗଳ୍ପର ରୀତା ସିନେମା ହଲରେ ବସିଥିବା ଏକ ଅଜଣା ବ୍ୟକ୍ତି ପ୍ରତି ଆକୃଷ୍ଟ ହୋଇଛି।

ଅନ୍ୟ କେତୋଟି ଗଳ୍ପରେ ବିବାହିତା ନାରୀ ସ୍ୱାମୀ ସାହଚର୍ଯ୍ୟରେ ସନ୍ତୁଷ୍ଟ ଥାଇ ମଧ୍ୟ ପର ପୁରୁଷ ପ୍ରତି ଆସକ୍ତ ଓ ଦୈହିକ ସଂପର୍କରେ ଲିପ୍ତ ହେବାର ଦେଖିବାକୁ ମିଳନ୍ତି। ଏମାନେ ଇଲେକ୍ଟ୍ରା କମ୍ପ୍ଲେକ୍ସରେ ପୀଡିତା। 'ଫ୍ରିଜିଡ୍' ଗଳ୍ପର ମାଳିନୀ, ଶ୍ୟାମଳୀ, 'ସମୁଦ୍ର' ଗଳ୍ପର ମାଧୁରୀ, 'ପଳାଶ' ଗଳ୍ପର 'ଲୋରା' ଏହି ଶ୍ରେଣୀର ଚରିତ୍ର।

'ଇଗୋ' ପ୍ରକୃତିର ପ୍ରତିଫଳନ ଲାଗି 'ପଦ୍ମତୋଳା' ଗଳ୍ପର ମେନକା, 'ନିଶିପଦ୍ମ' ଗଳ୍ପର ମିନତି, ଅହଂପ୍ରବଣ ମନୋବୃତ୍ତି ଲାଗି 'ତଟିନୀର ତୃଷ୍ଣା' ଗଳ୍ପର ରୁଚି 'ଶକୁନିର ଛକା' ଗଳ୍ପର ଯମୁନା ଦେବୀ 'ନିଶିପଦ୍ମ' ଗଳ୍ପର ମୀନାକ୍ଷୀ ପ୍ରଭୃତି ଚରିତ୍ରମାନଙ୍କୁ ଅନୁଶୀଳନ କରାଯାଇପାରେ।

ଉପରୋକ୍ତ ଆଲୋଚନାରୁ ଏକଥା ସ୍ପଷ୍ଟ ହୁଏ ଯେ, ଆଧୁନିକ ନାରୀ ହେଉ ଅଥବା ସଂସ୍କାରବଦ୍ଧ ଭାରତୀୟ ସମାଜର ପାରଂପରିକ ନାରୀଟିଏ ହେଉ ସଭିଙ୍କର ମନଗହନର ଅତଳ ରହସ୍ୟ ଉଦ୍‌ଘାଟନ କରିବା ପାଇଁ ଲେଖିକା ବ୍ୟଗ୍ର ହୋଇ ଉଠିଛନ୍ତି। କିନ୍ତୁ କୌଣସିଠାରେ ମନୋବିଶ୍ଳେଷଣ  କଥାବସ୍ତୁକୁ ଅତିକ୍ରମିଯାଇ ନାହିଁ ଅଥବା ଗାଳ୍ପିକା କୌଣସି ମନୋବିଜ୍ଞାନୀଙ୍କର ସିଦ୍ଧାନ୍ତ ପ୍ରତ୍ୟାଖ୍ୟାନ କରିବା ଲାଗି ଚେଷ୍ଟା କରିନାହାନ୍ତି। କଥାବସ୍ତୁର କ୍ରମିକ ବିକାଶ ଦେଇ ନାରୀ ଚରିତ୍ରମାନଙ୍କର ମନସ୍ତତ୍ତ୍ୱ ସ୍ୱତଃ ପ୍ରତିବିମ୍ବିତ ହୋଇପାରିଛି।

ଶେଷରେ ଏତିକି କୁହାଯାଇପାରେ ନାରୀ ମନର ଅବୋଧ ବିଭୀଷିକା ତଥା ପ୍ରାପ୍ତି ଓ ଅପ୍ରାପ୍ତିର ରହସ୍ୟକୁ ବିଶ୍ଳେଷଣ କରିବାରେ ଗାଳ୍ପିକାଙ୍କ ଲେଖା ସାର୍ଥକତା ଲାଭକରିଛି। ଆଧୁନିକ ଯୁଗର ମନସ୍ତତ୍ତ୍ୱବିଦ୍ ମାନେ ପ୍ରେମକୁ ମନୁଷ୍ୟ ଜୀବନର ସର୍ବୋତ୍ତମ ଭାବେ ଅଭିହିତ କଲାଭଳି ଗାଳ୍ପିକା ମହାନ୍ତି ପ୍ରେମର ବାସ୍ତବ ଘଟଣାକୁ ତାଙ୍କର ଗଳ୍ପ ଭିତରେ ପ୍ରକାଶ କରିଛନ୍ତି। ପରିବେଶ, ପରିସ୍ଥିତି ଓ ପ୍ରକୃତିଗତ ପ୍ରକାର ଭେଦରେ ମନୁଷ୍ୟ ପାଇଁ ପ୍ରେମ ନିହାତି ଅପରିହାର୍ଯ୍ୟ ହେଲେ ହେଁ ଗାଳ୍ପିକା ସର୍ବଦା ଜଣାଇବାକୁ ଚାହିଁଛନ୍ତି ତାଙ୍କ ପାଠକମାନଙ୍କ ନିକଟରେ - ପ୍ରେମର ମହତ୍ତ୍ୱ ଓ ମହାର୍ଘର ଅତିବାସ୍ତବ ରୂପକୁ ଯାହା ପରିବାର, ଦାମ୍ପତ୍ୟ ଜୀବନ, ସମାଜ, ରାଷ୍ଟ୍ର ସହ ସୁସମନ୍ୱୟକୁ ରକ୍ଷାକରି ସମଗ୍ର ବିଶ୍ୱ ସହ ସକାରାତ୍ମକ ଢଙ୍ଗରେ ସୌନ୍ଦର୍ଯ୍ୟଶୀଳତାର ରୁଚିବୋଧରେ ପରିବ୍ୟାପ୍ତ ହେବା ସହ ନାରୀ ଜଗତର ମନୋରାଜ୍ୟକୁ ଆଲୋକିତ କରିପାରିବ।

## ୮. ବୀଣାପାଣିଙ୍କ ଗଳ୍ପରେ ମାନବିକ ଆବେଦନ:

ଶ୍ରୀମତୀ ବୀଣାପାଣି ମହାନ୍ତି ଜଣେ ମାନବବାଦୀ ଶିଳ୍ପୀ। ଡ. ଇନ୍ଦୁପ୍ରଭା ସାମଲ ଗାଳ୍ପିକାଙ୍କ ସହ ଏକ ସାକ୍ଷାତ୍‌କାର ସମୟରେ ଯେଉଁ ପ୍ରଶ୍ନ ପଚାରି ଥିଲେ ତନ୍ମଧ୍ୟରୁ ଗୋଟିଏ ପ୍ରଶ୍ନ ଥିଲା- ଆପଣଙ୍କ ମତରେ ଆପଣଙ୍କ ଗଳ୍ପର ମୁଖ୍ୟସ୍ୱର କ'ଣ ?" ଏହାର ଉତ୍ତରରେ ଲେଖିକା କହିଥିଲେ - "ମାନବିକ ଦୃଷ୍ଟିକୋଣରେ ମୁଁ ସମସ୍ତ ଜିନିଷକୁ ମୂଲ୍ୟାଙ୍କନ କରିବାକୁ ଚାହେଁ। ତେଣୁ ଏହି ମାନବିକ ଦୃଷ୍ଟିକୋଣରେ  କୌଣସି ପାପପୂଣ୍ୟକୁ ମୁଁ ବିଚାର କରେ ନାହିଁ। ସବୁବେଳେ ସାମାଜିକ ନିକିତିରେ ମୁଁ ମଣିଷକୁ ମାପେ ନାହିଁ। ଗଳ୍ପଭିତରେ ସମାଜର ତ୍ରୁଟିକୁ ଦେଖେ ଅଥଚ ତାଙ୍କୁ ଘଷି ମାଜିବାକୁ ମୁଁ ଚାହେଁ ନା"[(୪୭)]

ଅନ୍ୟତ୍ର ଦୈନିକ ସମ୍ବାଦପତ୍ର ସମ୍ବାଦ, ରବିବାର ବିଶେଷାଙ୍କ ତା ୬.୧.୧୯୯୧ ରେ ପ୍ରକାଶିତ ତାଙ୍କର ଲେଖା ସଂପର୍କରେ ସ୍ୱମତ ପ୍ରଦାନ କରି ସେ ଲେଖିଥିଲେ - ସମୟ ଓ ପରିସ୍ଥିତିର ପରିବର୍ତ୍ତନ ଅନୁଯାୟୀ ମନୁଷ୍ୟର ରୁଚିବୋଧ ଓ ଆବଶ୍ୟକତାକୁ

ଆଖି ଆଗରେ ରଖି ପରିବର୍ତ୍ତନ କରିଛି । ମୁଁ ସର୍ବଦା ମାନବିକ ମୂଲ୍ୟବୋଧ ଉପରେ ଆଧାରିତ ଏକ ସୁସ୍ଥ ସମାଜର ଚିତ୍ର ଦେବାକୁ ଚାହେଁ ଏବଂ ମୁଁ ସର୍ବଦା ମାନବବାଦରେ ବିଶ୍ୱାସ କରେ"।[୪୮]

ଏହି ମାନବବାଦୀ ଗାଳ୍ପିକା ସ୍ୱପ୍ନ, ସମ୍ଭାବନା ଓ ବାସ୍ତବତାର ସମନ୍ୱୟରେ ଯେଉଁ ଅମୃତମୟ ଜଗତଟିର ସନ୍ଧାନ ଦେଇଛନ୍ତି ସେଠି କେବଳ ଅନୁଭବ କରିହୁଏ ମାନବିକତାର ଦିବ୍ୟ କାନ୍ତକୋମଳ ସ୍ପର୍ଶ, ଚରିତ୍ରର ବ୍ୟକ୍ତିତ୍ୱ, ତା'ର ମାନବିକ ସମ୍ବେଦନଶୀଳ ଦୃଷ୍ଟିକୋଣ, ଭଲମନ୍ଦ ବିଚାରଶକ୍ତି ଏବଂ ସର୍ବୋପରି ତା'ର ମଣିଷପଣିଆ ହିଁ ବଡକଥା ।

୧୯୯୯ରେ ବୀଣାପାଣିଙ୍କ ସହ 'ପଶ୍ଚିମା' ତରଫରୁ ସାକ୍ଷାତ କରିଥିଲେ - ସୁରେଶ ଛୋଟରାୟ ଓ ଅଶୋକ ମହାନ୍ତି । ସାକ୍ଷାତକାରବେଳେ ପ୍ରଶ୍ନ ଗୁଚ୍ଛ ମଧ୍ୟରେ ଏକ ପ୍ରଶ୍ନ ଥିଲା - ମୋଟ ଉପରେ ଆପଣ ଗଳ୍ପ ଲେଖିବାକୁ କାହିଁକି ମନସ୍ଥ କଲେ ଓ ଆପଣଙ୍କର ଅନ୍ତର୍ନିହିତ ଅଭିବ୍ୟକ୍ତିଟି କଣ ? ଏହାର ଉତ୍ତର ସେ ଦେଇଥିଲେ - "ବିଶେଷକରି ମୁଁ ଯେତେବେଳେ ଲେଖେ କୌଣସି ଘଟଣା ହେଉ ଚରିତ୍ର ହେଉ, ଯେତେବେଳେ ଅନ୍ଦୋଳିତ ଜର୍ଜ୍ଜରିତ ହୁଏ ଓ ସେମାନଙ୍କର ଦୁଃଖ କଷ୍ଟ ମର୍ମେ ମର୍ମେ ଅନୁଭବ କରେ ତେବେ ଯାଇ ମୁଁ ଗଳ୍ପ ଲେଖିବାକୁ କଲମ ଧରେ । ତାର ଅନ୍ତର୍ନିହିତ ଅଭିବ୍ୟକ୍ତିଟି ହେଲା ସାଂପ୍ରତିକ ସମାଜରେ ଘଟି ଯାଉଥିବା ଘଟଣାବଳୀ ଓ ତା' ଭିତରେ ପ୍ରତି ମୁହୂର୍ତ୍ତରେ ନିର୍ଯ୍ୟାତିତ ହେଉଥିବା ମଣିଷ ଏବଂ ତାର ସଂଗ୍ରାମ ମୋତେ ପ୍ରେରଣା ଯୋଗାଏ, ଅର୍ଥାତ୍ କିପରି ସେଥିରୁ ମୁକ୍ତି ପାଇ ସୁଖୀ ସମାଜ ଗଠନ କରିଯାଇ ପାରିବ, ହୁଏତ ମାର୍ଗ ଠିକ୍ ଭାବେ ଦର୍ଶାଇ ନଥିବି ତାହା ସବୁ ସ୍ତରରେ ସମ୍ଭବ ହୁଏନି । କିଂତୁ ପାଠକମାନଙ୍କ ମନରେ ଗୋଟିଏ ପ୍ରଶ୍ନବାଚୀ ସୃଷ୍ଟି କରିବାକୁ ସକ୍ଷମ ହୋଇପାରିଛି ବୋଲି ଭାବୁଛି ଏବଂ ତାହାହିଁ ମୋର ଅନ୍ତର୍ନିହିତ ଅଭିବ୍ୟକ୍ତି ବା ପ୍ରେରଣା, ଜାଣେନା ମୁଁ କେତେ ଦୂର ସଫଳ ହୋଇଛି ।[୪୯]

ଏହି ଚିନ୍ତାଧାରାହିଁ ଗାଳ୍ପିକାଙ୍କୁ ମାନବ ପ୍ରତି ସମ୍ବେଦନଶୀଳ କରାଇ ପାରିଛି । ସେଇଥିପାଇଁ ହିଁ ସେ ମଣିଷର ବେଦନା ବୋଧକୁ ଆବୋରି ନେଇ ସେମାନଙ୍କ ମୁହଁରେ ହସ ଟିକିଏ ଫୁଟାଇବାପାଇଁ ଚାହିଁଛନ୍ତି । ଏଣୁ ନିଗୃହୀତ ମାନବାତ୍ମାର ଦରଦୀ କଥାକାର ରୂପେ ପ୍ରତିଷ୍ଠିତ ହୋଇଛନ୍ତି । ଆଶା ଓ ସଂକଳ୍ପର କଥା ଶୁଣାଇଛନ୍ତି ।

ଗାଳ୍ପିକାଙ୍କର ମାନବତାବାଦୀ ସ୍ୱର ଅନୁରଣିତ ହୋଇଛି 'ନିଷିଦ୍ଧ ଲଗ୍ନ' ଗଳ୍ପର ସୁମନ୍ତଙ୍କ ମୁଖରେ- "ମୁଁ ମାନବବାଦୀ କଲ୍ୟାଣି; ମନୁଷ୍ୟକୁ ମୁଁ ଶ୍ରଦ୍ଧା କରେ । ତା'ର ଶିରାପ୍ରଶିରା ତନ୍ତୁ ଓ ଆତ୍ମା ଉପରେ ମୋର ଗଭୀର ବିଶ୍ୱାସ ଅଛି । ବହୁ ସଂଘାତ ବହୁ ବିରୋଧ ସତ୍ତ୍ୱେ ମନୁଷ୍ୟ ବଂଚିବ, ପୃଥିବୀ ରସସିକ୍ତ ହେବ । କାରଣ ସ୍ନେହ, ପ୍ରେମ, ବିଶ୍ୱାସ ଓ ନିର୍ଭରଶୀଳତା କେବେ ହେଲେ ତାକୁ ନଷ୍ଟ ହେବାକୁ ଦେବ ନାହିଁ ।"[୫୦]

ଦାରିଦ୍ର୍ୟ ନିପୀଡିତ ମାନବାତ୍ମାର କରୁଣ କାହାଣୀ ଭିତରେ ଏକ ମାନବୀୟ ମୂଲ୍ୟବୋଧର ଉତ୍ତରଣ ସଂଭବ ହୋଇଛି ଗାଳ୍ପିକାଙ୍କ ଗଳ୍ପସମୂହରେ। 'ଦର୍ଶନ' ଗଳ୍ପର ନାୟକ ଅନାମ ମାଧ୍ୟମରେ ଗାଳ୍ପିକା ଏକଥା ଶୁଣାଇଛନ୍ତି। 'ବାପା ପୁରୁଣା କାଳିଆ ଲୋକ'। ନୂଆ ସରକାର କଂଗ୍ରେସ ପାର୍ଟି ଗାନ୍ଧି ମହାତ୍ମା କଥା ଶୁଣିଲେ ନାକ ଟେକୁଥିଲେ। କେଉଁଥିରେ ତାଙ୍କର ବିଶ୍ୱାସ ନଥିଲା। ରାମରାଜ୍ୟର ଘିଅମହୁ କଳ୍ପନାରେ ଅନାମ ହୋଇଯାଇଥିଲା ମନ୍ତ୍ରମୁଗ୍ଧ। କାହାରି ଅଭାବ ରହିବ ନାହିଁ, ରୋଗ ଯନ୍ତ୍ରଣାରେ ଔଷଧ ନପାଇ କେହି ମରିବେ ନାହିଁ, ଅନାହାର ଅଭାବ ଅନଟନ ରହିବ ନାହିଁ....., ଖାଲି ସୁଖ ଖାଲି ଅମୃତ ଖାଲି ଦିବାସ୍ୱପ୍ନ ଦେଖୁଥିଲେ ଅନାମ। XXXXXX ବାପାଙ୍କର ଶୁଖିଲା ଶିରାଳ ମୁହଁଟା ଆଖି ଆଗରେ ନାଚିଯାଏ। ସତେ କ'ଣ ସତେ କ'ଣ ଆଉ ଗୋଟିଏ ନ'ଅଙ୍କ ଦୁର୍ଭିକ୍ଷ ପଡିବ ? ଏତେ ଯୋଜନା, ଏତେ ପରିକଳ୍ପନା ଥାଉ ଥାଉ ସତେ କ'ଣ ସରକାର ତାକୁ ରୋକି ପାରିବେ ନାହିଁ ? ମନେ ମନେ ଅଦୃଶ୍ୟ ଭଗବାନଙ୍କୁ ହାତଟେକି ପ୍ରଣାମ ଜଣାଏ ଅନାମ। ପ୍ରଭୁ ବଳିୟାରଭୂଜ ! ରଖ ରଖ ଏ ଦେଶକୁ, ଏ ମାଟିକୁ ...... ତୁମେ ନରଖିଲେ ଏ ସଭିଏଁ ଗଲେ ପ୍ରଭୁ।'[(୫୧)]

ନାରୀ ଜୀବନର ପ୍ରମୂର୍ତ୍ତ କଥାକାର ବୀଣାପାଣି ନାରୀ ଜାତିର ନିର୍ଯ୍ୟାତନା ବିରୁଦ୍ଧରେ ସଚେତନତା ଆଣିବା ପାଇଁ ପ୍ରୟାସ ଜାରି ରଖିଛନ୍ତି। ଏଣୁ 'ନଈ' ଗଳ୍ପର ଅନୁଭା ଚରିତ୍ର ମୁହଁରେ ପ୍ରଶ୍ନ କରିଛନ୍ତି- "ମୁଁ ଯିବି - ଯାଇଁ ସମସ୍ତିଙ୍କି ପଚାରିବି-ସ୍ତ୍ରୀ ଲୋକଙ୍କର କ'ଣ ଜୀବନ ନାହିଁ, ବଂଚିବାର ଅଧିକାର ନାହିଁ, ସେ କ'ଣ ସବୁଦିନ ଏମିତି ପୁରୁଷ ଜାତିର ସମାଜର ଧରାବଂଧା ନିୟମର ମନଗଢା କାହାଣୀ କଥାର ଖେଳଣା କଣ୍ଢେଇ ହୋଇଥିବ" ? [(୫୨)]

'ଅକାହାଣୀ', 'ସ୍ୱପ୍ନ ଆଗାମୀ ପ୍ରଭାତର' 'ଉଦୟନ' 'ଅଧିକାର', ପ୍ରଭୃତି ଗଳ୍ପରେ ନିଷ୍ପେସିତ ଜନତାର ଆଶା-ଆକାଂକ୍ଷା ସ୍ୱାଧିକାର ପ୍ରଭୃତି ପ୍ରଶ୍ନ ଉଠାଇଛନ୍ତି ଗାଳ୍ପିକା ବୀଣାପାଣି। ଅଧିକାର ଗଳ୍ପର କେତକୀ ଚରିତ୍ରରେ ମାନବବାଦିତାର ସର୍ବଶ୍ରେଷ୍ଠ ନିଷ୍କର୍ଷ ଆରୋପିତ କରି ଗାଳ୍ପିକା ଲେଖିଛନ୍ତି 'ପିଲାଟିର ଆଖିକୁ ଚାହିଁ କେତକୀ ଭାବୁଥିଲା ନିଜ ଛୁଆ କିଏ ଆଉ ବା ପରଛୁଆ କିଏ ? ଏତେ ବଡ ସୃଷ୍ଟିରେ ସମସ୍ତେ ବଞ୍ଚି ଥାଉ ଥାଉ ଛୁଆଟା କ'ଣ ଅନାଥ ହୋଇଯିବ ? ସୁଦାମ ତ କହୁଥିଲା କିଛି ନହେଲେ ଅନାଥ ଛୁଆଟିଏ ପାଳି ନିଜର କରିବ। ସେ ନାହିଁ ବୋଲି କେତକୀ ତା'ର କଥାରୁ ଅଲଗା ହୋଇଯିବ କ'ଣ ସଂପତ୍ତି ଲୋଭରେ ? ନାହିଁ ନାହିଁ ....... ଜୀବନଠାରୁ ଧନ ସଂପତ୍ତି ତ ବଡ ନୁହେଁ ?[(୫୩)]

ନାରୀ ସ୍ୱାଧୀନତା ପାଇଁ ନାରୀର ସ୍ୱାବଲମ୍ବନଶୀଳତା ଉପରେ ଗୁରୁତ୍ୱ ଦେଇଛନ୍ତି

ଗାଳ୍ପିକା । ଏଣୁ 'ଦୁର୍ଗ' ଗଳ୍ପରେ ଆତ୍ମହତ୍ୟା କରିବାକୁ ଯାଉଥିବା ସ୍ତ୍ରୀ ଲୋକଟିକୁ ବଂଚିବାର ରାହା ଦେଖାଇଛନ୍ତି – "ସ୍ୱାମୀ ଛାଡି ଯାଇଛି ବୋଲି ତୁମେ ମରିଯିବ ? XXXXX ତୁମେ ଯେ ସମାଜର, ଦେଶର ମୂଳପିଣ୍ଡ"। (୫୪)

ନାରୀ ଜୀବନରେ ପତ୍ନୀତ୍ୱ ଓ ମାତୃତ୍ୱତା ଶେଷ କଥା ନୁହେଁ। ପତ୍ନୀତ୍ୱ ଓ ମାତୃତ୍ୱ ଠାରୁ ମନୁଷ୍ୟତ୍ୱକୁ ଗାଳ୍ପିକା ବଡ କରି ଦେଖିଛନ୍ତି 'ଦୁର୍ଗ' ଗଳ୍ପରେ ତେଣୁ ଶୁଣାଇଛନ୍ତି – "ହେଲେ ପତ୍ନୀତ୍ୱଠାରୁ ମାତୃତ୍ୱ ନାରୀତ୍ୱ ଓ ମନୁଷ୍ୟତ୍ୱକୁ ତୁମେ ପୃଥକ୍ କରିପାରିବ ? ଯେତେଦିନ ନପାରିଥିବ ସେତେଦିନ ତୁମେ କଷ୍ଟ ପାଇବ"। (୫୫)

ଆମ ସମାଜରେ ବିଧବା ନାରୀ ମାନଙ୍କର ଦୁର୍ଦ୍ଦଶା କାହିଁ କେଉଁ ପୁରୁଣା ଯୁଗରୁ ଗଡି ଆସିଛି। ଏହାର ବିରୁଦ୍ଧରେ ଲେଖିକା ପ୍ରତିକ୍ରିୟା ବାଢିଛନ୍ତି । 'ଦୃଶ୍ୟାନ୍ତର' ଗଳ୍ପରେ ଗାଳ୍ପିକା ସଂପ୍ରତି କର୍ମଜୀବୀ ସୁନ୍ଦରୀ ବିଧବା ମହିଳାଟି କିଭଳି ଭାବରେ ପୁରୁଷମାନଙ୍କୁ ସାମ୍ନାକରେ ବର୍ଣ୍ଣନା କରିଛନ୍ତି, ତାକୁ ପୁରୁଷ ସହକର୍ମୀଙ୍କର ଅଶ୍ଳୀଳ ଇଙ୍ଗୀତ ଓ ଭିତ୍ତିହୀନ କୁତ୍ସାରଟନାକୁ ହଜମ କରିବାକୁ ପଡେ। ଏସବୁରେ ଅତିଷ୍ଠ ହୋଇ ସେ ଭାବୁଛି ପୂର୍ବରୁ ସ୍ୱାମୀ ପାଖରେ ନିର୍ଯ୍ୟାତିତ ହେଉଥିଲା ଆଉ ଆଜି ସମାଜରେ ଅତ୍ୟାଚାରିତ ହେଉଛି।

ଯୌତୁକ ରୂପକ ସାମାଜିକ ବ୍ୟାଧି ତାଙ୍କର ଗଳ୍ପ 'ପଦ୍ମପତ୍ର' 'ସ୍ୱପ୍ନ ସୁନ୍ଦରୀ', 'ମଧୁ ଯାମିନୀ' ଆଦି ଗଳ୍ପରେ ପ୍ରକାଶ ପାଇଛି। 'ନିର୍ମଳା' ନାମ୍ନୀ ନାରୀଟି 'ଶିଖା' ଗଳ୍ପରେ ବିପ୍ଳବିଣୀ ସାଜିଛି। ସେ ଦେଖୁଛି ଯୌତୁକ ପାଇଁ କୌଣସି ବଧୂକୁ ମାରିଦେବା ବା ଗଂଜଣା ସହିପାରୁ ନଥିବା ବୋହୂଟି ଆତ୍ମହତ୍ୟା କରିବା ଆଜିର ଏକ ସାଧାରଣ ଘଟଣା ହେଲାଣି। ତେଣୁ ସେ ଚାହିଁଛି ସ୍ୱର ଉତ୍ତୋଳନ କରିବ କାରଣ ସେ ଆତ୍ମହତ୍ୟା କଲେ ଶାଶୁ ଶ୍ୱଶୁର କି ସ୍ୱାମୀ କେହି ଶାସ୍ତି ପାଇବେ ନାହିଁ। ସେ ଶାଶୁଘରେ ନିଆଁ ଲଗେଇ ଘରୁ ବାହାରି ଯାଇଛି। ଘର ଭିତରେ ସମସ୍ତେ ନିଦ୍ରାଭିଭୂତ ଥିଲେ। ଘର ଜଳି ଯାଇଛି। ତା ଶାଢୀରେ ନିଆଁ ଲାଗି ଯାଇଛି। ସେ ବିବସ୍ତ୍ରା ହୋଇ ଧାଇଁ ଚାଲିଥିଲା। ସାମ୍ନାରେ ଥିବା ସେହି ଅସରନ୍ତି ଅରଣ୍ୟ ଆଡକୁ।

ମଣିଷମାନଙ୍କ ପ୍ରତି ସହାନୁଭୂତି ଓ ସମବେଦନା ଜ୍ଞାପନ ଯୋଗୁଁ ହିଁ ତାଙ୍କର ଗଳ୍ପ ମାନଙ୍କର ଚରିତ୍ର ସବୁ ଜୀବନ୍ତ ମନେହୁଅନ୍ତି। 'ଅନ୍ଧକାରର ଛାଇ' ଗଳ୍ପର କୋଇଲିର ମୃତ୍ୟୁ ପରେ ତା'ର ମାଆର କରୁଣ ବିଳାପ ଯେମିତି ପାଠକୀୟ ସମବେଦନା ସୃଷ୍ଟି କରିବାକୁ ସକ୍ଷମ। ସେହିପରି 'ଅର୍ଘ୍ୟ' ଗଳ୍ପରେ ଅଶିକ୍ଷିତ ଭିକାରୁଣି ଝିଅଟିର ଉଲଗ୍ନ ଶବଟି ଉପରେ ସାତସିଆଁ ଲୁଗାଟିଏ ଘୋଡାଇ ଦେବା ସମୟରେ ଆଖିରୁ ଦି ଟୋପା ଲୁହ ଢାଳିବା ଭିତରେ ଲେଖକୀୟ ସମବେଦନା ଫୁଟି ଉଠେ। 'ପାଟଦେଈ' ଗଳ୍ପରେ ପାଟର ଅବୈଧ ମାତୃତ୍ୱ ଲାଭର କାରଣ ସ୍ପଷ୍ଟ ହୋଇଯିବା ପରେ ପାଟ ପ୍ରତି ଲେଖକୀୟ ପରୋକ୍ଷ

ସମବେଦନା ସହିତ ପାଠକୀୟ ସହାନୁଭୂତି ମିଶିଯାଇ ସତେ ଯେମିତି ମାନବୀୟ ଆବେଦନର ଏକ ପ୍ରଖର ସ୍ରୋତସ୍ୱିନୀ ସୃଷ୍ଟି କରିଛି ଯାହାର ସ୍ରୋତରେ ସେଠାରେ ଭିଡ ଜମାଇଥିବା ଜନତା ଭାସିଯାଇଛନ୍ତି ବହୁ ଦୂରକୁ।

ବୀଣାପାଣି ମହାନ୍ତିଙ୍କର ବହୁଗଳ୍ପରେ ଏହିଭଳି ଭରପୂର ମାନବିକ ଆବେଦନର ସଂଧାନ କରାଯାଇପାରେ। ଏ ସମସ୍ତ ଗଳ୍ପରୁ ବିଶେଷ କରି ନାରୀ ଜଗତ ପ୍ରତି ତାଙ୍କ ଅନ୍ତରରେ ଥିବା ସମ୍ବେଦନାର ତୀବ୍ରତା ଅନୁଭୂତ ହୁଏ। ଲକ୍ଷ୍ୟ କରାଯାଇପାରେ ଯେ ଗାଳ୍ପିକାଙ୍କର ସମ୍ବେଦନଶୀଳ ମନୋଭାବ ଗଳ୍ପଲେଖା ଆରଂଭରୁ ଅଦ୍ୟାବଧି ରହି ଆସିଛି। ସତେ ଯେମିତି ତାଙ୍କ ଜୀବନରେ ମାନବିକ ମୂଲ୍ୟବୋଧ ହିଁ ଜୀବନ ବଂଚିବା ପାଇଁ ଶ୍ରେୟ ଓ ମୁଖ୍ୟ ଲକ୍ଷ୍ୟ। ବୀଣାପାଣିଙ୍କ ଗଳ୍ପରେ ମାନବିକ ଆବେଦନ ପ୍ରସଙ୍ଗର ଅନୁଶୀଳନ ବେଳେ ଡଃ କପିଳେଶ୍ୱର ଗାହାଣଙ୍କର ଗବେଷଣା ନିବଂଧ "ସୀମାବଦ୍ଧତା ଓ ମୁକ୍ତିର ସ୍ୱପ୍ନ (ଓଡିଆ କ୍ଷୁଦ୍ର ଗଳ୍ପ) ଅନ୍ତର୍ଗତ ମନ୍ତବ୍ୟଟିର ସମୀଚୀନତା ଉପଲବ୍ଧି କରିହୁଏ। ତାଙ୍କ ମତରେ, "ବୀଣାପାଣି ମହାନ୍ତି ଓଡିଆ ଗଳ୍ପର ପ୍ରାଣ ପ୍ରତ୍ୟୟରୁ ଏକ ବିଶେଷ ଆବେଗ ପ୍ରଦାନ କରିଅଛନ୍ତି। ତାଙ୍କ ଗଳ୍ପଗୁଡିକରେ ଅବଶ୍ୟ ଆଧୁନିକ ଦୃଷ୍ଟି ଭଙ୍ଗୀର ସେହି ନିଷ୍ଠୁର ଜୀବବୋଧର କାହାଣୀ ନାହିଁ, ମାତ୍ର ସେଠାରେ ଜୀବନର ଆର୍ତ୍ତ ଓ ଅସହାୟତା ଏକ ଦରଦୀ ଦୃଷ୍ଟିକୋଣଟିଏ ସୃଷ୍ଟି କରି ପାରିଛି। ତେଣୁ ତାଙ୍କର ଗଳ୍ପ ଗୁଡିକ ପାରଂପରିକ ମନେ ହେଲେ ହେଁ ସେଗୁଡିକରେ ଜୀବନର ବିଷାଦ ଘନ ଗଭୀରତାକୁ ଛୁଇଁ ଯିବାର ଏକ ସଂକଳ୍ପ ରହିଛି। [୫୬]

"କେତେ ବିଚିତ୍ର ପରିବେଶରେ ନରନାରୀ, ଯୁବକ, ବାଳକ-ବାଳିକା, ଶିଶୁ ତାଙ୍କ ଗଳ୍ପ ରାଜ୍ୟରେ ଜୀବନ୍ତ ହୋଇ ଉଠିଛନ୍ତି, ସଇତାନ ଓ ଶୋଷକ ଚରିତ୍ରମାନେ ଯେପରି ପ୍ରାଣବନ୍ତ ହୋଇ ଉଠିଛନ୍ତି। ସେହିପରି ମଧ୍ୟ ଶୋଷିତ, ନିର୍ଯ୍ୟାତିତ ଓ ପୀଡିତ ଚରିତ୍ରମାନେ ହୋଇଛନ୍ତି ପ୍ରାଣବନ୍ତ। ରାଜନୀତିକ ନେତା ମାନଙ୍କର ହିପୋକ୍ରାସି ଓ ପଦସ୍ଥ ଅଧିକାରୀ ତଥା ଉଚ୍ଚବିତ୍ତ ମଣିଷ ମାନଙ୍କର ପ୍ରମତ୍ତତା ଓ ଉପଭୋଗ – ତୃଷ୍ଣାକୁ ମଧ୍ୟ ସେ ରୂପ ଦେଇଛନ୍ତି। ସର୍ବତ୍ର କିନ୍ତୁ ସେ ମାନବିକ ସମ୍ବେଦନା ଉପରେ ଗୁରୁତ୍ୱ ଦେଇ ଏକ ଅନାବିଳ ଜୀବନ-ଦୃଷ୍ଟିର ସଂକେତ ପ୍ରଦାନ କରିଛନ୍ତି। ତେଣୁ ତାଙ୍କର ଗଳ୍ପ ହୋଇ ଯାଇଛି ଚଳିତ ଅର୍ଦ୍ଧ ଶତାବ୍ଦୀର ମାନବ ମନ ଓ ମନୀଷାର ମାର୍ମିକ ଇତିହାସ"। [୫୭]

ଦେଖିବାକୁ ଗଲେ ଏକାଧାରରେ ଜଣେ କବୟିତ୍ରୀ, ଗାଳ୍ପିକା, ଔପନ୍ୟାସିକା, ଅନୁବାଦିକା ଓ ଅଧ୍ୟାପିକା ଭାବରେ ବୀଣାପାଣି ମହାନ୍ତି ଏକ ଉତ୍ତୁଙ୍ଗ ପ୍ରତିଭାର ଅଧିକାରିଣୀ। ପୁରସ୍କାର ଆଶାୟୀ ନହୋଇ ମଧ୍ୟ ଶ୍ରୀମତୀ ମହାନ୍ତି ତାଙ୍କର ଗଳ୍ପ ଜଗତ ଲାଗି ବହୁବାର ସମ୍ମାନିତା ହୋଇଛନ୍ତି। ଫକୀର ମୋହନଙ୍କର ସାର୍ଥକ ତଥା ସଫଳ ଦାୟାଦ ରୂପେ ଗୋପୀନାଥ ମହାନ୍ତି, କାହ୍ନୁ ଚରଣ ମହାନ୍ତି, ରାଜ କିଶୋର ରାୟ, ରାଜ କିଶୋର

ପଟ୍ଟନାୟକ, ସୁରେନ୍ଦ୍ର ମହାନ୍ତି, ଅଖିଳ ମୋହନ ପଟ୍ଟନାୟକ, କିଶୋରୀ ଚରଣ ଦାସ, ଶାନ୍ତନୁ ଆଚାର୍ଯ୍ୟ, ମହାପାତ୍ର ନୀଳମଣି ସାହୁ ପ୍ରଭୃତିଙ୍କ ସହିତ ନାରୀ ଲେଖିକା ଭାବରେ ଶ୍ରୀମତୀ ମହାନ୍ତିଙ୍କ ନାମ ସଂଯୋଗ କରାଯାଇଥାଏ । ବିଂଶ ଶତାବ୍ଦୀରେ ଯେଉଁ ସାମାଜିକ ଚିନ୍ତା ବିଭ୍ରାଟ, ଯେଉଁ ସାମାଜିକ ପ୍ରତିବଦ୍ଧତା ଫକୀର ମୋହନ ତାଙ୍କ ଗଳ୍ପରେ ଦେଖାଇଥିଲେ ସେଇ ଧାରାରେ ଜଣେ ଯଥାର୍ଥ ଉତ୍ତରାଧିକାରିଣୀ ହେଉଛନ୍ତି ଗାଳ୍ପିକା ବୀଣାପାଣି ମହାନ୍ତି । ସାମାଜିକ ସମସ୍ୟାର ଗଳ୍ପରୂପ ଆଙ୍କିବାକୁ ଯାଇ ଦୁଇ ଜଣ ଯାକ କଥାଶିଳ୍ପୀ ଗଳ୍ପର କଳାତ୍ମକତାକୁ ଯେପରି ଶିଖର ସ୍ପର୍ଶ କରାଇଛନ୍ତି ତାହା ପ୍ରକୃତରେ ଅନନ୍ୟ । ସମାଜତତ୍ତ୍ୱର ତୀବ୍ରତା ରହିଥିବା ଦୃଷ୍ଟିରୁ ସ୍ରଷ୍ଟାଦ୍ୱୟ ପ୍ରାୟତଃ ସମଗୋତ୍ରୀୟ ।

ଗୁଣାତ୍ମକ ଓ ପରିମାଣାତ୍ମକ ଦୃଷ୍ଟିରୁ ବୀଣାପାଣିଙ୍କ ସାରସ୍ୱତ ସାଧନା ବେଳକୁ ଓଡ଼ିଆ କଥା ସାହିତ୍ୟ ବହୁ ସାହିତ୍ୟ ସାଧକଙ୍କ ଅବଦାନରେ ସମୃଦ୍ଧ ହୋଇଥିଲା । ଲେଖିକାଙ୍କର ପ୍ରେରଣାର ଉତ୍ସ ଥିଲେ ଯେଉଁ କେତେଜଣ ଅଗ୍ରଜ ସେମାନଙ୍କ ସମ୍ବନ୍ଧରେ ତାଙ୍କର ସ୍ୱୀକାରୋକ୍ତି ହେଉଛି – "ମୋ ଅଗ୍ରଜ ଗୋପୀନାଥ ମହାନ୍ତି, ସୁରେନ୍ଦ୍ର ମହାନ୍ତି, ଅଖିଳ ମୋହନ ପଟ୍ଟନାୟକ, ମନୋଜ ଦାସ, ଶାନ୍ତନୁ ଆଚାର୍ଯ୍ୟ, ମହାପାତ୍ର ନୀଳମଣି ସାହୁ, ଅନନ୍ତ ପଟ୍ଟନାୟକ, ମନୋଜ ଦାସ, କିଶୋରୀ ଚରଣ ଦାସ ପ୍ରମୁଖଙ୍କ ପ୍ରେରଣାକୁ ମୁଁ ଭୁଲି ପାରିବିନି । ସମସାମୟିକ ମଧ୍ୟରେ ରବି ପଟ୍ଟନାୟକ, ମନୋରମା ମହାପାତ୍ର, ବିଭୂତି ପଟ୍ଟନାୟକ, ରତ୍ନାକର ଚଇନି, ସୁଧାଂଶୁବାଳା ପଣ୍ଡା, ରମେଶ ଧଳ, ପ୍ରତିଭା ଶତପଥୀଙ୍କ ଠାରୁ ମଧ୍ୟ ଅନେକ ଉତ୍ସାହ ପାଇଛି ।[(୫୮)]

ସର୍ବଭାରତୀୟ ସ୍ତରରେ ସେ ଜଣେ ସ୍ୱୀକୃତିପ୍ରାପ୍ତ ଲେଖିକା । ଆସାମୀୟା ସାହିତ୍ୟିକା ନିରୂପମା ବରଗୁହାଇଁ, ମାମୁନି ରାୟଛମ୍ ଗୋସ୍ୱାମୀ, ହିନ୍ଦୀ ସାହିତ୍ୟିକା ସାରଦା ଦେବୀ ଓ ବଙ୍ଗଳା ସାହିତ୍ୟିକା ଜ୍ୟୋତିର୍ମୟୀ ଦେବୀ, ଆଶାପୂର୍ଣ୍ଣା ଦେବୀ ଏବଂ ମହାଶ୍ୱେତା ଦେବୀଙ୍କ ସହିତ ବୀଣାପାଣି ମହାନ୍ତି ତୁଳନୀୟ । ଶ୍ରୀମତୀ ମହାନ୍ତି ମଧ୍ୟ ପ୍ରଥମ ଓଡ଼ିଆ ଗାଳ୍ପିକା ଭାବରେ କେନ୍ଦ୍ର ସାହିତ୍ୟ ଏକାଡେମୀ ପୁରସ୍କାରପ୍ରାପ୍ତ ଲେଖିକା ।

ଲେଖିକାଙ୍କର ବିପୁଳ ଗଳ୍ପ ଜଗତ ମଧ୍ୟରେ ଆମେ ଦେଖିବାକୁ ପାଉ ଗ୍ରାମ୍ୟ ପରିବେଶ ଠାରୁ ସହରୀ ପରିବେଶ ଯାଏ ଜୀବନ ଓ ମଣିଷକୁ ଭଲ ପାଉଥିବା ଜୀବନର ସକଳ ସଙ୍କଟ ଓ ସଂଘର୍ଷକୁ ଆପଣାର କରିଥିବା ସମସ୍ତ ପ୍ରତିକୂଳତା ସତ୍ତ୍ୱେ ଏକ ନୂତନ ମଣିଷର ଉତ୍ତରଣ ପାଇଁ ସ୍ୱପ୍ନ ଦେଖୁଥିବା ଗାଳ୍ପିକାଙ୍କୁ । ଆଧୁନିକ ସମାଜର ବିଭିନ୍ନ ଦିଗ, ନଗ୍ନ ବାସ୍ତବତା, ବ୍ୟର୍ଥତାବୋଧ, ଆର୍ଥିକ ସଂକଟର ଦୁରବସ୍ଥା, ନିପୀଡ଼ିତ ମଣିଷର ଅସହାୟତା, ସ୍ୱପ୍ନ ଭଂଗୁର ଜୀବନର ନିରାଶା ଆଦି ତାଙ୍କ ଗଳ୍ପର କେନ୍ଦ୍ର ବିନ୍ଦୁ ।

ଭାଷା-ଶୈଳୀ-ବ୍ୟକ୍ତିତ୍ୱ ଓ ଆଦର୍ଶ ବୋଧର ସମନ୍ୱୟରେ ତାଙ୍କର ଗଳ୍ପ

ଜଗତ ସୁସମୃଦ୍ଧ । ସାମାଜିକ ଦାୟିତ୍ୱବୋଧ ତାଙ୍କୁ ଘଟଣାର ବାସ୍ତବ ରୂପାୟନ ଆଡକୁ ଆକର୍ଷିତ କରିଛି । ଘଟଣା ପ୍ରବାହ ଓ ମାନସିକ ଅବସ୍ଥାକୁ ବର୍ଣ୍ଣନା କଲାବେଳେ ସେ ବିବରଣାତ୍ମକ ଶୈଳୀକୁ ଆପଣେଇଛନ୍ତି। ଫଳରେ ତାଙ୍କର ଜଗତ ଓ ଜୀବନ ସଂପର୍କୀୟ ଧାରଣା-ବିଶ୍ୱାସକୁ ଉତ୍ତମରୂପେ ବ୍ୟକ୍ତ କରିପାରିଛନ୍ତି। ସ୍ପଷ୍ଟତା ଏବଂ ଭାଷା ପ୍ରୟୋଗଗତ କୌଶଳ ତାଙ୍କ ଗଳ୍ପକୁ ପାଠକାଦୃତ କରିଥାଏ । ସରଳ, ପାତ୍ରମୁଖୀ ସଂଳାପ ଓ ମର୍ମସ୍ପର୍ଶୀ ଶବ୍ଦ ପ୍ରୟୋଗ ଦୃଷ୍ଟିରୁ ବିଚାର କଲେ ତାଙ୍କର ଲେଖନୀ ପୋଷା ମାନିଥିବା ବୋଧହୁଏ ।

"ଆଧୁନିକ ଯୁଗର କ୍ଷୁଦ୍ରଗଳ୍ପ ହେଉଛି ମଣିଷର ବିଭିନ୍ନ ଅବସ୍ଥାର ମାନସିକ ସ୍ଥିତିର ପ୍ରତୀକାତ୍ମକ ଅଭିବ୍ୟକ୍ତି । ଆଜିର ଗଳ୍ପକାର ଗଳ୍ପକୁ ନେଇ ଭାଷାର ପୋଷାକ ପିନ୍ଧାଉ ନାହିଁ; ବରଂ ସ୍ୱାଭାବିକ ଭାଷା ପ୍ରବାହ ମଧ୍ୟରେ ଗଳ୍ପର ପ୍ରାଣ ପ୍ରତିଷ୍ଠା କରୁଛି । ଯେଉଁଠି ଭାଷା ଗଳ୍ପକୁ ବା ଥିମ୍‌କୁ ଅନୁସରଣ କରେ, ସେଠାରେ ଭାଷା ହୁଏ ବର୍ଣ୍ଣନାତ୍ମକ ଓ ଆଳଂକାରିକ ମାତ୍ର ଯେଉଁଠି ଥିମ୍ ବା ଗଳ୍ପ ଭାଷାକୁ ଅନୁସରଣ କରେ ସେଠାରେ ଭାଷା ହୁଏ ବାସ୍ତବ ଧର୍ମୀ ଓ ପ୍ରତୀକାତ୍ମକ" । [୫୯]

ଡଃ ମନ୍ମଥ ପ୍ରଧାନଙ୍କ ମତରେ, "ବୀଣାପାଣି ମହାନ୍ତିଙ୍କ ରଚନାର କଥାବସ୍ତୁ, ଚରିତ୍ର ଯେପରି ପାଠକ ପ୍ରାଣରେ ପ୍ରଭାବ ବିସ୍ତାର କରେ, ତା'ଠାରୁ ତାଙ୍କର ବାକ୍ ପଲ୍ଲବତା, ଆବେଗଧର୍ମୀ ସ୍ୱାଭାବିକତା, ମନନଶୀଳ ବର୍ଣ୍ଣନା ବେଶ୍ ହୃଦ୍ୟ, । ଲୌକିକ, ଗ୍ରାମୀଣ, କଥିତ ଭାଷା ପ୍ରକାଶରେ ସେ ସିଦ୍ଧହସ୍ତା । କେବଳ ବାହ୍ୟ ଘଟଣା ନୁହେଁ, ଅନ୍ତରର ଅନୁଭୂତିକୁ ପ୍ରକାଶ କରିବାରେ ତାଙ୍କ ଭାଷାର ସାମର୍ଥ୍ୟ ରହିଛି ।"[୬୦]

ଲେଖିକାଙ୍କର ନିଜ ଭାଷାରୁ ମଧ୍ୟ ତାଙ୍କର ଗଳ୍ପ ରଚନା ଶୈଳୀର ସଂଧାନ କରାଯାଇପାରେ । "ମୋର ଶିଳ୍ପୀସତ୍ତା ଜାଣେ ନାହିଁ ଗଳ୍ପଟି କେଉଁଠି ଆରମ୍ଭ ହୋଇ କେଉଁଠି ଶେଷ ହେଲେ ପାଠକ ହୃଦୟକୁ ଜୟ କରିପାରିବ । ସେଥିପାଇଁ କାହାଣୀ ଲେଖିବାର ଏକ ନିର୍ଦ୍ଦିଷ୍ଟ ଫର୍ମୁଲା ମୋର ଉତ୍ତର ଦାୟାଦକୁ ଦେଇ ଚମକୃତ କରିଦେବାର ଅଭିଳାଷ ମୋର କେବେହେଁ ନଥିଲା ଆଜି ମଧ୍ୟ ନାହିଁ । ନିଜ ଜୀବନ ରକ୍ତ ସ୍ରୋତର ରସାଣିତ ହୋଇ ମୁଁ ଖୋଜି ବୁଲୁଛି ଯାହା ଚିରନ୍ତ ସତ୍ୟ ମଣିଷ ବଞ୍ଚିବାପାଇଁ ପ୍ରତିଟି ଛକରେ ନିପୀଡିତ ମଣିଷର ଆର୍ତ୍ତ ଚିତ୍କାର ଶୁଣି ମୁଁ ଅଟକି ଯାଇଛି । ହାତରେ ତାର ତରବାରି ଧରେଇ ତାଙ୍କୁ ପରିସ୍ଥିତିକୁ ଭେଟିବାକୁ ସାହସ ଦେଇଛି"। [୬୧]

ଉନ୍ନତ ସାହିତ୍ୟ ମାନବର କଲ୍ୟାଣ ଓ ମଙ୍ଗଳ ନିମନ୍ତେ ପଥ ପ୍ରଦର୍ଶନ କରିଥାଏ । ସାହିତ୍ୟ ସାଧକ ସତ୍ୟ ପ୍ରତି ଉନ୍ମୁଖ । ଓଡିଆ ସାହିତ୍ୟର ପ୍ରଥିତ ଯଶା କଥାଶିଳ୍ପୀ ବୀଣାପାଣି ମହାନ୍ତିଙ୍କ ସହ 'ସୁର୍ଯ୍ୟପ୍ରଭା'ର ସହ ସଂପାଦିକା ଅଧ୍ୟାପିକା ମିନତି କରଙ୍କର ସାକ୍ଷାତକାର ସମୟରେ ଆପଣଙ୍କ ଲେଖାର ମୁଖ୍ୟ ପରିଭାଷା କ'ଣ ?" ପ୍ରଶ୍ନର ଉତ୍ତର ଦେବାକୁ ଯାଇ

ଶ୍ରୀମତୀ ମହାନ୍ତି ଉତ୍ତର ଦେଇଥିଲେ, "ମାନବିକତା । ମଣିଷର ସୁଖ, ଶାନ୍ତି, ସମୃଦ୍ଧି ପାଇଁ ଏକ ନୂତନ ସମାଜର ରୂପରେଖ ଦେବା ଯେଉଁଠାରେ ଯୁଦ୍ଧ ନଥିବ; ନଥିବ କଳହ, ଦ୍ୱନ୍ଦ୍ୱ, ସ୍ୱାର୍ଥପରତା, ମୈତ୍ରୀର ବଂଧନରେ ମଣିଷର ସକଳ କ୍ଷେତ୍ରରେ ଉତ୍ତରୋତ୍ତର ସମ୍ଭାବନା ସଫଳ ଭାବରେ ରୂପାୟିତ ହେବ" ।[୬୨]

ଉପରୋକ୍ତ ଆଭିମୁଖ୍ୟରୁ ଶ୍ରୀମତୀ ମହାନ୍ତିଙ୍କର ଗଳ୍ପ ଜଗତର ଥିମ୍ ରୋମାଣ୍ଟିକ୍ ଭାବଚେତନାରୁ ଯାତ୍ରାରମ୍ଭ କରି ସମାଜବାଦୀ ବାସ୍ତବତା ଆଡକୁ ସଂଚରଣଶୀଳ ହୋଇପାରିଛି । ସାଂପ୍ରତିକ ଓଡିଆ ଗଳ୍ପ ସାହିତ୍ୟର ଜଣେ ଲବ୍ଧ ପ୍ରତିଷ୍ଠା ଓ ସ୍ୱନାମଧନ୍ୟ ଗାଳ୍ପିକ ବିଷ୍ଣୁ ସାହୁଙ୍କର ଅଭିମତ ହେଲା – "ତାଙ୍କ ଗଳ୍ପ ଆକାଶରେ ଚରିତ୍ର ଗୁଡିକ ଦିଗନ୍ତ ବିସ୍ତାରୀ ନକ୍ଷତ୍ରପୁଞ୍ଜ ପରି ତାଙ୍କର ସାରସ୍ୱତ ଚେତନା ଜଗତ ଗୁଡିଏ ଚେରପରି ଛନ୍ଦାଛନ୍ଦି ହୋଇ ରହିଥାଏ ମାଟିରେ । ତେଣୁ ରସସିକ୍ତ ହୋଇପଡେ ତାଙ୍କର ଭାଷା, ବେଦନାବିଦ୍ଧ ହୋଇପଡେ ତାଙ୍କର ଭାବନା ଓ ମୁକ୍ତିକାମୀ ହୋଇପଡେ ତାଙ୍କ ଗଳ୍ପ ଚରିତ୍ରର ଭାବକେନ୍ଦ୍ର ।

ସବୁଠାରୁ ବଡ କଥା ହେଲା, ତୁଚ୍ଛା ଆବେଗରେ ଆଦୌ ଭାସି ଯାଉନଥିବା ଏ ସ୍ରଷ୍ଟା ଜଣକ ଭଲଭାବେ ଜାଣନ୍ତି ତାଙ୍କ ଲକ୍ଷ୍ୟସ୍ଥଳ କେଉଁଠି ? ସେ ଜଣେ ଏଭଳି ନାବିକ, ଯିଏ ନିଜର ଗଳ୍ପ ପୋତକୁ ପାରିକରି ଦିଅନ୍ତି ଘଟଣାର ଉପସ୍ଥାପନ ଠାରୁ ଉପସଂହାର ଯାଏଁ ଅତ୍ୟନ୍ତ ଆତ୍ମବିଶ୍ୱାସର ସହିତ ।[୬୩]

ମୁଖ୍ୟତଃ ନାରୀସମସ୍ୟା ପ୍ରତି ଅଧିକ ମାତ୍ରାରେ ସମ୍ବେଦନଶୀଳ ଗାଳ୍ପିକା ମହାନ୍ତିଙ୍କୁ ଅନେକ 'ବାମାବାଦୀ' ଆଖ୍ୟାରେ ଆଖ୍ୟାୟିତ କରିଥିଲେ ହେଁ ବାସ୍ତବରେ ସେ ଜଣେ ବାମାବାଦୀ ଲେଖିକା ନୁହଁନ୍ତି । କେବଳ ନାରୀ ନୁହେଁ, ସାମଗ୍ରିକ ଭାବରେ କି ନାରୀ କି ପୁରୁଷ ମଣିଷ ହିଁ ତାଙ୍କ ଗଳ୍ପ ପ୍ରସ୍ରବଣର ଅନନ୍ତ ଉତ୍ସ । 'ନାଉଗଛ' ଠାରୁ ଆରମ୍ଭ କରି ସାଂପ୍ରତିକ ସମୟର ଆଲୋଚ୍ୟ 'ନଈକୁ ରାସ୍ତା' ଗଳ୍ପ ସଂକଳନ ପର୍ଯ୍ୟନ୍ତ ଗାଳ୍ପିକାଙ୍କର ଭୂମିରୁ ଭୂମାଯାଏ ଯାତ୍ରା ଅବିରାମ ନିରବଚ୍ଛିନ୍ନ ସାଧନା ହିଁ ତାଙ୍କର ପ୍ରତିଭା ବିକାଶରେ ସହାୟକ ହୋଇଅଛି । ଏଣୁ ନିସନ୍ଦେହରେ କୁହାଯାଇପାରେ ଯେ ସେ ଜଣେ ପ୍ରତିଷ୍ଠାବାନ୍ ଶିଳ୍ପୀ ଯାହାର କଲମ ପୋଷା ମାନିଛି, ସାଧନା ସିଦ୍ଧି ଆଣି ଦେଇଛି ଏବଂ ଅନନ୍ୟ ଶିଳ୍ପ ଦୃଷ୍ଟି ଆଗାମୀ ସକାଳର ସ୍ୱପ୍ନ ଦେଖିଛି । ଗୋଟିଏ ବାକ୍ୟରେ କୁହାଯାଇପାରେ ଯେ – ତାଙ୍କର ଗଳ୍ପରାଜି ମାଟି, ମଣିଷ ଓ ସ୍ୱପ୍ନର ତ୍ରିବେଣୀ ସଙ୍ଗମ – ଯେଉଁଠି ସ୍ନାନସିକ୍ତ ହୋଇ ମନନଶୀଳ ପାଠକଟିଏ ପାପ-ତାପ ଭରା ପାର୍ଥିବ ଦୁନିଆରୁ ମୁକ୍ତ ହୋଇ ଏକ ଅପାର୍ଥିବ ଆଧ୍ୟାତ୍ମିକ ଜଗତରେ ବିଚରଣ କରିବାକୁ ସମର୍ଥ ହୁଏ ।

■

# ଚତୁର୍ଥ ପରିଚ୍ଛେଦ

# ଔପନ୍ୟାସିକା ବୀଣାପାଣି ମହାନ୍ତି

କାଳ୍ପନିକ ଗଦ୍ୟରେ ଜୀବନର ବାସ୍ତବ ଓ ପୂର୍ଣ୍ଣାଙ୍ଗ ଚିତ୍ରକୁ ପ୍ରକାଶ କରିଥାଏ ଉପନ୍ୟାସ। ମଣିଷ ସହିତ ଏହାର ସମ୍ପର୍କ ଅତି ନିବିଡ ଓ ଘନିଷ୍ଠ । ଉପନ୍ୟାସ ହେଉଛି ଜୀବନର ବୋଧିଦ୍ରୁମ, ଏଥିରେ ବ୍ୟକ୍ତି ଜୀବନର ପୂର୍ଣ୍ଣଚିତ୍ର ପ୍ରକାଶ ପାଇଥାଏ ।

ଉପନ୍ୟାସ ଆଧୁନିକ ଓଡିଆ କଥା ସାହିତ୍ୟର ଅନ୍ୟତମ ଲୋକପ୍ରିୟ ବିଭବ । ଉପନ୍ୟାସ ପରି ମଣିଷର କଥା ଏତେ ସ୍ପଷ୍ଟ ରୂପେ ଅନ୍ୟ କୌଣସି ବିଭାଗ କରିପାରେ ନାହିଁ। ମଣିଷ ଜୀବନର ସୁଖ-ଦୁଃଖ ହସ-କାନ୍ଦ ପ୍ରତ୍ୟେକଟି ଚିତ୍ର ଉପନ୍ୟାସରେ ପ୍ରତିଫଳିତ ହୋଇଥାଏ।

**ଉପନ୍ୟାସର ସଂଜ୍ଞା:**

ବ୍ୟୁତ୍ପତ୍ତି ଗତ ଅର୍ଥ ଦୃଷ୍ଟିରୁ 'ଉପ' ଶବ୍ଦର ଅର୍ଥ ହେଲା 'ଆଗରେ' ବା 'ପଛରେ' ଓ 'ନ୍ୟାସ' ଶବ୍ଦର ଅର୍ଥ ହେଉଛି 'ପ୍ରସ୍ତାବନା'। "ତେଣୁ ଉପନ୍ୟାସ କହିଲେ ବୁଝାଯାଏ ଉପକ୍ରମଣିକା ବା ମୁଖବନ୍ଧ ଜାତୀୟ ଲେଖା; ଅଖଣ୍ଡ ମୂଳ କାହାଣୀ ନୁହେଁ; ଯେଉଁ ଅର୍ଥରେ ଆମେ ଉପନ୍ୟାସ ଶବ୍ଦକୁ ଗ୍ରହଣ କରୁଛୁ" ।[୧]

ଉପନ୍ୟାସ ସଂପର୍କରେ ବିଭିନ୍ନ ସମାଲୋଚକ ଭିନ୍ନ ଭିନ୍ନ ମତ ପ୍ରଦାନ କରିଛନ୍ତି। ମାଥ୍ୟୁ ଆର୍‌ନୋଲ୍‌ଡ ଉପନ୍ୟାସର ସଂଜ୍ଞା ନିରୂପଣ କରି କହନ୍ତି - "Novel is the interpretation of human life by means of fictitious narrative in prose" ଅର୍ଥାତ୍ କାଳ୍ପନିକ ଗଦ୍ୟରେ ମଣିଷ ଜୀବନର ବିଶ୍ଳେଷଣକୁ ଉପନ୍ୟାସ କୁହାଯାଏ" ।[୨] ହେନେରୀ ଜେମସ୍‌ଙ୍କ ମତରେ - "A novel is personal and direct impressin of life" ।[୩]

ଉପନ୍ୟାସ ଜୀବନଧର୍ମୀ। ଜୀବନ ସହିତ ଉପନ୍ୟାସର ସଂପର୍କ ନିବିଡ। ଜୀବନର ଗୋପନ ଅଂଶକୁ ପ୍ରକଟିତ କରିବା ଉପନ୍ୟାସର ସ୍ୱାତନ୍ତ୍ର୍ୟ। ଉପନ୍ୟାସ ଅପୂର୍ଣ୍ଣ ନୁହେଁ; ପରିପୂର୍ଣ୍ଣ। ପୂର୍ଣ୍ଣତାର କଥା କହେ ଆଜିର ଉପନ୍ୟାସ। ଉପନ୍ୟାସ ପୁଣି ଆଧୁନିକ ଜୀବନର ଗଦ୍ୟ ମହାକାବ୍ୟ। ଗୋଟିଏ ଜାତି ବା ଦେଶର ଚାଲି ଚଳଣି ଏହି ଉପନ୍ୟାସରେ କଳାତ୍ମକ ଭାବରେ ପ୍ରକାଶ ପାଉଥିବାରୁ ଏହାକୁ ଗଦ୍ୟ ମହାକାବ୍ୟ କୁହାଯାଏ। ଉପନ୍ୟାସ କୌଣସି

ସମୟର ଶ୍ରେଷ୍ଠ ସଚେତନ ବିନ୍ଦୁ। ଔପନ୍ୟାସିକ "ପ୍ରେମଚାନ୍ଦଙ୍କ ମତରେ ଉପନ୍ୟାସ ମାନବ ଜୀବନର ଚିତ୍ର ମାତ୍ର, ଜୀବନ ରହସ୍ୟ ଉଦ୍‌ଘାଟନ କରିବା ଏହାର ମୂଳ ଲକ୍ଷ୍ୟ"। (୪)

"ଡେଭିଡ୍ କୁପରଫିଲ୍‌ଡ ଉପନ୍ୟାସକୁ 'ପକେଟ୍ ଥିଏଟର' ବୋଲି କହନ୍ତି" ।(୫)

ଜୀବନର ସାରଘନ ରୂପ ହେଉଛି ଉପନ୍ୟାସ। ସମାଲୋଚକ ବୈଷ୍ଣବ ଚରଣ ସାମଲ ଉପନ୍ୟାସ ସଂପର୍କରେ କହନ୍ତି- "ଉପନ୍ୟାସ ସାହିତ୍ୟର ଏକ କଳାତ୍ମକ ବିଭାଗ। ଏଥିରେ ମାନବ ଜୀବନର ବିବିଧ ରୂପ ପ୍ରକାଶ ପାଏ। ଜୀବନ ଓ ଜଗତର ବିଶେଷତା ପ୍ରକାଶିତ ହୁଏ। ଏଥିରୁ ସମସାମୟିକ ଜୀବନ ଓ ସମାଜର ନାନା ଭାବଭାବନାର ପରିଚୟ ମିଳେ" । (୬)

ଉପନ୍ୟାସ ଏବଂ ଜୀବନର ଅଭିନ୍ନତାକୁ ନେଇ ବିଶିଷ୍ଟ ସମାଲୋଚକ ସୁରେନ୍ଦ୍ରନାଥ ପାଣିଗ୍ରାହୀ ମତବ୍ୟକ୍ତ କରନ୍ତି- "ସମାଜ ଓ ଜୀବନକୁ ଆମେ ଉପନ୍ୟାସରେ ଦେଖୁ। ତେଣୁ, ଆଜି ଉପନ୍ୟାସ ସମାଜ, ଜୀବନ ଓ ସାର୍ବଜନୀନ ଚିନ୍ତାଧାରାକୁ ମହତ୍ କରିଛି। ଉପନ୍ୟାସରେ ମଣିଷ ହୋଇଛି ସ୍ୱୟଂ ସଂପୂର୍ଣ୍ଣ ଏବଂ ସେହି ସଂପୂର୍ଣ୍ଣ ମଣିଷ ଉପନ୍ୟାସ ମାଧ୍ୟମରେ ଆବିଷ୍କାର କରିଛି ସଂପୂର୍ଣ୍ଣ ଜୀବନକୁ"। (୭)

କଳ୍ପନା ଓ ବାସ୍ତବତାର ସମନ୍ୱୟରେ ଉପନ୍ୟାସର ସୃଷ୍ଟି। ଖାଣ୍ଟି ସୁନାରେ ଖାଦ ନମିଶାଇଲେ ଯେପରି ଅଳଙ୍କାର ହୁଏ ନାହିଁ, ସତ୍ୟ ଅନୁଭୂତି ସହିତ କଳ୍ପନାର ମିଶ୍ରଣ ନଘଟାଇଲେ ସେହିପରି ଉପନ୍ୟାସ ହୁଏ ନାହିଁ। ଆଲବର୍ଟ କାମ୍ୟୁ କହନ୍ତି – "ବାସ୍ତବ ପୃଥିବୀକୁ ସଂଶୋଧନ କରି ଏକ କାଳ୍ପନିକ ପୃଥିବୀ ପାଠକ ଆଗରେ ଉପସ୍ଥାପିତ କରିବାହିଁ ଉପନ୍ୟାସର ଧର୍ମ" । (୮) କାହାଣୀ କହିବା ଓ ଶୁଣିବା ମଣିଷର ଏକ ଆଦିମ ପ୍ରବୃତ୍ତି। ଯେତେବେଳେ ଉପନ୍ୟାସ ନଥିଲା ସେତେବେଳେ ଲୋକେ ପୁରାଣ ପଢୁଥିଲେ। ପୁରାଣରେ କାହାଣୀଥିଲା କିନ୍ତୁ କୌଣସି ନୂତନତ୍ୱ ନଥିଲା। ନୂତନତ୍ୱର ସଂଧାନୀ ସେହି ଗଳ୍ପ ଶ୍ରୋତାମାନଙ୍କୁ ସନ୍ତୁଷ୍ଟ କରିବା ପାଇଁ ଅଷ୍ଟାଦଶ ଶତାବ୍ଦୀରେ ଜନ୍ମ ନେଲା ଆଧୁନିକ ଯୁଗର ଶିଳ୍ପରୂପ ଉପନ୍ୟାସ । ପ୍ରାଚୀନ କାହାଣୀରେ ପୁରାଣରୁ କାହାଣୀ ସଂଗ୍ରହ କରାଯାଉଥିଲା ହେଲେ ଆଧୁନିକ ଉପନ୍ୟାସରେ ଭାବବସ୍ତୁ ମଣିଷ ଜୀବନରୁ ଗୃହୀତ। ଉପନ୍ୟାସ ଭାରତୀୟ ସାହିତ୍ୟର ନବତମ ସୃଷ୍ଟି। ପାଶ୍ଚାତ୍ୟ ଶିକ୍ଷା ସଭ୍ୟତା ଓ ସାହିତ୍ୟ ପ୍ରଭାବରେ ଊନବିଂଶ ଶତାବ୍ଦୀର ଦ୍ୱିତୀୟାର୍ଦ୍ଧରେ ଆଧୁନିକ ଭାରତୀୟ ସାହିତ୍ୟର ନବଜନ୍ମ ହେଲା। ଏହି ସମୟରେ ଭାରତୀୟ ସାହିତ୍ୟରେ ସଂସ୍କୃତର 'କାଦମ୍ବରୀ' ଓ ଦଶକୁମାର ଚରିତକୁ ଉପନ୍ୟାସର 'ବୀଜ' ରୂପେ ଗ୍ରହଣ କରାଯାଇଥିଲା।

ଉପନ୍ୟାସକୁ ଇଂରାଜୀରେ କୁହାଯାଏ **Novel**। ଏହି 'ନଭେଲ' ଶବ୍ଦଟି ଲାଟିନ୍ 'ନଭେଲା'ରୁ ଆସିଅଛି ଯାହାର ଅର୍ଥ ନୂତନ ଗଳ୍ପ। ମନୋବିନୋଦନ ଉଦ୍ଦେଶ୍ୟରେ

ଉପନ୍ୟାସ ସୃଷ୍ଟି ହୋଇଥିଲେହେଁ ଜୀବନର ବାସ୍ତବ ଚିତ୍ରକୁ ରୂପଦେବାରେ ଏହାର ଭୂମିକାକୁ ଏଡାଇ ଦିଆଯାଇ ନପାରେ। ଜୀବନକୁ ନେଇ ଉପନ୍ୟାସ ରଚିତ ହୋଇଥିବାରୁ ଉପନ୍ୟାସ ସର୍ବାଧିକ ଲୋକ ପ୍ରିୟତା ହାସଲ କରିପାରିଛି। ଉପନ୍ୟାସ ସାଧାରଣତଃ ମଣିଷ ଜୀବନ ତଥା ସମାଜର ଏକ ଅଖଣ୍ଡ ପରିପୂର୍ଣ୍ଣ ଚିତ୍ର ପ୍ରଦାନ କରିଥାଏ। ଲେଖକର ବ୍ୟକ୍ତିଗତ ଦୃଷ୍ଟିଭଙ୍ଗୀ ଓ ଜୀବନାନୁଭୂତି ପରୋକ୍ଷ ଭାବରେ ଏଥିରେ ପ୍ରକାଶ ପାଇଥାଏ। "ଜୀବନର ସୁବିସ୍ତୃତ ରହସ୍ୟଘନ କାହାଣୀ ଉପନ୍ୟାସରେ କମନୀୟ ଶୈଳୀରେ ମର୍ମରିତ ହୋଇଉଠେ"।[୯] ଶିଳ୍ପକଳା ଦୃଷ୍ଟିରୁ ଅନ୍ୟାନ୍ୟ ସାହିତ୍ୟିକ ବିଭବଭଳି ଉପନ୍ୟାସ କଠୋର ନିୟମ ଦ୍ୱାରା ନିୟନ୍ତ୍ରିତ ନୁହେଁ। ବରଂ ଏହା ଅଧିକ ସଂପ୍ରସାରଣ କ୍ଷମ (Fexible)। ଏହାର ବିଷୟ ବସ୍ତୁ ସୀମିତ ନୁହେଁ ବରଂ ବ୍ୟାପକ ଓ ପରିବ୍ୟାପ୍ତ। ଜୀବନ ଓ ଜଗତର ଯେକୌଣସି ବିଷୟକୁ ନେଇ ଏହା ରଚିତ ହୋଇପାରେ।

ବିଶ୍ୱ ସାହିତ୍ୟରେ ଉପନ୍ୟାସର ସୃଷ୍ଟି ବହୁ ପ୍ରାଚୀନ ବୋଲି କୁହାଯାଏ। ଜାପାନୀ ଲେଖିକା ମୁରସାକୀଙ୍କ 'ଗେଂଜି କାହାଣୀ'କୁ କେତେକ ସମାଲୋଚକ ବିଶ୍ୱର ପ୍ରଥମ ଉପନ୍ୟାସ ବୋଲି କହୁଥିଲା ବେଳେ ଅନ୍ୟ କେତେକ ସମାଲୋଚକ ଇଂରାଜୀ ଲେଖକ ରିଚାର୍ଡସନ୍‌ଙ୍କ 'ପାମେଲା'କୁ ପ୍ରଥମ ଉପନ୍ୟାସର ମାନ୍ୟତା ପ୍ରଦାନ କରନ୍ତି।

**ଉପନ୍ୟାସର ଗଠନ କଳା:**

ଗଳ୍ପ ବା କାହାଣୀ, ଚରିତ୍ର, ସଂଳାପ, ଦେଶକାଳ, ବାତାବରଣ ବା ପୃଷ୍ଠଭୂମି, ଉଦ୍ଦେଶ୍ୟ, ଶୈଳୀ ଏହି ପରି କେତେକ ଉପାଦାନକୁ ନେଇ ଉପନ୍ୟାସ ରଚିତ ହୋଇଥାଏ।

**ଗଳ୍ପ ବା କାହାଣୀ:**

ଗଳ୍ପ ବା କାହାଣୀ ଉପନ୍ୟାସର ପ୍ରମୁଖ ଉପାଦାନ। ଉପନ୍ୟାସର ତାତ୍ପର୍ଯ୍ୟ କାହାଣୀ ବିନ୍ୟାସ ମଧ୍ୟଦେଇ ପାଠକ ସମ୍ମୁଖରେ ଉପସ୍ଥାପିତ ହୋଇଥାଏ। କିନ୍ତୁ ଏହି କାହାଣୀ ବିନ୍ୟାସର କୌଶଳ ପ୍ରତି ଉପନ୍ୟାସରେ ଗୋଟିଏ ପ୍ରକାର ହୋଇନଥାଏ। ଉପନ୍ୟାସରେ ଗୋଟିଏ ମୁଖ୍ୟ କାହାଣୀ ଥାଏ। ଏହି ମୁଖ୍ୟ କାହାଣୀକୁ ଅବଲମ୍ବନ କରି କେତେକ ଗୌଣ କାହାଣୀର ବର୍ଣ୍ଣନା ହୋଇଥାଏ। ଅଷ୍ଟାଦଶ ଶତାବ୍ଦୀର ଉପନ୍ୟାସର କାହାଣୀରେ ଥିଲା ଆକର୍ଷଣୀୟ ଆରମ୍ଭ; ବିୟୋଗାନ୍ତକ କିମ୍ବା ଆନନ୍ଦଦାୟକ ସମାପ୍ତି କିନ୍ତୁ ଉନବିଂଶ ଓ ବିଂଶ ଶତାବ୍ଦୀର ଉପନ୍ୟାସରେ କ୍ରମଶଃ କାହାଣୀର ଆରମ୍ଭ, ସମାପ୍ତି ଓ ସମସ୍ୟା ଉପରେ ଅଧିକ ଗୁରୁତ୍ୱ ଦିଆ ନ ଯାଇ ଘଟଣାର ନୈର୍ବ୍ୟକ୍ତିକତା ଉପରେ ଅଧିକ ଜୋର୍ ଦିଆଗଲା।

R.S Crane ତାଙ୍କ "The concept of plot and the plot of Tom James" ପ୍ରବନ୍ଧରେ ପ୍ଲଟ ବା କାହାଣୀର ସଂଜ୍ଞା ନିରୂପଣ କରି କହିଲେ - ପ୍ଲଟ ହେଉଛି 'The particular tomporal Synthesis effected by the writer of the element of action, character and thought that consitiute the mater of his invention'. ଅର୍ଥାତ୍ କାହାଣୀ ବିନ୍ୟାସ ଦ୍ୱାରା ଉପନ୍ୟାସର କ୍ରିୟା, ଚରିତ୍ର ଓ ଭାବ ମଧ୍ୟରେ ପାର୍ଥିବ ସଂଯୋଗ ସାଧନା କରିବା ହେଉଛି ଲେଖକର ଲକ୍ଷ୍ୟ"। [୧୦] କାହାଣୀକୁ ବାଦଦେଇ ସଫଳ ଉପନ୍ୟାସ ସୃଷ୍ଟି ସମ୍ଭବ ନୁହେଁ।

**ଚରିତ୍ର:**

ଚରିତ୍ର ଉପନ୍ୟାସର ଅନ୍ୟତମ ପ୍ରମୁଖ ଉପାଦାନ। ଚରିତ୍ରକୁ ବାଦ୍‌ଦେଇ ଏପର୍ଯ୍ୟନ୍ତ ଉପନ୍ୟାସ ରଚିତ ହୋଇନାହିଁ। ସମାଜରେ ବ୍ୟକ୍ତି ସ୍ୱାତନ୍ତ୍ର୍ୟ ପ୍ରତିଷ୍ଠିତ ହେବାପରେ ଉପନ୍ୟାସର ବିକାଶ ହୋଇଛି। ବ୍ୟକ୍ତି ସ୍ୱାତନ୍ତ୍ର୍ୟ ପ୍ରତିଷ୍ଠିତ ହେବା ପରେ ଉପନ୍ୟାସର ବିକାଶ ହୋଇଛି। ବ୍ୟକ୍ତି ସ୍ୱାତନ୍ତ୍ର୍ୟକୁ ପ୍ରକାଶ କରିବା ଉପନ୍ୟାସର ପ୍ରଧାନ ଧର୍ମ।

କୁହାଯାଏ - " Navel is no more than a biography of an imaginary person" ଏକ କାଳ୍ପନିକ ମଣିଷର ଜୀବନ କାହାଣୀ ହେଉଛି ଉପନ୍ୟାସ"। [୧୧] ସେହି ମଣିଷର ପୂର୍ଣ୍ଣାଙ୍ଗ ଚିତ୍ର, ଚରିତ୍ର ମାଧ୍ୟମରେ ହିଁ ଉପନ୍ୟାସରେ ଚିତ୍ରିତ ହୋଇଥାଏ। ଉପନ୍ୟାସର ଘଟଣା ଓ ଚରିତ୍ର ପରସ୍ପର ପରିପୂରକ। ସାଧାରଣ ଉପନ୍ୟାସରେ ଘଟଣାର ପ୍ରାଧାନ୍ୟ ନଥାଏ। ଉପନ୍ୟାସକୁ ଗତିଶୀଳ କରାଇବାରେ ଚରିତ୍ରର ଭୂମିକା ଗୁରୁତ୍ୱ ପୂର୍ଣ୍ଣ। ଉପନ୍ୟାସରେ ମୁଖ୍ୟତଃ ସରଳ ଚରିତ୍ର ଓ ଜଟିଳ ଚରିତ୍ର ଦେଖିବାକୁ ମିଳିଥାଏ। ଉପନ୍ୟାସରେ ଲେଖକ ବାସ୍ତବ ଚରିତ୍ରର ଅବିକଳ ନକଲ କରନ୍ତି ନାହିଁ। ଉପନ୍ୟାସ ପାଇଁ ଚରିତ୍ରର ଯେତିକି ଅଂଶ ଦରକାର ସେତିକି ଆହରଣ କରିଥାନ୍ତି। ସମର ସେଟ୍ ମମ କହନ୍ତି- "The writer doesn't copy his originals, he takes what he wants from them." । [୧୨]

**ସଂଳାପ:**

ଚରିତ୍ରମାନେ ସ୍ୱାଭାବିକ ଭାବେ କ'ଣ ହେବା ଉଚିତ୍ ଔପନ୍ୟାସିକ ତାହା ବିଚାର କରିବା ଦରକାର। ପ୍ରକୃତରେ ଭଲ ଲେଖକ ଚରିତ୍ରମାନଙ୍କ ଉପରେ କଦାପି ହସ୍ତକ୍ଷେପ କରନ୍ତି ନାହିଁ। ଉପନ୍ୟାସର ଚରିତ୍ରମାନଙ୍କୁ ଜୀବନ୍ତ କରିବା ଦିଗରେ ସଂଳାପର

ଆବଶ୍ୟକତାକୁ ଅସ୍ୱୀକାର କରାଯାଇ ନପାରେ। ନାଟକ ପରି ଉପନ୍ୟାସରେ ସଂଳାପ ମୁଖ୍ୟ ନ ହେଲେ ମଧ୍ୟ ଏହାର କଳାତ୍ମକ ବିକାଶ ତଥା ଅଭିବୃଦ୍ଧି ପାଇଁ ଲେଖକ ସଂଳାପକୁ ବିଶେଷ ଗୁରୁତ୍ୱ ପ୍ରଦାନ କରିଥାଏ।

ହଡସନଙ୍କ ମତରେ - "Dialogue will manage one of the most delightful elements of the Novel" । [୧୩] ପାତ୍ରପୋଯୋଗୀ ଭାଷା ଓ କଥୋପକଥନ ଉପନ୍ୟାସର କଳାତ୍ମକ ଦିଗକୁ ବିକଶିତ କରେ।

**ଦେଶ, କାଳ ଓ ବାତା ବରଣ / ପରିବେଶ ଓ ପୃଷ୍ଠଭୂମି:**

ପୃଷ୍ଠଭୂମି ବା ପରିବେଶ କହିଲେ ଉପନ୍ୟାସର କାହାଣୀ ଘଟିଥିବା ସମୟ ଓ ସ୍ଥାନକୁ ବୁଝାଇଥାଏ। କବିତା, ନାଟକ ଏପରିକି ଚଳଚ୍ଚିତ୍ର ମଣିଷ ଅବଚେତନ ମନର ଯେଉଁ ଦୃଶ୍ୟ ଉନ୍ମୋଚନ କରି ନପାରନ୍ତି; ଔପନ୍ୟାସିକର ଅର୍ନ୍ତଦୃଷ୍ଟିର ଅନୁସଂଧାନ, ଦୂର ଦୃଷ୍ଟିର ଦୂରବୀକ୍ଷଣ ଯନ୍ତ୍ରରେ ସେହି ଦୃଶ୍ୟ ଉପନ୍ୟାସରେ ପ୍ରକାଶିତ ହୁଏ। ସେଥି ପାଇଁ ଉପନ୍ୟାସର ଆବେଦନ ବ୍ୟାପକ ଓ ତୀବ୍ର। Stendhal ଏସଂପର୍କରେ ମତ ଦେଇ କହନ୍ତି - "A Novel is like a bow the case which makes the sound in the readers soul" । [୧୪] କୁଶଳୀ ଧନୁର୍ଦ୍ଧର ଭଳି ଔପନ୍ୟାସିକ ନିଜ ରଚନାରେ ଏଭଳି ଶବ୍ଦ ସଂଯୋଜନା କରିବ, ଏଭଳି ଭାଷା ବ୍ୟବହାର କରିବ, ଯାହା ତୀର ଭଳି ନିକ୍ଷିପ୍ତ ହେବା ମାତ୍ରେ ପାଠକର ଆତ୍ମା ଶବ୍ଦାୟିତ ହୋଇ ଉଠୁଥିବ। ଉପନ୍ୟାସକୁ ସଫଳ କରିବା ଦିଗରେ ପରିବେଶ ବା ପୃଷ୍ଠଭୂମିର ଭୂମିକା ଗୁରୁତ୍ୱପୂର୍ଣ୍ଣ। "ଯେଉଁ ଦେଶ କାଳ - ସମାଜରେ ଉପନ୍ୟାସ ଲିଖିତ ସେହି ଦେଶ-କାଳ ଓ ପାତ୍ରର ରୁଚି, ଆଚାର ବ୍ୟବହାର ଓ ରୀତି ନୀତି ଅନୁଯାୟୀ ଯଥାଯୋଗ୍ୟ ପଟ୍ଟଭୂମି ନିର୍ବାଚନ କରି ଯୁଗଚିତ୍ର ଅଙ୍କନ କରିବା ଔପନ୍ୟାସିକଙ୍କ ଧର୍ମ ଅଟେ"। [୧୫]

**ଭାଷା ଓ ଶୈଳୀ :**

ଶୈଳୀ ହେଉଛି ଲେଖକର ବ୍ୟକ୍ତିତ୍ୱ। ଶୈଳୀ କହିଲେ ରଚନାର ବିଷୟ ବସ୍ତୁ, ଭାଷା ଭାବ ତଥା ରଚନାର ସାମଗ୍ରିକତାକୁ ବୁଝାଇଥାଏ। ଶୈଳୀରେ ଭାଷାର ଭୂମିକା ଗୁରୁତ୍ୱପୂର୍ଣ୍ଣ। ଗଦ୍ୟଭାଷା ମାଧ୍ୟମରେ ଆଧୁନିକ ଜୀବନଯନ୍ତ୍ରଣାର ଚିତ୍ର ଯଥାର୍ଥ ଭାବରେ ଉପନ୍ୟାସରେ ରୂପପାଇପାରେ।

ସଫଳ ଉପନ୍ୟାସ ପଛରେ ସଫଳ ଭାଷାର ଯାଦୁକରୀ ସ୍ପର୍ଶ ଯେ ନିହିତ ଏହାକୁ ଭୁଲିଯିବା ଉଚିତ୍ ନୁହେଁ। ଉପନ୍ୟାସ ସାହିତ୍ୟର ସର୍ବଜନ ଗ୍ରାହ୍ୟ ବିଭବ ହୋଇଥିବା

ଯୋଗୁ ଏହାର ଭାଷା ଓ ଭାବ ଗମ୍ଭୀର ହେବା ଅନୁଚିତ୍। କଥିତ ଭାଷାର ପ୍ରୟୋଗ ଉପନ୍ୟାସକୁ ଅଧିକ ବାସ୍ତବ ଧର୍ମୀ ଓ ପ୍ରଭାବ ଶାଳୀ କରିଥାଏ।

ଶୈଳୀରୁ ହିଁ ଲେଖକୀୟ ସ୍ୱାତନ୍ତ୍ର୍ୟ ଫୁଟିଉଠେ। ଉପନ୍ୟାସ ରଚନା ବେଳେ ଔପନ୍ୟାସିକ ଭିନ୍ନଭିନ୍ନ ଶୈଳୀକୁ ଆପଣେଇ ଥାନ୍ତି। ବର୍ଣ୍ଣନାତ୍ମକ ଶୈଳୀ, ଆତ୍ମକଥନାତ୍ମକ ଶୈଳୀ, ଗୁଣାତ୍ମକ ଶୈଳୀ, ଡାଏରୀ ଶୈଳୀ, ମିଶ୍ରିତ ଶୈଳୀ ଆଦି ଉପନ୍ୟାସରେ ଅନୁଭୂତ ହୁଏ। ପ୍ରଫେସର ବୈଷ୍ଣବ ଚରଣ ସାମଲ ଉପନ୍ୟାସର ଶୈଳୀ ସଂପର୍କରେ କହନ୍ତି - "ମିଶ୍ରିତ ଶୈଳୀରେ ଉପରୋକ୍ତ ସମସ୍ତ ଶୈଳୀର ପ୍ରୟୋଗ ହୋଇଥାଏ। ଏହି ମିଶ୍ର ଶୈଳୀ ଉପନ୍ୟାସ ପାଇଁ ଏକାନ୍ତ ଉପଯୋଗୀ"।[୧୬]

ସଫଳ ତଥା ଉଚ୍ଚକୋଟୀର ଉପନ୍ୟାସରେ ଦ୍ୱନ୍ଦ୍ୱର ଭୂମିକା ଏକାନ୍ତ ଗୁରୁତ୍ୱପୂର୍ଣ୍ଣ। ଉପନ୍ୟାସରେ ବହିଃର୍ଦ୍ୱନ୍ଦ୍ୱ ଏବଂ ଅନ୍ତର୍ଦ୍ୱନ୍ଦ୍ୱର ପ୍ରୟୋଗକୁ ଲକ୍ଷ୍ୟ କରିହୁଏ। ତେବେ ଏହିସବୁ ଉପାଦାନ ଉପନ୍ୟାସ ପାଇଁ ନିହାତି ଜରୁରୀ।

**ଉପନ୍ୟାସର ପ୍ରକାର ଭେଦ :**

କଥା ବସ୍ତୁ ଓ ପରିବେଶକୁ ଭିତ୍ତିକରି ଉପନ୍ୟାସକୁ ବିଭିନ୍ନ ପର୍ଯ୍ୟାୟରେ ବିଭକ୍ତ କରାଯାଇପାରେ। ଯଥା - ସାମାଜିକ ଉପନ୍ୟାସ, ଐତିହାସିକ ଉପନ୍ୟାସ, ପୌରାଣିକ ଉପନ୍ୟାସ, ରାଜନୈତିକ ଉପନ୍ୟାସ, ମନୋବୈଜ୍ଞାନିକ ବା ଚେତନା ପ୍ରବାହୀ ଉପନ୍ୟାସ, ରହସ୍ୟ ପ୍ରଧାନ ଉପନ୍ୟାସ, କାବ୍ୟଧର୍ମୀ ଉପନ୍ୟାସ, ପତ୍ରୋପନ୍ୟାସ, ଭ୍ରମଣ ଉପନ୍ୟାସ, ଆତ୍ମଜୀବନୀ ଧର୍ମୀ ଉପନ୍ୟାସ ଓ ଚରିତୋପନ୍ୟାସ।

**ଐତିହାସିକ ଉପନ୍ୟାସ:**

**Sir walter scott** ଙ୍କୁ ବିଶ୍ୱ ସାହିତ୍ୟରେ ଐତିହାସିକ ଉପନ୍ୟାସର ପ୍ରବର୍ତ୍ତକ ଭାବେ ଗ୍ରହଣ କରାଯାଇଥାଏ। ଇତିହାସର ବିଷୟବସ୍ତୁକୁ ଆଧାର କରି ଏପ୍ରକାର ଉପନ୍ୟାସ ରଚିତ ହୋଇଥାଏ। ଫକୀର ମୋହନ ସେନାପତିଙ୍କ 'ଲଛମା', ରାମଚନ୍ଦ୍ର ଆଚାର୍ଯ୍ୟଙ୍କ 'ବୀର ଓଡ଼ିଆ', କାହ୍ନୁଚରଣଙ୍କ 'ହା- ଅନ୍ନ', 'ବାଲିରାଜା', ଗୋଦାବରୀ ମହାପାତ୍ରଙ୍କ '୧୮୧୭', ସୁରେନ୍ଦ୍ର ମହାନ୍ତିଙ୍କ 'ନୀଳଶୈଳ', 'ନିଳାଦ୍ରି ବିଜୟ', ବିଭୂତି ପଟ୍ଟନାୟକଙ୍କ 'ସୁଲତାନା' ଆଦି ଐତିହାସିକ ଉପନ୍ୟାସ।

**ପୌରାଣିକ ଉପନ୍ୟାସ:**

ପୁରାଣର ବିଷୟବସ୍ତୁକୁ ନେଇ ପୌରାଣିକ ଉପନ୍ୟାସ ରଚିତ ହୋଇଥାଏ।

କିନ୍ତୁ ଏଥିରେ ପୁରାଣର ଅତିକାଳ୍ପନିକ ଭାବନା ନଥାଏ। ପ୍ରତିଭା ରାୟଙ୍କ 'ଯାଜ୍ଞସେନୀ', 'ମହାମୋହ', ଅନାଦି ସାହୁଙ୍କ 'ମୟ', 'ଜରାସନ୍ଧ', ବିଜୟିନୀ ଦାସଙ୍କ 'ଦେବକୀ' ଆଦି ଏକ ଏକ ସଫଳ ପୌରାଣିକ ଉପନ୍ୟାସ।

**ସାମାଜିକ ଉପନ୍ୟାସ:**

ସମାଜ ଜୀବନର ଚିତ୍ର ଓ ଚରିତ୍ରକୁ ନେଇ ସାମାଜିକ ଉପନ୍ୟାସ ରଚିତ ହୋଇଥାଏ। ସମାଜିକ ବିପ୍ଳବର ସ୍ୱର ଏହି ଉପନ୍ୟାସରେ ଅନୁରଣିତ ହୋଇଥାଏ। କଥା ସମ୍ରାଟ ଫକୀର ମୋହନଙ୍କ 'ମାମୁଁ', 'ପ୍ରାୟଶ୍ଚିତ', 'ଛମାଣ ଆଠ ଗୁଣ୍ଠ', କାଳିନ୍ଦୀ ଚରଣ ପାଣିଗ୍ରାହୀଙ୍କ 'ମାଟିର ମଣିଷ' ଆଦି ସମାଜ ଜୀବନକୁ ନେଇ ରଚିତ।

**ରାଜନୈତିକ ଉପନ୍ୟାସ:**

ଯେଉଁ ଉପନ୍ୟାସରେ ରାଜନୀତିର ଯାବତୀୟ ଚିତ୍ର ସ୍ଥାନ ପାଇଥାଏ, ତାହାକୁ ରାଜନୈତିକ ଉପନ୍ୟାସ କୁହଯାଏ। ହରେକୃଷ୍ଣ ମହତାବଙ୍କ 'ପ୍ରତିଭା', 'ଅବ୍ୟାପାର', 'ଟାଉଟର', 'ତୃତୀୟପର୍ବ', ସୁରେନ୍ଦ୍ର ମହାନ୍ତିଙ୍କ 'ଅନ୍ଧ ଦିଗନ୍ତ' ଗୋପୀନାଥ ମହାନ୍ତିଙ୍କ 'ବୁନ୍ଦାଏ ପାଣି' ଆଦି ସଫଳ ରାଜନୈତିକ ଉପନ୍ୟାସ।

**ମନୋବୈଜ୍ଞାନିକ ଓ ଚେତନା ପ୍ରବାହୀ ଉପନ୍ୟାସ:**

ଯେଉଁ ଉପନ୍ୟାସରେ ମଣିଷର ଅବଚେତନ ମନର ରହସ୍ୟ ଉନ୍ମୋଚିତ ହୋଇଥାଏ ତାହାକୁ ମନୋବୈଜ୍ଞାନିକ ଉପନ୍ୟାସ କୁହାଯାଏ। ବୈଷ୍ଣବ ଚରଣ ଦାସଙ୍କ 'ମନେ ମନେ' ଗୋପୀନାଥ ମହାନ୍ତିଙ୍କ 'ରାହୁର ଛାୟା' ଗୋବିନ୍ଦ ଦାସଙ୍କ 'ଅମାବାସ୍ୟାର ଚନ୍ଦ୍ର' ଶାନ୍ତନୁ କୁମାର ଆଚାର୍ଯ୍ୟଙ୍କ 'ଶତାବ୍ଦୀର ନଚିକେତା' 'ତିନୋଟି ରାତିର ସକାଳ' ଆଦି ମନୋବୈଜ୍ଞାନିକ ଉପନ୍ୟାସ।

ଚେତନା ପ୍ରବାହୀ ଉପନ୍ୟାସ ହେଉଛି ନିର୍ଦ୍ଦିଷ୍ଟ ମୁହୂର୍ତ୍ତର ଭାବନା ଭିତ୍ତିକ ମନର ଏକ କଳାତ୍ମକ ବିବରଣୀ। ଏହି ଉପନ୍ୟାସରେ ଲେଖକର ଅନ୍ତର୍ଦୃଷ୍ଟି ମୁଖ୍ୟ ରୂପେ ସ୍ଥାନ ପାଇଥାଏ। James Joyceଙ୍କ 'Ulysses' ଓଡିଆ ସାହିତ୍ୟରେ ଗୋପୀନାଥ ମହାନ୍ତିଙ୍କ 'ଲୟବିଲୟ', 'ଆକାଶ ସୁନ୍ଦରୀ' ଆଦି ଚେତନା ପ୍ରବାହୀ ଉପନ୍ୟାସର ଅନ୍ତର୍ଗତ।

**କାବ୍ୟଧର୍ମୀ ଉପନ୍ୟାସ:**

ଯେଉଁ ଉପନ୍ୟାସରେ କାବ୍ୟିକ ଆବେଗ ପ୍ରାଧାନ୍ୟ ଲାଭକରିଥାଏ ତାହାକୁ

କାବ୍ୟଧର୍ମୀ ଉପନ୍ୟାସ କୁହାଯାଏ। ଓଡିଆ ସାହିତ୍ୟରେ ସୁରେନ୍ଦ୍ର ମହାନ୍ତିଙ୍କ 'ନୀଳଶୈଳ', ଗୋପୀନାଥ ମହାନ୍ତିଙ୍କ 'ମାଟି ମଟାଳ' ଆଦି ଉପନ୍ୟାସ କାବ୍ୟଧର୍ମୀ ଆବେଗ ସୃଷ୍ଟି କରିବାରେ ସକ୍ଷମ।

**ରହସ୍ୟ ପ୍ରଧାନ ଉପନ୍ୟାସ:**

ଗୁଇନ୍ଦା କାହାଣୀ, ଡକାୟତି ଘଟଣା ତଥା ସେହି ସଂର୍ପକୀୟ ରହସ୍ୟର ଉନ୍ମୋଚନ ଏହି ଧରଣର ଉପନ୍ୟାସରେ ସ୍ଥାନ ପାଇଥାଏ। ଏହା ସଂପୂର୍ଣ୍ଣ ଭାବରେ କାଳ୍ପନିକ। ଓଡିଆ ସାହିତ୍ୟରେ ଭୂପେନ୍ ଗୋସ୍ୱାମୀ, କସ୍ତୁରୀ ଚରଣ ଦାସ ଆଦି ଏହି ପ୍ରକାର ଉପନ୍ୟାସ ରଚନା କରି କୃତିତ୍ୱ ଅର୍ଜନ କରିଛନ୍ତି।

**ଚରିତ ଉପନ୍ୟାସ:**

କୌଣସି ଏକ ବିଶିଷ୍ଟ ବ୍ୟକ୍ତିଙ୍କର ବ୍ୟକ୍ତିତ୍ୱକୁ ମୁଖ୍ୟ ରୂପେ ଗ୍ରହଣ କରି ଏହି ଉପନ୍ୟାସ ରଚିତ ହୋଇଥାଏ। ସୁରେନ୍ଦ୍ର ମହାନ୍ତିଙ୍କ 'ଶତାବ୍ଦୀର ସୂର୍ଯ୍ୟ', 'କୁଳବୃଦ୍ଧ' ଏବଂ କମଳ ଲୋଚନ ମହାନ୍ତିଙ୍କ 'ଦ୍ୱିବେଦୀ' ଏହି ଚରିତ ଉପନ୍ୟାସର ଅନ୍ତର୍ଗତ।

**ପତ୍ରୋପନ୍ୟାସ:**

ପତ୍ରୋପନ୍ୟାସ ପତ୍ରଲିଖନ ଶୈଳୀରେ ରଚିତ ହୋଇଥାଏ। ନରସିଂହ ସାହୁଙ୍କର 'ଝଡ଼ର କବରୀ' ଏହି ପତ୍ରୋପନ୍ୟାସର ଅନ୍ତର୍ଗତ।

**ଭ୍ରମଣୋପନ୍ୟାସ:**

ଲେଖକର ଭ୍ରମଣ ଜନିତ ଅନୁଭୂତି ଓ ନାନା ଭାବଭାବନାର ଚିତ୍ର ଏହି ଉପନ୍ୟାସରେ ସ୍ଥାନ ପାଇଥାଏ। ଶାନ୍ତନୁ ଆଚାର୍ଯ୍ୟଙ୍କ 'ତୃଷ୍ଣା', ହୃଷୀକେଶ ପଣ୍ଡାଙ୍କର 'ହସ ଓ ଇତିହାସ' ଆଦି ଏହି ଧରଣର ଉପନ୍ୟାସ।

**ଆତ୍ମଜୀବନୀଧର୍ମୀ ଉପନ୍ୟାସ:**

ଯେଉଁ ଉପନ୍ୟାସ ପ୍ରଥମ ପୁରୁଷରେ ରଚିତ ହୋଇଥାଏ ଏବଂ ତାହା ଆତ୍ମଜୀବନୀ ପରିମନେହୁଏ, ତାହାକୁ ଆତ୍ମଜୀବନୀ ମୂଳକ ଉପନ୍ୟାସ କହନ୍ତି। ରାମ ପ୍ରସାଦ ସିଂହଙ୍କର 'ପ୍ରତିହିଂସା', କୃଷ୍ଣ ପ୍ରସାଦ ମିଶ୍ରଙ୍କର 'ନିଜକୁ ନାୟକ ମନେ କରି' ଆଦି ଏହି ଧରଣର ଉପନ୍ୟାସ।

**ଓଡିଆ ସାହିତ୍ୟରେ ଉପନ୍ୟାସର କ୍ରମବିକାଶ:**

ଊନବିଂଶ ଶତାବ୍ଦୀର ଶେଷଭାଗ ହିଁ ଥିଲା ଓଡିଆ ଉପନ୍ୟାସର ଆଦ୍ୟଯୁଗ। ତେବେ ପ୍ରାଚୀନ ସାହିତ୍ୟ, ପୁରାଣ, ଲୋକକଥା, ଲୋକକାହାଣୀ, ଓଷା, ବ୍ରତ, ନାରାୟଣ ନନ୍ଦ ଅବଧୂତ ସ୍ୱାମୀଙ୍କ 'ରୁଦ୍ର ସୁଧାନିଧି', ବ୍ରଜନାଥ ବଡଜେନାଙ୍କ 'ଚତୁର ବିନୋଦ', ଶିବଦାସଙ୍କ 'ବତ୍ରିଶ ସିଂହାସନ' ଆଦିରେ ଓଡିଆ ଉପନ୍ୟାସର ଆଦିସତ୍ତା ନିହିତ। ପାଶ୍ଚାତ୍ୟ ସାହିତ୍ୟ ଏବଂ ବଙ୍ଗୀୟ ସାହିତ୍ୟର ପ୍ରଭାବରେ ଆଧୁନିକ ଓଡିଆ ଉପନ୍ୟାସ ସାହିତ୍ୟ ପରିପୁଷ୍ଟ ହୋଇଥିବାର ଜଣାଯାଏ। ରାଧାନାଥ ରାୟଙ୍କ 'ଇତାଲୀୟ ଯୁବା'ଏବଂ ମଧୁସୂଦନ ରାଓଙ୍କ 'ପ୍ରଣୟର ଅଦଭୂତ ପରିଣାମ'ରେ ଉପନ୍ୟାସର ଝଲକ ଦେଖିବାକୁ ମିଳିଲେ ମଧ୍ୟ ଏହି ଦୁଇଟିକୁ ଉପନ୍ୟାସ ଭାବେ ଗ୍ରହଣ କରାନଯାଇ ବୃହତ ଗଳ୍ପର ମାନ୍ୟତା ଦିଆଯାଇଥାଏ। ରାମଶଙ୍କର ରାୟଙ୍କ 'ସୌଦାମିନୀ' ଉତ୍କଳ ମଧୁପରେ ଧାରାବାହିକ ଭାବେ ପ୍ରକାଶ ପାଇ ଅକସ୍ମାତ ବନ୍ଦ ହୋଇଯାଇ ଥିବାରୁ ୧୮୮୮ ମସିହାରେ ଉମେଶ ଚନ୍ଦ୍ର ସରକାରଙ୍କ  ରଚିତ 'ପଦ୍ମମାଳୀ'କୁ ପ୍ରଥମ ପୂର୍ଣ୍ଣାଙ୍ଗ ଉପନ୍ୟାସ ଭାବେ ଗ୍ରହଣ କରାଯାଇଥାଏ। ଫକୀର ମୋହନଙ୍କୁ ଓଡ଼ିଆ ଉପନ୍ୟାସ ସାହିତ୍ୟର ଜନକ ବୋଲି କୁହାଯାଇଥାଏ। ତାଙ୍କ ରଚିତ ତିନିଗୋଟି ସାମାଜିକ ଉପନ୍ୟାସ 'ଛ'ମାଣ ଆଠଗୁଣ୍ଠ', ମାମୁ, ପ୍ରାୟଶ୍ଚିତ ଏବଂ ଗୋଟିଏ ଐତିହାସିକ ଉପନ୍ୟାସ 'ଲଛମା' ଓଡ଼ିଆ ଉପନ୍ୟାସ ସାହିତ୍ୟର କାଳଜୟୀ ସୃଷ୍ଟି। ଫକୀର ମୋହନଙ୍କ ଉପନ୍ୟାସରେ ଊନବିଂଶ ଶତାବ୍ଦୀର ଜୀବନ ଚିତ୍ରର ସ୍ପଷ୍ଟ ପ୍ରତିଫଳନ  ଦେଖିବାକୁ ମିଳେ। ଆଦିବାସୀଙ୍କ ସୁଖଦୁଃଖ ତଥା ସେମାନଙ୍କ ସଂଘର୍ଷମୟ ସାମାଜିକ ଜୀବନକୁ ନେଇ ଗୋପାଳ ବଲ୍ଲଭ ଦାସଙ୍କ 'ଭୀମାଭୂୟା' ଉପନ୍ୟାସ ରଚିତ। ମୃତ୍ୟୁଞ୍ଜୟ ରଥଙ୍କ 'ଅଦଭୂତ ପରିଣାମ' ଓଡିଆ ଉପନ୍ୟାସ  ସାହିତ୍ୟକୁ ଏକ ଅମୂଲ୍ୟ ଦାନ। ଚିନ୍ତାମଣି ମହାନ୍ତିଙ୍କ 'ଯୁଗଳ ମଠ', 'ବୁଲାଫକୀର', 'ରୂପାଚୂଡୀ', 'ଟଙ୍କା ଗଛ', 'ଶନିଶପ୍ତା' ଇତ୍ୟାଦି ଉପନ୍ୟାସ  ଗୁଡିକ ଉପନ୍ୟାସ ସାହିତ୍ୟକୁ  ସମୃଦ୍ଧ କରେ। କବି ହେଲେ ମଧ୍ୟ କୁନ୍ତଳାକୁମାରୀଙ୍କ 'ଭ୍ରାନ୍ତି', 'ନଅତୁଣ୍ଡୀ', 'କାଳିବୋହୂ', 'ପରଶମଣି', 'ରଘୁ ଅରକ୍ଷିତ'  ଆଦି  ଓଡ଼ିଆ ସାହିତ୍ୟର ଏକ ଏକ ସଫଳ ଉପନ୍ୟାସ।

ଓଡ଼ିଆ ଉପନ୍ୟାସ ସାହିତ୍ୟକୁ ଋଦ୍ଧିମନ୍ତ କରିବାରେ ନନ୍ଦ କିଶୋର ବଳଙ୍କ ସଂସ୍କାର ଧର୍ମୀ ଉପନ୍ୟାସ 'କନକଲତା' ପ୍ରମୁଖ ଭୂମିକା ନିର୍ବାହ କରେ। ବୈଷ୍ଣବ ଚରଣ ଦାସଙ୍କ 'ମନେ ମନେ', ଉପେନ୍ଦ୍ର ପ୍ରସାଦ ଦାସଙ୍କ 'ମଲାଜହ୍ନ' ଆଦି ମନସ୍ତାତ୍ତ୍ୱିକ ଉପନ୍ୟାସ ଭାବେ ସ୍ୱତନ୍ତ୍ର ସ୍ଥାନ ଦାବି କରେ। ଉପନ୍ୟାସ ସାହିତ୍ୟର ବିକାଶଧାରାରେ ସବୁଜ ଯୁଗର ଅବଦାନ ଅନସ୍ୱୀକାର୍ଯ୍ୟ। ଶରତଚନ୍ଦ୍ର ମୁଖାର୍ଜୀଙ୍କ ସଂପାଦନାରେ ପ୍ରକାଶିତ 'ବାସନ୍ତୀ' ଉପନ୍ୟାସ ଓଡ଼ିଆ ସାହିତ୍ୟର ଏକ କ୍ରାନ୍ତିକାରୀ ସୃଷ୍ଟି। ସତ୍ୟବାଦୀ ସାହିତ୍ୟ ସାଧକ

ଗୋଦାବରୀଶ ମିଶ୍ର ଜଣେ ଉଚ୍ଚକୋଟୀର ଔପନ୍ୟାସିକ। ତାଙ୍କ ରଚିତ 'ଅଭାଗିନୀ', 'ଅଠର ଶହ ସତର', 'ଘଟାନ୍ତର' ଆଦି ଉପନ୍ୟାସ ବିଦେଶୀୟ କଥାବସ୍ତୁକୁ ନେଇ ରଚିତ ହୋଇଥିଲେ ମଧ୍ୟ ବିଶେଷ ପାଠକୀୟ ଆଦୃତି ଲାଭ କରିପାରିଛି।

ସବୁଜ ସାହିତ୍ୟର ଅନ୍ୟତମ ସାରଥୀ କାଳିନ୍ଦୀ ଚରଣ ପାଣିଗ୍ରାହୀଙ୍କ ରଚିତ 'ମାଟିର ମଣିଷ', 'ଆଜିର ମଣିଷ', 'ଲୁହାର ମଣିଷ', 'ମୁକ୍ତା ଗଡର କ୍ଷୁଧା', 'ଅମରଚିତା' ଆଦି ଉଲ୍ଲେଖ ଯୋଗ୍ୟ ସୃଷ୍ଟି। ଲକ୍ଷ୍ମୀକାନ୍ତ ମହାପାତ୍ରଙ୍କ 'କଣାମାମୁଁ', ଗୋବିନ୍ଦ ତ୍ରିପାଠୀଙ୍କର 'ମାୟାବୀ' ପ୍ରଭୃତି ସଫଳ କୃତି। ଓଡ଼ିଆ ଉପନ୍ୟାସକୁ ସମୃଦ୍ଧ କରିବାରେ ଗୋପୀନାଥ ମହାନ୍ତି ଓ କାହ୍ନୁଚରଣ ମହାନ୍ତିଙ୍କ ଅବଦାନ ଅନସ୍ୱୀକାର୍ଯ୍ୟ। ଗୋପୀନାଥ ମହାନ୍ତିଙ୍କ 'ଦାନା ପାଣି', 'ଦାଦି ବୁଢା', 'ପରଜା', 'ଅମୃତର ସଂତାନ', 'ରାହୁର ଛାୟା', 'ଲୟବିଲୟ', 'ମାଟିମଟାଳ', 'ଶିବଭାଇ',କାହ୍ନୁଚରଣଙ୍କ 'ଶାସ୍ତି', 'କା', 'ତୁଣ୍ଡବାଇଦ', 'ଭୁଲିହୁଏନା', 'ପଳାତକ', 'ହା-ଅନ୍ନ', 'ବ୍ରଜବାହୁ', 'ବାଲିରାଜା', 'ନିଷ୍ପତ୍ତି' ଆଦି ବେଶ୍ ପାଠକୀୟ ଆଦୃତି ଲାଭ କରିଛି। 'ନୂତନଧର୍ମ', 'ଅବ୍ୟାପାର', 'ଟାଉଟର', 'ପ୍ରତିଭା' ଓ 'ତୃତୀୟ ପର୍ବ' ପ୍ରଭୃତି ଉପନ୍ୟାସ ହରେକୃଷ୍ଣ ମହତାବଙ୍କୁ ସଫଳ ଔପନ୍ୟାସିକର ମାନ୍ୟତା ପ୍ରଦାନ କରେ। ରାମ ପ୍ରସାଦ ସିଂହ ଜଣେ ବାସ୍ତବବାଦୀ ଔପନ୍ୟାସିକ। ତାଙ୍କ ରଚିତ 'ମରୀଚିକା', 'ହୋମଶିଖା', 'ଅଗ୍ନିପଥେ', 'ରୁପାନ୍ତର', 'ପ୍ରତିହିଂସା', 'ଛିନ୍ନମସ୍ତା' ଆଦି ଉପନ୍ୟାସରୁ ଏହାର ପରିଚୟ ମିଳେ। କମଳାକାନ୍ତ ଦାସଙ୍କ 'ବୋଉ', ଓଡ଼ିଆ ଉପନ୍ୟାସ ସାହିତ୍ୟରେ ଏକ ଅବିସ୍ମରଣୀୟ ସୃଷ୍ଟି। ଅନନ୍ତ ପ୍ରସାଦ ପଣ୍ଡାଙ୍କ 'ଭାଗ୍ୟଚକ୍ର', 'କୁଲି', 'ନୂଆ ଦୁନିଆ', 'ମୁକ୍ତ ଆକାଶର ବିହଙ୍ଗ' ବଟକୃଷ୍ଣ ପ୍ରହରାଜଙ୍କ 'ଘନାବର୍ତ୍ତ', 'ଅଶ୍ରୁବିନ୍ଦୁ', 'ନମସ୍କାର' ଜ୍ଞାନପୀଠ ବିଜେତା ପଦ୍ମଶ୍ରୀ ସଚ୍ଚିରାଉତରାୟଙ୍କ 'ଚିତ୍ରଗ୍ରୀବ' ଇତ୍ୟାଦି ସଫଳ ଉପନ୍ୟାସ ଭାବେ ପରିଚିତ। ଏହି ସମୟର ଅନ୍ୟତମ ସଫଳ ଔପନ୍ୟାସିକ ହେଲେ ପ୍ରାଣକୃଷ୍ଣ ସାମଲ। ତାଙ୍କ ରଚିତ ଉପନ୍ୟାସ ଗୁଡିକ ମଧ୍ୟରେ 'ନୀଳକମଳ', 'ହାତୀକାଦାନ୍ତ', 'ସହଯାତ୍ରିଣୀ', 'ପଲ୍ଲୀ ଜୀବନ' ଆଦି ଅନ୍ୟତମ। ଚକ୍ରଧର ମହାପାତ୍ରଙ୍କ 'ଅପୂର୍ଣ୍ଣପ୍ରେମ', 'ଗୋବର ଗୋଟେଇ', 'ବଳାଙ୍ଗୀ', ଲକ୍ଷ୍ମୀଧର ନାୟକଙ୍କ 'ଚରିତ୍ରହୀନାର ଚିଠି', 'ସର୍ବହରା' ପ୍ରଭୃତି ରଚନା ପ୍ରଧାନ।

ସ୍ୱାଧୀନତା ପରବର୍ତ୍ତୀ କାଳରେ ମୁଖ୍ୟତଃ ସାମାଜିକ ଓ ଐତିହାସିକ ଉପନ୍ୟାସ ରଚିତ ହୋଇଛି। ନିତ୍ୟାନନ୍ଦ ମହାପାତ୍ର ଏହି ସମୟର ସଫଳ ଔପନ୍ୟାସିକ ଭାବେ ପରିଚିତ। ତାଙ୍କ ରଚିତ 'ହିଡମାଟି', 'ଭଙ୍ଗାହାଡ', 'ପୀରତି ପଥ ଖସଡା', 'ଜୀବନର ଲକ୍ଷ୍ୟ' ପ୍ରଭୃତି ଉପନ୍ୟାସଗୁଡିକ ମନନଧର୍ମୀ ତଥା ବିଶ୍ଲେଷଣ ଦୃଷ୍ଟିରୁ ଯଥାର୍ଥ ହୋଇପାରିଛି।

ଜଣେ ସଫଳ ଉପନ୍ୟାସ ସ୍ରଷ୍ଟା ଭାବେ ରାଜକିଶୋର ପଟ୍ଟନାୟକଙ୍କ ସ୍ଥାନ ସ୍ୱତନ୍ତ୍ର । ତାଙ୍କ ଲେଖନୀ ନିସୃତ 'ଚଲାବାଟ', 'ସିନ୍ଦୂରଗାର', 'ଭସାମେଘ', 'ସଂଜବତୀ', 'ପ୍ରେମିକର ଡାଏରୀ', 'ପ୍ରୀତିର ବଣିକ' ଆଦି ଉପନ୍ୟାସ ପ୍ରଧାନ । ଜ୍ଞାନୀନ୍ଦ୍ର ବର୍ମା ଜଣେ ସୁନାମଧନ୍ୟ ସାହିତ୍ୟ ଶିଳ୍ପୀ । 'ଲାଲ୍‌ଘୋଡ଼ା', 'ଶତାବ୍ଦୀର ସ୍ୱର ଭଙ୍ଗ', 'ଜୀବନର ଛନ୍ଦ', 'ତନୁ ଅତନୁ', 'ଶେଷ ଅଭିସାର', 'ଭୂମିକା', 'ଅପରାହ୍ଣର ଆକାଶ' ଆଦି ସୃଷ୍ଟି ତାଙ୍କ ଉପନ୍ୟାସ ପ୍ରାଣତାର ସ୍ପଷ୍ଟ ପ୍ରମାଣ ଦିଏ। 'ନୀଳଶୈଳର' ବରେଣ୍ୟ ସ୍ରଷ୍ଟା ଉପନ୍ୟାସ ସାହିତ୍ୟ ଦିଗନ୍ତର ଅନ୍ୟତମ ଅସାଧାରଣ ପ୍ରତିଭା ହେଲେ ସୁରେନ୍ଦ୍ର ମହାନ୍ତି। ସୁରେନ୍ଦ୍ରଙ୍କ 'ବଧୂ ଓ ପ୍ରିୟା', 'ଅନ୍ଧଦିଗନ୍ତ', 'କାଳାନ୍ତର', 'ଶତାବ୍ଦୀର ସୂର୍ଯ୍ୟ', 'ନିଳାଦ୍ରୀ ବିଜୟ', 'କୃଷ୍ଣା ବେଣୀରେ ସଂଧ୍ୟା', 'ଆଜୀବକର ଅଟ୍ଟହାସ୍ୟ', 'ଅଚଳାୟତନ', 'ନେତି-ନେତି', 'ହଂସ ଗୀତି' ପ୍ରଭୃତି ଉପନ୍ୟାସ କଳାତ୍ମକ ଦୃଷ୍ଟିରୁ ଉଚ୍ଚକୋଟୀର ହୋଇପାରିଛି ।

ନରସିଂହ ସାହୁ ଏହି ସମୟର ଅନ୍ୟତମ ବଳିଷ୍ଠ କଥାକାର । ତାଙ୍କ ରଚିତ 'ସେବାସଦନ', 'ତାଳତମାଳ ଡାକେ', 'ବଡ ଘରର ଝିଅ', 'ଅନ୍ଧାର ଘର' ଇତ୍ୟାଦି ସଫଳ ଉପନ୍ୟାସ । ତେବେ ଲୋକପ୍ରିୟ ଔପନ୍ୟାସିକ ଭାବେ ବିଭୂତି ପଟ୍ଟନାୟକଙ୍କ ସ୍ଥାନ ସ୍ୱତନ୍ତ୍ର । ଉପନ୍ୟାସ ସାହିତ୍ୟର ଶ୍ରୀ ବୃଦ୍ଧିରେ ତାଙ୍କର ଭୂମିକା ଗୁରୁତ୍ୱପୂର୍ଣ୍ଣ । ବିଭୂତିଙ୍କ ରଚିତ ଅନେକ ଉପନ୍ୟାସ ମଧ୍ୟରେ 'ଏଇମନ ବୃନ୍ଦାବନ', 'ବଧୂ ନିରୁପମା', 'ଏଇ ଗାଁ ଏଇ ମାଟି', 'ଗାରେ ସିନ୍ଦୂର ଧାରେ ଲୁହ', 'ଉଜାଣି ଯମୁନା', 'ପ୍ରେମିକା', 'ପ୍ରେମ ଓ ପୃଥିବୀ', 'ପ୍ରିୟ ବାନ୍ଧବୀ', 'ଦଗ୍ଧଫୁଲବନ', 'ଘନ କୁହୁଡ଼ିର ଦିନ', 'ସମୟର ଶୋକ', 'ଦେବକୀର କାରାବାସ', 'କେଶବତୀ' ଆଦି ପ୍ରଧାନ । ଉପନ୍ୟାସ ଜଗତରେ ଶାନ୍ତନୁ କୁମାର ଆଚାର୍ଯ୍ୟ ବହୁ ପରିଚିତ ନାମ । ଭାବ, ଭାଷା ଓ ଶୈଳୀ ତାଙ୍କ ଉପନ୍ୟାସକୁ ରସୋତୀର୍ଣ୍ଣ କରିପାରିଛି । 'ନର କିନ୍ନର', 'ଶତାବ୍ଦୀର ନଚିକେତା', 'ଦକ୍ଷିଣାବର୍ତ୍ତ', 'ତିନୋଟି ରାତିର ସକାଳ' ଆଦି ଉପନ୍ୟାସ ତାଙ୍କ ଲେଖକୀୟ ପ୍ରତିଭାର ଅଭୁଲା ସ୍ମାରକୀ । ନାରୀ ଲେଖିକା ଭାବରେ ବସନ୍ତ କୁମାରୀ ପଟ୍ଟନାୟକଙ୍କ 'ଅମଡା ବାଟ', 'ଚୋରାବାଲି', କଳ୍ପନା କୁମାରୀ ଦେବୀଙ୍କ 'ଢ଼େଉ', ଅମୂଲ୍ୟ କୁମାରୀଙ୍କ 'ତୋଫାନପରେ', ପୀତାମ୍ବର ଦେବୀଙ୍କ 'କାନ୍ତରାବାବୁ', ଲବଙ୍ଗଲତା ଦେବୀଙ୍କ 'ମନର ମଣିଷ', ପ୍ରତିଭା ରାୟଙ୍କ 'ଯାଜ୍ଞସେନୀ', 'ପୁଣ୍ୟତୋୟା', 'ମହାମୋହ', 'ମଗ୍ନମାଟି' ଆଦି ଉଲ୍ଲେଖଯୋଗ୍ୟ ।

ସ୍ୱାଧୀନତା ପରବର୍ତ୍ତୀ ସମୟରେ ବିକ୍ରମ ଦାସ, ଗୋବିନ୍ଦ ଦାସ, ଶୁକଦେବ ସାହୁ, ପଦ୍ମଜ ପାଳ, ମହାପାତ୍ର ନୀଳମଣି ସାହୁ, ଦଶରଥ ସାମଲ, ଚନ୍ଦ୍ରଶେଖର ରଥ, କୃଷ୍ଣପ୍ରସାଦ ମିଶ୍ର, ବାମାଚରଣ ମିତ୍ର ଆଦି ଔପନ୍ୟାସିକ ଲେଖନୀ ଚାଳନା କରି ଉପନ୍ୟାସ ସାହିତ୍ୟକୁ ସମୃଦ୍ଧ କରିପାରିଛନ୍ତି । ଉଭୟ ଆଙ୍ଗିକ ଓ ଆତ୍ମିକ ଦୃଷ୍ଟିକୋଣରୁ ସ୍ୱାଧୀନତା

ପରବର୍ତ୍ତୀ ଓଡିଆ ଉପନ୍ୟାସ ଉତ୍ତରଣ ପଥରେ ଗତିକରିଛି। ଆଧୁନିକ ଓଡିଆ ଉପନ୍ୟାସକୁ କୁହାଗଲା ମୁକ୍ତ ଉପନ୍ୟାସ ବା "Free Novel" । ଆଧୁନିକ ଓଡିଆ ଉପନ୍ୟାସ ସଂପର୍କରେ ମତବ୍ୟକ୍ତ କରି ପ୍ରଫେସର ବୈଷ୍ଣବ ଚରଣ ସାମଲ କୁହନ୍ତି :- "ସଂପ୍ରତିକ ବିଶ୍ୱବ୍ୟାପୀ ମଣିଷ ମନର ସଂକଟ ଓ ସ୍ୱ-ବିରୋଧକୁ ପ୍ରକାଶ କରିବାକୁ ଉଦ୍ୟମ କରିଛି। ବାହ୍ୟ ବସ୍ତୁ ଉପରେ ଗୁରୁତ୍ୱ ନ ଦେଇ ଅର୍ନ୍ତର୍ନିହିତ ଭାବସତ୍ତା ଉପରେ ଦେଇଛି ଗୁରୁତ୍ୱ। ତେଣୁ ଉପନ୍ୟାସ ହୋଇଯାଇଛି ସାମଗ୍ରିକତା ଦୃଷ୍ଟିରୁ ସକଳ ମଣିଷ ସମାଜର ଜୀବନ ବେଦ। ଗୋଟିଏ ସହାନୁଭୁତି ମୂଳକ ବ୍ୟଙ୍ଗାତ୍ମକ ଶୈଳୀ ଯେପରି ମୁଖ୍ୟ ହୋଇଉଠିଛି। ଏହି ଶୈଳୀ ବୈରାଗ୍ୟ ଓ ଶୋଚନୀୟତାର ବେଦଗାନ ନୁହେଁ, ଆଶାବାଦର ଅରୁଣ ଆଲୋକ । ଏହା ସତ୍ତ୍ୱେ ଓଡିଆ ଉପନ୍ୟାସ ଅପେକ୍ଷା ରଖିଛି ଏକ ଶକ୍ତିଶାଳୀ ଲେଖକକୁ, ଯିଏ ବର୍ତ୍ତମାନର ଉପନ୍ୟାସର ଧରା ଓ ଧାରାକୁ ବଦଳାଇ ଦେଇ ଏକ ନୂତନ ଧାରା ସୃଷ୍ଟି କରିପାରିବ"। (୧୭)

## ୧) ବୀଣାପାଣିଙ୍କ ମହାନ୍ତିଙ୍କ ଉପନ୍ୟାସ ଜଗତ:

ବୀଣାପାଣିଙ୍କ ପ୍ରଥମ ଉପନ୍ୟାସ ହେଉଛି 'ସୀତାର ଶୋଣିତ'। ଏହା ୧୯୬୪ ମସିହାରେ 'ଆସନ୍ତାକାଲି'ରେ ଧାରାବାହିକ ଭାବେ ପ୍ରକାଶ ପାଇଥିଲା । ପରେ ଏହା ପଶ୍ଚିମା ପବ୍ଲିକେଶନ୍‌ସ ଦ୍ୱାରା ପୁସ୍ତକ ଆକାରରେ ପ୍ରକାଶିତ ହେଲା। 'କୁନ୍ତୀ-କୁନ୍ତଳା-ଶକୁନ୍ତଳା' ବୀଣାପାଣିଙ୍କ ଦ୍ୱିତୀୟ ଉପନ୍ୟାସ। ପ୍ରଥମେ ଏହା ମାସିକ ପ୍ରତିକା 'ଝଙ୍କାର'ରେ 'ବହ୍ନି ଲଗ୍ନା' ନାମରେ ପ୍ରକାଶ ପାଇଥିଲେ ମଧ ପରବର୍ତ୍ତୀ ସମୟରେ ଏହା ଫ୍ରେଣ୍ଡସ୍ ପବ୍ଲିସର୍ଶ ଦ୍ୱାରା ପ୍ରକାଶିତ ହୋଇଥିଲା। ଏହି ଉପନ୍ୟାସ ରଚନା କରିବା ପାଇଁ ବୀଣାପାଣି ନିଜର ମାତା କୁମୁଦିନୀ ମହାନ୍ତିଙ୍କ ଠାରୁ ପ୍ରେରଣା ପାଇଥିଲେ ବୋଲି ମତବ୍ୟକ୍ତ କରନ୍ତି। 'ମନସ୍ୱିନୀ' ବୀଣାପାଣିଙ୍କ ତୃତୀୟ ଉପନ୍ୟାସ । ଏହା କାଦମ୍ବିନୀ ମିଡିଆ ଦ୍ୱାରା ପ୍ରକାଶିତ ହୋଇଛି। ନାରୀ ଜୀବନର ଦୁଃସ୍ଥିତି, ଅସହାୟତା ତଥା ନାରୀ ମନସ୍ତତ୍ତ୍ୱର ସୂକ୍ଷ୍ମାତିସୂକ୍ଷ୍ମ ବିଶ୍ଳେଷଣ ବୀଣାପାଣିଙ୍କ ଉପନ୍ୟାସ ଗୁଡିକୁ ସଫଳ କରି ପାରିଛି।

## ୨) ସୀତାର ଶୋଣିତ: ଏକ ବିହଙ୍ଗ ଦୃଷ୍ଟି

'ସୀତାର ଶୋଣିତ' ବୀଣାପାଣି ମହାନ୍ତିଙ୍କ ରଚିତ ପ୍ରଥମ ଉପନ୍ୟାସ। ଏହି ଉପନ୍ୟାସଟି ଆସନ୍ତା କାଲି ପତ୍ରିକାରେ ଧାରାବାହିକ ଭାବରେ ୧୯୬୪ ମସିହାରୁ ୧୯୯୪ ମସିହା ପର୍ଯ୍ୟନ୍ତ ପ୍ରକାଶ ପାଇ ଆସୁଥିଲା। ତେବେ ଏହା ପୁସ୍ତକ ଆକାରରେ ୧୯୯୯ ମସିହାରେ ପଶ୍ଚିମା ପବ୍ଲିକେଶନ୍‌ସ ଦ୍ୱାରା ପ୍ରକାଶ ପାଇଥିଲା। ଔପନ୍ୟାସିକା ବୀଣାପାଣି

ନିଜର ଜଣେ ବନ୍ଧୁଙ୍କର ପ୍ରେମ ଓ ତାର ଶେଷ ପରିଣତିରେ ବ୍ୟଥିତ ହୋଇ ଏହି ଉପନ୍ୟାସଟି ରଚନା କରିଥିଲେ। କିଛି ହାତ ଗଣତି ଚରିତ୍ରକୁ ନେଇ ଆଲୋଚ୍ୟ ଉପନ୍ୟାସର କଥାବସ୍ତୁ ଗତିଶୀଳ। ଉପନ୍ୟାସଟି କ୍ଷୁଦ୍ର ହେଲେ ମଧ୍ୟ ଅହେତୁକ କରୁଣାରେ ପାଠକର ପ୍ରାଣକୁ ଆର୍ଦ୍ର କରିବାରେ ସମର୍ଥ ହୋଇପାରିଛି। ଏଥିରେ ପୁରାଣର ସୀତା ଚରିତ୍ରର ମିଥ୍‌କୁ ଦେଖା ନଯାଇ ପରିବର୍ତ୍ତିତ ପରିସ୍ଥିତିରେ ନାୟିକାର ବିବର୍ତ୍ତିତ ରୂପକୁ ଦର୍ଶାଯାଇଛି। ମୋଟ ଉପରେ ପାରମ୍ପରିକ ଆଦର୍ଶ ସ୍ଥାନୀୟା ଭାରତୀୟ ନାରୀ ଚରିତ୍ରଭାବେ ନାୟିକାର ଚିତ୍ରଣ ଏହି ଉପନ୍ୟାସର ମୁଖ୍ୟ ବିଶେଷତ୍ୱ।

**କଥାବସ୍ତୁ:**

'ସୀତାର ଶୋଣିତ' ଉପନ୍ୟାସର କଥାବସ୍ତୁରେ 'ପ୍ରେମ' ମୁଖ୍ୟ ସ୍ଥାନ ଗ୍ରହଣ କରିଛି। ପ୍ରେମର ମଧୁର ଆବେଗ ଉତ୍କଣ୍ଠାରୁ ଉପନ୍ୟାସର ଆରମ୍ଭ ହୋଇଥିଲେ ବି ଏହାର ଦୁଃଖଦ ପରିଣତି ପାଠକର ହୃଦୟକୁ ଅଶ୍ରୁସିକ୍ତ କରେ। ଏଥିରେ ବର୍ଣ୍ଣିତ ପ୍ରେମ ଦୈହିକ ନୁହେଁ ପରନ୍ତୁ ଆତ୍ମିକ ଓ ମନୋଗତ। ଏହାର ନାୟକ ବିକାଶ ଓ ନାୟିକା ରଚିତା। ବର୍ଷାଭିଜା ସଂଧ୍ୟାରେ ବାନ୍ଧବୀ ସଂଧ୍ୟାଶ୍ରୀ ଘରେ କିଛି ସମୟ ଆଶ୍ରୟ ନେବାକୁ ଯାଇ ବିକାଶ ଓ ରଚିତା ପରସ୍ପର ପରସ୍ପରକୁ ନିକଟତର ପାଇବାର ସୁଯୋଗ ପାଆନ୍ତି। ସେଇ ପ୍ରଥମ ସାକ୍ଷାତରେ ବିକାଶ ଭଲଲାଗେ ରଚିତାକୁ। ବିଶେଷ କରି ବିକାଶର ପରିଶ୍ରାନ୍ତ ଆଖି ଦୁଇଟି ରଚିତା ଆକର୍ଷଣର କେନ୍ଦ୍ରବିନ୍ଦୁ ପାଲଟିଯାଏ। ବର୍ଷା ଥମିଯିବା ପରେ ଯିଏ ଯାହା ଘରକୁ ଫେରି ଯାଇଛନ୍ତି। ପରବର୍ତ୍ତୀ ସମୟରେ ବିକାଶ ସହିତ ତାର ଦେଖାହୋଇଛି। ବିକାଶ ପ୍ରତି ରଚିତା ମନ ଭିତରେ ଅହେତୁକ ଦୁର୍ବଳତା ଆସିଛି। ମନେ ହୋଇଛି ବିକାଶ ବ୍ୟତୀତ ତାର ଜୀବନ ଯେପରି ନିଷ୍ପ୍ରଭ ମରୁନଦୀ ସଦୃଶ। ବିକାଶକୁ ନେଇ ଦ୍ୱନ୍ଦ୍ୱରେ ପଡିଯାଇଛି ରଚିତା। ବିକାଶ ସଂପର୍କରେ ରଚିତାର ଭାବନା ଏହିପରି – "ଶିଶୁପରି ସେ ଆହ୍ଲାଦ ଲୋଡ଼ିଛି, କିଶୋରପରି ସେ ସ୍ନେହଶୀଳ ଚପଳ ହୋଇଛି, ଯୁବକ ପରି ସେ ଚଞ୍ଚଳ ହୋଇ ପ୍ରେମ ନିବେଦନ କରିଛି, ତରୁଣ ପରି ସ୍ୱପ୍ନର ମୀନାର, ପ୍ରେମର ତାଜ ଗଢ଼ିଛି, ପ୍ରୌଢ଼ପରି ବେଳେବେଳେସେ ଅବସନ୍ନ ବିରକ୍ତ ହୋଇ ଉଠିଛି ଏବଂ ବୃଦ୍ଧ ପରି ସେ ଅସହାୟ ସଂପୁର୍ଣ୍ଣ ଅସହାୟ ନିଥର ହୋଇ ରଚିତାର କାରୁଣ୍ୟ ଲୋଡିଛି, ରଚିତା ତା'କୁ କେବେ କେଉଁ ରୂପରେ ନେଇଥାନ୍ତା ? ନାଁ ନାଁ ବିକାଶ ତାର କାମ୍ୟ। ଜୀବନ ଯୁଦ୍ଧରେ ଜିତିବାପାଇଁ ହେଲେ ତା'ପରି ସେନାପତି ହିଁ ନିଶ୍ଚିତ ଆବଶ୍ୟକ।" (୧୮)

ରଚିତା ଓ ବିକାଶର ଏଇ ପ୍ରେମ ବିବାହର ରୂପ ନେଇଛି। ବନ୍ଧୁ ପ୍ରବଣର ସହଯୋଗରେ ମା କମଳା ଦେବୀ ସମସ୍ତ ଘଟଣା ଜାଣିବା ପରେ ଉଭୟଙ୍କ ବିବାହ

ସଂପନ୍ନ ହୋଇଛି । ଅଥଚ ବାସର ରାତିରେ ରଚିତାର ଲଜ୍ଜାନତ ଅବଗୁଣ୍ଠନବତୀ ରୂପ ବିକାଶ ଆଖିରେ ଅସହ୍ୟ ହୋଇପଡ଼ିଛି । ତଥାପି ବିବାହର ପ୍ରଥମ ବର୍ଷଟି ଖୁସିରେ ବିତିଯାଇଛି । ବନ୍ଧୁବାନ୍ଧବଙ୍କ ଗହଣରେ ବେଶ୍ ଆଡମ୍ବର ସହକାରେ ଉଭୟ ବିକାଶ ଏବଂ ରଚିତା ପ୍ରଥମ ବିବାହ ବାର୍ଷିକ ପାଳନ କରିଛନ୍ତି । କିନ୍ତୁ ଅଚାନକ ବିକାଶର ବ୍ୟବହାର ଚରିତ୍ରରେ ଆସିଛି ଅସମ୍ଭବ ପରିବର୍ତ୍ତନ । ରଚିତା ଏହାର କାରଣ ଜାଣିବାକୁ ଚାହିଁ ମଧ୍ୟ ବିକାଶକୁ ପଚାରିପାରିନି । ବିକାଶର ଏତାଦୃଶ ଉଦାସୀନତା, ଗମ୍ଭୀରଭାବ ରଚିତାକୁ ବିବ୍ରତ କରିଛି। ଏ ପରିସ୍ଥିତିରେ ଅସହାୟ ମନେକରିଛି ନିଜକୁ ରଚିତା । ବିକାଶ ଟୁର୍‌ରେ ଯାଇ ଦୁଇଦିନପରେ ରଚିତାକୁ ଚିଠି ଲେଖିଛି । ଚିଠିରେ ଡାଇଭର୍ସ ପତ୍ରରେ ଦସ୍ତଖତ କରିବାକୁ ବିକାଶର ନିର୍ଦ୍ଦେଶ ରହିଛି। ଚିଠି ପଢ଼ି ହତବାକ୍ ହୋଇପଡିଛି ରଚିତା । ଆଖିରୁ ତା'ର ବହିଚାଲିଛି ଅବିଶ୍ରାନ୍ତ ଅଶ୍ରୁଧାର । ସବୁସତ୍ତ୍ୱେ ବିକାଶ ଘରକୁ ଫେରି ଆସିବାପରେ ସହଜ ମନେ ହୋଇଛି ରଚିତା । ଯେମିତି ସେମିତି କିଛି ବଡ ଘଟଣା ଘଟିନି ତା'ପାଇଁ । ନୀରବରେ ବିକାଶର ଡାଇଭର୍ସ ପତ୍ରରେ ଦସ୍ତଖତ କରି ରଚିତା ଫେରିଆସିଛି ମା କମଳା ଦେବୀଙ୍କ ପାଖକୁ । ଅଝଟ ଶିଶୁଭଳି ମା'ର ଛାତିରେ ମୁହଁ ଗୁଂଜି କାନ୍ଦିଛି ରଚିତା । ନିଜର ଏକମାତ୍ର ଅଲିଅଳି ସନ୍ତାନକୁ ବୁଝାଇବାର ସକଳପ୍ରଚେଷ୍ଟା କମଳା ଦେବୀଙ୍କର ବ୍ୟର୍ଥ ହୋଇଛି । କମଳାଦେବୀଙ୍କ ପ୍ରବୋଧନାରେ ନିଜକୁ ବୁଝାଇପାରିନି ରଚିତା । ଯାହାର ପ୍ରତିକାର ନାହିଁ ତାକୁ ତ ସହିବାକୁ ପଡେ । ଶେଷରେ ଅବୁଝା ଅଶାନ୍ତ ମନକୁ ବୁଝାଇବାକୁ ଚେଷ୍ଟା କରିଛି ରଚିତା ।

ରଚିତାର ବାଲ୍ୟସାଥୀ ପ୍ରଣବ ବିଲାତରୁ ଫେରି ଆସିଛି । ପ୍ରଣବକୁ ପାଖରେ ପାଇ ରଚିତା ବିକାଶର ଖବର ଜିଜ୍ଞାସା କରିଛି । ବିକାଶ ବ୍ରତତୀକୁ ବିବାହ କରିଛି ବୋଲି ରଚିତା ପ୍ରଣବଠାରୁ ଜାଣିବାକୁ ପାଇଛି । ଏକମାତ୍ର ପୁଅ ଦେବବ୍ରତ ଓ ବ୍ରତତୀକୁ ନେଇ ବିକାଶ ବେଶ୍ ଖୁସିରେ ଅଛି । ପ୍ରଣବଠାରୁ ସବୁକଥା ଶୁଣି ରଚିତା ଦୁଃଖରେ କାତର ହୋଇ ଅସହାୟ ମନେ କରିଛି । ଶେଷରେ ଏହି ଦୁଃଖରୁ ନିସ୍ତାର ପାଇବାପାଇଁ ଚାକିରୀ କରିବାର ନିଷ୍ପତ୍ତି ନେଇଛି ରଚିତା । ନିଜ ଘର ପାଖରେ ଥିବା ବାଳିକା ମାଇନର ସ୍କୁଲ୍‌ରେ ଶିକ୍ଷୟତ୍ରୀ ରୂପେ ସେ ନିଯୁକ୍ତି ପାଇଛି । ଦିନଗଡି ଚାଲିଛି । ଶତ ଚେଷ୍ଟାସତ୍ତ୍ୱେ ବିକାଶକୁ ଭୁଲିପାରିନି ରଚିତା । ବିକାଶର ସ୍ମୃତି ତା'କୁ ଭିତରେ ଭିତରେ କ୍ଷତାକ୍ତ କରିଛି ।

ରଚିତାର ଶାନ୍ତ ସୁନ୍ଦର ବ୍ୟବହାର ପ୍ରଣବକୁ ଭଲ ଲାଗିଛି । ପ୍ରଣବ ଘରକୁ ଯାଇ ରଚିତା ପ୍ରଣବର ଏକାକୀ ନିଃସଙ୍ଗ ଜୀବନ ନେଇ ଚିନ୍ତିତ ହୋଇପଡିଛି । ତେଣୁ ପ୍ରଣବକୁ ତା'ର ବିବାହ ପ୍ରସ୍ତାବ ଦେବା ପାଇଁ ମନସ୍ତ କରିଛି । ପ୍ରଣବ ମାନସୀ ରଚିତାକୁ ପାଖରେ ପାଇ ଭାବବିହ୍ୱଳ ହୋଇ ତା'ର ହାତ ଧରିପକାଇ କହିଛି – "ରଚିତା ଦିନ ନାହିଁ ରାତି

ନାହିଁ, ସ୍ୱପ୍ନରେ କି ଜାଗରଣ ରେ ତୁମେ ହିଁ ସବୁବେଳେ ମୋର ମନସମ୍ମୁଖରେ ଠିଆ ହେଲ। ତୁମକୁ କେନ୍ଦ୍ରକରି ଘୁରି ଘୁରି ମୁଁ କ୍ଳାନ୍ତ ହୋଇପଡ଼ିଲିଣି କିନ୍ତୁ ଟିକିଏ ହେଲେ ବି ତୁମର କରୁଣା ହେଲାନି ପାଷାଣୀ" ।[୧୯] ହେଲେ ପ୍ରଣବ ପ୍ରାଣର ଆହ୍ୱାନ ରଚିତାକୁ ତରଳାଇ ପାରିନି। ପ୍ରଣବର ପ୍ରସ୍ତାବକୁ ରଚିତା ପ୍ରତ୍ୟାଖ୍ୟାନ କରି ଦେଇଛି। ଅଲ୍ ଓଡିଶା ସ୍କୁଲ୍ ସ୍ପୋର୍ଟସ୍ ଯିବାପାଇଁ ରଚିତା ସ୍କୁଲ୍‌ର ପିଲାମାନେ କୋଳାହଳ କରୁଛନ୍ତି। ଅନିଚ୍ଛା ସତ୍ତ୍ୱେ ରଚିତା ପିଲାମାନଙ୍କ ଅନୁରୋଧ ରକ୍ଷାକରି ସେମାନଙ୍କ ସହିତ ଯାଇଛି। ଏହି ସମୟରେ ପିଲାମାନଙ୍କ ପାଖରୁ ଗଣ୍ଡଗୋଳ ଶୁଭିଛି। ସ୍କୁଲ୍ ଖେଳ ପଡିଆରେ ପିଲାଟିଏ ପଡ଼ିଯାଇ ଅଚେତ ହୋଇଯାଇଛି। ଅବିଳମ୍ବେ ରଚିତା ପିଲାଟିକୁ କେତେଜଣ ସ୍ୱେଚ୍ଛାସେବୀଙ୍କ ସହାୟତାରେ ଘରକୁ ନେଇ ଡାକ୍ତରଙ୍କ ଦ୍ୱାରା ଚିକିତ୍ସା କରିଛି। ସୁସ୍ଥ ହେବାପରେ ପିଲାଟି ଘର କାନ୍ଥରେ ଟଙ୍ଗା ହୋଇଥିବା ବିକାଶ ଓ ରଚିତାର ଫଟୋଦେଖି ହସିଉଠି ରଚିତାକୁ 'ଛବିମା' ବୋଲି କହିଛି ।

ରଚିତା, ଦେବବ୍ରତକୁ ବିକାଶର ପୁଅ ବୋଲି ଜାଣିବା ପରେ ଚିନ୍ତିତ ହୋଇପଡିଛି। ପୁଅକୁ ନେଇଯିବାପାଇଁ ବିକାଶ ପାଖକୁ ଖବର ପଠାଇଛି। ମାତ୍ର ବିକାଶର ଅସୁସ୍ଥତା ହେତୁ ଦେବବ୍ରତକୁ ସାଙ୍ଗରେ ନେଇଯିବାପାଇଁ ବ୍ରତତୀ ରଚିତାକୁ ଜଣାଇଛି। ରଚିତା, ଦେବବ୍ରତକୁ ଧରି ବିକାଶର ଘରେ ପହଞ୍ଚିଛି। ବସନ୍ତରେ ଆକ୍ରାନ୍ତ ବିକାଶର ପ୍ରାର୍ଥନାସେବା କରିଛି ରଚିତା ବିନା ପ୍ରତ୍ୟାଶାରେ। ସୁସ୍ଥ ହେବାପରେ ବ୍ରତତୀର ଅନୁପସ୍ଥିତିରେ ବିକାଶ ରଚିତାକୁ କ୍ଷମା ପ୍ରାର୍ଥନା କରିଛି। ବିକାଶ ମୁହଁରେ ପ୍ରାୟଶ୍ଚିତର କଥାଶୁଣି ରଚିତା ତୀବ୍ର ପ୍ରତିକ୍ରିୟାଶୀଳ ହୋଇ କହିଛି – "ପ୍ରାୟଶ୍ଚିତର ପ୍ରଶ୍ନ ଉଠୁନି ବିକାଶ। ଶୁଣ ସୀତାର ଶୋଣିତ ଧାରା ଏ ଦେହରେ ଅଛି କି ନାହିଁ ତମେ ଚାହିଁଥିଲ ତା'ର ପରୀକ୍ଷା। ସାରା ଜୀବନ ଟୋପା ଟୋପା ରକ୍ତ ନିଃଶେଷ କରି ମୁଁ ତା'ର ପରୀକ୍ଷା ଦେଇଛି। ସୀତାଙ୍କ ପରି ଚଉଦବର୍ଷ ବନବାସ ଶେଷ କରି ଆଜି ପନ୍ଦର ବର୍ଷରେ ମୁଁ ଉପସ୍ଥିତ। ମାଗ ଆଉ କି ପରୀକ୍ଷା ମାଗିବ ମାଗ ?" ।[୨୦] ରଚିତା କାହାକୁ କିଛି ନକହି ବିକାଶର ଘରୁ ପଳାଇ ଆସିଛି। ବିବେକ ଓ ମନର ଦ୍ୱନ୍ଦ୍ୱରେ ରଚିତା ନିଜକୁ ଆୟତ୍ତ କରିପାରିନି। ଅଭିମାନରେ ନଦୀର ଉତ୍ତାଳ ତରଙ୍ଗରେ ନିଜକୁ ହଜାଇ ଦେଇଛି। ଉପନ୍ୟାସର କରୁଣ ପରିଣତି ମର୍ମସ୍ପର୍ଶୀ ହୋଇପାରିଛି।

ଉପନ୍ୟାସଟିରେ ବିପର୍ଯ୍ୟସ୍ତ ଦାମ୍ପତ୍ୟ ପ୍ରେମର ଚିତ୍ର ପ୍ରତିଫଳିତ। ଉଭୟ ନାୟକ ଓ ନାୟିକା ପ୍ରେମ ବିବାହ କରିଥିଲେ ବି ଆଦର୍ଶ ଦମ୍ପତି ହୋଇପାରିନାହାନ୍ତି। ନାୟକର ଚାରିତ୍ରିକ ପରିବର୍ତ୍ତନ ଘଟିଛି। ବିକାଶ ବ୍ରତୀତକୁ ବିବାହ କରିଛି। ରଚିତା କିନ୍ତୁ ବିକାଶକୁ ଭୁଲିପାରିନି। ପ୍ରଣବ, ରଚିତାକୁ ନିଜର ମନ କଥା ଜଣାଇଥିଲେ ମଧ୍ୟ ରଚିତା ନିଜ

ନିଷ୍ପତ୍ତିରେ ଅଟଳ ରହିଛି। ବିକାଶ ପ୍ରତି ଥିବା ତା'ର ଏକନିଷ୍ଠ ପ୍ରେମ ପ୍ରଣବକୁ ଚକିତ କରିଛି। ଜୀବନର ଶେଷ ପର୍ଯ୍ୟନ୍ତ ସୀତାର ଆଦର୍ଶକୁ ପାଥେୟ କରିଥିବା ରଚିତା କୌଣସି ଦିନ ବିକାଶ ପାଖରେ ନିଜର ଅଧିକାରକୁ ସାବ୍ୟସ୍ତ କରିନି। ତେବେ ଉପନ୍ୟାସର ନାମକରଣ କଥାବସ୍ତୁ ଦୃଷ୍ଟିରୁ ଯଥାର୍ଥ ହୋଇଛି। ଏ ସଂପର୍କରେ ନିଜେ ଔପନ୍ୟାସିକା ବୀଣାପାଣି କହନ୍ତି :- "ସୀତା ଆମର ଆଦର୍ଶ। ସେଇ ରକ୍ତ ଆମ ଦେହରେ ଅଛି ବୋଲି ଏକଦା ବିଶ୍ୱାସଥିଲା। ସୀତା ଅଗ୍ନିରେ ଝାସଦେଇ ମୃତ୍ୟୁବରଣ କଲେବି ସତ୍ୟପଥରୁ ବିଚ୍ୟୁତ ହୋଇନାହାନ୍ତି। ଏକ ପତି ବ୍ୟତୀତ ଦ୍ୱିତୀୟ ପୁରୁଷ କଥା ଚିନ୍ତା ମଧ୍ୟ କରି ନାହାନ୍ତି। ମୋ ନାୟିକାର ଚରିତ୍ର ଓ ଜୀବନଧାରା ସେଇପରି ଥିବାରୁ ଏଭଳି ନାମ କରଣ କରିଥିଲି।" [୨୧]

**ସମାଜ ଚିତ୍ର:**

ସାହିତ୍ୟ ଶିଳ୍ପୀଟିଏ ନିଶ୍ଚିତ ଭାବରେ ସମାଜମନସ୍କ। ବୀଣାପାଣି ସେଥିରୁ ବାଦ୍‌ଯିବେ ବା କିପରି ? ଆଲୋଚ୍ୟ ସୀତାର ଶୋଣିତ ଉପନ୍ୟାସଟି ନାୟକ, ନାୟିକାଙ୍କ ପ୍ରେମ ବିବାହ ଓ ବିଚ୍ଛେଦକୁ ନେଇ ହୃଦୟ ସଂବେଦ୍ୟ ହୋଇ ପାରିଛି। ବିକାଶ ଓ ରଚିତା ପରସ୍ପରକୁ ଭଲପାଇ ବିବାହ ବନ୍ଧନରେ ବାନ୍ଧି ହୋଇଛନ୍ତି। ହସ ଖୁସିରେ ଗୋଟିଏ ବର୍ଷ ବିତିଯାଇଛି। ରଚିତା ଜୀବନର ଏଇ ଖୁସି ଅଳ୍ପଦିନରେ ହଜିଯାଇଛି। ବିକାଶ ଜୀବନରେ ଆସିଛି ବ୍ରତତୀ। ସୁନ୍ଦରୀ ପୁଣି ସଂଗୀତ ନିପୁଣା। ରଚିତା ନିଜକୁ ବିକାଶର ମନଲାଖି ହେବା ପାଇଁ ଯେତେ ପ୍ରଚେଷ୍ଟା କଲେ ବି ବିକାଶ କିନ୍ତୁ ରଚିତାଠାରୁ ଚାହିଁଛି ମୁକ୍ତି। ଆମ ସମାଜରେ ଝିଅଟିଏ ବୋହୂ ହେଲେ ସେ ହୁଏ ଅବଗୁଣ୍ଠନବତୀ। ରଚିତାର ସେଇ ଲଜ୍ଜାନତ ଅବଗୁଣ୍ଠନବତୀ ରୂପ ବିକାଶର ପସନ୍ଦ ହୋଇନି। ଶେଷରେ ବିକାଶ ରଚିତାକୁ ଡିଭୋର୍ସ ପତ୍ରରେ ଦସ୍ତଖତ କରିବାକୁ କହିଛି ବିନା ଦ୍ୱିଧାରେ। ଅଥଚ ରଚିତା ନୀରବରେ ଅଶ୍ଳୀଳ ଆବେଗକୁ ଚାପିଧରି ଡିଭୋର୍ସ ପତ୍ରରେ ଦସ୍ତଖତ କରିଦେଇଛି। ରଚିତା ମନପ୍ରାଣ ଦେଇ ଭଲପାଏ ବିକାଶକୁ। ବିକାଶର ଖୁସିରେ ତା'ର ଖୁସି। ପ୍ରତିବଦଳରେ ବିକାଶ ରଚିତାକୁ ଭରଣପୋଷଣ ଖର୍ଚ୍ଚ ଦେବାକୁ ପ୍ରତିଶ୍ରୁତି ଦେଇଛି।

ରଚିତା ନିଜ ଘରକୁ, କମଳାଦେବୀଙ୍କ ପାଖକୁ ଫେରି ଆସିଛି। ରଚିତାର ବାପା ଏକ ଦୁର୍ଘଟଣାରେ ପ୍ରାଣ ହରାଇଥିବାରୁ କମଳା ଦେବୀ ଏକାକୀ ନିଃସଙ୍ଗ ଜୀବନ ବିତାନ୍ତି। କିନ୍ତୁ କମଳାଦେବୀଙ୍କ ବଞ୍ଚିବା ପାଇଁ ଅର୍ଥ ଅଭାବ ହୋଇନି। ରଚିତା ଘରକୁ ଫେରିବା ପରେ ସାକ୍ଷାତ ହୋଇଛି ବାଲ୍ୟ ସାଥି, କୈଶୋରର ବନ୍ଧୁ ପ୍ରଣବ ସହିତ। ପ୍ରଣବ ରଚିତାର ଗୁଣମୁଗ୍ଧ ହୋଇ ପ୍ରେମ ନିବେଦନ କରିଛି କିନ୍ତୁ ରଚିତା, ବିକାଶର

ଭଲପାଇବାକୁ ନେଇ ଏକାକୀ ବଞ୍ଚିବାର ସଂକଳ୍ପରେ ଦୃଢ଼ନିଶ୍ଚିତ । ତେଣୁ ପ୍ରଣବକୁ ମନା କରି ଦେଇଛି ରଚିତା। ସମାଜରେ ପୁରୁଷଟିଏ ବହୁ ପତ୍ନୀ ଗ୍ରହଣ କରିବାରେ କୌଣସି ପ୍ରତିବନ୍ଧକ ନଥାଏ କିନ୍ତୁ ନାରୀପାଇଁ ଥାଏ ଲକ୍ଷ୍ମଣରେଖା । ନାରୀଟିଏ ବିନାକାରଣରେ ସବୁ ଅପବାଦ, ଲାଞ୍ଛନା ଓ ତିକ୍ତତାକୁ ନେଇ ଜୀବନ ବଂଚେ ଯାହା ରଚିତା ଓ ବିକାଶ ଜୀବନରେ ଘଟିଛି। ନାରୀଟିଏ ସ୍ୱାମୀର ଖୁସିପାଇଁ ନିଜକୁ ତିଳତିଳ କରି ଦଗ୍ଧ କରିଦେଇପାରେ ଅଥଚ ସୁବିଧାବାଦୀ ସ୍ୱାର୍ଥପର ପୁରୁଷ ନିଜର ଆତ୍ମସୁଖପାଇଁ ଆଉ ଏକ ପତ୍ନୀ ଗ୍ରହଣ କରିପାରେ। ପୁରୁଷର ସ୍ୱେଚ୍ଛାଚାର ପ୍ରତି ଅଙ୍ଗୁଳି ନିର୍ଦ୍ଦେଶ କରି ଔପନ୍ୟାସିକା ବୀଣାପାଣି ଏହି ଉପନ୍ୟାସରେ ସମାଜ ସଚେତନା ସୃଷ୍ଟି କରିଛନ୍ତି। ଔପନ୍ୟାସିକା ପୁରୁଷର ଅହଂପ୍ରବଣ ମାନସିକତାକୁ ଚିତ୍ରଣ କରି କହନ୍ତି- "ଯୁଗ ଯୁଗ ଧରି ନାରୀ ପୁରୁଷପାଇଁ କାନ୍ଦିଛି ଆଉ ଚିତ୍କାର କରି ନିଜର ସୁଖ ଶାନ୍ତି ସ୍ନେହ ମମତା ଇହକାଳ ପରକାଳ ସମସ୍ତ ଜଳାଞ୍ଜଳି ଦେଇଛି, ପୁରୁଷଠାରେ ପାଇବା ପାଇଁ ସାଗର ବଦଳରେ ଟୋପାଏ ମମତା କିନ୍ତୁ ବୃଥା- ସବୁ ବୃଥା।" [୨୨]

**ଚରିତ୍ର ଚିତ୍ରଣ:**

ଯେ କୌଣସି ସୃଷ୍ଟିର ମୁଖ୍ୟ ହେଉଛି ଚରିତ୍ର । ଚରିତ୍ର ମାଧ୍ୟମରେ ସ୍ରଷ୍ଟା ତାର ଅଭିବ୍ୟକ୍ତିକୁ କଳାତ୍ମକ ରୂପ ଦେବାରେ ସକ୍ଷମ ହୋଇଥାଏ । "ସୀତାର ଶୋଣିତ" ଉପନ୍ୟାସଟି ସୀମିତ ଚରିତ୍ରକୁ ନେଇଗତିଶୀଳ। ପୁରୁଷଚରିତ୍ର ଭିତରେ ବିକାଶ, ପ୍ରଣବ, ସତ୍ୟବ୍ରତ ନାରୀଚରିତ୍ର ଭିତରେ ରଚିତା ବ୍ରତତୀ, ସୁବ୍ରତା, କମଳା ଦେବୀ ଏବଂ ଶିଶୁ ଚରିତ୍ର ଭିତରେ ଦେବବ୍ରତକୁ ନିଆଯାଇପାରେ ।ଏହି ଅଳ୍ପ କେତୋଟି ଚରିତ୍ର ଉପନ୍ୟାସର କଥାବସ୍ତୁକୁ ଆଗେଇ ନେବାରେ ମୁଖ୍ୟ ଭୂମିକା ନିର୍ବାହ କରିଛନ୍ତି ।

**ନାୟିକା ରଚିତା:**

ଆଲୋଚ୍ୟ ଉପନ୍ୟାସର ନାୟିକା ରଚିତା ସୁନ୍ଦରୀ ଶିକ୍ଷିତା ସୁରୁଚିସଂପନ୍ନା ପରମ୍ପରାକୁ ସମ୍ମାନ ଦେଉଥିବା ଜଣେ ସହନଶୀଳ ନାରୀ ଚରିତ୍ର। ବର୍ଷାଭିଜା ଅଳସ ସଂଧ୍ୟାରେ ବାନ୍ଧବୀ ସନ୍ଧ୍ୟାଶ୍ରୀ ଘରେ ଅନ୍ୟ ବନ୍ଧୁମାନଙ୍କ ଗ୍ରହଣରେ ତାର ବିକାଶ ସହିତ ସାକ୍ଷାତ ହୁଏ । ପ୍ରଥମ ସାକ୍ଷାତରେ ବିକାଶ ପ୍ରତି ତାର ଦୁର୍ବଳତା, ଅନୁରକ୍ତି ପ୍ରକାରନ୍ତରେ ତାକୁ ବିବଶ କରେ। ବିକାଶର ବ୍ୟକ୍ତିତ୍ୱକୁ ନେଇ ତାଭିତରେ ପ୍ରଶ୍ନବାଚୀ ସୃଷ୍ଟି ହେଲେ ବି ଶେଷରେ ମନର ନିର୍ଦ୍ଦେଶରେ ବିକାଶକୁ ସେ ବିବାହ କରେ। ଏଥିପାଇଁ ତାକୁ ସହଯୋଗ କରେ ତାର ବାଲ୍ୟସାଥୀ ପ୍ରଣବ। ବିବାହର ଗୋଟିଏ ବର୍ଷ ହସଖୁସିରେ ବିତିଗଲାପରେ

ରଚିତା ଦେଖେ ବିକାଶଠାରେ ଅସମ୍ଭବ ପରିବର୍ତ୍ତନ। ନିଜକୁ ଯେତେ ବିକାଶର ମନଲାଖି କରି ସଜାଇଲେ ମଧ୍ୟବିକାଶ ଠାରୁ ତାର ଦୂରତା କ୍ରମଶଃ ବଢିବଢି ଚାଲେ। ସେଇ ଦୂରତା ଉଦାସୀନତା ପରିଣତିରେ ଡିଭୋର୍ସର ରୂପ ନିଏ। ବିକାଶକୁ ପ୍ରାଣ ଦେଇ ଭଲପାଉଥିବା ରଚିତା ନିର୍ବିବାଦରେ ଡିଭୋର୍ସ ପତ୍ରରେ ଦସ୍ତଖତ କରିଦିଏ। ହେଲେ ଖାଲି ଦସ୍ତଖତରେ କି ମନର ସଂପର୍କ, ଆତ୍ମାର ବନ୍ଧନ ତୁଟିଯାଏ ? ରଚିତା ବିକାଶର ସ୍ମୃତିରେ ଘାରିହୁଏ। ଆବେଗର ଅମାନିଆ ଅଶ୍ରୁରେ ବିତିଯାଏ ରାତି ପରେ ରାତି। ବାଲ୍ୟସାଥୀ ପ୍ରଣବଠାରୁ ବିକାଶର ଖବର ପଚାରି ବୁଝେ। ପ୍ରଣବ ରଚିତାକୁ ତାର ସହନଶୀଳତା ପାଇଁ ବିରକ୍ତ ହେଲେ ମଧ୍ୟ ରଚିତା ବିକାଶର ଖୁସି ଓ କଲ୍ୟାଣ କାମନା କରି କହେ:- "ଜୀବନରେ କେବେ ଆନନ୍ଦ ପାଇନି ଯଦି କେହି ଆନନ୍ଦରେ ରହେ - ଶାନ୍ତି ସୁଖରେ ରହେ - ତା'ହାଲେ ସେତକ ଶୁଣିବାରେ ଆପତ୍ତି କ'ଣ ? ମୁଁ ଅସୁଖୀ ବୋଲି ଜଗତଯାକ ସମସ୍ତେ ଅସୁଖୀ ହେଲେ କଣ ମତେ ଶାନ୍ତି ମିଳିବ ପ୍ରଣବ ! ଛି ![୨୩] ରଚିତାର ଏପରି ମନ୍ତବ୍ୟରେ ଚକିତ ହୁଏ ପ୍ରଣବ। ଦିନ ପରେ ଦିନ ବିତିଚାଲେ। ହେଲେ ରଚିତା ଭୁଲିପାରେନି ବିକାଶକୁ। ଅଥଚ ବ୍ରତତୀ ଓ ଦେବବ୍ରତକୁ ନେଇ ଖୁସିରେ ବଞ୍ଚିପାରେ ବିକାଶ। ଜୀବନର ପିଚ୍ଛିଳ ରାସ୍ତାରେ ରଚିତା ଚାକିରୀ କରେ। ବିଦ୍ୟାଳୟର ଖେଳ ପଡିଆରେ ଗୋଟିଏ ପିଲାକୁ ଆହତ ଅବସ୍ଥାରେ ପାଇ ଚିକିତ୍ସାପାଇଁ ନେଇ ଆସେ। ପିଲାଟି ଆରୋଗ୍ୟ ହେବାପରେ ସିଏ ବିକାଶର ପୁଅ ବୋଲି ଜାଣିବାକୁ ପାଏ ରଚିତା। ବିକାଶର ଅସୁସ୍ଥତାପାଇଁ ବ୍ରତତୀର ଅନୁରୋଧରେ ଦେବବ୍ରତକୁ ନେଇ ରଚିତା ଯାଏ ବିକାଶ ଘରକୁ। ନିଜ ଭୁଲ୍‌ପାଇଁ ଅନୁତପ୍ତ ବିକାଶ ରଚିତାର କ୍ଷମାପ୍ରାର୍ଥୀ ହୁଏ। ପ୍ରାୟଶ୍ଚିତର କଥା କହେ। ବିକାଶର ଏପରି ଆଚରଣରେ କ୍ଷୁବ୍ଧ ହୋଇ ଶେଷରେ ରଚିତା ଘରୁ ବାହାରିଯାଇ ନଦୀରେ ଆତ୍ମାହୁତି ଦିଏ। ରଚିତା ଭାରତୀୟ ନାରୀର ଆଦର୍ଶ। ପାରମ୍ପରିକତାର ପ୍ରତିଭୂ। ବିକାଶର ଏକ ନିଷ୍ଠ ପ୍ରେମରେ ଏକାତ୍ମ ରଚିତା ବାଲ୍ୟସାଥୀ ପ୍ରଣବର ପ୍ରଣୟ ପ୍ରାର୍ଥନାକୁ ପ୍ରତ୍ୟାଖ୍ୟାନ କରିଦିଏ । ସେ ଚାହିଁଥିଲେ ବିକାଶ ପରି ପ୍ରଣବକୁ ଆପଣାର କରିପାରିଥାନ୍ତା ମାତ୍ର ସେପରି କରିନି। ସୀତାଙ୍କ ପରି ଏକନିଷ୍ଠ ପତିପ୍ରେମ ତାକୁ ଆତ୍ମାହୁତି ପାଇଁ ବାଧ୍ୟ କରିଛି । ଏକଦା ବିକାଶ ସତ୍ୟବ୍ରତକୁ ନେଇ ରଚିତାକୁ ଆକ୍ଷେପ କଲାବେଳେ ରଚିତା ପ୍ରବଳ ପ୍ରତିକ୍ରିୟାଶୀଳ ହୋଇ କହିଛି - " ତମେ କହ ବିକାଶ- ପୁରୁଷତ୍ୱର ବୃଥା ଅହଙ୍କାର ତୁମର ଭୁଲିଯାଇ ଟିକିଏ ତଳକୁ ଆସ ତଳେଇ ଦେଖ - ଲୋକ ଦେଖାଣିଆ ପାପ ପୁଣ୍ୟରେ ତମେ ଅନ୍ତତଃ ମନୁଷ୍ୟତ୍ୱ ଭୁଲିଯିବ ନାହିଁ ବୋଲି ମୋର ଆଶା ! ସୀତାର ଶୋଣିତ ରକ୍ତ, ସୀତାର ଅଗ୍ନି ପରୀକ୍ଷା ଯୁଗେ ଯୁଗେ ନାରୀ ଜୀବନର ଆଦର୍ଶ ହୋଇ ରହିଛି।[୨୪]

**କମଳା ଦେବୀ:**

କମଳାଦେବୀ ରଚିତାର ମା' ଯିଏ କି ବୈଧବ୍ୟ ଜୀବନ ବିତାନ୍ତି। ସ୍ୱାମୀ ଦୁର୍ଘଟଣାରେ ଚାଲିଯିବା ପରେ ଏକାକୀତ୍ୱକୁ ଆପଣାର କରି ନିଅନ୍ତି। ନିଜର ଏକମାତ୍ର କନ୍ୟାର ଖୁସିରେ ନିଜର ଖୁସି ବୋଲି ଭାବି ବିକାଶକୁ ଜାମାତା ରୂପେ ନିର୍ବାଚିତ କରନ୍ତି। କିନ୍ତୁ ଝିଅର ଖୁସି ବହୁଦିନ ରହିପାରେନି। ରଚିତାକୁ ଡାଇଭର୍ସ ପତ୍ରରେ ଦସ୍ତଖତ କରିବାକୁ ହୁଏ ବିକାଶର ଇଙ୍ଗିତରେ। ତାର ସୁଖର ଆକାଶରେ ଅଚାନକ ଦୁଃଖର କଳାବାଦଲ ଢାଙ୍କି ହୋଇଯାଏ। ରଚିତାର ଆଖିରୁ ବହେ ଅବାରିତ ଅଶ୍ରୁଧାର ଯାହା କମଳାଦେବୀଙ୍କୁ ବ୍ୟଥିତ କରେ। ନିଜ ସଂତାନର ଦୁଃଖରେ ମ୍ରିୟମାଣ କମଳା ଦେବୀ ଆଶ୍ୱାସନା ଦେବାକୁ ଯାଇ କହନ୍ତି :- "ଦୁନିଆରେ ଏମିତି କିଛି ହୋଇଯାଏ ମା'- ସ୍ୱାମୀ ମରିଯାଏ ତାକୁ ଭୁଲି ସ୍ତ୍ରୀ ପୁଣି ସଂସାର କରେ। ବୁକୁରୁ ଚିରି ଯେଉଁ ସଂତାନକୁ ଜନନୀ ଜନ୍ମଦିଏ - ସେ ଚାଲିଗଲେ ମନେହୁଏ ପୃଥିବୀରେ ତାର ବଞ୍ଚିବା କିଛି ଦରକାର ନାହିଁ - କିନ୍ତୁ ସେଇ ପୁଣି ବଞ୍ଚେ। ନୂଆ ସଂତାନର ମୁହଁ ଦେଖି ପୁରୁଣା ଶୋକ ସେ ଭୁଲିଯାଏ। ସଂସାର ଏମିତି ଚାଲେ ମା"। [୨୫] କମଳା ଦେବୀ ଜଣେ ଆଦର୍ଶ ସ୍ଥାନୀୟ ନାରୀ। ବିଷାଦଯୋଗରେ ଘାରି ହୋଇ ବି ବେସାହାରା ସଂତାନକୁ ବହୁବାର ରାହା ଦେଖାଇବାର ପ୍ରୟାସ କରିଛନ୍ତି।

**ବ୍ରତତୀ:**

ବ୍ରତତୀ ବିକାଶର ଧର୍ମପତ୍ନୀ। ସୁନ୍ଦରୀ ଶିକ୍ଷିତା ପୁଣି ସଂଗୀତ ବିଶାରଦା। ବିକାଶ ବିବାହିତ ଜାଣିସୁଦ୍ଧା ପୁନର୍ବାର ବିବାହ କରେ ତାକୁ ବ୍ରତତୀ ଯାହା ଜଣେ ହିନ୍ଦୁନାରୀ ପକ୍ଷରେ ଶୋଭନୀୟ ନୁହେଁ। ନିଜର ଖୁସି ପାଇଁ ଅନ୍ୟର ସଂସାର ଯେ ଉଜୁଡ଼ି ଯାଇପାରେ ଏକଥା 'ବତ୍ରତୀ' ପରି ନାରୀମାନେ ବୁଝିପାରନ୍ତିନି ତାହା ହିଁ ଲେଖିକା ଏହି ଚରିତ୍ର ମାଧ୍ୟମରେ ଦର୍ଶାଇଛନ୍ତି। ନିଜ ଉପନ୍ୟାସର ନାରୀ ଚରିତ୍ର ସଂପର୍କରେ ଔପନ୍ୟାସିକା କହନ୍ତି - "ନିରବରେ ଅନବରତ ସଂଗ୍ରାମଶୀଳ ନାରୀ କିମ୍ବା ବିଭିନ୍ନ ସଂଘ, ସମିତି ଜରିଆରେ ଅନବରତ ସଂଗ୍ରାମୀ ନାରୀଙ୍କୁ ମୁଁ ଚରିତ୍ରରୂପେ ଚିତ୍ରଣ କରିଛି। ସେମାନଙ୍କୁ ସେମାନଙ୍କର ଅଧିକାର, ଦାୟିତ୍ୱ ତଥା ନାରୀତ୍ୱ ବିଷୟରେ ସଚେତନ କରିଛି ନାରୀତ୍ୱ ବୁଝାଏ ନିଜତ୍ୱ। ନିଜେ ଜଣେ ମଣିଷ ଏବଂ ସବୁ ମଣିଷ ପରି ତା'ର ସମାନ ଦାୟିତ୍ୱ ଓ ଅଧିକାର ଅଛି ବୋଲି ଅନୁଭବ କରିବା ମୁଁ ମୋ ନାରୀ ଚରିତ୍ରରେ ଦେଖେଇଛି"। [୨୬]

**ବିକାଶ:**

ବିକାଶ, ଉପନ୍ୟାସର ନାୟକ। ରଚିତାକୁ ଭଲପାଇ ବିବାହ କରେ। ବିବାହ ପୂର୍ବରୁ ରଚିତା ବ୍ୟତୀତ ବଞ୍ଚି ପାରିବନି ବୋଲି ସ୍ୱୀକାର କରୁଥିବା ବିକାଶର କିନ୍ତୁ ପରିବର୍ତ୍ତନ ହୁଏ। ରଚିତାର ପାରମ୍ପରିକ ଅବଗୁଣ୍ଠନବତୀ ରୂପ ତାର ପସନ୍ଦ ନୁହେଁ। ପ୍ରକୃତରେ ତାର ପ୍ରେମରେ ନିଷ୍ଠା ନଥିଲା । ବିବାହର ବର୍ଷକ ପରେ ସେ ରଚିତାକୁ ଡାଇଭର୍ସ ପତ୍ରରେ ଦସ୍ତଖତ କରିବାକୁ ବାଧ୍ୟ କରେ। ରଚିତା ବିକାଶର ଏ ନିଷ୍ପତ୍ତିକୁ ଅକାତରେ ମାନିନିଏ। ତାପରେ ବିକାଶ ବିବାହ କରେ ବ୍ରତତୀକୁ। ଘଟଣା କ୍ରମେ ରଚିତା, ଦେବବ୍ରତକୁ ଧରି ତାର ଘରକୁ ଆସିବା ପରେ ଏକାନ୍ତରେ କ୍ଷମା ଭିକ୍ଷା କରେ ବିକାଶ। କିନ୍ତୁ ଏଇକ୍ଷମାରେ ରଚିତାର ହଜିଲା ଅତୀତ, ଅଫେରା ଖୁସି ଆଉ ଫେରେନି। ପ୍ରକୃତ ପ୍ରେମର ମହତ୍ତ୍ୱ ବୁଝିନଥିବା ଅପରିଣାମଦର୍ଶୀ ଚରିତ୍ର ହେଉଛି ବିକାଶ। ବିବାହକୁ ଖେଳଘର ନାରୀ ଜୀବନକୁ ତୁଚ୍ଛ ମନେକରୁଥିବା ବିକାଶ ଏକ ସ୍ୱେଚ୍ଛାଚାରୀ ଅପରିଣାମଦର୍ଶୀ ପୁରୁଷ ଚରିତ୍ର ଭାବରେ ଚିତ୍ରିତ।

**ପ୍ରଣବ:**

ପ୍ରଣବ ଆଲୋଚ୍ୟ ଉପନ୍ୟାସର ପାର୍ଶ୍ୱନାୟକ ଭାବେ ବର୍ଣ୍ଣିତ। ବାହାରକୁ ଜଣାପଡୁନଥିଲେ ବି ଭିତରଟା ତାର କୋମଳ କଅଁଳ। ତା ଆତ୍ମାର ଅନ୍ଧିକନ୍ଧିରେ ରଚିତା। ବାଲ୍ୟ କାଳର ଧୂଳି ଖେଳଠାରୁ କୈଶୋର ପର୍ଯ୍ୟନ୍ତ ରଚିତା ତା'ର ସହଚରୀ। ବାପାଙ୍କ ମୃତ୍ୟୁପରେ ଉଚ୍ଚଶିକ୍ଷାପାଇଁ ବିଲାତ ପଳାଏ ପ୍ରଣବ। ରଚିତା ସହିତ ତାର ଅନ୍ତରଙ୍ଗତାରେ ବାଧାପଡିଯାଏ। ବିଲାତରୁ ଫେରି ଭାବେ କହିଦେବ ରଚିତାକୁ ତାର ମନତଳ କଥା। ହେଲେ ସିଏ ତା ମନ କଥା କହିବା ଆଗରୁ ପ୍ରଣବ ଛାତିରେ ମୁହଁରଖି ବିକାଶକୁ ପାଇବାପାଇଁ ଅଳି କରେ ରଚିତା। ଅକୁହା ବେଦନାରେ ଘାରିହୁଏ ପ୍ରଣବ। ବିକାଶଠାରୁ ଡାଇଭର୍ସ ପାଇବାପରେ ରଚିତାର ଦୁଃଖରେ ମର୍ମାହତ ପ୍ରଣବ ମନରେ ପୁଣି ଥରେ ପ୍ରେମର ଅଙ୍କୁର ତାକୁ ବିବଶ କରେ। ଏ କାନ୍ତରେ ପ୍ରେୟସୀକୁ ପାଇ ପ୍ରଣବ ଭାବାବେଗରେ ତା'ର ନରମ ପାପୁଲିକୁ ସ୍ନେହରେ ଚାପିଧରେ କିନ୍ତୁ ପ୍ରଣବର ଏଇ ଭାବର ଆତିଶଯ୍ୟକୁ ସହ୍ୟ କରିପାରିନି ରଚିତା। ପରେ ପ୍ରଣବ ଅତୀତକୁ ଫେରିଯାଇ ଶୈଶବର ଧୂଳିଖେଳ ସୁଯୋଗ ମିଳିଥିଲେ କ'ଣ ପ୍ରେମରେ ପରିଣତ ହୋଇନଥାନ୍ତା ବୋଲି ରଚିତାକୁ କହିଛି। ରଚିତା ନିକଟରେ ମନର ଆବେଗ ପ୍ରକାଶ କରି ପ୍ରଣବ କହିଛି – "ରଚିତା ! ଜୀବନରେ ମୁଁ ତୁମକୁ ପାଇନି, ପାଇବାର ଲୋଭରେ ମୁଁ ଏ ଛଳନା କରିନି। କେବେ କିଛି ପାଟି ଖୋଲିନି, ଦାବୀ ଉପସ୍ଥାପିତ କରିନି ବୋଲି ତମେ ମତେ ଆଡେଇ ଦେଇଛ .......

ତଥାପି ...... ଏତିକି ଭରସା, ଏତିକି ସାନ୍ତ୍ୱନା ତୁମଠାରୁ ପାଇବି କି ନାହିଁ ସାରା ଜୀବନ କହ ରଚିତା କହ ? [୨୭] ପ୍ରଣବର ଏଇ ବିଷାଦଭରା ପ୍ରଶ୍ନରେ ଗଭୀର ଭାବରେ କ୍ଷତାକ୍ତ ହୋଇଛି ରଚିତା। ରଚିତା ପାଇଁ ସେ ଏଯାଏ ବିବାହ କରିନି। ଅପେକ୍ଷା କରିଛି ଆଜିବି ତଥାପି କିପରି ବୁଝାଇବ ଏକଥା ସେ ରଚିତାକୁ। ଶେଷରେ ବିକାଶ ପ୍ରତିଥିବା ରଚିତାର ଅକୁଣ୍ଠ ଭଲପାଇବା ନିକଟରେ ହାରମାନି ପ୍ରଣବ ନିଜକୁ ଦୂରେଇ ନିଏ। ଜଣେ ସ୍ନେହମନସ୍କ ଯୁକ୍ତିବାଦୀ ଚରିତ୍ର ପ୍ରଣବ। ରଚିତା ପ୍ରତିଥିବା ତାର ପ୍ରେମରେ କୁତ୍ସିତ କାମନା ନାହିଁ ଅଛି ପ୍ରାଣକୁ ଆଶ୍ୱାସିତ କରିବା ଭଳି ବିମୁଗ୍ଧ ଭାବନା। କୌଣସି ପରିସ୍ଥିତିରେ ପ୍ରଣବର ଚାରିତ୍ରିକ ସ୍ଖଳନ ଘଟିନି।

ଦେବବ୍ରତ ଶିଶୁ ଚରିତ୍ର । ବିକାଶ ଓ ବ୍ରତତୀର ଏକମାତ୍ର ପୁଅ। ରଚିତା ଘରେ ଚିକିତ୍ସିତ ହୋଇ ସୁସ୍ଥ ହେବାପରେ କାନ୍ଥରେଟଙ୍ଗା ହୋଇଥିବା ରଚିତା ଓ ବିକାଶର ଫଟୋଦେଖି ରଚିତାକୁ 'ଛବିମା' ବୋଲି ସମ୍ବୋଧନ କରିଛି। ରଚିତାର ବେକରେ ଛନ୍ଦି ହୋଇ ଶିଶୁସୁଲଭ ଚପଳତା ଦେଖାଇ ତାଙ୍କ ଘରୁକୁ ଯିବା ପାଇଁ କହିଛି।

"She is a human being and she should be treated like that" – [୨୮] ନାରୀ ସଂପର୍କରେ ଏପରି ମନ୍ତବ୍ୟ ଦେଉଥିବା ବୀଣାପାଣି ପୁରୁଷକୁ କଦାପି ଅବମାନନା କରିନାହାନ୍ତି। ପୁରୁଷ ଓ ନାରୀ ସମାଜର ଦୁଇଟି ଅଂଶ। ପରସ୍ପର ପରିପୂରକ। ଉଭୟଙ୍କର ପାରସ୍ପରିକ ସହଯୋଗରେ ସମାଜ ହୁଏ ସୁସ୍ଥସୁନ୍ଦର। ତେଣୁ ନାରୀ ଚରିତ୍ର ସହ ପୁରୁଷ ଚରିତ୍ରକୁ ନିଖୁଣ ଭାବରେ ଉପସ୍ଥାପନ କରିବାରେ ଲେଖିକାଙ୍କ ପ୍ରୟାସ ସ୍ୱାଗତ ଯୋଗ୍ୟ।

**ନାରୀ ମନସ୍ତତ୍ତ୍ୱ:**

ଉପନ୍ୟାସ ଆରମ୍ଭରୁ ବିକାଶର ବ୍ୟକ୍ତିତ୍ୱକୁ ନେଇ ରଚିତା ମାନସିକ ଚିନ୍ତାରେ ପଡିଛି। ମନ ଓ ବିବେକର ସଂଘର୍ଷରେ ମନର ବିଜୟ ହୋଇଛି। ରଚିତା ବିକାଶକୁ ସ୍ୱାମୀରୂପେ ଗ୍ରହଣ କରିଛି। ମାତ୍ର ବିକାଶ ସହିତ ତା'ର ଯୁଗ୍ମ ଜୀବନ ବେଶିଦିନ ତିଷ୍ଠି ପାରିନି। ବିକାଶର ଡାଇଭର୍ସ ପତ୍ରରେ ଦସ୍ତଖତ କରି ବିକାଶଠାରୁ ଦୂରେଇ ରହି ତଥାପି ଭୁଲିପାରିନି ରଚିତା ବିକାଶକୁ। ବିକାଶର ଆଶ୍ଚର୍ଯ୍ୟ ଜନକ ପରିବର୍ତ୍ତନ ତାକୁ ଚକିତ କରିଛି। ଗଭୀର ହତାଶାରେ ତାର ନାରୀତ୍ୱ ବିଳପି ଉଠିଛି। ସେଇ ମନସ୍ତତ୍ତ୍ୱର ବର୍ଣ୍ଣନା ଦେବାକୁ ଯାଇ ଲେଖିକା କହନ୍ତି – "ଏକା ଘରେ ଥାଇ ଏକା ବିଛଣାରେ ପାଖକୁ ପାଖ ଶୋଇ ବି ରଚିତା ଅନୁଭବ କରେ ସେ ଯେମିତି କିଛିଦିନ ଧରି ଯୋଜନ ଯୋଜନ ଦୂରରେ ଏକଟିଆ ବସିଛି। ତା'ପରେ ଅଭିମାନ କରି ରଚିତା ଶୋଇଛି ଅନ୍ୟ ଏକ

ଘରେ । କିନ୍ତୁ  ଲାଭ କ'ଣ ହେଲା ? ଦିନେ ବି ବିକାଶ ପ୍ରଶ୍ନ କରିନି । ତାର ମନଆତ୍ମା କି ରକ୍ତ ମାଂସର ଶରୀର ଦିନେବି ହେଲେ ରଚିତାର ଅନୁପସ୍ଥିତି ଅନୁଭବ କରିନାହାନ୍ତି । ତା ହେଲେ ଥାଇ ଯା- ନଥାଇ ବି ସେଇଆ । [୨୯] ବିକାଶ ତା ଜୀବନରୁ  ଦୂରେଇ ଗଲାପରେ ପ୍ରଣବଠାରୁ ବିକାଶର ନୂଆ ବୈବାହିକ ଜୀବନର ଭଲମନ୍ଦ ଶୁଣିବାକୁ  ଜିଜ୍ଞାସା କରିଛି ରଚିତା । ବିକାଶର ପୁଅଟିଏ ହୋଇଛି ଜାଣିବା ପରେ ରଚିତାର ବ୍ୟର୍ଥ ମାତୃତ୍ୱ ବିଳପି ଉଠିଛି । ଥରେ ମାତ୍ର  ସେଇ ଶିଶୁପୁତ୍ରଟିକୁ ଛାତିରେ ଜଡ଼ାଇ ମାତୃତ୍ୱର ଅଜସ୍ର ସ୍ନେହସିକ୍ତ ପରଶରେ ଭିଜାଇ ଦେବାକୁ ଆନମନା ହୋଇଛି ରଚିତା । କିନ୍ତୁ  ତାହା ସମ୍ଭବ ହୋଇନି। ନାରୀତ୍ୱର ପୂର୍ଣ୍ଣତା ମାତୃତ୍ୱରେ । ବିବାହିତା ନାରୀ ପାଇଁ ମାତୃତ୍ୱ ଏକାନ୍ତ କାମ୍ୟ । ମା' ହେବା ନାରୀର ସହଜାତ ଇଚ୍ଛା । କୁହାଯାଏ – The inate desire of a woman is to be a mother.  ରଚିତା  ମା ହୋଇପାରିନି । କିନ୍ତୁ  ସଉତୁଣିର ପୁଅକୁ  ଛାତିରେ ଲଗାଇ ମାତୃତ୍ୱର ଅଭିନବ ଅନୁଭବପାଇଁ ବିକଳ ପ୍ରୟାସ କରିଛି । ପୁଣି ବାଲ୍ୟସାଥୀ ପ୍ରଣବର ପ୍ରେମ ନିବେଦନରେ ମର୍ମାହତ  ହୋଇ ପ୍ରଣବର ତା ପ୍ରତି ଥିବା ପ୍ରଗାଢ଼ ଅନୁରକ୍ତିକୁ ଦେଖି ମନେ ମନେ ଭାବିଛି – "ଜୀବନରେ ଆଉକିଛି ନାହିଁ । ଯାହାମୁଁ ଦେଇ ତମର  ପ୍ରାଣକୁ ପୁଷ୍ପିତ କରି ରଖିବି- ଭରସା ଦେଇ ଶୀତ ବସନ୍ତ ନିଦାଘରେ ତୁମର ସହଚରୀ ହେବି, କିନ୍ତୁ ଜୀବନର ଶେଷ ବସନ୍ତରେ ମୁଁ ସ୍ୱୀକାର କରୁଛି ବିକାଶ ଠାରୁ  ତମର  ମୂଲ୍ୟ ମୋପାଖରେ ଅଧିକ । ଶାସ୍ତ୍ର ପୁରାଣ ତମକୁ  ସ୍ୱୀକାର ନକରି ପାରେ... ତଥାପି ମାନବିକତା ହିଁ ତମକୁ ବଡ ସ୍ଥାନ ଦେବ... ।" [୩୦] ନାରୀ ମନସ୍ତତ୍ତ୍ୱର ସଫଳ ଅଭିବ୍ୟକ୍ତି ନିଖୁଣ ଅଧ୍ୟୟନ ବୀଣାପାଣିଙ୍କ ସୃଷ୍ଟି ସମ୍ଭୁହରେ ଭାସ୍ୱର  । ନାରୀ ଅନ୍ତର୍ମନର ଜ୍ୱାଳା, ବ୍ୟଥା ବେଦନାକୁ ଚମତ୍କାର ଭାବେ ଫୁଟାଇପାରିଛନ୍ତି ବୀଣାପାଣି । ସୀତାର ଶୋଣିତ ଉପନ୍ୟାସର ନାୟିକା ରଚିତାର ମନସ୍ତତ୍ତ୍ୱ ବର୍ଣ୍ଣନା କରିବା ଭିତରେ ସମ୍ବେଦନଶୀଳ ସ୍ରଷ୍ଟା କେତେଦୂର ମନ ଗହ୍ୱରର ଅତଳସ୍ତରକୁ ସ୍ପର୍ଶ କରିପାରେ ତାହା ଲକ୍ଷ୍ୟ କରିହୁଏ ।

### ପ୍ରେମ ଚେତନା:

କୁହାଯାଏ ଗଛଟିଏ  ଜନ୍ମନେଲେ ବଡ ହୋଇମରେ । ଫୁଲଟିଏ ଫୁଟିଲେ ଦିନେ ପୁଣି ମଉଳିଯାଏ ମାତ୍ର ଭଲପାଇବା ଥରେ  ଆରମ୍ଭ ହେଲେ ଆଉ ସରେ ନାହିଁ। ପ୍ରେମ ବା ଭଲ ପାଇବା ମଣିଷ ଜୀବନକୁ ଧନ୍ୟ କରେ । ଏହି ପ୍ରେମ ଏକ ସ୍ୱର୍ଗୀୟ ଉପଲବ୍ଧି  । ବ୍ୟକ୍ତିର ବିସ୍ତୃତି କେବଳ  ପ୍ରେମରେ ସମ୍ଭବ । ପ୍ରେମର ପରାକାଷ୍ଠା ଫୁଟି ଉଠେ ତ୍ୟାଗରେ । ପ୍ରେମର ସେଇ ଅନସ୍ୱାଦିତ ଅନୁଭବ ପ୍ରକାଶ ପାଇଛି ଆଲୋଚ୍ୟ ଉପନ୍ୟାସରେ । ଉପନ୍ୟାସର ନାୟିକା ଏହିପରି ଆଦୌ ସରୁନଥିବା ପ୍ରେମର ଅଧିକାରିଣୀ

ପ୍ରଥମ ସାକ୍ଷାତରେ ବିକାଶକୁ ଭଲପାଇ ବସେ ରଚିତା। ପରିବର୍ତ୍ତିତ ପରିସ୍ଥିତିରେ ନାୟକ ବିକାଶର ଚାରିତ୍ରିକ ଅଧଃପତନ ଘଟେ । ରଚିତାର ପ୍ରେମ ତା'ପାଖରେ ମୂଲ୍ୟହୀନ ହୋଇପଡେ। କିନ୍ତୁ ରଚିତା ଯିଏ ବିକାଶକୁ ଅନ୍ତରାତ୍ମାରେ ଭଲପାଏ ଶତ ଚେଷ୍ଟାସତ୍ତ୍ୱେ ଭୁଲିପାରେନି ତାର ପ୍ରଥମ ପ୍ରେମକୁ ବିକାଶଠାରୁ ଅଲଗା ହେବାପରେ ନିର୍ଜନ ମୁହୂର୍ତ୍ତରେ ପ୍ରୀତିପୂର୍ଣ୍ଣ ସ୍ମୃତିକୁ ମନେପକାଇ କେବଳ ଲୁହଝରାଏ। ଅନ୍ୟପକ୍ଷରେ ବାଲ୍ୟସାଥୀ ପ୍ରଣବ କାୟମନବାକ୍ୟରେ କାମନା କରେ ରଚିତାକୁ ହେଲେ ରଚିତାର ବାନ୍ଧବୀ ମନ ବୁଝିପାରେନି ଏକଥା ଦିନେ ରଚିତାକୁ ଏକାନ୍ତରେ ପାଇ ପ୍ରଣବ ନିଜର ଭାବନାକୁ ବ୍ୟକ୍ତ କରି କହିଛି। – "ରଚିତା ! ଦିନ ନାହିଁ ରାତି ନାହିଁ ସ୍ୱପ୍ନରେ କି ଜାଗରଣରେ ତୁମେହିଁ ସବୁବେଳେ ମୋର ମନ ସମ୍ମୁଖରେ ଠିଆ ହେଲ। ତମକୁ କେନ୍ଦ୍ରକରି ଘୁରି ଘୁରି ମୁଁ କ୍ଳାନ୍ତ ହୋଇ ପଡିଲିଣି। କିନ୍ତୁ ଟିକିଏ ହେଲେ ବି ତୁମର କରୁଣା ହେଲାନି ପାଷାଣୀ"।[୩୧] ପ୍ରଣବ ଆତ୍ମିକ ଭାବରେ ଚାହେଁ ରଚିତାକୁ। ମାତ୍ର ରଚିତା ଯେ ବିକାଶର ବାଗଦତ୍ତା । ବିକାଶର ଏକନିଷ୍ଠ ପ୍ରେମରେ ସମର୍ପିତ ରଚିତା ପାଖରେ ପ୍ରଣବ ହୃଦୟର ଆକୁଳ ନିବେଦନ ପହଞ୍ଚିପାରିନି। ରସ ରତ୍ନାକରରେ ପ୍ରେମକୁ ସଜ୍ଞାୟିତ କରି କୁହାଯାଉଛି – 'ସୁନ୍ଦରପଦାର୍ଥ ଦେଖିବା ଇଚ୍ଛାକୁ କହନ୍ତି ପ୍ରେକ୍ଷା' । ସୁନ୍ଦର ପଦାର୍ଥ ପ୍ରାପ୍ତିପାଇଁ ଯେଉଁ ଚିନ୍ତାଜାଗ୍ରତ ହୁଏ ତାହା ଅଭିଳାଷ । ସୁନ୍ଦର ପଦାର୍ଥ ସହିତ ସଂସର୍ଗ ବୃଦ୍ଧି ରାଗ, ସେଥିପାଇଁ କରିବା କାର୍ଯ୍ୟକୁ କହନ୍ତି ସ୍ନେହ। ସେହି ପଦାର୍ଥ ସହିତ ହେବା ବିୟୋଗ ସହିବାକୁ କହନ୍ତି ପ୍ରେମ ।[୩୨] ପ୍ରେମ ସଂପର୍କରେ ମତ ଦେଇ ପ୍ରଖ୍ୟାତ ଦାର୍ଶନିକ ଓସୋ କହନ୍ତି –"Love as relationship is not true love love as a state of being is true love"।[୩୩]

**ଜୀବନ ଦର୍ଶନ:**

ଔପନ୍ୟାସିକା ବୀଣାପାଣି 'ରଚିତା' ଚରିତ୍ର ମାଧ୍ୟମରେ ଏକ ଆଦର୍ଶକୁ ପାଠକ ନିକଟରେ ଉପସ୍ଥାପନ କରିଛନ୍ତି। ଜୀବନର ଶତ ଲାଞ୍ଛନା ସତ୍ତ୍ୱେ ରଚିତା ଭାରତୀୟ ହିନ୍ଦୁ ନାରୀର ଆଦର୍ଶକୁ ଭୁଲିନି। ବିକାଶର ସନ୍ଦେହ ଦୃଷ୍ଟି ରଚିତାକୁ ମର୍ମାହତ କରିଛି। ତେଣୁ ରଚିତା ନିଜର ପବିତ୍ରତା ସଂପର୍କରେ ସ୍ପଷ୍ଟ ସୂଚନା ଦେବାକୁ ଯାଇ କହିଛି – "ସୀତାର ରକ୍ତ, ସୀତାର ଶୋଣିତ ଏ ଦେହରେ ଅଛି କି ନାହିଁ ତାର ପ୍ରମାଣ ମୁଁ ଦେବି ଜୀବନରେ ତମକୁ। ଯଦି ସୀତାର ରକ୍ତ ଏଜାତିର ଦେହରେ ନଥାନ୍ତା ତା' ହେଲେ ଶତ ନିର୍ଯ୍ୟାତନା, ଶତ ଝଡଝଂଜା, ସ୍ୱାମୀର ଶତ ଅବିଚାର ସହି ଏଜାତି ଯୁଗ ଯୁଗ ଧରି ସ୍ୱାମୀର ଆନନ୍ଦକୁ ନିଜର ଆନନ୍ଦମଣି ନିଜକୁ ତିଳ ତିଳ କରି ସ୍ୱାମୀର ସନ୍ତୁଷ୍ଟିପାଇଁ ବଳି ଦେଇ ନଥାନ୍ତା"। [୩୪]

**ମାନବିକ ଆବେଦନ:**

ମାନବିକତା ମଣିଷର ସର୍ବଶ୍ରେଷ୍ଠ ପରିଚୟ। ରଚିତା ବିଦ୍ୟାଳୟ ପଡିଆରେ ଆହତ ଶିଶୁଟିର ପରିଚୟ ନ ଜାଣି ତାର ଚିକିତ୍ସା ପାଇଁ ଘରକୁ ନେଇ ଆସିଛି। ପିଲାଟି ଆରୋଗ୍ୟ ହୋଇଗଲାପରେ ତାକୁ ବିକାଶର ପୁଅ ବୋଲି ଜାଣି ମଧ୍ୟ ତାର କୌଣସି ଅନିଷ୍ଟ କାମନା କରିନି। ବରଂ ଯତ୍ନସହକାରେ ତାକୁ ଘରେ ନେଇ ଛାଡି ଆସିଛି।

**ଭାଷା ଓ ଶୈଳୀ:**

'ସୀତାର ଶୋଣିତ' ଉପନ୍ୟାସଟି ବୀଣାପାଣିଙ୍କ ପ୍ରଥମ ଉପନ୍ୟାସ ହେଲେବି ଏହାର ଭାଷା ଓ ଶୈଳୀ ଏକ ଆବେଗିକ ବନ୍ଧନରେ ପାଠକର ପ୍ରାଣକୁ ବାନ୍ଧିରଖିପାରିଛି। ସମ୍ଭ୍ରାନ୍ତ ମାର୍ଜିତ ଭାଷା ଉପନ୍ୟାସକୁ ଆକର୍ଷଣୀୟ କରିପାରିଛି। ବିକାଶର ଅନୁପସ୍ଥିତିରେ ରଚିତାର ମନୋଭାବକୁ ପ୍ରକାଶ କରି ଔପନ୍ୟାସିକା କହିଛନ୍ତି - "ରାତିପରେ ଦିନ ଗଡେ। ସକାଳର ଫୁଲ ସଂଜରେ ମଉଳେ। ରାତିର ଅନ୍ଧାର ସକାଳକୁ ସ୍ୱାଗତ ଜଣାଇ ଫେରେ"। [୩୫] ସୀତାର ଚରମ ବିକାଶ ବର୍ଣ୍ଣନା ପରିପ୍ରେକ୍ଷୀରେ ଲେଖିକା କହନ୍ତି - "ସୂର୍ଯ୍ୟ ଏଠି ଉଠିବ ବୋଧେ। ଆକାଶ ସତ୍ୟର ଇଙ୍ଗିତରେ ହୋଇଛି ବର୍ଣ୍ଣବିଭୋର। କିଏ ଜାଣେ ଆସନ୍ତା କାଲିର ରକ୍ତିମ ଛିଟା ସେ ଦେଖିବାକୁ ନଥିବ"। [୩୬] ଉପନ୍ୟାସରୁ ବୀଣାପାଣିଙ୍କ ଉପମାଯୁକ୍ତ ବର୍ଣ୍ଣନାକୁ ମଧ୍ୟ ଲକ୍ଷ୍ୟ କରିହୁଏ - ଯେମିତି - "ଆଗାମୀ ଅଶ୍ରୁର ସାଗର ଭିତରେ ବର୍ତ୍ତମାନର ଦୋଦୁଲ୍ୟମାନ ଏତେ ଟୁକୁରା ହସର ଫେଣ - ସେ କ'ଣ ଭାରସାମ୍ୟ ସମ୍ଭାଳି ରହିପାରେ"। [୩୭]

ବିପର୍ଯ୍ୟସ୍ତ ଦାମ୍ପତ୍ୟ ବିଫଳ ପ୍ରେମର ଚିତ୍ର ଉକ୍ତ ଉପନ୍ୟାସରେ ଚିତ୍ରିତ ହୋଇଛି। ବିଷୟବସ୍ତୁ, ଚରିତ୍ର ଚିତ୍ରଣ, ଶବ୍ଦ- ସଂଯୋଜନା ଆଦି ବିଭିନ୍ନ ଦୃଷ୍ଟି କୋଣରୁ ଉପନ୍ୟାସଟି ସଫଳ ହୋଇପାରିଛି ଏଥିରେ ଦ୍ୱିରୁକ୍ତି ନାହିଁ। ମୋଟ୍ ଉପରେ ବିବାହିତା ହିନ୍ଦୁନାରୀର ଆଦର୍ଶ ଅଗଣିତ ପାଠକର ଦୃଷ୍ଟି ଆକର୍ଷଣ କରିପାରିଛି।

**କୁନ୍ତୀ-କୁନ୍ତଳା-ଶକୁନ୍ତଳା: ଏକ ଆଲୋଚନା :**

'ସୀତାର ଶୋଣିତ' ପରେ କୁନ୍ତୀ-କୁନ୍ତଳା-ଶକୁନ୍ତଳା' ବୀଣାପାଣିଙ୍କ ରଚିତ ଦ୍ୱିତୀୟ ଉପନ୍ୟାସ। ଏହା ପ୍ରଥମେ 'ବହ୍ନିଲଗ୍ନା' ନାମରେ ଝଙ୍କାର ପୂଜା ସଂଖ୍ୟାରେ ପ୍ରକାଶ ପାଇଥିଲା। ପରବର୍ତ୍ତୀ ସମୟରେ ଏହାର କଳେବର ପରିବର୍ଦ୍ଧିତ ହେବା ସହ ନାମ କରଣରେ ମଧ୍ୟ ପରିବର୍ତ୍ତନ ଘଟିଥିଲା। 'ବହ୍ନିଲଗ୍ନାରୁ ତାହା ରୂପାନ୍ତରିତ ହେଲା 'କୁନ୍ତୀ-କୁନ୍ତଳା-ଶକୁନ୍ତଳା' ନାମରେ। ବୀଣାପାଣିଙ୍କ ପ୍ରାୟ ସମସ୍ତ ସୃଷ୍ଟି ସମ୍ଭାରରେ

ନାରୀ ଜୀବନର ବିଭିନ୍ନ ସମସ୍ୟା ମୁଖ୍ୟ ରୂପେ ସ୍ଥାନ ପାଇଛି । ନିଜର ଜନ୍ମଦାତ୍ରୀ ସ୍ୱର୍ଗୀୟା କୁମୁଦିନୀ ମହାନ୍ତିଙ୍କଠାରୁ ନାରୀ ଜୀବନର ସମସ୍ୟାଗୁଡ଼ିକୁ ନିଜ କଳାକୃତିରେ ସ୍ଥାନ ଦେବାରେ ମୁଖ୍ୟ ପ୍ରେରଣା ପାଇଛନ୍ତି ବୀଣାପାଣି ମହାନ୍ତି । ନାରୀ ଜୀବନ ସମସ୍ୟାକୁ କେନ୍ଦ୍ରକରି ସାହିତ୍ୟ ସୌଧ ନିର୍ମାଣରେ ବୀଣାପାଣିଙ୍କ ପ୍ରୟାସ ଅନନ୍ୟ ଅସାଧାରଣ । 'କୁନ୍ତୀ-କୁନ୍ତଳା-ଶକୁନ୍ତଳା' ସେଇ ପ୍ରୟାସର ସଫଳ ଅଭିବ୍ୟକ୍ତି । ଏହି ଉପନ୍ୟାସଟି ସହଦେବ ପ୍ରଧାନଙ୍କ ତତ୍ତ୍ୱାବଧାନରେ ଫ୍ରେଣ୍ଡସ୍ ପବ୍ଲିଶର୍ସ ଦ୍ୱାରା ପ୍ରକାଶ ପାଇଥିଲା । ଆଲୋଚ୍ୟ ଉପନ୍ୟାସର 'ମୁଖବନ୍ଧ'ରେ ନିଜେ ଲେଖିକା ସ୍ୱର୍ଗୀୟା ମାତା କୁମୁଦିନୀଙ୍କ ଉଦ୍ଦେଶ୍ୟରେ କହିଛନ୍ତି – "ତେଣୁ ତ ସାରା ବିଶ୍ୱରେ ନିରବ ବିପ୍ଳବରେ ଆହୂତ ଛଳଛଳ ଉନ୍ମୁଖ ଆଶାୟୀ ନୟନରେ ଅନେକ 'କୁନ୍ତୀ' ସ୍ୱପ୍ନ ଦେଖନ୍ତି । ଅସଂଖ୍ୟ 'କୁନ୍ତଳା' ସଂଗ୍ରାମ ପାଇଁ ପ୍ରସ୍ତୁତ ହୁଅନ୍ତି ଓ ଅସୁମାରି 'ଶକୁନ୍ତଳା' ଆତ୍ମହୁତି ଦିଅନ୍ତି । ସେଇ ସମସ୍ତିଙ୍କ ଭିତରେ ଦିବ୍ୟ ନାରୀସତ୍ତା ଜଗ୍ରତ । ସେମାନଙ୍କ ଭିତରେ ତୁ ଓ ତୋ ଭିତରେ ସେମାନେ ଚିର ତପସ୍ୟାରତ" । (୩୮)

ନାରୀ ଚେତନାର ମୁକ୍ତି ପାଇଁ ବୀଣାପାଣିଙ୍କ ପ୍ରଚେଷ୍ଟା ଅଭିନନ୍ଦନୀୟ । ନାରୀକୁ ଶୋଷଣମୁକ୍ତ କରିବାର ସ୍ୱପ୍ନରେ ବିଭୋର ବୀଣାପାଣି ଆଲୋଚ୍ୟ ଉପନ୍ୟାସର 'ନିଜକଥାରେ' କହନ୍ତି – "କିନ୍ତୁ ଆଜିର ନାରୀ ଚେତନା ଯେ ମୁକାବିଲା କରିପାରିବ ପରିସ୍ଥିତିର ଅମାନୁଷିକ ଅତ୍ୟାଚାରର ଓ ନିଜକୁ ତିଳ ତିଳ କରି ଉତ୍ସର୍ଗ କରି ଆଗାମୀ ବଂଶଧରଙ୍କ ପାଇଁ ମୁକ୍ତିର ମଶାଲ ତୋଳି ଧରିବ ନିର୍ଭୀକ ଭାବରେ ତାହା ହିଁ ମୋର ବକ୍ତବ୍ୟ ଓ ଉପଲବ୍ଧି" । (୩୯)

'କୁନ୍ତୀ- କୁନ୍ତଳା – ଶକୁନ୍ତଳା' ଏକ ସାମାଜିକ ଉପନ୍ୟାସ । ସମାଜର ଅନ୍ୟାନ୍ୟ ବିଭିନ୍ନ ଦିଗ ସହିତ ନାରୀ ଜୀବନର ଦୁଃସ୍ଥିତି, ଅସହାୟତା, ତାର ଯନ୍ତ୍ରଣା, ଅକୁହା ବେଦନାକୁ ନିଜ ଲେଖନୀରେ ରୂପ ଦେଇଛନ୍ତି ଔପନ୍ୟାସିକା ବୀଣାପାଣି । ଉପନ୍ୟାସର ଗୋଟିଏ ମାତ୍ର ପ୍ରମୁଖ ନାରୀ ଚରିତ୍ର କୁନ୍ତୀ । ପରିବେଶ ଓ ପରିସ୍ଥିତିର ତାଡ଼ନାରେ ତାର ରୁପାନ୍ତର ଘଟିଛି । କୁନ୍ତୀରୁ କୁନ୍ତଳା କୁନ୍ତଳାରୁ ଶକୁନ୍ତଳାରେ ଉପନ୍ୟାସ ନାୟିକାର ରୂପାନ୍ତର ହୋଇଛି । ବାପା ବୋଉଙ୍କ ପାଖରେ ଥିବାବେଳେ ସେ 'କୁନ୍ତୀ' ସୁମିତ୍ରାଦେବୀଙ୍କ ଘରେ ଆଶ୍ରୟ ନେବାପରେ 'କୁନ୍ତଳା' ଏବଂ ଶ୍ରୀଭବନରେ ନିଜକୁ ଆବିଷ୍କାର କଲାପରେ କୁନ୍ତଳା ପରିଚିତ ହୋଇଛି 'ଶକୁନ୍ତଳା' ନାମରେ । କୁନ୍ତୀରୁ-କୁନ୍ତଳା-କୁନ୍ତଳାରୁ-ଶକୁନ୍ତଳା ଜୀବନର ଦୀର୍ଘ ଯାତ୍ରା ପଥରେ ତା' ଚିନ୍ତା ଚେତନାରେ ଯେଉଁ ସୂକ୍ଷ୍ମାତିସୂକ୍ଷ୍ମ ଉପଲବ୍ଧି ତାହାହିଁ ଆଲୋଚ୍ୟ ଉପନ୍ୟାସର ସାର କଥା ।

**କଥାବସ୍ତୁ:**

କୁନ୍ତୀ ଚଉଦ ବର୍ଷର ଅବୋଧ ବାଳିକା। ଗାଁ ସ୍କୁଲରେ ପଞ୍ଚମ ଶ୍ରେଣୀରେ ପାଠସାରି ମାଇନର ପଢିବାର ଆଶା ରଖିଛି। ତାର ଏଇ ଆଶାକଢି ଫୁଲ ହୋଇ ଫୁଟିବା ପୂର୍ବରୁ ବୋଉର ନାଲି ଆଖିର ଇଙ୍ଗିତରେ ଅଚିରେ ମଉଳି ଯାଇଛି। କଅଁଳ ମନ ତଳେ ତାର ଅଜସ୍ର ସ୍ୱପ୍ନ ; ଆଉ ସମ୍ଭାବନା। ତା' ଭିତରେ ଅଧିକ ପାଠ ପଢିବାର ଅଦମ୍ୟ ଆକାଂକ୍ଷା କିନ୍ତୁ ପ୍ରତିବନ୍ଧକ ସାଜିଛି ଅପାଠୋଇ ବୋଉର ଅଶିକ୍ଷିତ ଭାବ। ଘରକାମ କରିବାପାଇଁ ବୋଉର ତାଗିଦ୍। କେବଳ କୁନ୍ତୀ ନୁହେଁ ନିମା ଭାଇକୁ ମଧ୍ୟ ପାଠ ପଢାଇବା ନିମନ୍ତେ ତା' ବୋଉ ଅନିଚ୍ଛା ପ୍ରକାଶ କରିଛି। ତେଣୁ ଭବିଷ୍ୟତରେ କିଛି କରିବା ପାଇଁ ନିମା ତାଙ୍କ ସାହିର ଗଉରା ସହିତ ରାତାରାତି ଘରୁ ଫେରାର ହୋଇ କଟକ ପଳାଇଛି। ଏଥିପାଇଁ କୁନ୍ତୀ ତାକୁ ସହଯୋଗ କରିଛି। ଆଣ୍ଠୁଆ-ଗୋପାଳ ନିକଟରେ ଥିବା ବୋଉର ସଂଚିତ ଟଙ୍କାକୁ ଲୁଚାଇ ନେଇ କୁନ୍ତୀ ତାର ନିମା ଭାଇକୁ ଦେଇ ଦେଇଛି। ପରେ ଏକଥା ଜାଣିବା ପରେ ତା' ବୋଉ କାନ୍ଦି କାନ୍ଦି ଦୁନିଆ କଂମ୍ପାଇ ଦେଇଛି। କୁନ୍ତୀ ଆଉ ଅଧିକ ପାଠ ନପଢି ଘର କାମରେ ତାକୁ ସାହାଯ୍ୟ କରୁ ବୋଲି ତା ବୋଉ ଚାହିଁଛି। ଗରିବ ଘରେ ଜନ୍ମ ହୋଇଥିଲେ ବି କୁନ୍ତୀର ରୂପଲାବଣ୍ୟ ଓ ସୌନ୍ଦର୍ଯ୍ୟ ଅନ୍ୟକୁ ପ୍ରଲୁବ୍ଧ କରିଛି। ଗାଁର ସାଧୁ ପାରିଡା, ରାଧୁ ମହାଜନର ଦୃଷ୍ଟି ପଡିଛି କୁନ୍ତୀ ଉପରେ। ରାଧୁ ମହାଜନ ଅର୍ଥର ଲୋଭ ଦେଖାଇ କୁନ୍ତୀର ଅଶିକ୍ଷିତ ଗଂଜୋଡ ବାପାକୁ ମନେଇ ନେଇଛି। ତା'ର ବାପା କୁନ୍ତୀକୁ ରାଧୁମହାଜନ ସହ ବିବାହ ଦେବାକୁ ସ୍ଥିର କରିଛି। ରାଧୁମହାଜନର ଦୁଇ ଦୁଇଟା ସ୍ତ୍ରୀ ମରିଯାଇଛନ୍ତି । ନିଜ ଝିଅ ବୟସର କୁନ୍ତୀକୁ ବିବାହ କରିବାକୁ ସେ ପଛଘୁଞ୍ଚା ଦେଇନାହାନ୍ତି। ଯେଉଁ ବୟସରେ କୁନ୍ତୀ ପାଠ ପଢିବା କଥା ସେହି ବୟସରେ ତା'ଉପରେ ଗୁରୁଦାୟିତ୍ୱ ଲଦିଦିଆଯାଇଛି। ବିବାହର ଅର୍ଥ କ'ଣ ଜାଣିବା ପୂର୍ବରୁ ପାଦରେ ଅଳତା ମଥାରେ ସିନ୍ଦୂର ନାଇ ଶାଶୁ ଘରେ ପାଦ ଦେଇଛି କୁନ୍ତୀ । ରାଧୁ ମହାଜନର ଶୁଖିଲା ସୋହାଗ କୁନ୍ତୀକୁ ତୃପ୍ତ କରିପାରିନି। ଅଥଚ ରାଧୁ ମହାଜନ ନିଜ ବଂଶରକ୍ଷାପାଇଁ ଭଣଜା ମନୁଆ ସହିତ ଝୁଲଣ ଯାତ୍ରା ଦେଖିବାକୁ ନିଃସଂକୋଚରେ କୁନ୍ତୀକୁ ପଠାଇଦେଇ ଆଶ୍ୱସ୍ତ ହୋଇଛି। କୁନ୍ତୀକୁ ପଣାରେ ଭାଙ୍ଗ ମିଶାଇ ପିଇବାକୁ ଦେଇ ସେଇ ଅନ୍ଧକାର ରାତିରେ ମନୁଆ ବଳାତ୍କାର କରିଛି। ଫଳସ୍ୱରୂପ କୁନ୍ତୀ ଗର୍ଭବତୀ ହୋଇଛି। ଅନିଚ୍ଛା ସତ୍ତ୍ୱେ ଅନ୍ୟର ସଂନ୍ତାନକୁ ଗର୍ଭରେ ଧାରଣ କରି ଉଦାସୀନ କୁନ୍ତୀ ରାଧୁ ମହାଜନର ନିଷ୍ଫଳ ପୌରୁଷକୁ ଧିକ୍‌କାର କରିଛି। ସମୟ କ୍ରମେ କୁନ୍ତୀ ଏକ କନ୍ୟା ସଂନ୍ତାନ ଜନ୍ମ ଦେଇ ତା'ର ଦାୟିତ୍ୱ ଗୁଣ୍ଡରୀ ଅପା ଉପରେ ଅର୍ପଣ କରିବାକୁ ମନସ୍ଥ କରିଛି। କନ୍ୟା ସଂନ୍ତାନଟିଏ ହେବାରୁ ରାଧୁ ମହାଜନର ସମସ୍ତ ଆଶା ମଉଳି ଯାଉଛି। ଭଣଜା ମନୁଆଠାରୁ ଆସନ୍ତାବର୍ଷ

ପୁତ୍ରସଂନ୍ତାନଟିଏ ପାଇବାର ପ୍ରତିଶ୍ରୁତିପାଇଁ ସେ ଆଶ୍ୱସ୍ତ ହୋଇଛି ଯାହା କୁନ୍ତୀପାଇଁ ଅସହ୍ୟ ମନେ ହୋଇଛି । ତା' ନାରୀତ୍ୱର; ପତ୍ନୀତ୍ୱର ଅବମାନନା କରାଯାଇଛି । ଜଣକର ପତ୍ନୀ ହୋଇ ଅନ୍ୟ କାହା ସଂନ୍ତାନର ଜନନୀ ହେବା କେତେ ଯେ ବେଦନାଦାୟକ ତାହା ଅନୁଭବୀ ହିଁ ଜାଣେ । ଗଭୀର ମର୍ମଦାହ ଓ ଅକୁହା ଯନ୍ତ୍ରଣାକୁ ଛାତିରେ ଚାପିଧରି କୁନ୍ତୀ ରାତି ରାତି ରାଧୁ ମହାଜନ. ଗୁଣ୍ଡୁରୀ ଅପା, ମନୁଆ, ଏପରିକି ନବଜାତ ନିରୀହ ଶିଶୁ କନ୍ୟାଟିକୁ ଛାଡି ଦେଇ ପଳାଇ ଆସିଛି । ଅନିର୍ଦ୍ଦିଷ୍ଟ ଲକ୍ଷ୍ୟପଥରେ ଆଗେଇ ଯାଉଯାଉ ରେଲୱେ ପ୍ଲାଟଫର୍ମରେ ପହଞ୍ଚି ଗୋଟେ ରେଲଡବା ଭିତରେ ପଶିଯାଇ ଅଚେତ ହୋଇପଡିଛି ସେ । ସେଠାରୁ ଅଚେତ ଅବସ୍ଥାରେ କୁନ୍ତୀକୁ ସୁମିତ୍ରା ଦେବୀ ନିଜ ଘରକୁ ନେଇ ଆସି ତାକୁ ନୂଆ ଜୀବନ ଦେଇଛନ୍ତି । ନୂଆକରି ଜୀବନ ବଞ୍ଚିବାର ଆଶା କୁନ୍ତୀ ମନରେ ସଂଚାର କରିଛନ୍ତି ସୁମିତ୍ରା ଦେବୀ । ସୁମିତ୍ରା ଦେବୀ ଜଣେ ସମାଜ ସେବୀ ଭାବରେ ବେଶ୍ ପରିଚିତା । ସେ ଜଣେ ନାରୀ ନେତ୍ରୀ ମଧ୍ୟ । ସୁମିତ୍ରା ଦେବୀ  କୁନ୍ତୀକୁ ପାଠ ପଢାଇ ପାଞ୍ଚ ଜଣରେ ଜଣେ କରାଇ ପାରିଛନ୍ତି। ସୁମିତ୍ରା ଦେବୀଙ୍କ ଘରେ ଆଶ୍ରୟ ନେବାପରେ ତପନ ସହିତ ସାକ୍ଷାତ ହୁଏ କୁନ୍ତୀର । କୁନ୍ତୀ ପରି ତପନର ଆଶ୍ରୟଦାତ୍ରୀ ହେଉଛନ୍ତି ସୁମିତ୍ରା ଦେବୀ । କୁନ୍ତୀକୁ ପାଠପଢାଇବାର ଦାୟିତ୍ୱ ସୁମିତ୍ରା ଦେବୀ ତପନ ଉପରେ ନ୍ୟସ୍ତ କରିଛନ୍ତି । ଘଟଣା କ୍ରମେ ତପନକୁ  ନେଇ କୁନ୍ତୀ ମନରେ ସୃଷ୍ଟି ହୋଇଛି ଅଜଣା ପୁଲକ । ସୁମିତ୍ରା ଦେବୀ ନିର୍ବାଚନ ଲଢି ନିର୍ବାଚନ ଜିତିଛନ୍ତି । ସେଇ ଖୁସିରେ ପରିବାରରେ ଭୋଜିଭାତ ପାର୍ଟିର ଆୟୋଜନ କରଯାଇଛି । ସୁଦୂର ବିଦେଶରୁ ତାଙ୍କର ଏକମାତ୍ର ପୁଅ  ଲାଲ୍‌ଟୁ ବାବୁ ଆସିଛନ୍ତି । କୁନ୍ତୀ ପରି ପ୍ରସ୍ଫୁଟିତା ସୁନ୍ଦରୀ ନାରୀକୁ ଦେଖି ଲାଲ୍‌ଟୁ ବାବୁ ବୁଦ୍ଧିବିବେକ ଶୁନ୍ୟ ହୋଇଯାଇ ନିଜ ପାଶବିକ ପ୍ରବୃତ୍ତିର ପରିତୃପ୍ତିପାଇଁ ତତ୍ପର ହୋଇଉଠିଛନ୍ତି। ପରବର୍ତ୍ତୀ ସମୟରେ କୁନ୍ତୀ ହୋଇଛି ଅନ୍ତସତ୍ତ୍ୱା । ସୁମିତ୍ରା ଦେବୀ କୁନ୍ତୀର ଚରିତ୍ରକୁ ଆକ୍ଷେପ କରିଛନ୍ତି । ଏକ ଦୁର୍ବଳ ମୁହୂର୍ତ୍ତରେ ତପନ ସହିତ କୁନ୍ତୀକୁ ଅନ୍ତରଙ୍ଗ ଅବସ୍ଥାରେ ଦେଖି ସୁମିତ୍ରା ଦେବୀ ବିଷୋଦ ଗାର କରି କହିଛନ୍ତି –"ବାଃ ବାଃ !ପ୍ରେମର କି କରାମତି ! ନିଜର ପ୍ରେମାସ୍ପଦକୁ ରକ୍ଷା କରିବାକୁ ଯାଇ ମୋ ପୁଅ ଉପରେ ତୁ ଦୋଷ ଦେବୁ ? ତୁ ତୋର କଳା ହରାଇ ଆଜି ଏକ କାଳନାଗୁଣୀ ପରି ମତେ ଦଂଶନ କରିଚାଲିଛୁ"। [୪୦] ସୁମିତ୍ରା ଦେବୀ ନିଜର ଭାବମୂର୍ତ୍ତିକୁ ଅକ୍ଷୁଣ୍ଣ ରଖିବା ପାଇଁ ତାଙ୍କର ଘନିଷ୍ଠ ବାନ୍ଧବୀ ପୁଷ୍ପଲତା କ୍ଲିନିକ୍‌ରେ କୁନ୍ତୀର ଗର୍ଭପାତ କରାଇ ତାକୁ ଘରକୁ ଫେରାଇ ଆଣିଛନ୍ତି । ପରବର୍ତ୍ତୀ ସମୟରେ କୁନ୍ତୀର ଭୀଷଣ ଅନ୍ୟମନସ୍କତାକୁ ଲକ୍ଷ୍ୟ କରି ସୁମିତ୍ରା ଦେବୀ ତାକୁ ଅନ୍ୟତ୍ର ବୁଲା ବୁଲି କରି ଆସିବାକୁ ପରାମର୍ଶ ଦେଇଛନ୍ତି । ଶେଷରେ ଜଣେ ମଧ୍ୟବୟସ୍କ ପୁରୁଷ ରିକ୍‌ସାରେ ବସାଇ କୁନ୍ତୀକୁ ନେଇ ପହଞ୍ଚାଇ ଦେଇଛି ଏକ ଆଶ୍ରୟସ୍ଥଳରେ ଯାହାର ନାମ 'ଶ୍ରୀ ଭବନ' ।

ଶ୍ରୀ ଭବନରେ ଆଶ୍ରୟ ନେଇଛନ୍ତି କେତେ ଜଣ ଅସହାୟ ସ୍ତ୍ରୀ ଲୋକ, କେତେକ ଛୋଟ ଛୋଟ ପିଲା। ସେମାନଙ୍କର ଦାୟିତ୍ୱ ଶ୍ରୀ ଭବନର ମା'ଙ୍କ ଉପରେ ନ୍ୟସ୍ତ। ଆଶ୍ରମରେ ପଦି,ପୁନିଆଦିଙ୍କ ସହ ସଂପର୍କ ଘନିଷ୍ଠ ହୋଇଛି କୁନ୍ତୀର। ସୁମିତ୍ରା ଦେବୀ କୁନ୍ତୀର ଖର୍ଚ୍ଚ ବହନ ପୂର୍ବକ ଆଶ୍ରମକୁ ଆବଶ୍ୟକୀୟ ଅର୍ଥ ଯୋଗାଇ ଦେଇଛନ୍ତି। ଦିନେ ହଠାତ୍ ଶ୍ରୀଭବନ ମା'ଙ୍କର ମୃତ୍ୟୁ ହୋଇଛି। ମା'ଙ୍କ ମୃତ୍ୟୁପରେ ଆଶ୍ରମର ସମସ୍ତ ଦାୟିତ୍ୱ କୁନ୍ତୀ ଉପରେ ପଡିଛି। ଆଶ୍ରମବାସୀଙ୍କୁ ଆହାର ଯୋଗାଇ ଦେବା ନିମନ୍ତେ ଶେଷରେ କୁନ୍ତୀ ପଦାକୁ ଗୋଡ କାଢିଛି। ଅନ୍ୟୋନ୍ୟପାୟ କୁନ୍ତୀ ସୁମିତ୍ରା ଦେବୀଙ୍କ ଦ୍ୱାରସ୍ଥ ହୋଇ ଅପ୍ରତ୍ୟାଶିତ ଭାବେ ଲାଲ୍‌ଟୁ ବାବୁଙ୍କୁ ଭେଟିଛି। ଲାଲ୍‌ଟୁ ବାବୁ କୁନ୍ତୀକୁ ସାହାଯ୍ୟ କରିବାର ପ୍ରତିଶ୍ରୁତି ଦେଇଛନ୍ତି। ତପନ ପର୍ଶୁରାମ ବାବୁଙ୍କ ସପକ୍ଷରେ ନିର୍ବାଚନ ପ୍ରଚାର କରିଛି। ଲାଲ୍‌ଟୁ ବାବୁଙ୍କ ସମର୍ଥକ ଦ୍ୱାରା ଆଘାତ ପ୍ରାପ୍ତ ହୋଇ ହସ୍‌ପିଟାଲରେ ଚିକିତ୍ସିତ ହୋଇଛି ତପନ। କୁନ୍ତୀ ତପନର ସେବା କରିବା ସୁଯୋଗରେ ତା' ନିମାଭାଇକୁ ଡାକ୍ତର ରୂପେ ଦେଖିଛି। ଲାଲ୍‌ଟୁ ବାବୁଙ୍କ ଚରିତ୍ରରେ କିନ୍ତୁ ପରିବର୍ତ୍ତନ ହୋଇନି। ସେ ନିଜର ମା ସୁମିତ୍ରାଦେବୀଙ୍କୁ ପାଗଳ କରିଦେଇ ଦେଶ ସେବା ନାମରେ ଭ୍ରଷ୍ଟାଚାର କରିଚାଲିଛନ୍ତି। ଦିନେ ଗଭୀର ରାତିରେ କାର୍ ନେଇ ଶ୍ରୀ ଭବନରେ ପହଞ୍ଚିଛନ୍ତି ସତ୍ୟବ୍ରତ ଓରଫ୍ ଲାଲ୍‌ଟୁ ବାବୁ। କୁନ୍ତୀକୁ ସ୍ୱଇଛାରେ ତାଙ୍କ ପାଖରେ ସମର୍ପିତ ହେବା ପାଇଁ ବାଧ କରିଛନ୍ତି ଲାଲ୍‌ଟୁ ବାବୁ। ଶେଷରେ ଲାଲ୍‌ଟୁ ବାବୁ ନିଜର ଯୌନାକାଂକ୍ଷାକୁ ଚରିତାର୍ଥ କରିବାପାଇଁ ବ୍ୟାକୁଳ ହେବାର ଦେଖି କୁନ୍ତୀ ମାଙ୍କଡା ପଥର ଇଟାରେ ଛେଚି ଲାଲ୍‌ଟୁଙ୍କୁ ରକ୍ତାକ୍ତ ଓ ଲହୁଲୁହାଣ କରିଦେଇଛି। ଲାଲ୍‌ଟୁବାବୁର ସେଇ ପ୍ରମତ୍ତ ଯୌନକାମନା ଭିତରେ କୁନ୍ତୀ ଦେଖିଛି ରାଧୁ ମହାଜନ ଓ ମନୁଆମାନଙ୍କୁ । ପ୍ରବଳ ପ୍ରତିକ୍ରିୟା ରେ ମୁହ୍ୟମାନ କୁନ୍ତୀ ନୂଆ ଏକ ସକାଳର ଅପେକ୍ଷାରେ ଅଛି। ଗଭୀର କ୍ଳାନ୍ତିରେ ତାର ପାଦ ଆଗକୁ ଯାଇନି। ଗଭୀର ପ୍ରଶାନ୍ତିରେ ଚିରନିଦ୍ରା ଯାଇଛି କୁନ୍ତୀ। ଔପନ୍ୟାସିକାଙ୍କ ଭାଷାରେ – "ଆଖିପତା ବନ୍ଦ ହୋଇ ଯାଉ ଯାଉ କୋଉଠି ଯେମିତି କିଏ ଡାକିଦେଲା ପରି ସେ ଆଖି ମେଲି ଚାହିଁଲା ! ସତେ କି ମହାକାଳ କେତେ ଶ୍ୱାସରୁଦ୍ଧ ହୋଇ ଉଠି ବସିଛି କୋଉ ଗିରିଗୁମ୍ଫାରେ। ସେ ନିଶ୍ୱାସର ପ୍ରଖର ଝଂଜା ରୁଧିରାକ୍ତ କରିଛି ଚେତନାର ସମସ୍ତ ଦିଗନ୍ତ। ବସୁନ୍ଧରାର ବୁକୁ ବିଦୀର୍ଣ୍ଣ କରି ଭାସି ଆସୁଛି ଓଁ କାର ଶବ୍ଦ ! କିଏ ? କିଏ ଆସୁଛି ? କାହାର ଏ ଦ୍ରୁତ ପାଦଶବ୍ଦ ? କିଏ ? ଚତୁର୍ଦ୍ଦିଗ ସଂପୂର୍ଣ୍ଣ ଭାବରେ ନିନାଦିତ ହେବା ପୂର୍ବରୁ ଗଭୀର ପ୍ରଶାନ୍ତିରେ ନିଦ୍ରାମଗ୍ନ ହେଲା ! ପୂର୍ବ ଦିଗ ଧୀରେ ଧୀରେ ରକ୍ତବର୍ଣ୍ଣ ଧାରଣା କରୁଥିଲା-" (୪୧)

ଉପନ୍ୟାସର କଥାବସ୍ତୁ ସାମାଜିକ। କୁଆଁରୀ ଆଖିର ସୁନେଲିସ୍ୱପ୍ନ ନିଷ୍ଠୁର ବାସ୍ତବତାରେ ହଜିଯାଇ ଜୀବନର ଚରମସତ୍ୟକୁ ଉପଲବ୍ଧି କରି ଉପନ୍ୟାସର ନାୟିକା

କୁନ୍ତୀ ପରିଶେଷରେ ଶକୁନ୍ତଳା ନାମରେ ପରିଚିତି ଲାଭ କରିଛି । ଆଲୋଚ୍ୟ ଉପନ୍ୟାସରେ ବୀଣାପାଣିଙ୍କ ବିପ୍ଳବୀସ୍ୱର ବେଶ ଶାଣିତ ଓ ତୀବ୍ର । ଅନ୍ୟାୟର ପ୍ରତିରୋଧ ପାଇଁ ଔପନ୍ୟାସିକାଙ୍କର ଉଦ୍ୟମ ବାସ୍ତବିକ ସ୍ୱାଗତ ଯୋଗ୍ୟ ।

**ସାମାଜିକତା:**

ସାଧାରଣ ମଣିଷ ପରି ସର୍ଜନଶୀଳ ସ୍ରଷ୍ଟା ମଧ୍ୟ ସମାଜରେ ରହେ । ସମାଜରେ ନିବିଡ଼ ଭାବରେ ବାସ କରେ । ସମାଜ ଜୀବନର ଅଭିଘାତରୁ ତାର ଚେତନା ଯେଉଁ ଅଭିଜ୍ଞତା ଅର୍ଜନ କରେ ତାକୁ ସେ ତା ସୃଷ୍ଟିରେ ରୁପଦିଏ । ସମାଜର ଚିତ୍ର ପ୍ରଦାନ କରିବା, ସମାଜର ବିଦ୍ରୁପ କରିବା ଓ ସମାଜର ଉନ୍ନତି କରିବା ସବୁ ହେଉଛି ସାହିତ୍ୟର ସାମାଜିକତା । ସମାଜର ଉନ୍ନତି କାମନା କରି ସେହି ଉଦ୍ଦେଶ୍ୟରେ ଆପଣା ସର୍ଜନଶୀଳତାକୁ ବିନିଯାଗ କରେ ସମାଜ ସଚେତନଶୀଳ ସାହିତ୍ୟଶିଳ୍ପୀ । ସାହିତ୍ୟରେ ସାମାଜିକତା ପ୍ରସଙ୍ଗକୁ ନେଇ ଜଣେ ଆଲୋଚକ କହନ୍ତି । **"The aim of all writers have been to defind society and mankind"** ସବୁ ଲେଖକର ଅଭିପ୍ରାୟ ହେଉଛି ସମାଜ ଓ ମାନବିକତାର ସପକ୍ଷତା ।

ବୀଣାପାଣିଙ୍କ 'କୁନ୍ତୀ - କୁନ୍ତଳା - ଶକୁନ୍ତଳା' ଏକ ସଫଳ ସାମାଜିକ ଉପନ୍ୟାସ । ସମାଜର ବହୁବିଧ ଦିଗକୁ ଔପନ୍ୟାସିକା କଳାତ୍ମକ ରୂପ ପ୍ରଦାନ କରିଛନ୍ତି । ସମାଜମନସ୍କ ଦୃଷ୍ଟିଭଙ୍ଗୀ ଜଣେ ଜୀବନବାଦୀ ଶିଳ୍ପୀର ମୁଖ୍ୟ ବିଶେଷତ୍ୱ । ଉଚ୍ଚକୋଟୀର ସ୍ରଷ୍ଟା ସମାଜର ପ୍ରାଣସ୍ପନ୍ଦନକୁ ତାର ସୃଷ୍ଟିରେ ତୋଳିଧରେ । ବୀଣାପାଣି ମଧ୍ୟ ସେହିପରି ଜଣେ ମାନବବାଦୀ ଶିଳ୍ପୀ; ସାରସ୍ୱତ ସାହିତ୍ୟ ସାଧିକା । ଏହି ଉପନ୍ୟାସର ଆରମ୍ଭରୁ ଶେଷଯାଏ ନିଛକ ସାମାଜିକତା ସହୃଦୟ ପାଠକ ଲକ୍ଷ୍ୟ କରିପାରିବେ।

ଅନୂଢ଼ା କିଶୋରୀ ନାୟିକା କୁନ୍ତୀ ଚଉଦବର୍ଷରେ ପଦାର୍ପଣ କରିଛି । ମନରେ ତାର ପ୍ରଜାପ୍ରତିର ଡ଼େଣା ଲାଗିଛି । କୌତୁହଳରେ ଉଡ଼ିବୁଲିବାର ପ୍ରବଣତାରେ ସେ ହୋଇଛି ଆନମନା । ଚପଳତାରେ ପଞ୍ଚମ ଶ୍ରେଣୀପରେ ଅଧିକ ପାଠପଢିବାର ଆଶା ରଖିଛି । କିନ୍ତୁ ଏହି ନିରଳସ ଗତିରେ ଭଙ୍ଗା ପଡିଯାଇଛି। ଅପାଠୋଇ ସାବତ ବୋଉର ତା ପାଠପଢାକୁ ନେଇ ନାଲି ଆଖିକଡା ତାଗିଦ୍ । ଘରକାମରେ ତାକୁ ସାହାଯ୍ୟ କରିବା ଉଚିତ୍ ବୋଲି ମନ୍ତବ୍ୟ ଦେଇଛି ତାର ବୋଉ । ସାଇପଡିଶା ତାକୁ ଆକ୍ଷେପ କରିଛନ୍ତି । ଝିଅ ଟିଏ କାଳେ ବଡ ହୋଇଗଲେ ତାକୁ ହସିବା ମନା, ବୁଲିବା ମନା । କୁନ୍ତୀ ଜୀବନରେ ସେମିତି ଘଟିଛି । ବାପା ତାର ଗଂଜେଇ ଖୋର । ଅଭାବୀ ପରିବାରରେ ଖାଇପିଇ ଯେମିତି ହେଉ ଚଳିଗଲେ ଯାଏ। ନିମାଭାଇ ଘର କାମରେ ବାପାକୁ ଯଥାସାଧ ସାହାଯ୍ୟ କଲେ ବି କେଜାଣି କାହିଁକି

ତା ପ୍ରତି ବୋଉ ଅସହିଷ୍ଣୁ ହୋଇ ପଡେ। ନିରୂପାୟ ନିମାଭାଇ ଅଧିକ ପାଠ ପଢିବା ଉଦ୍ଦେଶ୍ୟରେ ଘରଛାଡି କଟକ ପଳାଏ। ନିମାଭାଇର ପଳାୟନ ପରେ ବୋଉତାକୁ କଟାସମ୍ପାକରେ। ସମାଜରେ ସାବତମାର ମନୋଭାବ ଠିକ୍ ଏହିପରି। ନୂଆକରି ଯୌବନରେ ପାଦଦେବାମାତ୍ରେ କୁନ୍ତୀର ଅନିନ୍ଦ୍ୟରୂପ ସମସ୍ତଙ୍କ ଆକର୍ଷଣର କେନ୍ଦ୍ର ପାଲଟିଯାଇଛି। ରାଧୁ ମହାଜନ, ସାଧୁ ପରିଡାର ଦୃଷ୍ଟି ସେଥିରୁ ବାଦ୍ ପଡିନି। କୁନ୍ତୀର ନିଶାଖୋର ଗଂଜୋଡ ବାପ ଋଣଦାଉରୁ ମୁକ୍ତିପାଇବା ପାଇଁ କୁନ୍ତୀଠାରୁ ଯଥେଷ୍ଟ ବଡ ରାଧୁ ମହାଜନ ସହିତ ବିବାହ କରାଇ ଦେଇଛି। କୁନ୍ତୀ ଅନିଚ୍ଛାରେ ଶାଶୁଘରକୁ ଆସିଛି। ହେଲେ ସ୍ୱାମୀଠାରୁ ପ୍ରକୃତ ଖୁସିପାଇପାରିନି। ରାଧୁମହାଜନର ଦୁଇଦୁଇଟା ପତ୍ନୀ ଅନେକ ଯନ୍ତ୍ରଣା ନିର୍ଯ୍ୟାତନା ସହି ମୃତ୍ୟୁକୁ ଆପଣେଇ ନେଇଛନ୍ତି। ତେବେ ଲାଭଖୋର ରାଧୁମହାଜନ ନିଜ ବିଡମ୍ବିତ ବ୍ୟର୍ଥ ପୌରୁଷ ପାଇଁ ବାପା ହୋଇପାରିନି। ତେଣୁ ସଂପର୍କରେ ଭଣଜା ମନୁଆକୁ କୁନ୍ତୀ ସହିତ ସହବାସ କରାଇ ସନ୍ତାନ ପ୍ରାପ୍ତିର ଆଶା ରଖିଛି। ଫଳସ୍ୱରୂପ କୁନ୍ତୀ ଏକ କନ୍ୟା ସଂତାନର ଜନନୀ ହୋଇଛି। ଏଥିରେ ଅସନ୍ତୋଷ ରାଧୁମହାଜନ ପୁଣି ବଂଶରକ୍ଷା ନିମନ୍ତେ ପୁତ୍ର ସଂତାନ ପାଇବା ଆଶାରେ ମନୁଆକୁ ହାତବାରିଶ କରିଛି। ଏଥିରେ ଉତ୍‌କ୍ଷିପ୍ତ କୁନ୍ତୀ ସଦ୍ୟଜାତ କନ୍ୟାସଂତାନକୁ ଗୁଣ୍ଡୁରୀ ଅପାକୁ ଦେଇ ଘରଛାଡି ପଳାଇ ଆସିଛି। ଘରଛାଡି ଆସିବାପରେ କୁନ୍ତୀ ନିଜକୁ ସୁମିତ୍ରା ଦେବୀଙ୍କ ଘରେ ଆବିଷ୍କାର କରିଛି। ସୁମିତ୍ରା ଦେବୀ ତାକୁ ନୂଆଭାବେ ଜୀବନ ବିତାଇବାକୁ ପ୍ରେରଣା ଦେଇଛନ୍ତି। ପଞ୍ଚମ ଶ୍ରେଣୀ ପାଠ ପଢିଥିବା କୁନ୍ତୀ ସୁମିତ୍ରା ଦେବୀଙ୍କ ପ୍ରୋତ୍ସାହନରେ ତପନକୁ ଶିକ୍ଷକ ରୂପେ ଗ୍ରହଣ କରି ମାଟ୍ରିକ ପାଶ୍ କରିଛି। ପରିସ୍ଥିତି କ୍ରମେ ତପନ ପ୍ରତି ତା ହୃଦୟରେ ସୃଷ୍ଟି ହୋଇଛି ଦୁର୍ବଳତା। ସୁମିତ୍ରା ଦେବୀଙ୍କ ଖୁସିରେ ସାମିଲ୍ ହେବାକୁ ତାଙ୍କର ଏକମାତ୍ର ପୁତ୍ର ଲାଲ୍‌ଟୁବାବୁ ଘରକୁ ଆସିଛନ୍ତି। କୁନ୍ତୀର ସୌନ୍ଦର୍ଯ୍ୟରେ ବିମୋହିତ ଲାଲଟୁ କୁନ୍ତୀକୁ ନିରୋଳାରେ ପାଇ ବଳାତ୍କାର କରିଛି। ପରିଣାମ ସ୍ୱରୂପ କୁନ୍ତୀ ନିଜ ସମ୍ଭାବ୍ୟ ମାତୃତ୍ୱକୁ ନେଇ ଆତଙ୍କିତ ହୋଇ ପଡିଛି। ମାତ୍ର ଏସବୁ ଜାଣିବା ପରେ ସୁମିତ୍ରା ଦେବୀ ନିଜ ପୁଅର ଦୋଷ ଲୁଚାଇବାକୁ ଯାଇ କୁନ୍ତୀକୁ ମାରିଛନ୍ତି। ତପନକୁ ଘରୁ ବାହାର କୁ ପଠାଇ ଦେଇଛନ୍ତି। କୁନ୍ତୀର ନିରୀହପଣ, ନିର୍ଦ୍ଦୋଷଭାବକୁ ସେ ବୁଝିନାହାନ୍ତି। ବାସ୍ତବିକ ଆମ ସମାଜରେ ଏମିତି ହିଁ ହୁଏ "ଗରିବ ମାଇପ ସବୁରି ଶାଳୀ"।

ସୁମିତ୍ରା ଦେବୀ ଏ ଘଟଣାରେ ମର୍ମାହତ ହୋଇ ନିଜର ଭାବମୂର୍ତ୍ତିକୁ ଅତୁଟ ରଖିବା ପାଇଁ କୁନ୍ତୀର ଗର୍ଭନଷ୍ଟ କରାଇ ତାକୁ ଆଶ୍ରମରେ ଛାଡିଦେଇଛନ୍ତି। ଆଶ୍ରମରେ କୁନ୍ତୀ ଦେଖିଛି ନାରୀମାନଙ୍କର ଅସହାୟତା ଓ ଯନ୍ତ୍ରଣା। ଶ୍ରୀଭବନରେ ମା'ଙ୍କ ମୃତ୍ୟୁପରେ ଆଶ୍ରମର ଭାର ବହନ କରି କୁନ୍ତୀ ଅନେକ କିଛି ଶିକ୍ଷା କରିଛି। ଜୀବନରେ ବାସ୍ତବତାକୁ

ଉପଲବ୍ଧିକରିବାର ଅବକାଶ ପାଇଛି କୁନ୍ତୀ। ପରିଶେଷରେ ଲାଲଟୁର ରାକ୍ଷସ ଦୃଷ୍ଟିରୁ ନିଜକୁ ରକ୍ଷା କରିବାକୁ ଯାଇ କୁନ୍ତୀ ଗେଙ୍ଗୁଟି ପଥରରେ ଛେଚି ଛେଚି ତାକୁ ମାରିଦେଇଛି।

ଆଜି ବି ଆମ ସମାଜରେ ଲାଲଟୁ, ମନୁଆ, ରାଧୁମହାଜନ, ସୁମିତ୍ରା ଦେବୀ, ଓ ଗଂଜୋଡ୍ ବାପାମାନଙ୍କର ଅଭାବ ନାହିଁ। କେବଳ କୁନ୍ତୀ ନୁହେଁ, ଟିମିପରି ନିର୍ବୋଧ ଝିଅମାନେ ଅନ୍ୟର କାମନାର ଶିକାର ହୋଇ କୁମାରୀ ମାତୃତ୍ୱକୁ ବରଣ କରି ବିପଦକୁ ଆମନ୍ତ୍ରଣ କରନ୍ତି। ତାର ବିଶଦ୍ ବର୍ଣ୍ଣନା ଉପନ୍ୟାସରେ ରହିଛି। ସୁମିତ୍ରା ଦେବୀ ନିର୍ବାଚନରେ ଜିତିବା ପାଇଁ ତାଙ୍କର ପ୍ରୟାସ ଜାରି ରଖିଛନ୍ତି। କିଛି କିଛି ଲୋକଙ୍କୁ ସାହାଯ୍ୟ କରି ଲୋକମୁଖରେ ନିଜର ସ୍ଥିତିକୁ ବଜାୟ ରଖିବା ପାଇଁ ଚମତ୍କାର କୌଶଳ ଅବଲମ୍ବନ କରିଛନ୍ତି। ତେବେ ବୀଣାପାଣିଙ୍କ ଆଲୋଚ୍ୟ କୁନ୍ତୀ, କୁନ୍ତଳା ଓ ଶକୁନ୍ତଳା ଉପନ୍ୟାସଟି ସମାଜ ଜୀବନର ବହୁ - ବର୍ଣ୍ଣ ବିଭାଗରେ ବର୍ଣ୍ଣିଳ ହୋଇ ସାରସ୍ୱତ ସାହିତ୍ୟ ଜଗତକୁ ସମୃଦ୍ଧ କରିପାରିଛି।

**ଚରିତ୍ର ଚିତ୍ରଣ:**

ଉପନ୍ୟାସ ପାଇଁ ଚରିତ୍ରର ଭୂମିକା ଖୁବ୍ ଗୁରୁତ୍ୱପୂର୍ଣ୍ଣ। ଚରିତ୍ରକୁ ମୁଖ୍ୟ ରୂପେ ଅବଲମ୍ବନ କରି ସ୍ରଷ୍ଟା ନିଜର ଆଭିମୁଖ୍ୟକୁ ତା' ସୃଷ୍ଟିରେ ତୋଳିଧରେ। 'କୁନ୍ତୀ-କୁନ୍ତଳା-ଶକୁନ୍ତଳା' ଉପନ୍ୟାସଟି ବହୁବିଧ ଚରିତ୍ରର ଚିତ୍ରଶାଳା। ମୁଖ୍ୟ, ଗୌଣ, ପାର୍ଶ୍ୱ ଚରିତ୍ରକୁ ନେଇ ଉପନ୍ୟାସର କଥାବସ୍ତୁ ଗତିଶୀଳ। ଉପନ୍ୟାସର ମୁଖ୍ୟ ନାରୀ ଚରିତ୍ର ତଥା ନାୟିକା ଭାବରେ କୁନ୍ତୀକୁ ଗ୍ରହଣ କରାଯାଇପାରେ।

**ଉପନ୍ୟାସର ନାୟିକା କୁନ୍ତୀ:**

ଉପନ୍ୟାସର ନାୟିକା କୁନ୍ତୀ ଚଉଦବର୍ଷର ଅନୂଢ଼ା କିଶୋରୀ। ଆଖିରେ ତାର ସ୍ୱପ୍ନ ଓ ସମ୍ଭାବନା। ପାଠ ପଢ଼ି ଶିକ୍ଷିତ ହେବା ସହ ବହୁତ କିଛି ଜାଣିବାର ଦୁର୍ବାର ଆକାଂକ୍ଷା ତାର। ହେଲେ ସାବତ ମା'ର ବାରଣ ତାର ପଥ ରୋଧ କରେ। ଅମାନିଆ ମନ ସଂକୁଚିତ ହୋଇଯାଏ। କଅଁଳ ବୟସର ଛନଛନ ମନ ପ୍ରଜାପତି ଡେଣା ମେଲି ଉଡୁଉଡୁ ଆକଟର ନିଗଡରେ ବାନ୍ଧି ହୋଇଯାଏ। ପୁଣି ତାର ଅପରୂପ ସୌନ୍ଦର୍ଯ୍ୟ ତା ପାଇଁ ବିପଦର କାରଣ ହୁଏ। କୁନ୍ତୀର ପାଠପଢ଼ାରେ ଡୋରି ବନ୍ଧା ହୁଏ ତେଣୁ ତାର ସ୍ୱପ୍ନ ଅଧୁରା ରହେ। ତାର ସକଳ ଇଚ୍ଛା ଅନିଚ୍ଛାକୁ ଦଳିମକଚି ଦେଇ ଋଣ ବୋଝରୁ ତ୍ରାହି ପାଇବା ପାଇଁ ତାର ଗଂଜୋଡ ବାପ, ରାଧୁ ମହାଜନ ସହ ତା'ର ବିବାହ କରାଇ ଦିଏ। କୁନ୍ତୀ ପାଦରେ ଅଳତା ମଥାରେ ସିନ୍ଦୁର ନାଇ ଶାଶୁଘରେ ପାଦ ଦିଏ। ଶାଶୁ

ଘରେ ସ୍ୱାମୀ ରାଧୁମହାଜନର ଇତିହାସ ଜାଣି ମର୍ମାହତ ହୁଏ। ରାଧୁମହାଜନର ନିଷ୍ଫଳ ପୌରୁଷ ତାକୁ ତୃପ୍ତି ଦେଇ- ପାରେନି। ଅଥଚ ପିତୃତ୍ୱର କାମନାରେ ବିକଳ ରାଧୁମହାଜନ ଏଥିପାଇଁ ଭଣଜା ମନୁଆକୁ ନିଯୁକ୍ତ କରେ। ମନୁଆର ଉନ୍ମତ୍ତ କାମଲାଳସାରୁ କୁନ୍ତୀ ଅନିଚ୍ଛାରେ ମା'ହୁଏ। ଜଣଙ୍କର ସ୍ତ୍ରୀ ହୋଇ ଅନ୍ୟଜଣଙ୍କର ସଂତାନର ଜନନୀ ହେବା ତା ନାରୀତ୍ୱ ପ୍ରତି ଅପମାନ ବୋଧ ହୋଇଛି। କିଂ କର୍ତ୍ତବ୍ୟବିମୂଢ଼ା କୁନ୍ତୀ ଗୁଣ୍ଡୁରୀ ଅପାକୁ ସେଇ କନ୍ୟା ସଂତାନର ଦ୍ୱାୟିତ୍ୱ ଦେଇ ଫେରାର ହୋଇଯାଇଛି। ଦାୟିତ୍ୱ ଦେବା ଅବସରରେ କୁନ୍ତୀ ଗୁଣ୍ଡୁରୀ ଅପାକୁ କହିଛି : - "ନାହିଁ ଅପା ..... ଏଝିଅ ତମକୁ ଲାଗିଲା। ମୁଁ ଜୀଇଲେ ଭଲ, ନଜୀଇଁଲେ ଆହୁରି ଭଲ। ତୁମର ଏ ଝିଅ। ନିଅ ତମ କୋଳକୁ ଠାକୁରଙ୍କୁ ସାକ୍ଷୀ ରଖି ମୁଁ ଦେଇ ଦେଇଛି। ଆଜିଠୁ ତମେ ତାର ମା। [(୪୩)] ସୁମିତ୍ରାଦେବୀ କୁନ୍ତୀକୁ ରେଳଡବା ଭିତରୁ ଅଚେତନ ଅବସ୍ଥାରେ ପାଇ ଘରକୁ ନେଇ ଆସିଛନ୍ତି। ତାକୁ ଅଧିକ ପାଠପଢାଇ ସମାଜରେ ପାଞ୍ଚଜଣଙ୍କ ମଧ୍ୟରେ ଜଣେ କରି ଗଢିତୋଳିଛନ୍ତି। କୁନ୍ତୀରରୂପାନ୍ତର ଘଟିଛି। ସେ ପରିଣତ ହୋଇଛି 'କୁନ୍ତଳାରେ'। ସୁମିତ୍ରା ଦେବୀଙ୍କ ଅଯାଚିତ ସାହାଯ୍ୟରେ କୃତଜ୍ଞ ହୋଇଛି କୁନ୍ତୀ। କିନ୍ତୁ ଲାଲଟୁବାବୁଙ୍କ କୁତ୍ସିତ କାମନାର ଶିକାର ହୋଇ ସେ ପୁଣିଥରେ ଗର୍ଭଧାରଣ କରିଛି। ଏହି ନିଷ୍ଠୁର ସତ୍ୟକୁ ଜାଣିବା ପରେ ସୁମିତ୍ରା ଦେବୀ ପ୍ରକୃତ ଘଟଣା ପ୍ରତି ଆଖି ବୁଜି ଦେଇଛନ୍ତି। ଅଧିକନ୍ତୁ କୁନ୍ତୀର ଚରିତ୍ରକୁ ନେଇ ଆକ୍ଷେପ କରିଛନ୍ତି। କୁନ୍ତୀ, ତପନ ଭିତରେ ନିଜ ମନର ମଣିଷକୁ ଦେଖିପାରିଛି। ତପନକୁ ଦରଦୀ ସମ୍ବେଦନଶୀଳ ମଣିଷ ଟିଏ ମନେକରି ତପନ ପାଖରେ ନିଜକୁ ସମର୍ପି ଦେଇଛି। ଶ୍ରୀ ଭବନରେ ରହି ଅତୀତକୁ ଭୁଲିବାକୁ ଚେଷ୍ଟା କରିଛି କୁନ୍ତୀ। ଶ୍ରୀ ଭବନ ମା'ଙ୍କ ମୃତ୍ୟୁପରେ ଆଶ୍ରମରେ ଦାୟିତ୍ୱ ନେଇଛି। କେବେ ସିଏ ପୁନି ଭଳି ପଥଭ୍ରଷ୍ଟା ଝିଅଙ୍କୁ ଭବିଷ୍ୟତ ସଂପର୍କରେ ସଚେତନ କରାଇ ଦେଇଛନ୍ତି କେବେ ପୁଣି ଟିମି ଭଳି ଝିଅଙ୍କୁ କୁଆଁରୀ ମାତୃତ୍ୱର ଅପବାଦରୁ ବଞ୍ଚାଇବାକୁ ଆପ୍ରାଣ ଉଦ୍ୟମ କରିଛି। ଜୀବନର ପ୍ରତିଟି କ୍ଷେତ୍ରରେ ବିଡମ୍ବନାର ଶିକାର ହୋଇଥିବା କୁନ୍ତୀ ଶେଷରେ ଲାଲଟୁବାବୁଙ୍କ ପୈଚାଶିକ ପ୍ରବୃତ୍ତିର ଅନ୍ତଘଟାଇବା ସକାଶେ ରୁଦ୍ରାଣୀ ଚଣ୍ଡିକା ସାଜିଛି। ତେବେ ଏଇ ରୁଦ୍ରାଣୀ ଭିତରେ ପ୍ରେମମୟୀ ନାରୀଟିଏ ତଥାପି ଜୀଇଁଛି। ନିଜର ଅକୁହା ଆବେଗକୁ ରୋକି ନପାରି କୁନ୍ତୀ ତାର ପ୍ରେମିକ ପୁରୁଷ ତପନକୁ କହିଛି- " ସମାଜ ମତେ କହେ ପତିତା ! ପ୍ରତିଷ୍ଠିତ ବ୍ୟକ୍ତିମାନେ ମତେ ସମ୍ମାନ ଦେଇ କଥା କହନ୍ତି ନାହିଁ। ଆଉ ଯେଉଁମାନଙ୍କ ପାଇଁ ଜୀବନକୁ ତୁଚ୍ଛ କରି ମୁଁ ସଂଗ୍ରାମ କଲି, ସେମାନେ ସମସ୍ତେ ମତେ ସନ୍ଦେହ କରନ୍ତି। ଅବଶ୍ୟ କୌଣସି ଆଶା ରଖି ମୁଁ ଏକାମ କରିନି। ତଥାପି ଆଜି ଅର୍ଜ୍ଜନର ସମୀକ୍ଷା କଲେ ସମାଜର ବଡଦାଣ୍ଡରେ ମୁଁ ନିଃସ୍ୱ"। [(୪୪)] ପୁରୁଷର ଅତ୍ୟାଚାରକୁ

ବିରୋଧକରି  ନାରୀ ମୁକ୍ତିର ସ୍ୱର  ଶୁଣାଇବା ପାଇଁ କୁନ୍ତୀ ଚରିତ୍ର ମଧ୍ୟରେ ଔପନ୍ୟାସିକା ସୁନ୍ଦର ପ୍ରୟାସ କରିଛନ୍ତି ।

ଆଲୋଚ୍ୟ ଉପନ୍ୟାସରେ କୁନ୍ତୀ ବ୍ୟତୀତ ସୁମିତ୍ରା ଦେବୀ, ଝରଣା, କୁନ୍ତୀବୋଉ, ଗେଲିବୋଉ, କୁସିଆଇ, ଗୁଣ୍ଠୁରୀ ଅପା, ପଦି, କମଳି, ଶ୍ରୀ ଭବନର ମା' ଅନେକ ନାରୀ ଚରିତ୍ର ରହିଛନ୍ତି ।

**କୁନ୍ତୀ ବୋଉ:**

କୁନ୍ତୀର ବୋଉ ଜଣେ ଅପାଠୋଇ ମୂର୍ଖ ଗାଉଁଲୀ ନାରୀ ଚରିତ୍ର ଯିଏ କି ପାଠପଢାର ମହତ୍ତ୍ୱ ବୁଝେନି। କେବଳ  ସଂତାନ ଜନ୍ମ, ଲାଳନ ପାଳନ ଓ ରୋଷେଇ କାମରେ ଦିନ ନେବା ଲାଗି ଝିଅ ପିଲାର ଜନ୍ମ ବୋଲି ଭାବିନିଏ । ତେଣୁ ସାବତ ଝିଅପୁଅଙ୍କୁ ଅଧିକ ପଢିବାର ସୁଯୋଗ ଦିଏ ନି । ତଥାକଥିତ ସାବତ ମା'ର  ପ୍ରତିନିଧିତ୍ୱ କରେ କୁନ୍ତୀ ବୋଉ ଚରିତ୍ର ।

**କୁନ୍ତୀର  ବଉଳ ଝରଣା:**

ଝରଣା ନିମାଭାଇକୁ ଭଲପାଉଥିଲେବି ତାକୁ ପାଇପାରିନି । ଶେଷରେ କନିଅର ମଂଜିଖାଇ ଆତ୍ମହତ୍ୟା କରିଛି ।

**ସୁମିତ୍ରା ଦେବୀ:**

କୁନ୍ତୀର ପାଳନକର୍ତ୍ତ୍ରୀ ସୁମିତ୍ରାଦେବୀ ଦୁନିଆ ଆଖିରେ ଜଣେ  ସମାଜ ସେବୀ । ସମାଜ ସେବା ନାମରେ ସ୍ୱାର୍ଥ ହାସଲ କରିବା ତାଙ୍କର  କାମ । ତଥାପି  ଜଣେ ମା'ହିସାବରେ ନିଜ ପୁଅର ଗର୍ହିତ କାର୍ଯ୍ୟକୁ ଆଖି ବୁଜିଦେଇ କୁନ୍ତୀର ଅବସ୍ଥା ପାଇଁ  ତପନକୁ ଦାୟୀ କରନ୍ତି । ଅନେକ କୁନ୍ତୀ; ଅନେକ ତପନମାନଙ୍କୁ ପାଳନ  କରୁଥିବା  ସୁମିତ୍ରା ଦେବୀ ନିଜର  ଦୋଷ ଢାଙ୍କିବା ପାଇଁ  ଅନାୟସରେ  ପୋଲିସକୁ ହାତ କରିପାରନ୍ତି ।  କୁନ୍ତୀକୁ ପାଠପଢାଇ ସଭ୍ୟଶିକ୍ଷିତ  କରିବା ସମୟରେ ତାଙ୍କ ବ୍ୟକ୍ତିତ୍ୱର ଆଲୋକିତ ଦିଗ ପ୍ରକାଶ ପାଇଥାଏ ।  କିନ୍ତୁ ଦୁର୍ଭାଗ୍ୟ ବଶତଃ କୁନ୍ତୀର ଅପକର୍ମ ପାଇଁ ତାକୁ ଭର୍ତ୍ସନା କରିବା ବେଳେ ତାଙ୍କ ବ୍ୟକ୍ତିତ୍ୱର  ଅନ୍ଧକାର ଦିଗ ପ୍ରତି ପାଠକ ସଚେତନ ରହେ ।

**ଗୁଣ୍ଠୁରୀ ଅପା:**

ଗୁଣ୍ଠୁରୀ ଅପା ଜଣେ ଅସହାୟ ବିଧବା  ନାରୀ ଚରିତ୍ର । ଯିଏ କି ଅନ୍ୟୋନ୍ୟପାୟ

ହୋଇ ରାଧୁମହାଜନ ଘରେ ଆଶ୍ରୟ ନେଇଛି। ବିବାହପରେ କୁନ୍ତୀକୁ ସିଏ ରାଧୁମହାଜନ ଘରର ଚଳଣି ସଂପର୍କରେ ସଚେତନ କରାଇ ଦେଇଛି।

**ଆଶ୍ରମର ମା':**

ଆଶ୍ରମର ମା' ଜଣେ ଆଦର୍ଶ ନାରୀ ଚରିତ୍ର। ସେବାପରାୟଣ ମନୋବୃତ୍ତିରେ ସେ ଅନାଥାଶ୍ରମର ପରିଚାଳନା ଦାୟିତ୍ୱ ନିର୍ବାହ କରନ୍ତି। କୁନ୍ତୀର ଚିନ୍ତିତ ଭାରାକ୍ରାନ୍ତ ଭାବନାକୁ ବୁଝିପାରି ସାନ୍ତ୍ୱନା ଦେଇ କହନ୍ତି :- " ଯାହାକୁ ପାପ ବୋଲି ଭାବୁଛ ସେ ତୁମର ପାପ ନୁହେଁ। ଅନିଚ୍ଛାକୃତ ଅପରାଧ ପାଇଁ ନିଜକୁ ଦୋଷୀ କର ନାହିଁ। ନିଜକୁ ସବୁ ବନ୍ଧନରୁ ମୁକ୍ତ କରି ନିଅ। ମୁକ୍ତି ତ ନିଜ ହାତରେ ଅଛି"। [୪୫]

**ପଦିଅପା:**

ପଦିଅପା ଜଣେ ସରଳ ନାରୀ ଚରିତ୍ର। ଆଶ୍ରମର ରୋଷେଇ ଦାୟିତ୍ୱ ନେଇ ସିଏ ଜୀବନ ନିର୍ବାହ କରନ୍ତି। କମଳି, ଶୁକୁଟି ଆଦି ଚରିତ୍ରକୁ ଚମତ୍କାର ଶୈଳୀରେ ରୂପ ଦେଇଛନ୍ତି ବୀଣାପାଣି। କମଳିର ଝିଅ ଟିମି ନିଜ ନାରୀତ୍ୱ ହରାଇ ଦେଇଛି। ପୁନି ଦେହର କ୍ଷୁଧା ମେଣ୍ଟାଇବା ପାଇଁ କାନତରାଟ ବାବୁ ନିକଟରେ ନିଜକୁ ଅଜାଡ଼ି ଦେଇଛି। ଉପନ୍ୟାସରେ ପ୍ରତିଟି ଚରିତ୍ରର ସୂକ୍ଷ୍ମାତିସୂକ୍ଷ୍ମ ବିଶ୍ଳେଷଣ କରିଛନ୍ତି ବୀଣାପାଣି।

କୁନ୍ତୀର ବାପା ରାଧୁମହାଜନ, ସାଧୁ ପରିଡା, ତପନ, ଲାଲ୍‌ଟୁ ବାବୁ, ଜୈନିକ ଯୁବ ଗବେଷକ ଆଦି କେତେକ ପୁରୁଷ ଚରିତ୍ର ଉପନ୍ୟାସର କଳେବରକୁ ପରିବର୍ଦ୍ଧିତ କରିଛନ୍ତି।

କୁନ୍ତୀର ବାପା ଜଣେ ଗଂଜୋଡ ନିଶାଖୋର ବ୍ୟକ୍ତି। ଋଣ ଦାଉରୁ ମୁକ୍ତ ହେବାପାଇଁ ନିଜର କୁମାରୀ କିଶୋରୀ କନ୍ୟାକୁ ଚାଳିଶି ଟପିଯାଇଥିବା ବୟସ୍କ ବ୍ୟକ୍ତି ସହ ବିବାହ କରାଇ ଦେଇଛି। ଜଣେ ଅପରିଣାମଦର୍ଶୀ ବୁଦ୍ଧି ବିବେକଶୂନ୍ୟ ବ୍ୟକ୍ତି ଭାବରେ ଏହି ଚରିତ୍ରଟିକୁ ବିଚାର କରାଯାଇ ପାରେ।

**ସାଧୁ ପରିଡା:**

ସାଧୁ ପରିଡା ସେହିପରି ଜଣେ ସ୍ୱାର୍ଥସର୍ବସ୍ୱ ପୁରୁଷ ଚରିତ୍ର।

**ରାଧୁ ମହାଜନ:**

ରାଧୁ ମହାଜନ ଅପାରଗ ଅସମର୍ଥ ପୁରୁଷ ଚରିତ୍ର। ନିଜର ନିଷ୍ଫଳ ପୌରଷକୁ

ନେଇ ମନରେ ତଥାପି ପୁତ୍ରସଂତାନ ଲାଭର ଦୁର୍ବାର ଆକାଂକ୍ଷା । ତେଣୁ ଦୁଇଦୁଇଟି ପତ୍ନୀର ମୃତ୍ୟୁପରେ ବଂଶରକ୍ଷା ପାଇଁ କୁନ୍ତୀକୁ ବୋହୂକରି ଘରକୁ ଆଣେ । ପୁତ୍ର ସଂତାନ ପ୍ରାପ୍ତି ଆଶାରେ ପତ୍ନୀକୁ ଭଣଜା ସହ ସହବାସ କରିବାକୁ ପଠାଏ ନାହିଁ । କୁନ୍ତୀର କନ୍ୟା ସଂତାନରେ ତାର ବିଡମ୍ବିତ ପିତୃତ୍ୱ -ବିଳପି ଉଠେ । ନାରୀର ନାରୀତ୍ୱକୁ ମର୍ଯ୍ୟାଦା ଦେଇ ଶିଖିନଥିବା ଜଣେ ଅପାରଗ ଅସମର୍ଥ ନିପାରିଲା ପୁରୁଷ ଭାବରେ ରାଧୁ ମହାଜନ ଚରିତ୍ରଟିକୁ ଲେଖିକା ଚିତ୍ରଣ କରିଛନ୍ତି ।

**ମନୁଆ:**

ମନୁଆ ଜଣେ କାମୁକ ଲମ୍ପଟ ଚରିତ୍ର ଯିଏ କ୍ଷଣିକ ସୁଖ ପାଇଁ ଜଣେ ବିବାହିତା ନାରୀର ସର୍ବସ୍ୱ ଲୁଟି ନେଇଛି ।

**ଲାଲ୍‌ଟୁ:**

ଲାଲ୍‌ଟୁ ବାବୁ, ସୁମିତ୍ରା ଦେବୀଙ୍କର ଏକମାତ୍ର ପୁତ୍ର । ଅର୍ଥ ଓ ପ୍ରତିପତ୍ତି ବଳରେ ଯିଏ ବେପରୁଆ ଓ ଲଗାମ୍‌ଛଡା ହୋଇଯାଇଛି । ରୂପ ପାଗଳ ଯୌନ ପ୍ରମତ୍ତ ଲାଲ୍‌ଟୁ ନିଜର ଖୁସି ପାଇଁ ମା' ଦ୍ୱାରା ପ୍ରତିପାଳିତ ହୋଇଥିବା ଅସହାୟ କୁନ୍ତୀର ସର୍ବସ୍ୱ ଲୁଟି ନେଇ ଫେରାର ହୋଇଯାଇଛି । କୃତକର୍ମ ପାଇଁ ଅନୁତପ୍ତ ବୋଲି ଅନେକଥର ସ୍ୱୀକାର କଲେ ବି ମନରେ ପୁଣି ସେଇ ଆଦିମ ଆକାଂକ୍ଷା ବସା ବାନ୍ଧିଛି । ଶେଷରେ କୁନ୍ତୀ ଦ୍ୱାରା ନିହତ ହୋଇଛି ଲାଲ୍‌ଟୁ । ଯୌନ ପିପାସାକୁ ଚରିତାର୍ଥ କରିବା ପାଇଁ ଲାଲ୍‌ଟୁମାନେ ମଧୁମିତା ପରି ଅନେକ ଝିଅଙ୍କ ଜୀବନ ନଷ୍ଟ କରିପାରନ୍ତି । ଆମ ସମାଜର ଅସଂଖ୍ୟ ଉତ୍‌ଶୃଙ୍ଖଳ, ଦିଗଭ୍ରଷ୍ଟ ଯୌନପିପାସୀ ଚରିତ୍ର ମାନଙ୍କର ପ୍ରତିନିଧି ହେଉଛନ୍ତି ଏଇ ଲାଲ୍‌ଟୁ ବାବୁ ।

**ତପନ:**

ଉପନ୍ୟାସର ଅନେକ ଚରିତ୍ର ଭିତରେ ତପନ ଏକ ଆଦର୍ଶ ଚରିତ୍ର । ତପନ ନିଜେ ଅନାଥ । ବାପା ମା ଛେଉଣ୍ଡ । ସୁମିତ୍ରା ଦେବୀଙ୍କ ଅନ୍ନରେ ପ୍ରତିପାଳିତ ତାର ଜୀବନ । ସୁମିତ୍ରା ଦେବୀଙ୍କ ପରାମର୍ଶରେ କୁନ୍ତୀଙ୍କୁ ଶିକ୍ଷାଦାନ କରେ ତପନ । କେଉଁ ଏକ ଦୂର୍ବଳ ମୁହୂର୍ତ୍ତରେ ଉଭୟ ଉଭୟଙ୍କ ପ୍ରତି ଆକର୍ଷିତ ହୁଅନ୍ତି । ପ୍ରେମମୟ ଅନ୍ତରରେ ପରସ୍ପରକୁ କାମନା କରୁଥିଲେ ବି ଦୁହିଁଙ୍କ ଭିତରର ପ୍ରେମ କିନ୍ତୁ ଶେଷ ପର୍ଯ୍ୟନ୍ତ ପବିତ୍ରତାର ସୀମାରେଖା ଡେଇଁ ପାରିନି । କୁନ୍ତୀର କଳଙ୍କିତ ମାତୃତ୍ୱକୁ ଆବିଷ୍କାର କଲାପରେ ତପନ ସୁମିତ୍ରା ଦେବୀଙ୍କ ନିର୍ଦ୍ଦେଶରେ ଗୃହତ୍ୟାଗ କରିଛି ହେଲେ ତା ମନ ସମୁଦ୍ରରେ କୁନ୍ତୀପ୍ରତି ଥିବା ନିରୁତ୍ତା

ପ୍ରେମରେ ଭଙ୍ଗା ପଡିନି । ତେଣୁ ସତ୍ୟବ୍ରତ ବାବୁଙ୍କ ସମର୍ଥକଙ୍କ ଦ୍ୱାରା ଆହତ ହୋଇ ଚିକିତ୍ସାରତ ଅବସ୍ଥାରେ ସେ ଲୋଡ଼ିଛି କୁନ୍ତୀର ସାନ୍ନିଧ୍ୟ । ଏହି ଅବକାଶରେ ପରସ୍ପର ପରସ୍ପରକୁ ପାଖରେ ପାଇ ଆବେଗ ପ୍ରବଣ ହୋଇ ପଡିଛନ୍ତି। ପ୍ରଥମ କରି ପ୍ରେମର ସ୍ପର୍ଶରେ ବିମୋହିତ କୁନ୍ତୀ ଫେରିବାରେ ବିଳମ୍ବ ହୋଇଗଲା ବୋଲି କହିବାରୁ ସଂସ୍କାର ମନସ୍କ ତପନ ବୁଝାଇ ଦେଇଛି କୁନ୍ତୀକୁ - "ଆସିବାର କ'ଣ ସମୟ ଥାଏ କୁନ୍ତଳା ? ଏ ପୃଥିବୀରେ କିଛି ସରେ ନାହିଁ। ଖୋଜି ପାଇବା ହିଁ ବଡ କଥା । ଶରୀରକୁ ନେଇ ତମେ ବଡ ବେଶି ଚିନ୍ତିତ ଦେଖୁଛି। ମନକଥା କେବେ ଭାବିଛ" ? (୪୬) ମନର ମାପରେ ପ୍ରେମକୁ ତଉଲି ଥିବା ତପନର ପ୍ରେମିକ ମନ କିନ୍ତୁ ଅନ୍ନଦାତ୍ରୀ ସୁମିତ୍ରା ଦେବୀଙ୍କ ଅସହାୟ ଅବସ୍ଥା ପାଇଁ ପ୍ରତି କ୍ରିୟାଶୀଳ ହୋଇ ଉଠିଛି ଯାହା ଆଲୋଚ୍ୟ ଉପନ୍ୟାସରେ ଦେଖିବାକୁ ମିଳେ ।

**ନାରୀ ମନସ୍ତତ୍ତ୍ୱ :**

ଯୁଗେ ଯୁଗେ ନାରୀ ରହସ୍ୟମୟୀ, ସବୁଠୁ ରହସ୍ୟମୟ ତାର ମନ । ସେଇ ନାରୀର ମନକୁ ସାହିତ୍ୟରେ ରୂପାୟିତ କରିବାରେ ବୀଣାପାଣିଙ୍କ ଭୂମିକା ଅନସ୍ୱୀକାର୍ଯ୍ୟ। ଉପନ୍ୟାସର ନାୟିକା କୁନ୍ତୀର ମନ ଗହନର ଅମାପ ଗଭୀରତା ଔପନ୍ୟାସିକାଙ୍କ ଲେଖନୀରେ ଜୀବନ୍ତ ରୂପ ନେଇଛି । ରାଧୁ ମହାଜନ ସହିତ ତାର ବିବାହ ଠିକ୍ ହେବାପରେ କୁନ୍ତୀ ମନରେ ସୃଷ୍ଟି ହୋଇଛି ଭାବାନ୍ତର। ଗରିବ ଘରର ଝିଅ ପାଇଁ ସୌନ୍ଦର୍ଯ୍ୟ ଯେ ଅଭିଶାପ; ଯନ୍ତ୍ରଣାର ହେତୁ ଏହା ବୁଝିବା କୁନ୍ତୀର ବାକି ରହିନି । ବିବାହର ଅର୍ଥ ବୁଝି ନଥିବା କୁନ୍ତୀକୁ ଯେତେବେଳେ ବିବାହ ବନ୍ଧନରେ ବାନ୍ଧି ଦିଆଗଲା ସେତେବେଳେ ତା ପାଇଁ ଜୀବନର ସଂଜ୍ଞା ବଦଳି ଯାଇଥିଲା । ବିବାହପରେ ସବୁ ଝିଅଙ୍କ ପରି ତା ମନରେ ଚଉଠି ରାତିକୁ ନେଇ ଉଙ୍କି ମାରିଥିଲା ଅନେକ ପ୍ରଶ୍ନ । କିନ୍ତୁ ନିଷ୍ଫଳ ପୌରୁଷର ବିଫଳ ସ୍ୱାମୀ ରାଧୁ ମହାଜନ କିଶୋରୀ ନବବଧୂ କୁନ୍ତୀକୁ ତୃପ୍ତି ଦେଇପାରିନି । ପରନ୍ତୁ ପରିଣତ ବୟସ୍କ ସ୍ୱାମୀର ଶରଧାରେ କୁନ୍ତୀ ଛୋଟିଆ ଝିଅଟିଏ ପରି ନିଜକୁ ଅନୁଭବ କରିଛି। କୁନ୍ତୀର ଏପ୍ରକାର ମନସ୍ତତ୍ତ୍ୱକୁ ରୂପ ଦେବାକୁ ଯାଇ ବୀଣାପାଣି ବର୍ଣ୍ଣନା କରିଛନ୍ତି - "ବେଳେ ବେଳେ ଆଦରରେ ରାଧୁ ମହାଜନ ତାକୁ ଗେଲ କରିଦେଲେ କୁନ୍ତୀ ଥରି ଉଠେ । ମନେହୁଏ ପାହାଡର ଛାତି ଫଟେଇ ଏଥର ଝରଣାଟି ଛୁଟି ଆସିବ । ସେତେବେଳେ ସେ ନିଜ ଭିତରେ ସ୍ୱପ୍ନର ଜୁଆର ଦେଖେ । ସେଇ ଜୁଆର ଭିତରେ କୁହୁଡି ଘେର ଭାଙ୍ଗି ସୂର୍ଯ୍ୟକୁ କରାୟତ୍ତ କରିବାର ସମ୍ଭାବନାରେ ଥରିଉଠେ ନିଜ ଭିତରେ । ମାତ୍ର ଶିହରଣ କେବଳ ଶିହରଣରେ ରହିଯାଏ । ସ୍ୱପ୍ନର ଢେଉ ଚଡା ଭୂଇଁରେ ଶିଆର କାଟେ କେବଳ

ମୁହୂର୍ତ୍ତକ ପାଇଁ। କୁଆଁରୀ ଜୀବନର ସ୍ୱପ୍ନ ବିବାହିତ ଜୀବନରେ ପ୍ରେତ ପରି ତାକୁ ଡରେଇ ଦିଏ"।[୪୭] ଖାଲି ଖାଇବାପାଇଁ କଣ ସେ ବାହା ହୋଇ ଆସିଥିଲା ? କୁନ୍ତୀର ମନରେ ବେଶି ଆଘାତ ଆସିଛି ଯେତେବେଳେ ତା ନାରୀତ୍ୱ ରାଧୁ ମହାଜନର ବଂଶରକ୍ଷାପାଇଁ ମନୁଆ ଦ୍ୱାରା ଲାଞ୍ଛିତା ହୋଇଛି। ଜଣକୁ ବାହା ହୋଇ ଅନ୍ୟ ଜଣକର କାମ ଇଚ୍ଛା ପୂରଣ ନାରୀତ୍ୱର ଅମର୍ଯ୍ୟଦା ନିଶ୍ଚୟ। 'କୁନ୍ତୀରୁ-କୁନ୍ତଳା-କୁନ୍ତଳା'ରୁ ଶକୁନ୍ତଳା ନାମରେ ପରିଚିତ କୁନ୍ତୀ ଲାଲ୍‌ଟୁ ବାବୁର ବିଭତ୍ସ ଯୌନ ଲାଳସାରେ ଉତ୍‌କ୍ଷିପ୍ତ ହୋଇ ପଥରରେ ଛେଚି ଛେଚି ତାକୁ ହତ୍ୟା କରିଛି। ଲାଲ୍‌ଟୁ ମାନଙ୍କ ଭିତରେ ସେ ଦେଖିଛି ରାଧୁ ମହାଜନ ଓ ମନୁଆ ମାନଙ୍କୁ ଯେଉଁମାନେ ନାରୀର ଦେହକୁ ପୁଂଜି କରି ନିଜ ସ୍ୱାର୍ଥ ସାଧନରେ ଲିପ୍ତ ରହନ୍ତି। ପୁନଶ୍ଚ କୁନ୍ତୀର ବାଲ୍ୟ ସଙ୍ଗିନୀ ଝରଣା, ନିମା ଭାଇକୁ ନେଇ ସଂସାର କରିବାର ସ୍ୱପ୍ନ ଦେଖିବା କଥାକୁ କୁନ୍ତୀ ନିକଟରେ ନିଃସଂକୋଚରେ ପ୍ରକାଶ କରିଛି।

**ଯୌନ ଚେତନା:**

ଯୌନତା ବା **sex** ଘୃଣ୍ୟ କିମ୍ବା ଅଶ୍ଳୀଳ ନୁହେଁ। ଏହା ଜୀବନର ଚରମ ଆବଶ୍ୟକତା। ପ୍ରେମର ପରିପ୍ରକାଶପାଇଁ ସେକ୍ସର ଆବଶ୍ୟକତା ରହିଛି। ମାତ୍ର ଏହାକୁ ନେଇ ବ୍ୟଭିଚାର ବା ନାରୀତ୍ୱର ଅମର୍ଯ୍ୟଦା ଆଦୌ ସ୍ପୃହଣୀୟ ନୁହେଁ। ଯୌନତା ସଂପର୍କରେ ଲେଖିକାଙ୍କ ଅଭିମତ ହେଉଛି - 'ଯୌନ ଚର୍ଚ୍ଚା ଶେଷ ଲକ୍ଷ୍ୟ ନୁହେଁ। ଏହା ଏକ ମାଧ୍ୟମ ଯାହାକୁ ଅତିକ୍ରମ କରି ମଣିଷ ଚିନ୍ତାରେ ଆସେ ଉତ୍ତରଣ; ଆଗକୁ ଯିବାର ଶକ୍ତି"।[୪୮] ବୀଣାପାଣିଙ୍କ ସୃଷ୍ଟି ସମ୍ଭାରର ଚରିତ୍ରମାନେ ପ୍ରେମ ଭିତରେ ତଥାପି ଏକ ଆଲୋକିତ ପୃଥିବୀକୁ ଦେଖିଛନ୍ତି। ଜୀବନରେ ଯୌନତା ବା **sex** ର ଆବଶ୍ୟକତାକୁ ଦର୍ଶାଇବାକୁ ଯାଇ ସ୍ୱୟଂ ଔପନ୍ୟାସିକା କହନ୍ତି - 'Sex can't be ignore it is a part of life' ।[୪୯]

ଆଲୋଚ୍ୟ ଉପନ୍ୟାସରେ ଯୌନ ଚେତନାର କିଛି ଝଲକ ପାଠକର ଦୃଷ୍ଟି ଆକର୍ଷଣ କରେ। କୁନ୍ତୀ ରାଧୁ ମହାଜନର ସ୍ତ୍ରୀ ହେବା ପରେ ମନୁଆ ତଥା ତାର ସାଙ୍ଗ ମାନଙ୍କର କୁତ୍ସିତ କାମ ଲାଳସାର ଶିକାର ହୋଇଛି। କୁନ୍ତୀରୁ କୁନ୍ତଳାରେ ରୂପାନ୍ତରିତ ହେବାପରେ ଅନିଚ୍ଛାସତ୍ତ୍ୱେ ଲାଲ୍‌ଟୁ ନିଜ ଦେହର କ୍ଷୁଧା ମେଣ୍ଟାଇବାକୁ ଯାଇ ତା ଉପରେ ପାଶବିକ ଅତ୍ୟାଚାର କରିଛି। କୁନ୍ତୀକୁ ତା ପାଖରେ ସମର୍ପିତ ହେବା ପାଇଁ ପରାମର୍ଶ ଦେଇ କହିଛି - "ତୁମ ଅନିଚ୍ଛାରେ ଥରେ ବଳାତ୍କାର କରିଥିବାରୁ ମୁଁ ଯଥେଷ୍ଟ ଶାସ୍ତି ପାଇଛି। କିନ୍ତୁ ଆଜି ମୁଁ ଚାହେଁ, ସ୍ୱଇଚ୍ଛାରେ ତୁମେ ନିଜକୁ ମତେ ସମର୍ପଣ କରିବ। ମତେ, ମତେ ତୁମେ ଆଜି ସବୁଦିନ ପରି ଫେରାଇ ପାରିବନି। ମୁଁ ଯେ ତୁମକୁ ଦୀର୍ଘଦିନ ଅପେକ୍ଷା କରି ବସିଛି ......"।[୫୦]

ଲାଲ୍‌ଟୁ ବାବୁ, ମନୁଆ, ସମାଜସେବୀ ଜନପ୍ରିୟ ବାବୁ, ଏମ୍.ଏଲ୍.ଏ. ଗଣନାଥ ବାବୁ ସମସ୍ତଙ୍କ ଆଖିରେ କ୍ଷୁଧିତ ଭାବନା କୁନ୍ତୀକୁ ମ୍ରିୟମାଣ କରିଛି । ମଣିଷର ଯୌନତା କେତେ ବିଭତ୍ସ, ମାରାତ୍ମକ ହୋଇପାରେ ତାହା ପୁନି ଚରିତ୍ରରୁ ସ୍ପଷ୍ଟ ପ୍ରମାଣିତ ହୁଏ । କୁମାରୀ କନ୍ୟାଟିଏ ପୁନି ଯିଏକି ଲୋକଲଜ୍ଜା ଭୁଲି ନିର୍ଭୟରେ ଲୁଚି ଲୁଚି ଆଶ୍ରମରୁ ଗୋଡକାଢି ପଦାକୁ ଚାଲିଯାଇପାରେ । ପୁରୁଷ ଯେ ଯୌନତା ପାଇ ଆଗ୍ରହୀ ନାରୀ ନୁହେଁ ଏକଥା ପୁନି ଚରିତ୍ରରୁ ଭୁଲ୍ ବୋଲି ଜଣାଯାଇଥାଏ । ଲେଖିକାଙ୍କ ଭାଷାରେ – "ଜୀବନ ଯୌବନର କ୍ଷୁଧା ଅଛି, ରଙ୍ଗ ରସ ଅଛି, ଆଶା ଆନନ୍ଦ ଅଛି, ତାକୁ ବାଦ୍ ଦେଇ ବଞ୍ଚିବାର କିଛି ଅର୍ଥ ନାହିଁ " । [୫୧]

**ପ୍ରେମଚିତ୍ର:**

ପ୍ରେମ ସ୍ୱର୍ଗୀୟ, ପ୍ରେମ ଶାଶ୍ୱତ, ପ୍ରେମ ସତ୍ୟଶିବ ସୁନ୍ଦର । ପ୍ରେମହୀନ ଜୀବନର ଅର୍ଥ କିଛି ନାହିଁ । ବ୍ୟକ୍ତିର ବିସ୍ତୃତି କେବଳ ପ୍ରେମରେ ସମ୍ଭବ ହୋଇଥାଏ । ପ୍ରକୃତ ପ୍ରେମରେ self ବୋଲି କିଛି ନଥାଏ । ଯାହା ଥାଏ ତାହା ହେଉଛି ପୁଲକ । 'Towards the light' ରେ ନଳିନୀକାନ୍ତ ଗୁପ୍ତଙ୍କ ପ୍ରେମ ସଂପର୍କରେ ମନ୍ତବ୍ୟ – "Never seek through your desire soul the person you love. You invite thereby not only misery to yourself but bring a curse upon one you profess to love"। [୫୨]

ପ୍ରେମ ଈଶ୍ୱରଙ୍କ ସୃଷ୍ଟିର ଅନବଦ୍ୟ ଅବଦାନ । ଏଇ ପ୍ରେମର ଅଦ୍ୱିତୀୟ ଅନୁଭବ ବୀଣାପାଣିଙ୍କ 'କୁନ୍ତୀ-କୁନ୍ତଳା-ଶକୁନ୍ତଳା' ଉପନ୍ୟାସରେ ଭାସ୍ୱର । କଅଁଳ କିଶୋରୀ ନାୟିକା କୁନ୍ତୀ, ନିଜ ଇଚ୍ଛାରେ ବାହା ହୋଇ ନଥିଲା । ତାକୁ ବାହା କରି ଦିଆଯାଇଥିଲା । ବିବାହ ପରେ ତା କୁଆଁରୀ ମନର ସ୍ୱପ୍ନ ସବୁ ରାଧୁ ମହାଜନର ଅସମର୍ଥ ପୌରୁଷ ନିକଟରେ ମରି ଯାଇଥିଲା । କିନ୍ତୁ ପରେ ତା ଜୀବନରେ ଆସିଲା ତପନ ସୁମିତ୍ରା ଦେବୀଙ୍କ ନିର୍ଦ୍ଦେଶରେ ତାକୁ ପାଠ ପଢାଇବା ନିମେନ୍ତ ନିଯୁକ୍ତ ତପନକୁ ଦେଖି ଆବେଗରେ ଓଦା ହୋଇଯାଇଥିଲା ତା ହୃଦୟ । ତପନର ବର୍ତ୍ତମାନରେ ଏକ ଖୁସି ଖୁସି ଭାବ ତାର ସମଗ୍ର ଚେତନାକୁ ଆଚ୍ଛନ୍ନ କରି ରଖୁଥିଲା । ତପନ ବି କୁନ୍ତୀକୁ ମନରେ ସ୍ୱୀକାର କରି ନେଇଥିଲା । ଲାଲ୍‌ଟୁ ବାବୁ ଦ୍ୱାରା ପ୍ରତାରିତ କୁନ୍ତୀ ଅବାଞ୍ଛିତ ମାତୃତ୍ୱକୁ ନେଇ ଚିନ୍ତିତ ଥିଲାବେଳେ ତପନକୁ ପାଖରେ ପାଇ ତପନ ନିକଟରେ ନିଜକୁ ସମର୍ପି ଦେଇଛି । ଉଭୟଙ୍କ ଅନ୍ତରୀଣ ଆବେଗ ଉଦ୍ବେଳିତ ପ୍ରେମ କେବଳ ନିବିଡ ଆଲିଙ୍ଗନରେ ପରିପୂର୍ଣ୍ଣ ହୋଇଛି । ସୁମିତ୍ରା ଦେବୀଙ୍କ ନିର୍ଦ୍ଦେଶରେ ତପନ ନାଗପୁର ପଳାଇଛି । କୁନ୍ତୀ ସହିତ ତାର ଦେଖା ହୋଇପାରିନି । ପୁଣିଥିରେ ନିର୍ବାଚନ

ପାଇଁ ପ୍ରଚାର ସମୟରେ ମଗ୍ନ ଥିବା ଅବସ୍ଥାରେ କୁନ୍ତୀ ସହିତ ତାର ସାକ୍ଷାତ ହୋଇଛି । ଆହତ ତପନ ହସ୍‌ପିଟାଲ୍‌ରେ ଚିକିତ୍ସାରତ ଅବସ୍ଥାରେ କୁନ୍ତୀର ସାନ୍ନିଧ୍ୟ ଲୋଡିଛି । କୁନ୍ତୀକୁ ପାଖରେ ପାଇବାର ମଧୁର ମୁହୂର୍ତ୍ତକୁ ହାତଛଡା ନକରିବାକୁ ତପନ ଚାହିଁଛି । ତପନର ଏ ପ୍ରକାର ପ୍ରେମ ସମ୍ଭାଷଣ କୁନ୍ତୀକୁ ବିମୁଗ୍ଧ କରିଛି । ପ୍ରେମକୁ ସାର୍ଥକ କରିବାରେ ତପନର ଡେରି ହୋଇଯାଇଛି ବୋଲି କୁନ୍ତୀ କହିଛି । ଏବେ ଆଉ ତା ପାଖରେ କିଛି ନାହିଁ। କୁନ୍ତୀ ନିଜକୁ ନିଃସ୍ୱ ବୋଲି କହିବାରୁ ତପନ ତାକୁ ବୁଝାଇଛି - "ବାସ୍, ବାସ୍ ! ଯଥେଷ୍ଟ ହେଲା କୁନ୍ତଳା ! ତମେ କେବେ ସବୁ ଦେଇସାରି ନିଃସ୍ୱ ହେବ । ନିଜଠାରୁ ନିଜେ ମୁକୁଳି ଯାଇ ସଂପୂର୍ଣ୍ଣ ମୁକ୍ତ ହେବ, ସେଇ ପରମ ଲଗ୍ନକୁ ମୁଁ ଅପେକ୍ଷା ରଖିଥିଲି । ଧରିନିଅ ଏବେ ସେଇ ଲଗ୍ନ ଉପସ୍ଥିତ ବୋଲି" ।(୫୩)

ପ୍ରକୃତ ପ୍ରେମ ଦେହ ସଂପର୍କକୁ ଗୁରୁତ୍ୱ ଦିଏନି । ପ୍ରେମରେ ମନ ଓ ଆତ୍ମା ପ୍ରେମୀ ଯୁଗଳକୁ ଅଦୃଶ୍ୟ ବନ୍ଧନରେ ବାନ୍ଧି ରଖେ । ପ୍ରେମାସ୍ପଦକୁ ମନରେ ଆଣିବାରେ ଥାଏ ଅପୂର୍ବ ପୁଲକ । ତପନକୁ ନେଇ ଯେମିତି କୁନ୍ତୀ ଭାବେ - " ହେଲେ କିଏ ଏହି ତପନ ? କାହିଁକି ତା କଥା ଭାବିବାକୁ ଭଲ ଲାଗୁଛି, ଥରେ ନୁହେଁ ବାରମ୍ବାର କାହିଁ ଦେଖିବାକୁ ଇଚ୍ଛା ହେଉଛି, ଝାଳରେ ଶୀତ ଦିନରେ ବି ଦେହଟା ଓଦା ହୋଇ ଯାଉଛି"।(୫୪)

**ଜୀବନ ଦର୍ଶନ:**

ପ୍ରତ୍ୟେକ ମଣିଷର କିଛି ନା କିଛି ଦର୍ଶନ ରହିଛି । ଜୀବନ ପ୍ରତି ନିଆରା ଦୃଷ୍ଟିଭଙ୍ଗୀ ରହିଛି । କୁନ୍ତୀ ଚରିତ୍ର ମାଧ୍ୟମରେ ଔପନ୍ୟାସିକ ସେପରି କିଛି ଦର୍ଶନକୁ ପାଠକ ସମ୍ମୁଖରେ ଉପସ୍ଥାପିତ କରିଛନ୍ତି । କୁନ୍ତୀ ରାଧୁ ମହାଜନର ଚକ୍ରାନ୍ତରେ ମନୁଆର ବ୍ୟଭିଚାର ହେତୁ ଅବାଞ୍ଛିତ ମାତୃତ୍ୱ ଲାଭ କରିଛି । ଏଇ ପରିପ୍ରେକ୍ଷୀରେ ଜୀବନ ସଂପର୍କିତ ତାର ଦୃଷ୍ଟିଭଙ୍ଗୀ ହେଉଛି - "ମାତ୍ର ମଣିଷ ଯାହା ଇଚ୍ଛାକରେ, ତାହା ପାଇପାରେନା, ଯାହା ପାଏ ତାହା ତା'ର କଳ୍ପନାତୀତ, ଅନିଚ୍ଛାକୃତ । ପୃଥିବୀର ଏଇ ବ୍ୟତିକ୍ରମକୁ କି ଗରିବ କି ଧନୀ ସମସ୍ତେ ସ୍ୱୀକାର କରିବାକୁ ବାଧ୍ୟ''। (୫୫)

କୁନ୍ତୀ ଶ୍ରୀଭବନରେ ରହିବାପରେ ଆଶ୍ରମର ଅନ୍ତେବାସୀଙ୍କ ବିଭିନ୍ନ ଦୁଃଖ ଓ ସମସ୍ୟାକୁ ନିଜେ ଅନୁଭବ କରିଛି । ଆଜିଯାଏ ତାର ନିଜ ଦୁଃଖ ତାପାଇଁ ସବୁଠୁ ବଡ ମନେ ହେଉଥିବା ଧାରଣା ଯେ ଭୁଲ୍ ଏହା କୁନ୍ତୀର ଅନୁଭବୀ ମନ ବୁଝିପାରିଛି । ଜୀବନର ଏ ପ୍ରକାର ଦର୍ଶନକୁ ପ୍ରକାଶ କରିବାକୁ ଯାଇ ଔପସ୍ୟାସିକା କହନ୍ତି - "ଯେ ପର୍ଯ୍ୟନ୍ତ ଅନ୍ୟକୁ ବୁଝି ହୋଇ ନଥାଏ, ଆବିଷ୍କାର କରାଯାଇନଥାଏ ସେପର୍ଯ୍ୟନ୍ତ ମଣିଷ ନିଜସ୍ୱ ବେଦନାରେ ସମସ୍ୟାରେ ଦିଗହରା ହୋଇପଡେ । ଥରେ ଅନ୍ୟର ଆଖିରେ ନିଜକୁ ତଉଲି ଦେଲେ ସେ ଜାଣିପାରିବ, ନିଜର ଦୁଃଖ ଦୁର୍ଦ୍ଦଶା କେତେ ତୁଚ୍ଛ"। (୫୬)

**ମାନବିକ ଆବେଦନ:**

ଔପନ୍ୟାସିକା ବୀଣାପାଣି ଜଣେ ମାନବବାଦୀ ଦରଦୀ ସାହିତ୍ୟ ଶିଳ୍ପୀ। ତେଣୁ ତାଙ୍କ ସୃଜନ ବୀଣାରେ ମାନବିକତାର ସ୍ୱର ଝଙ୍କୃତ ହେବା ସ୍ୱାଭାବିକ। ଶ୍ରୀଭବନର ମା ମାନବିକତାର ଜ୍ୱଳନ୍ତ ଦୃଷ୍ଟାନ୍ତ। ଆକ୍ସିଡେଣ୍ଟ୍‌ରେ ସ୍ୱାମୀକୁ ହରାଇ ଜୀବନର ଅବଶିଷ୍ଟ ସମୟ ଆଶ୍ରମରେ ଅସହାୟଙ୍କ ସେବାରେ କଟାଇ ଦିଅନ୍ତି। ଅନାଥା ଶ୍ରମର ବର୍ଣ୍ଣନା ଅନ୍ତରାଳରେ ଲେଖିକାଙ୍କ ମହତ୍ତ୍ୱାକାଂକ୍ଷା ପାଠକର ବୋଧ ଶକ୍ତିକୁ ଅବଶ୍ୟ ସ୍ପର୍ଶ କରିପାରେ; ଯେଉଁ ଆଶ୍ରମରେ ପଦି, କମଳି, ପୁନି ଏବଂ ଅସହାୟ ବୃଦ୍ଧ ଓ ବୃଦ୍ଧା ଆଶ୍ରୟ ନିଅନ୍ତି। ନାରୀ ନେତ୍ରୀ ସୁମିତ୍ରା ଦେବୀ ସମାଜ ସେବାରେ ଦିନ ବିତାନ୍ତି। ତପନ, କୁନ୍ତୀ ପରି ନିରାଶ୍ରୟ ମାନଙ୍କୁ ସୁମିତ୍ରା ଦେବୀ ଆଶ୍ରୟ ଦେବାରେ ଲେଖିକାଙ୍କ ମାନବବାଦୀ ଦୃଷ୍ଟିଭଙ୍ଗୀ ନିହିତ।

**ଭାଷା ଓ ଶୈଳୀ:**

ଶୈଳୀ ହେଉଛି ଲେଖକର ବ୍ୟକ୍ତିତ୍ୱ। ଶୈଳୀ କହିଲେ ରଚନାର ବିଷୟ ବସ୍ତୁ, ଭାଷା, ଭାବ ତଥା ରଚନାର ସାମଗ୍ରିକତାକୁ ବୁଝାଇଥାଏ। ଶୈଳୀରେ ଭାଷାର ଭୂମିକା ଗୁରୁତ୍ୱପୂର୍ଣ୍ଣ। ବକ୍ତବ୍ୟକୁ ସୁନ୍ଦରକରେ ତାର ଭାଷା ଓ ଶୈଳୀ। 'ଉନ୍ନତ ସୃଷ୍ଟିର ମୂଳ ରହସ୍ୟ ହେଉଛି ଲେଖକର ରଚନା ଶୈଳୀ। ପ୍ରତିଭାବାନ୍ ବ୍ୟକ୍ତି ହିଁ ଉତ୍ତମ ଶୈଳୀର ଅଧିକାରୀ।[୫୭] ଆଲୋଚ୍ୟ ଉପନ୍ୟାସର କେତେକ ସ୍ଥଳରେ କାବ୍ୟିକ ଭାଷା ବିନ୍ୟାସ ଉପନ୍ୟାସକୁ ଉଚ୍ଚକୋଟୀର କଳାତ୍ମକ ମୂଲ୍ୟରେ ବିଭୂଷିତ କରିଛି। କୁନ୍ତୀର ମାନସିକ ଭାବାବେଗକୁ ନେଇ ଔପନ୍ୟାସିକାଙ୍କର ଅଭିବ୍ୟକ୍ତି – ''ସେଠୁ ଝାମ୍ପ ଦେବ ପୃଥିବୀକୁ ! ଧରିବ ହାତରେ ଉଡନ୍ତା ପ୍ରଜାପତିର ଡେଣା, ଲୁଟି ଆଣିବ ଓଠରୁ ତା'ର ପରାଗରେଣୁ ! ଧରିବ ଏକ ହାତରେ ନୀଳ ଆକାଶର ନୀଳିମା ଆଉ ଅନ୍ୟ ହାତରେ ସର୍ବସଂହା ଧରିତ୍ରୀର ସବୁଜିମା ! ତେବେ ଯାଇଁ ତେବେ ଯାଇ..''।[୫୮]

"ହଠାତ୍ ଅନେକ ଦିନ ପରେ ଛାଇ ଛାଇ ନିଦରେ ସ୍ୱପ୍ନ, ସ୍ୱପ୍ନ ଭିତରେ କିଛି ମଧୁରତା କିଛି ତିକ୍ତତା ମିଶାମିଶି ଅଦ୍‌ଭୂତ ଏକ ବାସ୍ନାର ଆକର୍ଷଣ କୁନ୍ତୀକୁ ଯେମିତି ଉତ୍ତାଳ କରି ଦେଇଥିଲା"।[୫୭] ଉପମାର ଯଥାର୍ଥ ପ୍ରୟୋଗ ମଧ୍ୟ ବୀଣାପାଣିଙ୍କ ଭାଷାବିନ୍ୟାସରୁ ସ୍ପଷ୍ଟ ବାରିହୁଏ। ଯେମିତି – "ଫୁଲ ପରି ଫୁଟି ଉଠିଥିବା ଅକ୍ଷତ ନାରୀତ୍ୱକୁ, ସମୟର ଓଠତଳେ ଝଳି ଉଠିଥିବା ଟୋପାଏ ଝାଳକୁ। ମଉଳି ଯାଇଥିବା ଚେନାଏ ହସକୁ "।[୫୯] ଭାଷା ଓ ଶୈଳୀ ଦୃଷ୍ଟିରୁ 'କୁନ୍ତୀ-କୁନ୍ତଳା-ଶକୁନ୍ତଳା' ଉପନ୍ୟାସଟି ଯେ ସଫଳ କଳାକୃତି ଏଥିରେ ସନ୍ଦେହ ନାହିଁ।

**ନାରୀ ମୁକ୍ତିର ଚିତ୍ର:**

ଅନେକ ବୀଣାପାଣିଙ୍କୁ ବାମାବାଦୀ ଲେଖିକାଭାବେ ସ୍ୱୀକାର କରନ୍ତି । କିନ୍ତୁ ବାସ୍ତବରେ ସେଇଆ ନୁହେଁ । ନାରୀର ଦୁଃସ୍ଥିତି, ଅସହାୟତା ତଥା ତା ଉପରେ ହେଉଥିବା ଅନ୍ୟାୟ ଅତ୍ୟାଚାରର ପ୍ରତିରୋଧ ପାଇଁ ବୀଣାପାଣିଙ୍କ ଲେଖନୀ ଚଳଚଞ୍ଚଳ; ଶତତ ଯତ୍ନଶୀଳ । ତେଣୁ ତ ସମାଜର ଅସଂଖ୍ୟ ନିର୍ଯ୍ୟାତିତା କୁନ୍ତୀମାନଙ୍କ ପାଇଁ ମୁକ୍ତିର ମାର୍ଗ, ଅନ୍ୱେଷଣର ପଥ ଉନ୍ମୁକ୍ତ କରିଦେଇଛନ୍ତି ସିଏ । ସେଥିପାଇଁ ତାଙ୍କ ଉପନ୍ୟାସର ନାୟିକା ହାତରେ ଅସ୍ତ୍ର ଧାରଣ କରି ଯୌନ ପିପାସୁ ଲାଲ୍‌ଟୁମାନଙ୍କୁ ହତ କରିବା ପାଇଁ ପଶ୍ଚାତ୍‌ପଦ ହୋଇନାହିଁ ।

**ମନସ୍ୱିନୀ - ଏକ ତୀର୍ଯ୍ୟକ୍ ଦୃଷ୍ଟି :**

'ମନସ୍ୱିନୀ' ବୀଣାପାଣିଙ୍କ ରଚିତ ତୃତୀୟ ଉପନ୍ୟାସ । 'ସୀତାର ଶୋଣିତ'. 'କୁନ୍ତୀ-କୁନ୍ତଳା-ଶକୁନ୍ତଳା' ପରେ ବୀଣାପାଣିଙ୍କ କଳ୍ପନା ଜଗତରେ ରୂପନିଏ ନାରୀ ମନସ୍ତତ୍ତ୍ୱ ଉପରେ ଆଧାରିତ ଉପନ୍ୟାସ ମନସ୍ୱିନୀ । ବୃତ୍ତିରେ ଅର୍ଥନୀତିର ଅଧାପିକା ଥିବା ବୀଣାପାଣି ପ୍ରବୃତ୍ତିରେ ଥିଲେ ସୃଜନଶିଳ୍ପୀ, ସାରସ୍ୱତ ସାହିତ୍ୟ ବିନ୍ଧାଣୀ । ସ୍ୱାଧୀନତା ପରବର୍ତ୍ତୀ ବିଭଙ୍ଗ ଅର୍ଥନୀତି, ସମାଜ ବ୍ୟବସ୍ଥାର ବହୁବିଧ ଦିଗକୁ ତନ୍ନ ତନ୍ନ କରି ଅନୁଧ୍ୟାନ କରିଥିଲେ ବୀଣାପାଣି । ତେଣୁ ଏଇ ବିପର୍ଯ୍ୟୟ ବିରୁଦ୍ଧରେ ସ୍ୱର ଉଠାଇଥିଲେ ନିଜେ ବୀଣାପାଣି । ଅଧଃପତନର ଛନ୍ଦରେ ଗତିକରୁଥିବା ସମାଜକୁ ନାରୀ ହିଁ କେବଳ ସଜାଡି ପାରିବ, ସେ ଶକ୍ତି ନାରୀର ଅଛି ଏହି ସତ୍ୟକୁ ପ୍ରତିପାଦନ କରିବାକୁ ବୀଣାପାଣି ଚେଷ୍ଟା କରିଛନ୍ତି ତାଙ୍କ ସାହିତ୍ୟ ସୃଷ୍ଟିରେ । ଆଲୋଚ୍ୟ ଉପନ୍ୟାସରେ ନାୟିକା ବିନୋଦିନୀର ମନସ୍ତାତ୍ତ୍ୱିକ ଭାବନା ମୁଖ୍ୟ ରୂପେ ସ୍ଥାନପାଇଛି ।

**କଥାବସ୍ତୁ:**

ମୂଲ୍ୟବୋଧ ରହିତ ଯୌଥ ପରିବାରର କାହାଣୀ ହିଁ ମନସ୍ୱିନୀ ଉପନ୍ୟାସର ଭାବବସ୍ତୁ । ନାୟିକା ବିନୋଦିନୀ ନିମ୍ନ ମଧ୍ୟବିତ୍ତ ପରିବାରର ତୃତୀୟ କନ୍ୟା ସନ୍ତାନ । ତାର ବାପା ପ୍ରାଥମିକ ସ୍କୁଲର ଶିକ୍ଷକ, ଜଣେ ସ୍ୱଳ୍ପ ବେତନଭୋଗୀ ସରକାରୀ କର୍ମଚାରୀ । ସୀମିତ ଆୟରେ ପରିବାର ଚଳଉଥିଲେ ସେ । ବିନୋଦିନୀ ଥିଲା ସୁନ୍ଦରୀ । ଇଣ୍ଟର ମିଡିଏଟ୍ ପାଶ୍ କରି ବି.ଏ. ପଢୁଥିବା ସମୟରେ ସନାତନଙ୍କ ସହିତ ତାର ବାହାଘର ଠିକ୍ ହୋଇଗଲା । ଏ ବିବାହରେ ତାର ସମ୍ମତି ଅଛି କି ନାହିଁ ଜାଣିବା ପାଇଁ କାହାର ଇଚ୍ଛା ନଥିଲା । କାହିଁ କେତେ ପଛରେ ରହିଯାଇଥିଲା ତାର ରଘୁଭାଇ । ଶାଶୂଘରେ ପାଦ

ଦେବାପରେ ବଦଳି ଯାଇଥିଲା ତା' ସ୍ୱପ୍ନର ଦୁନିଆ। ବିବାହର କିଛି ଦିନ ପର୍ଯ୍ୟନ୍ତ ସନାତନଙ୍କ ସ୍ନେହ ପ୍ରେମରେ ଭୁଲି ଯାଇଥିଲା ସବୁକିଛି ବିନୋଦିନୀ। ପରବର୍ତ୍ତୀ ସମୟରେ କାହିଁକି କେଜାଣି ବିନୋଦିନୀ ପ୍ରତି ଉଦାସୀନ ହୋଇ ପଡ଼ିଥିଲେ ସନାତନ। ସନାତନ ଥିଲେ ଜଣେ ଉଚ୍ଚ ପଦସ୍ଥ ସରକାରୀ କର୍ମଚାରୀ। ଚାକିରିରୁ ଅବସର ନେଇଥିବା ବାପା, ବୋଉ, ଦୁଇ ଭଉଣୀ ମାନିନୀ, ଶାଳିନୀ, ସାନଭାଇ ଚନ୍ଦନ, ପୁଅ 'ଟୁକୁନ୍' ଓ ଝିଅ 'ଟିକିଲି'କୁ ନେଇ ତାଙ୍କ ଛୋଟ ସଂସାର। ସନାତନ ବିଶେଷଭାବରେ ମାତୃ ଅନୁଗତ ସନ୍ତାନ ଥିଲେ। ବିବାହ ପରେ ବି.ଏ. ପାଶ୍ କରି ଅଧିକ ପଢ଼ିବାର ଇଚ୍ଛା ଥିଲେ ବି ପରିବାରର ମଙ୍ଗଳ ପାଇଁ ବିନୋଦିନୀ ଆଉ ଅଧିକ ପଢ଼ି ପାରିନଥିଲେ। ଲୋଟଣି ପାରା ପରି ପରିବାରର ସୁଖ-ସ୍ୱାଚ୍ଛନ୍ଦ୍ୟ ପାଇଁ ବିନୋଦିନୀ ସବୁ ଦୁଃଖ କଷ୍ଟ ଅକାତରେ ସହି ଯାଉଥିଲେ। ସନାତନଙ୍କ ରୋଜଗାରରେ ଘରେ ଜଣେ ଚାକର ବା ଚାକରାଣୀ ରହିବାର ସାମର୍ଥ୍ୟ ଥିଲେ ମଧ୍ୟ କେହି ତା'ର ଗୁରୁତ୍ୱ ଉପଲବ୍ଧି କରି ପାରିନଥିଲେ। ବିବାହର କିଛି ବର୍ଷ ପରେ ବିନୋଦିନୀଙ୍କ ବାପା ରୋଗାକ୍ରାନ୍ତ ହୋଇ ଶଯ୍ୟାଶାୟୀ ହେଲେ। ସେ ସମୟରେ ସନାତନ ଟ୍ରେନିଂରେ ଯାଇଥିବାରୁ ବିନୋଦିନୀ ଶାଶୂ ଶଶୁରଙ୍କ ଅନୁମତି ନେଇ ଏକା ଏକା ବାପଘରକୁ ଯାଇଥିଲେ। କିଛି ଦିନ ପରେ ତା'ର ବାପା ଇହଧାମ ତ୍ୟାଗ କଲେ। ଏ ବିପର୍ଯ୍ୟୟରେ ତା'ର ଶାଶୂଘରୁ କେହି ଆସିନଥିଲେ। ବିନୋଦିନୀ ଶେଷରେ ବାପଘରୁ ଶାଶୂଘରକୁ ଫେରି ଆସିଥିଲେ। ଶାଶୂଘରେ ଆଉ ଏକ ସମ୍ଭାବ୍ୟ ମାତୃତ୍ୱକୁ ଆବିଷ୍କାର କଲେ ବିନୋଦିନୀ। କନ୍ୟାସନ୍ତାନ ପ୍ରତି ଘୋର ବିମୁଖ ଶାଶୂଙ୍କୁ ବିନୋଦିନୀ ଗର୍ଭ ନଷ୍ଟ କରିଦେବା ଭୟରେ କିଛି ନକହି ନିରବ ରହିଥିଲେ। କନ୍ୟାସନ୍ତାନ ପାଇଁ ବ୍ୟାକୁଳ ବିନୋଦିନୀ ଈଶ୍ୱରଙ୍କ ଅନୁଗ୍ରହରୁ କନ୍ୟାସନ୍ତାନର ଜନନୀ ହୁଅନ୍ତି, ତା'ର ନା' ରହେ 'ଟିକିଲି'। ଶିଶୁ କନ୍ୟାଟିଏ ବୋଲି ନିଜ ପରିବାରରେ ଚିର ଅବହେଳିତା ଟିକିଲି କିନ୍ତୁ ମମତାମୟୀ ମା'ର ପଣତତଳେ ବଞ୍ଚିରହେ। 'ପିତୃ ପରିଚୟ ନେଇ ସର୍ବଦା ସନ୍ଦିହାନ ସନାତନ' ଟିକିଲି ପ୍ରତି ଥିଲେ ବିମୁଖ ମାତ୍ର ଏହା ଜାଣିନଥିଲେ ବିନୋଦିନୀ। ବିନୋଦିନୀଙ୍କ ଉପରେ କେହି ବି ଖୁସି ନଥିଲେ। ଶାଶୂ ଓ ନଣନ୍ଦଙ୍କ କଥା, ତୀବ୍ର ଆକ୍ଷେପ ଭିତରେ ଭିତରେ ରକ୍ତାକ୍ତ ଓ ଲହୁଲୁହାଣ କରିଦେଉଥିଲା ବିନୋଦିନୀକୁ। ସନାତନଙ୍କ ରୁକ୍ଷ ବ୍ୟବହାରରେ ମୁହ୍ୟମାନ ବିନୋଦିନୀ ତଥାପି ଅର୍ଥହୀନ ଭାବରେ ବଞ୍ଚି ରହିଥିଲେ। କେବଳ ଟୁକୁନ୍ ଓ ଟିକିଲି ପାଇଁ। ଧୀର ମନ୍ଥର ଗତିରେ ପରିବାର ଚାଲିଥିବାବେଳେ ଧୂମକେତୁ ଭଳି ହଠାତ୍ ତାଙ୍କ ପରିବାରରେ ଉଭା ହୋଇଥିଲା କୁସୁମର ସ୍ୱାମୀ ବସନ୍ତ। ସେଇ ବସନ୍ତ ବାବୁଙ୍କୁ ନେଇ ପରିବାରରେ ଆଉ ଏକ ଅଶାନ୍ତିର ଝଡ଼ ସୃଷ୍ଟି ହୁଏ। ପରିବାରର ନାଆଟିକୁ ନିଶ୍ଚିତ ବିପଦମୁଖରୁ ଉଦ୍ଧାର କରିବା ଲାଗି ବିନୋଦିନୀର ଶତତ ପ୍ରଚେଷ୍ଟା

ବ୍ୟର୍ଥ ହୁଏ । କେହି ବୁଝନ୍ତନି, ବୁଝିପାରନ୍ତିନି ତା' ସହିଷ୍ଣୁତାର ମୂଲ୍ୟ , ତା' ତ୍ୟାଗର ମହତ୍ତ୍ୱ କେବଳ ସାନ ନଣନ୍ଦ ଶାଳିନୀ ବ୍ୟତୀତ । ସାରା ପରିବାର ଭିତରେ ଶାଳିନୀହିଁ ମାତ୍ର ଜଣେ ଯିଏ ବୁଝିପାରେ ବିନୋଦିନୀକୁ । ତା' ପ୍ରତି ହେଉଥିବା ଅନ୍ୟାୟ ବିରୁଦ୍ଧରେ ପ୍ରତିକ୍ରିୟାଶୀଳ ହେବାପାଇଁ ଶାଳିନୀ ବାରମ୍ବାର ତାଗିଦ୍ କରୁଥାଏ ବିନୋଦିନୀକୁ । ସମ୍ପୂର୍ଣ୍ଣ ନିରାଶା ଭିତରେ ବିନୋଦିନୀପାଇଁ ଶାଳିନୀ ଥିଲା ଏକମାତ୍ର ଆଶାର ଇନ୍ଦ୍ରଧନୁ । ଧରିତ୍ରୀ ପରି ସର୍ବସଂହା ବିନୋଦିନୀ ପରିଶେଷରେ ପ୍ରତିରୋଧ କରିଛି, ପ୍ରତିକ୍ରିୟାଶୀଳ ହୋଇଉଠିଛି ଯେତେବେଳେ ତା'ର ସ୍ୱାମୀ ସନାତନ ତା'ର ପତ୍ନୀତ୍ୱ, ସତୀତ୍ୱ ତଥା ମାତୃତ୍ୱ ଉପରେ ପ୍ରଶ୍ନବାଚୀ ସୃଷ୍ଟି କରିଛନ୍ତି । ସବୁ ତିରସ୍କାର ଲାଞ୍ଛନାଠାରୁବଳି ପିଡିଛି ବହୁଦିନରୁ ପୁଂଜିଭୂତ ହୋଇରହିଥିବା ସନାତନର ନିଷ୍ଠୁର ନିର୍ମମ ବାକ୍ୟବାଣ । ବିନୋଦିନୀର ଧୈର୍ଯ୍ୟର ବନ୍ଧଭାଙ୍ଗିଯାଇଛି । ତେଣୁ ବିନୋଦିନୀ ସନାତନ ଉଦ୍ଦେଶ୍ୟରେ କହିଛି :- "ବାସ୍ତବରେ ଆନୁଷ୍ଠାନିକ ହାତଗଣ୍ଠି ପଡିଗଲେ ବାହାଘର ଯେମିତି ହୁଏନା ସେମିତି ମଧ୍ୟ ନାରୀ ଶରୀର ସର୍ବସ୍ୱ ପୁରୁଷ ପ୍ରକୃତ ପକ୍ଷରେ ପିତା ହୁଏନା । ପୁରୁଷ ଜାଣେନି ମିଳନର ମଧୁର ମୁହୂର୍ତ୍ତରେ ନାରୀର ଚେତନାରେ କେଉଁ ପୁରୁଷର ଆବିର୍ଭାବ ହୁଏ ।" (୬୦)

ନାରୀଟିଏ ସବୁ ସହିପାରେ । କିନ୍ତୁ ଯେତେବେଳେ ତା' ସତୀତ୍ୱକୁ ନେଇ ପ୍ରଶ୍ନ ଉଠେ ସେତେବେଳେ ସିଏ ପ୍ରତିକ୍ରିୟାଶୀଳ ହୋଇପଡେ । ବିନୋଦିନୀ ସେମିତି ଏଯାବତ୍ ସବୁ ସହ୍ୟ କରିଥିଲେ ମଧ୍ୟ ଆଉ ନିରବ ରହିପାରିନି । ସନାତନଙ୍କୁ ଛାଡପତ୍ର ଦେବାପାଇଁ ଚିନ୍ତା କରିବି ଶେଷରେ ସେ ନିଷ୍ପତ୍ତିରୁ ଓହରିଯାଇଛି । ବ୍ୟକ୍ତିଗତ ଖୁସି ଅପେକ୍ଷା ସମସ୍ତଙ୍କ ହସଖୁସି ତା'ପାଇଁ ଥିଲା ମହତ୍ତ୍ୱପୂର୍ଣ୍ଣ । ତେଣୁ ସେ ଆଉ ଏକ ବୁଝାମଣାର ଆଶାରଖି ଅଟକି ଯାଇଛି ସେଇ ପରିଚିତ ଲୋକଙ୍କ ମେଳରେ ।

**ସମାଜ ଚିତ୍ର:**

ପ୍ରତ୍ୟେକ ସାହିତ୍ୟସ୍ରଷ୍ଟା ସମାଜର ଶୃଙ୍ଖଳରେ ଆବଦ୍ଧ । ଜଣେ ସଚେତନଶୀଳ ନାଗରିକ ଭାବେ ସମାଜ ପ୍ରତି ସେ ବେଶି ମାତ୍ରାରେ ଉତ୍ତରଦାୟୀ । ସାମାଜିକ ଚିନ୍ତା ହିଁ ତା'ର ସୃଷ୍ଟିରେ ଅଧିକ ରୂପାୟିତ ହୋଇଥାଏ । The writer is not ony influenced by society he inlfuences it ।

କୌଣସି ସମୟରେ ସାହିତ୍ୟର ସାମାଜିକ ପ୍ରତିବଦ୍ଧତାକୁ ଅଣଦେଖା କରାଯାଇ ନପାରେ ।

କଥା ସମ୍ରାଜ୍ଞୀ ବୀଣାପାଣି ମହାନ୍ତିଙ୍କ ସୃଜନ ସମ୍ଭାରରେ ସାମାଜିକ ଅସଂଗତି ପ୍ରତି ବିଦ୍ରୋହର ବହ୍ନି ସହଜ ଲକ୍ଷ୍ୟ । ତା'ଙ୍କ କଥାର ଆଭିମୁଖ୍ୟ ମଧ୍ୟ ସମାଜର ପୁନର୍ଗଠନ ।

ନିଜର କଥା ଓ ଚେତନାକୁ ସମାଜର ନିମ୍ନବର୍ଗ, ନିମ୍ନସ୍ଥିତି ଓ ନ୍ୟୁନତା ପୀଡ଼ିତ ବସ୍ତିବାସୀଙ୍କ ମୁଖପାତ୍ର ହେବାକୁ ଅକାତରେ ସେ ବିଗତ ଚାଳିଶି ବର୍ଷ ଧରି ବିନିଯୋଗ କରିଛନ୍ତି ।

ସାହିତ୍ୟ ଶିଳ୍ପୀଟିଏ ନିଶ୍ଚିତ ଭାବରେ ସମାଜମନସ୍କ । ସମାଜକୁ ବାଦ୍ ଦେଇ ସାହିତ୍ୟିକ କି କଥା ବା କହିବ ? କାରଣ ସମାଜ ଓ ସାହିତ୍ୟ ପରସ୍ପର ଅଙ୍ଗାଅଙ୍ଗୀ ଭାବେ ଜଡ଼ିତ । ବୀଣାପାଣିଙ୍କ 'ମନସ୍ୱିନୀ' ଉପନ୍ୟାସରୁ ସମାଜ ଚେତନାର କିଛି ଦିଗ ଉପରେ ଆଲୋକପାତ କରାଯାଇପାରେ । ଉପନ୍ୟାସର ନାୟିକା ବିନୋଦିନୀ । ବିବାହପାଇଁ ଉପଯୁକ୍ତ ହୋଇଗଲା ପରେ ତା'ର ପରିବାର ସେଥିପାଇଁ ତତ୍ପର ହୋଇଉଠନ୍ତି । ସନାତନଙ୍କ ସହିତ ତା'ର ବାହାଘର ଠିକ୍ ହୁଏ । ବିବାହ ସମୟରେ ସନାତନଙ୍କ ପରିବାର ତରଫରୁ କିଛି ବି ଦାବି କରାଯାଇ ନଥିଲା । ଅଳ୍ପକିଛି ଯୌତୁକ ଦେଇ ବିନୋଦିନୀର ବିବାହ ସଂପନ୍ନ ହୋଇଥିଲା । ବିବାହପରେ ଝିଅର ଶାଶୁଘରୁ ଫେରିବା ସମୟରେ ପରିବାରରେ ଆଦର୍ଶ ଗୃହିଣୀଟିଏ ହୋଇ ଚଳିବାକୁ ପରାମର୍ଶ ଦେଇ ତା'ର ବାପା କହିଥିଲେ - "ଜଗିରଖି ଚଳିବୁ ମା' । ବଡ ଘରେ ସୁପାତ୍ରରେ ଦେଇଛି । ତୋର କିଛି ଅସୁବିଧା ହେବନି ।"(୭୧) ଶାଶୁଘରେ ନିଜର ସମସ୍ତ ଖୁସିକୁ ଜଳାଞ୍ଜଳି ଦେଇ ବିନୋଦିନୀ ସମସ୍ତଙ୍କୁ ଖୁସି କରିବାର ଆପ୍ରାଣ ଉଦ୍ୟମ କରିଛି । ମାତ୍ର ଶେଷପର୍ଯ୍ୟନ୍ତ ସଫଳ ହୋଇପାରିନି । କଥା କଥାକେ ଶାଶୁ ଓ ନଣନ୍ଦ ମାନିନୀଠାରୁ ଆଘାତ ପାଇଛି । ଗରିବ ଘରର ଝିଅ ବୋଲି ସବୁକଥା ସହିବାକୁ ସେ ବାଧ୍ୟ । ପରିବାରରେ କାମର ଚାପ ଅଧିକ ହେଲେବି କେହି ସେ ପ୍ରତି ଧ୍ୟାନ ଦେଇନାହାନ୍ତି । କିଛି ନଥାଣିଥିବା ଗ୍ଲାନି ବୋଧକୁ ଶାଶୁ ଚିରାଚରିତ ରୀତିରେ ବିନୋଦିନୀଙ୍କୁ ଉଲୁଗୁଣା ଦେଇଛନ୍ତି । ସମାଜରେ ଯୌତୁକ ପ୍ରଥା ଏକ ବିରାଟ ବ୍ୟାଧି । ବିନୋଦିନୀଙ୍କ ଶାଶୁ ସେଥିରୁ ବାଦ୍ ପଡ଼ିନାହାନ୍ତି ।

ସମାଜରେ କନ୍ୟା ସଂତାନ ପ୍ରତି ବୈମାତୃକ ଭାବ ଆଜିବି ରହିଛି । ବିନୋଦିନୀଙ୍କର ସମ୍ଭାବ୍ୟ ମାତୃତ୍ୱକୁ ନେଇ ଆତଙ୍କିତ ହୋଇଉଠିଛନ୍ତି ତାଙ୍କର ଶାଶୁ । ଟୁକୁନ୍‌ର ଜନ୍ମପରେ କାଳେ କନ୍ୟା ସଂତାନଟିଏ ହେବ ସେଥିପାଇଁ ତାଙ୍କୁ ବାରମ୍ବାର ଗର୍ଭପାତ କରିବାକୁ ପଡ଼ିଛି । ମାତ୍ର ବିନୋଦିନୀ ଅନ୍ତରରେ ଝିଅଟିଏ କାମନା କରିଛି । ବିନୋଦିନୀର ଆନ୍ତରିକ କାମନାରୁ ଝିଅଟିଏ ହୋଇଥିବାରୁ ପରିବାରର ସମସ୍ତଙ୍କ ପାଇଁ ସିଏ ଅଖୋଜା ଅଲୋଡ଼ା ହୋଇପଡ଼ିଛି । ସମସ୍ତଙ୍କ ସ୍ନେହ ଆଦରରୁ ବଂଚିତ ହୋଇଛି ଟିକି ଝିଅ ଟିକିଲି । ତା'ପ୍ରତି ବିନୋଦିନୀଙ୍କର ସାମାନ୍ୟ ଶ୍ରଦ୍ଧା ଶାଶୁଙ୍କର ଦୃଷ୍ଟିକଟୁ ହୋଇ ପଡ଼ିଛି । ଔପନ୍ୟାସିକାଙ୍କ ଭାଷାରେ :- "ପିଲାଙ୍କୁ ଗୁଡ଼େ ଭାତ ଖୁଆଇଲେ ଜବରଦସ୍ତ ଲାଭ ଏଇଆ ହୁଏ । ମାଠିଆରେ ଯେତିକି ପାଣି ଧରିବ ନା, ଅଧିକ ପୂରେଇଲେ ମାଠିଆ ପଡି ଭାଙ୍ଗିଯିବା ପାଠ ପଢ଼ିଥିବା ମା' ଏସବୁ ବିଷୟରେ ଜାଣିବେ ନା"। (୭୨)

ଏକ୍‌ଜିଦିଆ କ୍ଷଣକୋପୀ ନଣନ୍ଦ (ମାନିନୀ)କୁ ବୁଝାଇ ରାସ୍ତାକୁ ଆଣିବାରେ ଅସମର୍ଥ ହୁଏ ବିନୋଦିନୀ। ସାନ ଦିଅର ଡ୍ରଗସ୍ କାରବାରରେ ଲିପ୍ତରହି ପୋଲିସ୍ ହାତରେ ଧରାପଡି ଜେଲ୍ ଯାଏ। ସେଥିରୁ ମୁକୁଳେଇବାପାଇଁ ସହଯୋଗର ହାତ ବଢ଼ାଏ କୁସୁମର ସ୍ୱାମୀ ବସନ୍ତ ବାବୁ। ତେବେ ତାଙ୍କର ପ୍ରକୃତ ଉଦ୍ଦେଶ୍ୟ କେହି ବୁଝନ୍ତିନି। ହେଲେ ବସନ୍ତବାବୁଙ୍କ ଫେରାର ହେଇଯିବା ପରେ ତା'ର ଅସଲ ରୂପ ଉଦ୍‌ଘାଟିତ ହୁଏ ସମସ୍ତଙ୍କ ସାମ୍ନାରେ। ଅଥଚ ସବୁରି ପାଇଁ ଦାୟୀ ହୁଏ ବିନୋଦିନୀ। ପରିବାରର କଲ୍ୟାଣ ପାଇଁ ତିଳତିଳ ଯନ୍ତ୍ରଣା ଦଗ୍ଧ ବିନୋଦିନୀର ମନୋଭାବକୁ ବୁଝିପାରନ୍ତିନି କେହି କେବଳ ଶାଳିନୀ ବ୍ୟତୀତ। ତା'ର ଅସମ୍ଭବ ସହିବାର ଶକ୍ତି ହତ୍‌ବାକ୍ କରେ ଶାଳିନୀକୁ। ତେଣୁ ଶାଳିନୀ ତାଗିଦ୍ କରି କହେ ବିନୋଦିନୀକୁ :- "ତୁମକୁ ଗୋଟେ କଥା କହିବି ନୂଆ ବୋଉ। ସବୁ କଥାରେ ଚୁପ୍‌ରହିବା ଆଦୌ ଭଲଗୁଣ ନୁହେଁ। ତମେ ଏତେ ସବୁ ଅନ୍ୟାୟ ଅବିଚାର ଯାହା ଘଟୁଛି ଦେଖିମଧ ଦେଖୁନ। ଶୁଣି ମଧ ଶୁଣୁନ। କାହିଁକି ? ଅନ୍ତତଃ ପ୍ରତିବାଦ କରି ଥରେଅଧେ କୁହନ୍ତ ! ନଚେତ୍ ଅଧିକ କଷ୍ଟ ତମେ ପାଇବ।" (୬୩)

ଯୌତୁକପାଇଁ ନାରୀ ଉପରେ ନିର୍ଯ୍ୟାତନା ସମାଜର ନିତିଦିନିଆ ଘଟଣା। ଏଥିରେ ବଳି ପଡିଛି ଦୀପ୍ତିବୋଲି ଜଣେ ନାରୀ। ଯୁଗେ ଯୁଗେ ପୁରୁଷର ସ୍ୱାର୍ଥ ପାଖରେ ଖେଳନା ସାଜିଛି ନାରୀ। ବସନ୍ତ ନିଜର ଖୁସିପାଇଁ ଦ୍ୱିତୀୟଥର ବିବାହ କରିଛି। ପ୍ରଥମ ସ୍ତ୍ରୀକୁ ହତାଦର କରି ବେଶ୍ ଆରମରେ ବେପରୁଆ ଭାବେ ବଞ୍ଚିପାରିଛି। ମୋଟାମୋଟି ଭାବରେ ଏହିସବୁ ଦୃଷ୍ଟିରୁ ଆଲୋଚ୍ୟ ଉପନ୍ୟାସର ସାମାଜିକ ଦିଗକୁ କଦାପି ଉପେକ୍ଷା କରାଯାଇ ନପାରେ।

**ଚରିତ୍ର ଚିତ୍ରଣ:**

ଚରିତ୍ର ଚିତ୍ରଣ ସାହିତ୍ୟର ଏକ ପ୍ରମୁଖ ଦିଗ। ଚରିତ୍ରକୁ ବାଦ୍‌ଦେଇ ସାହିତ୍ୟ ସୃଷ୍ଟି ସମ୍ଭବ ନୁହେଁ। ବୀଣାପାଣିଙ୍କ 'ମନସ୍ୱିନୀ' ଉପନ୍ୟାସରେ ବହୁ ଛୋଟ ବଡ ଚରିତ୍ର ଉପନ୍ୟାସର କଥାବସ୍ତୁକୁ ଆଗେଇ ନେବାରେ ବିଶେଷ ଭୂମିକା ନିର୍ବାହ କରିଛନ୍ତି।

**ବିନୋଦିନୀ:**

ଜୀବନ ଯଦି ଏକ ମହାନାଟକ ହୁଏ ତହିଁରେ ସର୍ବାଧିକ ଭୂମିକାରେ ଅବତୀର୍ଣ୍ଣ ହୁଏ ନାରୀ। କାରଣ ତା'ର ଗତିଶୀଳତା ଅଧିକ, ଗ୍ରହଣ କ୍ଷମତା ଓ ଅନୁଭୂତି ବଣ୍ଟନର କ୍ଷମତା ମଧ ଅଧିକ। ବିଶ୍ୱର ପ୍ରାୟ ସବୁ ସାହିତ୍ୟିକ ସେମାନଙ୍କ ସୃଷ୍ଟିରେ ନାରୀକୁ ସର୍ବଶ୍ରେଷ୍ଠ ସ୍ଥାନ ଦେଇଛନ୍ତି।

'ବିନୋଦିନୀ' ଉପନ୍ୟାସର ନାୟିକା, ସନାତନଙ୍କ ସହଧର୍ମିଣୀ, ଜଣେ ସହନଶୀଳ ନାରୀ ଚରିତ୍ର। ଉପନ୍ୟାସର ଆରମ୍ଭରୁ ଶେଷଯାଏ ତାଙ୍କୁ ତ୍ୟାଗ,

ସହନଶୀଳତାର ମୂର୍ତ୍ତିମନ୍ତ ଦେବୀଟିଏ ରୂପେ ଦେଖିବାକୁ ମିଳେ। ବି.ଏ. ପଢୁଥିବା ବେଳେ ସନାତନଙ୍କୁ ବିବାହ କରେ ବିନୋଦିନୀ। ବିବାହର କିଛି ଦିନ ପର୍ଯ୍ୟନ୍ତ ସନାତନଙ୍କ ସହିତ ବେଶ୍ ଖୁସିରେ କଟିଯାଏ। ମାତ୍ର ପରବର୍ତ୍ତୀ ସମୟରେ ଖୁସିର ସଂଜ୍ଞା ବଦଳିଯାଏ ତା' ପାଇଁ। ଶାଶୁଙ୍କ ତାଗିଦ୍‌ରେ ସ୍ୱାମୀଙ୍କ ଆଦେଶରେ ଅଧିକ ପଢିବାର ଆଗ୍ରହକୁ ମନରେ ମାରି ବିନୋଦିନୀ ଜଣେ ଆଦର୍ଶ ଗୃହିଣୀ ହେବାରେ ନିଜକୁ ପ୍ରସ୍ତୁତ କରେ। ପ୍ରତି ପଦକ୍ଷେପରେ ଶାଶୁ, ନଣନ୍ଦ ଏପରିକି ସ୍ୱାମୀ ସନାତନଙ୍କ ଠାରୁ କଥାରେ କଥାରେ ଆଘାତପାଏ ବିନୋଦିନୀ। ଯୌତୁକ ଆଣିନଥିବାରୁ ଅନେକ ସମୟରେ କ୍ଷୋଭ ପ୍ରକାଶ କରନ୍ତି ଶାଶୁ। ସମସ୍ତଙ୍କୁ ଖୁସି କରିବାର ପ୍ରୟାସରେ ଲହୁ ଲୁହାଣ ବିନୋଦିନୀ କିନ୍ତୁ ବିଫଳ ହୁଏ। ବଡ ନଣନ୍ଦ ମାନିନୀ ଓ ଶାଶୁଙ୍କ ବାକ୍ୟ ବାଣରେ ବାରମ୍ବାର କ୍ଷତାକ୍ତ ବିନୋଦିନୀ ପାଇଁ ଆଶ୍ୱାସନା ଓ ସମ୍ବେଦନାର ହାତ ବଢାଇ ଦିଏ ସାନ ନଣନ୍ଦ ଶାଳିନୀ। ସବୁ ଅବସୋସ, ଆତ୍ମଦହନ ଭିତରେ ଶାଳିନୀ ପରି ନଣନ୍ଦଟିଏ ପାଇ ମୁହୂର୍ତ୍ତକ ଭିତରେ ଦୁଃଖ ଭୁଲିଯାଏ ବିନୋଦିନୀ। ପରିବାରରେ ତାଙ୍କ ପ୍ରତି ହେଉଥିବା ଅନ୍ୟାୟର ପ୍ରତିବାଦ କରିବା ପାଇଁ ଶାଳିନୀ କଥାର ଉତ୍ତର ଦେଇ ବିନୋଦିନୀ କହେ – "ମୋ କଥା ତମେ ଏତେ ଚିନ୍ତା କରୁଛ ଶାନି ? କି ଭାଗ୍ୟ ମୋର କହିଲ ? ମୋ ପିଲାଙ୍କ ପାଇଁ କଣ ଏଠି ଅଛି ? ତମ ମାନଙ୍କୁ ନେଇ ମୋର ଏ ସଂସାର। ସମସ୍ତେ ମିଳିମିଶି ରହିବା। ଖାଲି ମୋ ପିଲା, ମୋ ସଂସାର ନେଇ ମୁଁ କଣ ଜନ୍ମ ହୋଇଥିଲି ? ସମସ୍ତେ ଭଲରେ ରହିଲେ ମୁଁ ଭଲରେ ରହିବି, ନହେଲେ ଏକା ଏକା ମୁଁ କେମିତି ସୁଖୀ ହେବି।" (୬୪)

ଘରେ କାମର ଚାପରେ ହାଲିଆ ହୋଇପଡୁଥିଲେ ବି ଘରେ ଚାକର ଅବା ଚାକରାଣୀଟିଏ ରଖିବା ପାଇଁ କେହି କେବେ କହିନି। କ୍ଷଣକୋପୀ ନଣନ୍ଦ ମାନିନୀର ତିରସ୍କାର ସତ୍ତ୍ୱେ ବିନୋଦିନୀ ତାଙ୍କୁ ଶାନ୍ତ ମନରେ ବୁଝାଇଛି। ଚନ୍ଦନର ତୀବ୍ର ଉଦାସୀନତାକୁ ନେଇ ମର୍ମାହତ ହୋଇଛି ବିନୋଦିନୀ। ଅନିଚ୍ଛାସତ୍ତ୍ୱେ ମାନିନୀର ବିବାହ ନିର୍ବିଘ୍ନରେ ସମାପ୍ତ ହେବା ପାଇଁ ବସନ୍ତ ବାବୁର ଅଭଦ୍ରାମିକୁ ନିରବରେ ସହ୍ୟ କରିନେଇଛି। କିନ୍ତୁ ଏତେସବୁ ସ୍ୱାର୍ଥ ତ୍ୟାଗ ପରେ ତାଙ୍କ ଚରିତ୍ରକୁ ନେଇ ସନାତନଙ୍କର ସନ୍ଦେହ ବିନୋଦିନୀଙ୍କୁ ମାନସିକ ଆଘାତ ଦେଇଛି। ନିର୍ବିକାର ଭାବେ ସବୁ ସହ୍ୟ କରିଥିବା ବିନୋଦିନୀଙ୍କ କଣ୍ଠରେ ଆସିଛି ପ୍ରତିବାଦର ସ୍ୱର। ଔପନ୍ୟାସିକାଙ୍କ ଭାଷାରେ : "ଦେହ ସର୍ବସ୍ୱ ପୁରୁଷ ଶତ ଚେଷ୍ଟାକରି ମଧ୍ୟ ନାରୀର ମନ ଭିତର ସୁପ୍ତ ଚେତନାକୁ ସ୍ପର୍ଶ କରିପାରେନା। ହସକାନ୍ଦ ନେଇ ଜଣକୁ ବିଚାର କରିବା ଭୁଲ୍, ଭୁଲ୍ ଭୁଲ୍। ସେ ଦୃଷ୍ଟିରୁ ମୁଁ କହିବି ତୁମେ ଟୁକୁନ୍‌ର ଜନ୍ମଦାତା ବା ପିତା ନୁହେଁ। ହାତଗଣ୍ଠି ପଡି ଗଲେ ମନର ମିଳନ ହୁଏନା, ଚେତନାର ପ୍ରଶ୍ନ ଉଠୁଛି କେଉଁଠି"। (୬୫)

ସ୍ୱାମୀଙ୍କ ବ୍ୟବହାରରେ ଅତିଷ୍ଠ ବିନୋଦିନୀ ଛାଡପତ୍ର ଦେବାକୁ ମନସ୍ଥ କରିଥିଲେ ମଧ୍ୟ ସେପରି କରିପାରିନି। ସମସ୍ତଙ୍କ ଖୁସି ପାଇଁ ପୁଣି ଏକ ବୁଝାମଣାର ଅପେକ୍ଷା ରଖି ନିଜକୁ ବୁଝାଇ ଦେଇଛି ବିନୋଦିନୀ। ଔପନ୍ୟାସିକାଙ୍କ ଭାଷାରେ – "ତାଙ୍କର ସ୍ୱତନ୍ତ୍ରତା ତ ସେଇଠି, ଯେଉଁଠି ସେ ପରିବ୍ୟାପ୍ତ ହୋଇଛନ୍ତି ସମସ୍ତଙ୍କ ହସ, ଖୁସିରେ। ସେଇ ଦୁର୍ଲ୍ଲଭ ମୁହୂର୍ତ୍ତକୁ ସେ କାଳର କରାଳ ଗର୍ଭରୁ ତୋଳି ଆଣିବେ ହିଁ, ଏତେଶୀଘ୍ର ଏକା ସେ ଯିବେ ନାହିଁ ଅପେକ୍ଷା କରିବେ ସାନି ଏକ ବୁଝାମଣାକୁ"। [୬୬] ବିନୋଦିନୀକୁ ଜଣେ ଆଦର୍ଶ ପତ୍ନୀ, ଆଦର୍ଶ ବୋହୂ, ଆଦର୍ଶ ଭାଉଜ ଭାବରେ ପ୍ରତିପାଦନ କରିବାକୁ ଔପନ୍ୟାସିକାଙ୍କ ଲେଖନୀ ଯତ୍ନଶୀଳ ହୋଇଛି।

**ସନାତନ:**

ଉପନ୍ୟାସର ନାୟକ ସନାତନ ଜଣେ ବାଧ୍ୟ ପୁତ୍ର ହୋଇପାରନ୍ତି କିନ୍ତୁ ଜଣେ ଭଲ ସ୍ୱାମୀ ନିଶ୍ଚୟ ନୁହଁନ୍ତି। ନିଜ ମା'ଙ୍କୁ ଖୁସି କରିବା ପାଇଁ ପତ୍ନୀ ପ୍ରତି ଅବିଚାର କରିଛନ୍ତି। ବିନୋଦିନୀ ପରି ସର୍ବଗୁଣସଂପର୍ଣ୍ଣା ସ୍ତ୍ରୀଟିଏ ପାଇ ତଥାପି ଖୁସି ହୋଇପାରି ନାହାନ୍ତି। ଜଣେ ହିନ୍ଦୁନାରୀର ଯାହା ଭୂଷଣ ସେଇ ଅଳତା ସିନ୍ଦୂର ସଂପର୍କରେ ବିନୋଦିନୀକୁ ତାଚ୍ଛଲ୍ୟ କରି କହିଛନ୍ତି ;- "ବୁଝିଲ ତମେ ଆଉ କେବେ ଜାଣିବ ? ସଂଧ୍ୟାବେଳେ ଟିକେ ଟି.ଭି ଦେଖ କିମ୍ବା ମାନିନୀ ସାଥିରେ ଯାଇ ମୋ ସାଙ୍ଗମାନଙ୍କ ସ୍ତ୍ରୀ ମାନଙ୍କୁ ଦେଖି ଆସ। ସେମାନେ ଘରକାମ କରନ୍ତି। ରୋଷେଇବାସ, ବଜାର ସଉଦା ସହ ଯାବତୀୟ କାର୍ଯ୍ୟ କରନ୍ତି ଅଥଚ ସେମାନେ କେତେ କନସସ୍ ଅପଟୁ ଡେଟ୍ ଦେଖିଲେ, ମିଶିଲେ ବୁଝିବ। ମୁଣ୍ଡରେ ଏତେ ବାଳ ଆଜିକାଲି ରଖେ କିଏ ? ଅଳତା ସିନ୍ଦୂର ପିନ୍ଧି ନିଜକୁ ବିକୃତ କରନା" ।[୬୭]

ପରିବାରରେ ସମସ୍ତଙ୍କ ପ୍ରତି କର୍ତ୍ତବ୍ୟରେ ସଚେତନ ସନାତନ କିନ୍ତୁ ବିଶେଷଭାବରେ ବିନୋଦିନୀ ଏବଂ ଟିକିଲି ପ୍ରତି ଉଦାସୀନ ହୋଇପଡନ୍ତି। ତାଙ୍କ ଅନୁପସ୍ଥିତିରେ ଟିକିଲିର ଆର୍ବିଭାବ ତାଙ୍କ ଉଦାସୀନତାର ପ୍ରଥମ ଓ ପ୍ରଧାନ କାରଣ। ବିନୋଦିନୀଙ୍କର ଇଚ୍ଛା ଅନିଚ୍ଛା ପ୍ରତି କେବେ ବି ଧ୍ୟାନ ଦେଇନାହାନ୍ତି ସିଏ। ଆଦୌ ଚିହ୍ନି ନଥିବା ଜାଣି ନଥିବା ବସନ୍ତ ବାବୁଙ୍କୁ ବୋଉର ଅହେତୁକ ଆଗ୍ରହରେ ପ୍ରଶୟ ଦେଇଛନ୍ତି। ବିନୋଦିନୀଙ୍କ ପ୍ରତି ତୀବ୍ର ଆକ୍ଷେପ ଅସହ୍ୟ ମନେ ହୋଇଛି। ତାଙ୍କ ନାରୀତ୍ୱ ମାତୃତ୍ୱ ଉପରେ କଳଙ୍କର ଦାଗ ଲାଗିଛି ବୋଲି ବିନୋଦିନୀଙ୍କୁ ପରୋକ୍ଷରେ ଚେତାଇ କହିଛନ୍ତି :- "ମୁଁ ଜାଣିଛି ତୁମେ ସତ କହିବନି ମାନେ ତୁମେ କହିପାରିବନି। ମହାଭାରତର ଦ୍ରୋପଦୀ ପାଞ୍ଚଟି ସ୍ୱାମୀ ଭୋଗକରି ମନେ ମନେ ଝୁରି ହେଉଥିଲେ କର୍ଣ୍ଣ ଆଉ କୃଷ୍ଣଙ୍କୁ ନାରୀର ବିଚିତ୍ର ମନ –"। [୬୮]

**ମାନିନୀ:**

ମାନିନୀ, ସନାତନଙ୍କ ସାନଭଉଣୀ ଜଣେ ଶିକ୍ଷିତା ନାରୀ ଚରିତ୍ର । ମାନିନୀଙ୍କୁ ଉଗ୍ର ଆଧୁନିକା ନାରୀ ଭାବରେ ଗ୍ରହଣ କରାଯାଇପାରେ । ବୋଉର ଗେହ୍ଲାପଣରେ ସାହାଯ୍ୟ, ସହାନୁଭୂତି. ସହଯୋଗ ଆଦି ଭଲ ଗୁଣର ଧାର ଧାରିନି ମାନିନୀ। ଅପରନ୍ତୁ ଦିନରାତି ନିଜ ସୌନ୍ଦର୍ଯ୍ୟ ଚର୍ଚ୍ଚାରେ ବ୍ୟସ୍ତ ମାନିନୀ ଏକମାତ୍ର ଭାଉଜ ମନରେ ଆଘାତ ପରେ ଆଘାତ ଦେଇଚାଲିଛି । ରୂପ ଏବଂ ବୟସର ଗର୍ବରେ ନାରୀର ଅମୂଲ୍ୟ ସଂପଦ ଟିକକ ହରାଇ ସମସ୍ତଙ୍କ ଅଗୋଚରରେ କୁମାରୀ ମାତୃତ୍ୱକୁ ସମାଧି ଦେଇଛି । ଧନୀ ପ୍ରତିପତ୍ତି ଶାଳୀ ବ୍ୟକ୍ତିର ଜୀବନ ସଙ୍ଗିନୀ ହେବାର ସ୍ୱପ୍ନ ଦେଖୁଥିବା ମାନିନୀ କେବେ ବି ପରିବାରର କଥା ଚିନ୍ତା କରିନି । ତା' ପାଇଁ ଆସୁଥିବା ସମସ୍ତ ବିବାହ ପ୍ରସ୍ତାବକୁ ପ୍ରତ୍ୟାଖ୍ୟାନ କରିଦେଇ ପରିଣତିରେ ଜଣେ ମଦ୍ୟପ ଚରିତ୍ରହୀନ ବୟସ୍କ ବ୍ୟକ୍ତିକୁ ଧନ ଲୋଭରେ ବିବାହ କରିବା ପାଇଁ ସମ୍ମତି ପ୍ରଦାନ କରିଛ । ତାର ଏଇ ବିବାହକୁ କାର୍ଯ୍ୟକାରୀ କରିବା ନିମନ୍ତେ ପରିବାରର ଯାହାକିଛି କ୍ଷତି ହୋଇପାରେ ସେ ପାଇଁ ଭ୍ରୂକ୍ଷେପ କରିନାହିଁ ମାନିନୀ । ମୋଟ୍ ଉପରେ ମାନିନୀ ଜଣେ ରୂପଗର୍ବୀ ଚରିତ୍ରହୀନା ସ୍ୱେଚ୍ଛାଚାରିଣୀ ନିଷ୍ଠୁର ନାରୀ ଚରିତ୍ର ଭାବରେ ଆଲୋଚ୍ୟ ଉପନ୍ୟାସରେ ସ୍ଥାନ ପାଇଛି । ନାରୀ ସ୍ୱଭାବର ଯାହା ଆଲୋକିତ ଦିଗ ତା'ର ଅଭାବ ମାନିନୀ ଚରିତ୍ରରେ ପରିଲକ୍ଷିତ ହୁଏ ।

**ଶାଳିନୀ:**

ଶାଳିନୀ ଜଣେ ସହୃଦୟ ସମ୍ବେଦନଶୀଳ ଚରିତ୍ର ଭାବରେ ନିଜକୁ ପ୍ରତିପାଦନ କରିଛି। ଶିକ୍ଷିତା ଶାଳିନୀ ପରିବାରରେ ତା' ନୂଆ ବୋଉ ପ୍ରତି ହେଉଥିବା ଅବିଚାରକୁ ସହ୍ୟ କରିପାରିନି । ଏଥିପାଇଁ ସେ ତାର ବୋଉକୁ ଆକ୍ଷେପ କରିଛି, ଯୁକ୍ତିରେ ପରାସ୍ତ କରିଛି । ଏକାନ୍ତ ଅସହାୟ ମନେକରୁଥିବା ବିନୋଦିନୀ, ଶାଳିନୀର ସ୍ନେହପୂର୍ଣ୍ଣ କଥା ଓ ଭାବନାରେ ଦୁଃଖ ଭୁଲିଯାଇଛି । ବିନୋଦିନୀଙ୍କୁ ତାରିଫ୍ କରି ଶାଳିନୀ କହେ - "ନୂଆବୋଉ ! ତମେ କେତେ ଭଲ । ତୁମ ପରି ଯଦି ମୁଁ ହୋଇପାରନ୍ତି ତା ହେଲେ ଦୁଃଖ ରହନ୍ତାନି ମୋର । ମୁଁ ତ ବାହାହେବିନି, ଆଉ ଯଦିବା ତୁମ ପରି ସବୁ କାମ କରିପାରିବି କି ନାହିଁ ଜାଣିନି ; ମାତ୍ର ଶାନ୍ତିରେ ହସି ପାରିବିନି । ସେଥିପାଇଁ ଗୋଟେ ଶକ୍ତି ଦରକାର । ତୁମ ପାଖରେ ସେ ଶକ୍ତି ଅଛି ମତେ ଅନ୍ତତଃ କାଣିଚାଏ ସେଥିରୁ ଦିଅନ୍ତ ନାହିଁ" । (୬୯)

ବିନୋଦିନୀଙ୍କ ଶ୍ୱଶୁର ଜଣେ ପୁରୁଷ ଚରିତ୍ର ଯିଏ କି କେତେକ କ୍ଷେତ୍ରରେ ସ୍ତ୍ରୀ କଥାରେ ପ୍ରଭାବିତ ହୋଇଛନ୍ତି । ବିନୋଦିନୀଙ୍କ ଶାଶୁ ପୁରୁଣା ଚିନ୍ତାଚେତନାକୁ ଜାବୁଡି ଧରିଥିବା ମଣିଷ । ଘରର ଯାବତୀୟ କାର୍ଯ୍ୟ ବିନୋଦିନୀ ଏକା ଏକା କରନ୍ତୁ

ଏହା ତାଙ୍କର ଇଚ୍ଛା । କେବେ ସିଏ ବିନୋଦିନୀଙ୍କୁ ଝିଅ ଦୃଷ୍ଟିରେ ଦେଖିନାହାନ୍ତି । ଅଳ୍ପ ଯୌତୁକରେ ବିନୋଦିନୀଙ୍କୁ ବୋହୂକରି ଆଣିଥିବାରୁ ବିନୋଦିନୀଙ୍କୁ କଥା କଥାକେ ଆଘାତ ଦେଇଛନ୍ତି । କନ୍ୟା ସନ୍ତାନ ପ୍ରତି ବିମୁଖ ହୋଇଥବାରୁ ଅନେକଥର ବିନୋଦିନୀଙ୍କ ଗର୍ଭନଷ୍ଟ କରାଇଛନ୍ତି । ଟିକିଲିକୁ ସ୍ୱାଭାବିକଭାବେ ଗ୍ରହଣ କରିପାରିନାହାନ୍ତି। କ୍ଲାନ୍ତ ଅବସନ୍ନ ବିନୋଦିନୀର ସାମୟିକ ବିଶ୍ରାମ ମଧ୍ୟ ତାଙ୍କ ଦେହରେ ଯାଇନି । ତେଣୁ ସେ ବ୍ୟଙ୍ଗ କରି ବିନୋଦିନୀକୁ କହନ୍ତି – "ହଉ ଉଠ ଉଠ ! ଖାଉଛ, ପିଉଛ ଶୋଇଛ ବସୁଛ ଦେହ କାହିଁକି ଝୋଲାମାରି ଯାଉଛି ? କୋଉ ଖରା ତରାରେ କାମ ହେଉଛି ନା ଆମ କାଳ ପରି କଞ୍ଚା କାଠ ଫୁଙ୍କି ରାନ୍ଧୁଛ । ଗ୍ୟାସ ଜାଳିଲେ ଘଣ୍ଟାକରେ କାମ ସରିବା କି କାମର ବାହାନା କରି ଆଜିକାଲିର ବୋହୁଏ ଛଟା ଗାଳୁଛନ୍ତି ମୁଁ ବୁଝୁନି । ଆମେ ତ ଫେର୍ ଏତେ ପିଲାର ମା' ହୋଇ ଘର ସମ୍ଭାଳିଥିଲୁ" । (୭୦)

ଉପରୋକ୍ତ ଚରିତ୍ର ବ୍ୟତୀତ ଆଲୋଚ୍ୟ ଉପନ୍ୟାସରେ ଚନ୍ଦନ, ଦୀପ୍ତି, ରଘୁ, କୁନି ଭାଉଜ, ସୁମନ୍ତ, ରୀତା, ରତନି, କୁସୁମ, ବସନ୍ତ, ଆଦି କେତକ ଗୌଣ ଚରିତ୍ର ରହିଛନ୍ତି । ଚନ୍ଦନ, ସନାତନଙ୍କ ସାନଭାଇ ଯିଏକି ସେକ୍ସ ର୍‍ୟାକେଟ୍ ତଥା ଡ୍ରଗ୍‌ସ କାରବାରରେ ଲିପ୍ତ ରହି ଜେଲ୍ ଯାଇଛି । ରତନି ଗରିବ ସ୍ତ୍ରୀ ଲୋକଟିଏ ହେଲେ ବି ସ୍ୱାଭିମାନର ସହ ବଞ୍ଚିବା ଶିଖିଛି ।

**କୁସୁମ:**

କୁସୁମ, ବିନୋଦିନୀର ବାଲ୍ୟସାଙ୍ଗ । ମାତୃହରା କୁସୁମ ବିମାତାର ସମସ୍ତ ଅତ୍ୟାଚାର ସହି ଯୌବନରେ ପଦାର୍ପଣ କଲାପରେ ବସନ୍ତକୁ ବିବାହ କରିଛି । ଚରିତ୍ରହୀନ ସ୍ୱାମୀର ଲାଞ୍ଛନାର ଶିକାର ହୋଇ ଶେଷରେ ଯକ୍ଷ୍ମା ରୋଗାକ୍ରାନ୍ତ ହୋଇ ମୃତ୍ୟୁ ମୁଖରେ ପଡ଼ିଛି ।

**ବସନ୍ତ ବାବୁ:**

ବସନ୍ତ ବାବୁ ଆଲୋଚ୍ୟ ଉପନ୍ୟାସର ଖଳ ଚରିତ୍ର କହିଲେ କିଛି ଭୁଲ୍ ହେବନାହିଁ । ଜଣେ କାମୁକ ଲମ୍ପଟ ମଦ୍ୟପ ଚରିତ୍ରହୀନ ବ୍ୟକ୍ତି ଭାବରେ ଔପନ୍ୟାସିକା ବୀଣାପାଣି ଏଇ ଚରିତ୍ରଟିକୁ ପାଠକ ନିକଟରେ ଉପସ୍ଥାପନ କରିଛନ୍ତି । ବିନୋଦିନୀର ସାନ୍ନିଧ୍ୟ ପାଇବା ପାଇଁ ଅନେକ ଚକ୍ରାନ୍ତ କରିଥିଲେ ମଧ୍ୟ ଶେଷପର୍ଯ୍ୟନ୍ତ ସଫଳ ହୋଇପାରି ନାହାନ୍ତି ।

**ନାରୀ ମନସ୍ତତ୍ତ୍ୱ:**

ନାରୀର ମନକୁ ନିର୍ଭୁଲ ଭାବରେ ପଢ଼ି ନିଖୁଣ ଭାବରେ ଉପସ୍ଥାପନ କରିବାରେ ଔପନ୍ୟାସିକା ବୀଣାପାଣିଙ୍କ ପ୍ରଚେଷ୍ଟା ଅଭିନନ୍ଦନୀୟ। ଗଳ୍ପ ପରି ଉପନ୍ୟାସରେ ବୀଣାପାଣି ନାରୀ ମନ ଗହନର କଥାକୁ ଚମତ୍କାର ଭାବରେ ଫୁଟାଇଛନ୍ତି। ବିଶେଷ ଭାବରେ ଉପନ୍ୟାସର ନାୟିକା ବିନୋଦିନୀର ମାନସିକ ଭାବନା, ଚିନ୍ତା ଚେତନାକୁ ଲେଖିକା ବେଶ୍ ସଫଳତାର ସହ କଳାତ୍ମକ ରୂପଦେଇଛନ୍ତି। ସନାତନଙ୍କୁ ନେଇ ବିନୋଦିନୀର ମାନସିକ ସ୍ତରରେ ଯେଉଁ ପ୍ରତିକ୍ରିୟା ପ୍ରକାଶ ପାଇଛି ସେଥିରୁ ବିନୋଦିନୀରୁ ସେ ରୂପାନ୍ତରିତ ହୋଇଛନ୍ତି 'ମନସ୍ୱିନୀ' ନାମରେ। ଚେତନାରେ ବିପ୍ଳବ ତାଙ୍କୁ 'ମନସ୍ୱିନୀ'ର ଆଖ୍ୟା ଦେଇଛି।

ଉପନ୍ୟାସର ନାୟିକା ବିନୋଦିନୀ ସନାତନଙ୍କୁ ବିବାହ କରି ତାଙ୍କ ଘରକୁ ବୋହୂ ହୋଇ ଆସିବାପରେ ନିଜକୁ ଭୁଲିଯାଇଛି। ଭୁଲିଯାଇଛି ତା'ର ଇଚ୍ଛା ଅନିଚ୍ଛା ଖୁସି କିଛି ଅଛି ବୋଲି ? ବିନୋଦିନୀ ସନାତନଙ୍କ ଘରେ ସମସ୍ତଙ୍କ ଠାରୁ ଘୋର ମାନସିକ ଆଘାତ ପାଇଛି। ନିର୍ବିବାଦରେ ସମସ୍ତଙ୍କ ଆବଶ୍ୟକତା ପୂରଣ ପାଇଁ ନିଜକୁ ଅକାତରେ ଅଜାଡି ଦେଇଛି। ତଥାପି ଶେଷ ପର୍ଯ୍ୟନ୍ତ କାହାକୁ ଖୁସି କରିପାରି ନାହିଁ ଅସହିଷ୍ଣୁ ଶାଶୁ ଓ ନଣନ୍ଦ ମାନିନୀଙ୍କର ବାକ୍ୟ ବାଣରେ କ୍ଷତାକ୍ତ ବିନୋଦିନୀ କିନ୍ତୁ ସାନ ନଣନ୍ଦ ଶାଳିନୀଙ୍କ ଠାରୁ ପାଇଛି ଆଶ୍ୱାସନାର ମଲମ। ଯାହା ପାଇଁ ବିନୋଦିନୀର ଆଖିରେ ଆସିଛି ଅଶ୍ରୁ। ଲେଖିକାଙ୍କ ଭାଷାରେ "ମଣିଷ ଚିରଦିନ ଚାହେଁ ମଣିଷ - ଅନ୍ତରଙ୍ଗ ଏକାନ୍ତ ଭାବରେ ବୁଝି ପାରିବାର ମଣିଷଟିଏ। ସେ ନାରୀ ପୁରୁଷ ଯେ କେହି ହେଉନା କାହିଁକି"। [୭୧]

ଦୁଇ ଦୁଇ ଥର କନ୍ୟାଭ୍ରୁଣ ହତ୍ୟାର ଶିକାର ହୋଇଥିବା ବିନୋଦିନୀ ବେଳେ ବେଳେ ଟିକିଲି ଭବିଷ୍ୟତ ସମ୍ବନ୍ଧରେ ଚିନ୍ତାମଗ୍ନ ହୋଇପଡନ୍ତି। ନାରୀର ସ୍ଥିତିକୁ ନେଇ ବିନୋଦିନୀର ମନରେ ଉଙ୍କିମାରେ ଅନେକ ପ୍ରଶ୍ନବାଚୀ। ଏହି ମନସ୍ତତ୍ତ୍ୱକୁ ରୂପ ଦେବାକୁ ଯାଇ ଔପନ୍ୟାସିକା କହନ୍ତି - "ମାତୃତ୍ୱ ହିଁ ନାରୀର ଶ୍ରେଷ୍ଠ ଗୌରବ ବୋଲି ଶୁଣି ଶୁଣି ସେ କ୍ଲାନ୍ତ। ନାରୀତ୍ୱ ଅର୍ଥ ମାତୃତ୍ୱ। ତେବେ ଏ ପୃଥିବୀରେ ନାରୀ କେବଳ କ'ଣ ମା ? କେବଳ ମା ? ଆଉ ତା'ର କିଛି ବ୍ୟକ୍ତିତ୍ୱ ନାହିଁ ଅନ୍ୟ ଭୂମିକା ନାହିଁ ପରିବାର ଓ ସମାଜରେ" ![୭୨]

କନ୍ୟା ସନ୍ତାନଟିଏ ପାଇବାର ଅଦମ୍ୟ ଆକାଂକ୍ଷା ବିନୋଦିନୀର ସାର୍ଥକ ହୋଇଛି ଟିକିଲିକୁ ପାଇବା ପରେ। ହେଲେ ଧିରେ ଧିରେ ସନାତନଙ୍କ ସହିତ ତାର ସଂପର୍କରେ ଆସିଛି ଶିଥିଳତା। ରୀତା ସନାତନଙ୍କ ସାଙ୍ଗ ସୁମନ୍ତ ରାୟଙ୍କ ପତ୍ନୀ । ସୁମନ୍ତ ରାୟ ଜଣେ ବଡ କଂପାନୀର କର୍ମଚାରୀ । ସେ ସ୍ତ୍ରୀକୁ କେବଳ ଦେହର କ୍ଷୁଧା ମେଣ୍ଟାଇବାର ବିଳାସ

ସାମଗ୍ରୀ ବୋଲି ଭାବନ୍ତି । ଅନ୍ୟ ସ୍ତ୍ରୀ ସହ ସଂପର୍କ ରଖନ୍ତି। ତେବେ ଖାଲି ଦେହ ସଂପର୍କ ସ୍ୱାମୀ–ସ୍ତ୍ରୀ ଭିତରେ ଥିବା ଆତ୍ମୀୟତାକୁ ଦୀର୍ଘସ୍ଥାୟୀ କରିପାରେନି। ଏଥିପାଇଁ ମନର ମିଳନ ଏକାନ୍ତ ଅପରିହାର୍ଯ୍ୟ। ରୀତାର ମାନସିକଭାବନା ଓ ଦୃଷ୍ଟିଭଙ୍ଗୀ ଏହିପରି :- "ସଂପର୍କ କେବଳ ଶାରୀରିକ ହେଲେ ତାହା ବାଲିଘର ପରି ଭୁଶୁଡ଼ି ପଡେ। ସଂପର୍କ ନିବିଡ଼ ଅନ୍ତରଙ୍ଗ ହୁଏ ଯଦି ମନର ଆକର୍ଷଣଥାଏ, ଶ୍ରଦ୍ଧା ସମ୍ମାନବୋଧ ଥାଏ।" [୭୩] ଥରେ କଥା ପ୍ରସଙ୍ଗରେ 'ଶାଳିନୀ' ବିନୋଦିନୀକୁ କହୁ କହୁ ପ୍ରଦୀପର ନାମ କହିଦେଲା। ବିନୋଦିନୀ ଥଟ୍ଟା କରିବାରୁ ତା'ର ପ୍ରତ୍ୟୁତ୍ତରରେ ଶାଳିନୀ ତା' ମନର କଥା ବିନୋଦିନୀକୁ କହିଦେଇଛି। – "ନା, ନା ! ସେମିତି ଭାବନା ନୁଆ ବୋଉ। କିଛି ମୋର କମିଟ୍‌ମେଣ୍ଟ ନାହିଁ। ତା'ର ବ୍ୟକ୍ତିତ୍ୱ ଓ ବକ୍ତୃତା ମତେ ଭଲ ଲାଗେ। ଉଦାହରଣଟିଏ ଦେଲି ତୁମକୁ।" [୭୪] ବାସ୍ତବରେ ପୁରୁଷର ବ୍ୟକ୍ତିତ୍ୱ ଓ ବକ୍ତୃତା ନାରୀର ଆକର୍ଷଣର କେନ୍ଦ୍ରବିନ୍ଦୁ, ଏହା ବିନୋଦିନୀ ମନେ ମନେ ବିଶ୍ଳେଷଣ କରିଛନ୍ତି।

**ଯୌନ ଚେତନା:**

**ଫ୍ରୟେଡ୍‌ଙ୍କ ମତରେ – ମନୁଷ୍ୟର ଯେତେଗୁଡିଏ କାମନାବାସନା ଅଛି, ସେଗୁଡିକ ମଧ୍ୟରେ ଯୌନାବେଗ ବା ଯୌନଆକାଂକ୍ଷା ସବୁଠାରୁ ବଳବତ୍ତର । ମନୁଷ୍ୟର ସମସ୍ତ କାର୍ଯ୍ୟକଳାପ ଏହି ଯୌନପ୍ରବୃତ୍ତିକୁ କେନ୍ଦ୍ର କରି ଗଢିଉଠିଥାଏ ।**

ମଣିଷ ଜୀବନରେ ଯୌନଚେତନା ବା ଯୌନତା ଏକାନ୍ତ ଅପରିହାର୍ଯ୍ୟ। ମଣିଷର ଏହି ଆଦିମ ପ୍ରବୃତ୍ତି ଚିରନ୍ତନ। ତେଣୁ ଜୀବନରେ ଯୌନତା ବା sex କୁ କଦାପି ଉପେକ୍ଷା କରାଯାଇ ନପାରେ। ଯୌନତା ବିନା ଜୀବନର ପୂର୍ଣ୍ଣତା ନାହିଁ ବୋଲି ପଦ୍ମଶ୍ରୀ କବି ସଚ୍ଚିରାଉତରାୟ କହନ୍ତି। ଜୀବନ ପରି ସାହିତ୍ୟରେ ଏହି ଚେତନା ନିବିଡ ଅନ୍ତରଙ୍ଗ ଭାବେ ଜଡିତ। ସାହିତ୍ୟରେ ଯୌନତାର ଆବଶ୍ୟକତାକୁ ଦର୍ଶାଇବାକୁ ଯାଇ P. Baseler କହନ୍ତି "Sex is as inescapable in literature as it is in life" ।[୭୫]

ବୀଣାପାଣିଙ୍କ 'ମନସ୍ୱିନୀ' ଉପନ୍ୟାସରେ ମଧ୍ୟ ପ୍ରତିଫଳିତ ଯୌନଚେତନାକୁ ବିଚାର କରାଯାଇପାରେ। ଯୌନତା ଜୀବନର ଏକ ନଗ୍ନ ବାସ୍ତବତା। କୁସୁମର ସ୍ୱାମୀ ବସନ୍ତ ବାବୁ ଜଣେ ଯୌନପିପାସୁ ମଣିଷ। ଅର୍ଥ ଓ ପ୍ରତିପତ୍ତି ବଳରେ ମା ଛେଉଣ୍ଡ କୁସୁମକୁ ଦ୍ୱିତୀୟ ସ୍ତ୍ରୀ ରୂପେ ଗ୍ରହଣ କଲେ ବି ସ୍ତ୍ରୀର ମର୍ଯ୍ୟାଦା କେବେବି ଦିଅନ୍ତିନି ତାକୁ। ଦୁନିଆ ଆଖିରେ ଯେହେତୁ ସେ କୁସୁମର ସ୍ୱାମୀ, ତେଣୁ ଜୋର ଜବରଦସ୍ତ କୁସୁମକୁ ମାଡ଼ମାରି ନିଜର ଯୌନପିପାସା ଚରିତାର୍ଥ କରନ୍ତି। ଏକଦା କୁସୁମ ବିନୋଦିନୀକୁ ଏକଥା ଜଣାଇ ଦେବାକୁ ଯାଇ କହିଛି :- "ବୁଝିଲୁ ବିନ ! ଏମିତି ପ୍ରତିରାତିରେ ମାରିବ ହାଣ୍ଡି

ହାଣ୍ଡି ପିଇସାରି। ଆଉ ତା'ପରେ ମୋ ମାଉଁସକୁ ଭିଣି ଭିଣି ଖାଇବ। ଗେରସ୍ତମନର ଶୋଷ ନ ମେଣ୍ଟିଲେ ସେ ଛାଡ଼ିବ ନାହିଁ। ମୁଁ ଆଉ ସହିପାରିବିନି, ଦିନେ ଶୁଣିବୁ କୁସି ତୋର ଓରାରେ ଦଉଡି ଦେଇଛି କି ପୋଖରୀପାଣିରେ ଭାସୁଛି। (୭୬) ବିନୋଦିନୀକୁ ଦେଖିବାପରେ ବସନ୍ତ ମନରେ ଆସିଛି ଆଦିମ କ୍ଷୁଧାର ଅପୂର୍ବ ରୋମାଞ୍ଚ। ବିନୋଦିନୀକୁ ଦେଖି କାମନାର ପରିତୃପ୍ତି ପାଇଁ ବ୍ୟଗ୍ର ହୋଇ ଉଠିଛି ବସନ୍ତ ବାବୁ। ଫ୍ଲାକ୍ସରେ ଚା' ଦେବା ସମୟରେ ବିନୋଦିନୀର ହାତକୁ ସ୍ପର୍ଶ କରିବା ଭିତରେ ଯୌନଚେତନାର ସ୍ପଷ୍ଟ ଆଭାସ ମିଳେ। ସେ ସମୟର ଚିତ୍ର ଦେବାକୁ ଯାଇ ଔପନ୍ୟାସିକା କହନ୍ତି - "ସେତେବେଳକୁ କାହାର ଦୁଇ ବଳିଷ୍ଠ ବାହୁ ଭିତରେ ସେ ପେଷି ହୋଇ ଯାଉଥିଲା; ମାତ୍ର ନିଜକୁ ଛାଟିପିଟି ଏମିତି ସେ ଆହ୍ୱାନ କଲେ ଯେ ମନକୁ ମନ କିଏ ଯେମିତି ଘୁଞ୍ଚିଗଲା।" (୭୭)

ଯୌନତାକୁ ପ୍ରଶୟ ଦେଇ ପଥଭ୍ରଷ୍ଟ ହୋଇଥିବା ଉତ୍‌ଶୃଙ୍ଖଳ ଝିଅଟିଏ ମାନିନୀ, ଯଦିବା ଅବିବାହିତା ଝିଅ ପାଇଁ sex ନିଶିଦ୍ଧ ବୃକ୍ଷର ଫଳ ତଥାପି ମାନିନୀ ଏ ବାରଣ ନମାନି ଅବାଟରେ ଯାଇ କୁମାରୀ ମାତୃତ୍ୱ ଲାଭ କରିଛି। ଅସଂଯମତା ଆଦିମ କ୍ଷୁଧା ନିବାରଣର କାରଣ ହୁଏ, ମାନିନୀ ଆଉ ସରିତା ଚରିତ୍ର ମାଧ୍ୟମରେ ଲେଖିକା ଏହି ସତ୍ୟକୁ ଉପସ୍ଥାପନ କରିଛନ୍ତି। ଔପନ୍ୟାସିକା ନାରୀର ଯୌନତା ସଂପର୍କରେ ସୂଚନା ଦେଇ କହନ୍ତି :- "ପୁରୁଷ ଯୌନ ସଂପର୍କ ପାଇଁ ଆଗ୍ରହୀ ଏବଂ ନାରୀ ସେଥିପାଇଁ ଆଗ୍ରହୀ ନୁହେଁ ତାହା ଏକ ଭ୍ରମଧାରଣା। କିନ୍ତୁ ସମାଜରେ ଅବାଞ୍ଛିତ ଶିଶୁର ମା' ଭାବରେ ପରିଚିତ ହେଲାବେଳେ ଖୁବ୍ କ୍ୱଚିତ୍ ପ୍ରେମିକ ତାହା ସ୍ୱୀକାର କରିଥାନ୍ତି।" (୭୮) ମୋଟାମୋଟି ଭାବରେ ଔପନ୍ୟାସିକା ବୀଣାପାଣି ଚିରନ୍ତନ ଯୌନପ୍ରବୃତ୍ତିକୁ ଯଥାଯଥ ଭାବରେ ଉପସ୍ଥାପନା କରିବାକୁ ସମର୍ଥ ହୋଇପାରିଛନ୍ତି।

**ଜୀବନ ଦର୍ଶନ:**

**ଆଦର୍ଶ ଜୀବନ ପାଇଁ ପ୍ରେମର ପ୍ରଭାବ ତଥା ଜ୍ଞାନର ଦିଗଦର୍ଶନ ଏକାନ୍ତ ଅପରିହାର୍ଯ୍ୟ । "Good Life is one inspired by love and guided by knowledge" ।(୭୯)**

ସୃଷ୍ଟିରେ ସ୍ରଷ୍ଟାର ଜୀବନଦର୍ଶନ ପରୋକ୍ଷଭାବରେ ପ୍ରକାଶ ପାଇଥାଏ। ଆଲୋଚ୍ୟ ଉପନ୍ୟାସରେ ବିନୋଦିନୀ ଜଣେ ଆଦର୍ଶ ନାରୀ ଚରିତ୍ର। ତ୍ୟାଗ ତିତିକ୍ଷାରେ ବ୍ୟକ୍ତିତ୍ୱ ତାଙ୍କର ସମୁଜ୍ଜ୍ୱଳ। ସବୁ ଅଶାନ୍ତି ଅପ୍ରାପ୍ତି ଜ୍ୱାଳା ଭିତରେ ତଥାପି ପରିବାରର ସମସ୍ତଙ୍କୁ ଖୁସି କରିବାର ଆପ୍ରାଣ ଉଦ୍ୟମ କରିଛନ୍ତି। ସ୍ନେହ - ସହାନୁଭୂତି - ସହନଶୀଳତା

ମାଧ୍ୟମରେ ଅସଜଡା ସଂସାରକୁ ସଜାଡି ହୁଏ, ଏହିଭଳି ଏକ ଜୀବନାଦର୍ଶ ବିନୋଦିନୀ ଚରିତ୍ରରେ ପ୍ରତିପାଦନ କରିଛନ୍ତି ଔପନ୍ୟାସିକା ବୀଣାପାଣି ମହାନ୍ତି।

**ମାନବିକ ଆବେଦନ:**

ମାନବବାଦୀ ଶିଳ୍ପୀ ବୀଣାପାଣି ମହାନ୍ତି। ତାଙ୍କ ସମଗ୍ର ସୃଷ୍ଟି ସମ୍ଭାର ମାନବିକତାର କଥା କହେ। ଉପନ୍ୟାସର ନାୟିକା ବିନୋଦିନୀ ଶାଶୁଘରେ ସବୁ ଲାଞ୍ଛନା ଅପମାନ ସହି ପଥର ହୋଇଯାଇଥିଲେବି ଭିତରେ ତାଙ୍କର ଥିଲା ସମ୍ବେଦନଶୀଳ ହୃଦୟଟିଏ। ଗରିବ ଅସହାୟ ରତନିକୁ କିଛି ଖାଇବା ଜିନିଷ ସମସ୍ତଙ୍କ ଆଗୋଚରରେ ଦେଇଥିଲେ ବିନୋଦିନୀ। ଏଥିପାଇଁ ଶାଶୁ ନଣନ୍ଦଙ୍କ ଆକ୍ରୋଶପ୍ରତି ଭ୍ରୂକ୍ଷେପ ନଥିଲା ତାଙ୍କର। ବସନ୍ତ ବାବୁଙ୍କର ଅସଲ ପରିଚୟ ମିଳିବାପରେ ନବଘନ କୁସୁମର ଏକପାତ୍ର ପୁତ୍ରକୁ ସାଙ୍ଗରେ ଘରକୁ ନେଇ ଆସେ। କୁସୁମ ଯକ୍ଷ୍ମା ରୋଗାକାନ୍ତ। ମୁମୂର୍ଷୁ ଅବସ୍ଥାରେ କୁସୁମ ତାର ଏକମାତ୍ର ସଂତାନର ଦାୟିତ୍ୱ ବିନୋଦିନୀଙ୍କୁ ସମର୍ପି ଦେଇଛି ବୋଲି ନବଘନ ବିନୋଦିନୀକୁ ଜଣାଇଦେଲା। ଏହାକୁ ନେଇ ପରିବାରରେ କେହି କେହି ପ୍ରତିବାଦକଲେ ବି ଶାଳିନୀ କିନ୍ତୁ ସମର୍ଥନ ଜଣାଇଥିଲା। ବିନୋଦିନୀଙ୍କ ପ୍ରତି ହେଉଥିବା ଅବିଚାର ବିରୁଦ୍ଧରେ ସ୍ୱର ଉତ୍ତୋଳନ କରିଥିଲା ଶାଳିନୀ, କେବଳ ଶାଳିନୀ। ତା'ଭିତରର ମଣିଷ ପଣିଆ, ମାନବିକତା ତାକୁ ଅନ୍ୟାୟର ପ୍ରତିବାଦ କରିବାକୁ ପ୍ରବର୍ତ୍ତାଇଥିଲା।

**ଭାଷା ଓ ଶୈଳୀ:**

ଭାଷାଭାବର ବାହକ। ଭାଷା ମାଧ୍ୟମରେ ସ୍ରଷ୍ଟା ତାର ସୃଷ୍ଟିକୁ ଯଥାର୍ଥ ଭାବରେ ରୂପ ଦେବାକୁ ସମର୍ଥ ହୋଇଥାଏ। ତେଣୁ କୁହାଯାଏ – 'Language is the mode of expression'. ଆଲୋଚ୍ୟ ଉପନ୍ୟାସରେ ପରିଦୃଷ୍ଟ ହେଉଥିବା ଭାଷା ଶୈଳୀକୁ ଲକ୍ଷ୍ୟ କରାଯାଇପାରେ। କାବ୍ୟିକ ଛଟା ତଥା ଦାର୍ଶନିକ ଭାବନାରେ ଲେଖିକାଙ୍କ ଭାଷା ଓ ଶୈଳୀ ଅତ୍ୟନ୍ତ ହୃଦୟସ୍ପର୍ଶୀ। ଦାର୍ଶନିକ ଭାବନାକୁ ନେଇ ରଚିତ ବର୍ଣ୍ଣନାକୁ ଦୃଷ୍ଟାନ୍ତ ସ୍ୱରୂପ ନିଆଯାଇପାରେ। "ସବୁ ଫୁଲ ଫୁଟେନା, ଫୁଟିଲେ ବି ଆଖିକୁ ଦିଶେନା ଯେମିତି ସବୁଫୁଟିଲା ଫୁଲର ବାସ୍ନା ନଥାଏ, ବାସ୍ନା ଥିବା ଫୁଲ ସହଜେ ଦୃଷ୍ଟିକୁ ଆସେନା ଯଦି ବା ତା'ର ଗନ୍ଧରେ ଆକାଶ ପୃଥିବୀ ପାତାଳ ଏକ ସୂତ୍ରରେ ବାନ୍ଧିହୋଇ ଘୁରୁଥାନ୍ତି ଯୁଗ ଯୁଗ। ସମସ୍ତେ ଖୋଜି ଖୋଜି ବିବ୍ରତା ଜୀବନଟା ଗୋଟେ ଖୋଜିବାର ନିଶା।" (୮୦)

ବସନ୍ତ ବାବୁର ମନ୍ଦ ଉଦ୍ଦେଶ୍ୟ ସଂପର୍କରେ ସଚେତନ ବିନୋଦିନୀଙ୍କ ମୁଖରେ ବୀଣାପାଣିଙ୍କ ଉପମାଯୁକ୍ତ ଭାଷା ବେଶ୍ ଉପଭୋଗ୍ୟ।

"ସମସ୍ତଙ୍କ ଦେହ ମନରେ ସେ ବିଂଚି ଦେଇଛନ୍ତି ମଳୟ ପବନ ! ଉତ୍ତାଳ ଉତ୍‌ଫୁଲ୍ଲ ହୋଇ ତାଙ୍କୁ ସ୍ୱପ୍ନ ବଣିକ ଭାବରେ ସମସ୍ତେ ଗ୍ରହଣ କରିଛନ୍ତି । କିନ୍ତୁ କେହି ବୋଧେ ଜାଣିନାହାନ୍ତି ବଣିକ କି ପଦାର୍ଥ କିଣିବାକୁ ଆସିଛି । ସମସ୍ତେ ଜାଣନ୍ତି ଅକାତରେ ସେ ମଣିମାଣିକ ଫୋପାଡି ଦେଇ ସୌଦାଗର ସାଉଁଟି ନେବ ଅତଳ ସମୁଦ୍ରରୁ ଶାମୁକାଟିଏ ।" (୮୧)

ମୂଲ୍ୟବୋଧରହିତ ଯୌଥପରିବାରର କାହାଣୀ ଏହି ଉପନ୍ୟାସରେ ବର୍ଣ୍ଣିତ ହୋଇଛି । ପରିବାରରେ କାହା ସହିତ କାହାର ସଂପର୍କ ନାହିଁ । ସମସ୍ତେ ନିଜ ନିଜ ସ୍ୱାର୍ଥରେ ବ୍ୟସ୍ତ । ନାୟିକା ବିନୋଦିନୀ ସ୍ୱାଭାବିକ ଜୀବନ ବଞ୍ଚିନାହାନ୍ତି । ପ୍ରତି ମୁହୂର୍ତ୍ତରେ ସେ ମରିମରି ବଞ୍ଚିଛନ୍ତି । ସହିବାର ସୀମା ଅତିକ୍ରମ ହୋଇଗଲାପରେ ସେ ପ୍ରତିବାଦର ସ୍ୱର ଶୁଣାଇଛନ୍ତି । ପରିଶେଷରେ ନିଜ ଅନ୍ତଃକରଣରୁ ମୁକ୍ତିର ସଂଧାନ ପାଇଛନ୍ତି ବିନୋଦିନୀ । କାହାଣୀ, ଚରିତ୍ରଚିତ୍ରଣ, ଭାଷା ଶୈଳୀ ଆଦି ଦୃଷ୍ଟିରୁ ଉପନ୍ୟାସଟି ସାର୍ଥକ ହୋଇଛି ।

■

## ପଞ୍ଚମ ପରିଚ୍ଛେଦ

# ଅନୁବାଦିକା ବୀଣାପାଣି ମହାନ୍ତି

ସାହିତ୍ୟ ଯଦି ମହାନଦୀ ହୁଏ ତେବେ ଗଳ୍ପ, ଉପନ୍ୟାସ, ନାଟକ, କବିତା ଆଦି ଏହାର ଏକ ଏକ ଶାଖାନଦୀ ରୂପେ ବିବେଚିତ । ଅନୁବାଦ ସାହିତ୍ୟ ଏହି ସାହିତ୍ୟ ମହାନଦୀର ଏକ ସ୍ୱତନ୍ତ୍ର ବିଭାଗ ।

ନଦୀର ଧାରା ପରି ଚଳଚଞ୍ଚଳ ତଥା ଅପ୍ରତିହତ ସାହିତ୍ୟର ଗତି । ସାହିତ୍ୟର ବିଭିନ୍ନ ବିଭାଗ ମଧ୍ୟରୁ ଅନୁବାଦ ସାହିତ୍ୟ ଅନ୍ୟତମ । ଅନୁବାଦ ସାହିତ୍ୟ ସହଜ ସରଳ ମନେ ହେଲେ ମଧ୍ୟ ପ୍ରକୃତରେ ଏହା ଏକ କଷ୍ଟସାଧ୍ୟ ବ୍ୟାପାର । ମୂଳ ଲେଖକ ଯେଉଁ କଥା କହିଥାନ୍ତି ଅନୁବାଦକ ତାକୁ ନିଜ ଭାଷାରେ ରୁପାନ୍ତର କରେ । ଗୋଟିଏ ଭାଷାରେ ଯାହା କୁହାଯାଇଛି ତାକୁ ଅନ୍ୟ ଏକ ଭାଷାରେ ସେହିଭଳି କହିବା ଅବା ରୂପ ଦେବା ହିଁ ଅନୁବାଦ । କେହି କେହି ଇଂରାଜୀ 'Translation' ଶବ୍ଦର ପାରିଭାଷିକ ଶବ୍ଦରୂପେ ଅନୁବାଦକୁ ଗ୍ରହଣ କରିଥାନ୍ତି ମାତ୍ର ଏହା ଯଥାର୍ଥ ନୁହେଁ । ତେବେ ଅନୁବାଦର ସ୍ୱରୁପ ନିର୍ଦ୍ଧାରଣ କରିବାକୁ ଯାଇ ବିଭିନ୍ନ ସମାଲୋଚକ ଭିନ୍ନ ଭିନ୍ନ ମତ ପ୍ରକାଶ କରିଛନ୍ତି । ମାଥ୍ୟୁ ଆରନୋଲ୍ଡ, ଭରଜିନିଆ ଉଲ୍‌ଫ, ଭିକ୍ଟର ହ୍ୟୁଗୋ, ନିଉମେନ ପ୍ରଭୃତି ବିଶିଷ୍ଟ ସାହିତ୍ୟ ସମାଲୋଚକ ମୂଳ ରଚନାର ଯଥାର୍ଥ ଅନୁବାଦ କଦାପି ସମ୍ଭବ ନୁହେଁ ଅଥବା ସେଥିରେ ଆଶିଂକ ସଫଳତା ମିଳିପାରେ ବୋଲି ମତବ୍ୟକ୍ତ କରିଛନ୍ତି ।

ପାଶ୍ଚାତ୍ୟ ସାହିତ୍ୟରେ ଅନୁବାଦକୁ ଏକ ସାର୍ଥକ କଳାଭାବେ ଗ୍ରହଣ କରାଯାଇଥିଲା । ଅନୁବାଦର ସଂଜ୍ଞା ନିରୁପଣ କରି ଗ୍ରାଣ୍ଡ ସୋୟରମ୍ୟାନ୍ କହନ୍ତି - "ଅନୁବାଦ ହେଉଛି ଏକ ପାପକ୍ରିୟା" ।[୧] ପରବର୍ତ୍ତୀ ସମୟରେ କିନ୍ତୁ ଅନୁବାଦର ସଂଜ୍ଞା ବଦଳି ଯାଇଛି । ଗେଟେଙ୍କ ପରି ମହାନ୍ ସାହିତ୍ୟ ଶିଳ୍ପୀ ଅନୁବାଦ ସଂପର୍କରେ କୁହନ୍ତି :- "ଏକ ଉତ୍ତମ ଅନୁବାଦ ଆମ୍ଭମାନଙ୍କୁ ବହୁ ଦୂର ପଥର ଯାତ୍ରୀ କରେ" ।[୨] ବିଶିଷ୍ଟ ଅନୁବାଦକ ଏଡ୍‌ୱାର୍ଡ ଫିଜ୍‌ଜେରାଲ୍ଡ ଅନୁବାଦର ସଂଜ୍ଞା ଓ ସ୍ୱରୂପ ନିରୁପଣ କରି କହନ୍ତି - "ମୃତ ସିଂହ ଅପେକ୍ଷା ଜୀବନ୍ତ କୁକୁର ଅଧିକ ଶ୍ରେୟ" ।[୩] ପ୍ରଖ୍ୟାତ କଥା ଶିଳ୍ପୀ ଆନାତୋଲ୍ ଫ୍ରାଙ୍କ କହନ୍ତି - " Translation like women are either faithful or beautiful, but rarely both" ।[୪] ପ୍ରକୃତରେ ଅନୁବାଦ ସାହିତ୍ୟ ବିଶ୍ୱସ୍ତ କିମ୍ବା ସୁନ୍ଦର ହୋଇପାରେ । କିନ୍ତୁ ସମାନ୍ତରାଳ ଭାବେ ବିଶ୍ୱସ୍ତ ଓ ସୁନ୍ଦର

ହେବା ଅନୁବାଦ ସାହିତ୍ୟ କ୍ଷେତ୍ରରେ ଖୁବ୍ କମ୍ ସମ୍ଭବପର ହୋଇଥାଏ । ବିଶ୍ୱସ୍ତ ଅଥଚ ସୌନ୍ଦର୍ଯ୍ୟର ସୁମଧୁର ସମନ୍ୱୟରେ ସଫଳ ଅନୁବାଦ ସାହିତ୍ୟର ସୃଷ୍ଟି ସମ୍ଭବ । ଭାଷିକରୂପାନ୍ତରହିଁ ଅନୁବାଦ ନାମରେ ଅଭିହିତ । ଅନୁବାଦ ଏକ କଷ୍ଟ ସାଧ୍ୟ କଳା । ସାହିତ୍ୟର ବିଭିନ୍ନ ବିଭାଗ ଭଳି ଅନୁବାଦ ମଧ୍ୟ ବହୁ ପ୍ରାଚୀନ କାଳରୁ ରୂପ ପାଇଆସିଛି । କେତେକ ସମାଲୋଚକ ଅନୁବାଦକୁ ସମାଧାନହୀନ ସମସ୍ୟାର ପ୍ରଚେଷ୍ଟା ବୋଲି କହୁଥିବାବେଳେ ଆଉ କେତେକ ସମାଲୋଚକ ଅନୁବାଦ ସପକ୍ଷରେ ମନ୍ତବ୍ୟ ପ୍ରଦାନ କରିଛନ୍ତି । ଅନୁବାଦ ସଂପର୍କରେ ମତଦେଇ ଆଲୋଚକ T.H. Savory କହନ୍ତି - "Translation is almost as old as original authorship and has a history as honourable and as complex as that of any other branch of literature" । [୫] ଅନୁବାଦ ବ୍ୟତୀତ ଜୀବନ ଅର୍ଥହୀନ । ଅନୁବାଦରେ ଭାବ ଓ ଅର୍ଥ ମୁଖ୍ୟ ଭୂମିକା ଗ୍ରହଣ କରିଥାଏ । ଅନୁବାଦ ସମୟରେ ଅନୁବାଦକ ଭାବ ଓ ଭାଷା ଏହି ଦୁଇଟି ଜିନିଷ ଉପରେ ଗୁରୁତ୍ୱ ଦେବା ଏକାନ୍ତ ଆବଶ୍ୟକ । ଅନେକ ସମୟରେ ଅନୁବାଦକ ଅନୁବାଦ କଲାବେଳେ ଆକ୍ଷରିକ ଅନୁବାଦ ନକରି ଭାବକୁ ଶୃଙ୍ଖଳିତ ଭାବେ ଉପସ୍ଥାପନ କରିଥାଏ । ମୂଳଲେଖା ପରି ଅନୁବାଦ ସାହିତ୍ୟ ମଧ୍ୟ ପାଠକ ଉପରେ ପ୍ରଭାବ ପକାଇବା ନିହାତି ଜରୁରୀ । ଉତ୍ତମ ଅନୁବାଦପାଇଁ ଅନୁବାଦକର ଯଥେଷ୍ଟ ସ୍ୱଦେଶୀ, ବିଦେଶୀ ଭାଷାଜ୍ଞାନ ଥିବା ଆବଶ୍ୟକ ଏବଂ ଏହା ସହଜ ସରଳ ଭାବେ ପ୍ରକାଶିତ ହେବା ମଧ୍ୟ ଦରକାର । ସାର୍ଥକ ଅନୁବାଦ ସବୁବେଳେ ପାଠକ ଦ୍ୱାରା ଅନୁମୋଦିତ ହୋଇଥାଏ ।

ବିଶ୍ୱ ସାହିତ୍ୟରେ ଅନୁବାଦ ଅର୍ବାଚୀନ ନୁହେଁ । ଗ୍ରୀକ୍ ରୋମାନ୍ ସାହିତ୍ୟରେ ଅନୁବାଦକୁ ଗୁରୁତ୍ୱ ଦିଆଯାଉଥିଲା । ଗ୍ରୀକ୍ ଦାର୍ଶନିକ ସିସାରୋ ଓ ହୋରେସ୍ ଅନୁବାଦ ସଂପର୍କରେ ବିଭିନ୍ନ ମତ ପ୍ରଦାନ କରିଛନ୍ତି । ହୋରେସ୍ (Horace) ସାର୍ଥକ ଅନୁବାଦ ସଂପର୍କରେ କହନ୍ତି - "Not will you faithful translator render word forward" । 'ତୁମେ ବିଶ୍ୱସ୍ତ ଅନୁବାଦକ ହେବାକୁ ହେଲେ ଶବ୍ଦକୁ ଶବ୍ଦ ଅନୁବାଦ କର ନାହିଁ" । [୬]

**ଅନୁବାଦରପ୍ରକାର ଭେଦ:**

ଅନୁବାଦକୁ ମୁଖ୍ୟତଃ ତିନୋଟି ପର୍ଯ୍ୟାୟରେ ବିଭକ୍ତ କରାଯାଇଥାଏ । ଯଥା - ଆକ୍ଷରିକ ଅନୁବାଦ, ଭାବାନୁବାଦ ଓ ଅନୁସରଣ । ମୋଟାମୋଟି ଭାବେ ଅନୁବାଦକୁ ସାହିତ୍ୟିକ ଏବଂ ସାହିତ୍ୟୋତ୍ତର ଅନୁବାଦ ଏଇ ଦୁଇ ଭାଗରେ ବିଭକ୍ତ କରାଯାଇଥାଏ ।

ସାହିତ୍ୟିକ ଅନୁବାଦରେ ଭାବାନୁବାଦ ଗୁରୁତ୍ୱପୂର୍ଣ୍ଣ। କିନ୍ତୁ ସାହିତ୍ୟୋତ୍ତର ଅନୁବାଦରେ ନୈର୍ବ୍ୟକ୍ତିକ ଦୃଷ୍ଟିଭଙ୍ଗୀ ତଥା ବସ୍ତୁନିଷ୍ଠ ମନୋଭାବ ବିଶେଷ ଭୂମିକା ଗ୍ରହଣ କରିଥାଏ।

**ଆକ୍ଷରିକ ଅନୁବାଦ:**

ଏହି ଆକ୍ଷରିକ ଅନୁବାଦ ଏକ କଷ୍ଟସାଧ୍ୟ ବ୍ୟାପାର। ଏହା ଏକ ଆୟାସସାଧ୍ୟ ବ୍ୟାପାର ହେଲେ ମଧ୍ୟ ଅନେକ ପୁସ୍ତକ ଆକ୍ଷରିକ ରୂପେ ଅନୂଦିତ ହୋଇଥାଏ। ବିଶ୍ୱବିଦ୍ୟାଳୟ ମାନଙ୍କରେ ମାତୃଭାଷା ମାଧ୍ୟମରେ ଶିକ୍ଷାଦାନର ବ୍ୟବସ୍ଥା କରାଯାଇଥିବାରୁ ଅନେକ ବିଦେଶୀ ପୁସ୍ତକକୁ ମାତୃଭାଷାରେ ଅନୁବାଦ କରିବା ପାଇଁ ପ୍ରୟାସ କରାଯାଉଛି। ଆକ୍ଷରିକ ଅନୁବାଦ ଭାବରେ ଜଗନ୍ନାଥଙ୍କ 'ଭାଗବତ', ଧରଣୀଧରଙ୍କ "ଗୀତ ଗୋବିନ୍ଦ", ନୀଳକଣ୍ଠ ଦାସଙ୍କ ପ୍ରଣୟିନୀ, ଉଦୟନାଥ ଷଡଙ୍ଗୀଙ୍କ 'ଟମ କକାଙ୍କ କୁଟୀର'କୁ ଗ୍ରହଣ କରାଯାଇଥାଏ।

**ଭାବାନୁବାଦ:**

ଏହି ଅନୁବାଦରେ ମୂଳ ଲେଖାର ଭାବ ସହଜ ସରଳ ସଂଗତ ତଥା ମନୋରମ ଶୈଳୀରେ ଉପସ୍ଥାପିତ ହୋଇଥାଏ। ସାଧାରଣତଃ ଅନୁବାଦ ସାହିତ୍ୟରେ ଏହି ଅନୁବାଦଟିକୁ ବେଶି ଗ୍ରହଣ କରାଯାଇଥାଏ। ପ୍ରେମଚାନ୍ଦଙ୍କ 'ଗୋଦାନ'ର ଭାବାନୁବାଦ ଓଡିଆରେ ଗୋଲକବିହାରୀ ଧଳ କରିଛନ୍ତି। ଭକ୍ତ କବି ମଧୁସୂଦନ ରାଓଙ୍କ 'ନିର୍ବାସିତର ବିଳାପ', 'ଆତ୍ମ ସମର୍ପଣ' ଏହି ଭାବାନୁବାଦର ଉଜ୍ଜ୍ୱଳ ଦୃଷ୍ଟାନ୍ତ।

**ଅନୁସରଣ:**

ଉଭୟ ଆକ୍ଷରିକ ଅନୁବାଦ ଓ ଭାବାନୁବାଦର ସମ୍ମିଶ୍ରଣରେ ଏହି ଅନୁବାଦ ପ୍ରକ୍ରିୟା ଗଠିତ ହୋଇଥାଏ। ମୂଳ ଲେଖା ପରି ଏହାର ଚରିତ୍ର, ନାୟକ, ନାୟିକା, ପରିବେଶ ସବୁ ଠିକ୍‌ଠାକ୍ ଥିଲେ ମଧ୍ୟ ଏହା ସଫଳ ଅନୁବାଦ ରୂପେ ଗୃହୀତ ହୋଇପାରିନାହିଁ। ସାରଳା ଦାସଙ୍କ 'ମହାଭାରତ', ବଳରାମ ଦାସଙ୍କ 'ରାମାୟଣ', ବ୍ୟାସଙ୍କ 'ମହାଭାରତ' ତଥା ବାଲ୍ମୀକିଙ୍କ 'ରାମାୟଣର' ଅନୁସରଣରେ ସୃଷ୍ଟି। ରାଧାନାଥ ରାୟଙ୍କ 'କେଦାରଗୌରୀ', 'ଚନ୍ଦ୍ରଭାଗା', 'ଉଷା', 'ନନ୍ଦିକେଶରୀ' ଆଦି କାବ୍ୟ ପାଶ୍ଚାତ୍ୟ ସାହିତ୍ୟ ମିଶ୍ରଣରେ ଜୀବନ୍ୟାସ ପାଇଛି। ଏହା ବ୍ୟତୀତ ଛାୟାନୁବାଦ ନାମରେ ଅନୁବାଦର ଆଉ ଏକ ରୂପ ରହିଛି। ମୂଳ ରଚନାର ଛାୟାରେ ସାଧାରଣତଃ ଏହି ଅନୁବାଦ ରଚିତ ହୋଇଥାଏ। ଗୋଦାବରୀଶ ମହାପାତ୍ରଙ୍କ 'ଅଭାଗିନୀ', '୧୮୧୭', ନୀଳକଣ୍ଠ ଦାସଙ୍କ 'ଦାସ ନାଏକ' ଏହି ଛାୟାନୁବାଦର ଅନ୍ତର୍ଗତ।

ଅନୁବାଦ ଏକ ସୂକ୍ଷ୍ମ କଳା । ସଫଳ ଅନୁବାଦ ପାଇଁ ମୂଳଭାଷା ତଥା ଅନୂଦିତ ଭାଷା ଉପରେ ଅନୁବାଦକର ଭାଷା ଜ୍ଞାନ ଥିବା ଆବଶ୍ୟକ । ମୌଳିକ ରସସଂପଦରେ ପରିପୂର୍ଣ୍ଣ ହେବା ସାର୍ଥକ ଅନୁବାଦରେ ହିଁ ସମ୍ଭବ ହୋଇଥାଏ । ସଫଳ ଅନୁବାଦକ ସବୁବେଳେ ବିଶ୍ୱସ୍ତ ହୋଇଥାଏ । ଅନୁବାଦକ ସର୍ବଦା ଅନୁବାଦର କଳାତ୍ମକ ଦିଗପ୍ରତି ଧ୍ୟାନ ଦେବା ବାଞ୍ଛନୀୟ । ଇଂରାଜୀର ପ୍ରଖ୍ୟାତ କବି P.B. Shelly ଅନୁବାଦ ସଂପର୍କରେ ମତ ଦେଇ କହନ୍ତି – "It were as wise to cast a violet into a crucible, that you might discover the formal principle of its colour and order, as seek to transfuse from one language into another the creations of a poet" ।[୭]

ଅନୁବାଦ ମାଧ୍ୟମରେ ଭାଷାକୁ ଋଦ୍ଧିମନ୍ତ ଏବଂ ସାହିତ୍ୟର ଭଣ୍ଡାରକୁ ସମୃଦ୍ଧ କରାଯିବା ସଂଗେ ସଂଗେ ଜନ ସାଧାରଣଙ୍କ ମଧ୍ୟରେ ଜ୍ଞାନ ବିତରଣ କରାଯାଇଥିବାରୁ ଅନୁବାଦ ଉପରେ ସବୁ ବେଳେ ଗୁରୁତ୍ୱ ଦିଆଯାଇଛି । ଅନୁବାଦ ସାହିତ୍ୟର ଭୂମିକା ସଂପର୍କରେ ମତ ଦେଇ ଅଧ୍ୟାପିକା ଜ୍ୟୋତ୍ସ୍ନାମୟୀ ପ୍ରଧାନ କହନ୍ତି – "ଆଜି ଭୂମିରୁ ଭୂମା-ଯାତ୍ରା ମଣିଷର କେବଳ ଧ୍ୟେୟ ନୁହେଁ, ବିଶ୍ୱଜ୍ଞାନ ଆତ୍ମସାତ କରିବା ମଧ୍ୟ ତାର ଲକ୍ଷ୍ୟ । ଲୀଳାୟିତ କାଳକୁ ସାରସ୍ୱତ କୃତିରେ ସେ ରୂପ ଦେବାକୁ ଚାହେଁ । ପୁଣିତାର ସୃଷ୍ଟି ସଂପଦ ଦେଶରୁ ଦେଶକୁ ଯାତ୍ରା କରିବା ପାଇଁ ଲାଳାୟିତ । ଏଣୁ ଅନୁବାଦର ଭୂମିକା ଅତ୍ୟନ୍ତ ଗୁରୁତ୍ୱପୂର୍ଣ୍ଣ । ଫଳତଃ ଅନୁବାଦ ଏବେ ଏକ ସାରସ୍ୱତ ବିଭାଗ ରୂପେ ଗୃହୀତ" ।[୮]

ଅନୁବାଦ ଏକ ସୃଜନାତ୍ମକ କଳା । ସମୁଦ୍ରର ଜଳ ଓ ବୃଷ୍ଟି ଜଳ ଏକ ଜଳ ସଂପଦ ହେଲେ ମଧ୍ୟ ଉଭୟର ସ୍ୱାଦ ରୂପ ଗନ୍ଧରେ ପ୍ରଭେଦ ରହିଛି । ସେହିପରି ମୂଳ ରଚନା ଓ ଅନୂଦିତ ରଚନାରେ ସ୍ୱାତନ୍ତ୍ର୍ୟ ପରିଲକ୍ଷିତ ହେବା ସ୍ୱାଭାବିକ । ଅନୁବାଦ ସଂପର୍କରେ ମତାମତ ଦେବାକୁ ଯାଇ ଜାତୀୟ ସ୍ତରରେ ସ୍ୱୀକୃତିପ୍ରାପ୍ତ କବି ଓ ନାଟ୍ୟକାର ଡଃ ହରିରାମ ଆଚାର୍ଯ୍ୟ କହନ୍ତି – "ଅନୁବାଦ ଦୁଇଟି ଭାଷାର ସେତୁ । କୌଣସି ଭାଷାର ସାହିତ୍ୟକୁ ଅନ୍ୟ ଭାଷାଭାଷୀଙ୍କ ପାଖରେ ପହଞ୍ଚାଇବା ଓ ଅନ୍ୟ ଭାଷାର ସାହିତ୍ୟକୁ ଜାଣିବା ପାଇଁ ଅନୁବାଦ ନିତାନ୍ତ ଜରୁରୀ । କିନ୍ତୁ ଉଚିତ ପ୍ରଶିକ୍ଷଣ, ଅଭ୍ୟାସ ଏବଂ ଭାଷାଧିକାର ଅଭାବରେ ଏହା ଅନର୍ଥକାରୀ ମଧ୍ୟ ହେଉଛି । ତେବେ ବି ଏହାର ଅତ୍ୟନ୍ତ ଆବଶ୍ୟକତା ରହିଛି '।[୯]

ଭାରତୀୟ ଅନ୍ୟାନ୍ୟ ପ୍ରାଦେଶିକ ସାହିତ୍ୟର ଅନୁବାଦକଙ୍କ ପରି ଓଡ଼ିଆ ଅନୁବାଦକ ପଡୋଶୀ ରାଜ୍ୟର ଶ୍ରେଷ୍ଠକୃତି ଗୁଡିକୁ ନିଜ ଭାଷାରେ ରୂପାନ୍ତରିତ କରାଇବାରେ ସମର୍ଥ ହୋଇପାରିଛନ୍ତି । ସାହିତ୍ୟିକ ଅନୁବାଦକୁ ନିର୍ବିବାଦରେ ଏକ ସୃଜନାତ୍ମକ ପ୍ରକ୍ରିୟା

ଭାବରେ ଗ୍ରହଣ କରାଯାଇଥିବାରୁ ଏଥିପ୍ରତି ଅନୁବାଦର ଶ୍ରଦ୍ଧା ସଂଜାତ ହୋଇଛି । ଅନୁବାଦ ଯୋଗୁ ଅତୀତ ପୃଥିବୀର ସମାଜ, ଧର୍ମ ତଥା ବିଭିନ୍ନ ବୈଚିତ୍ର୍ୟ ଆମ୍ଭ ନିକଟରେ ଜୀବନ୍ତ ରୂପେ ପ୍ରତିଭାତ ହୋଇପାରିଛି । ଆଜି ବିଶ୍ୱର ବୃହତ୍ ପରିସର କ୍ଷୁଦ୍ର ହେବା ମୂଳରେ ଏହି ଅନୁବାଦର ଭୂମିକା ଯେ ଗୁରୁତ୍ୱପୂର୍ଣ୍ଣ ଏଥିରେ ସନ୍ଦେହ ନାହିଁ ।

ଅନୁବାଦକଗଣ ଓଡିଆରେ ଅନୁବାଦ କରିବାବେଳେ ମୂଳ ଭାଷାର କଳାତ୍ମକ ଐଶ୍ୱର୍ଯ୍ୟକୁ ନିବିଡ ଭାବରେ ହୃଦୟଙ୍ଗମ କରିପାରିଛନ୍ତି । ଆଜି ଅନୁବାଦକୁ ମୌଳିକ ସୃଜନାତ୍ମକ ସାହିତ୍ୟର ମର୍ଯ୍ୟାଦା ଦିଆଯାଇଛି । ତେଣୁ ଅନୁବାଦକର ସୃଜନଶୀଳ ପ୍ରତିବଦ୍ଧତା, ନିଷ୍ଠା, ଅନୁରାଗ ଏବଂ ତନ୍ମୟତାରୁ ଅନୁବାଦ ସାର୍ଥକ ହେଲାଣି । ହାଇଏଟ୍ ଗିଲ୍‌ବର୍ଟ (Highyet Gilbert) ଅନୁବାଦ ସଂପର୍କରେ କହନ୍ତି – "ବାସ୍ତବରେ ଅନୁବାଦ ମହାନ୍ ଗ୍ରନ୍ଥ ସୃଷ୍ଟି କରେ ନାହିଁ କିନ୍ତୁ ବହୁ ସମୟରେ ମହାନ୍ ଗ୍ରନ୍ଥ ସୃଜନର ସହାୟକ ହୋଇଥାଏ"।[୧୦]

**ଓଡ଼ିଆ ସାହିତ୍ୟରେ ଅନୁବାଦର ବିକାଶଧାରା:**

ଓଡିଆ ସାହିତ୍ୟର ପୁଷ୍କଳ ଦିଗନ୍ତକୁ ଲକ୍ଷ୍ୟ କଲେ ଗଳ୍ପ, ଉପନ୍ୟାସ, କବିତା, ପ୍ରବନ୍ଧ ପରି ଅନୁବାଦ ସାହିତ୍ୟ ମଧ୍ୟ ସ୍ୱତନ୍ତ୍ର ମହିମା ମଣ୍ଡିତ ବିଭବ ରୂପେ ପ୍ରତୀୟ ମାନ ହୋଇଥାଏ । ସୃଜନଶୀଳତାର ଏକ ଭିନ୍ନ ପରିଭାଷା ରୂପେ ନିଜସ୍ୱ ବୈଶିଷ୍ଟ୍ୟ ପ୍ରତିପାଦନ କରିଥିବା ଅନୁବାଦ ସାହିତ୍ୟ ଓଡିଆ ସାହିତ୍ୟର ବିକାଶ ପଥକୁ ସଂପ୍ରସାରିତ କରିବାରେ ଗୁରୁତ୍ୱପୂର୍ଣ୍ଣ ଭୂମିକା ଗ୍ରହଣ କରିଛି । ବିଶ୍ୱର ସବୁ ସାହିତ୍ୟ ପରି ଓଡିଆ ସାହିତ୍ୟର ଆଦିରୂପ ହେଉଛି ଅନୁବାଦ । ତେଣୁ ଅନୁବାଦ ସାହିତ୍ୟ ମାଧ୍ୟମରେ ଓଡିଆ ସାହିତ୍ୟର ଜନ୍ମ ହୋଇଛି ବୋଲି କହିବାକୁ ହେବ । ଓଡିଆଭାଷାର ଆଦିକବି ସାରଳା ଦାସ ସଂସ୍କୃତ ମହାଭାରତର ଅନୁସରଣରେ ରଚନା କରିଥିଲେ 'ମହାଭାରତ', ଯାହା ଓଡିଆ ସାହିତ୍ୟର ଅମୂଲ୍ୟ କୃତି । ମହାଭାରତ ବ୍ୟତୀତ 'ରାମାୟଣ' ଏବଂ 'ଚଣ୍ଡୀପୁରାଣ' ଆଦିକବିଙ୍କର ସଫଳ ଅନୁଦିତ କୃତି । ଏହି ସମୟରେ ଧରଣୀଧରଙ୍କ ଗୀତ ଗୋବିନ୍ଦ, ବୃନ୍ଦାବନ ଦାସଙ୍କ 'ରସବାରିଧି' ଓଡିଆ ଅନୁବାଦ ସାହିତ୍ୟକୁ ସମୃଦ୍ଧ କରିପାରିଥିଲା । ପରେ ପରେ ପଞ୍ଚସଖା ଯୁଗର ପ୍ରମୁଖ କବି ଜଗନ୍ନାଥ ଦାସ, ବଳରାମ ଦାସ, ଅଚ୍ୟୁତାନନ୍ଦ ଦାସ, ରୀତିଯୁଗର ସର୍ବଶ୍ରେଷ୍ଠ ଆଳଙ୍କାରିକ କବି ଉପେନ୍ଦ୍ରଭଂଜ, ବିଦଗ୍ଧ କବି ଅଭିମନ୍ୟୁ, ଆଦିକବି ବାଲ୍ମିକୀ, ବ୍ୟାସଦେବ ଓ କାଳିଦାସଙ୍କ ପରି ପ୍ରଖ୍ୟାତ ସଂସ୍କୃତ କବିଙ୍କ ରଚନାବଳୀର ଅନୁସରଣରେ ଓଡିଆ ସାହିତ୍ୟ ଭଣ୍ଡାରକୁ ସମୃଦ୍ଧ କରିବାରେ ସମର୍ଥ ହୋଇପାରିଛନ୍ତି ।

ଆଧୁନିକ ଓଡିଆ ସାହିତ୍ୟର ଅଗ୍ରଦୂତ କବିବର ରାଧାନାଥ, ବ୍ୟାସକବି ଫକୀର

ମୋହନ, ମଧୁସୂଦନ ପ୍ରମୁଖ କବି ଉନବିଂଶ ଶତାବ୍ଦୀର ଅନୁବାଦ ସାହିତ୍ୟର ଶ୍ରୀବୃଦ୍ଧିରେ ସହାୟକ ହୋଇଥିଲେ। ରାଧାନାଥଙ୍କ ଅଧିକାଂଶ କାବ୍ୟ ପାଶ୍ଚାତ୍ୟ ସାହିତ୍ୟ ଅନୁକରଣରେ ରଚିତ ହୋଇଥିଲା। ତେବେ ମଧୁସୂଦନ ରାଓଙ୍କ 'ପ୍ରଣୟର ଅଦ୍‌ଭୂତ ପରିଣାମ', 'ନିର୍ବାସିତର ବିଳାପ' ଫକୀର ମୋହନଙ୍କ 'ରାମାୟଣ', 'ମହାଭାରତ', 'ହରିବଂଶ' ଆଦି ଅନୁବାଦ ସାହିତ୍ୟ ଜଗତରେ ଚମକ ଆଣି ଦେଇଥିଲା। ସଂସ୍କୃତ ଓ ଇଂରାଜୀ ସାହିତ୍ୟର ନୂତନ ଭାବଧାରା ଓଡିଆ ସାହିତ୍ୟକୁ ସମୃଦ୍ଧ କରିଥିଲା। ସତ୍ୟବାଦୀ ଯୁଗର ବିଶିଷ୍ଟ କବି ନୀଳକଣ୍ଠ ଦାସ, ଗୋଦାବରୀଶ ମିଶ୍ର, ଗୋଦବରୀଶ ମହାପାତ୍ର ଆଦି ବିଦେଶୀ କଥାବସ୍ତୁର ଅବଲମ୍ବନରେ କାବ୍ୟ ଉପନ୍ୟାସ ରଚନା କରିଥିଲେ। ନୀଳକଣ୍ଠ ଦାସଙ୍କ 'ଦାସ ନାଏକ', 'ପ୍ରଣୟିନୀ' ଯଥାକ୍ରମେ ଇଂରେଜ କବି 'Enoch Anden' ଏବଂ Princess ର ସାର୍ଥକ ରୁପାନ୍ତର। ଗୋଦାବରୀଶ ମହାପାତ୍ରଙ୍କ 'ରକ୍ତପାତ', 'ମେରି' କରେଲିଙ୍କ 'ଭେଣ୍ଡେଟା' ଉପନ୍ୟାସର ସଫଳ ଅନୁବାଦ।

ସ୍ୱାଧୀନତା ପରବର୍ତ୍ତୀ ସମୟରେ ବହୁ ସାହିତ୍ୟିକ ଅନୁବାଦ ରଚନା ପ୍ରତି ମନ ବଳାଇଛନ୍ତି।  ଏ କ୍ଷେତ୍ରରେ ପ୍ରଫୁଲ୍ଲ ଦାସଙ୍କ ଉଦ୍ୟମ ପ୍ରଶଂସାବହ। ପ୍ରଫୁଲ୍ଲ ଚନ୍ଦ୍ର ଦାସ ପର୍ଲ ଏସ୍ ବକ୍‌ଙ୍କ ଗୁଡ଼ ଆର୍ଥ. ଲାଲା ନଗେନ୍ଦ୍ର କୁମାର ରାୟ ଜନ୍‌ଷ୍ଟାନ୍ ବେକ୍‌ଙ୍କ 'ମୁକ୍ତା' କବି ମନ ମୋହନ ମିଶ୍ର ଥମାସ୍‌ମାନ୍‌ଙ୍କ 'ପାଲଟା ମଣିଷ' ଚିନ୍ତାମଣି ମିଶ୍ର ଜିନ୍‌ଷ୍ଟାଇନ୍ ବେକ୍‌ଙ୍କ 'ଆମ ଦୂର୍ଗତିର ଦିନ' ଆଦି ପୁସ୍ତକର ଓଡିଆ ଅନୁବାଦ କରିଥିଲେ। ଫ୍ରାନ୍‌ଜକାଫକାଙ୍କ ଦୁଇଟି ପୁସ୍ତକ 'ଦୂର୍ଗ' ଏବଂ 'ବିଚାର'କୁ ଯଥାକ୍ରମେ ସୌଭାଗ୍ୟ ମିଶ୍ର ଓ ସୌରୀନ୍ଦ୍ର ବାରିକ ଓଡିଆରେ ଅନୁବାଦ କରିଛନ୍ତି। ହେନରୀ ଏଡଗାର ଆଲେନ୍‌ପୋ, ସାମୁଏଲ୍ ବକେଟ୍, ଥମାସ୍ ହାର୍ଡ଼ି, ଆଲବର୍ଟ କାମ୍ୟୁ, ଭୋଲ୍‌ଟେୟାର ଆଦିଙ୍କ ରଚିତ ଉପନ୍ୟାସ ଓ ନାଟକର ଅନୁବାଦ କରିଛନ୍ତି ଶକୁନ୍ତଳା ବଳିୟାର ସିଂହ। ସୂର୍ଯ୍ୟକାନ୍ତ ଦାସ, ଲାବଣ୍ୟ ଚନ୍ଦ୍ର ସାହୁ, କୃଷ୍ଣ ଚନ୍ଦ୍ର ଜେନା, ରମେଶ ପତ୍ରୀ ଆଦି ପ୍ରବନ୍ଧ ଅନୁବାଦରେ ଖ୍ୟାତି ଅର୍ଜନ କରିଛନ୍ତି।

ଭାରତୀୟ ଭାଷାରୁ ଅନୁବାଦ କ୍ଷେତ୍ରରେ ଓଡିଆ ଅନୁବାଦକଙ୍କର ପ୍ରୟାସ କିଛି କମ୍ ନୁହେଁ। ଏ ପରିପ୍ରେକ୍ଷୀରେ ଚିତ୍ତରଂଜନ ଦାସ, ଯୁଗଳ କିଶୋର ଦତ୍ତ, ଗୋରାଚାନ୍ଦ ମିଶ୍ର, ଜାନକୀ ବଲ୍ଲଭ ପଟ୍ଟନାୟକ, ଅମୀୟବାଳା ପଟ୍ଟନାୟକ, ବରେନ୍ଦ୍ର କୃଷ୍ଣ ଧଳ, ନିଳାଦ୍ରୀଭୂଷଣ ହରିଚନ୍ଦନ, ଗିରିବାଳା ମହାନ୍ତି, ବୀଣାପାଣି ପଣ୍ଡା ଆଦିଙ୍କ ନାମ ଉଲ୍ଲେଖଯୋଗ୍ୟ। ସୁବୋଧ ଚାର୍ଟାଜୀଙ୍କ 'ପାମେଲା' ରିଚାର୍ଡିସନ୍‌ଙ୍କ ଏକ ଉଲ୍ଲେଖଯୋଗ୍ୟ କୃତି।

ହିନ୍ଦୀ ଭାଷାରୁ ସାର୍ଥକ ଅନୁବାଦ ପୁସ୍ତକ ପ୍ରଣୟନ କରିବାରେ ଗୋଲୋକ

ବିହାରୀ ଧଳ, ଲକ୍ଷ୍ମୀ ନାରାୟଣ ମହାନ୍ତି, ନୀଳମଣି ମିଶ୍ର, ଶ୍ରୀନିବାସ୍ ଉଦ୍‌ଗାତା, ଚନ୍ଦ୍ରଶେଖର ଦାସବର୍ମା, ନରସିଂହ ମିଶ୍ର, ଶେଖ୍ କରିମ୍ ଆଦିଙ୍କ ପ୍ରଚେଷ୍ଟା ଅଭିନନ୍ଦନୀୟ। ଭାଷାତତ୍ତ୍ୱବିତ୍ ଗୋଲୋକ ବିହାରୀ ଧଳଙ୍କ 'ଗୋଦାନ', 'ଗବନ', 'ପ୍ରେମାଶ୍ରମ' ଓ 'ଗଚ୍ଛମାଳା', ଚନ୍ଦ୍ରଶେଖର ଦାସ ବର୍ମାଙ୍କ 'ଗୋଟିଏ ଗଧର ଆତ୍ମକଥା' 'ଜାମୁକୋଳି ଗଛ', ବିଶେଷ ଭାବରେ ପାଠକୀୟ ଆଦୃତି ଲାଭ କରିଛି। ଶ୍ରୀନିବାସ ଉଦ୍‌ଗାତା ଜଣେ ଉଚ୍ଚକୋଟୀର ଅନୁବାଦକ। ଭଗବତୀ ବର୍ମାଙ୍କ 'ଚିତ୍ର ଲେଖା', କମଳେଶ୍ୱରଙ୍କ 'ନୀଳ ହ୍ରଦର'ସେ ସଫଳ ଅନୁବାଦକ। ଅନୁବାଦ ସାହିତ୍ୟ ପ୍ରତି ନିଜର ଅସୀମ ଅନୁରକ୍ତି ଅମାପ ଆଗ୍ରହ ଦର୍ଶାଇବାକୁ ଯାଇ ଶ୍ରୀନିବାସ ଉଦ୍‌ଗାତା କହନ୍ତି- "ମୋତେ ପରିଚିତ କରାଇବା ଲାଗି ମୋର ମୌଳିକ ଅର୍ଦ୍ଧଶତାଧିକ ରଚନା ଥିଲେହେଁ ଅନୁବାଦ କର୍ମରେ ହାତଦେବାକୁ ଆଗ୍ରହୀ ହୋଇଛି। ଏହା ଏକ ଭିନ୍ନ ଇଚ୍ଛା ଯେଉଁମାନେ ଏ ମାଟିର ଗୌରବ ଯେଉଁମାନଙ୍କର ଅମୂଲ୍ୟ କୃତି ଓଡିଆ ଭାଷା ଓ ସାହିତ୍ୟକୁ ଗୌରବମଣ୍ଡିତ କରିବ ବୋଲି ମୋର ଧାରଣା ହୋଇଛି। ସେମାନଙ୍କୁ ମୁଁ ରୂପାନ୍ତରିତ କରିଛି ହିନ୍ଦୀରେ। ଯେହେତୁ ମୁଁ କିଞ୍ଚିତ୍ ହିନ୍ଦୀ ଜାଣେ ଏବଂ ଯେହେତୁ ହିନ୍ଦୀ ରାଷ୍ଟ୍ରଭାଷାର ମର୍ଯ୍ୟାଦା ପ୍ରାପ୍ତ ସଂଯୋଗ କାରିଣୀ ଭାଷା, ତା'ଫଳରେ କ୍ଷେତ୍ର ବ୍ୟାପକ ହେବ। ସେହିଭଳି ହିନ୍ଦୀ ସାହିତ୍ୟର ସାର୍ଥକ ବିନ୍ଧାଣୀମାନଙ୍କୁ ଓଡିଶାର ଉର୍ବର ସାରସ୍ୱତ ମାଟିକୁ ନେଇ ଆସିବାକୁ ମନ କରିଛି। ଅନେକ ଆସିଛନ୍ତି, ଏ କ୍ଷେତ୍ରରେ ସେମାନଙ୍କର ପରିଚୟ ନିବିଡ ହୋଇଛି।"[୧୧]

ସଂସ୍କୃତ ସାହିତ୍ୟରୁ ବହୁ ପୁସ୍ତକ ଓଡିଆରେ ଅନୂଦିତ ହୋଇଛି। ଧନେଶ୍ୱର ମହାପାତ୍ରଙ୍କ କାଳିଦାସଙ୍କ 'ରଚନା ବଳୀ', ଅଶ୍ୱଘୋଷଙ୍କ 'ବୁଦ୍ଧ ଚରିତ', ଜାନକୀ ବଲ୍ଲଭ ପଟ୍ଟନାୟକଙ୍କ ଭର୍ତ୍ତୃହରିଙ୍କ 'ଶୃଙ୍ଗାର ଶତକ' 'ବୈରାଗ୍ୟଶତକ' 'ନୀତିଶତକର' ଅନୁବାଦ ଆଦି ଉଲ୍ଲେଖଯୋଗ୍ୟ।

ନାଟକ, ପ୍ରବନ୍ଧ, ଉପନ୍ୟାସ ପରି କାବ୍ୟ କବିତାର ଅନୁବାଦ କ୍ଷେତ୍ରରେ ମଧ୍ୟ ଓଡିଆ ଅନୁବାଦକଙ୍କ ପ୍ରଚେଷ୍ଟାକୁ ଉପେକ୍ଷା କରାଯାଇନପାରେ। ଜ୍ଞାନୀନ୍ଦ୍ର ବର୍ମା, ଗଣେଶ୍ୱର ମିଶ୍ର, ସୀତାକାନ୍ତ ମହାପାତ୍ର, ବ୍ରଜନାଥ ରଥ, ଗୁରୁପ୍ରସାଦ ମହାନ୍ତି, ହରପ୍ରସାଦ ପରିଛା ଆଦି ଅନୁବାଦକଗଣ ଅନେକ କବିତାର ଅନୁବାଦ କରିଛନ୍ତି। ଜ୍ଞାନୀନ୍ଦ୍ର ବର୍ମାଙ୍କ 'ପୋଡା ଭୂଇଁ' ଓ ଅନ୍ୟାନ୍ୟ କବିତା :- T.S. Eliot ଙ୍କ "The Wasteland" ର ଅନୁବାଦ। ଅନୁବାଦ ଏକ ସୃଜନ କଳା। ମୂଳଭାଷା ଓ ମୂଳସ୍ରଷ୍ଟା ସହିତ ସଂମ୍ପର୍କ ସ୍ଥାପନର ଏହା ଏକ ମାଧ୍ୟମ। ଅନୁବାଦକୁ ଏକ ପବିତ୍ର କର୍ମ ଭାବରେ ଗ୍ରହଣ କରାଗଲେ ସାରସ୍ୱତ ସାହିତ୍ୟ ଭଣ୍ଡାର ଯେ ନିଶ୍ଚୟ ସମୃଦ୍ଧ ହେବ ଏଥିରେ ଦ୍ୱିମତ ହେବାର ନାହିଁ। ମହତ୍ତ୍ୱର

ଗୁଣାବଳୀ ଓ ବୈଜ୍ଞାନିକ ଆବଶ୍ୟକତା ହେତୁ ଆଜିର ସାହିତ୍ୟରେ ଏହା ଏକ ଆଦୃତ ବିଭବ ରୂପେ ସ୍ୱୀକୃତି ଲାଭ କରିଛି।

ଅନୁବାଦ ସାହିତ୍ୟ ସପକ୍ଷରେ ମତ ଦେଇ ବିବେକାନନ୍ଦ ପାଣିଗ୍ରାହୀ କହନ୍ତି – " ଅନୁବାଦ ସାହିତ୍ୟ ଆମ ସାହିତ୍ୟର ଗୌରବ ବର୍ଦ୍ଧକ। ଆମ ସାହିତ୍ୟର ଶ୍ରେଷ୍ଠ ସାମଗ୍ରୀକୁ ଜାତୀୟ ଏବଂ ବିଶ୍ୱସ୍ତରରେ ଅନୂଦିତ ଚେହେରାରେ ପରିଚିତ କରିବା ଆମର କର୍ତ୍ତବ୍ୟ । ଦେଶ ବିଦେଶର ସାରସ୍ୱତ ସୃଷ୍ଟି ସହିତ ଘନିଷ୍ଠ ଭାବେ ପରିଚିତ ହେବାପାଇଁ ଆମକୁ ଅନୁବାଦର ହିଁ ସାହାଯ୍ୟ ନେବାକୁ ପଡିବ। ଏହି ସାରସ୍ୱତ ସାନ୍ନିଧ ଆମକୁ ନୂତନ ଦୃଷ୍ଟିଭଙ୍ଗୀ. ଆତ୍ମିକ ଅନୁଭୂତି ଓ ଆନନ୍ଦ ପ୍ରଦାନ କରିବା ସହିତ ସାରସ୍ୱତ ସଂପ୍ରୀତି ଓ ସୌହାର୍ଦ୍ଦ୍ୟ ସ୍ଥାପନରେ ସହାୟକ ହୋଇପାରିବ" ।[୧୨]

ଏହି ପରିପ୍ରେକ୍ଷୀରେ ବୀଣାପାଣି ମହାନ୍ତିଙ୍କ ଅନୁବାଦ ସାହିତ୍ୟ ଉପରେ ଆଲୋକପାତ କରାଯାଇପାରେ।

## ୧.ବୀଣାପାଣି ମହାନ୍ତିଙ୍କ ଅନୁବାଦ ସାହିତ୍ୟର ସାଧନା ଓ ସିଦ୍ଧି:

ଗାଳ୍ପିକା ଭାବେ ପରିଚିତି ଲାଭ କରିଥିଲେ ମଧ୍ୟ ଅନୁବାଦ କ୍ଷେତ୍ରରେ ବୀଣାପାଣିଙ୍କର ସିଦ୍ଧି ଯେ ରହିଛି ଏହା ନିଃସନ୍ଦେହ। ପରିମାଣରେ ସ୍ୱଳ୍ପ ହେଲେ ହେଁ ତାଙ୍କର ଅନୁବାଦ ଓଡିଆ ଅନୁବାଦ ସାହିତ୍ୟକୁ ସମୃଦ୍ଧ କରିବାରେ ବିଶେଷ ଭୂମିକା ନିର୍ବାହ କରେ। 'ପ୍ରେମଚାନ୍ଦ', 'ସୁନ୍ଦରୀ ଭାସିଲିସା', 'ସୁନେଲି ଚାବି', 'ପାଚେରି ଓ ଅନ୍ୟାନ୍ୟ ଗଳ୍ପ' ଆଦି ତାଙ୍କ ରଚିତ ସଫଳ ଅନୂଦିତ ସୃଷ୍ଟି। ତାଙ୍କ ଅନୁବାଦ ଗୁଡିକର ଭାଷା ଶୈଳୀ ସହଜ ସରଳ ଓ ବୋଧଗମ୍ୟ ହୋଇ ପାରିଛି। କଳାତ୍ମକ ମୂଲ୍ୟ ଦୃଷ୍ଟିରୁ ବୀଣାପାଣିଙ୍କ ଅନୂଦିତ କୃତିଗୁଡିକୁ ଉପେକ୍ଷା କରାଯାଇ ପାରିବନାହିଁ।

## ୨. ପ୍ରେମ ଚାନ୍ଦ: ଏକ ବିଶେଷ ଦୃଷ୍ଟି

'ପ୍ରେମଚାନ୍ଦ' ଅନୁବାଦ ପୁସ୍ତକଟି ବୀଣାପାଣିଙ୍କ ଅନୁବାଦ ସାହିତ୍ୟର ଅନ୍ୟତମ ସଫଳ ସ୍ୱାକ୍ଷର। ଚଉଦଟି ପରିଚ୍ଛେଦରେ ରଚିତ ଆଲୋଚ୍ୟ ପୁସ୍ତକରେ ପ୍ରେମଚାନ୍ଦଙ୍କ ଜୀବନୀ ଏବଂ ସାଧନା ବିସ୍ତୃତ ଭାବେ ସ୍ଥାନ ପାଇଛି। ପଚସ୍ତରୀ ପୃଷ୍ଠା ବିଶିଷ୍ଟ ଏହି ଅନୂଦିତ କୃତିର ପ୍ରଚ୍ଛଦପଟରେ ପ୍ରେମଚାନ୍ଦଙ୍କ ଫଟୋଚିତ୍ର ପୁସ୍ତକଟିକୁ ଅଧିକ ଆକର୍ଷଣୀୟ କରିପାରିଛି।

ପ୍ରେମଚାନ୍ଦ ହିନ୍ଦୀ ସାହିତ୍ୟର କଥା ସମ୍ରାଟ ଭାବେ ପରିଚିତ। ଜଣେ ସଚେତନଶୀଳ ସ୍ରଷ୍ଟା ଭାବେ ସାଧାରଣ ନିପୀଡ଼ିତ ମଣିଷର ସମସ୍ୟାକୁ ତାଙ୍କ ସୃଷ୍ଟିରେ

ସ୍ଥାନ ଦେଇଛନ୍ତି। 'ଗୋଦାନ'ର ଅନନ୍ୟ ସ୍ରଷ୍ଟା ପ୍ରେମଚାନ୍ଦ ବାରଟି ଉପନ୍ୟାସ ତଥା ତିନିଶହରୁ ଊର୍ଦ୍ଧ୍ୱ ଗଳ୍ପରଚନା କରି ସାରସ୍ୱତ ସାହିତ୍ୟ ଜଗତରେ ବିଶେଷ ସୁଖ୍ୟାତି ଅର୍ଜନ କରିଛନ୍ତି। ୧୯୦୦ ରୁ ୧୯୩୬ ମସିହା ପର୍ଯ୍ୟନ୍ତ ସାହିତ୍ୟ ସାଧନାରେ ଲିପ୍ତରହି ହିନ୍ଦୀ ଏବଂ ଉର୍ଦ୍ଦୁ ସାହିତ୍ୟକୁ ସମୃଦ୍ଧ କରିପାରିଛନ୍ତି। ହିନ୍ଦୀ ତଥା ଉର୍ଦ୍ଦୁ ସାହିତ୍ୟକୁ ସମୃଦ୍ଧ କରିବାରେ ପ୍ରେମଚାନ୍ଦଙ୍କ ଅବଦାନ ଅନସ୍ୱୀକାର୍ଯ୍ୟ। ବୀଣାପାଣିଙ୍କ ରଚିତ ଏହି ଅନୂଦିତ ପୁସ୍ତକଟି ଇଂରାଜୀ ଭାଷାରେ ପ୍ରକାଶ ଚନ୍ଦ୍ର ଗୁପ୍ତଙ୍କ ଦ୍ୱାରା ମଧ୍ୟ ଅନୂଦିତ ହୋଇଛି।

ଜାତୀୟ ଆନ୍ଦୋଳନର ଭାବଧାରା ପ୍ରେମଚାନ୍ଦଙ୍କୁ ବିଶେଷ ଭାବରେ ପ୍ରଭାବିତ କରିଥିଲା। ଗାନ୍ଧିବାଦୀ ଚିନ୍ତାଧାରାରେ ଅନୁପ୍ରାଣିତ ପ୍ରେମଚାନ୍ଦ ପରବର୍ତ୍ତୀ ସମୟରେ କିନ୍ତୁ କୃଷକମାନଙ୍କ ଅର୍ଥନୈତିକ ସ୍ୱାଧୀନତା ତଥା ସାଧାରଣ ଜନତାର ସମୂହ ସ୍ୱାର୍ଥପାଇଁ ନେହେରୁଙ୍କୁ ଅଧିକ ପସନ୍ଦ କରିଥିଲେ। ସାମନ୍ତବାଦର ପ୍ରଭାବରେ ଗ୍ରାମାଞ୍ଚଳରେ ଅସ୍ପୃଶ୍ୟତା ସଂପ୍ରଦାୟିକ ଭେଦଭାବ ତଥାପି ବଳବତ୍ତର ଥିଲା। ପ୍ରେମଚାନ୍ଦଙ୍କ ଲେଖନୀରେ ଏହାର ସ୍ପଷ୍ଟ ପ୍ରତିଫଳନ ଘଟିଥିଲା।

ପ୍ରେମଚାନ୍ଦ ଥିଲେ ଭାରତୀୟ ଗ୍ରାମାଞ୍ଚଳର ଜଣେ ଅନୁଭବୀ ଦରଦୀ ଲେଖକ। ସମାଜବାଦୀ ବାସ୍ତବତା ତା'ଙ୍କ ଲେଖାରେ ସୁସ୍ପଷ୍ଟ। ଟାଗୋରଙ୍କ ଅପେକ୍ଷା ସେ ଥିଲେ ଅଧିକ ବାସ୍ତବବାଦୀ। ଦ୍ରୁତ ଶିଳ୍ପାୟନ ସପକ୍ଷରେ ସେ କେବେ ବି ନଥିଲେ। ଦ୍ରୁତ ଶିଳ୍ପାୟନ ଯୋଗୁ କୃଷକଟିଏ ଜମି ହରାଇବା ସହ ଶ୍ରମିକଟିଏ ମଧ୍ୟ ଶୋଷିତ ହେବାର ଧାରଣା ତାଙ୍କର ଥିଲା। ଏହି ଭାବନା ଓ ଆଶଙ୍କାର ଚିତ୍ର ତାଙ୍କ ରଚିତ 'ରଙ୍ଗଭୂମି' ଉପନ୍ୟାସରେ ଦେଖିବାକୁ ମିଳେ। ପ୍ରେମଚାନ୍ଦଙ୍କ ସମସ୍ତ ଲେଖାରେ ଦେଶପ୍ରେମର ଅନ୍ତଃ ସ୍ରୋତ ପ୍ରବାହିତ ହୋଇଥିଲା। ବିଶେଷ କରି ରାଜା ରାମ ମୋହନ ରାୟ, ବିବେକାନନ୍ଦ, ଗାନ୍ଧୀ, ନେହେରୁ, ଭଗତ୍ ସିଂ, ଚନ୍ଦ୍ର ଶେଖର ଆଜାଦ୍‌ଙ୍କ ଭଳି ମହାପୁରୁଷମାନଙ୍କର ଚିନ୍ତା ଓ ଚେତନା ତାଙ୍କ ଭିତରର ସ୍ୱଦେଶପ୍ରୀତିକୁ ଉଜ୍ଜୀବିତ କରିବାରେ ସହାୟ ହୋଇଥିଲା।

୧୮୮୦ ମସିହା ଜୁଲାଇ ୩୧ ତାରିଖରେ ବନାରସଠାରୁ ଚାରି କି.ମି. ଦୂର ଲମାହୀଠାରେ ଏକ କାୟସ୍ଥ ପରିବାରରେ ପ୍ରେମଚାନ୍ଦ ଜନ୍ମ ଗ୍ରହଣ କରିଥିଲେ। ତାଙ୍କ ପିତା ଅଜୀବ ଲାଲ ଡାକ ବିଭାଗରେ କିରାଣୀ ଭାବେ କାର୍ଯ୍ୟରତ ଥିଲେ। ବାଲ୍ୟ କାଳରେ ପ୍ରେମଚାନ୍ଦ ମାତା ଆନନ୍ଦୀ ଦେବୀଙ୍କ ଦ୍ୱାରା ବିଶେଷ ଭାବେ ପ୍ରଭାବିତ ହୋଇଥିଲେ। ଲମାହୀରେ ପ୍ରାଥମିକ ଶିକ୍ଷା ଗ୍ରହଣ କରିବା ସମୟରେ ଜଣେ ମୌଲବୀଙ୍କଠାରୁ ପ୍ରେମଚାନ୍ଦ କିଛି ଉର୍ଦ୍ଦୁ ଓ ପାର୍ସି ଶବ୍ଦ ଶିକ୍ଷା କରିଥିଲେ। ପ୍ରେମଚାନ୍ଦଙ୍କ ପ୍ରକୃତ ନାମ ଥିଲା ଧନପତ୍ ରାୟ। ଯେତେବେଳେ ସେ ଲେଖା ଆରମ୍ଭ କଲେ ସେତେବେଳେ ତାଙ୍କର ନାମଥିଲା ନବାବ୍ ରାୟ। ମାତ୍ର ତାଙ୍କର ସମସ୍ତ ଲେଖା 'ପ୍ରେମଚାନ୍ଦଙ୍କ' ନାମରେ ପ୍ରକାଶିତ

ହୋଇଥିଲା । ତାଙ୍କର ପ୍ରଥମ ଗଳ୍ପ 'ସ୍ୱଦେବତନ' ମଧ୍ୟ ପ୍ରେମଚାନ୍ଦଙ୍କ ନାମରେ ପ୍ରକାଶିତ ହୋଇଥିଲା । ପ୍ରେମଚାନ୍ଦ ତାଙ୍କ ରଚିତ 'ଚୋରୀ' ଗଳ୍ପରେ ବାଲ୍ୟ କାଳର ସ୍ମୃତିକୁ ଜୀବନ୍ତ ଭାବରେ ପ୍ରକାଶ କରିଛନ୍ତି । ବଜାରରେ ମିଳୁଥିବା ସମସ୍ତ ଫଳ ଅପେକ୍ଷା ଆମ୍ବ ଗଛରେ ଚଢ଼ି ଖାଇଥିବା ଆମ୍ବ ସବୁଠୁ ସୁସ୍ୱାଦୁକର ବୋଲି ପ୍ରେମଚାନ୍ଦ ତାଙ୍କ ରଚିତ 'ଚୋରୀ' ଗଳ୍ପରେ କହିଛନ୍ତି । ଜଣେ ମୌଲବୀଙ୍କଠାରୁ ଶିକ୍ଷା ଗ୍ରହଣ ପାଇଁ ପ୍ରେମଚାନ୍ଦ ନିଜ ସଂପର୍କୀୟ ଭାଇ ହାଲ୍‌ଦାରଙ୍କ ସହିତ ଚାଲି ଚାଲି ଆଉ ଏକ ଗାଁକୁ ଯାଉଥିଲେ । ଉପସ୍ଥାନ ନିମନ୍ତେ ମୌଲବୀଙ୍କଠାରୁ କୌଣସି ଦଣ୍ଡ ମିଳୁ ନଥିବାରୁ ପ୍ରେମଚାନ୍ଦ ସେ ସମୟକୁ ମନଇଚ୍ଛା ଅନ୍ୟତ୍ର ଉପଯୋଗ କରୁଥିଲେ । ମୌଲବୀ ପେଶାରେ ଜଣେ ଦର୍ଜୀ ଥିଲେ ମଧ୍ୟ ଶିକ୍ଷାଦାନ ଥିଲା ତାଙ୍କର ଏକ ସଉକ୍ । ତେବେ ମୌଲବୀଙ୍କଠାରୁ ଲଗାତାର ଅନୁପସ୍ଥିତି ଓ ଦଣ୍ଡରୁ ମୁକ୍ତି ପାଇବାପାଇଁ ପ୍ରେମଚାନ୍ଦ ଓ ତାଙ୍କର ଭାଇ ହାଲ୍‌ଦାର ମିଶି ମୌଲବୀଙ୍କୁ ଅନେକ ସମୟରେ ଆଖୁ ଓ ଗହମ ଆଦିକୁ ଉପହାର ସ୍ୱରୂପ ପ୍ରଦାନ କରୁଥିଲେ ।

ପ୍ରେମଚାନ୍ଦଙ୍କ ବାଲ୍ୟଦିନର ପ୍ରିୟ ଖେଳମାନଙ୍କ ମଧ୍ୟରୁ ଗୁଡିଉଡା ଓ ଗୁଲିଦଣ୍ଡା ଥିଲା ଅନ୍ୟତମ । ଗୁଲିଦଣ୍ଡା ପ୍ରତି ଥିବା ତାଙ୍କର ଅହେତୁକ ଆକର୍ଷଣକୁ ସେ ତାଙ୍କର କେତେକ ଗଳ୍ପରେ ପ୍ରକାଶ କରିଛନ୍ତି । ପିଲା ଦିନର ସମସ୍ତ ସ୍ମୃତି ମଧ୍ୟରୁ ଗୁଲିଦଣ୍ଡା ଖେଳିବାର ସ୍ମୃତି ସୁମଧୁର ବୋଲି ପ୍ରେମଚାନ୍ଦ ତାଙ୍କ ଲେଖାରେ ମତବ୍ୟକ୍ତ କରିଛନ୍ତି । ସ୍କୁଲ୍‌ରେ ପଢୁଥିବା ସମୟରେ ଘରୁ ଗୋଟିଏ ଟଙ୍କା ଚୋରୀ କରିନେଇ ପିଜୁଳି କିଣିବା ଓ ଅଚାନକ ଭାବେ 'ଖଟକିନ୍'ର ପ୍ରଶ୍ନରେ ଚକିତ ହେବାର ଅନୁଭୂତିକୁ 'ଚୋରୀ' ଗଳ୍ପରେ ରୂପଦେଇଛନ୍ତି ପ୍ରେମଚାନ୍ଦ । ପ୍ରେମଚାନ୍ଦଙ୍କ ମିଠେଇ ପ୍ରତି ଥିବା ଆଗ୍ରହକୁ 'ହୋଲି' ଗଳ୍ପରୁ ଲକ୍ଷ୍ୟ କରିହୁଏ । ପ୍ରେମଚାନ୍ଦଙ୍କ ମା' ମାମୁଘରକୁ ଯିବା ପୂର୍ବରୁ ମାଠିଆ ଭର୍ତ୍ତି ଗୁଡ଼ାକୁ ମାଟିଦ୍ୱାରା ବନ୍ଦକରି ନଖାଇବାପାଇଁ ତାଙ୍କୁ କହିଥିଲେ । ମା'ଙ୍କ କଥା ନମାନି ଦିନରେ ତିନି ଚାରିଥର ଗୁଡ଼ ଖାଇବା ଦ୍ୱାରା ଗୁଡ ପ୍ରତି ଥିବା ତାଙ୍କର ଦୁର୍ବଳତା ପୂର୍ବାପେକ୍ଷା ବଢ଼ି ଯାଇଥିଲା ।

ପ୍ରେମଚାନ୍ଦ ଅଷ୍ଟମ ଶ୍ରେଣୀରେ ପଢୁଥିବା ସମୟରେ ତାଙ୍କର ମା' ଦେହତ୍ୟାଗ କରିଥିଲେ । ମା'ଙ୍କ ମୃତ୍ୟୁର ଦୁଇବର୍ଷପରେ ତାଙ୍କ ବାପା ପୁନର୍ବିବାହ କରିଥିଲେ ଫଳରେ ପ୍ରେମଚାନ୍ଦଙ୍କ ଜୀବନରେ ଜଣେ ବିମାତା ଆସିଲେ । ବିମାତାଙ୍କ ଉପସ୍ଥିତି ଜୀବନରେ ମାତୃସ୍ନେହର ଅଭାବକୁ କଦାପି ପୂରଣ କରିପାରିନଥିଲା ବୋଲି ପ୍ରେମଚାନ୍ଦ ଅନେକ ଗଳ୍ପରେ ବର୍ଣ୍ଣନା କରିଛନ୍ତି । ସ୍କୁଲ୍ ଜୀବନରୁ ପ୍ରେମଚାନ୍ଦ ଉପନ୍ୟାସ ପାଠ ପ୍ରତି ଆଗ୍ରହୀ ଥିଲେ । ଆକବରଙ୍କ ମନୋରଂଜନ ନିମନ୍ତେ ପାର୍ସି ଭାଷାରେ ରଚିତ ହୋଇଥିବା 'ତିଲିସିମେ-ହସରୁବା'ର କାହାଣୀ, ଚରିତ୍ର ଆଉ ପୃଷ୍ଠଭୂମି ତାଙ୍କ କଳ୍ପନାର ଦିଗନ୍ତକୁ ବିସ୍ତାରିତ କରିଦେଇଥିଲା । ପରବର୍ତ୍ତୀ ସମୟରେ ପ୍ରେମଚାନ୍ଦ ଶହ

ଶହ ଉପନ୍ୟାସ ବହି ଯୋଗାଡ଼ କରି ପଢ଼ିଥିଲେ, ଯାହାକି ତାଙ୍କୁ ଉପନ୍ୟାସ ରଚନା ପାଇଁ ଉତ୍ସାହିତ କରିଥିଲା।

ପ୍ରେମଚାନ୍ଦ ନିଜ ଜୀବନକୁ ସରଳ ନିରାଡମ୍ବର ଭାବେ ବର୍ଣ୍ଣନା କରିଛନ୍ତି। ପନ୍ଦର ବର୍ଷ ବୟସରେ ପ୍ରେମଚାନ୍ଦ ନବମ ଶ୍ରେଣୀରେ ପାଠ ପଢୁଥିଲେ। ଏହି ସମୟରେ ତାଙ୍କର ବିବାହ ହୋଇଥିଲା। ପ୍ରେମଚାନ୍ଦଙ୍କ ପ୍ରଥମ ପତ୍ନୀ ସୁନ୍ଦରୀ ନଥିଲେ। ତାଙ୍କର କଳିହୁଡ଼ି ସ୍ୱଭାବ ପ୍ରେମଚାନ୍ଦଙ୍କର ଆଦ୍ୟ ଯୌବନର ସମସ୍ତ ସ୍ୱପ୍ନକୁ ନଷ୍ଟ କରିଦେଇଥିଲା। ପିତା ଅଜୀବଲାଲ୍‌ଙ୍କ ଦେହାନ୍ତ ପରେ ୧୯୮୭ ମସିହାରେ ସେ ମାଟ୍ରିକ୍ ପରୀକ୍ଷା ଦେଇଥିଲେ। ଦ୍ୱିତୀୟ ଶ୍ରେଣୀରେ ମାଟ୍ରିକ୍ ପାଶ୍ କରିଥିଲେ। ସେଣ୍ଟ୍ରାଲ୍ ହିନ୍ଦୁ କଲେଜ୍‌ରେ ନାମ ଲେଖାଇ ପ୍ରେମଚାନ୍ଦ ଉଚ୍ଚଶିକ୍ଷାର ପ୍ରଥମ ପାହାଚ ଚଢ଼ିଥିଲେ। ମାସକୁ ପାଞ୍ଚ ଟଙ୍କା ବେତନରେ ପ୍ରେମଚାନ୍ଦ ଜଣେ ଓକିଲଙ୍କ ପୁଅକୁ ପାଠ ପଢାଇଲେ। ସେହି ଓକିଲଙ୍କର ଏକ ଛୋଟ ମାଟିଘରେ ତାଙ୍କୁ ରହିବାର ସୁଯୋଗ ମିଳିଲା। ପ୍ରେମଚାନ୍ଦ ଲାଇବ୍ରେରୀରେ ଉପନ୍ୟାସ ପଢିବାରେ ଅଧିକ ସମୟ ବିତାଇ ଦେଉଥିଲେ। ସହରର ବହି ଦୋକାନରେ ଜଣେ ମିଶନାରୀ ସ୍କୁଲ୍‌ର ପ୍ରଧାନ ଶିକ୍ଷକଙ୍କ ସହିତ ତାଙ୍କର ସାକ୍ଷାତ ହୋଇଥିଲା। ୧୮୯୯ ମସିହାରେ ମିଶ୍‌ନାରୀ ସ୍କୁଲ୍‌ରେ ପ୍ରେମଚାନ୍ଦ ମାସିକ ଅଠରଟଙ୍କା ଦରମାରେ ଶିକ୍ଷକ ଭାବେ ନିଯୁକ୍ତ ହୋଇଥିଲେ। ୧୯୦୦ ମସିହାରେ ପ୍ରେମଚାନ୍ଦ ଏକ ସରକାରୀ ବିଦ୍ୟାଳୟରେ ସହକାରୀ ଶିକ୍ଷକଭାବେ ନିଯୁକ୍ତି ପାଇଥିଲେ। ସେଠାରେ ପ୍ରେମଚାନ୍ଦଙ୍କର ଦରମା ଥିଲା କୋଡିଏ ଟଙ୍କା। ପ୍ରତାପଗଡ ସ୍କୁଲ୍‌ରେ ଥିଲାବେଳେ ଟ୍ରେନିଂ ପାଇଁ ଆହ୍ଲାବାଦ ଯାଇଥିଲେ ପ୍ରେମଚାନ୍ଦ। ଟ୍ରେନିଂରୁ ଫେରି ପ୍ରେମଚାନ୍ଦ ଆହ୍ଲାବାଦ ମଡେଲ ସ୍କୁଲରେ ପ୍ରଧାନ ଶିକ୍ଷକ ଭାବେ ନିଯୁକ୍ତ ହୋଇଥିଲେ। ଶିକ୍ଷକ ଜୀବନର ଏଇ କିଛି ବର୍ଷ ମଧ୍ୟରେ ସାହିତ୍ୟ ପ୍ରତି ଥିବା ଆଗ୍ରହ ଓ ଅନୁରାଗ କ୍ରମଶଃ ବୃଦ୍ଧି ପାଇଥିଲା। କାନ୍‌ପୁରରେ ରହିଥିବା ସମୟରେ ସେ ତାଙ୍କର ଆଜୀବନ ବନ୍ଧୁ ମୁନ୍‌ସୀ ଦୟା ନାରାୟଣ ନିଗମ୍‌କୁ ଭେଟିଥିଲେ।

'ଆଶ୍ରାରେ ମାବିଦ୍' 'The mystery of Temple' 'ମନ୍ଦିରର ରହସ୍ୟ' ଥିଲା ପ୍ରେମଚାନ୍ଦଙ୍କ ପ୍ରଥମ ଉପନ୍ୟାସ। ଏହି ଉପନ୍ୟାସରେ ସମାଜ ସଚେତନଶୀଳ ସ୍ରଷ୍ଟା ପ୍ରେମଚାନ୍ଦ ପୁରୋହିତ ତଥା ମହନ୍ତମାନଙ୍କର ଅନ୍ଧକାର ଦିଗ ପ୍ରତି ଅଙ୍ଗୁଳି ନିର୍ଦ୍ଦେଶ କରିଛନ୍ତି। ପ୍ରଥମ ଉପନ୍ୟାସରେ ପ୍ରେମଚାନ୍ଦଙ୍କ ଯୌବନସୁଲଭ ଉଦ୍ଦାମତାର ସୂକ୍ଷ୍ମ ପ୍ରତିଫଳନ ପାଠକର ଦୃଷ୍ଟିଗୋଚର ହୁଏ। ଦୁଇବନ୍ଧୁଙ୍କ ମନୋମାଳିନ୍ୟ ଉପରେ ପର୍ଯ୍ୟବେସିତ ପ୍ରେମଚାନ୍ଦ୍‌ଙ୍କର ପରବର୍ତ୍ତୀ ଉପନ୍ୟାସରେ ନାୟକ ଅମ୍ରିତରାୟ ବିଧବାଯୁବତୀ ପୂରଣକୁ ବିବାହ କରି ସମାଜର ପ୍ରତ୍ୟେକ ବିରୋଧାଭାସକୁ ସାମ୍ନା କରିଛି। ଏଥିରୁ ସମାଜର କୁସଂସ୍କାର ବିରୁଦ୍ଧରେ ପ୍ରେମଚାନ୍ଦଙ୍କର ତୀବ୍ରପ୍ରତିକ୍ରିୟା ଓ ଶାଣିତ କଣ୍ଠସ୍ୱର ସହଜରେ ବାରି ହୋଇପଡ଼େ।

ପ୍ରେମଚାନ୍ଦଙ୍କର ଅନ୍ୟ ଏକ ଉପନ୍ୟାସ ହେଉଛି କିଷ୍ଣା । ଏହି ଉପନ୍ୟାସରେ ମହିଳାମାନଙ୍କର ଅଳଙ୍କାର ପ୍ରତିଥିବା ମୋହକୁ ସୁନ୍ଦର ଭାବେ ବର୍ଣ୍ଣନା କରିଛନ୍ତି। 'ଗବନ' ଉପନ୍ୟାସରେ ମଧ୍ୟ ଏହି ଭାବଧାରାର ବିସ୍ତୃତ ବାଖ୍ୟା ଦେଖିବାକୁ ମିଳେ ।

କହିବା ବାହୁଲ୍ୟ ପ୍ରେମଚାନ୍ଦଙ୍କ ପ୍ରଥମବିବାହ ଥିଲା ସମ୍ପୂର୍ଣ୍ଣ ଅସଫଳ । ଗ୍ରୀଷ୍ମ ଛୁଟିରେ ପ୍ରେମଚାନ୍ଦ ଲମାହୀରେ ଅବସ୍ଥାନ କରୁଥିବା ସମୟରେ ପ୍ରଥମ ପତ୍ନୀଙ୍କର ଆତ୍ମହତ୍ୟା ଉଦ୍ୟମ ତାଙ୍କୁ ବ୍ୟଥିତ କରିଥିଲା। ଯାହାକୁ ସେ ଏକ ପତ୍ରରେ ବନ୍ଧୁ ନିଗମକୁ ଲେଖି ଜଣାଇଥିଲେ । ପରିଶେଷରେ ପ୍ରଥମ ପତ୍ନୀଙ୍କର ଖୁସି ପାଇଁ ତାଙ୍କୁ ତାଙ୍କ ବାପଘରକୁ ପଠାଇଦେବାର ବ୍ୟବସ୍ଥା ମଧ୍ୟ କରିଦେଇଥିଲେ। ବାପଘରକୁ ଯିବାପରେ ତାଙ୍କର ପ୍ରଥମପତ୍ନୀ ତାଙ୍କୁ କୌଣସି ଖବର ଅବା ଚିଠି ଦେଇନଥିଲେ । ପ୍ରଥମପତ୍ନୀଙ୍କର ଏ ପ୍ରକାର ଉଦାସୀନତା ପ୍ରେମଚାନ୍ଦଙ୍କୁ ତାଙ୍କ ପ୍ରତି ଆହୁରି ଅସନ୍ତୁଷ୍ଟ କରିଦେଇଥିଲା । ପତ୍ନୀ ହୀନ ଭାବରେ ବଞ୍ଚିବାକୁ ପ୍ରସ୍ତୁତ ହୋଇଥିବା ପ୍ରେମଚାନ୍ଦଙ୍କ ଜୀବନରେ ସୌଭାଗ୍ୟ ଆଣିଦେଇଥିଲେ ତାଙ୍କର ଦ୍ୱିତୀୟ ପତ୍ନୀ। ଦ୍ୱିତୀୟ ପତ୍ନୀଙ୍କ ସ୍ନେହ ସୋହାଗରେ ପ୍ରେମଚାନ୍ଦଙ୍କ ଜୀବନର ଦୁଃଖ କିଛି ପରିମାଣରେ ଲାଘବ ହୋଇପାରିଥିଲା ।

ଶାରୀରିକ ଦୃଷ୍ଟିକୋଣରୁ ପ୍ରେମଚାନ୍ଦ ଖୁବ୍ ସୁନ୍ଦର ଥିଲେ। ତାଙ୍କର ପଗଡ଼ି ପରିହିତ ବେଶ ଦେଖିଲେ ଯେ କେହି ତାଙ୍କୁ ରାଜବଂଶର ବୋଲି ମନେ କରୁଥିଲେ । ଦାମ୍ପତ୍ୟ ଜୀବନର ସମସ୍ତ ଦୁଃଖ ଯନ୍ତ୍ରଣା ତିକ୍ତ ଅନୁଭୁତି ତାଙ୍କ ଲେଖନୀର ଶାଣିତ ଧାରାକୁ କେବେବି ପ୍ରଭାବିତ କରିପାରିନଥିଲା। ବାଲଗଙ୍ଗାଧର୍ ତିଲକଙ୍କର ଜଣେ ଦୃଢ ସମର୍ଥକ ଭାବେ ଜଣାଶୁଣା ପ୍ରେମଚାନ୍ଦ ସମାଜ ପରିବର୍ତ୍ତନକୁ ତାଙ୍କ ସାହିତ୍ୟ ସୃଷ୍ଟିରେ ମୁଖ୍ୟ ସ୍ଥାନ ଦେଇଥିଲେ । ତାଙ୍କର ପ୍ରଥମ ଗଳ୍ପ 'ଦୁନିଆ କା ସବସେ୍ ଅନ୍‌ମୋଲ୍ ରତନ' ୧୯୦୭ ମସିହାରେ ପ୍ରକାଶ ପାଇଥିଲା । ଏହି ଗଳ୍ପରେ ପୃଥିବୀରେ ସବୁଠାରୁ ମୂଲ୍ୟବାନ ଜିନିଷ କଣ ହୋଇପାରେ ବୋଲି ଏକ ପ୍ରଶ୍ନ ଉତ୍‌ଥାପନ କରିଥିଲେ ପ୍ରେମଚାନ୍ଦ। ତାଙ୍କ ମତରେ ପୁତ୍ରର ମୃତ୍ୟୁଦଣ୍ଡର ଶୋକରେ ଅଭିଭୂତ ପିତାଙ୍କର ଅଶ୍ରୁ ନୁହେଁ କିମ୍ବା ସ୍ୱାମୀର ଚିତାରେ ଝାସ ଦେବାକୁ ଯାଉଥିବା ପତ୍ନୀର ଅଶ୍ରୁ ମଧ୍ୟ ନୁହେଁ ବରଂ ଏହା ଦେଶପ୍ରତି ଆତ୍ମବଳି ଦେଇଥିବା ବ୍ୟକ୍ତିର ଶେଷ ରକ୍ତ ବିନ୍ଦୁ ହୋଇପାରେ। ୧୯୦୯ ମସିହାରେ ପ୍ରେମଚାନ୍ଦ ସ୍କୁଲ୍‌ର ଉପନିରୀକ୍ଷକ ଭାବେ ନିଯୁକ୍ତ ହୋଇଥିଲେ। ତା'ଙ୍କ ରଚିତ ଗଳ୍ପ ଗୁଡ଼ିକର ଅନ୍ତଃସ୍ୱର ଉପରେ ସରକାରୀ ସ୍ତରରେ ବାରମ୍ବାର ଅଙ୍କୁଶ ଲଗାଯାଇଥିଲେ ମଧ୍ୟ ଏହା ତାଙ୍କ ସ୍ୱାଭିମାନୀ ଲେଖକର ଅନ୍ତରାତ୍ମାକୁ ଆଦୌ ପ୍ରଭାବିତ କରିପାରିନଥିଲା। ଭାରତୀୟ ସାହିତ୍ୟ ଜଗତରେ ଯେଉଁ କେତେଜଣଙ୍କ ଲେଖନୀ ଗ୍ରାମ୍ୟ ଜୀବନର ସରଳତା ଓ ବାସ୍ତବତାକୁ ନିଖୁଣ ଭାବରେ ଫୁଟାଇବାକୁ ସମର୍ଥ ହୋଇଛି ସେମାନଙ୍କ ମଧ୍ୟରେ ପ୍ରେମଚାନ୍ଦ ସର୍ବଶ୍ରେଷ୍ଠ। ସମାଜ ସଂସ୍କାର

ଛଡ଼ା ବ୍ୟକ୍ତିଗତ ଜୀବନର ଛୋଟବଡ ବହୁ ଘଟଣାକୁ କାହାଣୀରେ କଳାତ୍ମକ ରୂପ ଦେବାରେ ପ୍ରେମଚାନ୍ଦ ଖୁବ୍ ଦକ୍ଷ ଥିଲେ । ଗ୍ରାମ୍ୟ ଜୀବନର ଦାରିଦ୍ର୍ୟ, ଯନ୍ତ୍ରଣା ଆଉ ଅତ୍ୟାଚାରର ମନ୍ମୟ ଆଲେଖ୍ୟ ବହନକରେ ତାଙ୍କ ରଚିତ 'ହୋଲି' ଉପନ୍ୟାସ' ଗ୍ରାମ୍ୟ ଜୀବନର ବାସ୍ତବ ଚିତ୍ରରେ 'ହୋଲି' ଉପନ୍ୟାସ ବେଶ୍ ସଜୀବ ଏବଂ ଜୀବନ୍ତ । ପ୍ରେମଚାନ୍ଦ କିଛିଦିନ ନିଗମ୍ଙ୍କ ଦ୍ୱାରା ପ୍ରକାଶିତ ସାପ୍ତାହିକ 'ଆଜାଦ୍' ପାଇଁ ନିୟମିତ ଭାବେ ଲେଖା ପଠାଇ କିଞ୍ଚିତ ଅର୍ଥ ରୋଜଗାର କରିବାର ସୁଯୋଗ ପାଇଥିଲେ । ତେବେ ଅର୍ଥାଭାବ ତମାମ୍ ଜୀବନ ତାଙ୍କର ପିଛା ଛାଡ଼ିନଥିଲା । ୧୯୧୬ ମସିହା ଅଗଷ୍ଟ ୬ ତାରିଖରେ ପ୍ରେମଚାନ୍ଦ ଗୋରଖପୁରରେ ସହକାରୀ ଶିକ୍ଷକ ଭାବେ କାର୍ଯ୍ୟ ବହନ କରିଥିଲେ । ଏହି ସ୍ଥାନରେ ମହାବୀର ପ୍ରସାଦ ଗଦାରଙ୍କ ସହିତ ତାଙ୍କର ବନ୍ଧୁତା ହୋଇଥିଲା, ଯାହା ତାଙ୍କୁ ହିନ୍ଦୀଭାଷାର ଅଧିକ ନିକଟବର୍ତ୍ତୀ କରିପାରିଥିଲା ।

ପ୍ରେମଚାନ୍ଦଙ୍କର ପ୍ରଥମ ଗଳ୍ପ ସଂକଳନ ହିନ୍ଦୀ ଭାଷାରେ ପ୍ରକାଶିତ ହୋଇଥିଲା । ଏହି ସଂକଳନରେ ସ୍ଥାନପାଇଥିବା ସାତଗୋଟି ଗଳ୍ପ ମଧ୍ୟରୁ 'ବଡେ ଘରକି ବେଟି', 'ପଞ୍ଚ ପରମେଶ୍ୱର', 'ଉପଦେଶ ଓ ପରୀକ୍ଷା' ଆଦି ଅନ୍ୟତମ ଥିଲା । ମାନବୀୟ ପ୍ରକୃତିର ଗୁଣାବଳୀ ଉପରେ ଆଧାରିତ ଥିଲା ଆଲୋଚ୍ୟ ଗଳ୍ପଗୁଡ଼ିକର ବିଷୟବସ୍ତୁ । ତାଙ୍କ ଲେଖନୀ ନିସୃତ 'ବଡେ ଘରକି ବେଟି' ଗଳ୍ପର 'ଆନନ୍ଦୀ' ଚରିତ୍ର ଭାରତୀୟ ସମାଜରେ ନାରୀର ମହାନୀୟତା ପ୍ରତିପାଦନରେ ଏକ ଶ୍ରେଷ୍ଠ ଉପସ୍ଥାପକ । ସାମାଜିକ ନୀତିନିୟମ ଉପରେ ପର୍ଯ୍ୟବେସିତ ଏହି ଗଳ୍ପଗୁଡ଼ିକରେ ଜୀବନର ନିଷ୍ଠୁର ବାସ୍ତବତା ପାଠକକୁ ଅଭିଭୂତ କରେ । 'ନବନିଧି' ଏବଂ 'ପ୍ରେମପୂର୍ଣ୍ଣିମା' ପ୍ରେମଚାନ୍ଦଙ୍କର ଅନ୍ୟ ଦୁଇଟି ପ୍ରସିଦ୍ଧ ଗଳ୍ପ ସଂକଳନ ଥିଲା । ଏହି ସମୟରେ ତାଙ୍କର ପ୍ରଥମ ଉପନ୍ୟାସ 'ସେବାସଦନ' ପ୍ରଥମେ ହିନ୍ଦୀ ଭାଷାରେ ପ୍ରକାଶିତ ହୋଇ ଜନାଦୃତ ହୋଇ ପାରିଥିଲା । ସାଧାରଣ ମଣିଷ ଭିତରେ ଲୁଚି ରହିଥିବା ଅସାଧାରଣ ସାହସ, ଦୃଢ଼ତା, ନୈତିକତାକୁ ପ୍ରେମଚାନ୍ଦ ଅତି ନିଖୁଣ ଭାବରେ ଉପସ୍ଥାପନ କରିଛନ୍ତି । ଭାରତୀୟ ସ୍ୱାଧୀନତା ଆନ୍ଦୋଳନ ଗାନ୍ଧିଜୀଙ୍କ ସତ୍ୟାଗ୍ରହ ଉପରେ ପର୍ଯ୍ୟବେସିତ । 'ପ୍ରେମାଶ୍ରମ' ଉପନ୍ୟାସ ଦେଶବାସୀଙ୍କ ଜନମାନସରେ ଜାତୀୟତା ଭାବ ଉଦ୍ରେକ କରିବାରେ ଯଥେଷ୍ଟ ସହାୟ ହୋଇଥିଲା । ପରବର୍ତ୍ତୀ ସମୟରେ ପ୍ରେମଚାନ୍ଦ ଆହ୍ଲାବାଦ୍ ବିଶ୍ୱବିଦ୍ୟାଳୟରୁ ଦ୍ୱିତୀୟ ଶ୍ରେଣୀରେ ବି.ଏ. ପାଶ୍ କରିଥିଲେ । ଜାତୀୟ ଆନ୍ଦୋଳନ ପରିବେଶରେ ବିଦେଶୀ ଶାସକ ଶତ୍ରୁ ମନୋଭାବ ଶୋଷଣ କରୁଥିବା ବେଳେ ଜଣେ ନିର୍ଭୀକ ଲେଖକ ଓ ଶିକ୍ଷକଭାବେ ଦାୟିତ୍ୱ ନିର୍ବାହ କରିବା ପ୍ରେମଚାନ୍ଦଙ୍କ ପାଇଁ କଷ୍ଟକର ବ୍ୟାପାର ଥିଲା । ତଥାପି ନିର୍ଭୀକ ପ୍ରେମଚାନ୍ଦ ଜିଲ୍ଲାପାଳଙ୍କ ସହିତ ସିଧାସଳଖ ଭାବେ ବାକ୍ୟ ବିନିମୟ କରି ସତ୍ୟ ଓ ନ୍ୟାୟର ସପକ୍ଷରେ ଯୁକ୍ତି କରିବାଭଳି ଦୁଃସାହସ

କରିପାରିଥିଲେ। ସ୍ୱଦେଶ ପ୍ରେମୀ ପ୍ରେମଚାନ୍ଦ ସ୍ୱାଧୀନତା ଆନ୍ଦୋଳନ ପାଇଁ ସରକାରୀ ଚାକିରୀ ତ୍ୟାଗ କରିବାକୁ ମଧ୍ୟ ମାନସିକ ସ୍ତରରେ ପ୍ରସ୍ତୁତ ଥିଲେ।

୧୯୨୨ ଓ ୨୩ ମସିହା ବେଳକୁ ପ୍ରେମଚାନ୍ଦଙ୍କ ଲେଖନୀ ଖୁବ୍ ସକ୍ରିୟ ତଥା ଚଳଚଞ୍ଚଳ ହୋଇ ଉଠିଥିଲା। ସାଂପ୍ରଦାୟିକ ସଦ୍‌ଭାବ ଓ ଜାତୀୟ ସଂହତିର ବିକାଶ ପାଇଁ ସଜାଗ ସଚେତନ ଥିଲେ ପ୍ରେମଚାନ୍ଦ। 'ରଙ୍ଗଭୂମୀ' ପ୍ରେମଚାନ୍ଦଙ୍କ ଅନ୍ୟତମ ସଫଳ ଉପନ୍ୟାସ। ଏହି ଉପନ୍ୟାସରେ ଗ୍ରାମ୍ୟ ଜୀବନର ଦୁଃଖଦ ଚିତ୍ର ପ୍ରଦତ୍ତ ହୋଇଛି। ଦରିଦ୍ର ନିରୀହ ପ୍ରଜାମାନଙ୍କ ଉପରେ ଜମିଦାରମାନଙ୍କର ଅତ୍ୟାଚାର ବିରୁଦ୍ଧରେ ସ୍ୱର ଉତ୍ତୋଳନ କରି ସମାଜବାଦର ଏକ ନୂତନ ବାର୍ତ୍ତା ଦେବା ପାଇଁ ପ୍ରେମଚାନ୍ଦ ପ୍ରୟାସ କରିଛନ୍ତି। 'ରଙ୍ଗଭୂମୀ'ରେ ପ୍ରେମଚାନ୍ଦଙ୍କ 'ସୁରଦାସ' ଜଣେ ପାରମ୍ପରିକ ଭାରତୀୟ ଭିକାରୀର ପ୍ରତିନିଧିତ୍ୱ କରେ। ୧୯୨୬ ମସିହାରେ ପ୍ରକାଶିତ ହୋଇଥିଲା ତାଙ୍କ ଦ୍ୱାରା ହିନ୍ଦୀରେ ରଚିତ 'କାୟାକଳ୍ପ' ଉପନ୍ୟାସ। ପୃଥିବୀରେ ଦୈନନ୍ଦିନ ଘଟୁଥିବା ଅନ୍ୟାୟ ବିରୁଦ୍ଧରେ ସ୍ୱର ଉତ୍ତୋଳନ କରୁଥିବା ମନୁଷ୍ୟର ସଂଘର୍ଷମୟ ଜୀବନ ଉପରେ ପର୍ଯ୍ୟବସିତ ଏହି ଉପନ୍ୟାସରେ ପ୍ରେମଚାନ୍ଦଙ୍କ ଦାର୍ଶନିକ ଚିନ୍ତାଧାରାର ସ୍ପଷ୍ଟ ଆଭାସ ମିଳେ। 'ରଙ୍ଗଭୂମୀ' ଓ 'କାୟାକଳ୍ପ'ର ଲୋକପ୍ରିୟତା ପ୍ରେମଚାନ୍ଦଙ୍କ ପରିଚୟକୁ ଅଧିକ ବିସ୍ତାରିତ କରିଦେଇ ଥିଲା। ପ୍ରେମଚାନ୍ଦ ଅନେକ ପ୍ରକାଶନ ସଂସ୍ଥା ସହିତ ଜଡ଼ିତ ହୋଇ ପ୍ରକାଶକମାନଙ୍କୁ ପ୍ରକାଶନରେ ସାହାଯ୍ୟ କରିବାର ସୁଯୋଗ ପାଇପାରିଥିଲେ। ତାଙ୍କ ରଚିତ 'ଗବନ' ଉପନ୍ୟାସ ୧୯୩୧ ମସିହା ବେଳକୁ ପ୍ରକାଶ ପାଇଥିଲା। ସ୍ୱାମୀର ପରିଶ୍ରମଲବ୍ଧ ଅର୍ଥରେ ଅଳଙ୍କାର କିଣିବାର ସୌକ୍ ରଖୁଥିବା ସ୍ତ୍ରୀ ମାନଙ୍କର ଅଦମ୍ୟ ଇଚ୍ଛା ଓ ପୃଷ୍ଠଭୂମି ଉପରେ ଏହି ଉପନ୍ୟାସଟି ରଚିତ ହୋଇଥିଲା। 'ଗବନ', 'କର୍ମଭୂମି' ଓ 'ଗୋଦାନ' ତାଙ୍କର ତିନୋଟି ମୁଖ୍ୟ ଉପନ୍ୟାସ ଯେଉଁଥିରେ ତତ୍‌କାଳୀନ ସମାଜର ଚିତ୍ର ଜୀବନ୍ତ ଭାବେ ବର୍ଣ୍ଣିତ ହୋଇଛି। ପ୍ରେମଚାନ୍ଦଙ୍କ କର୍ମଭୂମି ଉପନ୍ୟାସକୁ ପଣ୍ଡିତ ଜବାହାର ଲାଲ୍ ନେହେରୁ ଋଷ ବିପ୍ଳବରେ ଗର୍କିଙ୍କ ଉପନ୍ୟାସରେ ମା'ର ଭୂମିକା ସହିତ ତୁଳନା କରିଥିଲେ। ଗଳ୍ପ ଅପେକ୍ଷା ଉପନ୍ୟାସ ହିଁ ପ୍ରେମଚାନ୍ଦଙ୍କୁ ବ୍ୟକ୍ତିଗତଭାବେ ଆତ୍ମସନ୍ତୋଷ ପ୍ରଦାନ କରିପାରିଥିଲା। ତଥାପି ନିଜର ଅଦମ୍ୟ ଇଚ୍ଛା ଓ ପ୍ରତିଭା ବଳରେ ପ୍ରେମଚାନ୍ଦ ସୃଷ୍ଟି କରିପାରିଥିଲେ ଅନେକ କାଳଜୟୀ ଗଳ୍ପ ସଂକଳନ। ତାଙ୍କ ରଚିତ ସମାଜ ଚେତନାଧର୍ମୀ ଗଳ୍ପପୁସ୍ତକ 'ହଂସ ଓ ଜାଗରଣ' ସାଧାରଣ ପାଠକଙ୍କୁ ପ୍ରଭାବିତ କରିବାରେ ସମର୍ଥ ହୋଇପାରିଛି। ବଳିଷ୍ଠ ସଂଳାପ ସଂଯୋଜନାରେ ପ୍ରେମଚାନ୍ଦ ଯେ ଦକ୍ଷ କଳାକାର ଥିଲେ ଏହା ତାଙ୍କ 'ମଜଦୂର' ଉପନ୍ୟାସରୁ ସ୍ପଷ୍ଟ ପ୍ରମାଣିତ ହୁଏ। ଏହି ଉପନ୍ୟାସରେ ଚମତ୍କାର ସଂଳାପ ସଂଯୋଜନା କରି ଶୋଷକ ଗୋଷ୍ଠୀର ନିଷ୍ଠୁରତା ଏବଂ ଶ୍ରମିକର ଦୁଃଖମୟ ଜୀବନକୁ ବାସ୍ତବରୂପେ

ଫୁଟାଇଛନ୍ତି । ବମ୍ବେର ରହଣୀ ଏବଂ ଚଳଚିତ୍ର ସହିତ ପ୍ରେମଚାନ୍ଦଙ୍କର ସଂପର୍କ ଆଦୌ ଶୁଭଙ୍କର ନଥିଲା । ୧୯୩୬ ମସିହାରେ ସେ ଆହ୍ଲାବାଦରେ ଏକ ଲେଖକ ସମ୍ମିଳନୀରେ ଭାଷଣ ଦେବା ସହ ଆଗାମୀ ପିଢ଼ିର ଲେଖକମାନଙ୍କୁ ଉତ୍ସାହର ବାର୍ତ୍ତା ପ୍ରଦାନ କରିଥିଲେ ।୧୯୩୬ ମସିହାରେ ପ୍ରକାଶିତ ହୋଇଥିଲା ପ୍ରେମଚାନ୍ଦଙ୍କ କାଳଜୟୀ କଳାକୃତି "ଗୋଦାନ ଉପନ୍ୟାସ" । ଏହ ଉପନ୍ୟାସର ପୃଷ୍ଠପଟ୍ଟରେ ଗ୍ରାମାଞ୍ଚଳର ବାସ୍ତବ ଚିତ୍ର ହିଁ ଥିଲା ମୁଖ୍ୟ ଭାବବସ୍ତୁ । 'ଗୋଦାନ' ଉପନ୍ୟାସ ପ୍ରକାଶିତ ହେବାପରେ ପ୍ରେମଚାନ୍ଦ ଅସୁସ୍ଥ ହୋଇପଡିଲେ । ୧୯୩୬ ଅକ୍ଟୋବର ଆଠ ତାରିଖରେ ମାତ୍ର ୫୬ ବର୍ଷ ବୟସରେ ସେ ଶେଷ ନିଶ୍ୱାସ ତ୍ୟାଗ କରିଥିଲେ ।

ହିନ୍ଦୀ ସାହିତ୍ୟ ଜଗତକୁ ସ୍ୱତନ୍ତ୍ର ପରିଚୟ ଦେବାରେ ପ୍ରେମଚାନ୍ଦଙ୍କ ଭୂମିକା ଅନସ୍ୱୀକାର୍ଯ୍ୟ । ଶୈଶବରେ ପାଦଥାପି ଥିବା ହିନ୍ଦୀ ଉପନ୍ୟାସ ଜଗତକୁ ଅନେକ ମୂଲ୍ୟବାନ ଉପହାର ମାଧ୍ୟମରେ କୈଶୋର ତଥା ଯୌବନର ପାହାଚ ଚଢିବାକୁ ପଥ ଦର୍ଶାଇଥିଲେ ପ୍ରେମଚାନ୍ଦ । ବସ୍ତୁବାଦୀ ଚିନ୍ତାଧାରାର ପ୍ରଭାବ, ଗରିବ କୃଷକଙ୍କର ସଂଘର୍ଷମୟ ଜୀବନ, ସାଂପ୍ରଦାୟିକ ସଦ୍‌ଭାବ ଓ ସଂଗ୍ରାମ, ଭାରତୀୟ ସମାଜରେ ବିମାତାଙ୍କର ଭୂମିକା, ଜାତୀୟ ଆନ୍ଦୋଳନ, ଭାରତୀୟ ସମାଜଉପରେ କୁସଂସ୍କାର ତଥା ଅନ୍ଧବିଶ୍ୱାସର ପ୍ରଭାବ ଆଦି ତାଙ୍କ ସାହିତ୍ୟ ସୃଷ୍ଟିର ମୂଳଉତ୍ସ ଏବଂ ଆଧେୟ ବସ୍ତୁ ଥିଲା । ଏହିସବୁ ବିଭିନ୍ନ ଭାବଧାରାକୁ ବର୍ଣ୍ଣନା କରି ତାଙ୍କ ସୃଷ୍ଟି ବର୍ଣ୍ଣିଳ ଓ ଜୀବନ୍ତ ରୂପ ଲାଭ କରିଥିଲା ।

ସମାଜ ସଂସ୍କାରକ ପ୍ରେମଚାନ୍ଦ ସମାଜରୁ କୁସଂସ୍କାର, ଅନ୍ଧବିଶ୍ୱାସ ଦୂର କରିବା ଦିଗରେ ଅଗ୍ରଣୀ ଭୂମିକା ନେଇଥିଲେ । ସେ କଦାପି ଧର୍ମ ସପକ୍ଷରେ ନ ଥିଲେ । ସାବଲୀଳ ଭାଷା ପ୍ରୟୋଗ କରି ନିଜର ଚିନ୍ତାଧାରାକୁ ସାଧାରଣ ଜନତା ନିକଟରେ ପହଞ୍ଚାଇବା ପାଇଁ ପ୍ରୟାସଶୀଳ ଥିଲେ ପ୍ରେମଚାନ୍ଦ । ସେ ହିନ୍ଦୀ ଏବଂ ଉର୍ଦ୍ଦୁ ଭାଷାର ମିଶ୍ରଣରେ ଏକ ନୂତନ ଆବେଗିକ ଭାଷାର ପ୍ରଚଳନ କରି ଭାରତୀୟ ସାହିତ୍ୟ କ୍ଷେତ୍ରରେ ନୂତନ ପରିବର୍ତ୍ତନ ଆଣିବାର ଆଶାପୋଷଣ କରିଥିଲେ ।

ସମାଜମନସ୍କ ଶିଳ୍ପୀଟିଏ ବାସ୍ତବତାର ଚିତ୍ରକୁ ଉତ୍ତୋଳିତ କରେ ତା'ର ସୃଷ୍ଟିରେ, ଲେଖନୀ ମୁନରେ । ପ୍ରେମଚାନ୍ଦ ତାଙ୍କର ପ୍ରବନ୍ଧ 'ମହାଜନୀ ସଭାୟତ'ରେ ମଣିଷ ମନରେ ଲୁଚି ରହିଥିବା ଲୋଭ ଓ ବସ୍ତୁବାଦୀ ଚିନ୍ତାଧାରାକୁ ଆଜି ସମାଜର ମୂଳ ସମସ୍ୟା ରୂପେ ଦର୍ଶାଇଛନ୍ତି । ଅତ୍ୟାଚାରୀ ପୁଞ୍ଜିପତି ଶାସକ ଗୋଷ୍ଠୀର ନିଷ୍ଠୁରତା ପ୍ରତି ପ୍ରତିକ୍ରିୟାଶୀଳ ଥିଲା ତାଙ୍କ ସ୍ରଷ୍ଟା ମାନସ । ବୈପ୍ଳବିକ ଚିନ୍ତାଧାରାର ସ୍ୱର ଶୁଣାଇ ନୂଆସକାଳର ଅପେକ୍ଷାରେ ଆଶାବାଦୀ ତାଙ୍କ ଶିଳ୍ପୀ ପ୍ରାଣ ବିଭେଦତା ଓ ବୈଷମ୍ୟର ଯନ୍ତ୍ରଣାରେ ଅନେକାଂଶରେ କାତର ହୋଇଥିବା ଭଳି ମନେହୁଏ । ସାମ୍ୟବାଦର ସ୍ୱପ୍ନ

ଦେଖୁଥିବା ଦରଦୀ ସାହିତ୍ୟ ଶିଳ୍ପୀ ପ୍ରେମଚାନ୍ଦ ଆବେଗିକ ଭାଷାର ପ୍ରୟୋଗ କରି ଏହି ଭାବଧାରାରେ ଉଦ୍‌ବୁଦ୍ଧ ହେବା ପାଇଁ ଭାରତୀୟ ସମାଜକୁ ନିବେଦନ କରିଥିଲେ । ଏଥିରୁ ସାହିତ୍ୟିକ ଭାବରେ ଦରଦର ଶୀର୍ଷ ଛୁଇଁଥିବା ପ୍ରେମଚାନ୍ଦଙ୍କ ସ୍ୱଚ୍ଛ ସୁନ୍ଦର ହୃଦୟ ତଥା ଉଦାର ମାନବିକତାର ପରିଚୟ ମିଳେ ଯାହା ତାଙ୍କୁ ଭାରତୀୟ ସାହିତ୍ୟ ଦରବାରରେ ଜଣେ ଶ୍ରେଷ୍ଠ ଶିଳ୍ପୀର ମାନ୍ୟତା ପ୍ରଦାନ କରେ ।

ଓଡିଆ ଭାଷାରେ ଜଣେ ବିଶିଷ୍ଟ ଭାରତୀୟ ଔପନ୍ୟାସିକ ତଥା ସାହିତ୍ୟିକ ପ୍ରେମଚାନ୍ଦଙ୍କ ଜୀବନୀ ଓ ଜୀବିକାକୁ ସହଜ ସରଳ ଭାବରେ ପ୍ରକାଶ କରି ବୀଣାପାଣି ଅନୁବାଦ ସାହିତ୍ୟକୁ ସମୃଦ୍ଧ କରି ପାରିଛନ୍ତି । ବୀଣାପାଣିଙ୍କର ଏହି ଅଭିନବ ଅନୁବାଦ ପ୍ରୟାସ ବାସ୍ତବିକ ପ୍ରଶଂସନୀୟ । କଳାତ୍ମକ ଦୃଷ୍ଟିରୁ ଆଲୋଚ୍ୟ ପୁସ୍ତକଟି ଯଥାର୍ଥ ଅଟେ । ଗାନ୍ଧିବାଦୀ ଦର୍ଶନ, ସମାଜ ଚେତନା ସର୍ବୋପରି ସ୍ୱାଧୀନତା ସଂଗ୍ରାମ ଓ ତାର ବିବରଣୀ ମଧ୍ୟରେ ଅନୂଦିତ ବୀଣାପାଣିଙ୍କ ଏହି ଅନୁବାଦ ପୁସ୍ତକଟି ଓଡିଆ ସାହିତ୍ୟରେ ଏକ ସଫଳ କୃତି।

### ୩. ସୁନ୍ଦରୀ ଭାସିଲିସା: ଏକ ମୂଲ୍ୟାୟନ

'ସୁନ୍ଦରୀ ଭାସିଲିସା' ବୀଣାପାଣିଙ୍କ ରଚିତ ଏକ ସଫଳ ଅନୂଦିତ କୃତି । ଏହା ଋଷଦେଶର ପରୀ କାହାଣୀ 'Vasilisa The Beautiful'ରୁ ଅନୂଦିତ ହୋଇଛି ।ଏଥିରେ 'ସୁନ୍ଦରୀ ଭାସିଲିସା', 'ଜାରେଭିକ୍ ଇଭାନ୍ ଓ ମାଟିଆ ହେଟାବାଘ', 'ଦୁଇ ଇଭାନ୍' 'ଫେନିଷ୍ଟ ବାଜପକ୍ଷୀ', 'ଭଉଣୀ ଆଲ୍ୟୋନୁଶ୍‌କା ଓ ଭାଇ ଇଭାନୁଶ୍‌କା', 'ନାଲିଘୋଡା' ଏବଂ 'ତୁଷାର ବାପା' ପରି ସାତଗୋଟି ପରୀ କାହାଣୀ ସନ୍ନିବେଶିତ ହୋଇଛି । କିଶୋର ଗଳ୍ପରୂପେ ସୁନ୍ଦରୀ ଭାସିଲିସାର କାହାଣୀ ଗୁଡିକୁ ଗ୍ରହଣ କରାଯାଇପାରେ । ଲୌକିକ,ଅଲୌକିକ ତଥା ବାସ୍ତବଧର୍ମୀ ବର୍ଣ୍ଣନା ଏହି ପରୀକାହାଣୀ ଗୁଡିକୁ ସାର୍ଥକ କରିପାରିଛି ।

ଏହି ପରୀକାହାଣୀ ସଂକଳନସ୍ଥ ପ୍ରଥମ କାହାଣୀ ହେଉଛି ସୁନ୍ଦରୀ ଭାସିଲିସା । ଚପଳମତି କିଶୋର କିଶୋରୀଙ୍କ କୌତୁହଳକୁ ବହୁଗୁଣିତ କରିଦିଏ ଏଇ ପରୀ କାହାଣୀ । ପର୍ଯ୍ୟାୟକ୍ରମେ କାହାଣୀଗୁଡିକୁ ଆଲୋଚନା କରାଯାଇପାରେ । ଜାରଙ୍କ ରାଜତ୍ୱ ସମୟରେ ଏକଦା ବୃଦ୍ଧା ବାପା ମା'ଙ୍କ ଦ୍ୱାରା ପ୍ରତିପାଳିତ ଭାସିଲିସା ନିଜ ମା'ଙ୍କୁ ହରାଇବସିଲା । ମୃତ୍ୟୁ ପୂର୍ବରୁ ତା'ର ମା ତାକୁ ଛୋଟ କଣ୍ଢେଇଟିଏ ଦେଇ ବିପଦ ସମୟରେ ସାହାଯ୍ୟ ମାଗିବାକୁ କହି ଆଖିବୁଜିଦେଇଥିଲେ । ମା'ର ମୃତ୍ୟୁପରେ ଭାସିଲିସାର ବାପା ଦ୍ୱିତୀୟବାର ବିବାହ କରି ଭାସିଲିସା ପାଇଁ ମା'ଟିଏ ଆଣିଲେ । ହେଲେ ଏଇ ସାବତ ମା'ର ବ୍ୟବହାର

ଭାରି ରୁକ୍ଷ ଥିଲା । ସାବତମା' ଓ ତା'ର ଦୁଇଝିଅ ମଧ୍ୟ ଭାସିଲିସା ପ୍ରତି ଅସହିଷ୍ଣୁ ଥିଲେ। ଭାସିଲିସାର ସୁନ୍ଦର ଚେହେରା ସେମାନଙ୍କର ଦୃଷ୍ଟି କଟୁ ହେଉଥିଲା। ସାବତ ମା' ଭାସିଲିସାକୁ ଅନେକ ସମୟରେ ଘର କାମରେ ବ୍ୟସ୍ତ ରଖୁଥିଲା। ଭାଗ୍ୟକୁ ଆଦରି ଭାସିଲିସା ସାବତ ମା' ତଥା ଭଉଣୀମାନଙ୍କର ଅତ୍ୟାଚାରକୁ ନିର୍ବିବାଦରେ ସହିନେଇଥିଲା । ଏଥିପାଇଁ ତାକୁ ତା'ର ସେଇ ପ୍ରିୟ ଛୋଟ କଣ୍ଢେଇଟି ସାହାଯ୍ୟ କରୁଥିଲା। ଦିନେ ଗଭୀର ରାତିରେ ସାବତ ମା ତିନିଭଉଣୀକୁ ଯଥାକ୍ରମେ ଲେସ୍, ମୋଜା ଏବଂ ଶେଷରେ ଭାସିଲିସାକୁ ସୂତା କାଟିବାକୁ ବରାଦ କରି ନିଦ୍ରା ଯାଇଥିଲା। ଭଙ୍ଗା କାଠଦାଣ୍ଡିଆରେ ଝୁଲୁଥିବା ଲାଇଟ୍ ଲିଭିଯିବାପରେ ତା'ର ଦୁଇସାବତ ଭଉଣୀ ଜଙ୍ଗଲକୁ ଯାଇ ଡାଆଣୀ ବାବା-ୟାଗା ଠାରୁ ଆଲୋକ ମାଗି ଆଣିବା ପାଇଁ ଆଦେଶଦେଲେ , ଭାସିଲିସା ନିରୂପାୟ ହୋଇ ତା'ର ସେଇ ଛୋଟ କଣ୍ଢେଇଟିକୁ ଧରି ବାବାୟାଗା ରହୁଥିବା କୁଡିଆରେ ପହଞ୍ଚିଯାଇଥିଲା। ବାବାୟାଗା ଭାସିଲିସାକୁ ନିଜ କୁଡିଆ ମଧ୍ୟକୁ ପାଛୋଟି ନେଇଥିଲା। ବାବାୟାଗା ଭାସିଲିସାକୁ ଖଣ୍ଡିଏ ରୁଟି ଖାଇବାକୁ ଦେଇ ରାତିକ ଭିତରେ ଅଖାଭର୍ତ୍ତି ମକ୍କା ବାଛିବା ପାଇଁ ନିର୍ଦ୍ଦେଶ ଦେଇଥିଲା।

ଭାସିଲିସା ତା'ର ସେଇ କୁନି କଣ୍ଢେଇ ସାହାଯ୍ୟରେ ସବୁକାମ ଅଚିରେ କରିଦେବାର ଦେଖି ବାବାୟାଗା ରାଗିଗଲା ଏବଂ କହିଲା - "ହଁ ......ଆଚ୍ଛା ! ମୁଁ ଶିକାର କରିବାକୁ ଯାଉଛି। ହେଇଟି ସେଠି ଯେଉଁ ବସ୍ତା ରହିଛି ସେଥିରେ ମଟର ଓ ଅଫିମ ମଂଜି ରହିଛି। ସେଥିରୁ ମଂଜି ଅଲଗା ଅଲଗା କରିଦୁଇଜାଗାରେ ଗଦା କରିବୁ । ମନେରଖ, ଏ କାମ ଠିକ୍ ଭାବରେ ନକଲେ ମୁଁ ତତେ ଖାଇବି" ।[୧୩] ପୂର୍ବପରି ଭାସିଲିସା କୁନି କଣ୍ଢେଇ ସହାୟତାରେ ମଟର ଓ ଅଫିମ ମଂଜି ଅଲଗା କରିଦେଲା। ଶେଷରେ ନିରୂପାୟ ବାବାୟାଗା ଭାସିଲିସାକୁ ମାରିବା ନିମନ୍ତେ ଚୁଲିଘର ଜାଳିଦେବା ପାଇଁ ତାର କାଳିଦାସୀକୁ ନିର୍ଦ୍ଦେଶ ଦେଇଥିଲା। ମାତ୍ର ଭାସିଲିସା ଦାସୀକୁ ରୁମାଲ୍ ଉପହାର ଦେଇ ସେଇ କୁଡିଆ ଭିତରୁ ବାହାରିଯିବାକୁ ଉଦ୍ୟତ ହେଲା। ହେଲେ କୁକୁର ଏବଂ ବାର୍ଚ୍ଚ ଗଛ ତାର ପ୍ରତିବନ୍ଧକ ହେଲେ। ଭାସିଲିସା କୁକୁରକୁ ଖଣ୍ଡେ ରୁଟିଦେଲା ଆଉ ବାର୍ଚ୍ଚ ଗଛର ଡାଳପତ୍ରକୁ ରିବନ୍‌ରେ ବାନ୍ଧିଦେଲା। ଫାଟକର କବ୍‌ଜାରେ ତେଲ ମାରିଦେବାରୁ ଫାଟକ ଖୋଲିଗଲା। ଏଥର ଭାସିଲିସା ନିର୍ବିଘ୍ନରେ ତାର ପ୍ରିୟ କୁନି କଣ୍ଢେଇ ସାହାଯ୍ୟରେ ନିଜ ଘରେ ପହଞ୍ଚିଗଲା। ଭାସିଲିସା ବାବା-ୟାଗାର କୁଡିଆରୁ ଖପୁରିଟିଏ ଆଣିଥିଲା। ଖପୁରି ଆଖି ନିଆଁରେ ତାର ସାବତ ମା'ଓ ଦୁଇ ଭଉଣୀ ପୋଡି ମରିଗଲେ। ଭାସିଲିସା ସେଇ ଖପୁରିଟିକୁ ପୋଡିଦେଇ କୁଡିଆ ଛାଡି ସହରର ଜଣେ ବୁଢୀ ଘରେ ଆଶ୍ରୟ ନେଲା। ବୁଢୀଘରେ ରହି ଝୋଟରୁ କେଶପରି ସୂତା ବାହାରକରି ଭାସିଲିସା ଲୁଗା ବୁଣିବାକୁ ଲାଗିଲା। ସୂତାକଳରୁ ସରୁ ସୁନେଲି ସୂତା ବାହାର କରି ସୁନ୍ଦର ଲୁଗାଟିଏ ପ୍ରସ୍ତୁତ କଲା। ସେଇ ସୁନ୍ଦର ଲୁଗାଟିକୁ

ବଜାରରେ ବିକ୍ରି କରିବାପାଇଁ ବୁଢୀକୁ କହିବାରୁ ବୁଢୀ ତାହା ଜାର୍‌ଙ୍କ ପାଇଁ ଯୋଗ୍ୟ କହିଲା । ଜାର୍‌ଙ୍କୁ ଲୁଗାଟିକୁ ଭେଟିଦେଲା । ପରବର୍ତ୍ତୀ ସମୟରେ ଜାର୍ ସେଇ ଲୁଗା ଅନୁରୂପ ସାର୍ଟଟିଏ ତିଆରି କରିବାକୁ ବୁଢୀକୁ ବରାଦ୍ ଦେଲା । ବୁଢୀ ଘରକୁ ଆସି ଭାସିଲିସାକୁ ତାହା ଜଣାଇବାରୁ ଭାସିଲିସା ଜାର୍‌ଙ୍କ ନିମନ୍ତେ ସୁନ୍ଦର ସାର୍ଟଟିଏ ପ୍ରସ୍ତୁତ କରିଦେଲା । ଜାର୍‌ଙ୍କ ଭୃତ୍ୟ ଆସି ଭାସିଲିସାକୁ ଜାର୍‌ଙ୍କ ନିକଟକୁ ନେଇଯିବାପାଇଁ ଅନୁରୋଧ କଲା । ଭାସିଲିସା ରାଜପ୍ରସାଦରେ ପହଞ୍ଚିଲାପରେ ତା'ର ସୌନ୍ଦର୍ଯ୍ୟରେ ବିମୋହିତ ରାଜା ଭାସିଲିସାକୁ ନିଜର ଅଭିପ୍ରାୟ ଜଣାଇ କହିଲେ-- "ମୁଁ ତୁମକୁ ଆଉ ଫେରାଇ ଦେଇ ଧୈର୍ଯ୍ୟଧରି ରହିପାରିବନି । ତୁମେମୋର ରାଣୀ ହୋଇ ଏଣିକି ପ୍ରାସାଦରେ ରହିବ "।(୧୪) ରାଜା ଏବଂ ଭାସିଲିସାର ବିବାହ ସଂପନ୍ନ ହୋଇଛି । ରାଜା, ରାଜ୍ୟ ଓ କୁନି କଣ୍ଢେଇକୁ ନେଇ ଭାସିଲିସା ସୁଖରେ କାଳ ଅତିବାହିତ କରିଛି ।

ଏହି ଅନୂଦିତ କାହାଣୀ ସଂକଳନସ୍ଥ ଦ୍ୱିତୀୟ ପରୀ କାହାଣୀଟି ହେଉଛି 'ଜାରେଭିକ୍ ଇଭାନ୍ ଓ ମାଟିଆ ହେଟାବାଘ'। ଏହି ପରୀ କାହାଣୀଟି ମଧ୍ୟ କିଶୋର ପାଠକ ପାଠିକାଙ୍କ ମନକୁ ବାନ୍ଧିରଖିବାକୁ ବେଶ୍ ସମର୍ଥ ହୋଇପାରିଛି । ବେରେନ୍ଦେଇ ନାମରେ ଜଣେ ଜାର୍‌ଙ୍କର ତିନୋଟି ପୁଅ ଥିଲେ । ଇଭାନ୍ ଥିଲା ତାଙ୍କର ସାନ ପୁଅ । ଜାର୍‌ଙ୍କର ସୁନ୍ଦର ବଗିଚାରେ ସୁନେଲି ସେଓ ସବୁ ଫଳୁଥିଲା । ଜାର୍‌ଙ୍କ ବଗିଚାର ସୁନେଲି ସେଓକୁ କିଏ ଚୋରାଇ ନେଉଛି ବୋଲି ଜାର୍‌ଙ୍କର ଅନୁଭବ ହେଲା । ସେଇ ଚୋରକୁ ଧରିବା ନିମନ୍ତେ ରାଜା ଜଣେ ଜଗୁଆଳି ନିଯୁକ୍ତ କଲେ ମାତ୍ର ଜଗୁଆଳି ଚୋରକୁ ଧରିବା ପାଇଁ ଅସମର୍ଥ ହେଲା । ଏଥିରେ ମର୍ମାହତ ଜାର୍ ଖାଇବା ପିଇବା ଛାଡି ଦେଲେ । କିନ୍ତୁ ଜାର୍‌ଙ୍କର ତିନି ପୁଅ ଚୋରକୁ ଧରିପାରିବାର ପ୍ରତିଶ୍ରୁତି ଦେଲାରୁ ଜାର୍ ଆଶ୍ୱସ୍ତ ହେଲେ । ଜାର୍‌ଙ୍କ ବଡପୁଅ ବଗିଚାକୁ ଯାଇ ଚୋରକୁଧରିବା କାର୍ଯ୍ୟରେ ନିୟୋଜିତ ହେଲେ । ହେଲେ ନରମ ଘାସ ଉପରେ ଶୋଇପଡି ପରଦିନ ବଗିଚାକୁ କେହି ଆସି ନାହାନ୍ତି ବୋଲି ଜାର୍‌କୁ ଜଣାଇଲେ । ବଡପୁଅ ପରି ମଝିଆଁ ପୁଅ ମଧ୍ୟ ଅନୁରୂପ ଭାବେ ଶୋଇପଡିଲା । ସାନପୁଅ ଇଭାନ୍ ନ ଶୋଇ ଚୋରକୁ ଧରିବାପାଇଁ ସଜାଗ ରହିଲା । ହଠାତ୍ ମଝି ରାତିରେ ବଗିଚାକୁ ଆଲୋକିତ କରି ସୁନେଲି ପକ୍ଷୀଟିଏ ସେଓକୁ ଖୁମ୍ପୁଥିବାର ଇଭାନ୍ ଦେଖିଲା । ସୁନେଲି ପକ୍ଷୀଟିକୁ ଧରିବାକୁ ଚେଷ୍ଟାକରି ଇଭାନ୍ କେବଳ ତା'ର ପରଟିଏ ହାତ ମୁଠାରେ ରଖିପାରିଥିଲା । ସେଇ ଘରଟିକୁ ପ୍ରମାଣ ସ୍ୱରୂପ ନିଜ ଜାର୍ ପିତାଙ୍କୁ ଦେଖାଯାଇଥିଲା । ସାନ ପୁଅଠାରୁ ଚୋର କିଏ ଜାଣିବା ପରେ ଜାର୍ ସୁନେଲି ପକ୍ଷୀର ସଂଧାନରେ ତିନିପୁଅଙ୍କୁ ପୃଥିବୀର ସବୁ ଦିଗକୁ ପଠାଇ ଦେଲେ । ବାପାଙ୍କ ନିର୍ଦ୍ଦେଶରେ ତିନିପୁଅ ତିନୋଟି ଘୋଡାଚଢି ସୁନେଲି ପକ୍ଷୀର ଅନ୍ୱେଷଣରେ ବାହାରିଗଲେ । ଗ୍ରୀଷ୍ମଋତୁ ହେତୁ ଇଭାନ୍ କିଛି ବାଟ

ଗଲାପରେ ହାଲିଆ ହୋଇ ଘୋଡାକୁ ବାନ୍ଧି ଦେଇ ଶୋଇପଡିଲା । ଶୋଇବାପରେ ତାର ଘୋଡାକୁ ମାଟିଆ ହେଟା ବାଘ ଖାଇ ଦେଇଥିଲା । ନିଦରୁ ଉଠି ଘୋଡା ବଦଳରେ ହାଡ଼ମାଳ ଦେଖି ଆଶ୍ଚର୍ଯ୍ୟ ହୋଇ ପଡିଲା ଇଭାନ । ତା'ର ଏ ପରି ଅବସ୍ଥା ଦେଖି ମାଟିଆ ହେଟା ବାଘ ତାର କାରଣ ପଚାରି ବୁଝି ନିଜେ ସେଥିପାଇଁ ଦାୟୀ ବୋଲି ଅନୁତପ୍ତ ହେଲା ଓ ଇଭାନକୁ ସାହାଯ୍ୟ କରିବାର ପ୍ରତିଶ୍ରୁତି ଦେଲା । ବାପାଙ୍କ ନିର୍ଦ୍ଦେଶରେ ସୁନେଲି ପକ୍ଷୀର ଅନ୍ୱେଷଣରେ ଘରୁ ଚାଲିଆସିଛି ବୋଲି ହେଟାବାଘକୁ ଜଣାଇଲା । ହେଟାବାଘ, ଇଭାନ୍‌କୁ ପିଠିରେ ବସାଇ ସୁନେଲି ପକ୍ଷୀର ସଂଧାନରେ ବାହାରି ପଡିଲା । ପକ୍ଷୀଟିଏ ପରି ଗୋଟିଏ ଝାମ୍ପରେ ନୀଳହ୍ରଦକୁ ଆଖିପିଛୁଳାକେ ସବୁଜ ଅରଣ୍ୟକୁ ପାରିହୋଇ ଉଚ୍ଚପାଚେରୀ ଘେରା ରାଜପ୍ରାସାଦରେ ପହଞ୍ଚିଗଲା । ସେଇ ପ୍ରାସାଦର କୋଠରୀରେ ଥିବା ଝରକା ନିକଟରେ ଟଙ୍ଗା ହୋଇଥିବା ପଂଜୁରୀରେ ସୁନେଲି ପକ୍ଷୀଟି ରହିଥିବାର ସୂଚନା ଦେଲା ହେଟାବାଘ । ପକ୍ଷୀଟିକୁ ଆଣିବା ସମୟରେ ପଂଜୁରୀକୁ ଛୁଇଁବାପାଇଁ ବାରଣ କରିଥିଲା ହେଟାବାଘ ହେଲେ ଲୋଭ ବଶତଃ ଇଭାନ୍ ପଂଜୁରୀଟିକୁ ଛୁଇଁ ଦେବାରୁ ଢୋଲ, ତୂରୀ ସବୁ ତତ୍‌କ୍ଷଣାତ୍ ବାଜି ଉଠିଲା । ଜଗୁଆଳିମାନେ ଉଠି ଇଭାନକୁ ଜାର୍ ଆଫ୍ରାନଙ୍କ ପାଖକୁ ନେଇଗଲେ । ଜାର୍ ଆଫ୍ରାନ୍ ଇଭାନର ଏପରି ଆଚରଣକୁ ତୀବ୍ର ନିନ୍ଦା କଲେ । ହେଲେ ଜାର କୁସୁମାନ୍‌ଙ୍କ ସୁନାବାଳଥିବା ଘୋଡାଟିକୁ ଯଦି ଇଭାନ୍ ଆଣିଦିଏ ତେବେ ସେ ତାଙ୍କୁ ତାଙ୍କର ସୁନେଲି ପକ୍ଷୀ ପଂଜୁରୀକୁ ଉପହାର ସ୍ୱରୂପ ଦେଇଦେବେ । ଇଭାନ୍ ଏଥିରେ ବିଚଳିତ ହୋଇପଡିଲା । ତେବେ ହେଟାବାଘ ତା'କୁ ସାହସ ଦେଇ ପୂର୍ବପରି ଇଭାନ୍‌କୁ ପିଠିରେ ବସାଇ କୁସୁମାନ୍‌ଙ୍କ ପ୍ରାସାଦ ନିକଟରେ ପହଞ୍ଚାଇଦେଲା । ଲଗାମ୍ ଦେହରେ ହାତ ନଦେଇ ଘୋଡ଼ାଟିକୁ ନେଇ ଆସିବାପାଇଁ ହେଟାବାଘ ସତର୍କ କରାଇଦେଲା । କିନ୍ତୁ ମୂଲ୍ୟବାନ୍ ପଥର ଖଚିତ ଲଗାମ୍‌କୁ ଦେଖି ଇଭାନ୍ ଲୋଭ ସମ୍ବରଣ କରିପାରିଲାନି । ଲଗାମ୍‌କୁ ଧରିବା ମାତ୍ରେ ତୂରୀ ଭେରୀ ବାଜି ଉଠିଲା । ଜଗୁଆଳିମାନେ ଆସି ଇଭାନ୍‌କୁ ଧରି ନେଇ କୁସ୍‌ମାନ୍‌ଙ୍କ ନିକଟରେ ପହଞ୍ଚାଇ ଦେଲେ । ଜାର୍‌ଙ୍କ ପୁଅ ହୋଇ ଚୋରି କରୁଥିବାରୁ କୁସ୍‌ମାନ୍ ଇଭାନ୍‌କୁ ତିରସ୍କାର କଲେ । ଜାର୍ କାଲମାତ୍‌ଙ୍କ ସୁନ୍ଦରୀ ଝିଅ ୟେଲେନାକୁ ଆଣି ଭେଟିଦେଇ ପାରିଲେ କୁସମାନ୍ ନିଜର ସୁନାବାଳଥିବା ଘୋଡ଼ା ସହିତ ସୁନାଲଗାମକୁ ଉପହାର ଦେବେ ବୋଲି ପ୍ରତିଶ୍ରୁତି ଦେଲେ । ଜାର୍‌ଙ୍କର ଏପରି ନିଷ୍ପତ୍ତିରେ ଇଭାନ୍ ପୂର୍ବାପେକ୍ଷା ବେଶି ଦୁଃଖ ପ୍ରକାଶ କଲା । ହେଟାବାଘ ଇଭାନ୍‌କୁ ଆଶ୍ୱାସନା ଦେଇ ପିଠିରେ ବସାଇ ଜାର୍ କାଲମାତଙ୍କ ଉଆସରେ ପହଞ୍ଚିଗଲା । ଏଥର କିନ୍ତୁ ଇଭାନ୍‌କୁ ସାଙ୍ଗରେ ନ ନେଇ ହେଟାବାଘ ଏକା ଏକା ଯାଇ ଦାସୀମାନଙ୍କ ଗହଣରେ ୟେଲେନା ବୁଲୁଥିବା ସମୟରେ ତା'କୁ ପିଠିରେ ବସାଇ ପାଚେରୀ ଡେଇଁ ଆଗକୁ ବଢ଼ି ଚାଲିଲା । ହେଟାବାଘ ୟେଲେନା ସହିତ ଇଭାନ୍‌କୁ

ପିଠିରେ ବସାଇ କ୍ଷିପ୍ର ଗତିରେ ଦୌଡ଼ି ଦୌଡ଼ି ଜାର୍ କୁସ୍ମାନଙ୍କ ରାଜ୍ୟରେ ପହଞ୍ଚି ଗଲା । ହେଲେ ଇଭାନ୍ ମୁହଁରେ ବିରସଭାବ ଦେଖି ତା' ଦୁଃଖର କାରଣ ପଚାରିଲା । ଇଭାନ୍ ନିଜ ମନୋଭାବକୁ ପ୍ରକାଶ କରି କହିଲା - "ଦୁଃଖ କରିବା ଛଡ଼ା ମୋର ଆଉ ଉପାୟ କ'ଣ ଅଛି ? ଏପରି ସୁନ୍ଦରୀକୁ କୁସ୍ମାନଙ୍କୁ ଦେଇଦେବାକୁ ହେବ ଭାବିଲେ ମୋ ହୃଦୟ ଫାଟି ଯାଉଛି । ହାଏ ! ସେମିତି କାମ ମତେ ପୁଣି କରିବାକୁ ହେଉଛି, ମାତ୍ର ବଦଳରେ ଗୋଟିଏ ଘୋଡ଼ା ପାଇବି !" ।[୧୫]

ହେଟାବାଘ ୟେଲେନାକୁ କେଉଁଠି ଲୁଚାଇ ଦେବାକୁ ପରାମର୍ଶ ଦେଇ ନିଜ ମାୟାରେ ସୁନ୍ଦରୀ ୟେଲେନା ହୋଇଗଲା । ସେ ବାଘରୂପୀ ୟେଲେନାକୁ ଇଭାନ୍ କୁସ୍ମାନଙ୍କୁ ଉପହାର ଦେଲା। କୁସ୍ମାନ୍ ଖୁସି ହୋଇ ଇଭାନ୍‌କୁ ସୁନାବାଳଥିବା ଘୋଡ଼ାକୁ ଉପହାର ସ୍ୱରୂପ ଦେଲା । ଜାର୍ କୁସ୍ମାନ୍ ବିବାହର ଭୋଜିଭାତ ପର୍ବପରେ ରାତିରେ ନିଜ ଶୟନ କକ୍ଷକୁ ଯାଇ ୟେଲେନା ବଦଳରେ ହେଟାବାଘକୁ ଦେଖି ଖଟରୁ ତଳକୁ ପଡ଼ିଗଲେ । ହେଟାବାଘ ଦୌଡ଼ି ଦୌଡ଼ି ଇଭାନ୍ ନିକଟକୁ ପଳାଇ ଆସିଲା । ଇଭାନ୍ ସୁନେଲି ପକ୍ଷୀ ବଦଳରେ ସୁନାବାଳଥିବା ଘୋଡ଼ାକୁ ଦେବାପାଇଁ ଦୁଃଖ ପ୍ରକାଶ କରିବାରୁ ପୂର୍ବବତ୍ ମାୟାବୀ ସୁନାବାଳ ଘୋଡ଼ା ହୋଇ ହେଟାବାଘ ଇଭାନ୍‌କୁ ଜାର୍ ଆଫ୍ରାନ୍‌ଙ୍କ ନିକଟକୁ ନେଇଯିବାପାଇଁ କହିଲା । ଇଭାନ୍ ମାୟାବୀ ସୁନାବାଳା ଥିବା ଘୋଡ଼ା ପ୍ରତିବଦଳରେ ଆଫ୍ରାନ୍‌ଙ୍କଠାରୁ ସୁନେଲି ପକ୍ଷୀଟିକୁ ନେଇ ଆସିଲା । ଜାର୍ ଆଫ୍ରାନ୍ ସୁନାବାଳ ଥିବା ଘୋଡ଼ା ଉପରେ ବସିବା ମାତ୍ରେ ତାହା ହେଟାବାଘରେ ପରିଣତ ହୋଇଗଲା। ନିଜର ସବୁ କାମନା ପୂରଣ ହୋଇଗଲା ପରେ ଇଭାନ୍, ହେଟାବାଘକୁ ବିଦାୟ ଦେଇ ସୁନାବାଳ ଘୋଡ଼ାରେ ସୁନେଲି ପକ୍ଷୀ ଓ ୟେଲେନାକୁ ଧରି ନିଜ ରାଜ୍ୟ ସୀମାନ୍ତରରେ ପହଞ୍ଚିଗଲା । ସେଠି ଦୁହେଁ ରୁଟି ଖାଇ ଝରଣାର ପାଣି ପିଇ ସବୁଜ ଘାସ ଉପରେ ବିଶ୍ରାମ ନେଲେ । ଇଭାନ୍‌ର ଅନ୍ୟ ଦୁଇଭାଇ ଖାଲି ହାତରେ ସେହି ପଥରେ ଯାଉ ଥିବା ସମୟରେ ଇଭାନ୍‌କୁ ଦେଖିଲେ । ସେ ଦୁଇଭାଇ ଇଭାନ୍‌କୁ ମାରି ଦେଇ ୟେଲେନାକୁ ଘୋଡ଼ାରେ ବସାଇ ନେଇଗଲେ । ଏହି ସମୟରେ ହେଟାବାଘ ସେଠି ପହଞ୍ଚି ଡାମରା କୁଆ ମାଧ୍ୟମରେ ମଲାପାଣି ଓ ଜିଅନ୍ତା ପାଣି ଆଣି ଇଭାନ୍‌କୁ ନୂଆ ଜୀବନ ଦେଲା । ବହୁ ସମୟପରେ ନିଦ୍ରାରୁ ଉଠି ବିସ୍ମିତ ହୋଇଗଲା ଇଭାନ୍ । ହେଟାବାଘ ତା'କୁ ବୁଝାଇ କହିଲା "ଇଭାନ୍ ! ମୁଁ ଯଦି ନ ଆସିଥାନ୍ତି ତା'ହେଲେ ତୁ ଉଠିନଥାନ୍ତୁ । ତୋ ନିଜ ଭାଇମାନେ ତତେ ମାରି ଦେଇ ସଂପତ୍ତି ଲୁଟି ନେଲେ। ବର୍ତ୍ତମାନ ମୋ ପିଠି ଉପରେ ବସି ପଡ଼ । କିଛି ଉପାୟ ବାହାର କରିବା । [୧୬]

ହେଟାବାଘ ସାହାଯ୍ୟରେ ଇଭାନ୍ ନିଜର ଦୁଇଭାଇଙ୍କ ନିକଟରେ ପହଞ୍ଚିଗଲା । ହେଟାବାଘ ଇଭାନ୍‌ର ଦୁଇଭାଇକୁ ଚିରି ଖଣ୍ଡ ଖଣ୍ଡ କରିଦେଲା । ଇଭାନ୍, ହେଟାବାଘକୁ

ବିଦାୟ ନେଇ ସୁନାବାଳ ଥିବା ଘୋଡ଼ାରେ ବସି ସୁନେଲି ପକ୍ଷୀ ଓ ୟେଲେନାକୁ ନେଇ ନିଜ ବାପା ବେରେନ୍ଦେଇଙ୍କ ପାଖରେ ପହଞ୍ଚିଗଲା । ଜାର୍ ବେରେନ୍ଦେଇ ସବୁ ଘଟଣା ବୁଝିବା ପରେ ମନ ଦୁଃଖ କଲେ । ସୁନ୍ଦରୀ ୟେଲେନା ସହ ଇଭାନ୍ ଖୁସିରେ ଦିନ ଅତିବାହିତ କଲା ।

'ଦୁଇ ଇଭାନ' ଗଳ୍ପରେ ଋଷ୍‌ର ଦୁଇ ଭାଇଙ୍କର କାହାଣୀ ବର୍ଣ୍ଣିତ ହୋଇଛି । ଜଣେ ଧନୀ ଇଭାନ୍ ଆଉ ଜଣେ ଗରିବ ଇଭାନ୍ । ଧନୀ ଇଭାନ୍‌ର ସନ୍ତାନସନ୍ତତି ବ୍ୟତୀତ ଭଲ ଖାଇବାକୁ ପିନ୍ଧିବାକୁ ଥିବାବେଳେ ଗରିବ ଇଭାନ୍‌ର ପୁଅଝିଅ ବ୍ୟତୀତ ଅନ୍ୟ କିଛି ନଥିଲା । ଗରିବ ଇଭାନ୍ ନିଜର ସନ୍ତାନ ମାନଙ୍କର କ୍ଷୁଧାନିବାରଣ ନିମନ୍ତେ ଧନୀ ଇଭାନ୍ ପାଖକୁ ଯାଇ କିଛି ଅଟା ମାଗେ । ବେଲାଏ ଅଟା ବଦଳରେ ଅଖାଏ ଅଟା ଦେବାର ପ୍ରତିଶ୍ରୁତି ଦେଇ ଗରିବ ଇଭାନ୍ ଅଟା ଆଣେ । ମାତ୍ର ସେଇ ଅଟାସବୁ ପ୍ରଚଣ୍ଡ ପବନରେ ଉଡ଼ିଯାଏ । ଏଥିରେ ଗରିବ ଇଭାନ୍ ରାଗିଯାଇ ପବନ ଉପରେ ପ୍ରତିଶୋଧ ନେବ ବୋଲି କହେ । ଗରିବ ଇଭାନ୍ ପବନର ପଛେ ପଛେ ଧାଇଁବାରୁ ପବନ ତାର କାରଣ ଜିଜ୍ଞାସାକରେ । ଗରିବ ଇଭାନ୍‌ର ଦୁଃଖଦ କାହାଣୀ ଶୁଣି ପବନ ତାକୁ ଏକ କୁହୁକ ଚଦର ଉପହାର ଦେଇ ବିଦାୟ ଦେଲା । ଘରେ ପହଞ୍ଚି ଗରିବ ଇଭାନ୍ କୁହୁକ ଚଦରକୁ କିଛି ଖାଇବାକୁ ମାଗିବାରୁ ସଙ୍ଗେ ସଙ୍ଗେ କୋବି ସୁପ୍, ଛତୁପିଠା ଓ ଖଣ୍ଡେ ବଡ଼ ସିଝା ଘୁଷୁରି ମାଂସ ମିଳିଗଲା । ଏଥର ଗରିବ ଇଭାନ୍ ଏବଂ ତାର ପରିବାର ଖାଇବା ନିମନ୍ତେ ଆଉ କୌଣସି ଅସୁବିଧା ରହିଲାନି । ଧନୀ ଉଭାନ୍ ଏ ସମ୍ବାଦ ପାଇ ଗରିବ ଇଭାନ୍ ପାଖରେ ପହଞ୍ଚି କୌଶଳରେ ସେ କୁହୁକ ଚଦରଟିକୁ ମାଗି ନେଇ ଆସିଲା । ଧନୀ ଇଭାନ୍ ନିଜର ଅତିଥିମାନଙ୍କୁ ସତ୍କାର କରି ଲୋଭରେ କୁହୁକ ଚଦରଟିକୁ ସିନ୍ଧୁକ ଭିତରେ ଲୁଚାଇ ଆଉ ଏକ ଚଦର ନିଜର ଭାଇ ଗରିବ ଇଭାନ୍‌କୁ ଦେଇଦେଲା । ଗରିବ ଇଭାନ୍ ଏବଂ ତାର ପିଲାମାନେ ଖାଇବାକୁ ମାଗିବାରୁ ସେହି ଚଦରଠାରୁ କୌଣସି ଖାଦ୍ୟ ଖାଇବାକୁ ମିଳିଲାନି । ଗରିବ ଇଭାନ୍ ଭାଇ ପାଖରେ ପହଞ୍ଚି ଦୁଃଖ ଜଣାଇବାରୁ ଧନୀ ଇଭାନ୍ ବିରକ୍ତ ହୋଇଗଲା । ପରବର୍ତ୍ତୀ ସମୟରେ ପୁଣି ନିଜ ପିଲାଙ୍କୁ ଖାଇବାକୁ ଦେବାପାଇଁ ଗରିବ ଇଭାନ୍ ଧନୀ ଭାଇର ଦ୍ୱାରସ୍ଥ ହୋଇ କିଛି ଖାଦ୍ୟ ମାଗିଲା । ଧନୀ ଇଭାନ୍ ତାକୁ କିଛି ଓଟ ଜେଲି ଦେବାପାଇଁ କହିଲା । ଗରିବ ଇଭାନ୍ ଜେଲି ନେଉଥିବା ସମୟରେ ପ୍ରଖର ସୂର୍ଯ୍ୟ କିରଣ ହେତୁ ତରଳିଗଲା । ଗରିବ ଇଭାନ୍ ଏଥିରେ ବ୍ୟସ୍ତ ହୋଇ ସୂର୍ଯ୍ୟଙ୍କ ଉପରେ ରାଗିଗଲା ।ସୂର୍ଯ୍ୟଙ୍କୁ ଅନୁସରଣ କରିବାରୁ ସୂର୍ଯ୍ୟ ତାକୁ ଛେଳିଟିଏ ଉପହାର ଦେଲେ । ଯେଉଁ ଛେଳିକୁ ଓକ୍ ମଂଜି ଖାଇବାକୁ ଦେଲେ ଛେଳି କ୍ଷୀର ବଦଳରେ ସୁନା ଦେବ । ଏଥିରେ ଖୁସି ହୋଇ ଛେଳିକୁ ନେଇ ଗରିବ ଇଭାନ୍ ଘରକୁ ଫେରିଲା ।

ସୁନାଦେଉଥିବା ଛେଳିକୁପାଇ ଗରିବ ଇଭାନ୍‌ର ଚଳଣି ବଦଳି ଗଲା । ସେ ଭଲରେ ଖାଇପିଇ ରହିଲା । ଧନୀ ଇଭାନ୍ ଏହା ଜାଣିବା ପରେ ପୂର୍ବପରି ଗରିବଭାଇ ଇଭାନ୍‌ଠାରୁ ଛେଳିଟିକୁ ମାଗି ଆଣିଲା। ଛେଳିକୁ ଓକ୍ ମଂଜି ଖାଇବାକୁ ଦେଇ ପ୍ରଚୁର ସୁନା ପାଇବାପରେ ଧନୀ ଇଭାନ୍ ସେ ଛେଳି ବଦଳରେ ଅନ୍ୟ ଏକ ସାଧାରଣ ଛେଳି ଗରିବ ଇଭାନ୍‌କୁ ଦେଇ ପଳାଇ ଆସିଲା । ଏ ଛେଳି ଗରିବ ଇଭାନ୍‌କୁ କୌଣସି ସାହାଯ୍ୟ କରିପାରିଲାନି । ଶେଷରେ ନିରୂପାୟ ଗରିବ ଇଭାନ୍ ଆଉଥରେ ଧନୀ ଭାଇର ସାହାଯ୍ୟ କାମନା କଲା । ଧନୀ ଭାଇଠାରୁ ସୁପ୍ ଆଣୁଥିବା ସମୟରେ ପ୍ରବଳ ତୁଷାର ପାତ ହେତୁ ତାହା ବରଫ ପାଲଟି ଗଲା । ଗରିବ ଇଭାନ୍ ରାଗିଯାଇ ତୁଷାରକୁ ଗାଳି ଦେଲା । ତୁଷାର ପଛେ ପଛେ ଧାଇଁବାରୁ ତୁଷାର ଗରିବ ଇଭାନ୍‌କୁ ସାହାଯ୍ୟକାରୀ ଅଖାଟିଏ ପ୍ରଦାନ କଲା । ଗରିବ ଇଭାନ୍ ସାହାଯ୍ୟକାରୀ ଅଖାରୁ ପାନ୍‌ଗଛର ଗଣ୍ଡିରେ ତିଆରି ଠେଙ୍ଗାଟିଏ ବାହାରି ଆସି ତା'ର ଲୋଭୀ ଭାଇ ସଂପର୍କରେ ସଚେତନ କରି ଦେଲା । ଧନୀ ଭାଇ ଏହା ଜାଣି ଗରିବ ଇଭାନ୍‌ଠାରୁ ସାହାଯ୍ୟକାରୀ ଅଖାକୁ ଦିନକପାଇଁ ଧାର ନେଇ ଆସିଲା । ଅଖାକୁ ନିର୍ଦ୍ଦେଶ ଦେବା ମାତ୍ରେ ଅଖା ଭିତରୁ ଦୁଇଟି କାଠ ଠେଙ୍ଗା ବାହାରି ଆସି ଧନୀ ଇଭାନ୍‌କୁ ବାଡ଼େଇ ବାଡ଼େଇ ଆଦେଶ ଦେଲେ - "ତୋ ଭାଇର ସଂପତ୍ତି ତୋର ନୁହେଁ, ଭଲ ଦଶା ଚାହୁଁତ ଶୀଘ୍ର ତୁ ତୋ ଭାଇକୁ ଛେଳି ଓ କୁହୁକ ଚଦର ଫେରାଇ ଦେ" । [୧୭]

ଧନୀ ଇଭାନ୍ ମାଡ ଭୟରେ ସାନ ଭାଇକୁ ତାର ଚଦର ଓ ଛେଳି ଫେରାଇ ଦେବାର ପ୍ରତିଶ୍ରୁତି ଦେଲା । ସତକୁ ସତ ମଧ୍ୟ ଗରିବ ଇଭାନକୁ ତାର ଛେଳି ଓ ଚଦର ଫେରାଇ ଦେଇ ଆସିଲା ଧନୀ ଇଭାନ୍। ତା'ପରଠାରୁ ଗରିବ ଇଭାନ୍ କୁହୁକ ଚଦର ଛେଳିକୁ ନେଇ ସୁଖରେ କାଳ କାଟିଲା ।

ଆଲୋଚ୍ୟ ପରୀକାହାଣୀ ସଂକଳନସ୍ଥ ଚତୁର୍ଥ ଗଳ୍ପ 'ଫେନିଷ୍ଟ ବାଜପକ୍ଷୀ' । ଅଲୌକିକତା, ଅତିପ୍ରାକୃତିକତା ଏହି ପରୀ କାହାଣୀର ପ୍ରମୁଖ ବିଶେଷତ୍ୱ । ବିପତ୍ନୀକ କୃଷକର ତିନୋଟି ଝିଅ ଥିଲେ। ସାନଝିଅ ମାର୍ୟୁଶ୍‌କା ଚତୁରୀ ଓ ପରିଶ୍ରମୀ ଥିଲା । ଅନ୍ୟ ଦୁଇଭଉଣୀଙ୍କ ତୁଳନାରେ ସେ ଯଥେଷ୍ଟ ସୁନ୍ଦରୀ ଥିଲା । ତେଣୁ ତାର ଭଉଣୀମାନେ ତାକୁ ଈର୍ଷା କରୁଥିଲେ । ମା'ର ମୃତ୍ୟୁପରେ ଘରର ସମସ୍ତ କାମ ସେ ଅନାୟାସରେ କରିଦେଉଥିଲା । ଏଥିରେ ତାର କୃଷକ ପିତା ବେଶ୍ ଖୁସିଥିଲା । କୃଷକ ଦିନେ ବଜାରକୁ ଯିବାସମୟରେ କାହାପାଇଁ କ'ଣ ଆସିବ ବୋଲି ପଚାରିବାରୁ ବଡଝିଅ ଦୁଇଜଣ ସାଲ୍ ଆଣିବା କଥା କହିବାବେଳେ ମାର୍ୟୁଶ୍‌କା କେବଳ ଫେନିଷ୍ଟ ବାଜପକ୍ଷୀର ପର ଆଣିବାପାଇଁ କହିଥିଲା । କୃଷକ ବାପା ଦିନ ସାରା ବୁଲି ବୁଲି ଫେନିଷ୍ଟ ବାଜପକ୍ଷୀର ପର ଆଣିବାକୁ

ସମର୍ଥ ହୋଇ ପାରିନଥିଲା । ଦିନେ ହଠାତ୍ କୃଷକ ଜଣେ ଜେଜେବାପାଙ୍କ ଠାରୁ ଫେନିଷ୍ଟ ବାଜପକ୍ଷୀର ପର ଆଣି ମାର୍ୟୁଶ୍‌କାକୁ ଦେଲା । ଫେନିଷ୍ଟ ପକ୍ଷୀର ପର ପାଇ ମାର୍ୟୁଶ୍‌କା ବେଶ୍ ଖୁସି ହୋଇଯାଇଥିଲା । ଦିନସାରା ଫେନିଷ୍ଟ ପକ୍ଷୀ ନୀଳ ଆକାଶରେ ଉଡି ବୁଲୁଥିଲେ ମଧ୍ୟ ରାତିରେ ସୁନ୍ଦର ଯୁବକରେ ପରିଣତ ହୋଇ ଖୁସିରେ ମାର୍ୟୁଶ୍‌କା ସହିତ ଦିନ ବିତାଉଥିଲା । ଏହା ଜାଣିପାରି ତା'ର ଦୁଇଭଉଣୀ କୌଶଳରେ ଫେନିଷ୍ଟ ପକ୍ଷୀର ପର କାଟି ଦେଲେ । କ୍ଷତାକ୍ତ ଅବସ୍ଥାରେ ବାଜପକ୍ଷୀ ମାର୍ୟୁଶ୍‌କା ଉଦ୍ଦେଶ୍ୟରେ କହିଥିଲା - " ମୋତେ ଖୋଜିଲେ ତୁମେ ପାଇବ ହେଲେ ସହଜରେ ନୁହେଁ, ମତେପାଇବାକୁ ତମକୁ ତିନିହଳ ଲୁହାର ଜୋତା ପିନ୍ଧିବାକୁ ହେବ, ତିନିଟି ଲୁହାବାଡି ଭାଙ୍ଗିବାକୁ ହେବ ଏବଂ ତିନିଟି ଲୁହା ଟୋପିକୁ ଖଣ୍ଡ ଖଣ୍ଡ କରି ଭାଙ୍ଗିବାକୁ ହେବ"। [୧୮] ନିଦରୁ ଉଠି ମାର୍ୟୁଶ୍‌କା ସବୁକଥା ଜାଣିବାପରେ ଦୁଃଖିତ ହୋଇ ବାଜପକ୍ଷୀର ଅନ୍ୱେଷଣରେ ବାହାରିଗଲା । ତିନିହଳ ଲୁହା ଜୋତା, ଲୁହାବାଡି ଓ ତିନୋଟି ଲୁହାଟୋପି ଧରି ଶେଷରେ ବାବା - ୟାଗା ପାଖରେ ପହଞ୍ଚିଗଲା । ବାବାୟାଗା ମାର୍ୟୁଶ୍‌କାକୁ ରୂପା ଥାଳିଆ ଓ ସୁନା ଅଣ୍ଡାଦେଇ ଫେନିଷ୍ଟ ବାଜପକ୍ଷୀ ପାଖରେ ପହଞ୍ଚିବାର ମାର୍ଗ ବତାଇ ଦେଲା । ବହୁ ପରିଶ୍ରମ ପରେ ମାର୍ୟୁଶ୍‌କା ହେଟାବାଘ ସାହାଯ୍ୟରେ ଜାରଙ୍କ ରାଜ୍ୟରେ ପହଞ୍ଚି ଜାରକନ୍ୟାଙ୍କ ଦାସୀ ହୋଇ ରହିଲା । ସେଠାରେ ନିଜ ପ୍ରିୟ ଫେନିଷ୍ଟକୁ ଦେଖି ଦୁଃଖାଭିଭୂତ ହୋଇପଡିଲା ମାର୍ୟୁଶ୍‌କା । ଶେଷ ପର୍ଯ୍ୟନ୍ତ ଚେଷ୍ଟାକରି ନିଜପ୍ରିୟ ଫେନିଷ୍ଟକୁ ଉଠାଇ ପାରିଲାନି ମାର୍ୟୁଶ୍‌କା । ନିରୂପାୟ ନିରସ୍ତ ମାର୍ୟୁଶ୍‌କା ଦୁଃଖରେ କାତର ହୋଇ କାନ୍ଦି କାନ୍ଦି କହିଲା - " ଫେନିଷ୍ଟ ! ମୋର ପ୍ରାଣର ଫେନିଷ୍ଟ ! ମୋର ପ୍ରିୟତମ ! ଆଖି ଖୋଲି ନିଦରୁ ଉଠ । ଦେଖ ମୁଁ ତୁମର ମାର୍ୟୁଶ୍‌କା ଆସିଛି । ଉଠ ଫେନିଷ୍ଟ ! ମତେ ଆଲିଙ୍ଗନ କର" । [୧୯] ମାର୍ୟୁଶ୍‌କା ଆଖିର ଲୁହରେ ଫେନିଷ୍ଟ ବାଜପକ୍ଷୀର ନିଦ ଭାଙ୍ଗିଗଲା । କାତର ନ ହୋଇ ଘରକୁ ଫେରିଯିବାପାଇଁ ମାର୍ୟୁଶ୍‌କାକୁ ଆଶ୍ୱାସନା ଦେଲା। ହେଲେ ଜାରକନ୍ୟା ଫେନିଷ୍ଟ ବାଜପକ୍ଷୀକୁ ଛାଡିବାକୁ ରାଜି ନଥିଲା । ତେଣୁ ସେ ବାଜା ବଜେଇ ସ୍ୱାମୀର ବିଶ୍ୱାସଘାତକତାକୁ ରାଜ୍ୟ ସାରା ଲୋକଙ୍କୁ ଜଣାଇ ଦେଲା। ସମସ୍ତେ ଏକତ୍ର ହେବାପରେ ଦୁଇଜଣଙ୍କ ମଧ୍ୟରୁ ପ୍ରକୃତ ପତ୍ନୀ କିଏ ଫେନିଷ୍ଟ ବାଜପକ୍ଷୀ ସେମାନଙ୍କୁ ଜଣାଇ ଦେଲା । ଅନୁବାଦିକାଙ୍କ ଭାଷାରେ - "ସତୀ ସ୍ତ୍ରୀ ବୋଲି ଆପଣମାନେ କାହାକୁ କହୁଛନ୍ତି ? ଯେଉଁ ସ୍ତ୍ରୀ ମତେ ପ୍ରକୃତରେ ହୃଦୟ ମନ ଦେଇ ଭଲପାଏ ନା ଯେଉଁ ସ୍ତ୍ରୀ ମତେ ବିକ୍ରି କରି ଲାଭ ଉଠେଇ ମୋ ସହିତ ପ୍ରତାରଣା କରିଥାଏ" ।[୨୦]

ଫେନିଷ୍ଟ ପକ୍ଷୀର ଏପ୍ରକାର ଉତ୍ତରରେ ସମସ୍ତେ ସ୍ତମ୍ଭୀଭୂତ ହେଲେ । ମାର୍ୟୁଶ୍‌କାହିଁ ପ୍ରକୃତ ପତ୍ନୀ ବୋଲି ସେମାନେ ହୃଦୟଙ୍ଗମ କଲେ । ଏହାପରେ ମାର୍ୟୁଶକା ଏବଂ ଫେନିଷ୍ଟ ବାଜପକ୍ଷୀ ନିଜ ଦେଶକୁ ଫେରି ସୁଖରେ ଜୀବନ କଟାଇଲେ ।

'ଭଉଣୀ ଆଲ୍ୟୋନୁଶ୍କା ଓ ଭାଇ ଇଭାନୁଶ୍କା' କାହାଣୀରେ ବାପା ମା' ଛେଉଣ୍ଡ ଦୁଇ ଭାଇ ଭଉଣୀଙ୍କର ଅଶ୍ଳୀଳ କରୁଣ କାହାଣୀ ବର୍ଣ୍ଣିତ। ବଞ୍ଚିବା ପାଇଁ କାମ ଅନ୍ୱେଷଣରେ ଭାଇ ଭଉଣୀ ବାହାରି ଯାଉଥିବା ବେଳେ ଭାଇ ଇଭାନୁଶ୍କା କୁ ପ୍ରବଳ ଶୋଷ ଲାଗିଛି। ଭଉଣୀ ଆଲ୍ୟୋନୁଶ୍କାର ବାରଣ ସତ୍ତ୍ୱେ ତୃଷା ନିବାରଣ ପାଇଁ ଇଭାନୁଶ୍କା ଛେଳି ଖୁରାରେ ଥିବା ପାଣି ପିଇ ଛେଳି ଛୁଆରେ ପରିଣତ ହୋଇଯାଇଛି। ଏ ଘଟଣାରେ ମର୍ମାହତ ହୋଇ ଆଲ୍ୟୋନୁଶ୍କା କାନ୍ଦିବାକୁ ଲାଗିଛି। ଠିକ୍ ଏହି ସମୟରେ ଜଣେ ବଣିକ ସେହି ପଥ ଦେଇ ଯାଉଥିବା ସମୟରେ କ୍ରନ୍ଦନରତ ଅବସ୍ଥାରେ ଆଲ୍ୟୋନୁଶ୍କାକୁ ଦେଖି ତାକୁ ନିଜର ସ୍ତ୍ରୀ କରି ନେଇଯାଇଛି। ହଠାତ୍ ଦିନେ ବଣିକର ଅନୁପସ୍ଥିତିରେ ନଦୀରେ ଗାଧୋଇବାକୁ ଅନୁରୋଧ କରି ଡାଆଣୀଟିଏ ଆଲ୍ୟୋନୁଶ୍କାର ବେକରେ ପଥର ବାନ୍ଧି ତାକୁ ନଈରେ ଫିଙ୍ଗି ଦେଇଛି। ଡାଆଣୀ ମାୟାରେ ଆଲ୍ୟୋନୁଶ୍କାର ରୂପ ନେଇ ବଣିକର ପତ୍ନୀ ଭାବରେ ଦିନ ବିତାଇଛି। ଏକଥା ବଣିକ ଜାଣିନପାରିଲେ ବି ଛୋଟ ଛେଳିଛୁଆ ଜାଣିପାରି ନଈକୂଳରେ ଛିଡା ହୋଇ ଭଉଣୀକୁ ଡାକିଛି। ଡାଆଣୀ ଧରା ପଡିଯିବାର ଭୟରେ ବଣିକକୁ ମନାଇ ଛେଳିଛୁଆଟିକୁ ମାରିବାପାଇଁ ତତ୍ପର ହୋଇଉଠିଛି। କିନ୍ତୁ ଛେଳିଛୁଆଟି ମୃତ୍ୟୁ ପୂର୍ବରୁ ନଈରୁ ମୁନ୍ଦାଏ ପାଣି ପିଇବାର ଅଭିଳାଷ ଜଣାଇ ବଣିକର ଅନୁମତି ନେଇଛି। ନଈକୁଳରେ ପହଞ୍ଚି ଛେଳିଛୁଆଟି ବିକଳ କାତର କଣ୍ଠରେ ନିଜର ଦୟନୀୟ ଅବସ୍ଥା କଥା ପ୍ରିୟ ଭଉଣୀକୁ ଜଣାଇ ଦେଇଛି। ଭଉଣୀ ନିଜେ ନିରୁପାୟ ବୋଲି ସୂଚନା ପ୍ରଦାନ କରିଛି। ଡାଆଣୀର ନିର୍ଦ୍ଦେଶରେ ଛେଳିଛୁଆଟିକୁ ଖୋଜିବାକୁ ଯାଇ ଚାକର ଏ ଦୁଇ ଭାଇଭଉଣୀର କଥା ଶୁଣିପାରି ବଣିକକୁ ଏ ସଂପର୍କରେ ଅବଗତ କରାଇଦେଇଛି । ବଣିକ ଆଲ୍ୟୋନୁଶ୍କାକୁ ଉଦ୍ଧାର କରିଛି। ନିଜ ଭଉଣୀକୁ ପାଖରେ ପାଇ ଖୁସିରେ ଆତ୍ମହରା ଛେଳିଛୁଆ ମୁଣ୍ଡ ଉପରକୁ ଗୋଡ ତଳକୁ କରି ତିନିଥର କୁଦିଦେବା ମାତ୍ରେ ତାର ପୂର୍ବ ରୂପ ଫେରି ପାଇଛି। ପରେ ସମସ୍ତେ ମିଶି ଘୋଡା ଲାଞ୍ଜରେ ଡାଆଣୀକୁ ବାନ୍ଧି ମାରି ଦେଇଛନ୍ତି।

କିଶୋର ମନକୁ ଚହଲାଇ ଦେଲା ଭଳି ଆଉ ଏକ ପରୀ କାହାଣୀ 'ନାଲି ଘୋଡା'ରେ ଦୁଇ ଭାଇଙ୍କ କଥା ବର୍ଣ୍ଣିତ। ଜଣେ ବୃଦ୍ଧ ବ୍ୟକ୍ତିଙ୍କର ତିନି ପୁଅ ଥିଲେ। ସାନ ପୁଅଟି ଥିଲା ବୋକା। ବୃଦ୍ଧ ଜଣକ ମୃତ୍ୟୁ ପୂର୍ବରୁ ସମସ୍ତଙ୍କୁ ତାର ମୃତ୍ୟୁପରେ କବର ପାଖକୁ ତିନି ରାତି ରୁଟି ନେଇ ଯିବା ପାଇଁ କହିଥିଲା। ବୃଦ୍ଧଜଣଙ୍କର ମୃତ୍ୟୁପରେ ଭୟରେ ଦୁଇ ଭାଇ ତାଙ୍କ କବର ପାଖକୁ ନ ଯାଇ ସାନ ଭାଇ ଇଭାନ୍‌କୁ ରୁଟି ଦେଇ ପଠାଇଥିଲେ। ପ୍ରତି ରାତିରେ କବର ଭିତରୁ ବୃଦ୍ଧଜଣକ ବାହାରି ଦୁନିଆର କୁଶଳ ଜିଜ୍ଞାସା କରେ। ସବୁରାତିରେ ସାନପୁଅ ଇଭାନ୍‌କୁ ଦେଖି ବୃଦ୍ଧଜଣକ ଖୁସିହୋଇ ଏକ

ନାଲିଘୋଡା ଆର୍ଶୀବାଦ ସ୍ୱରୂପ ଦେଇଥିଲା। ଇଭାନ୍, ନିଜ ବାପାଙ୍କ କବର ପାଖରୁ ଆସିବା ପରେ ଅନ୍ୟ ଦୁଇ ଭାଇ ବାପାଙ୍କର ରୁଟି ଖାଇବା ସଂପର୍କରେ ପଚାରିଥିଲେ। ଋଷ୍‌ର ଜାର୍ ନିଜ ସୁନ୍ଦରୀ କନ୍ୟା ଜାରେଭିନା ପାଇଁ ଉପଯୁକ୍ତ ପାତ୍ରର ସନ୍ଧାନରେ ଥିଲେ। ନୂଆକରି ତୋଳା ଯାଇଥିବା ପ୍ରାସାଦର ଉପର ମହଲାରେ ବସିଥିବା ଜାରେଭିନାକୁ ଯେଉଁ ପୁରୁଷ ଘୋଡାରେ ଚଢି ଚୁମ୍ବନ ଦେଇ ପାରିବ ସେ ହିଁ ଜାରେଭିନାକୁ ବିବାହ କରିବ। ଏ ସଂବାଦ ଶୁଣି ଅନ୍ୟମାନଙ୍କ ପରି ଇଭାନ୍‌ର ଦୁଇ ଭାଇ ବେଶ ପୋଷାକ ପିନ୍ଧି ଜାର୍‌ଙ୍କ ପ୍ରାସାଦ ନିକଟରେ ଉପସ୍ଥିତ ହେଲେ। ଇଭାନ୍‌କୁ ନ ନେଇ ତାକୁ ଛତୁ ତୋଳିବାକୁ ନିର୍ଦ୍ଦେଶ ଦେଲେ। କିନ୍ତୁ ଇଭାନ୍ ନାଲିଘୋଡା ସାହାଯ୍ୟରେ ଜାର୍‌ଙ୍କ ନିର୍ଦ୍ଦେଶ କ୍ରମେ ଓକ୍ ଗଛ ଥିବା ପ୍ରାସାଦର ଉପର ମହଲାର ଝରକା ପାଖରେ ବସିଥିବା ଜାରେଭିନାର ଓଠରେ ଚୁମ୍ବନ ଦେଇଦେଲା। ଜାରେଭିନା ଇଭାନ୍‌ର କପାଳରେ ମୋହର ମାରି ତାର ଛବି ଆଙ୍କି ଦେଲା। ଏହାପରେ ଇଭାନ୍ କ୍ଷୀପ୍ରବେଗରେ କୁଆଡେ ଅଦୃଶ୍ୟ ହୋଇଗଲା। ଭାଇମାନେ ଘରକୁ ଫେରିବା ପୂର୍ବରୁ ଇଭାନ୍ ଘରେ ପହଞ୍ଚି ସାରିଥିଲା। ପରେ ଜାର୍ ଏକ ଭୋଜିଭାତର ଆୟୋଜନ କରି ସମସ୍ତଙ୍କୁ ନିମନ୍ତ୍ରଣ କରିଥିଲେ। ସମସ୍ତ ନିମନ୍ତ୍ରିତ ଅତିଥି ମଧ୍ୟରେ ଇଭାନ୍ ସେଠରେ ଉପସ୍ଥିତ ଥିଲା। ଜାରେଭିନା ନିମନ୍ତ୍ରିତ ଅତିଥିମାନଙ୍କୁ କିଛି ପାନୀୟ ଦେଉଥିବା ସମୟରେ ଇଭାନ୍‌ର ମୁଣ୍ଡରେ ଥିବା ପଟି ଦେଖି ତାକୁ ନିଜର ସ୍ୱାମୀ ବୋଲି ଜାଣିପାରିଥିଲା। ଜାର୍ ଏ ସଂପର୍କରେ ଅବଗତ ହେବା ପରେ ଇଭାନ୍ ସହିତ ଜାରେଭିନାର ବିବାହ କରାଇ ନିଜର ଦାୟିତ୍ୱ ସଂପନ୍ନ କରିଥିଲେ।

'ତୁଷାର ବାପା' ଉକ୍ତ ପରୀ କାହାଣୀ ସଂକଳନସ୍ଥ ଶେଷ ଗଳ୍ପ। ପରୀ କାହାଣୀ ହେଲେ ବି ସାବତ ମା'ର ଅତ୍ୟାଚାର ଓ ତା'ର ଦୁଃଖଦ ପରିଣତି ପାଠକକୁ ନୀତିଶିକ୍ଷା ପ୍ରଦାନ କରେ। ଦ୍ୱିତୀୟ ପତ୍ନୀ ଓ କନ୍ୟା ସଂତାନକୁ ନେଇ ବୃଦ୍ଧ ଜଣକ ଜୀବନ ବିତାଉ ଥିଲା। ପ୍ରଥମ ପତ୍ନୀର ଝିଅଟିଏ ଥିଲା।

ସେଇ ଝିଅ ପ୍ରତି ଦ୍ୱିତୀୟ ସ୍ତ୍ରୀର ଅତ୍ୟାଚାର ଅସହ୍ୟ ହେଲା। ଦିନେ ସାବତ ଝିଅକୁ ଜଙ୍ଗଲରେ ଛାଡି ଆସିବା ନିମନ୍ତେ ଦ୍ୱିତୀୟ ସ୍ତ୍ରୀ ବୃଦ୍ଧଜଣଙ୍କୁ ଆଦେଶ ଦେଇଥିଲା। ବୃଦ୍ଧ ଜଣକ ଦୁଃଖରେ ନିଜ ଝିଅକୁ ଜଙ୍ଗଲରେ ନେଇ ଛାଡି ଦେଇଥିଲା। ରାତିରେ 'ତୁଷାର ବାପା' ଆସି ତୁଷାରରେ ଢାଙ୍କି ଦେଇ ଶୀତ ଲାଗୁଛି କି ନାହିଁ ଝିଅଟିକୁ ପଚାରିବାରୁ ଝିଅଟି ଉଷୁମ ଲାଗୁଛି ବୋଲି କହିଥିଲା। ଯେତେ ଥଣ୍ଡା ହେଲେବି ଝିଅଟି ତୁଷାର ବାପା ଉପରେ ବିରକ୍ତ ହୋଇ ନଥିଲା। ଝିଅଟିର ସହନଶୀଳତାରେ ମୁଗ୍ଧ ହୋଇ ତୁଷାର ବାପା ତା'କୁ ତୁଳାପୋଷାକ ଓ କମଳରେ ଘୋଡ଼ାଇ ଦେଇ ଥିଲେ।

ରାତିର ପ୍ରବଳ ତୁଷାରପାତରେ ଝିଅଟି ମରିଯାଇଥିବାର ଆଶଙ୍କା କରି ତା'କୁ କବର ଦେବାପାଇଁ ଜଙ୍ଗଲରୁ ଘରକୁ ନେଇ ଆସିବା ପାଇଁ ବୃଦ୍ଧ ଜଣକୁ କୁହାଯାଇଥିଲା। ମାତ୍ର ବୃଦ୍ଧ ଜଣକ ଜଙ୍ଗଲକୁ ଯାଇ ନିଜ ଝିଅଟିକୁ ସୁନା ଅଳଙ୍କାରରେ ମଣ୍ଡିତ ହୋଇ ଜୀବନ୍ତ ଅବସ୍ଥାରେ ଦେଖି ଖୁସି ହୋଇ ତାକୁ ଘରକୁ ନେଇ ଆସିଥିଲା। ଏ ଘଟଣାରେ ଚକିତ ହୋଇ ସାବତ ମା' ନିଜ ଝିଅକୁ ଜଙ୍ଗଲର ସେଇ ସ୍ଥାନରେ ଛାଡ଼ି ଆସିବାକୁ ବୃଦ୍ଧ ସ୍ୱାମୀକୁ ନିର୍ଦ୍ଦେଶ ଦେଲା। ବୃଦ୍ଧ ଜଣଙ୍କ ସ୍ତ୍ରୀ କଥା ମାନି ଝିଅଟିକୁ ଜଙ୍ଗଲରେ ନେଇ ଛାଡ଼ିଦେଲା। ରାତିରେ ତୁଷାର ବାପା ଆସିବାରୁ ଥଣ୍ଡାର ପ୍ରକୋପରେ ଅତିଷ୍ଠ ଝିଅ ତୁଷାର ବାପା ଉପରେ ବିରକ୍ତ ହୋଇ ତାକୁ ମୂର୍ଖ ଖାଉ ବୋଲି ଗାଳି ଦେଇଥିଲା। ଏଥିରେ ଉତ୍‌କ୍ଷିପ୍ତ ତୁଷାର ବାପା ନିଜ ଦୁଇ ହାତରେ ଚାପି ଦେବାରୁ ଝିଅଟି ମରିଗଲା। ପରଦିନ ସକାଳୁ ବୃଦ୍ଧକୁ ନିଜ ଝିଅକୁ ଜଙ୍ଗଲରୁ ଆଣିବାପାଇଁ କହିବାରୁ ବୃଦ୍ଧ ଜଣକ ତୁଷାରରେ ମୃତ୍ୟୁବରଣ କରିଥିବା ଝିଅଟିକୁ ସ୍ଲେଜ୍ ଗାଡ଼ିରେ ବସାଇ ଜଙ୍ଗଲରୁ ଘରକୁ ନେଇ ଆସିଥିଲା। ଝିଅଟିକୁ ମୃତ ଅବସ୍ଥାରେ ଦେଖି ତା'ର ମା' ବାକ୍‌ଶୂନ୍ୟ ହୋଇ ପଡ଼ିଥିଲା।

ଏହିଭଳି କେତେକ କଳ୍ପିତ ମନଗଢ଼ା କାହାଣୀ ଆଲୋଚ୍ୟ ସଂକଳନଟିକୁ ଋଦ୍ଧିମନ୍ତ କରିଛି। ପରୀକାହାଣୀ ଲୋକକାହାଣୀର ଅନ୍ତର୍ଗତ। ଅବାସ୍ତବ ଘଟଣା, ଅଲୌକିକତା ଲୋକ କାହାଣୀର ମୁଖ୍ୟ ବିଶେଷତ୍ୱ। ଉକ୍ତ ସଂକଳନରେ ତାହାର ସତ୍ୟତା ଉପଲବ୍ଧି କରିହୁଏ। କଣ୍ଢେଇ ନିର୍ଜୀବ, ସେ କେବେ କଥା କହିପାରେନି। ମାତ୍ର ଲୋକ କାହାଣୀ, ପରୀ କାହାଣୀରେ ତାହା ସମ୍ଭବ। ଯେମିତି କଣ୍ଢେଇଟି ଭାସିଲିସାକୁ ବିପଦରୁ ରକ୍ଷା କରିବାକୁ ଯାଇ କହିଛି – "ଘରେ କ୍ଷେତ ଓ ଖଳାରେ ଯେତେ ମୂଷା ଅଛ, ସମସ୍ତେ ଦଉଡ଼ି ଆସ। ତୁମେ ସମସ୍ତେ ମିଶିଯାଇ ଗୋଟିଏ କାମ କରିବ"।[୨୧] ଖାଲି କଣ୍ଢେଇ ନୁହେଁ ଏହି କାହାଣୀ ସଂକଳନସ୍ଥ ବାଜପକ୍ଷୀ, ହେଟାବାଘ ଆଦି ସମସ୍ତେ କଥା କହିପାରନ୍ତି। ସାଧାରଣ ଜଗତରେ ଯାହା ସମ୍ଭବ ନୁହେଁ ତାହା ଲୋକ କାହାଣୀ, ପରୀ କାହାଣୀରେ ପରିଦୃଷ୍ଟ ହୁଏ। ଯେମିତି ହେଟାବାଘ ସୁନ୍ଦରୀ ରାଜକନ୍ୟାରେ ପରିଣତ ହୋଇଯାଇଛି। ମୃତ ବ୍ୟକ୍ତି କେବେ ବି ବଞ୍ଚିପାରେନି। ହେଲେ ହେଟାବାଘ, ମଲା ପାଣି ଓ ଜୀବନ୍ତ ପାଣି ମାଧ୍ୟମରେ ଇଭାନ୍‌କୁ ନୂଆ ଜୀବନ ଦେଇପାରିଛି। ଏମିତି କେତେ ଅସମ୍ଭବ ଘଟଣା ପାଠକର ଉତ୍କଣ୍ଠାକୁ ବହୁଗୁଣିତ କରିଛି। କାହାଣୀର ନୀତିଶିକ୍ଷା ମନଛୁଆଁ ହୋଇପାରିଛି। ଅନ୍ୟର ଅନିଷ୍ଟ କାମନା କଲେ ନିଜର ଅନିଷ୍ଟ ହୁଏ ଏହାର ସତ୍ୟତା 'ତୁଷାର ବାପା', 'ଦୁଇ ଇଭାନ୍' ଆଦି କାହାଣୀରୁ ସ୍ପଷ୍ଟ ଉପଲବ୍ଧି କରି ହୁଏ। ଏହି ଅନୂଦିତ ପରୀ କାହାଣୀରେ ଅନୁବାଦିକା ବୀଣାପାଣିଙ୍କର ବର୍ଣ୍ଣନାରେ କାବ୍ୟିକତା ପାଠକକୁ ଚମତ୍କୃତ କରେ। 'ଭଉଣୀ

ଆଲ୍ୟୋନୁଶ୍କା ଓ ଭାଇ ଇଭାନୁଶ୍କା' କାହାଣୀରୁ ତା'ର ଗୋଟିଏ ଦୃଷ୍ଟାନ୍ତ ଦିଆଯାଇପାରେ । ଭଉଣୀ ଆଲ୍ୟୋନୁଶ୍କା ନିଜ ଭାଇ ଉଦ୍ଦେଶ୍ୟରେ କହିଛି:-

"ଇଭାନୁଶ୍କା ଭାଇ ! ପ୍ରିୟ ଭାଇ ମୋର
କାନ୍ଧ ଉପରେ ରହିଛି ମୋର ଭାରୀ ପଥର ।
ବାନ୍ଧି ରଖିଛି ଚିକ୍କଣ ଦଳ ଦୁଇ ପାଦକୁ ମୋର
ଜମା ହୋଇଛି ଉପରେ ବାଲି, ମୋ ଛାତି ଥରଥର ।" (୨୨)

ଏହାର ଭାଷା ଓ ଶୈଳୀ ବେଶ୍ ସରଳ । କିଶୋର ପ୍ରାଣର ଅବବୋଧ ନିମିତ୍ତ ଏହି କାହାଣୀର ସହଜ ସରଳ ଭାଷା ବିଶେଷ ଭାବେ ପାଠକୀୟ ଆଦୃତି ଲାଭ କରିଛି । ସର୍ବୋପରି ଏକ ସାର୍ଥକ କିଶୋର ମନୋରଂଜନଧର୍ମୀ ଅନୂଦିତ କାହାଣୀ ଭାବରେ ବୀଣାପାଣିଙ୍କ 'ସୁନ୍ଦରୀ ଭାସିଲିସା'ର ତୁଳନା ନାହିଁ। ଅନ୍ଧ ଅନ୍ୟାୟର କୁପରିଣତି, ସହନଶୀଳତାର ସୁଫଳ ତଥା ଧୈର୍ଯ୍ୟର ପରାକାଷ୍ଠା ଆଦି ନୀତିକଥା ଆଲୋଚ୍ୟ ପରୀ କାହାଣୀ ଗୁଡିକରେ ପ୍ରତିଫଳିତ ହୋଇଛି ।

**ସୁନେଲି ଚାବି - ଏକ ଦୃଷ୍ଟିପାତ :**

'ସୁନେଲି ଚାବି' ବୀଣାପାଣି ମହାନ୍ତିଙ୍କ ଅନୂଦିତ କୃତିର ଅନ୍ୟତମ ସଫଳ ସ୍ୱାକ୍ଷର । ଏହା ଏକ କାହାଣୀଧର୍ମୀ ରଚନା ଅଟେ । ଋଷ୍ ଭାଷାରୁ ଅନୂଦିତ ଶିଶୁ ଉପନ୍ୟାସ 'ସୁନେଲି ଚାବି' ଶିଶୁ ତଥା କିଶୋରମାନଙ୍କ ପାଇଁ ଏକ ଉପାଦେୟ ପୁସ୍ତକ। ଋଷ ଭାଷାରେ ଏହି ପୁସ୍ତକର ମୂଳ ରଚୟିତା ଆଲେକ୍ସି ଟଲଷ୍ଟୟ ଏହାକୁ 'Golden Key' ନାମରେ ଅଭିହିତ କରିଛନ୍ତି । ଓଡିଆ ଭାଷାରେ ଏହି ଶିଶୁ ଉପନ୍ୟାସଟିକୁ କଳାତ୍ମକ ରୂପ ଦେବାରେ ଅନୁବାଦିକା ବୀଣାପାଣି ଯଥାସାଧ୍ୟ ପ୍ରଚେଷ୍ଟା କରିଛନ୍ତି । ଶହେସାତ ପୃଷ୍ଠା ସମ୍ବଳିତ ଆଲୋଚ୍ୟ ଉପନ୍ୟାସରେ ନାୟକ ବୁରାସିନୋର ସୁନେଲି ଚାବିର ଅନୁସନ୍ଧାନକୁ ଅନୁବାଦିକା ନାଟକୀୟ ଶୈଳୀରେ ଉପସ୍ଥାପନ କରିଛନ୍ତି ।

ଅନୁବାଦିକା ବୀଣାପାଣି ଉପନ୍ୟାସଟିକୁ କେତେ ଗୁଡିଏ ଶୀର୍ଷକରେ ବିଭକ୍ତ କରି ପରିସମାପ୍ତି ପର୍ଯ୍ୟନ୍ତ ଏହାର କାହାଣୀକୁ ଆଗେଇ ନେବାର ସମର୍ଥ ହୋଇପାରିଛନ୍ତି । ଏହି ଉପନ୍ୟାସରେ ବୁରାସିନୋ, କାର୍ଲୋ, ଗୁସିପି, କଣ୍ଢେଇ ମାଷ୍ଟର କାରାବାସ, ମାଲ୍‌ଭିନା, ଆର୍ଟମନ୍, ପିରଟ୍, ଡୁଫରଚମ୍ପ, କଇଁଛ ଟେରିବ୍ୟାକ୍, ବିଲେଇ ବାସିଲିଓ, କୋକିଶିଆଳ ରେନୋର୍ଡ, ହାର୍ଲକିନ୍ ଆଦି ବହୁ ମୁଖ୍ୟ ଓ ଗୌଣ ଚରିତ୍ରର ସମାବେଶ ଘଟିଛି । କାହାଣୀର ଆରମ୍ଭରୁ ଶେଷ ପର୍ଯ୍ୟନ୍ତ ଉତ୍କଣ୍ଠା ପାଠକର ଆବେଗକୁ ଧରି ରଖିବାରେ ସହାୟ ହୋଇପାରିଛି ।

**କଥାବସ୍ତୁ:**

ବୁଢା ବଢେଇ ଗୁସିପିର ଜୀବନ ଚର୍ଯ୍ୟାରୁ ଆରମ୍ଭ ହୋଇଛି ଏହି ଉପନ୍ୟାସର କଥାବସ୍ତୁ । କାଠ କାମ କରି ଜୀବିକା ନିର୍ବାହ କରୁଥିବା ବଢେଇ ଗୁସିପି ଦିନେ କାଠ ଗଣ୍ଡି ମଧ୍ୟରୁ ମଣିଷର ସ୍ୱର ଶୁଣି ପାରିଲା । ଗୁସିପି ସେ କାଠ ଗଣ୍ଡିଟିକୁ ତାର ଘନିଷ୍ଠ ବନ୍ଧୁ କାର୍ଲୋକୁ ଉପହାର ଦେଲା । ବୃଦ୍ଧାବସ୍ଥାରେ ଉପନୀତ ହୋଇଥିବାରୁ କାର୍ଲୋ ଅର୍ଥ ରୋଜଗାରରେ ସମର୍ଥ ହୋଇପାରୁନଥିଲା । ସେ ତାର ବନ୍ଧୁ ଗୁସିପ ଠାରୁ କିଛି ସାହାଯ୍ୟ କାମନା କଲା । ଗୁସିପି ଏହାର ଉତ୍ତରରେ ଉକ୍ତ କାଠଖଣ୍ଡକୁ କାମରେ ଲଗାଇବାକୁ କାର୍ଲୋକୁ ପରାମର୍ଶ ଦେଲା । କାଠ ଖଣ୍ଡଟିକୁ ନେଇ ସେଥିରୁ କଣ୍ଢେଇଟିଏ ତିଆରି କରି ଅର୍ଥ ରୋଜଗାର ଉପାୟ ମଧ୍ୟ ବତାଇଦେଲା । କାର୍ଲୋ କାଠଖଣ୍ଡଟିକୁ ଘରକୁ ନେଇ ସେଥିରୁ କଣ୍ଢେଇଟିଏ ପ୍ରସ୍ତୁତ କରି ତାର ନାମ ଦେଇଛି ବୁରାସିନୋ । କାର୍ଲୋ ଆଶାବାଦୀ ହୋଇଛି। କଣ୍ଢେଇର ନାମ କରଣ ସଂପର୍କରେ କାର୍ଲୋର ମତ – "ମୁଁ ଜାଣିଥିଲି ବୁରାସିନୋ ନାମରେ ଗୋଟିଏ ପରିବାରରେ ବାପ, ମା ଓ ପିଲା ମାନଙ୍କର ନାମ କେବଳ ବୁରାସିନୋ ହିଁ ଥିଲା । ସେମାନେ ସମସ୍ତେ ଖୁସିରେ ଓ ଶାନ୍ତିରେ ଜୀବନ କଟାଉଥିଲେ । [୨୩] କଣ୍ଢେଇର ନାମକରଣପରେ କାର୍ଲୋ ତାର ଓଠ, ବେକ, କାନ୍ଧ ଓ ଦେହକୁ ସୁନ୍ଦର ରୂପ ପ୍ରଦାନ କଲା । କାଠର ପତଳା ଛେଲିରେ ବୁରାସିନୋ ପାଇଁ ଗୋଡ ତିଆରି କଲା । ବୁରାସିନୋ ତାର ଗୋଡରେ ଅମାନିଆ ହୋଇ ରାସ୍ତାରେ ପହଞ୍ଚିଯାଇ ପୋଲିସ୍ କବଳରେ ପଡିଗଲା । ପରେ ପୋଲିସ୍ କାର୍ଲୋକୁ ଥାନାକୁ ଟାଣି ନେଇ ଯାଇଥିଲା । ଥାନାରେ ପହଞ୍ଚି କାର୍ଲୋ କଣ୍ଢେଇଟିପାଇଁ ଦୁର୍ଦ୍ଦଶା ଆଣିଥିବାରୁ ନିଜକୁ ଧିକ୍କାର କଲା। ବୁରାସିନୋ ଥାନାରୁ ଘରକୁ ଫେରିଆସି କଥାକୁହା ଝିଙ୍କାରୀର ସଂସ୍ପର୍ଶରେ ଆସିଲା । କାର୍ଲୋର ସେଇ ପୁରୁଣା ଘରେ ଶହେ ବର୍ଷରୁ ଉର୍ଦ୍ଧ୍ୱ ରହିଥିବା ଝିଙ୍କାରି ଦୁଷ୍ଟ ବୁରାସିନୋକୁ ସୁନାପିଲା ହେବାପାଇଁ ପରାମର୍ଶ ଦେଲା । ନିୟମିତ ସ୍କୁଲକୁ ଯିବାର କଥା ମଧ୍ୟ କହିଲା । କାର୍ଲୋର ଇଚ୍ଛାନୁଯାୟୀ ବୁରାସିନୋ ସ୍କୁଲ୍ ଯିବା ପାଇଁ ପ୍ରସ୍ତୁତ ହେଲା । ଜାମା, ପ୍ୟାଣ୍ଟ ପିନ୍ଧି ସ୍କୁଲ ଯିବା ପାଇଁ ବୁରାସିନୋ ନିମନ୍ତେ ସାର୍ଟ, ଚମଡାରେ ଜୋତା ପ୍ରସ୍ତୁତ କରିଦେଲା । ନୂଆ ଜାମା ପ୍ୟାଣ୍ଟ ଦେଖି ଖୁସିରେ ବୁରାସିନୋ କାର୍ଲୋକୁ କହିଲା – "ବାପା ! ମୁଁ ବହୁତ ପଢିବି । ବଡ ହେବି, ଟଙ୍କା ରୋଜଗାର କରି ତମ ପାଇଁ ହଜାରେ ଜାମା କିଣି ଆଣି ଦେବି" ।[୨୪] ବୁରାସିନୋ ପ୍ରଥମ କରି ସ୍କୁଲ୍ ଯାଉଥିବା ସମୟରେ ରାସ୍ତାର ବାମ ପଟରେ ବିଭିନ୍ନ ପ୍ରକାର ବାଜାର ସ୍ୱର ଶୁଣି ଅଟକିଗଲା । ଯଥାଶୀଘ୍ର ପାଦ ଚାଲି ପବନରେ ଦୋହଲୁଥିବା ରଙ୍ଗ ବେରଙ୍ଗର ପତାକା ଝୁଲୁଥିବା ସମୁଦ୍ର କୂଳରେ ପହଞ୍ଚି ଗଲା । ସମୁଦ୍ର କୂଳରେ ଚାଲିଥିବା କଣ୍ଢେଇ ଖେଳ ଦେଖିବାର

ଆଶା ତାର ମଉଳି ଯାଇଥିଲା । ନିରୂପାୟ ବୁରାସିନୋ ଶେଷକୁ କଣ୍ଢେଇ ଥିଏଟରର ପିଲାଟିକୁ ନିଜ ବର୍ଣ୍ଣବୋଧ ବହି ଦେଇ ସାଢେ ଚାରିପଇସା ଆଣି ଟିକେଟ୍ ବିକୁଥିବା ବୁଢୀଠାରୁ ଟିକେଟ୍ ଆଣି କଣ୍ଢେଇ ଖେଳ ଦେଖିଥିଲା । ସେଦିନ ପ୍ରଦର୍ଶିତ ହେଉଥିବା କଣ୍ଢେଇ ଖେଳର ନାମ ଥିଲା ନୀଳକେଶୀ ବାଳିକା ବା ଗୋଟିଏ ମୁଣ୍ଡରେ ତେତ୍ରିଶଟି ବିଧା । ବୁରାସିନୋ ଥିଏଟରର ସାମ୍ନା ସିଟ୍‌ରେ ବସିଥିବାରୁ କଣ୍ଢେଇ ଖେଳ ପ୍ରଦର୍ଶନ କରୁଥିବା ହାର୍ଲକିନ୍ ବୁରାସିନୋକୁ ଚିହ୍ନିପାରିଲା । ପରଦାରେ କଳାମୁଖା ପିନ୍ଧି ଅଭିନୟ କରୁଥିବା ସମସ୍ତ ଅଭିନେତା ଅଭିନେତ୍ରୀ ବୁରାସିନୋକୁ ମଞ୍ଚକୁ ଆମନ୍ତ୍ରଣ କଲେ । ବୁରାସିନୋକୁ ପାଖରେ ପାଇ ଗେଲ କରିବାକୁ ଲାଗିଲେ । ସମସ୍ତେ ପୋଲ୍‌କା ପକ୍ଷୀର ଗୀତ ଗାଇ ବୁରାସିନୋକୁ ସ୍ୱାଗତ କଲେ । ଏ ପ୍ରକାର ନାଚଗୀତରେ ଦର୍ଶକମାନେ ଅଭିଭୂତ ହୋଇପଡିଲେ ।

ମାତ୍ର ପର୍ଦ୍ଦା ଅନ୍ତରାଳରେ ଥିବା କଣ୍ଢେଇ ମାଷ୍ଟର କାରାବାସ ବାରାବାସ ଏଥିରେ ଉତ୍ୟକ୍ତ ହୋଇପଡିଲା । ଆଖି ତାର ରକ୍ତ ବର୍ଣ୍ଣ ଧାରଣ କରିଥିଲା । ତା ହାତରେ ସାତଟି ଛାଞ୍ଚୁଣି ବନ୍ଧା ହୋଇଥିବା ବେତଟିଏ ଶୋଭା ପାଉଥିଲା । ଗର୍ଜନ କରି କାରାବାସ ବାରାବାସ ବୁରାସିନୋକୁ ଉଠାଇ ନେଇ କାନ୍ଥରେ ଥିବା ହୁକ୍‌ରେ ଟାଙ୍ଗି ଦେଲା । କଣ୍ଢେଇ ଖେଳ ଆରମ୍ଭ କରିବାକୁ କଣ୍ଢେଇମାନଙ୍କୁ ଆଦେଶ ଦେଲା । ତା'ପାଇଁ ଚୁଲିରେ ବସିଥିବା କୁକୁଡା ଠେଙ୍କୁଆ ମାଂସ ସିଝି ନଥିବାରୁ ବୁରାସିନୋକୁ ସିଝାଇ ଖାଇବାକୁ ଚାହିଁଲା । କାରାବାସର ନିଷ୍ଠୁର ନିର୍ଦ୍ଦେଶରେ ହାର୍ଲକିନ୍ ଓ ପିରଟ୍ ବୁରାସିନୋକୁ ରୋଷେଇ ଘରକୁ ନେଇଗଲେ । କାରାବାସ ବୁରାସିନୋକୁ ଚୁଲି ଭିତରେ ପଶିଯିବାପାଇଁ ନିର୍ଦ୍ଦେଶ ଦେଲା । ମାତ୍ର ବୁରାସିନୋ ତାହା ପାରିବନି ବୋଲି କାରାବାସକୁ ଜଣାଇଦେଲା । ଏକଦା ଚୁଲି ଭିତରେ ନାକ ପୁରାଇଥିବାରୁ ଚୁଲି ଭିତରେ ଗାତଟିଏ ହୋଇଥିବାର ବୁରାସିନୋ କହିଥିଲା । କାରଣ ତାହା ସତ ସତିକା ଚୁଲି ନଥିଲା । ଚୁଲି ଆଉ ତା'ଉପରେ ଥିବା ପାତ୍ରଟି ପୁରୁଣା କାନ୍‌ଭାସ ଉପରେ ଅଙ୍କା ହୋଇଥିବା ଚିତ୍ରଟିଏ ବୋଲି କାରାବାସ ବୁରାସିନୋଠାରୁ ଶୁଣିବାକୁ ପାଇଲା । ବୁରାସିନୋର ବାପା ବଢେଇ କାର୍ଲୋ ପାଖରେ କିଛି ଗୁପ୍ତ ରହସ୍ୟ ଅଛି । ଏହି ଗୁପ୍ତ ରହସ୍ୟର ଅନୁସଂଧାନରେ ଆଶାୟୀ କାରାବାସ ବୁରାସିନୋକୁ ତାର ଜୀବନ ଫେରାଇ ଦେଲା । ପାଞ୍ଚଟି ସୁନା ଟଙ୍କା ଦେଇ ବୁରାସିନୋକୁ ଘରକୁ ଯିବା ପାଇଁ ପରାମର୍ଶ ଦେଲା । ବୁରାସିନୋର ଜୀବନ ରକ୍ଷା ହୋଇଥିବାରୁ ହାର୍ଲକିନ୍ ଓ ପିରଟ୍ ପରି ତାର ସାଥୀ କଣ୍ଢେଇମାନେ ଖୁସି ହୋଇଗଲେ ।

ବୁରାସିନୋ ପାଞ୍ଚଟି ସୁନା ଟଙ୍କା ନେଇ ଘରକୁ ଫେରୁଥିବା ସମୟରେ ବିଲେଇ ବାସିଲିଓ ଓ କୋକିଶିଆଳ ରେନାର୍ଡକୁ ଦେଖିବାକୁ ପାଇଲା । ରାସ୍ତାରେ ଯାଉଥିବା ସମୟରେ

ବୁରାସିନୋ ଖୁସିରେ ଅଧୀର ହୋଇ ଗୀତ ଗାଉଥିଲା । ବୁରାସିନୋର ଖୁସିର ଭାବକୁ ପ୍ରକାଶ କରିବାକୁ ଯାଇ ଅନୁବାଦିକା କହନ୍ତି – "ମୁଁ ବାପା ପାଇଁ ନୂଆ ଜାମା କିଣିବି, ତିନି କୋଣିଆ ମହୁରସ ଦିଆ ମଟର ମଂଜିରେ ତିଆରି ପିଠା କିଣିବି, ଆହୁରି ମଧ୍ୟ କାଚରେ ଥିବା କୁକୁଡା ଲଲିପପ୍ କିଛି କିଣିବି" । (୨୫)

ବୁରାସିନୋର ଏପରି ଖୁସି ଖୁସି ଭାବ ଦେଖି ରେନାର୍ଡ ତାର ଗନ୍ତବ୍ୟପଥ ସଂପର୍କରେ ଜାଣିବାକୁ ଚାହିଁଲା । କୋକିଶିଆଳ ରେନାର୍ଡ ଓ ବିଲେଇ ବାସିଲିଓ କଥାରେ ବୁରାସିନୋ ନିନ୍‌କମପୁପ୍ ସହରକୁ ଯିବା ପାଇଁ ରାଜି ହେଲା । ନିନ୍‌କମପୁପ୍ ସହରରେ ପହଞ୍ଚି ତିନି ପଳାୟନପନ୍ଥୀଙ୍କ ପାନ୍ଥଶାଳା"ରେ ବୁରାସିନୋ, ବାସିଲିଓ ଓ ରେନାର୍ଡ ଆଶ୍ରୟ ନେଲେ । ମାତ୍ର ବାସିଲିଓ ଓ ରେନାର୍ଡ ହୋଟେଲ୍ ମାଲିକଠାରୁ ଖାଦ୍ୟ ଖାଇ ବୁରାସିନୋ ସହିତ ବିଶ୍ୱାସଘାତକତା କରି ସେଠାରୁ ପଳାଇ ଆସିଲେ । ବୁରାସିନୋ ହୋଟେଲରୁ ବିଦାୟ ନେଇ ଫେରୁଥିବା ସମୟରେ ଚୋରମାନଙ୍କ ଆକ୍ରମଣର ସମ୍ମୁଖୀନ ହୋଇଥିଲା । ଚୋରମାନଙ୍କ କବଳରୁ ନିଜକୁ ରକ୍ଷା କରିବାକୁ ଯାଇ ହଂସର ପାଦଧରି ହ୍ରଦର ଆରପଟେ ପହଞ୍ଚି ଯାଇଥିଲା । ମାତ୍ର ଶେଷରେ ଚୋରମାନେ ବୁରାସିନୋକୁ ଧରି ଓକ୍ ଗଛର ଡାଳରେ ଝୁଲାଇ ଦେଲେ । ନୀଳକେଶୀ ଝିଅ ଥିଲା କାରାବାସ କଣ୍ଢେଇ ଥିଏଟରର ସବୁଠୁ ସୁନ୍ଦରୀ କଣ୍ଢେଇ । ସକାଳ ହେବା ପରେ ନୀଳକେଶୀ ଝିଅ କୁକୁର ଆର୍ଟେମନ ସହାୟତାରେ ଗଛ ଡାଳରୁ ବୁରାସିନୋକୁ ଖୋଲି ନେଇ ଆସିଲା । ଗାଉଁଲି ଡାକ୍ତରଙ୍କ ଦ୍ୱାରା ଚିକିତ୍ସିତ ହୋଇ ବୁରାସିନୋ କ୍ରମେ ସୁସ୍ଥ ହେବାକୁ ଲାଗିଲା । ନୀଳକେଶୀ ଝିଅ ବୁରାସିନୋକୁ ଜଡାତେଲ ପିଇବାକୁ ଦେଇ ସୁନାପିଲା ହେବାକୁ ତାଗିଦ୍ କଲା । ପରେ ପରେ ବୁରାସିନୋକୁ ଭଦ୍ର ବ୍ୟବହାର ଓ ଅଙ୍କ ମଧ୍ୟ ଶିଖାଇଲା । ବ୍ୟବହାର ଓ ଚଳଣିରେ ପରିବର୍ତ୍ତନ ଆଣିବା ପାଇଁ ବୁରାସିନୋକୁ ତାଗିଦ୍ କରି ନୀଳକେଶୀ ଝିଅଟି କହିଲା – "ସିଧା ହୋଇ ବସ୍ । ଦୁଇ ଗୋଡ ତଳକୁ ଝୁଲାଇ ଟେବୁଲ୍ ତଳକୁ ରଖ । ବୁରାସିନୋ ! ହାତରେ ଖାଇବା ବନ୍ଦ କରି ଏବେ କଣ୍ଟା ଚାମଚରେ ଖାଇବାକୁ ଅଭ୍ୟାସ କର" । (୨୬) କୁନି ଝିଅଟିର ପ୍ରବଳ ତାଗିଦ୍‌ରେ ବୁରାସିନୋ ଅତିଷ୍ଠ ହୋଇ ପଡିଥିଲା । କୌଣସିମତେ ବାଦୁଡିର ସାହାଯ୍ୟରେ ନିନ୍‌କମପୁପ ସହରରେ ପହଞ୍ଚି ଯାଇଥିଲା । ସେଇ ନିନ୍‌କମପୁପ୍ ସହରରେ ରେନାର୍ଡ ଓ ବାସିଲିଓ ସହିତ ତାର ଦେଖା ହେଲା । କୋକିଶିଆଳ ରେନାର୍ଡର ପ୍ରରୋଚନାରେ ବୁରାସିନୋ ତାର ଚାରୋଟି ସୁନା ଟଙ୍କାକୁ ଗାତ ଖୋଳି ପୋତି ପକାଇ ତା ଉପରେ ଲୁଣ ଛିଞ୍ଚି ଦେଲା । ପ୍ରବଞ୍ଚକ ରେନାର୍ଡର ବିଶ୍ୱାସଘାତକତା ଯୋଗୁ ବୁରାସିନୋ ପୋଲିସ୍ ହାତରେ ଧରାପଡି ଗିରଫ୍ ହେଲା । ପୋଲିସ ଇଙ୍ଗିତ୍‌ରେ ଗୋଏନ୍ଦାମାନେ ତାକୁ ବେଙ୍ଗ, ଜିଆ ଓ ପାଣିପୋକ ଭର୍ତ୍ତି ହୋଇଥିବା ପୋଖରୀ ଭିତରକୁ ଫିଙ୍ଗି ଦେଲେ । ସେଇ ପୋଖରୀରେ ଟେରିବ୍ୟାକ୍

ନାମକ କଇଁଛ ସହିତ ତାର ପରିଚୟ ହେଲା । କଇଁଛ ଟେରିବ୍ୟାକ୍ ବୁରାସିନୋକୁ ସୁନେଲି ଚାବିଟିଏ ଦେଇ ତାକୁ ନହଜାଇବା ପାଇଁ ଆଦେଶ ଦେଇଥିଲା । ବୁରାସିନୋ କଇଁଛ ଟେରିବ୍ୟାକ୍ ଓ ବେଙ୍ଗଠାରୁ ସବିନୟ ବିଦାୟ ନେଇ ନିନ୍‌କମପୁପ୍ ସହରରେ ପହଞ୍ଚିଗଲା । ସେଠାରେ ପିରଟ୍ ସହ ତା'ର ସାକ୍ଷାତ ହେଲା । ବୁରାସିନୋ ଓ ତା'ର ସାଥୀ ପିରଟ୍ ସୁନ୍ଦରୀ ନୀଳକେଶୀ ଝିଅ ମାଲ୍‌ଭିନା ଘରେ ପହଞ୍ଚି ମାଲ୍‌ଭିନାକୁ ସାଥିରେ ନେଇ ଗଲେ । ପିରଟ୍ ମନେ ମନେ ମାଲ୍‌ଭିନାକୁ ଚାହୁଁଥିଲା । ପିରଟ୍‌ର କବିତା ମାଲ୍‌ଭିନାକୁ ଭଲ ଲାଗୁଥିଲା । ତେଣୁ ପିରଟ୍‌ର କବିତାରେ ବିଭୋର ମାଲ୍‌ଭିନା ଭୂୟସୀ ପ୍ରଶଂସା କରୁଥିଲା । ମାଲ୍‌ଭିନା ଉଦ୍ଦେଶ୍ୟରେ ସମର୍ପିତ ତା'ର କବିତାର ଲାଳିତ୍ୟ ଓ ଦରଦୀଭାବ ବେଶ୍ ମନଛୁଆଁ ହୋଇପାରିଥିଲା । ଅନୁବାଦିକାଙ୍କ ଭାଷାରେ କବିତାର ରୂପରେଖ ଏହିପରି–

"ମାଲ୍‌ଭିନା ଯାଇଛି ଚାଲି, କେଉଁ ଏକ ବିଦେଶୀ ସହର ।
ପ୍ରତିଶ୍ରୁତି ଦେଇଥିଲା, ହେବ ବୋଲି ଆମ ବାହାଘର ।
କାନ୍ଦି କାନ୍ଦି କହେ ମୁହିଁ, କୋଉଠାକୁ ଯିବି ଏବେ ସାଥି ।
ଏହାଠାରୁ ଭଲଥିଲା, କଣ୍ଢେଇର ଖେଳ ନାଚ ରାତି ।" (୧୭)

କରାବାସ ପୋଲିସ୍ କୁକୁର ସହାୟତାରେ ମାଲ୍‌ଭିନା ଘରେ ପହଞ୍ଚିବାର ଆଶଙ୍କା କରି ବୁରାସିନୋ, ମାଲ୍‌ଭିନା, ପିରଟ୍ ଏବଂ କୁକୁର ଆର୍ଟମନ୍ ସେଠାରୁ ବିଦାୟ ନେଲେ । ଅରଣ୍ୟ ପଥରେ ଯାଉଥିବା ସମୟରେ କାରାବାସ ସହ ସେମାନଙ୍କର ଭୀଷଣ ସଂଘର୍ଷ ହେଲା । ବୁରାସିନୋ, ମାଲ୍‌ଭିନା ଓ ପିରଟ୍ ହ୍ରଦ ଅଭିମୁଖେ ପଳାଇଲେ । କଣ୍ଢେଇ ମାଷ୍ଟର ଦୁଷ୍ଟ କରାବାସ ନିଜ ଦାଢ଼ିରେ ଛନ୍ଦି ହୋଇ ପାଇନ୍ ଗଛରେ ଲଟକିଯାଇ ଥାଏ । ହ୍ରଦଠାରୁ ଦୂରକୁଯାଇ ମାଲ୍‌ଭିନା, ପିରଟ୍ ଓ ବୁରାସିନୋ ନକଲି ଗୁମ୍ଫାରେ ଅଶ୍ରୟ ନେଲେ । ଗୁମ୍ଫାକୁ ଅତିକ୍ରମ କରି ଜୋକ ସର୍ଦ୍ଦାର ଡୁଫରଚୁମ୍ପ ଓ କାରାବାସ ଆଗକୁ ଚାଲିଲେ । କାରାବାସଠାରୁ ସୁନେଲି ଚାବିର ରହସ୍ୟ ବୁଝିବା ପାଇଁ କିନ୍ତୁ ବୁରାସିନୋର ମନରେ ଥାଏ ଅହେତୁକ ଆଗ୍ରହ । କାରାବାସ ପୂର୍ବରୁ ବୁରାସିନୋ ଆଗୁଆ ପାନ୍ଥଶାଳା ଭିତରକୁ ପଶିଯାଇଥିଲା । ଡୁଫରଚୁମ୍ପ ଓ କାରାବାସ ପାନ୍ଥଶାଳାରେ ପହଞ୍ଚିବା ଜାଣି ବୁରାସିନୋ ପାନ୍ଥଶାଳା ଭିତରେ ଥିବା ମାଟିଜଗ୍ ଭିତରକୁ ପଶିଯାଇ ଲୁଚି ବସିଲା । ଜଗ୍ ଭିତରେ ଥାଇ କୌଶଳରେ କାରାବାସଠାରୁ ସୁନେଲି ଚାବିର ରହସ୍ୟ ବୁଝିପାରିଲା । ବୁଢ଼ା ବଢ଼େଇ କାର୍ଲୋର ଘରେ ଥିବା ନକଲି ଚୁଲାପଛ ପଟେ ସୁନେଲି ଚାବି ଥିବା ଘରର କବାଟ ଅଛି ବୋଲି ବୁରାସିନୋ ଜାଣିବାର ସୁଯୋଗ ପାଇଲା । କୋକିଶିଆଳ ରେନାର୍ଡଠାରୁ କାରାବାସ ବୁରାସିନୋ ଜଗଭିତରେ ଲୁଚିରହିଥିବାର ଜାଣି ପାରିଲା ବୁରାସିନୋ ଜୀବନରକ୍ଷା କରି କୁକୁଡ଼ାର ଲାଞ୍ଜ ଧରି ଧାଇଁ ପଳାଇଲା । ପରେ ବୁରାସିନୋ, ନିଜର ସାଥୀ ପିରଟ୍ ଓ ମାଲ୍‌ଭିନା

ସହିତ ଗାଡିରେ ଯାଉଥିବା ସମୟରେ ବାଟରେ ଗାଡିଟି ଓଲଟି ପଡିଲା । ଫଳରେ ସେମାନେ ନିଜ ନିଜ ପୁଟୁଳି ସହ ଗଡି ଗଡି ଦଳଭିତରେ ପଶିଯାଇଥିଲେ। ମାତ୍ର ବୁରାସିନୋର ସେପରିକିଛି କ୍ଷତି ହୋଇନଥିଲା । ମାଲଭିନା ଓ ପିରଟ୍ ଦେହରେ ବନ୍ଧା ହୋଇଥିବା ଦଉଡିଟିକୁ ବୁରାସନୋ ଖୋଲିଦେଲା । ମାଲ୍‌ଭିନା ପ୍ରେମିକ କବି ପିରଟ୍ ବେକରେ ଝୁଲିପଡ଼ି ତା'ର ଦୁଇ ଗାଲରେ ଚୁମା ଦେଇ ତା'ର ଭୂୟସୀ ପ୍ରଶଂସା କଲା । ତା'ପରେ ତିନିବନ୍ଧୁ ଡୁଫରଚୁମ୍ପ, କାରାବାସ ଆଉ କୋକିଶିଆଳର ଘୋର ନିନ୍ଦା କଲେ । ବୁରାସିନୋ ରାଗରେ କାରାବାସକୁ ଗାଳି ଦେଇ କହିଲା - "ହେ କଣ୍ଢେଇ ଥିଏଟରର୍ ନିର୍ଦ୍ଦେଶକ ! ତୁ ଗୋଟାଏ ବୋକାଙ୍କର ବୋକଚାବୁହା, ମଦୁଆ ବଜ୍ଜାତ୍ ! ଆ ଶୀଘ୍ର ତଳକୁ ଓହ୍ଲାଇ ଆସ । ମୁଁ ଯଦି ତୋ ଦାଢ଼ିରେ ଛେପ ନପକାଇଛି ମତେ ଚିହ୍ନିବୁ"।[୨୮] ବୁଢ଼ା ବଢେଇ କାର୍ଲୋ ପାହାଡ ଉପରେଥାଇ ବୁରାସିନୋ ଓ ସାଥୀ କଣ୍ଢେଇମାନଙ୍କୁ ପାହାଡ଼ତଳେ ଦେଖି ଖୁସିରେ ଅଧୀର ହୋଇଗଲା । କାର୍ଲୋ ସହିତ ସହିତ ମାଲ୍‌ଭିନା, ପିରଟ୍ ଓ ବୁରାସିନୋ ଘରକୁ ଫେରିଲେ । ଘରେ ପହଞ୍ଚି ନିଜପାଖରେ ଥିବା ସୁନେଲି ଚାବିଟିକୁ ଦେଇ କବାଟ ଖୋଲିବା ପାଇଁ ବୁରାସିନୋ ତା'ର ବାପା କାର୍ଲୋକୁ କହିଥିଲା । ସୁନେଲି ଚାବିଟିକୁ ପାଇ ବୁଢ଼ା ବଢେଇ କାର୍ଲୋ କବାଟ ପଛପଟେ କ'ଣ ଅଛି ଜାଣିବା ନିମନ୍ତେ ବେଶ୍ ଉତ୍ସୁକ ହୋଇପଡିଥିଲା । ତା'ର ବର୍ଣ୍ଣନା ଦେବାକୁ ଯାଇ ଅନୁବାଦିକା ବୀଣାପାଣି କହନ୍ତି- "ବହୁଦିନ ତଳେ ଜଣେ କୁଶଳୀ କାରିଗରଟିଏ ଛୋଟ ଦ୍ୱାର ଓ ସୁନେଲି ଚାବିକୁ ଗଢ଼ିଥିଲେ । ଚାଲ ଏବେ ଦେଖିବା କବାଟ ପଛପଟେ କ'ଣ ଲୁଚା ହୋଇ ରହିଛି ?" [୨୯] କାର୍ଲୋ ସୁନେଲି ଚାବି ମାଧ୍ୟମରେ କବାଟକୁ ଖୋଲି ଦେଲାପରେ କରାବାସର ଗର୍ଜନ ଶୁଣିବାକୁ ପାଇଲା । କାରାବାସ ଶିଡ଼ିତଳେ ଥିବା ଛୋଟ କୋଠରୀକୁ ଭାଙ୍ଗିଦେଇ ସେଇ ଘର ଭିତରେ ପଶିଗଲା । ବୁରାସିନୋ, ମାଲଭିନା, ପିରଟ୍ ଓ କାର୍ଲୋ ପଥର ପାହାଚର ସିଡି ଦେଇ ଗୁପ୍ତଦ୍ୱାର ନିକଟରେ ପହଞ୍ଚି ଯାଇଥିଲେ । ମାତ୍ର ସେମାନେ କଣ୍ଢେଇ ଥିଏଟର୍ ହଲ୍ ଓ ପୁରୁଣା କଣ୍ଢେଇର ସଂଧାନ ପାଇଥିଲେ । ଏ ସଂପର୍କରେ ବୁଢ଼ା ବଢ଼େଇ କାର୍ଲୋର ମତ ହେଉଛି - "ମୁଁ ଭାବିଥିଲି କି, ଅତି କମ୍‌ରେ ଆମେ ଏଠି ସୁନାରୂପା ଗଦାଏ ଲେଖାଁ ପାଇବୁ । ଶେଷକୁ ପାଇଲେ ଗୋଟିଏ ପୁରୁଣା ଥିଏଟର୍ ହଲ୍ ଆଉ ପୁରୁଣା କଣ୍ଢେଇ" । [୩୦] କାର୍ଲୋ କାନ୍ଥରେ ଟଙ୍ଗା ହୋଇଥିବା ଘଣ୍ଟାକୁ ଆଣି ଚାବିଦେଇ ଦେବା ମାତ୍ରେ ପକ୍ଷୀଟିଏ ଧାଇଁ ଆସ ଧାଇଁ ଆସ ବୋଲି ଚିତ୍କାର କରିବାକୁ ଲାଗିଲା । ପରେପରେ ଯନ୍ତ୍ର ସଂଗୀତର ସ୍ୱର ଶୁଣିବାକୁ ମିଳିଲା । ମାଲ୍‌ଭିନା ଆଇସ୍‌କ୍ରିମ୍ ଓ ଟିକେଟ୍ ବିକିବାର କଥା କହୁଥିବା ବେଳେ ପିରଟ୍ କବିତାର ସଂଳାପ ଲେଖିବାର ଅଭିଳାଷ ରଖିଥିଲା । କାର୍ଲୋ ବାଦ୍ୟଯନ୍ତ୍ରର ମରାମତି ପାଇଁ ବ୍ୟଗ୍ର ହୋଇଉଠିଲା ନିଜ ଉଦ୍ଦେଶ୍ୟ ସାଧନରେ

ଅସଫଳ କାରାବାସ ମନମାରି ବସିଥିଲା । ହେଲେ ବୁରାସିନୋ ନୂଆ ଥିଏଟରରେ ତା'ର ପ୍ରଥମ ଖେଳ ଦର୍ଶକଙ୍କୁ ଭେଟି ଦେଇଥିଲା । ଏସବୁ ଦେଖି ନିରୁପାୟ କାରାବାସ କେବଳ ଗର୍ଜନ କରିବାରେ ଲାଗିଥିଲା । ଏହିପରି ଭାବରେ ଆଲୋଚ୍ୟ ଶିଶୁ ଉପନ୍ୟାସ 'ସୁନେଲିଚାବି'ର ପରିସମାପ୍ତି ଘଟିଛି । ପିଲାମାନଙ୍କ ଆବେଗକୁ ଧରି ରଖିବାପାଇଁ ଅନୁବାଦିକାଙ୍କ ଉଦ୍ୟମ ସାର୍ଥକ ହୋଇଛି ।

ଅବାସ୍ତବ କଳ୍ପନା ବିଳାସରେ ଆଲୋଚ୍ୟ ଉପନ୍ୟାସଟି ରୁଦ୍ଧିମନ୍ତ ହୋଇ ଉଠିଛି । କଣ୍ଢେଇ କେବେ କଥା କହିପାରେନି । କାଠଗଣ୍ଡି କେବେ କଥାକୁହା କଣ୍ଢେଇରେ ପରିଣତ ହୋଇ ପାରେନାହିଁ । କିନ୍ତୁ ଆଲୋଚ୍ୟ ଉପନ୍ୟାସରେ ତାହାହିଁ ଘଟିଛି ।

ବର୍ଣ୍ଣନାରେ କାବ୍ୟିକତା ତଥା ପଦଲାଳିତ୍ୟରେ ଉପନ୍ୟାସର କାହାଣୀ କଳାଶ୍ରୀମଣ୍ଡିତ ହୋଇଛି । ଏଠାରେ ଅନୁବାଦିକାଙ୍କର ଅନୁବାଦ କ୍ଷେତ୍ରରେ ଥିବା ଅନନ୍ୟ ଦକ୍ଷତାକୁ କଦାପି ଉପେକ୍ଷା କରାଯାଇ ନପାରେ । ପିରଟ୍‌ର କବିତାରୁ ତାହା ସ୍ପଷ୍ଟ ଅନୁମେୟ ।

"ରେ ବିରାଡି ବାସିଲିଓ । ଭିଖାରି ତୁ ଚୋର
ହୀନ ପଶୁ ମୃତ୍ୟୁ ତୋର ହୋଇଛି ଆଖର
ବେଙ୍ଗା ମୁହାଁ ଡୁଫରଚମ୍ପ, ଦୁଷ୍ଟ ପାଜି ଖଣ୍ଟ
କାରାବାସ ଗଧଟାଏ, କାଟିବ ତା' ମୁଣ୍ଡ" ।[୩୧]

ଅନ୍ୟତ୍ର କଣ୍ଢେଇ ଥିଏଟରରେ ବୁରାସିନୋକୁ ଚିହ୍ନିପାରି କଣ୍ଢେଇମାନେ ଗାଇଥିବା ପୋଲକାପକ୍ଷୀର ଗୀତରୁ ଅନୁବାଦିକାଙ୍କର ଅପୂର୍ବକାବ୍ୟିକ ବିଳାସ ଲକ୍ଷ୍ୟ କରିହୁଏ ।

"ଅଣ୍ଟଟି ତାର ଡାହାଣକୁ ଥିଲା
ବାମପଟେ ଥିଲା ଲାଞ୍ଜ
ଛାଇ ଘେରିଥିଲା ଚାରିପଟେ ତା'ର
ଖୁସି ଝଲମଲ କୁଞ୍ଜ" ।[୩୨]

ପଦ୍ୟରୀତିରେ ଚମତ୍କାର ଶବ୍ଦ ସଂଯୋଜନା ଉପନ୍ୟାସର ସାହିତ୍ୟିକ ମୂଲ୍ୟକୁ ପରିବର୍ଦ୍ଧିତ କରିବାରେ ସହାୟକ ହୋଇପାରିଛି । ମାଲଭିନାକୁ ସାନ୍ତ୍ୱନା ଦେବାକୁ ଯାଇ ପିରଟ୍‌ର ଆଶ୍ୱାସନା ମୂଳକ କବିତା ବାସ୍ତବିକ ହୃଦୟସ୍ପର୍ଶୀ । କବିତାର ପଦ ଲାଳିତ୍ୟ ଓ ଛନ୍ଦ ମାଧୁର୍ଯ୍ୟ ପାଠକକୁ ଅଭିଭୂତ କରେ ।

ଆମେ ଏଠି ଦଳ ଉପରେ ଫୁଲ ଘେର ଭିତରେ ବସିଛୁ
ସୁନ୍ଦର ହଳଦୀ ରଙ୍ଗର ଫୁଲ ବାସ୍ନାରେ ଚତୁର୍ଦ୍ଦିଗ ଚମକୁଛି
ସାରା ଗ୍ରୀଷ୍ମ ଋତୁଟି ଆମେ ଖେଳି ବୁଲି ବିତେଇଛୁ
ସାରା ପୃଥିବୀ ଜାଣିବ ଏକା ଏକା ଆମେ ଖୁସିରେ ଅଛୁ । [୩୩]

**ବର୍ଣ୍ଣନା ବିଳାସ:**

ବର୍ଣ୍ଣନାରେ ବୀଣାପାଣିଙ୍କର ପରାକାଷ୍ଠା ଓ ପାରଦର୍ଶିତାକୁ ନିଃସନ୍ଦେହରେ ସ୍ୱୀକାର କରାଯାଇପାରେ । କରାବାସର ରୂପ ବର୍ଣ୍ଣନା କରି ଅନୁବାଦିକା କହନ୍ତି - "ସେ ଲୋକର ଗହଳିଆ ଅଲରା ଦାଢ଼ି ଚଟାଣରେ ଘୁଷୁରୁଥିଲା ରକ୍ତାକ୍ତ ଆଖି ଚତୁର୍ଦ୍ଦିଗ ଚକା ଚକା ଘୂରୁଥିଲା ଏବଂ ତାର ଦାନ୍ତସବୁ ବଡ ପାଟି ଭିତରେ ଏମିତି ଚାପି ହୋଇଥିଲା ଯେ ସେ ଗୋଟାଏ କୁମ୍ଭୀର ପରିଦିଶୁଥିଲା । ହାତରେ ସାତଟି ଛାଞ୍ଚୁଣି ବନ୍ଧା ହୋଇଥିବା ବେତଟିଏ ସେ ଧରିଥିଲା । [୩୪]

ସେହିପରି ନୀଳକେଶି କୁନିଝିଅର ବର୍ଣ୍ଣନା ପ୍ରସଙ୍ଗରେ ଶବ୍ଦ ବିନ୍ୟାସ ଓ ଭାଷା ଶୈଳୀକୁ ଲକ୍ଷ୍ୟ କରିହୁଏ । "ବୁରାସିନୋ ଯୋଉ ଓକ୍ ଗଛ ଡାଳରେ ଝୁଲୁଥିଲା ସେଇ ଡାଳ ସକାଳର ସୂର୍ଯ୍ୟ କିରଣ ବିଛେଇ ହୋଇ ଚାରିପଟରେ ପଡୁଥିଲା । ଘାସ ସବୁ ଧୂସରିଆ ଦିଶିଲା ଏବଂ ନୀଳରଙ୍ଗର ଫୁଲ ଉପରେ ଟୋପା ଟୋପା ଶିଶିର କଣା ଜମି ଉଠିଲା" ।[୩୫]

ଭାଷା-ଶୈଳୀ, ବର୍ଣ୍ଣନା ବିଳାସ ସର୍ବୋପରି ପଦ୍ୟଧର୍ମୀ ଗୀତିମୟତା ଦୃଷ୍ଟିରୁ ଉପନ୍ୟାସଟି ସଫଳ ହୋଇପାରିଛି । ଅନୁବାଦିକାଙ୍କର ସ୍ୱତନ୍ତ୍ରତା ପାଠକରଦୃଷ୍ଟି ଆକର୍ଷଣ କରେ । ତେବେ କଳାତ୍ମକ ମୂଲ୍ୟ ଦୃଷ୍ଟିରୁ ବୀଣାପାଣିଙ୍କର ଏହି ଅନୂଦିତ କୃତିଟିକୁ ଆଦୌ ଉପେକ୍ଷା କରାଯାଇନପାରେ ।

**୫. ପାଚେରି ଓ ଅନ୍ୟାନ୍ୟ ଗଳ୍ପ - ଏକ ବିଚାର ବିମର୍ଶ:**

'ପାଚେରି ଓ ଅନ୍ୟାନ୍ୟ ଗଳ୍ପ' ବୀଣାପାଣିଙ୍କ ରଚିତ ଆଉ ଏକ ଅନୂଦିତ ପୁସ୍ତକ । ଏହା ୨୦୦୪ ମସିହାରେ 'ନ୍ୟାସନାଲ୍ ବୁକ୍ ଟ୍ରଷ୍ଟ', 'ଇଣ୍ଡିଆ' ଦ୍ୱାରା ପ୍ରକାଶିତ ହୋଇଥିଲା । ଏସିଆ ଓ ପ୍ରଶାନ୍ତ ମହାସାଗରୀୟ ଅଞ୍ଚଳର ବହୁ ପଠିତ କାହାଣୀକୁ ନେଇ ରଚିତ ଏହି ସଂକଳନଟି ପିଲାମାନଙ୍କ ପାଇଁ ବେଶ୍ ଉପଯୋଗୀ ହୋଇପାରିଛି । ୟୁନେସ୍କୋର ସହଯୋଗରେ ଏସିଆ ପାସିଫିକ୍ କୋ ପବ୍ଲିକେଶନ୍ ପ୍ରୋଗ୍ରାମ (ଏସିପି) ମାଧ୍ୟମରେ ଏହା ପ୍ରକାଶିତ । ଏହି ଅଞ୍ଚଳର ପ୍ରାୟ କୋଡିଏଟି ରାଷ୍ଟ୍ର ଏଥିରେ ଥିବା ଚିତ୍ର ତଥା ଗଳ୍ପ ଗୁଡିକୁ ଯୋଗାଇବାରେ ସହାୟକ ହୋଇଛନ୍ତି । ଆଲୋଚ୍ୟ ପୁସ୍ତକଟି 'ଏସିପି'ର ଚବିଶିତମ ପ୍ରକାଶନ । ଏହି ଅନୂଦିତ ପୁସ୍ତକଟିରେ ବିଭିନ୍ନ ଦେଶର ମୋଟ୍ ଦଶଟି ଗଳ୍ପ ରହିଛି । ବଙ୍ଗଳାଦେଶ, ଲାଓସ୍, ମାଲଡାଇଭସ୍, ନେପାଳ, ନିଉଜିଲ୍ୟାଣ୍ଡ, ପପୁଆନିଉଗିନି, ରିପବ୍ଲିକ୍ ଅଫ୍ କୋରିଆ, ଶ୍ରୀଲଙ୍କା, ଥାଇଲାଣ୍ଡ ଓ ଜାପାନ ଆଦି ଦେଶର କାହାଣୀ ଏହି ଅନୂଦିତ ସଂକଳନଟିକୁ ସମୃଦ୍ଧ କରିଛି । ବିଭିନ୍ନ ଭାବଧାରାରେ ରଚିତ ଏହି ଗଳ୍ପଗୁଡିକ ମଧ୍ୟରୁ ପିଲାମାନଙ୍କର ମନସ୍ତତ୍ତ୍ୱକୁ ବୁଝିବା ସହଜ ମନେ ହୋଇଥାଏ ।

ଏହି ଅନୂଦିତ ସଂକଳନର ପ୍ରଥମ ଗଳ୍ପ 'ପୁରସ୍କାର' ବଙ୍ଗଳାଦେଶ କାହାଣୀ ଉପରେ ଆଧାରିତ। ବିଦ୍ୟାଳୟ ପରିସର ଭିତରେ କୌତୁକପୂର୍ଣ୍ଣ ବେଶ ପୋଷାକକୁ ନେଇ ଅନୁଷ୍ଠିତ ପ୍ରତିଯୋଗିତାରେ ପ୍ରଥମ ପ୍ରତିଯୋଗୀଙ୍କୁ ପୁରସ୍କାର ପ୍ରଦାନ ଉପରେ ପର୍ଯ୍ୟବେସିତ ଆଲୋଚ୍ୟ କାହାଣୀର କଥାବସ୍ତୁ।

ବିଦ୍ୟାଳୟ ନିକଟସ୍ଥ ପାର୍କରେ ଆରମ୍ଭ ହୋଇଛି 'କୌତୁକ ପୋଷାକ ପ୍ରତିଯୋଗିତା'। ଏହି ପ୍ରତିଯୋଗିତାରେ ମା' ମାନେ ସେମାନଙ୍କ ସନ୍ତାନସନ୍ତତିକୁ କୌତୁକପୂର୍ଣ୍ଣ ପୋଷାକ ପିନ୍ଧାଇ ବେଶ୍ ଚମତ୍କାର ଭାବେ ସଜାଇଛନ୍ତି। ଗୋଟେ ଝିଅ ଚୀନ୍ ଦେଶର ପୋଷାକ ପରିଧାନ କରିଥିବା ବେଳେ ଆଉ ଜଣେ ଆଦିବାସୀ ପୋଷାକରେ ନିଜକୁ ସଜାଇ ସୁନ୍ଦର ଦେଖା ଯାଉଛି। ଗୋଟେ ପୁଅ ବିରାଡିର ମୁଖା ପିନ୍ଧି ଆସିଛି ତ ଆଉ ଗୋଟେ ପୁଅ ଦସ୍ୟୁ ପୋଷାକ ପରିହିତ ହୋଇ ଅଣ୍ଟାରେ ବନ୍ଧୁକ ଧାରଣ କରିଛି। ଆଉ ଗୋଟେ ପିଲା ଶିକାରୀ ପୋଷାକ ପରିଧାନ କରି ହାତରେ ପିସ୍ତଲ ଧରି ଛିଡା ହୋଇଛି। ଇଜାଦ୍ ପାର୍କରେ ବସିରହି ଏ ସମସ୍ତ ଦୃଶ୍ୟକୁ ଉପଭୋଗ କରିଛି। ପ୍ରତିଯୋଗୀମାନଙ୍କୁ ସେମାନଙ୍କର ଅଭିଭାବକଙ୍କ ସହିତ ଦେଖି ଇଜାଦ୍ ବି ତା ମା' କଥା ମନେ ପକାଇଛି। ତେବେ ସେଇ ସବୁ ପିଲା ମାନଙ୍କର ଅଭିଭାବକ ହୋଇ ଆସିଥିବା ସ୍ତ୍ରୀ ଲୋକମାନେ ଇଜାଦ୍‌ର ପୋଷାକକୁ ନେଇ ବିଭିନ୍ନ ଟିପ୍ପଣୀ ପ୍ରଦାନ କରିଛନ୍ତି। ମିସେସ୍ ମଜୁମ୍‌ଦାର, ରୁବି ଚୌଧୁରୀ, ଲିଲିଖାନ୍, ହାଜେରା ତାଲୁକ୍‌ଦାର ଆଦି ବିଭିନ୍ନ ମନ୍ତବ୍ୟ ଦେଇଛନ୍ତି। ଇଜାଦ୍ ଯେ ପ୍ରଥମ ପୁରସ୍କାର ପାଇବ ସେମାନଙ୍କର ଧାରଣା ହୋଇଛି। ସଂଧ୍ୟାବେଳକୁ ଏହି ପ୍ରତିଯୋଗିତାର ବିଚାରକମଣ୍ଡଳୀ ଆସିଛନ୍ତି। ଇଜାଦ୍‌ର ନିଖୁଣ ଭିକାରୀ ବେଶ ସେମାନଙ୍କର ଦୃଷ୍ଟି ଆକର୍ଷଣ କରିଛି। ଇଜାଦ୍‌କୁ ଅଭିଭାବକମାନେ ଫିରୋଜାବାନୁର ପୁଅ ବୋଲି ଧରି ନେଇଥିଲେ। ଫିରୋଜାବାନୁଙ୍କ ସୌନ୍ଦର୍ଯ୍ୟ କଳାର ପ୍ରଂଶସା କଲାବେଳେ ପିଲାଟି ତାଙ୍କ ପୁଅ ନୁହେଁ ବୋଲି ସ୍ପଷ୍ଟ ମନା କରିଦେଇଥିଲା। କ୍ରୋଧରେ ଅଣାୟତ ଫିରୋଜାବାନୁ ଇଜାଦ୍ ଗାଲରେ ଚାପୁଡା ବସାଇ ଦେଇ ପାର୍କକୁ କିପରି ଆସିଛି ବୋଲି ପ୍ରଶ୍ନ କରିଥିଲେ। ଇଜାଦ ଯେ ନିଜେ ଭିକାରୀ ପିଲା ତା ମୁହଁରୁ ଏକଥା ଶୁଣିବା ପରେ ରେଜେନା ମଲ୍ଲିକ୍ ଚିତ୍କାର କରି ଅଭିଭାବକମାନଙ୍କ ଉଦ୍ଦେଶ୍ୟରେ କହିଲେ - "ହେ ଭଗବାନ୍ ରକ୍ଷାକର ! ଏ ଗୋଟିଏ ରାସ୍ତାର ଭିକାରୀ। ତମେମାନେ ସମସ୍ତେ ଭାବିଥିଲ ଯେ ଖୁବ୍ ସୁନ୍ଦର ନିଜକୁ ସଜାଇପାରିଛି। କିନ୍ତୁ ପ୍ରକୃତରେ ଏ ପିଲାର ଦେହସାରା ଧୂଳି ମଇଳା ଭର୍ତ୍ତି ହୋଇ ରହିଛି" ।[୩୬] ପ୍ରତିକ୍ରିୟାଶୀଳ ରେବା ସରକାର ପିଲାଟିକୁ ପୁରସ୍କାର ସ୍ୱରୂପ ଚାପୁଡା ମାରିଥିଲେ ଏବଂ ମିସେସ୍ ଖଣ୍ଡୋକର ହାତ ମଇଳା ହୋଇଯିବା ଆଶଙ୍କାରେ ହାଇହିଲ୍ ଜୋତାରେ ଗୋଇଠା ମାରିଥିଲେ। ଆସନ୍ନ ବିପଦରୁ ନିଜକୁ ରକ୍ଷା କରିବାକୁ

ଯାଇ ଇଜାଦ୍ ପାର୍କର ବାହାରକୁ ଦୌଡି ପଳାଇ ଯାଇଥିଲା । ଜଣେ ନିରୀହ ନିର୍ଦ୍ଦୋଷ ପିଲା ପ୍ରତି ହୋଇଥିବା ଅମାନୁଷିକ ବ୍ୟବହାର ଉକ୍ତ କାହାଣୀରେ ପ୍ରତିଫଳିତ ହୋଇଛି । ସେ ପିତୃମାତୃ ପରିଚୟହୀନ ଗରିବ ଅସହାୟ ପିଲା ହୋଇଥିବାରୁ ମାଡ ଗାଳି ହିଁ ଥିଲା ତା'ପାଇଁ ପ୍ରଥମ ପୁରସ୍କାର ।

କିଶୋର ପ୍ରାଣରେ ପ୍ରେମର ଝଙ୍କାର ନିସୃତ ହୋଇଛି 'ନୀରବ ପ୍ରେମ' କାହାଣୀରେ । ଅନ୍ଧ ପ୍ରେମର ପରିଣତି କେତେ ମାରାତ୍ମକ ହୋଇପାରେ 'ନୀରବ ପ୍ରେମ'ରେ ତାହା ପ୍ରତିପାଦିତ ହୋଇଛି । କୃଷିକୁ ଜୀବିକା କରି ବଞ୍ଚୁଥିବା ପିତାର ସନ୍ତାନ ବୁନ୍‌ଥଂଗ । ବୁନ୍‌ଥଂଗ ଜଣେ ଛାତ୍ର । ନିଜର ଅଧ୍ୟବସାୟ ଓ ଗଭୀର ନିଷ୍ଠା ଯୋଗୁ ବୃତ୍ତି ପାଇ ଅଧିକ ପଢିବାର ସୁଯୋଗ ପାଏ । ଆର୍ଥିକ ଅସ୍ୱଚ୍ଛଳତା  ତା'ପରି ମେଧାବୀ ଛାତ୍ରର ଅଧ୍ୟୟନ ନିମନ୍ତେ ପ୍ରତିବନ୍ଧକ ହୋଇପାରେନି । ଖାମ୍‌ତାନ, ଫାୟାଭାନ୍‌କୁ ନିଜର ବନ୍ଧୁ ଭାବରେ ଗ୍ରହଣ କରି ବୁନ୍‌ଥଂଗ ବେଶ୍ ଆନନ୍ଦରେ ଛାତ୍ର ଜୀବନ ଅତିବାହିତ କରେ । ମାଲିବାନ୍ ତା' ଜୀବନର ପରିଧିକୁ ଆସିଲା ପରେ ମେଧାବୀ ଛାତ୍ର ବୁନ୍‌ଥଂଗର ଦୃଷ୍ଟିଭଙ୍ଗୀ କ୍ରମଶଃ ବଦଳିବାକୁ ଲାଗେ । ମାଲିବାନ୍ ଥିଲା ବୁନ୍‌ଥଙ୍ଗର ସ୍କୁଲ୍ ସହପାଠିନୀ । ଉଚ୍ଚଶିକ୍ଷାପାଇଁ ପରସ୍ପର ପରସ୍ପରଠାରୁ ବିଚ୍ଛିନ୍ନ ହୋଇଯାଇଥିଲେ । ସ୍କୁଲ୍‌ରେ ନିହାତି ମେଳାପୀ, ସ୍ନେହୀ ଦରଦୀ ମାଲିବାନ୍ ଜଣେ ଧନୀର କନ୍ୟା ବୋଲି ଆଦୌ ପ୍ରତୀୟମାନ ହେଉନଥିଲା । ଅଚାନକ ବହୁ ଦିନପରେ ମାଲିବାନ୍ ସହିତ ଭିଏଟନାଇନ୍‌ରେ ତା'ର ଦେଖା ହୋଇଯାଏ । ବର୍ଷାରେ ଓଦା ହୋଇଯାଉଥିବା ସମୟରେ ବୁନ୍‌ଥଂଗଙ୍କୁ ସାହାଯ୍ୟ କରିବାକୁ ଯାଇ ମାଲିବାନ୍‌ର ସଂପର୍କ ଘନିଷ୍ଠ ହୁଏ । ଦୁହିଁଙ୍କ ସଂପର୍କ ନିବିଡ ହେଲେ ମଧ୍ୟ ବୁନ୍‌ଥଂଗ କେବେ ମାଲିବାନ୍‌କୁ ତାର ପ୍ରେମର ସୂଚନା ଦେଇ ପାରେନି ।ଉଭୟ ପରିବାରର ତାରତମ୍ୟ ହିଁ ଏଥିପାଇଁ ଦାୟୀ । ଅନୁବାଦିକା ବୀଣାପାଣି ବୁନ୍‌ଅଂଗର ମାନସିକ ଭାବାବେଗକୁ ବର୍ଣ୍ଣନା ଦେବାକୁ ଯାଇ କହନ୍ତି – "ବୁନ୍‌ଥଙ୍ଗ ମାଲିବାନ୍‌କୁ ସମସ୍ତଙ୍କଠାରୁ ଅଧିକ ଭଲ ପାଉଥିଲା; ମାତ୍ର ତା'ର ଓ ମାଲିବାନ୍‌ର ଜୀବନଧାରାକୁ ସେ ବାରମ୍ବାର ତଉଲି ଚାଲିଥିଲା । ସେହି ପାର୍ଟିରେ ଖାମ୍‌ଫାନ୍ ମାଲିବାନ୍‌କୁ ଭଲପାଏ ବୋଲି ଖୋଲା ଖୋଲି କହିଦେଇଥିଲା ।"

"ବୁନ୍‌ଥଂଗ ଗରିବ ଥିଲା ଓ ତା'ର ନିଜ ବ୍ୟତୀତ ଅନ୍ୟ କିଛି ଦେବାକୁ ନଥିଲା ବେଳେ ସେ କାହିଁକି ଭାବିବ ଯେ ଗୋଟିଏ ଧନୀ ଝିଅ ଜଣେ ଚାଷୀ ପୁଅକୁ ପାଇ ସନ୍ତୁଷ୍ଟ ହେବ' । [୩୭] ମାଲିବାନ୍‌ର ପିତା ମିଃ ଫାଡି ତାର ଜନ୍ମଦିନ ଉପଲକ୍ଷେ ଏକ ପାର୍ଟିର ଆୟୋଜନ କରନ୍ତି । ସେଥିରେ ବହୁ ଧନାଢ୍ୟ ବ୍ୟକ୍ତିଙ୍କ ପୁଅ ଯୋଗ ଦିଅନ୍ତି । ସେମାନଙ୍କ ଭିତରେ ଆର୍ମି ଜେନେରାଲଙ୍କ ପୁଅ ଖାମ୍‌ଫାନ୍ ଥିଲା ଅନ୍ୟତମ । ଖାମଫାନ୍ କେବଳ ସୁସ୍ଥ ସୁନ୍ଦର ନଥିଲା ଭଲ ଗୀଟାରବାଦକ ମଧ୍ୟ ଥିଲା ସେହି ପାର୍ଟିରେ ଖାମ୍‌ଫାନ୍

ମାଲିବାନ୍‌କୁ ଭଲ ପାଏ ବୋଲି ଖୋଲା ଖୋଲି କହି ଦେଇଥିଲା। କ୍ରମେ ଖାମଫାନ୍ ସହିତ ମାଲିବାନ୍‌ର ସଂପର୍କ ଘନିଷ୍ଠ ହୁଏ। ବୁନ୍‌ଥଂଗ ଏହା ଜାଣିବା ପରେ ନିରୂପାୟ ହୋଇ ଭିଙ୍ଗ-ଲେଟରୀ କ୍ଲବର ମୁଖ୍ୟ ସଂଗୀତଜ୍ଞ ସିରୀର ସାହାଯ୍ୟ ନିଏ। ପରେ ଗିଟାର ବଜାଇବାର ଅଭ୍ୟାସ କରି ମଦ୍ୟପାନ କରିବାକୁ ଲାଗେ। କ୍ଲବ, ଗିଟାର ଓ ମଦ୍ୟପାନରେ ବ୍ୟସ୍ତ ରହିବାରୁ ଦିନକୁ ଦିନ ବୁନ୍‌ଥଂଗର ଗ୍ରେଡ୍‌ସ ଖରାପ ହେବାକୁ ଲାଗେ। ଦ୍ୱିତୀୟ ବାର୍ଷିକ ପରୀକ୍ଷାରେ ଶୋଚନୀୟ ଭାବେ ଖରାପ ରେଜଲ୍ଟ କରିଥିବାରୁ ପୁଣି ଥରେ ବର୍ଷେ ପଢିବା ପାଇଁ କଲେଜରୁ ଚିଠି ଆସେ। କିନ୍ତୁ ମାଲିବାନ୍ ପ୍ରେମରେ ପାଗଳ ବୁନ୍‌ଥଂଗ ଏହାକୁ ଭ୍ରୂକ୍ଷେପ କରେନାହିଁ। ମଦ୍ୟପାନରେ ମାତାଲ୍ ସିରୀ ଟ୍ରକ୍ ଧକ୍କାରେ ମୃତ୍ୟୁବରଣ କଲାପରେ କ୍ଲବର ମ୍ୟାନେଜର ବୁନ୍‌ଥଂଗକୁ ଚାକିରୀରୁ ବହିଷ୍କାର କରିଦିଅନ୍ତି। କ୍ଲବରୁ ଫେରି ଦିନେ ରାତିରେ ନିଜେ ରହୁଥିବା ଫ୍ଲାଟରେ ଅନେକ ଚିଠି ଗଦା ହୋଇଥିବାର ଦେଖେ ବୁନ୍‌ଥଂଗ। ସେଥିରୁ ଗୋଟିଏ ଏକ୍ସପ୍ରେସ୍ ଲେଖା ଦେଖି ଖୋଲି ପଢିବାକୁ ଲାଗେ। ସେହି ପ୍ରିୟ ପରିଚିତ ଅକ୍ଷରର ଚିଠି ତା ବାପାର ବୋଲି ଜାଣିପାରେ ବୁନ୍‌ଥଂଗ। ଜଣେ କୃଷକ ବାପାର ଅସହାୟତାକୁ ବର୍ଣ୍ଣନା ଦେବାକୁ ଯାଇ ଅନୁବାଦିକା କହନ୍ତି - "ପ୍ରିୟ ପୁତ୍ର ମୋର ! ମତେ କିଛି ଭୟଙ୍କର ଦୁଃଖଦ ଖବର ତୋତେ ଦେବାକୁ ହେଉଛି। ତୋର ସାନ ଭଉଣୀ ଆଜି ସଂଧ୍ୟାରେ ସବୁଦିନ ପାଇଁ ଚାଲିଗଲା। କେତେଦିନ ଧରି ସେ ରୋଗ ଭୋଗୁଥିଲା, ଯେମିତି ମୁଁ ଲେଖିଥିଲି ପୂର୍ବରୁ ଡାକ୍ତର ଆଉ ଅଧିକ କିଛି କରିପାରିବେନି ଯେହେତୁ ଔଷଧ ମିଳୁ ନାହିଁ ଓ ଖାଦ୍ୟ ପଦାର୍ଥ ଏଠାରେ ଅତି କମ୍ ରହିଛି। ମୁଁ ଆଶାକରେ ତୋର ପଢା-ପଢି ଦ୍ରୁତ ଗତିରେ ଚାଲିଛି ଏବଂ ମୋର ପ୍ରାର୍ଥନା ଯେ ତୁ ଯେବେ ଘରକୁ ଫେରି ଆସିବୁ ଆମେ ଭଲରେ ରହିପାରିବୁ'। (୩୮)

କ୍ଲବ ଓ ମଦ୍ୟ ପାନରେ ବ୍ୟସ୍ତ ରହି ପାଠ ପଢାରୁ ବିରତ ହୋଇ ସାରିଥିଲା ବୁନ୍‌ଥଂଗ। ତାର ସାଙ୍ଗ ଖାମ୍‌ତାନ୍, ଫାୟାବାନ୍ ଓ ମାଲିବାନ୍ ମହାବିଦ୍ୟାଳୟରେ ତୃତୀୟ ବର୍ଷରେ ପଢିବା ପାଇଁ ଉପସ୍ଥିତ ଥିଲେ। ନୀରବରେ ସେମାନେ ବୁନ୍‌ଥଂଗର ସାନ୍ନିଧ୍ୟ ଲୋଡୁଥିଲେ। ଶେଷ ବେଞ୍ଚରେ ବୁନ୍‌ଥଙ୍ଗକୁ ଦେଖି ମାଲିବାନ୍, ଖାମତାନ ଓ ଫାୟାବାନ୍ ଆବେଗରେ କୁଣ୍ଢାଇ ଧରିଲେ। ନିଜବନ୍ଧୁ ମାନଙ୍କର ନିବିଡ ଅନ୍ତରଙ୍ଗତାରେ ପୁଣିଥରେ ଭଲପିଲା ହୋଇ ନୂଆ କରି ଜୀବନ ଆରମ୍ଭ କରିପାରିବ ବୋଲି ବୁନ୍‌ଥଂଗ ଆଶାବାଦୀ ହୋଇ ପାରିଥିଲା।

'ମାଲଡାଇଭସ୍' ଦେଶର କାହାଣୀ ଉପରେ ଆଧାରିତ 'ରୂପା ସିଲିଣ୍ଡର' ଗଳ୍ପ। ମାଇଡାଇଭସ୍‌ର ଦ୍ୱୀପ ଅଧିବାସୀଙ୍କ ମଧ୍ୟରୁ କେତେକ ପୋଡି ଯାଇ ଯନ୍ତ୍ରଣାରେ ସଢୁଥିଲେ। ରାଜଧାନୀ ମାଲେରେ ଏ ସଂବାଦ ପହଞ୍ଚିବା ପରେ ସାହାଯ୍ୟକାରୀ ଦଳ

ଦ୍ୱୀପ ଅଭିମୁଖେ ଯାତ୍ରା କରିଥିଲେ। ମାଛ ଧରାଳି କେଉଟମାନେ ମାଛଧରା ଧୋନିକୁ ଦ୍ୱୀପର ଗୋଟିଏ ପାଖରେ ଅଟକାଇ ଦେଇ ପାଣିରେ ରୂପା ସିଲିଣ୍ଡର ଭଳି କ'ଣ ଗୋଟେ ଭାସୁଥିବାର ଦେଖିବାକୁ ପାଇଲେ। କେହି କେହି ଏହାକୁ ଏସ୍‌ଟାଇଲିନ୍ ସିଲିଣ୍ଡର ଆଉ କେହି 'ବୋମା' ବୋଲି ଭାବୁଥିଲେ। ତେବେ ସେମାନେ ଏ ସଂପର୍କରେ କ୍ୟାପ୍‌ଟେନ୍ ହସନ୍‌ଫୁଲୁକୁ ଜଣାଇଦେଇ 'ଧୋନିକୁ ମାଛଧରା ଜାଗା ଆଡକୁ ବାହିନେଲେ। ହସନ୍‌ଫୁଲୁ ଦ୍ୱୀପ ଅଫିସରେ ପହଞ୍ଚି କିରାଣୀକୁ ସିଲିଣ୍ଡର ସଂପର୍କରେ ଅବଗତ କରାଇ ଦେଲା। ଅନୁସଂଧାନକାରୀ ଖବର ଦେଉଥିବା ବ୍ୟକ୍ତି ଜଣଙ୍କର ଭଲ ଇଂରାଜୀ ଜ୍ଞାନ ନଥିବାରୁ ସେ ମାଲେକୁ ପଠାଉଥିବା ଖବର ଭବିଷ୍ୟତରେ ଭୁଲ ବୁଝାମଣାର କାରଣ ହେବ ବୋଲି ଜାଣିପାରି ନଥିଲା। ଭୟାନକ ଘଟଣା ଘଟିବାର ସମ୍ଭାବନା ଥିବାରୁ ଦ୍ୱୀପଟିକୁ ନିଷିଦ୍ଧାଞ୍ଚଳ ଭାବରେ ଘୋଷଣା କରାଯାଇଥିଲା। ମାଲେ ଓ ଦ୍ୱୀପ ମଧ୍ୟରେ ଯୋଗାଯୋଗ ବନ୍ଦ ହୋଇଯିବା ଫଳରେ ଷାଠିଏରୁ ଊର୍ଦ୍ଧ୍ୱ ପିଲା, ଦଶଜଣ ବୃଦ୍ଧ, ଚଉଦ ଜଣ ବୃଦ୍ଧା ମୃତ୍ୟୁ ମୁଖରେ ପଡିଥିଲେ। ୧୨୨ ଜଣ ମର୍ମନ୍ତୁଦ ଯନ୍ତ୍ରଣାଗ୍ରସ୍ତ ଥିଲେ। ସାହାଯ୍ୟକାରୀ ଦଳ ଘଟଣା ସ୍ଥାନରେ ପହଞ୍ଚି ଜୀବାଣୁ ନାଶକ ଔଷଧ ଚତୁର୍ଦ୍ଦିଗରେ ବିଞ୍ଚି ଦେଇଥିଲେ। ଦ୍ୱୀପ ବାସୀଙ୍କୁ ଭୟଭୀତ ନହେବା ପାଇଁ ସାହାଯ୍ୟକାରୀ ଦଳର ମୁଖ୍ୟ ଆଶ୍ୱାସନା ଦେଇଥିଲେ। ହାସନ୍ ଫୁଲୁର ଭିଣୋଇମାନେ ରୂପା ସିଲିଣ୍ଡର ଆଣିବାକୁ ଯାଇଥିଲେ। ସେମାନେ ସିଲିଣ୍ଡରକୁ କାନ୍ଧରେ ନେଉଥିବା ସମୟରେ କଥିବ୍ ଗ୍ରାମଠାରୁ କିଛି ଦୂରରେ ଘଡଘଡିଠାରୁ ଅଧିକ ଭୟାନକ ଶବ୍ଦ ଶୁଣିବାକୁ ପାଇଲେ। ଚତୁର୍ଦ୍ଦିଗ ଅନ୍ଧକାର ଦେଖାଗଲା। ପରବର୍ତ୍ତୀ ସମୟରେ କ'ଣ ହେଲା କଥିବ୍ ଜାଣିପାରିଲେନି। ପିଲାମାନଙ୍କ ମନୋରଞ୍ଜନ ପାଇଁ ରୋମାଞ୍ଚକର ମନେ ହେଉଥିବା ଏ କାହାଣୀଟି ବେଶ୍ ଉପାଦେୟ ହୋଇପାରିଛି।

ପୁରସ୍କାର ବିତରଣୀ ଉତ୍ସବରେ ଯୋଗ ଦେବାକୁ ଥିବା ଜଣେ ବାଳକର ଓଠରେ ଏକ ବଢୁଥିବା ଅଂଶକୁ ନେଇ ଦେଖା ଦେଇଥିବା ଦୁଃଖଦ ମାନସିକ ଅବସ୍ଥାର ଚିତ୍ର 'ଗୋଟିଏ ସ୍ଥାନର ଅଂଶ ବିଶେଷ' କାହାଣୀରେ ପ୍ରଦାନ କରାଯାଇଛି। କେରିନ୍ ଓ ଜେସନ୍ ଦୁଇ ଭାଇ। ବଡ ଭାଇ ଜେସନ୍ ଓ ସାନଭାଇ କେରିନ୍। କେରିନ୍ ସ୍କୁଲର ଛାତ୍ର। ସ୍କୁଲ୍‌ର ପୁରସ୍କାର ବିତରଣ ଉତ୍ସବରେ ଖେଳାଳୀ ଭାବେ ପୁରସ୍କାର ପାଇବା ପାଇଁ କେରିନ୍ ଯୋଗ୍ୟ ବିବେଚିତ ହୋଇଛି। ହେଲେ କେରିନ୍‌ର ସରସତା ନଷ୍ଟ ହୋଇଯାଇଛି ଓଠରେ ବଢୁଥିବା ଦାଗଟିକୁ ନେଇ। ତାର ମା' ବୟସ ବଢିବା ସହ ଦାଗ ଦେଖା ଦେଇଥାଏ ବୋଲି କହିଛନ୍ତି ପୁଣି ସମୟ ଆସିଲେ ତାହା ଆପେ ଆପେ ଲିଭିଯିବାର ଆଶ୍ୱାସନା ଦେଇଛନ୍ତି। କିନ୍ତୁ କେରିନ୍‌ର ମନ ବୁଝିନି। ହଠାତ୍ ଦିନେ କେରିନ୍ ଦର୍ପଣ ସାମ୍ନାରେ ନିଜ ମୁହଁ ଆଉ ଓଠକୁ ଦାଗ ବିହୀନ ହେବାର ଲକ୍ଷ୍ୟକରି

ଖୁସି ହୁଏ । ଦାଗ ହୋଇ ଲିଭିଯାଇଥିବା ସ୍ଥାନରେ ହାତ ମାରିଲେ ପୁଣି ନୂଆ ଦାଗ ସୃଷ୍ଟି ହୁଏ ବୋଲି କେରିନ୍‌ର ମା' ବୁଝାଇଛନ୍ତି ।

ଛାତ୍ର ଜୀବନରେ ଉଚ୍ଛୃଙ୍ଖଳତାର ପରିଣତି ଯେ ଭୟାଭୟ ତାହା ପ୍ରମାଣିତ ହୋଇଛି 'ସମସ୍ତଙ୍କ ପ୍ରାପ୍ୟ କ'ଣ ସମାନ' ଅନୂଦିତ କାହାଣୀରେ । ଉଚ୍ଛୃଙ୍ଖଳତା, ବେପରୁଆ ଭାବ ଛାତ୍ର ଜୀବନରେ ଆଦୌ ସ୍ପୃହଣୀୟ ନୁହେଁ । ସୁମନା, ଆଇକି, ଆଜସି ତିନିଜଣ ହେଉଛନ୍ତି ବନ୍ଧୁ । ସମସ୍ତେ ବି.ଏ. ପଢନ୍ତି, କଲେଜର ଛାତ୍ରଛାତ୍ରୀ ସେମାନେ । ତେବେ ଆଜସି ଅପେକ୍ଷା ଆଇକି ସହିତ ସୁମନାର ସଂପର୍କ ଘନିଷ୍ଠ। ଅଙ୍କ କଷୁ କଷୁ ବିରକ୍ତିରେ କାଗଜକୁ ଟୁକୁରା ଟୁକୁରା କରି ଚିରି ଦେଇ ବସିଥିବା ସମୟରେ ପହଞ୍ଚେ ଆଇକି । ଆଇକି ସହିତ ସୁମନା ବାହାରକୁ ବୁଲିବାକୁ ବାହାରିଯାଏ । ଶେଷରେ ଦୁହେଁ ପହଞ୍ଚନ୍ତି ମିଃ କେମ୍ପଟନଙ୍କ ଘରେ । ଅଧ୍ୟାପକମାନଙ୍କ ଭିତରେ ମିଃ. କେମ୍ପଟନ ମେଳାପୀ । ମିଃ. କେମ୍ପଟନଙ୍କ ଘରେ ସୁମନା ଓ ଆଇକି କଫି ପିଇଛନ୍ତି । କଫି ପିଇବା ସମୟରେ ଆଇକିକୁ ତାର ଚରିତ୍ର ସମ୍ପର୍କରେ ଆକ୍ଷେପ କରିଛି ସୁମନା । ମାତ୍ର ଆଇକି ନିଜକୁ ଜଣେ ଉତ୍ତମ ଭକ୍ତ ତଥା ଖ୍ରୀଷ୍ଟିୟାନ୍ ଧର୍ମାଲମ୍ବୀ ବୋଲି ପରିଚୟ ଦେଇଛି । ମିଃ. କେମ୍ପଟନ ଏହା ଶୁଣିବାପରେ ଉତ୍ତ୍ୟକ୍ତ ହୋଇ କହିଛନ୍ତି – 'ସେତିକି ଯଥେଷ୍ଟ ହେଲା । ଯେଉଁ ଲୋକମାନେ ନିଜକୁ ଖ୍ରୀଷ୍ଟିଆନ୍ କହିଥାନ୍ତି ମୁଁ ସେମାନଙ୍କୁ ମୋଟେ ବରଦାସ୍ତ କରିପାରେନା । ସେମାନେ ଭୀଷଣ ଛଳନାକାରୀ ଏବଂ ସେପରି ଲୋକଙ୍କ ସଂଖ୍ୟା ପୃଥିବୀରେ କମ୍ ନାହିଁ' । (୩୯) କେମ୍ପଟନଙ୍କ ଘରେ ସେଦିନ ରାତିରେ ଗୋଟିଏ ଝିଅକୁ ନେଇ ଅପ୍ରୀତିକର ଘଟଣା ଘଟିଥିଲା । ଅଧକ୍ଷ ମହୋଦୟ ମିଃ. କେମ୍ପଟନଙ୍କୁ ଏ ସଂପର୍କରେ ପ୍ରଶ୍ନ ପଚାରୁଥିଲେ । ଅଧକ୍ଷଙ୍କ କଥାରେ ମର୍ମାହତ ହୋଇ କେମ୍ପଟନ ନିଜ ରୁମ୍‌କୁ ଚାଲିଯାଇଥିଲେ । ସେଦିନ ଶୁଭରାତ୍ରି କହି ସୁମନା ସମସ୍ତଙ୍କଠାରୁ ବିଦାୟ ନେଇଥିଲା । ବି.ଏ ପରୀକ୍ଷା ପାଖେଇ ଆସୁଥିବାରୁ ଆଇକି ସହିତ ସୁମନାର ଆଉ ଦେଖା ହୋଇ ପାରେନି । ମିସ୍ ବକ୍ସନକୁ ଧର୍ଷଣ କରିବାର ଅପରାଧ ବୋଧରେ ଗ୍ରାଜୁଏସନ୍ ପରୀକ୍ଷା ନଦେଇ ଆଇକି ଘରକୁ ଚାଲି ଯାଇଥିବାର ଦିନେ ଶୁଣିବାକୁ ପାଏ ସୁମନା । ନିଜ ପ୍ରିୟ ସାଙ୍ଗର ଅନୁପସ୍ଥିତି ତାକୁ ମର୍ମାହତ କରେ । ଆଲୋଚ୍ୟ ଗଳ୍ପରେ ଛାତ୍ର ଜୀବନର ଅପରିଣାମଦର୍ଶିତା ପ୍ରତି ଅଙ୍ଗୁଳି ନିର୍ଦ୍ଦେଶ କରିଛନ୍ତି ଅନୁବାଦିକା ବୀଣାପାଣି ମହାନ୍ତି ।

ନିଷ୍ଠା ଓ ସାଧନା ବଳରେ ମଣିଷର ଇଚ୍ଛା ଓ ସ୍ୱପ୍ନ କେତେକାଂଶରେ ପୂରଣ ହୋଇଥାଏ ତାହା ପ୍ରତିପାଦିତ ହୋଇଛି ଆଲୋଚ୍ୟ ଅନୂଦିତ ପୁସ୍ତକର ଜାପାନ ଦେଶର କାହାଣୀରେ । ସେଲୋ ବାଦକ ଭାବେ ନିଜକୁ ପ୍ରତିଷ୍ଠା କରିବା ପାଇଁ ଗୋର୍ଶର ଆପ୍ରାଣ ଉଦ୍ୟମ ଉକ୍ତ କାହାଣୀକୁ ରୁଦ୍ଧିମନ୍ତ କରିଛି । ବିଲେଇ, କୋଇଲି, ମୁଷା ଆଦିଙ୍କ

ଅନୁରୋଧରେ ସେଲୋ ବଜାଇ ପରିଶେଷରେ ଗୋର୍ଶ ଶ୍ରୋତାଙ୍କର ମନକୁ କିଣିପାରିଛି। ବିଭିନ୍ନ ସ୍ଥାନରେ ଘୁରି ଘୁରି ଯାତ୍ରା ଦେଖାଉଥିବା ଦଳରେ ଗୋର୍ଶ ସେଲୋ ବାଦନ କରୁଥିଲା। ମାତ୍ର ସେଲୋ ବାଦନରେ କୁଶଳୀ ଓ ଦକ୍ଷ ନଥିବାରୁ ଅର୍କେଷ୍ଟ୍ରା ଦଳର ମାଷ୍ଟ୍ରଙ୍କଠାରୁ ଗୋର୍ଶ ଅନେକ ସମୟରେ ଗାଳି ଶୁଣୁଥିଲା। ଏକଦା ସେଲୋ ବାଦନରେ ସ୍କେଲରେ ତାଳମେଳ ନଦେଖି ମାଷ୍ଟର ଗୋର୍ଶକୁ ଗାଳିଦେଇ କହିଥିଲେ – 'ଗୋର୍ଶଗୋର୍ଶ ! ତୁମେ ଅସୁବିଧାର ଗୋଟେ ମୁଖ୍ୟ କାରଣ। ତୁମର ଆଦୌ କୌଣସି ଭାବନା ପ୍ରକାଶ ପାଇନି। ରାଗ ନାହିଁ, ଆନନ୍ଦ ନାହିଁ କି ଅନୁଭୂତିର ଚିହ୍ନ ବର୍ଣ୍ଣ ନାହିଁ। ଏମିତିକି ତୁମେ ଅନ୍ୟ ଯନ୍ତ୍ର ସହିତ ତାଳ ଦେଇ ମୋଟେ ଯାଇପାରୁନ'। (୪୦) ଏକଦା ମାଷ୍ଟ୍ରରଙ୍କ ଠାରୁ ତିରସ୍କୃତ ହୋଇଥିବା ଗୋର୍ଶ ଗଭୀର ନିଷ୍ଠା ଓ ଅଧ୍ୟବସାୟ ବଳରେ ପୁଣି ଥରେ ଶ୍ରୋତାଙ୍କର ଶ୍ରଦ୍ଧାଭାଜନ ହୋଇପାରିଥିଲା ତାହା ଉକ୍ତ କାହାଣୀର ଗୋର୍ଶ ଚରିତ୍ରରୁ ସ୍ପଷ୍ଟ ଅନୁମେୟ ହୁଏ।

ଥାଇଲାଣ୍ଡର କାହାଣୀକୁ ନେଇ ରଚିତ "ଆଲୋକିତ ରାତ୍ରି" ଗଳ୍ପଟି ଆଲୋଚ୍ୟ ସଂକଳନର ଆଉ ଏକ ଉଚ୍ଚକୋଟୀର ଗଳ୍ପ। ଜଣେ ପଡୋଶୀ ଝିଅକୁ ମନ ମଧ୍ୟରେ ଭଉଣୀ ବୋଲି ଭାବି ନେଇଥିବା ଆଉ ଜଣେ ଯୁବକର କାହାଣୀ ଏହି ଗଳ୍ପରେ ବର୍ଣ୍ଣିତ ହୋଇଛି। ରନ୍ ସାଙ୍ଗ ମାନଙ୍କୁ ବାସ୍କେଟ୍ ବଲ ମ୍ୟାଚରେ ସାହାଯ୍ୟ କରିବା ପାଇଁ ଘରୁ ବାହାରି ଯାଇଥିଲା। ଘରେ ତାର ମା ଲନ୍‌କୁ ସଜାଡିବାକୁ ତାଗିଦ୍ କରିଥିଲେ। ରନ୍ ସାଙ୍ଗ ମାନଙ୍କ ପାଖରୁ ଘରକୁ ଫେରୁଥିବା ସମୟରେ ପୋଲିସ ଓ ଇଲେକ୍‌ଟ୍ରିସିଆନ୍‌ଙ୍କଦ୍ୱାରା ରାସ୍ତା ଅବରୋଧ ହୋଇଥିଲା। ଟ୍ରକ ଧକ୍‌କାରେ ସେ ରହୁଥିବା ଗଳି ରାସ୍ତାର ବିଜୁଳିବତୀ ଖୁଣ୍ଟ ଭାଙ୍ଗି ଯାଇଥିଲା। ପୋଲିସ୍‌ର ତାଗିଦ୍‌ରେ ରନ୍ ସେଇଭଳି ରାସ୍ତାରେ ଯାଉଥିବା ସମୟରେ ଦେଖାହୁଏ ରିନି। ଉଭୟଙ୍କ ମଧ୍ୟରେ ଆଳାପ ଚାଲେ। ଏହିପରି କଥାବର୍ତ୍ତା ହୋଇ ରିନି ନିଜଘର ଫାଟକ ପାଖରେ ପହଞ୍ଚିଯାଇ ରନ୍‌କୁ ବିଦାୟ ଦିଏ। ଇତ୍ୟବସରରେ ରନ୍ ମଧ୍ୟ ନିଜ ଘରେ ପହଞ୍ଚିଯାଏ। ରନ୍‌ର ମା ଷ୍ଟୋଭ୍ ଲଗାଇ ରୋଷେଇ କରନ୍ତି। ଟେବୁଲ୍ ଉପରେ ଥିବା ଫଳ ଖାଇ ଲନ୍‌ର ଘାସ ବାଛିବାକୁ ରନ୍‌କୁ ନିର୍ଦ୍ଦେଶ ଦିଅନ୍ତି। ରନ୍‌ଠାରୁ ସାରାରାତି ଆଲୁଅ ଆସିବନି ଜାଣି ତାର ମା ବ୍ୟଥିତ ହୋଇ ପଡିଛନ୍ତି। ଘରେ ମହମବତୀ ସରିଯାଇଥିବାରୁ ରାତିର ଅନ୍ଧାରକୁ ଏଡାଇବା ପାଇଁ ରନ୍ ମୁଖ୍ୟ ରାସ୍ତାର ମନୋହରୀ ଦୋକାନରୁ ମହମବତୀ ଆଣିବାକୁ ଯାଇଛି। ଘରକୁ ଫେରି ରନ୍ ବାବାଙ୍କ ସହିତ ଲନ୍‌ରେ ବସି ରାତ୍ରି ଭୋଜନ କରିଛି। ଖାଇ ସାରିବା ପରେ ରନ୍ ମାକୁ ବାସନ ଧୋଇବା କାମରେ ସାହାଯ୍ୟ କରିଛି। ବାପା ଓ ମା ପଦାକୁ ବାହାରି ଯିବା ପରେ ରନ୍ ମଧ୍ୟ ଗଳିରୁ ପଦାକୁ ବାହାରି ଯାଇଛି। ସେଠାରେ ରିନିର ସ୍ୱର ଶୁଣି ପାରିଛି। ଗଳି ରାସ୍ତାରେ

ଉଭୟେ ପ୍ରକୃତିର ସୌନ୍ଦର୍ଯ୍ୟ ସଂପର୍କରେ ଆଲୋଚନା କରୁଥିବା ବେଳେ ନିଆଁ ଲାଗିଥିବା ପଡୋଶୀଙ୍କ ଘରେ ପହଞ୍ଚି ପାଣି ଢାଳି ନିଆଁ ଲିଭାଇ ଦେଇଛନ୍ତି । ବିଳମ୍ବିତ ରାତିରେ ରନ୍ ପୁଣି ଫେରି ଆସିଛି ଘରକୁ ରିନିକୁ ବିଦାୟ ଦେଇ । ଆଲୁଅ ନଥିଲେ ବି ତୋଫା ଜହ୍ନର ରୂପେଲି କିରଣ ତାକୁ ଆମୋଦିତ କରିଛି । ରନ୍‌ର ଭଉଣୀ ନଥିଲା । ରିନିର ଭାଇ ନଥିଲା । ତେଣୁ ଉଭୟ ଉଭୟଙ୍କର ଅଭାବ ପୂରଣ କରିପାରିବେ ବୋଲି ବିଶ୍ୱାସ ହୋଇ ସାରିଥିଲା । ଏହି ଆଲୋକିତ ରାତ୍ରିର ବର୍ଣ୍ଣନା ଅନୁବାଦିକାଙ୍କ ଲେଖନୀରେ ସୁନ୍ଦର ରୂପ ନେଇ ପ୍ରକାଶ ପାଇଛି ଯେମିତି "ରନ୍ ତାରକାରେ ଆଲୋକିତ ଆକାଶକୁ ଚାହିଁଲା । ମନେ ହେଲା କଳା ଭେଲ୍‌ବେଟ୍ ଚାଦର ଉପରେ ହୀରାଖଣ୍ଡ ସବୁ ବିଛାଡି ହୋଇ ପଡିଛି । ସାରା ଗଳି ଅନ୍ଧକାରରେ ଶୋଇପଡିଛି ଯେମିତି ଶାନ୍ତ ସୁନ୍ଦର ଆକାଶ ତଳେ । ମହମବତୀ ସବୁ ଗୋଟାକ ପରେ ଗୋଟିଏ ପ୍ରତି ଘରୁ ଲିଭି ଯାଇଛି । ଲୋକମାନେ ସବୁ ଶୋଇବାକୁ ଯାଉଛନ୍ତି ଆସନ୍ତା କାଲିର ନୂତନ ପ୍ରଭାତର ଆଲୋକ ପ୍ରତୀକ୍ଷାରେ" । [୪୧] ଏହି କାହାଣୀରେ କିଶୋର ପ୍ରାଣର ସୌନ୍ଦର୍ଯ୍ୟ ଦୃଷ୍ଟି, ପଡୋଶୀ ଭାବରେ ଅକୁଣ୍ଠ ଆତ୍ମୀୟତା, ଅପରକୁ ସାହାଯ୍ୟ କରିବାର ମାନସିକତା ପ୍ରତିଫଳିତ ହୋଇଛି ଯାହାକି ପିଲାଙ୍କର ଚେତନା ଶକ୍ତିକୁ ପ୍ରଭାବିତ କରିବାରେ ସମର୍ଥ ।

ପ୍ରତିବନ୍ଧକର ପ୍ରତୀକ ପାଚେରି । ଘର ଭିତରେ ଦେଖାଯାଉଥିବା ପ୍ରତିବନ୍ଧକ କେବଳ ପାଚେରି ନୁହେଁ । ମଣିଷର ମନ, ଭାବନା ତଥା ବନ୍ଧୁ ଏବଂ ପରିବାର ମଧ୍ୟରେ ବି ପଡିପାରେ ପାଚେରି । ତେବେ ଏଇ ପାଚେରି ଉଠେ ମଣିଷର ହୀନମନ୍ୟତାକୁ ନେଇ । ଜାତିଗତ, ଗୋଷ୍ଠୀଗତ, କନ୍ଦଳ, ସଂଘର୍ଷକୁ ନେଇ ସାଂପ୍ରଦାୟିକତା ବି ଏହାର ଏକ ପ୍ରମୁଖ କାରଣ । ଏହିଭଳି ଏକ ସମସ୍ୟାର ଚିତ୍ର ଉତ୍ତୋଳିତ ହୋଇଛି ଆଲୋଚ୍ୟ 'ପାଚେରି' ଗଳ୍ପରେ । ମଣିଷର ସମସ୍ତ ସାହାଯ୍ୟ, ଅନୁକମ୍ପା, ଆତ୍ମୀୟତା, ଭଲପାଇବା, ସାଂପ୍ରଦାୟିକତାର ମାରାତ୍ମକ ଜ୍ୱାଳାରେ ଅଚିରେ ନଷ୍ଟ ହୋଇଯାଇପାରେ ତାହା ଏଥିରେ ପ୍ରମାଣିତ ହୋଇଛି ।

ପିଲାଦିନରୁ କୁମାର ଓ କାହାଣୀ ନାୟିକା ମଧ୍ୟରେ ଗଢି ଉଠିଛି ମଧୁର ସଂପର୍କ । କୁମାର ତାମିଲ୍, କାହାଣୀର ନାୟିକା ସିଂହଳୀ । ଭାଷାଗତ ଦେଶଗତ ବିଭେଦ ସେମାନଙ୍କ ଭିତରେ ଫାଟ ସୃଷ୍ଟି କରିପାରିନି। ଗଳ୍ପ ନାୟିକା କିଶୋରୀ କୁଆଁରୀ ସଦ୍ୟ ଯୌବନ ପ୍ରାପ୍ତ ହୋଇଛି । କୁମାରକୁ ନେଇ ତା ମନରେ ଅନେକ ସ୍ୱପ୍ନ ଓ ସମ୍ଭାବନା । କୁମାର ବ୍ୟତୀତ ସେ ଆଉ କାହାକୁ ବିବାହ କରିବାକୁ ଚାହେଁନା । ମାତ୍ର ତାର ବାପା ମା ଏହା ଚାହାନ୍ତିନି କି କୁମାରର ମା ମଧ୍ୟ ତାକୁ ବୋହୂ କରିବାକୁ ପ୍ରସ୍ତୁତ ନୁହଁନ୍ତି । ଧୀରେ ଧୀରେ ଉଭୟଙ୍କ ମଧ୍ୟରେ ଗଢି ଉଠିଥିବା ସଂପର୍କରେ ସୃଷ୍ଟି ହୁଏ ପ୍ରତିବନ୍ଧକ । କୁମାର

ସ୍କୁଲ୍ ଶିକ୍ଷା ଶେଷ କରି ଏକାଉଣ୍ଟାନ୍‌ସି ପରୀକ୍ଷା ପାଇଁ ନିଜକୁ ପ୍ରସ୍ତୁତ କରେ। କାହାଣୀ ନାୟିକା ନର୍ସରୀ ଟ୍ରେନିଂ ନେଇ ଟ୍ରେନ୍‌ଡ ଶିକ୍ଷୟତ୍ରୀ ଭାବେ ପ୍ରତିଷ୍ଠା ଲାଭ କରିବା ପାଇଁ ଯତ୍ନଶୀଳ ହୁଏ। କୁମାର ଦୀର୍ଘ ଦିନପରେ ମାଙ୍କ ନିର୍ଦ୍ଦେଶରେ ଜାଫ୍‌ନା ଯିବାକୁ ପ୍ରସ୍ତୁତ ହେଲାବେଳେ ତାକୁ ବାରଣ କରେ ଗଳ୍ପ ନାୟିକା। ତାର ବାପା, କୁମାରର ଭାବନାକୁ ମନରୁ ଦୂରେଇ ଦେବା ପାଇଁ ପ୍ରୟାସ କରନ୍ତି। ବାପାଙ୍କର ଏହି ପରିବର୍ତ୍ତନକୁ ଦେଖି ମନେ ପଡିଯାଏ ତାର ୧୯୮୩ ମସିହା କଥା। ଅଜଣା ଆତଙ୍କବାଦୀଙ୍କ କବଳରୁ କୁମାର ଓ ତାର ମାକୁ ନିଜ ଘରକୁ ନେଇ ଆସି କିପରି ସୁରକ୍ଷା ଦେଇଥିଲେ ତାର ବାପା। ତେବେ ସିଏ ଆଶାବାଦୀ, ଅପେକ୍ଷାରେ ଆଶା ଫଳବତୀ ହେବାରେ ବିଶ୍ୱାସୀ। ଅନୁବାଦିକା ଗଳ୍ପ ନାୟିକା ମାଧ୍ୟମରେ ଗଭୀର ଆଶାବାଦର ସ୍ୱର ଶୁଣାଇଛନ୍ତି - "ମୁଁ ଖାଲି ଅପେକ୍ଷା କରିପାରେ, ଅପେକ୍ଷା କରି ପ୍ରାର୍ଥନା କରିପାରେ। ଯେଉଁମାନେ ଯୁଦ୍ଧ ଆରମ୍ଭ କରିଛନ୍ତି ସେମାନେ ଯଦି କେବେ ହୃଦୟଙ୍ଗମ କରିବେ ସୁଖ ଶାନ୍ତି ସେତେବେଳେ ଫେରି ଆସିବ ଯଦି ସମସ୍ତ ପ୍ରତିବନ୍ଧକ ଦୂର ହୋଇ ସମସ୍ତେ ଏକ ହୋଇ ଯିବେ, ସେତେବେଳେ ସମୁଦ୍ର ବି ଆମର ସ୍ୱପ୍ନ ଓ ସୌଧମାଳାକୁ ଧ୍ୱଂସ କରି ପାରିବ ନାହିଁ। [୪୨] ଅନୁବାଦିକା ପାରସ୍ପରିକ ସଦ୍‌ଭାବନାକୁ ସ୍ୱୀକାର କରିବାକୁ ପରୋକ୍ଷରେ କାମନା କରିଛନ୍ତି ଏହି ଗଳ୍ପରେ।

ରିପବ୍ଲିକ୍ ଅଫ୍ କୋରିଆର କାହାଣୀ ଉପରେ ପର୍ଯ୍ୟବେସିତ 'ନକ୍ଷତ୍ରପୁଞ୍ଜ' ଏକ ଭିନ୍ନ ଧରଣର ଗଳ୍ପ। ବଞ୍ଚିଥିବା ଭଉଣୀ ଭିତରେ ମୃତ ମା'ର ମୁହଁ ଖୋଜି ଖୋଜି ନିରାଶ ହୋଇ ଭଉଣୀର ମୃତ୍ୟୁପରେ ତାରା ଗହଣରେ ଭଉଣୀର କୁତ୍ସିତ ମୁହଁ ଦେଖି ଆଖି ବୁଜି ଦେଇଥିବା ବାଳକର ମାନସିକ ଭାବନା ବର୍ଣ୍ଣିତ ହୋଇଛି। ବର୍ଣ୍ଣନାତ୍ମକ ଶୈଳୀରେ ରଚିତ ଆଲୋଚ୍ୟ ସଂକଳନର କାହାଣୀଗୁଡିକ ମର୍ମସ୍ପର୍ଶୀ ହୋଇପାରିଛି। ଏହି ଅନୂଦିତ ଗଳ୍ପ ସଂକଳନର ବିଷୟବସ୍ତୁ ବ୍ୟତୀତ ଚରିତ୍ରଚିତ୍ରଣ, ମନସ୍ତତ୍ତ୍ୱ ବର୍ଣ୍ଣନା ବିଳାସ ଓ ଭାଷା ଶୈଳୀରେ ଅନୁବାଦିକାଙ୍କର ଦକ୍ଷତା ପ୍ରମାଣିତ ହୋଇଛି।

**ଚରିତ୍ର ଚିତ୍ରଣ:**

ପୁରସ୍କାର ଗଳ୍ପରେ ସ୍ଥାନ ପାଇଥିବା ଫିରୋଜାବାନୁ, ଲିଲିଖାନ୍, ମିସେସ୍ ହାଲଦାର ଆଦି ବିଭିନ୍ନ ନାରୀ ଚରିତ୍ର ତଥା ଇଜାଦ୍‌ର ଚରିତ୍ରକୁ ମନୋଜ୍ଞ ଭାବରେ ଚିତ୍ରଣ କଲାବେଳେ ଅନୁବାଦିକା ବୀଣାପାଣି 'ନୀରବ ପ୍ରେମ' ଗଳ୍ପର ନାୟକ ବୁନ୍‌ଥଂଗ ଏବଂ ନାୟିକା ମାଲିବାନ୍‌ର ଚରିତ୍ର ଚିତ୍ରଣରେ ଅସାମାନ୍ୟ ଦକ୍ଷତା ପ୍ରତିପାଦନ କରିଛନ୍ତି। ପ୍ରେମକୁ ନେଇ ନାୟକ ବୁନ୍‌ଥଂଗର ଚରିତ୍ରରେ ଯେଉଁ ଅଧଃପତନ ଘଟିଥିଲା ତାହା ପୁଣି ଶେଷରେ ଠିକ୍

ହୋଇଯାଇଛି । ଖାମ୍‌ଫାନ୍ ଏବଂ ଫାୟାବାନ୍ ଦୁଇଜଣଙ୍କୁ ଉତ୍ତମ ରୂପେ ଚିତ୍ରଣ କରିଛନ୍ତି ଅନୁବାଦିକା ବୀଣାପାଣି । 'ସମସ୍ତଙ୍କ ପ୍ରାପ୍ୟ କ'ଣ ସମାନ' ଗଳ୍ପରେ ଉଚ୍ଛୃଙ୍ଖଳ ଚରିତ୍ରଭାବେ ଆଇକିକୁ ଦେଖିବାକୁ ମିଳୁଥିଲା ବେଳେ ଜଣେ ବନ୍ଧୁବତ୍ସଳ ଏକାନ୍ତସ୍ନେହୀ ତଥା ଦରଦୀ ଚରିତ୍ରଭାବେ ସୁମନା ଚରିତ୍ରଟି ଚିତ୍ରିତ ।

ନିଷ୍ଠା ଓ ସାଧନା ବଳରେ ଅସାଧ୍ୟ ସାଧନ ହୋଇପାରେ ଏହିପରି ଏକ ଗଭୀର ବିଶ୍ୱାସ ଓ ପ୍ରତ୍ୟୟର ଚିତ୍ର ସେଲୋବାଦକ ଗୋର୍ଶ ଚରିତ୍ର ମାଧ୍ୟମରେ ପ୍ରତିଫଳିତ । ସମ୍ବେଦନଶୀଳ ଚରିତ୍ର ରୂପେ ଦେଖିବାକୁ ମିଳେ ଆଲୋକିତ ରାତ୍ରିର ରନ୍ ଓ ରିନିକୁ । ପରସ୍ପର ପରସ୍ପରକୁ ଭାଇ ଭଉଣୀ ରୂପେ ପାଇବା ପାଇଁ ଥିବା ବ୍ୟକୁଳତା ଆନ୍ତରିକତା ଯୋଗୁ ଅନ୍ଧାର ରାତି ମଧ୍ୟ  ଆଲୋକିତ ରାତ୍ରିରେ ପରିଣତ ହୋଇଯାଇଛି । 'ପାଚେରି' ଗଳ୍ପ ନାୟକ କୁମାର ଓ ନାୟିକା ଚରିତ୍ରକୁ ଉପସ୍ଥାପନ କଲାବେଳେ ଅନୁବାଦିକା ଗଭୀର ଆଶାବାଦୀ ହୋଇଛନ୍ତି ।

**ମନସ୍ତତ୍ତ୍ୱ :**

ଗଳ୍ପ, ଉପନ୍ୟାସପରି ଏହି ଅନୂଦିତ ଗଳ୍ପ ପୁସ୍ତକରେ ମଧ୍ୟ ଅନୁବାଦିକା ମନ ଗହନର ଚିତ୍ରକୁ ସଫଳ ରୂପେ ଉପସ୍ଥାପନ କରିବାକୁ ପ୍ରୟାସ କରିଛନ୍ତି । ପ୍ରଥମ ଗଳ୍ପ 'ପୁରସ୍କାର'ରେ ଇଜାଦ୍‌ର ମନୋଭାବନା ବେଶ୍ ହୃଦୟସ୍ପର୍ଶୀ ହୋଇପାରିଛି ।

ପ୍ରତିଯୋଗିତାରେ ଭାଗନେବା ପାଇଁ ବିଦ୍ୟାଳୟରେ ଉପସ୍ଥିତ ଅନ୍ୟ ପିଲାଙ୍କର ମା ତଥା ଅଭିଭାବକ ମାନଙ୍କୁ ଦେଖି ଇଜାଦ୍ ମଧ୍ୟ ନିଜ ମା'ର ଉପସ୍ଥିତି କାମନା କରିଛି । ନୀରବ ପ୍ରେମ ଗଳ୍ପରେ ବୁନ୍‌ଥଂଗ ମାଲିବାନ୍‌ଙ୍କୁ ଅନ୍ତରରେ ଅଧିକ ଭଲପାଉଥିଲେ ମଧ୍ୟ ଦୁହିଁଙ୍କ ପରିବାରରେ ଥିବା ଅର୍ଥନୈତିକ ତାରତମ୍ୟ ତାକୁ ଭିତରେ ଭିତରେ  ସଙ୍କୁଚିତ କରିଦେଇଛି । ମାଲିବାନକୁ ପାଇନପାରିବାର ଅଭାବବୋଧରେ ବୁନ୍‌ଥଂଗ ନୀରବରେ ଅଧଃପତନର ରାସ୍ତାକୁ ଆପଣେଇ ନେଇଛି । ପାଚେରି ଗଳ୍ପର ନାୟିକା ଅପୂର୍ବ ପ୍ରୀତି-ପ୍ରତ୍ୟୟରେ ପ୍ରେମର ମହାନତା ତଥା ଶକ୍ତି ସଂପର୍କରେ ଅଭିମତ ପ୍ରଦାନ କରି କହିଛି - "ମୁଁ ଖାଲି ଅପେକ୍ଷା କରିପାରେ ଅପେକ୍ଷା କରି ପ୍ରାର୍ଥନା କରିପାରେ । ଯେଉଁମାନେ ଯୁଦ୍ଧ ଆରମ୍ଭ କରିଛନ୍ତି ସେମାନେ ଯଦି କେବେ ହୃଦୟଙ୍ଗମ କରିବେ ସୁଖଶାନ୍ତି ସେତେବେଳେ ଫେରି ଆସିବ । ଯଦି ସମସ୍ତ ପ୍ରତିବନ୍ଧକ ଦୂର ହୋଇ ସଂପର୍କ ଏକ ହୋଇ ଯିବେ ସେତେବେଳେ ସମୁଦ୍ର ବି ଆମର ସ୍ୱପ୍ନ ଓ ସୌଧମାଳାକୁ ଧ୍ୱଂସ କରି ପାରିବ ନାହିଁ ।''[୪୩] ଆଲୋଚ୍ୟ ଅନୂଦିତ ଗଳ୍ପ ସଂକଳନରେ ଅନୁବାଦିକା ସହଜ ସରଳ ଭାଷାର ଆଶ୍ରୟ ନେଇଛନ୍ତି । ଗଳ୍ପଗୁଡିକର ବର୍ଣ୍ଣନାତ୍ମକ ଶୈଳୀ ଅନୂଦିତ କୃତିଟିକୁ ସଫଳ କରିପାରିଛି ।

**ଆତ୍ମଜୀବନୀକାର ବୀଣାପାଣି ମହାନ୍ତି -ଏକ ମୁଗ୍ଧ ଅନୁଶୀଳନ :**

ଫୁଲଟିଏ ଯେମିତି ତା'ର ବିଚକ୍ଷଣ ମହକରେ ଜନମନକୁ ଅଚିରେ ହରଣ କରିନିଏ ଠିକ୍ ସେମିତି ପ୍ରତିଭାବାନ୍ ବ୍ୟକ୍ତି ସ୍ୱୀୟ ପ୍ରତିଭାର ପରାକାଷ୍ଠାରେ ଭିଡ ଭିତରୁ ଅଲଗା ହୋଇ ନିଜପାଇଁ ସ୍ୱତନ୍ତ୍ର ଆସନ ସୃଷ୍ଟି କରିବା ସହିତ ସମସ୍ତଙ୍କ ପାଇଁ ଆଦର୍ଶ ଓ ଆକର୍ଷଣର କେନ୍ଦ୍ରବିନ୍ଦୁ ପାଲଟିଯାଆନ୍ତି। ସମୟର ନିର୍ଦ୍ଦିଷ୍ଟ ନିଗଡ଼ ମଧ୍ୟରେ ବାନ୍ଧି ନ ହୋଇ କିମ୍ବଦନ୍ତୀ ହୋଇଯାନ୍ତି ଯୁଗଯୁଗାନ୍ତରପାଇଁ। ଅସାମାନ୍ୟ କୃତିତ୍ୱର ସ୍ୱାକ୍ଷର ସେମାନଙ୍କୁ କରେ କାଳଜୟୀ, ଯୁଗଜୟୀ ପ୍ରେରଣାର ଉତ୍ସସାଜି ଉତ୍ତର ପିଢ଼ିକୁ ପ୍ରଗତି ପଥର ଯାତ୍ରୀ କରିବା ନିମନ୍ତେ ସମ୍ଭାବନାମୟ ସୂର୍ଯ୍ୟୋଦୟର କିରଣ ବୁଣନ୍ତି। ଅତଏବ ସେହି ମହାନ୍ ପ୍ରତିଭାବାନ୍ ସ୍ରଷ୍ଟାଙ୍କ ଜୀବନୀ ତଥା ଆତ୍ମଜୀବନୀ ଅଧ୍ୟୟନ ନିଶ୍ଚିତ ଭାବେ ଅଭିନନ୍ଦନୀୟ ଏବଂ ସ୍ୱାଗତଯୋଗ୍ୟ। ନିଜନାମକୁ ସାର୍ଥକ କରିଥିବା ଓଡ଼ିଶା ମାଟିର ସେହିଭଳି ଜଣେ ସୁଯୋଗ୍ୟା ସୁପୁତ୍ରୀ ହେଉଛନ୍ତି ବୀଣାପାଣି ମହାନ୍ତି। ସେ ପୁଣି ଅସଂଖ୍ୟ ସାହିତ୍ୟାନୁରାଗୀ ପାଠକମାନଙ୍କର ପ୍ରିୟ ପରିଚିତ ଆଦରର 'ପାଟଦେଈ'।

ଆତ୍ମଜୀବନୀ ହେଉଛି ଆତ୍ମ ଅଭିବ୍ୟକ୍ତିର ପ୍ରକୃଷ୍ଟ ମାଧ୍ୟମ। ଆତ୍ମଜୀବନୀକୁ ଜଣେ ସ୍ରଷ୍ଟା ଜୀବନର ସ୍ୱକୀୟ ଇତିହାସ କହିଲେ ଅତ୍ୟୁକ୍ତି ହେବ ନାହିଁ। ଆତ୍ମ ଜୀବନୀକାର ତା'ର ଆତ୍ମଜୀବନୀରେ ନିଜ ବ୍ୟକ୍ତିଗତ ଜୀବନର ଗୁରୁତ୍ୱପୂର୍ଣ୍ଣ ଘଟଣାବଳୀର ବର୍ଣ୍ଣନା କରିବା ସହ ସମକାଳୀନ ସମୟର ସାହିତ୍ୟ, ସଂସ୍କୃତି, ଅର୍ଥନୀତି, ରାଜନୀତି, ଶିକ୍ଷା, ପ୍ରଥା, ପରମ୍ପରା ଆଦି ବିଭିନ୍ନ ଆଲେଖ୍ୟ ବାଢିଥାନ୍ତି। ସ୍ରଷ୍ଟା ଯେତେବେଳେ ନିଜ ଜୀବନର କାହାଣୀକୁ ସ୍ୱୟଂ ରୂପାୟିତ କରେ, ସେତେବେଳେ ତାହା ଆତ୍ମଜୀବନୀ ପଦବାଚ୍ୟ ହୁଏ। ଆତ୍ମଅଭିମାନ, ଆତ୍ମଶ୍ରଦ୍ଧା, ଆତ୍ମ ସମର୍ଥନ, ଏହି ତିନୋଟି ଉପାଦାନ ଆତ୍ମଜୀବନୀ ରଚନାର ପ୍ରେରଣା ଉତ୍ସ। ହିନ୍ଦୀ ସାହିତ୍ୟର ପ୍ରଥତଯଶା କବି ହରିବଂଶ ରାୟବଚ୍ଚନ ଆତ୍ମଜୀବନୀ ସମ୍ପର୍କରେ ମତ ଦେଇ କହନ୍ତି- 'ଆତ୍ମ କଥା ଲେଖିବାର ଏପରି ଏକ ବିଧି ଯେଉଁଥିରେ ଲେଖକ ସଚ୍ଚୋଟତାର ସହିତ ଆତ୍ମନୀରୀକ୍ଷଣ କରିବା ସହିତ ନିଜ ଦେଶ, ପରିବେଶ ଅଥବା ସଂଘର୍ଷ ଦ୍ୱାରା ନିଜର ବିକାଶକୁ ପ୍ରସ୍ତାବିତ କରେ।[୪୪]

ବୀଣାପାଣି ମହାନ୍ତି ଆଧୁନିକ ଓଡିଆ ସାହିତ୍ୟର ଏକ ଶ୍ରଦ୍ଧାଶୀଳ ଉଚ୍ଚାରଣ। ତାଙ୍କର ସ୍ମୃତିଲିପି 'ବିତିଯାଇଥିବା ଦିନ' ଓଡିଆ ସାରସ୍ୱତ ସାହିତ୍ୟ କାନର ଏକ ସହାର୍ଘ କୁସୁମ। ବୀଣପାଣିଙ୍କ 'ସ୍ମୃତିଲିପି' ବିତିଯାଇଥିବା ଦିନ ପଶ୍ଚିମା ପବ୍ଲିକେଶନ୍ସ ଦ୍ୱାରା ୨୦୧୬ ମସିହାରେ ପ୍ରକାଶ ପାଇଥିଲା। ଏହି ପୁସ୍ତକଟିକୁ ବୀଣାପାଣି ବରିଷ୍ଠ ରାଜନୀତିଜ୍ଞ କଥା ବିଶିଷ୍ଟ ସାହିତ୍ୟିକ ଶ୍ରୀଯୁକ୍ତ ସେକ୍ ମତଲୁବ୍ ଅଲ୍ଲୀଙ୍କ କର କମଳରେ ଉତ୍ସର୍ଗ କରିଥିଲେ। ଏଥିରେ 'ଅବସର ନେବା ପରେ'କୁ ମିଶାଇ ସର୍ବମୋଟ୍ ୧୯ ଟି ପରିଚ୍ଛେଦ

ରହିଛି । ଆଲୋଚନାର ସୁବିଧା ଦୃଷ୍ଟିରୁ ବୀଣାପାଣିଙ୍କ ସ୍ମୃତିଲିପି 'ବିତିଯାଇଥିବା ଦିନ'କୁ କେତୋଟି ପର୍ଯ୍ୟାୟରେ ବିଭକ୍ତ କରାଯାଇପାରେ । ବୀଣାପାଣିଙ୍କ ପରିବାର, ସ୍ମୃତି ବିଜଡିତ କୈଶୋର, ବାଲ୍ୟ ଜୀବନ ଓ ଶିକ୍ଷା, କର୍ମମୟ ଜୀବନ, ସାହିତ୍ୟିକ ଜୀବନ, ବୀଣାପାଣିଙ୍କ ସୃଷ୍ଟିରେ ସମାଜ ସଂସ୍କୃତି ଆକର୍ଷଣୀୟ ବର୍ଣ୍ଣନା ଶୈଳୀ ଆଦିକୁ ବିଚାର କରାଯାଇପାରେ । ୧୯୩୬ ମସିହା ନଭେମ୍ବର ୧୧ ତାରିଖରେ କେନ୍ଦ୍ରାପଡା ଜିଲ୍ଲାର 'ଚାନ୍ଦୋଳ' ଗ୍ରାମରେ ଜନ୍ମଗ୍ରହଣ କରିଥିଲେ ବୀଣାପାଣି । ପିତା ଚତୁର୍ଭୁଜ ମହାନ୍ତି, ମାତା କୁମୁଦିନୀ ଦେବୀଙ୍କର ସେ ଥିଲେ ସୁଯୋଗ୍ୟା କନ୍ୟା । ପିତା ଚତୁର୍ଭଜ ମହାନ୍ତି ଶିକ୍ଷକତାରୁ ଚାକିରି ଜୀବନ ଆରମ୍ଭ କରି ଶେଷରେ ସ୍କୁଲ୍ ଇନସ୍‌ପେକ୍ଟର ଭାବେ ଅବସର ଗ୍ରହଣ କରିଥିଲେ । ମଧ୍ୟବିତ୍ତ ପରିବାରର ସଂସ୍କାର ଓ ତତ୍‌କାଳୀନ ସମୟର ଚଳଣି ଅନୁସାରେ ନାରୀମାନଙ୍କର ଶିକ୍ଷା ଉପରେ ବିଶେଷ ଗୁରୁତ୍ୱ ଦିଆଯାଉନଥିଲା । ବୀଣାପାଣିଙ୍କ ବଡଭଉଣୀ ଶୈଳବାଳା ଅଷ୍ଟମ ଆଶାଲତା ଏମ୍.ଇ ପାଶ୍ କରି ଅଳ୍ପ ବୟସରେ ବିବାହ କରିଥିଲେ । କୁମୁଦିନୀଙ୍କ ଭଉଣୀ ବସନ୍ତ କୁମାରୀ ନିଃସନ୍ତାନ ଥିବାରୁ ନିରୁପମାଙ୍କୁ ଝିଅ କରି ନେଇଥିଲେ । ନିରୁପମା ସେ ସମୟରେ ଡାକ୍ତରୀ ପାସ୍ କରି ଖ୍ୟାତି ଅର୍ଜନ କରିବା ସହ ସମାଜ ସେବାରେ ନିଜକୁ ନିୟୋଜିତ କରିଥିଲେ । ଯୌଥ ପରିବାରରେ କଟିଥିଲା ବୀଣାପାଣିଙ୍କ ବାଲ୍ୟଜୀବନ, ଗାଁଠାରୁ ଅଳ୍ପ ଦୂର ଚାନ୍ଦୋଳ ଉଚ୍ଚ ପ୍ରାଥମିକ ବିଦ୍ୟାଳୟରେ ବୀଣାପାଣି ବାଲ୍ୟଶିକ୍ଷା ଆରମ୍ଭ କରିଥିଲେ । ସେତେବେଳେ ସେହି ବିଦ୍ୟାଳୟରେ ଜଣେ ମାତ୍ର ଶିକ୍ଷକ ଥିଲେ ଯିଏ କି 'ବାଳାମାଷ୍ଟ୍ରେ' ନାମରେ ବେଶ୍ ପରିଚିତ । ସ୍ମୃତିଲିପିରେ ବୀଣାପାଣି ଅତି ସୁନ୍ଦର ଭାବରେ ବାଲ୍ୟ ଜୀବନର ସ୍ମୃତିକୁ ରୂପ ଦେଇଛନ୍ତି । ପଖାଳ ଭାତ, କାଗଜି ଲେମ୍ବୁ, ଆଳୁ ଭର୍ତ୍ତାରେ ଭାତ ଖାଇ ସ୍କୁଲକୁ ଯାଉଥିବା ସମୟରେ ଫ୍ରକ୍ କାନି ଅବା ଗାମୁଛାରେ କେନାଲ୍ ପାଣିରୁ ଚୁନା ମାଛ ଧରିବା କଥାକୁ ଆକର୍ଷଣୀୟ ଢଙ୍ଗରେ ବର୍ଣ୍ଣନା କରିଛନ୍ତି । ବଡବାପା ବା ଅନ୍ୟ କେହି ଗୁରୁଜନ ବୀଣାପାଣିଙ୍କୁ ଭାନୁମତୀ ବୋଲି ଡାକୁଥିଲେ । କିନ୍ତୁ ପରେ ଭାଇ ସଚ୍ଚିଦାନନ୍ଦଙ୍କ ଜିଦି ଯୋଗୁ ତାଙ୍କର ନାମ ବୀଣାପାଣି ରଖାଯାଇଥିଲା । ନାମକରଣ ସଂପର୍କରେ ଲେଖିକାଙ୍କ ଅଭିମତ ବାସ୍ତବିକ ସ୍ୱାଗତ ଯୋଗ୍ୟ । "ନାମକରଣ କିଛି ବଡ଼ କଥା ନୁହେଁ ସମୟେ ସମୟେ ଜୀବନର ଓ ଚଳଣିର ବୋଧେ ପ୍ରତିନିଧିତ୍ୱ କରିଥାଏ । ଅଥଚ ବହୁ ସମୟରେ ନାମ ସହିତ ବ୍ୟକ୍ତିର କୌଣସି ସାଦୃଶ୍ୟ ନଥାଏ । ରୁଚିର କଥା । କେହି କେବେ ଅନାମର ଯଥାର୍ଥ ପ୍ରତିନିଧି ବା ପରିପୂରକ ହୋଇପାରେନା । ସେପରି ଭାବିବା ମଧ୍ୟ ମୂର୍ଖତା । ଅସମ୍ପୂର୍ଣ୍ଣତା ହିଁ ପୃଥିବୀକୁ ଆକର୍ଷଣୀୟ ମୂର୍ଖାମି ମଧୁର କରିଛି ।"(୪୫)

## ବୀଣାପାଣିଙ୍କ ବିଦ୍ୟାର୍ଥୀଜୀବନ ଓ ଶିକ୍ଷା:

ଚାନ୍ଦୋଳର ଉଚ୍ଚ ପ୍ରାଥମିକ ବିଦ୍ୟାଳୟରେ ପାଠପଢା ଆରମ୍ଭ କରିଥିଲେ ବୀଣାପାଣି। ୧୯୫୩ ମସିହାରେ ବୀଣାପାଣି ଦୋହଲି ମଡେଲ୍ ହାଇସ୍କୁଲରୁ କୃତିତ୍ୱର ସହିତ ମାଟ୍ରିକ୍ ପାଶ୍ କରି ଆଇ.ଏ. ପଢିବାପାଇଁ କଟକର ଶୈଳବାଳା ମହାବିଦ୍ୟାଳୟରେ ନାମ ଲେଖାଇଥିଲେ। ଦୋହଲି ମଡ଼େଲ ହାଇସ୍କୁଲ୍‌ରେ ପଢୁଥିବାବେଳେ ବନମାଳୀ ବ୍ରହ୍ମଚାରୀ ଥିଲେ ବୀଣାପାଣିଙ୍କର ଆଦର୍ଶ ଶିକ୍ଷକ। ୧୯୫୫ ମସିହାରେ ଆଇ.ଏ ପାଶ୍ କଲାପରେ ସେ ରେଭେନ୍‌ସା ମହାବିଦ୍ୟାଳୟରେ ଅର୍ଥନୀତିରେ ଅନର୍ସ ନେଇ ବି.ଏ. ପଢିଲେ। ଅର୍ଥନୀତି ଅନର୍ସରେ ସେ ସମଗ୍ର ଓଡିଶାରେ ନବମ ସ୍ଥାନ ଅଧିକାର କରିବାର ଗୌରବ ଅର୍ଜନ କରିଥିଲେ। ୧୯୫୯ରେ ରେଭେନ୍‌ସା ମହାବିଦ୍ୟାଳୟ ଅର୍ଥନୀତିରେ ଏମ୍.ଏ ପାଶ୍ କରିଥିଲେ ବୀଣାପାଣି, ଅର୍ଥନୀତିରେ ଏମ.ଏ ପାଶ୍ କରିବାରେ ସେ ଥିଲେ ପ୍ରଥମ ଛାତ୍ରୀ। ପାଠପାଢୁଥିବା ସମୟରେ ବୀଣାପାଣି ତାଙ୍କର ବଡଭଉଣୀ ଡାକ୍ତର ନିରୁପମା ରଥଙ୍କ ପାଖରେ ରହୁଥିଲେ। ନିରୁପମା ରଥ, ସେତେବେଳେ ପ୍ରଖ୍ୟାତ ଆଇନ୍‌ଜୀବୀ ଜଷ୍ଟିସ୍ ଗଙ୍ଗାଧର ରଥଙ୍କୁ ବିବାହ କରଥିଲେ। ସ୍ୱାଧୀନ ଭାବେ ଜୀବନ ବଞ୍ଚିବାକୁ ସ୍ୱପ୍ନ ଦେଖୁଥିବା ବୀଣାପାଣି ଚାକିରି ପାଇଁ ବ୍ୟସ୍ତ ହୋଇପଡିଥିଲେ। ବୀଣାପାଣି ତାଙ୍କ ସ୍ମୃତିଲିପିରେ ଶୈଳବାଳା ମହାବିଦ୍ୟାଳୟରେ ପାଠ ବଢୁଥିବା ସମୟର ଅନୁଭୂତିକୁ ନିଖୁଣ ଭାବରେ ବର୍ଣ୍ଣନା କରିଛନ୍ତି। ମହାବିଦ୍ୟାଳୟର ଅଧକ୍ଷା ଶ୍ରୀମତୀ ସିହ୍ନା ବହୁମୁଖୀ ପ୍ରତିଭାର ଅଧିକାରିଣୀ ଥିଲେ। ହଷ୍ଟେଲ୍ ଜୀବନ ବୀଣାପାଣିକୁ କଷ୍ଟକର ମନେ ହୋଇଥିଲା। ଛାତ୍ର ଜୀବନରେ ଶୃଙ୍ଖଳାର ଆବଶ୍ୟକତାକୁ ଦର୍ଶାଇ ବୀଣାପାଣି କହନ୍ତି- "କାଲି ଓ ଆଜି ଭିତରେ ସେମିତି କିଛି ପରିବର୍ତ୍ତନ ଘଟିନାହିଁ। ସେତେବେଳେ ଛାତ୍ର ଓ ଛାତ୍ରୀ ନିୟମ ଭାଙ୍ଗିବାକୁ ଡରୁଥିଲେ, ଅପରାଧ ବୋଲି ଭାବୁଥିଲେ ମାତ୍ର ତାହା ଏବେ ଚଳନ୍ତି ଜୀବନର ଧାରା।"(୪୬)

## ବୀଣାପାଣିଙ୍କ କର୍ମମୟ ଜୀବନ:

ମଣିଷ ଜୀବନ ତ କର୍ମମୟ। କର୍ମହିଁ ମଣିଷର ଜୀବନର ମାନଦଣ୍ଡ। ଶିକ୍ଷା ସମାପ୍ତି ପରେ ୧୯୬୦ ଜୁନ୍ ୮ ତାରିଖରେ ବୀଣାପାଣି ବାଲେଶ୍ୱରର କୁନ୍ତଳା କୁମାରୀ ମହିଳା ମହାବିଦ୍ୟାଳୟରେ ନିଜର କର୍ମମୟ ଜୀବନ ଆରମ୍ଭ କରିଥିଲେ। କ୍ଷିତିଶ ରାୟ ଥିଲେ ସେତେବେଳେ ସେହି ସମୟର ଅଧକ୍ଷ ୧୯୬୩ ମସିହାରୁ ୧୯୬୫ ପର୍ଯ୍ୟନ୍ତ ବୀଣାପାଣି ସେହି ମହାବିଦ୍ୟାଳୟରେ ଅଧକ୍ଷା ଭାବେ କାର୍ଯ୍ୟ ସଂପାଦନ କରିଥିଲେ। କଟକ ଛାଡ଼ି ବାଲେଶ୍ୱର ଯିବାପରେ ସେଠାରେ ସାହିତ୍ୟ ଚର୍ଚ୍ଚା ଆଲୋଚନା ଲେଖାଲେଖି ଇତ୍ୟାଦି ବ୍ୟାହତ ହେବା ଆଶଙ୍କାରେ ବୀଣାପାଣି ବ୍ୟଥିତ ହୋଇପଡିଥିଲେ ମାତ୍ର ବାଲେଶ୍ୱର ଥିଲା

ବ୍ୟାସକବି ଫକୀରମୋହନଙ୍କ ସାଧନାର ପୀଠ, ସୃଜନର କର୍ମଭୂମି, ବାଲେଶ୍ୱରରେ ରହଣି କାଳରେ ବ୍ରଜନାଥ ରଥ, ନୀଳମଣି ସାହୁ, ବସନ୍ତ ଶତପଥୀ, ଗଙ୍ଗାଧର ବଳ, କୃଷ୍ଣଚରଣ ବେହେରା ପ୍ରମୁଖ ସାହିତ୍ୟିକମାନଙ୍କ ସହିତ ବୀଣାପାଣିଙ୍କର ସାକ୍ଷାତ ହୋଇଥିଲା। ସେଠାରେ ଆୟୋଜିତ ବିଭିନ୍ନ ସାହିତ୍ୟ ଆଲୋଚନା ସଭାରେ ଯୋଗଦେଇ ବୀଣାପାଣି ନିଜ ସୃଜନ କର୍ମକୁ ଆଗେଇ ନେଇଥିଲେ। ୧୯୮୩ ମସିହାରେ ବୀଣାପାଣି କଟକର ଶୈଳବାଳା ମହାବିଦ୍ୟାଳୟକୁ ବଦଳି ହୋଇଆସିଥିଲେ। ଶୈଳବାଳାରୁ ପୁଣି ରମାଦେବୀ ମହିଳା କଲେଜକୁ ତାଙ୍କର ସ୍ଥାନାନ୍ତର ହୋଇଥିଲା। ଭୁବନେଶ୍ୱର ଆସିବା ପରେ ସେ ସମ୍ପୂର୍ଣ୍ଣ ଭାବେ ସାହିତ୍ୟ ସୃଷ୍ଟିରେ ନିମଜ୍ଜିତ ହୋଇଥିଲେ। ସାହିତ୍ୟ ନିଶାରେ ବୀଣାପାଣି ବିବାହ ବୟସ ଅତିକ୍ରମ କରି ଯାଇଥିଲେ ନିଜ ଅଜାଣତରେ। ଅଧ୍ୟାପନା କରୁଥିବା ସମୟରେ ସେ ଛାତ୍ରୀ ନିବାସର ତତ୍ତ୍ୱାବଧାରିକା ରୂପେ କାର୍ଯ୍ୟ ତୁଲାଇଥିଲେ। ଛାତ୍ରୀ ନିବାସ ଭିତରୁ ହିଁ ବୀଣାପାଣି ପାଇଥିଲେ ସାହିତ୍ୟ ସମୁଦ୍ରରେ ଅବଗାହନ କରିବାର ଅପୂର୍ବ ସୁଯୋଗ। "ଜୀବନର ସବୁ ଋତୁକୁ ସେ ଏକାଠି ଅନୁଭବ କରିପାରିଛନ୍ତି ତା'ମଧ୍ୟରେ। ଏକା ନୁହେଁ ବରଂ ଅସଂଖ୍ୟ ଚରିତ୍ରର ଗୁଂଜନରେ ଗୁଂଜରିତ ତାଙ୍କ ମନର ଅଙ୍ଗନ ସଦାସର୍ବଦା ପୂର୍ଣ୍ଣ ରହିଛି। ଜୀବନରେ ପୂର୍ଣ୍ଣତାର ଅନୁଭବ ଦେଇଛି ତାଙ୍କୁ ସାହିତ୍ୟ।"(୪୭) ସୃଜନକର୍ମ ଓ ଅଧ୍ୟାପନା ଭିତରେ ଲିପ୍ତ ରହି ସରିଯାଇଥିଲା ବୀଣାପାଣିଙ୍କ କର୍ମମୟ ଜୀବନ। ୧୯୯୨ ମସିହାରେ ବୀଣାପାଣି ଚାକିରି ଜୀବନରୁ ଅବସରର ଗ୍ରହଣ କଲେ।

**ବୀଣାପାଣିଙ୍କ ଅବସରକାଳୀନ ଜୀବନ:**

ଚାକିରିରୁ ଅବସର ନେବାପରେ ବୀଣାପାଣି ବିଭିନ୍ନ ସାରସ୍ୱତ ଅନୁଷ୍ଠାନ ଯଥା ଓଡିଶା ସାହିତ୍ୟ ଏକାଡେମୀ, ଉତ୍କଳ ସାହିତ୍ୟ ସମାଜ, ଓଡିଆ ଯୁବ ଲେଖକ ସମ୍ମିଳନ ଆଦି ସହିତ ସଂପୃକ୍ତ ଥିଲେ। ୧୯୯୨ ରୁ ୧୯୯୯ ମସିହା ପର୍ଯ୍ୟନ୍ତ ସେ ଜ୍ଞାନପୀଠ ପୁରସ୍କାର କମିଟିରେ ଓଡିଆ ଭାଷା ଉପଦେଷ୍ଟା ରୂପେ ଦାୟିତ୍ୱ ତୁଲାଉଥିଲେ। ୧୯୯୩ ମସିହାରେ ନାରୀ ଲେଖିକାମାନଙ୍କୁ ନେଇ ଓଡିଶା ଲେଖିକା ସଂସଦ ଗଠନ କରିଥିଲେ। ବରମୁଣ୍ଡାରେ ଏକ ଡ୍ୟୁପ୍ଲେକ୍ସ କିଣି ରହୁଥିଲେ ବୀଣାପାଣି। ଲେଖକ, ଲେଖିକା, ପାଠକ, ଆତ୍ମୀୟମାନଙ୍କ ଗହଳିରେ କୋଳାହଳମୟ ହୋଇ ଉଠୁଥିଲା ତାଙ୍କ ଘର। ଭାଇ, ଭାଉଜ, ଭଉଣୀ, ଭିଣୋଇ ତଥା ପୁତୁରା ଝିଆରୀମାନଙ୍କୁ ନେଇ ବେଶ୍ ଆନନ୍ଦରେ ବିତିଯାଉଥିଲା ବୀଣାପାଣିଙ୍କ ଦିନ।୧୯୯୪ ମସିହାରେ ହର ପରିଚ୍ଛା ପଟ୍ଟନାୟକଙ୍କ ପରାମର୍ଶ କ୍ରମେ ବୀଣାପାଣିଙ୍କ ନେତୃତ୍ୱରେ ଓଡିଶାରୁ କେତେଜଣ ଲେଖକ ଲେଖିକା ଆସାମର ବିଶ୍ୱପ୍ରସିଦ୍ଧ ସାହିତ୍ୟ ସଭାରେ ଯୋଗଦେବା ନିମିତ୍ତ ଯାଇଥିଲେ। ଲେଖକ/ ଲେଖିକାମାନଙ୍କ ମଧ୍ୟରେ

ଥିଲେ ଡଃ.ପ୍ରତିଭା ଶତପଥୀ, ସରୋଜ ରଂଜନ ମହାନ୍ତି, କବି ବିପିନ୍ ନାୟକ ଏବଂ ସ୍ତମ୍ଭକାର ତଥା ଗାଳ୍ପିକା ଜ୍ୟୋସ୍ନା ରାଉତରାୟ । ଟ୍ରେନ୍‌ରେ ଆସାମ ଯାତ୍ରା, ସେଠାକାର ରହଣି, ସାହିତ୍ୟସଭା ବୀଣାପାଣିଙ୍କୁ ଆମୋଦିତ କରିଥିଲା । କେନ୍ଦ୍ର ସାହିତ୍ୟ ଏକାଡେମୀର ସଭାପତି ବୀରେନ୍ଦ୍ର ଭଟ୍ଟାଚାର୍ଯ୍ୟଙ୍କୁ ବୀଣାପାଣିଙ୍କ ସମେତ ଅନ୍ୟ ସମସ୍ତ ସଦସ୍ୟ ଭେଟିବାକୁ ଯାଇଥିଲେ । ଭଟ୍ଟାଚାର୍ଯ୍ୟ ତଥା ତାଙ୍କ ପତ୍ନୀଙ୍କ ଆତିଥ୍ୟ ବେଶ୍ ବନ୍ଧୁତ୍ୱପୂର୍ଣ୍ଣ ଥିଲା । ୧୯୯୪ ମସିହାରେ ବୀଣାପାଣି କେରଳରେ ଅନୁଷ୍ଠିତ ସର୍ବଭାରତୀୟ ସାହିତ୍ୟ ସମ୍ମେଳନକୁ କେନ୍ଦ୍ର ସାହିତ୍ୟ ଏକାଡେମୀ ପକ୍ଷରୁ ନିମନ୍ତ୍ରିତ ହୋଇଥିଲେ । ସେଇ ସମ୍ମେଳନରେ ବୀଣାପାଣିଙ୍କର ସୁନୀଲ ଗଙ୍ଗୋପାଧ୍ୟାୟ, ନବନୀତା ସେନ୍ ତଥା ଆସାମର ଜ୍ଞାନପୀଠ ପୁରସ୍କାର ପ୍ରାପ୍ତ ଲେଖିକା ଇନ୍ଦିରା ଗୋସ୍ୱାମୀଙ୍କ ସହ ସାକ୍ଷାତ ହୋଇଥିଲା । ଏଭଳି ଅନୁଭୂତି ଥିଲା ବୀଣାପାଣିଙ୍କପାଇଁ ସଂପୂର୍ଣ୍ଣ ନିଆରା । ଏ ସଂପର୍କରେ ଲେଖିକାଙ୍କର ଅଭିମତ ହେଉଛି- "ସବୁରି ସାଥିରେ ଏକ ହୋଇ ପୁଣି ଥରେ ବିଚ୍ଛିନ୍ନ ହୋଇଯିବା ଏକ ବିଚିତ୍ର ବିରଳ ଚେତନାର ଐଶ୍ୱର୍ଯ୍ୟ ଉପଲବ୍ଧି କରିହୁଏ ବଡବଡ ସମ୍ମେଳନରେ ।"[(୪୮)]

ବରମୁଣ୍ଡାରେ ରହୁଥିବା ସମୟରେ ବୀଣାପାଣି ଏକ ଦୁର୍ଘଟଣାରେ ଆହତ ହୋଇଥିଲେ । ଶେଷରେ ବଡଭାଇ ସଚ୍ଚିଦାନନ୍ଦ ଓ ଭାଉଜ ପ୍ରମୋଦାଙ୍କ ଅନୁରୋଧ କ୍ରମେ ବୀଣାପାଣି ୧୯୯୯ ଜାନୁଆରୀ ୪ ତାରିଖରେ କଟକର ବାଦାମବାଡ଼ି ସ୍ଥିତ ଭାଇଙ୍କ ବାସଭବନରେ ରହିଥିଲେ । ସେ ଧୀରେ ଧୀରେ କଟକର ପରିବେଶ ଓ ପରିସ୍ଥିତି ସହ ଖାପଖୁଆଇ ଚଳିବାକୁ ଚେଷ୍ଟା କଲେ । ୨୦୦୪ରେ ବୀଣାପାଣି ବନଜଦେବୀ, ଶକୁନ୍ତଳା ବଳିୟାର ସିଂହ, ଗୋଲାପ ମଂଜରୀ କରଙ୍କ ସହିତ ଆଣ୍ଡାମାନ ନିକୋବର ପରିଦର୍ଶନରେ ଯାଇଥିଲେ । ସେଦିନର ସେ ସ୍ମୃତି ବୀଣାପାଣିଙ୍କ ମାନସପଟ୍ଟରେ ସଜ୍ଜ୍ୱଳ ହୋଇରହିଛି । ଲେଖିକାଙ୍କ ଭାଷାରେ- "ରାତିରେ ନିଦରେ କଳାପାଣି ସେଲୁଲାର ଜେଲ୍ ଇତ୍ୟାଦି ସ୍ୱପ୍ନରେ ଭାସି ଆସିଲା । ଆଃ ଅରଣ୍ୟର ସବୁଜିମା ଆମର କେତେକେତେ ବିଷାଦଭାବକୁ ପୋଛି ନେଇଥିଲା ତାର ଠିକଣା ନାହିଁ । ତାକୁ ଭୁଲି ହୁଏନା, ଯାହାକୁ ଭେଟିବାର ଆଉ ସୌଭାଗ୍ୟ ନାହିଁ ବୋଲି ଜାଣିଥିଲୁ ।"[(୪୯)] ସାରସ୍ୱତ ସାଧନା ଏବଂ ସଂସଦର ବିଭିନ୍ନ କାର୍ଯ୍ୟରେ ପ୍ରାୟତଃ ବ୍ୟସ୍ତ ରହୁଥିଲେ ବୀଣାପାଣି । ପ୍ରସାର ଭାରତୀ ତରଫରୁ ବୀଣାପାଣି ୨୦୦୬ ମସିହାରେ ଆସାମ ଯାଇଥିଲେ । ତେବେ ତାଙ୍କ ନିଃସଙ୍ଗ ଜୀବନରେ ଭଉଣୀ ଆଶାଲତା, ନିରୁପମା ରଥ ଓ ଭିଣୋଇ ଗଙ୍ଗାଧର ରଥ ଥିଲେ ପ୍ରେରଣାର ଉତ୍ସ । ସେମାନଙ୍କ ମୃତ୍ୟୁ ବୀଣାପାଣିଙ୍କୁ ମର୍ମାହତ କରିଥିଲା । ଉଚ୍ଚ ରକ୍ତଚାପ ବୃଦ୍ଧି ହେତୁ କ୍ରମଶଃ ସେ ଅସୁସ୍ଥ ହୋଇପଡ଼ିଥିଲେ । ସାହିତ୍ୟ ପ୍ରତି ଅସୀମ ଅନୁରକ୍ତି ରଖୁଥିବା ବୀଣାପାଣି କହନ୍ତି- "ଜୀବନର ପ୍ରକୃତ ଧନହିଁ ସ୍ୱାସ୍ଥ୍ୟ । ଧୀରେ ଧୀରେ ମଣିଷ ମୃତ୍ୟୁ ଆଡକୁ ଗତିକରେ । ମୁଁ ତାର

ବ୍ୟତିକ୍ରମ ଆଦୌ ନୁହେଁ। ସେଥିପାଇଁ ଏ ସ୍ମୃତି ରୋମନ୍ଥନ। କିଏ ଜଣେ ହୁଏତ ମୋ ସଂଗ୍ରାମରୁ ତା ଜୀବନରେ କିଛି ପ୍ରେରଣା ପାଇପାରେ।"(୫୦)

ଜୀବନରେ ସଦା ସର୍ବଦା ନିରପେକ୍ଷ ରହିଆସିଛନ୍ତି ବୀଣାପାଣି। ୨୦୧୪ ଅଗଷ୍ଟ ୩୦ ତାରିଖରେ ଇଉ୍‌କଲ୍ ହାଉସରେ ଲେଖକଙ୍କ ସହ ସାକ୍ଷାତ୍‌କାର (meet the author) ରେ ଯୋଗଦେଇ ସେ ତାଙ୍କ ସାହିତ୍ୟ ଓ ଜୀବନ ସଂପର୍କରେ ସୂଚନା ଦେଇଥିଲେ। ୭୦୦ ସଭ୍ୟ ବିଶିଷ୍ଟ ଲେଖିକା ତଥା ସେମାନଙ୍କ ଅନୁଷ୍ଠାନକୁ ସାଂସ୍କୃତିକ କ୍ଷେତ୍ରରେ ଯେଉଁ ସୁଯୋଗ ମିଳିବା କଥା ତାହା ମିଳିପାରିନଥିବାରୁ ବୀଣାପାଣି କ୍ଷୋଭ ପ୍ରକାଶ କରିଛନ୍ତି। ଆଜି ବି ନାରୀମାନଙ୍କୁ ଦ୍ୱିତୀୟ ଶ୍ରେଣୀର ନାଗରିକ ଭାବେ ଗ୍ରହଣ କରାଯାଉଛି। ତେବେ ସବୁ ନାରୀମାନଙ୍କ ମନରେ ଦମ୍ଭ ଓ ସାହସ ଭରିଦେବା ଏହି ସଂସଦର ଥିଲା ମୁଖ୍ୟ ଉଦ୍ଦେଶ୍ୟ। ଏମିତି ଦିନ ବିତିଯାଇଛି। ଜନ୍ମରୁ ଶୈଶବ, ଶୈଶବରୁ କୈଶୋର, କୈଶୋରରୁ ଯୌବନ ଦେଇ ଜୀବନର ଅପରାହ୍ଣରେ ପଦାର୍ପଣ କରିଛନ୍ତି ଲେଖିକା। ନିଃସଙ୍ଗ ଜୀବନଟିଏ ବଞ୍ଚିଥିଲେ ସେ। ବହୁ ଝଡଝଞ୍ଜା ଦେଇ ଜୀବନପଥ ଅତିକ୍ରମ କରିବାକୁ ସାହସ ବାନ୍ଧିଥିଲେ। ସାହିତ୍ୟହିଁ ପାଲଟି ଯାଇଥିଲା ତାଙ୍କର ପ୍ରିୟତମ ଅନ୍ତରଙ୍ଗ ସାଥୀ। ଏ ସଂପର୍କରେ ନିଜସ୍ୱ ମତ ଦେଇ ବୀଣାପାଣି କହନ୍ତି- "ସାହିତ୍ୟ ବିଶେଷ କରି ମତେ କୋଳେଇ ନେଇ ଯାଇଛି ସବୁ ପଥ ଅତିକ୍ରମ କରିବାକୁ। ମୁଁ ମୁଣ୍ଡ ନୁଆଁଇ ଦେଇଛି। କିଛି ବସ୍ତୁର ମୁଁ ଅଧିକାରୀ ନୁହେଁ। କେବଳ ଲେଖି ସାରିବା ପରେ ସନ୍ତୋଷ ଅଧିକାରୀ ପାଠକ ଓ ସେମାନଙ୍କର ସଦିଚ୍ଛା ହିଁ ମୋ ଜୀବନର ପାଥେୟ।"(୫୧)

**ସାହିତ୍ୟିକା ଜୀବନ:**

ଅତିପିଲାଟି ଦିନରୁ ବୀଣାପାଣିଙ୍କର ସାହିତ୍ୟପ୍ରତି ପ୍ରଗାଢ ଅନୁରକ୍ତି ଥିଲା। ବୀଣାପାଣି ସମସ୍ତଙ୍କ ଅଗୋଚରରେ ଲୁଚେଇ ଲୁଚେଇ କବିତା ଲେଖୁଥିଲେ। ତାଙ୍କ ମା' କୁମୁଦିନୀ ତାଙ୍କୁ ବିଶେଷ ଭାବରେ ଉତ୍ସାହିତ କରିଥିଲେ- "ଏମିତି ଲେଖୁ ଲେଖୁ ଅଭ୍ୟାସ ହୋଇଗଲେ ଭଲ ଲେଖିବୁ। ମୋ ଭାଇର ପୁଅ ବାବାଜୀ (ଅନନ୍ତ ପଟ୍ଟନାୟକ) କେମିତି ଲେଖି ନାମ ଯଶ କଲାଣି।(୫୨) ୧୯୫୫ ମସିହାରେ ତାଙ୍କର ପ୍ରଥମ କବିତା 'ତନ୍ଦ୍ରାହତ' ପ୍ରଜାତନ୍ତ୍ରରେ ପ୍ରକାଶ ପାଇଥିଲା ସେବେଠାରୁ କବି ହେବାର ସ୍ୱପ୍ନଟି ତାଙ୍କୁ ବିଭୋର କରିରଖିଥିଲା। ୧୯୬୨ ରେ ଡାକ୍ତର ରାଧାଦେବୀଙ୍କ ସଂପାଦନାରେ 'ଯୁଗନାରୀ' ନାମକ ମାସିକ ପତ୍ରିକା ଜନ୍ମନେଲା। 'ଯୁଗନାରୀ' ରେ ବୀଣାପାଣିଙ୍କ ଲେଖା ନିୟମିତ ଭାବେ ପ୍ରକାଶ ପାଇ ଆସୁଥିଲା। ବାଲେଶ୍ୱରର କୁନ୍ତଳାକୁମାରୀ ମହିଳା ମହାବିଦ୍ୟାଳୟରେ ଅଧ୍ୟାପିକା ଥିବା ସମୟରେ କଲିକତାର ଆସନ୍ତାକାଲି, ନବରବି, କଟକର ଝଙ୍କାର, ସହକାର ଓ

ଅନ୍ୟାନ୍ୟ ମାସିକ ପତ୍ରିକା ବ୍ୟତୀତ ଦୈନିକ ସମ୍ବାଦପତ୍ର ବିଶେଷାଙ୍କରେ ବୀଣାପାଣିଙ୍କ କବିତା ପ୍ରକାଶ ପାଉଥିଲା। ଏହି ସମୟ ଅବଧି ମଧ୍ୟରେ ବୀଣାପାଣି କବି ଭାବେ ପରିଚିତ ହୋଇ ସାରିଥିଲେ ସତ ମାତ୍ର ଗାଳ୍ପିକା ଭାବେ ପ୍ରତିଷ୍ଠିତ ହୋଇପାରିନଥିଲେ। ମହିଳା କଲେଜର ପରିସର ଭିତରେ ନାଉ ଗଛଟିଏ ଉଠିଥିଲା। ନାଉଗଛଟି କବିଙ୍କ ଦୃଷ୍ଟିରେ ପ୍ରତୀକ ହୋଇ ଦେଖାଦେଲା। ତାକୁ ନେଇ ସେ ରଚନା କଲେ 'ନାଉଗଛ' ଗଳ୍ପ। ଗାଳ୍ପିକାଙ୍କ ଭାଷାରେ- "ଆମ ଯୌଥ ପରିବାରର ମୂଳବିନ୍ଦୁ କଏ ? ସେହି ମାଆଟିର ଅକ୍ଷମତାର ସୁଯୋଗ ନେଇ ସଂତାନମାନେ ସ୍ୱାର୍ଥପର ଓ ଆତ୍ମସର୍ବସ୍ୱ ହୋଇଉଠନ୍ତି। ସେଥିରୁ ସୃଷ୍ଟି ହୁଏ ସମସ୍ୟା, ଜୀବନର, ପରମ୍ପରା ଓ ସଂସ୍କୃତିର।"(୫୩) ଏହି ନାଉଗଛ ଗଳ୍ପଟି ବୀଣାପାଣିଙ୍କୁ ଗାଳ୍ପିକା ଭାବେ ସ୍ୱୀକୃତି ଦେଇଥିଲା। ଏହା ପରଠାରୁ ବୀଣାପାଣି ଗଳ୍ପ ରଚନା କରିବାପାଇଁ ଉତ୍ସାହିତ ହୋଇଥିଲେ। ସଂପାଦକମାନଙ୍କ ଅନୁରୋଧକ୍ରମେ ଯଦି ବି ବୀଣାପାଣି ଗଳ୍ପ ରଚନାରେ ମନଦେଇଥିଲେ ତେବେ କବିତା ରଚନାରୁ ନିବୃତ୍ତ ହୋଇପାରିନଥିଲେ। କାରଣ କବିତା ଥିଲା ତାଙ୍କର ପ୍ରଥମ ପ୍ରେମ। ବୀଣାପାଣିଙ୍କ କିଛି କବିତା 'ଝଙ୍କାର', ଆସନ୍ତାକାଲି ରେ ପ୍ରକାଶ ପାଇଥିଲା। ୧୯୬୧ ମସିହା ଏପ୍ରିଲ୍‌ର ବିଷୁବ ମିଳନରେ ତାଙ୍କୁ ସମ୍ବର୍ଦ୍ଧିତ କରାଯାଇଥିଲା। 'ନବତରଙ୍ଗ' ବୀଣାପାଣିଙ୍କ ପ୍ରଥମ ଗଳ୍ପ ସଂକଳନ। କବିତା ଭଳି କିଛି ଗଳ୍ପ ଦୈନିକ ପ୍ରଜାତନ୍ତ୍ର, ସହକାର, ଆସନ୍ତାକାଲି, ଯୁଗନାରୀ ଆଦିରେ ପ୍ରକାଶ ପାଇଥିଲା। ସେ ଜଣେ ନିକଟ ବାନ୍ଧବୀଙ୍କଠାରୁ ଶୁଣିଥିବା ସତ କାହାଣୀକୁ ଆଧାର କରି ସୀତାର ଶୋଣିତ ଉପନ୍ୟାସର କାହାଣୀର ପରିକଳ୍ପନା କରିଥିଲେ। ୧୯୬୪ ମସିହା ବେଳକୁ ଯୁବଲେଖକ ଆନ୍ଦୋଳନ ଆରମ୍ଭ ହୋଇଥିଲା। ସେ ସମୟର ତରୁଣ ଲେଖକ ଗୁରୁ ମହାନ୍ତି, ଜେନାମଣି ନଗେନ୍ଦ୍ର କୁମାର, ବ୍ରଜନାଥ ରଥ, ଶିବରାମ ପାତ୍ର, ହୁସେନ୍ ରବି ଗାନ୍ଧୀ, ଗୋପାଳକୃଷ୍ଣ ରଥ, ପ୍ରସନ୍ନ ପାଟଶାଣୀ ପ୍ରମୁଖ କବି ଲେଖକ ଏକତ୍ରିତ ହୋଇ ଓଡିଆ ସାହିତ୍ୟକୁ ରକ୍ଷଣଶୀଳ ପ୍ରଗତି ପରିପନ୍ଥୀ ଭାବଚେତନାରୁ ମୁକ୍ତ କରି ବିଶ୍ୱଚେତନା ସହ ସାମିଲ କରିବାର ପ୍ରୟାସ କରିଥିଲେ। ୧୯୬୯ ମସିହାରେ ଅନୁଷ୍ଠିତ ବଲାଙ୍ଗୀର ଅଧିବେଶନରେ କେନ୍ଦ୍ର ଲୋକ ସଂପର୍କ ସୂଚନା ବିଭାଗ ମନ୍ତ୍ରୀ ଶ୍ରୀମତୀ ନନ୍ଦିନୀ ଶତପଥୀ ବିଶିଷ୍ଟ ଅତିଥି ଭାବରେ ଯୋଗ ଦେଇଥିଲେ। ଡଃ ହରେକୃଷ୍ଣ ମହତାବ, ମନ୍ତ୍ରୀ ରାଜେନ୍ଦ୍ର ନାରାୟଣ ସିଂହ ଦେଓ, ସଙ୍ଗୀତ ଶିଳ୍ପୀ ଅକ୍ଷୟ ମହାନ୍ତି ଦୁଇଦିନ ବ୍ୟାପୀ ବିଭିନ୍ନ କାର୍ଯ୍ୟକ୍ରମରେ ଯୋଗଦାନ ପୂର୍ବକ ଯୁବଲେଖକ ସମାବେଶକୁ ମହତ୍ୱପୂର୍ଣ୍ଣ ଓ ଆକର୍ଷଣୀୟ କରିପାରିଥିଲେ। କେବେ କୌଣସି ପଦପଦବୀ ପାଇଁ ଲାଳାୟିତ ହୋଇନଥିବା ବୀଣାପାଣି କହନ୍ତି- "ସାହିତ୍ୟର ଭିତ୍ତିଭୂମି ଓ ତା'ର ମାଧ୍ୟମ ମନକୁ ମନ ହୃଦୟ ସମୁଦ୍ରରୁ ମୁଣ୍ଡ ଟେକି ଉଠେ। ଅନେକ ଲେଖକଙ୍କୁ ପ୍ରେରଣା

ଦେବା, ନୂତନ ଚିନ୍ତାଧାରା ସୃଷ୍ଟି କରିବା ଏବଂ ନୂଆଭଙ୍ଗୀରେ ସମାଜ ଜୀବନକୁ ଦେଖିବା ସହ ଶହ ଶହ ନୂତନ ଲେଖକ/ ଲେଖିକା ଯୁବ ଲେଖକ ଅନୁଷ୍ଠାନ ଯେ ସୃଷ୍ଟି କରିଛି କହିବା ବାହୁଲ୍ୟ।"(୫୪) ବାଲେଶ୍ୱର ଥିଲା ବୀଣାପାଣିଙ୍କ ପ୍ରଥମ ବୃତ୍ତିଗତ ସାହିତ୍ୟିକା ଜୀବନର ଭିତ୍ତିଭୂମି ବା ଏନ୍ତୁଡିଶାଳ। ବାଲେଶ୍ୱରରେ ଅବସ୍ଥାନ କାଳରେ 'ନବତରଙ୍ଗ', 'ପାନ୍ଥଶଳା ଓ ରକ୍ତ କରବୀ', 'କସ୍ତୁରୀମୃଗ ଓ 'ସବୁଜ ଅରଣ୍ୟ'ପରି ତିନୋଟି ଗଳ୍ପ ସଂକଳନ ପ୍ରକାଶ ପାଇଥିଲା। ୧୯୬୮ ମସିହାରେ 'କସ୍ତୁରୀମୃଗ ଓ 'ସବୁଜ ଅରଣ୍ୟ' ପାଇଁ ଓଡିଶା ସାହିତ୍ୟ ଏକାଡେମୀ, ୧୯୯୦ ରେ 'ପାଟଦେଈ' ପାଇଁ କେନ୍ଦ୍ର ସାହିତ୍ୟ ଏକାଡେମୀ ସହିତ ସାହିତ୍ୟ ଭାରତୀ, ଶାରଳା ଆଦି ପୁରସ୍କାର ତଥା ସାରସ୍ୱତ ସମ୍ମାନରେ ସମ୍ବର୍ଦ୍ଧିତ ହୋଇଛନ୍ତି। ଗଳ୍ପ କବିତା ବ୍ୟତୀତ ଉପନ୍ୟାସ ଅନୁବାଦ ସାହିତ୍ୟରେ ମଧ୍ୟ ବୀଣାପାଣି ନିଜ ଅସାମାନ୍ୟ ଦକ୍ଷତାର ପରିଚୟ ଦେଇଛନ୍ତି। ସାହିତ୍ୟକୁ ଜୀବନର ସାଥୀ ପରମ ବନ୍ଧୁ ଭାବେ ଗ୍ରହଣ କରିଥିବା ସେ ଜଣେ ସାରସ୍ୱତ ସୃଜନ ବିନ୍ଧାଣୀ।

**ସମାଜ ଜୀବନର ଚିତ୍ର :**

ବୀଣାପାଣିଙ୍କ ସ୍ମୃତିଲିପି 'ବିତିଯାଇଥିବା ଦିନ' ସମାଜ ଜୀବନର ଜୀବନ୍ତ ଆଲେଖ୍ୟ। ଏଥିରେ ସମାଜ ଜୀବନର ବର୍ଣ୍ଣିଳ ବର୍ଣ୍ଣବିଭାକୁ ରୂପାୟିତ କରିଛନ୍ତି ବୀଣାପାଣି। ସାମାଜିକ ଜୀବନରେ ପର୍ବପର୍ବାଣି ଏକ ମହତ୍ତ୍ୱପୂର୍ଣ୍ଣ ଭୂମିକା ରଖେ। ରଜ, ଦୋଳ, ଗଣେଶ ପୂଜା, ସରସ୍ୱତୀ ପୂଜା, କୁମାର ପୂର୍ଣ୍ଣିମା ଆଦିର ବର୍ଣ୍ଣନା ବୀଣାପାଣିଙ୍କ ଲେଖନୀରେ ହୃଦୟସ୍ପର୍ଶୀ ହୋଇପାରିଛି। ଅଳ୍ପବୟସରେ ବୈଧବ୍ୟ ଯନ୍ତ୍ରଣାରେ କାତର ହେଉଥିବା ନାରୀମାନଙ୍କୁ ଦେଖି ବୀଣାପାଣି ମର୍ମାହତ ହୋଇଛନ୍ତି। କାର୍ତ୍ତିକ ମାସରେ ଚଉରାରେ ମୁରୁଜପକାଇବା ଠାରୁ ଆରମ୍ଭ କରି କଦଳୀ ପଟୁଆରେ ତିଆରି ଡଙ୍ଗା ଭସାଇବା ତଥା ହବିଷ୍ୟାଳିମାନଙ୍କର ନିଷ୍ଠାପରଭାବେ କାର୍ତ୍ତିକ ବ୍ରତ ପାଳନ ଏବଂ ହବିଷ୍ୟାନ୍ନ ଭକ୍ଷଣର କଥା ଅତି ସୁନ୍ଦର ରୂପେ ଚିତ୍ରିତ। ରାଧିଅପା ନାମରେ ଜଣେ ବାଳୁତ ବିଧବାର ପାରିବାରିକ ଗଂଜଣା ସହ୍ୟ କରିନପାରି ଆତ୍ମହତ୍ୟା କରିବାର ଘଟଣା ବୀଣାପାଣିଙ୍କ ସମ୍ବେଦନଶୀଳ ସ୍ରଷ୍ଟା ପ୍ରାଣକୁ ବ୍ୟଥିତ କରିଥିଲା।

ତତ୍‌କାଳୀନ ସମୟରେ ଛୁଆ ଅଛୁଆଁ ଭେଦଭାବ ବଳବତ୍ତର ଥିଲା। ହରିଜନମାନଙ୍କୁ ଛୁଇଁବା ବି ଏକପ୍ରକାର ସମାଜବିରୋଧୀ କାର୍ଯ୍ୟ ଥିଲା। ସମସାମୟିକ ସମାଜର ଅନେକ ଅନ୍ଧବିଶ୍ୱାସ ଓ କୁସଂସ୍କାର ବୀଣାପାଣିଙ୍କ ଦୃଷ୍ଟିକୁ ଆସିଛି, ସେସବୁକୁ ନିଜ ସ୍ମୃତିଲିପିରେ ସ୍ଥାନ ଦେଇ ସେ ସମାଜ ସଂସ୍କାର ଆଣିବାରେ ପ୍ରୟାସ କରିଛନ୍ତି। ମନରେ ଭୂତପ୍ରେତରେ ଭୟ ଥିଲା। ତାକୁ ଦୁରେଇବା ପାଇଁ ଗୁଣିଗାରେଡିର ସାହାଯ୍ୟ

ନିଆଯାଉଥିଲା । ହଇଜା ହେଉକି ବସନ୍ତରେ ଆକ୍ରାନ୍ତ ରୋଗୀକୁ ଡାକ୍ତରଖାନା ନ ନେଇ ଠାକୁରାଣୀ ମାଜଣା କରିବା, କାଳିସୀ ଲାଗିବା ଆଦିକୁ ଗୁରୁତ୍ୱ ଦିଆଯାଉଥିଲା । ସେ ସମୟର ଗ୍ରାମ୍ୟ ଜୀବନରେ ଅନ୍ଧବିଶ୍ୱାସ ଓ ଧର୍ମାନ୍ଧତା ବ୍ୟାପକ ଭାବେ ପ୍ରଭାବ ବିସ୍ତାର କରିଥିଲା । ସଂକ୍ରାମକ ରୋଗ ଯଥା ଯକ୍ଷ୍ମା, ହଇଜା, କୁଷ୍ଠରୋଗୀଙ୍କୁ କେହି ଛୁଉଁ ନ ଥିଲେ ।

ତତ୍‌କାଳୀନ ସମୟରେ ଜନସାଧାରଣ ସ୍ୱାସ୍ଥ୍ୟସଂପର୍କରେ ସଚେତନ କି ସଜାଗ ନଥିଲେ । ପୁଷ୍ଟିକର, ଖାଦ୍ୟ ଅଭାବରେ କଠିନ ପରିଶ୍ରମ କରୁଥିବା ବହୁ ମା ମୃତ୍ୟୁବରଣ କରୁଥିଲେ । ଉପଯୁକ୍ତ ଯତ୍ନ ଅଭାବରୁ ଶିଶୁମାନେ ମୃତ୍ୟୁବରଣ କରୁଥିଲେ । ଯେଉଁ ନାରୀ ଦଶ କି ବାରଟି ସଂତାନର ଜନନୀ ହୋଇପାରୁ ନଥିଲେ ତା'ର ମାତୃତ୍ୱକୁ ଅବମାନନା କରାଯାଉଥିଲା । ଜାତିପ୍ରଥା ଉତ୍କଟ ଥିଲା । ଜାତିପ୍ରଥା ରୂପକ କୁସଂସ୍କାର ଦୂର କରିବା ପାଇଁ ଗାନ୍ଧିଜୀଙ୍କ ଆହ୍ୱାନ ଗାଁରେ ପହଞ୍ଚିଥିଲେ ମଧ୍ୟ ବିଶେଷ ପ୍ରଭାବ ପକାଇପାରି ନଥିଲା । ବୀଣାପାଣିଙ୍କ ବଡଭଉଣୀ ନିରୁପମା, ଗଙ୍ଗାଧର ରଥଙ୍କୁ ବିବାହ କରିଥବାରୁ ସେତେବେଳେ ସେମାନଙ୍କ ବିବାହକୁ ନେଇ ଚହଳ ସୃଷ୍ଟି ହୋଇଥିଲା । ସବୁ ପ୍ରତିକୂଳ ସ୍ଥିତି ସତ୍ତ୍ୱେ ସେମାନଙ୍କର ବିବାହ ହୋଇଥିଲା । ଆଜି ମଧ୍ୟ ଉଚ୍ଚ ଶିକ୍ଷିତ ହୋଇ ମଣିଷ କୁସଂସ୍କାରରୁ ମୁକ୍ତ ହୋଇପାରିନି । ଅନେକ ଉଚ୍ଚ ପଦବୀଧାରୀ ଅସବର୍ଣ୍ଣ ହୀନମନ୍ୟତାରୁ ମୁକ୍ତ ନୁହନ୍ତି । ଏ ସଂପର୍କରେ ଗଭୀର କ୍ଷୋଭ ପ୍ରକାଶ କରି ଲେଖିକା କହନ୍ତି, "ଆଜି ଏକବିଂଶ ଶତାବ୍ଦୀର ପ୍ରଥମ ପାହାଚରେ ଗୋଡ ଦେଇ ଦେଖୁଛି ମାନବିକ ଚେତନାର ଉତ୍ତରଣ ବିଶେଷ କିଛି ହୋଇନି । ଧର୍ମ ଧର୍ମ, ଜାତି ଜାତି ଭିତରେ ସୌହାର୍ଦ୍ଦ୍ୟ ସ୍ଥାପନ କି ପୋଥି ବାଇଗଣ ।"(୫୫)

ମିଛ କହିବା, ଗୁରୁଜନମାନଙ୍କୁ ଅମାନ୍ୟ କରିବା, କଙ୍କି, ପ୍ରଜାପତି, ବେଙ୍ଗ ଧରି ମାରିବା ଆଦି ପାପକାର୍ଯ୍ୟ ରୂପେ ବିବେଚିତ ହେଉଥିଲା । ସମାଜ ଜୀବନର ଚିତ୍ରକୁ ଅତ୍ୟନ୍ତ ସତ୍ୟନିଷ୍ଠ ଭାବେ ରୂପ ଦେଇଛନ୍ତି ବୀଣାପାଣି । ପ୍ରାଚୁର୍ଯ୍ୟ ଭିତରେ ବଡ ହୋଇଥିବା ବୀଣାପାଣିଙ୍କ ମାଆ କୁମୁଦିନୀଙ୍କୁ ଶାଶୁଘରେ ନିୟମ ନିଗଡ଼ ମଧ୍ୟରେ ବୋହୂର ଦାୟିତ୍ୱ ନିର୍ବାହ କରିବାକୁ ପଡିଥିଲା । ସେତେବେଳେ ଜାତି ଧର୍ମ ନିର୍ବିଶେଷରେ ସମସ୍ତଙ୍କୁ ମାନ୍ୟ କରାଯାଉଥିଲା । ବର୍ତ୍ତମାନ ସମୟ ବଦଳିଯାଇଛି । ବୀଣାପାଣିଙ୍କ ଭାଷାରେ ସେସବୁ ନିୟମ ଆଜିର ସମାଜରେ ସ୍ୱପ୍ନ ହୋଇରହିଯାଇଛି ।

**ବର୍ଣ୍ଣନା ଚାତୁରୀ:**

ଗୋଟିଏ କଥାକୁ ବିଭିନ୍ନ ଭାବରେ ପ୍ରକାଶ କରିବାର ଭଙ୍ଗୀକୁ କହନ୍ତି ରୀତି ବା ଶୈଳୀ । ଶୈଳୀ ହେଉଛି ଲେଖକଙ୍କର ସ୍ୱତନ୍ତ୍ରତା । ଯାହା ଜଣକୁ ଅନ୍ୟ ଜଣଙ୍କଠାରୁ ଭିନ୍ନ

ବୋଲି ପ୍ରମାଣିତ କରେ। ବୀଣାପାଣିଙ୍କ ବର୍ଣ୍ଣନା ଚାତୁରୀ ଓଡିଆ ସାହିତ୍ୟରେ ତାଙ୍କୁ ଭିନ୍ନ ପରିଚିତ ଦିଏ, ସହଜ ସରଳ ଭାଷା ତାଙ୍କ ସାହିତ୍ୟ କର୍ମକୁ କରିଛି ବଳିଷ୍ଠ ଓ କାଳଜୟୀ। ଜୀବନର ନିଛକ ଚିତ୍ରକୁ ରୂପ ଦେବାକୁ ଯାଇ ଲେଖିକା କହନ୍ତି- "କାନ୍ଦିଛି ନିଜର ବିଫଳତାରେ, ଅପାରିବା ପଣରେ, ବିଭୋର ହୋଇଛି ପହିଲି ଆଷାଢର ପ୍ରଥମ ସ୍ପର୍ଶରେ, ମାଟିର ବାସ୍ନାରେ, ସ୍ତବ୍ଧ ହୋଇଛି ମୁର୍ଦ୍ଦାର ପୋଡା ହେବାର ଗନ୍ଧରେ, ଜୀବନ, ଜୀବନ ଏଇ ତ ଜୀବନ।"[୫୬]

ଚମତ୍କାର ବର୍ଣ୍ଣନା ମାଧ୍ୟମରେ ସ୍ରଷ୍ଟାପ୍ରାଣର ଅନ୍ତରଙ୍ଗ ଅଭିବ୍ୟକ୍ତି ପାଠକକୁ ଅଭିଭୂତ କରିପାରେ। ଯେମିତି "ବନ୍ୟାରେ ସର୍ବଗ୍ରାସୀ କ୍ଷୁଧା, ମଣିଷର ଅମଣିଷ ପଣିଆ, ଅସହାୟତା ଭିତରେ ବି ଆନନ୍ଦର ଝଲକଟିଏ କୋଉଠି ଥାଏ। କୋଉଠି ବିସ୍ମୃତିର ତରଙ୍ଗରେ ଫୁଟି ଉଠେ ଡିମିରି ଫୁଲ, କୋଉଠୁବି ଲମ୍ବିଆସେ ଅଯାଚିତ ସ୍ନେହ କରୁଣା ଜାତି ଭାଷା ନିର୍ବିଶେଷରେ ସେ କଥା କିଏ ଜାଣେ ? ସେଥିପାଇଁ ଋତୁଚକ୍ରର ମାୟାରେ, ଇନ୍ଦ୍ରଜାଲରେ ପ୍ରକୃତି ତ ପୃଥିବୀ ମଣିଷକୁ ସାଥୀ କରି ଖେଳୁଥାନ୍ତି, ମମତାରେ ଆଉଁଶି ଦିଅନ୍ତି ତ, ଅକରୁଣ ନିର୍ମମ ଭଙ୍ଗୀରେ କେବେ କେବେ ମଣିଷକୁ ଦଳି ଫିଙ୍ଗି ନିର୍ଯ୍ୟାତନା ଦିଅନ୍ତି।[୫୭]

ପ୍ରକୃତି ବର୍ଣ୍ଣନାରେ ବୀଣାପାଣିଙ୍କ ଲେଖନୀ ସିଦ୍ଧହସ୍ତ। ଆସାମକୁ ବୁଲି ଯାଇଥିବା ଅବସରରେ ବ୍ରହ୍ମପୁତ୍ର ନଦୀର ସୌନ୍ଦର୍ଯ୍ୟ ବର୍ଣ୍ଣନା ଲେଖିକାଙ୍କ ଲେଖନୀମୁନରେ ବେଶ୍ ଆକର୍ଷଣୀୟ ହୋଇପାରିଛି। "ବାଟରେ ଗୁଆହାଟୀ ବିରାଟ ପୋଲ ତଳେ ବହିଯାଉଥାଏ କୁଳୁକୁଳୁ ଶବ୍ଦ କରି ଦୁଃଖର ନଦୀ ବ୍ରହ୍ମପୁତ୍ର, ଅସ୍ତ ସୂର୍ଯ୍ୟର ମ୍ଳାନ କିରଣରେ କି ଅପୂର୍ବ ତା'ର ଶୋଭା। କୁଳେକୁଳେ ଗୀତ ଗାଇ ଉଡିଯାଉଥାନ୍ତି ଦଳ ଦଳ ପକ୍ଷୀ।"[୫୮]

ବୀଣାପାଣି ମହାନ୍ତି ଜଣେ ସମ୍ବେଦନଶୀଳ ଦରଦୀ ମାନବବାଦୀ ସାହିତ୍ୟ ଶିଳ୍ପୀ। ନିଜ ଜୀବନର ସୁଖଦୁଃଖର ଅନୁଭୂତି ସହିତ ସମାଜଜୀବନ, ସାହିତ୍ୟ ସଂସ୍କୃତିର ଚିତ୍ରକୁ ଅତି ଅନ୍ତରଙ୍ଗ ଭାବେ ବାଢିଛନ୍ତି ତାଙ୍କ ସ୍ମୃତିଲିପି 'ବିତିଯାଇଥିବା ଦିନ'ରେ। ଏହି ମହାନ୍ ସାରସ୍ୱତ ସାଧିକା ୨୦୨୨ ଏପ୍ରିଲ ୨୪ ତାରିଖରେ ଇହଲୀଳା ସମ୍ବରଣ କଲେ। ତେବେ ତାଙ୍କର ଅସାମାନ୍ୟ କଳାକୃତି ତାଙ୍କୁ ଚିରଦିନ ଅମର କରି ରଖିବ, ଏଥିରେ ସନ୍ଦେହ ନାହିଁ।

ବୀଣାପାଣି ମହାନ୍ତିଙ୍କ ସଂପାଦନାରେ 'କବି ବିଦ୍ୟୁତ୍‌ପ୍ରଭା' ନାମରେ ଏକ ଜୀବନୀ ମୂଳକ ସମାଲୋଚନା ପୁସ୍ତକ ୧୯୨୮ ମସିହାରେ ବିଦ୍ୟୁତ୍‌ପ୍ରଭା ସ୍ମରଣିକା କମିଟି ଦ୍ୱାରା ପ୍ରକାଶ ପାଇଥିଲା। ବିଦ୍ୟୁତ୍‌ପ୍ରଭାଙ୍କ ଜୀବନ ତଥା ସାରସ୍ୱତ ଜଗତକୁ ନେଇ ପଞ୍ଚାନନ ମହାନ୍ତି, ମାୟାଧର ମାନସିଂହ, କୁଂଜବିହାରୀ ଦାଶ, ମହାପାତ୍ର ନୀଳମଣି ସାହୁ, ଜାନକୀ ବଲ୍ଲଭ ମହାନ୍ତି, ପ୍ରତିଭା ଶତପଥୀ, ଯଦୁନାଥ ଦାଶ ମହାପାତ୍ର, ପ୍ରଫୁଲ୍ଲ ପଟ୍ଟନାୟକ,

କୁମୁଦ ଚନ୍ଦ୍ର ଦାଶ, ଚୈତନ୍ୟ ପ୍ରସାଦ ସେଠି, ଡକ୍ଟର ନିତ୍ୟାନନ୍ଦ ଶତପଥୀ ବିଶ୍ୱମ୍ଭର ସାମନ୍ତ, ଚିତ୍ତରଂଜନ ଦାସଙ୍କ ଭଳି ବିଶିଷ୍ଟ ସାହିତ୍ୟିକ ତାତ୍ତ୍ୱିକ ଆଲୋଚନା କରିଛନ୍ତି। ଏହି ସମାଲୋଚନା ପୁସ୍ତକଟିରେ କବି ବିଦ୍ୟୁତ୍‌ପ୍ରଭାଙ୍କ ବ୍ୟକ୍ତିତ୍ୱର ବିଭିନ୍ନ ଦିଗ, ତାଙ୍କ କବିତାର ରୋମାଣ୍ଟିକ ଭାବବୋଧ, ବିଭୁପ୍ରୀତି, ବାସ୍ତବବାଦୀ ଦୃଷ୍ଟିଭଙ୍ଗୀ ତଥା ପଲ୍ଲୀ ଜୀବନର ଚିତ୍ର ଆଦିକୁ ଅତି ଚମତ୍କାର ଭାବରେ ବର୍ଣ୍ଣନା କରାଯାଇଛି।

■

# ଉପସଂହାର

ଜୀବନାନୁଭୂତିର ବାଙ୍ମୟ ପ୍ରକାଶ ହେଉଛି ସାହିତ୍ୟ। ସାର୍ବଜନୀନ ଗୁଣ ଯୋଗୁଁ ସାହିତ୍ୟ ସବୁବେଳେ ମହାନ୍। "ଉତ୍ତମ ସାହିତ୍ୟ ଚିରନ୍ତନ। ତାହା ଦେଶକାଳର ସୀମା ମାନେ ନାହିଁ ।[୧] ମହାମଳିନର କ୍ଷେତ୍ର ସାହିତ୍ୟ ସମାଜ ଓ ଜୀବନକୁ ନେଇ ରଚିତ ହୋଇଥାଏ। ଇଂରାଜୀ ସାହିତ୍ୟର ପ୍ରଖ୍ୟାତ କବି ତଥା ନାଟ୍ୟକାର ସେକ୍ସପିୟରଙ୍କ ଭାଷାରେ – "ସାହିତ୍ୟ ହେଉଛି ଜୀବନର ମୁକୁର ସ୍ୱରୂପ" ।[୨] ସାର୍ବକାଳୀକ ମୂଲ୍ୟ ବୋଧରେ ସମୁଜ୍ଜ୍ୱଳ ସାହିତ୍ୟ ମହାକାଳର କରାଳ ଗର୍ଭରେ କଦାପି ବିଲୀନ ହୋଇପାରେ ନାହିଁ। ଜୀବନ ଏବଂ ଜଗତ ସମ୍ବନ୍ଧୀୟ ବିଭିନ୍ନ ଭାବନା, ଆବେଗ, ଅନୁଭୂତି ତଥା ଘଟଣା ବୈଚିତ୍ର୍ୟକୁ ଶାଶ୍ୱତ ସ୍ପର୍ଶ ଦେଇ ଜୀବନ୍ତ କରିପାରେ କେବଳ ସାହିତ୍ୟିକ। ତେଣୁ ସ୍ରଷ୍ଟା ଓ ସୃଷ୍ଟି ଉଭୟ ହୁଏ ଚିରନ୍ତନ। ପରିବର୍ତ୍ତନଶୀଳ ପୃଥିବୀରେ ସାହିତ୍ୟ କିନ୍ତୁ ସବୁବେଳେ ରହିଥାଏ ଚିରସ୍ଥାୟୀ ହୋଇ।

ଏହି ପରିପ୍ରେକ୍ଷୀରେ ସାରସ୍ୱତ ସାହିତ୍ୟ ସାଧିକା ବିପ୍ଳବିଣୀ କଥାକାର ବୀଣାପାଣିଙ୍କ ବିପୁଳ ତଥା ବହୁମୂଲ୍ୟ ଅବଦାନ ଓଡିଆ ସାହିତ୍ୟପାଇଁ ଗର୍ବ ଆଉ ଗୌରବର ବିଷୟ। ସାହିତ୍ୟର ସନ୍ନ୍ୟାସିନୀ ବୀଣାପାଣି ବହୁମୁଖୀ ପ୍ରତିଭାର ଅଧିକାରୀ। ସେ ଏକାଧାରାରେ କବୟିତ୍ରୀ, ଗାଳ୍ପିକା, ଔପନ୍ୟାସିକା ତଥା ଅନୁବାଦିକା। ବିଶେଷ କରି ଓଡିଆ ଗଳ୍ପ ସାହିତ୍ୟକୁ ତାଙ୍କର ଅବଦାନ ଅବିସ୍ମରଣୀୟ। ସର୍ବଭାରତୀୟ ସ୍ତରରେ ଖ୍ୟାତି ଅର୍ଜନ କରିଥିବା ଏହି ଲେଖିକାଙ୍କର ଲେଖନୀ ଏବେବି ଚଳଚଞ୍ଚଳ। ଉତ୍ତର ସତୁରୀରେ ପାଠକ ସମାଜକୁ "ଉତ୍ତରାୟଣ'କୁ ଭେଟି ଦେଇ ଜଣାଇଦେବାକୁ ଚାହିଁଛନ୍ତି ଯେ ଏବେ ବି ସେ ଥକି ପଡିନାହାନ୍ତି, ଏବେବି ସେ ସୃଜନ ସ୍ୱପ୍ନରେ ମଗ୍ନ, ସୃଜନ ସ୍ୱପ୍ନରେ ବିଭୋର।

ତିରିଶରୁ ଊର୍ଦ୍ଧ୍ୱ ଗଳ୍ପସଂକଳନର ରଚୟିତା ବୀଣାପାଣିଙ୍କ ବହୁ ଗଳ୍ପ ଇଂରାଜୀ, ହିନ୍ଦୀ, ବଙ୍ଗଳା, ମାଲୟାଲାମ୍, କନ୍ନଡ, ତେଲଗୁ, ଉର୍ଦ୍ଦୁ ଏବଂ ଋଷ୍ ଭାଷାରେ ଅନୂଦିତ ହୋଇଛି। ତେବେ ମାନବିକ ସମ୍ବେଦନା ତାଙ୍କ ସାହିତ୍ୟ ସୃଷ୍ଟିର ମୂଳକଥା। ତେଣୁ ସେ କହନ୍ତି – "ମୁଁ ଲେଖିଛି ଓ ଲେଖି ଚାଲୁଥିବି ଏକ ସୁଖୀ ସମାଜ ଜୀବନ ପ୍ରତିଷ୍ଠା ପାଇଁ।[୩]

ସମାଜ ତଥା ପରିବାରରେ ନାରୀର ପ୍ରାଧାନ୍ୟ ଉପରେ ଗୁରୁତ୍ୱ ଆରୋପ କରିଛନ୍ତି ଗାଳ୍ପିକା ବୀଣାପାଣି। ଗଭୀର ମାନବବାଦରେ ବିଶ୍ୱାସୀ ବୀଣାପାଣିଙ୍କର ଆତ୍ମଅଭିବ୍ୟକ୍ତି ହେଉଛି :- 'ମୁଁ ଖୋଜି ବୁଲିଛି, ଯାହା ଚିରନ୍ତନ ସତ୍ୟ ମଣିଷର ବଞ୍ଚିବା

ପାଇଁ ,ଶାନ୍ତି ଓ ମୁକ୍ତିର ମାର୍ଗ, ଯାହା ସାମାଧାନର ସୂତ୍ର, ବଞ୍ଚିବାର ନିର୍ଭର ପ୍ରତିଶ୍ରୁତି ଓ ମାନବିକତାର ଓଁକାର ଧ୍ୱନି'। (୪)

ସମାଜବାଦୀ ବାସ୍ତବତା (Social realism)ର ସ୍ୱର ତାଙ୍କ ସାହିତ୍ୟରେ ଉପଲବ୍ଧ। ସାଂପ୍ରତିକ ଜୀବନର ବେଦନାବୋଧ, ଅସହାୟତା, ନିଃସଙ୍ଗତା, ଯୌନଚେତନା, ମନସ୍ତତ୍ତ୍ୱର ନିଖୁଣ ଅଧ୍ୟୟନ ତଥା ବିପର୍ଯ୍ୟସ୍ତ ଦାମ୍ପତ୍ୟ ଜୀବନର ଚିତ୍ର ବୀଣାପାଣିଙ୍କ ଗଳ୍ପ ସାହିତ୍ୟର ମୁଖ୍ୟ ବିଷୟ ବସ୍ତୁ।

ଜୀବନକୁ ନେଇ ସାହିତ୍ୟର ସୃଷ୍ଟି। ବେଦନାମୁକ୍ତ ଯନ୍ତ୍ରଣାରହିତ ମାନବ ସମାଜର ସ୍ୱପ୍ନ ଦେଖୁଥିବା ଆଶାବାଦୀ ଜୀବନବାଦୀ ଶିଳ୍ପୀ ବୀଣାପାଣି କହନ୍ତି – 'ବେଦନା ଓ ବନ୍ଦିତ୍ୱରୁ ନିପୀଡିତ ମଣିଷର ମୁକ୍ତି ପାଇଁ ମୋ ଶିଳ୍ପୀ ଆତ୍ମା ସବୁବେଳେ ଅସ୍ଥିର ହୋଇ ଉଠିଛି'। (୫)

ଗଳ୍ପସାହିତ୍ୟରେ ବିଶେଷ ପ୍ରସିଦ୍ଧି ଅର୍ଜନ କରିଥିବା ବୀଣାପାଣିଙ୍କର କବିପ୍ରତିଭା ଅନେକ ସମୟରେ ପାଠକର ନିକଟରେ ଲୁକ୍‌କାୟିତ ହୋଇ ରହିଯାଏ। ଚିରସ୍ଥାୟୀ ସତ୍ୟରେ ଉଦ୍‌ଭାସିତ ଜୀବନର ପ୍ରତିରୂପ ହେଉଛି କବିତା କବିଟିଏ ସାଧାରଣ ହୋଇବି ଅସାଧାରଣ ମଣିଷଟିଏ। ତେଣୁ କବିର ଜଗତ କବିତା ଜଗତ ଏକ ଭିନ୍ନ ଜଗତ । A Defence of Poetryରେ P.B. Shey କହନ୍ତି। କବିତା ସବୁ ପଦାର୍ଥକୁ ସୁନ୍ଦର କରେ। ଯାହା ବିକୃତ ଓ ବିରୁପ , ସେଥିରେ ସୁନ୍ଦରତା ଆଣିଦିଏ xxxx କବିତା ଯାହାକୁ ଛୁଏଁ , ତାକୁ ସୁନା କରିଦିଏ ।(୬) କବିତା ମୋର ପ୍ରଥମ ପ୍ରେମ ଏବଂ ଗଳ୍ପ ମୋର ପରକୀୟା ପ୍ରୀତି। (୭) କବିତା ସଂପର୍କରେ ଏଭଳି ମନ୍ତବ୍ୟ ପ୍ରଦାନ କରୁଥିବା ବୀଣାପାଣି କବିତା ରଚନାରୁ ହିଁ ପ୍ରଥମ କରି ସାହିତ୍ୟ ରାଜ୍ୟରେ ପାଦ ଥାପିଥିଲେ। ବୀଣାପାଣିଙ୍କ ପ୍ରଥମ କବିତା 'ତନ୍ଦ୍ରାହତ' ପ୍ରଜାତନ୍ତ୍ରର ନାରୀ ବିଭାଗରେ ପ୍ରକାଶ ପାଇଥିଲା।

ତାଙ୍କ ରଚିତ ଏକମାତ୍ର କବିତା ସଂକଳନ 'ଆସିବାର ବେଳ' ଓଡିଆ କବିତା ସାହିତ୍ୟକୁ ଏକ ବହୁମୂଲ୍ୟ ଅବଦାନ। ଜୀବନର ସୁଖଦୁଃଖ ମିଶ୍ରିତ ଅନୁଭୂତିରେ ଏହି ସଂକଳନର କବିତାଗୁଡ଼ିକ ରସାଣିତ ଓ ମନୋମୁଗ୍‌ଧକର। ରୋମାଣ୍ଟିକ୍ ଆଶାବାଦ ଓ ରୋମାଣ୍ଟିକ ବିଷାଦବାଦହିଁ ତାଙ୍କ କବିତାର ମୁଖ୍ୟ ସ୍ୱର। ବୀଣାପାଣିଙ୍କ କେତେକ କବିତା ବାସ୍ତବବାଦୀ ଚେତନା ଉପରେ ଆଧାରିତ । ବାସ୍ତବତା ସହିତ ତୀବ୍ର ଆଶାବାଦ କବିତାଗୁଡିକୁ ହୃଦୟସ୍ପର୍ଶୀ କରିପାରିଛି। ବାସ୍ତବବାଦୀ କବିତାରେ ଜୀବନର ବାସ୍ତବ ସତ୍ୟକୁ ଉଦ୍‌ଘାଟନ କଲାବେଳେ କବୟିତ୍ରୀ ବୀଣାପାଣି ବିପ୍ଳବୀ କବିତାଗୁଡିକରେ ସାମାଜିକ ବୈଷମ୍ୟ ବିରୁଦ୍ଧରେ ବିଦ୍ରୋହର ସ୍ୱର ଶୁଣାଇଛନ୍ତି। ରହସ୍ୟାଚ୍ଛନ୍ନ ବିଭୁବୋଧ କବିଙ୍କର ବିଭୂପ୍ରୀତି ସମ୍ବନ୍ଧୀୟ କବିତାର ମୁଖ୍ୟ ଭାବବସ୍ତୁ ପାଲଟି ଯାଇଛି।

କବିତା ରଚନାରୁ ସାହିତ୍ୟିକା ଜୀବନର ଅୟମାରମ୍ଭ କରିଥିଲେ ମଧ୍ୟ ବୀଣାପାଣି ଉପନ୍ୟାସ ରଚନାରେ ନିଜର ଅନନ୍ୟ ଦକ୍ଷତାକୁ ପ୍ରତିପାଦନ କରିପାରିଛନ୍ତି । ନାରୀ ମୁକ୍ତି, ନାରୀ ସ୍ୱାଧୀନତା, ଅତ୍ୟାଚାର ବିରୁଦ୍ଧରେ ନାରୀର ପ୍ରତିକ୍ରିୟାଶୀଳ ମନୋଭାବ ତାଙ୍କ ଉପନ୍ୟାସ ସାହିତ୍ୟର ମୁଖ୍ୟ ଆଭିମୁଖ୍ୟ । ବୀଣାପାଣିଙ୍କ ରଚିତ ତିନିଗୋଟି ଉପନ୍ୟାସରେ ନାରୀ ଜୀବନର ଯନ୍ତ୍ରଣା ତଥା ତା'ର ମନସ୍ତତ୍ତ୍ୱର ନିଖୁଣ ଅଧ୍ୟୟନ ସହୃଦୟ ପାଠକର ଦୃଷ୍ଟି ଆର୍କଷଣ କରେ । 'ସୀତାର ଶୋଣିତ ଉପନ୍ୟାସର ରଚିତା ହେଉ କି କୁନ୍ତୀ-କୁନ୍ତଳା-ଶକୁନ୍ତଳାର' କୁନ୍ତୀ ଅବା ହେଉ 'ମନସ୍ୱିନୀ'ର ବିନୋଦିନୀ ସମସ୍ତେ ଚାହିଁଛନ୍ତି ଯନ୍ତ୍ରଣାରୁ ମୁକ୍ତି । ନାରୀ ଜାୟା, ଜନନୀ, ଭଗିନୀ । ତା'ର କଲ୍ୟାଣମୟୀ ରୂପକୁ ବର୍ଣ୍ଣନା କରିବା ସହିତ ସଂହାରକାରିଣୀ ରୂପକୁ ଉପସ୍ଥାପନ କରିବାରେ କାର୍ପଣ୍ୟ କରିନାହାନ୍ତି ଔପନ୍ୟାସିକା । ଆବଶ୍ୟକ ପଡିଲେ ସୃଜନବେଦୀରେ ଧ୍ୱଂସକୁ ଆମନ୍ତ୍ରଣ କରିପାରେ ତାଙ୍କ ସୃଷ୍ଟିସଂଜାତ ନାରୀ ଚରିତ୍ର । ତେଣୁ, ନାରୀ ସବୁବେଳେ ପୁରୁଷର ଅତ୍ୟାଚାର ନିର୍ଯ୍ୟାତନା ନ ସହି ତା'ର ପ୍ରତିବାଦ କରିବା ଉଚିତ୍ । ପୁରୁଷର ନିର୍ଯାତନା ବିରୁଦ୍ଧରେ ଅସ୍ତ୍ରଧାରଣ କରିବା ପ୍ରୟୋଜନ ଏହି ବାର୍ତ୍ତା ପ୍ରଦାନ କରିଛନ୍ତି ଔପନ୍ୟାସିକା କୁନ୍ତୀ-କୁନ୍ତଳା-ଶକୁନ୍ତଳା ଉପନ୍ୟାସର କୁନ୍ତୀ ଚରିତ୍ର ମାଧ୍ୟମରେ । ସଂଖ୍ୟାରେ ସ୍ୱଳ୍ପ ହେଲେ ହେଁ ଓଡିଆ ଉପନ୍ୟାସ ସାହିତ୍ୟକୁ ସମୃଦ୍ଧ କରିବାରେ ବୀଣାପାଣିଙ୍କ ଅବଦାନ ଅନସ୍ୱୀକାର୍ଯ୍ୟ ।

୧୯୯୯ ମସିହା ଜାନୁୟାରୀ ମାସରେ ପଶ୍ଚିମା ପବ୍ଲିକେଶନ୍ସ ଦ୍ୱାରା ଆତ୍ମପ୍ରକାଶ କରିଛି ବୀଣାପାଣିଙ୍କ ରଚିତ ଏକମାତ୍ର ଏକାଙ୍କିକାଗୁଚ୍ଛ 'କ୍ରାନ୍ତି' । ଛଅଗୋଟି ଏକାଙ୍କିକାର ସମାହାର ତଥା ୧୭୬ ପୃଷ୍ଠା ବିଶିଷ୍ଟ ଏହି ଏକାଙ୍କିକା ପୁସ୍ତକଟିର ପ୍ରଚ୍ଛଦ ବେଶ୍ ଆକର୍ଷଣୀୟ ଓ ଚିନ୍ତନଧର୍ମୀ । 'କସ୍ତୁରୀମୃଗ ଓ ସବୁଜ ଅରଣ୍ୟ', 'ଶରଶଯ୍ୟା', 'ପାଠକୋଇଲି', 'କ୍ରାନ୍ତି', 'ଅଦ୍ୱିତୀୟା', 'ପଦ୍ମପତ୍ର' ପରି ଏକାଙ୍କିକା ସ୍ଥାନିତ । ଏକାଙ୍କିକାଗୁଚ୍ଛର ୪ର୍ଥ ଏକାଙ୍କିକାର ନାମାନୁସାରେ ଏହାର ନାମକରଣ କରାଯାଇଛି 'କ୍ରାନ୍ତି' । ସମାଜର ପ୍ରଚଳିତ ଧାରାରେ 'କ୍ରାନ୍ତି'ର ସ୍ୱର ଶୁଣାଇବା ସହିତ ମଣିଷର ମାନସିକ ସ୍ତରରେ ମଧ୍ୟ କ୍ରାନ୍ତି ପାଇଁ ଆହ୍ୱାନ ଦେଇଛନ୍ତି । ନାଟ୍ୟକଳା, ବିଷୟବସ୍ତୁ, ଚରିତ୍ରଚିତ୍ରଣ, ପାତ୍ରୋପଯୋଗୀ ସଂଳାପ ସଂଯୋଜନା ସବୁଥିରେ ସଫଳତା ଲାଭ କରିଛି ଏକାଙ୍କିକା 'କ୍ରାନ୍ତି' ।

'ଝିଅବୋହୂ ମେଳି କଲେ' ବୀଣାପାଣିଙ୍କ ରଚିତ ଏକ ପ୍ରୌଢଶିକ୍ଷାମୂଳକ ରଚନା ଯାହା ପ୍ରଥମେ ୧୯୮୮ରେ ଫ୍ରେଣ୍ଡସ୍ ପବ୍ଲିଶର୍ସ ଦ୍ୱାରା ପ୍ରକାଶିତ ହୋଇଥିଲା । ଏହି ସାରସ୍ୱତ ସୃଷ୍ଟିରେ ବୀଣାପାଣି ସମାଜରୁ ଯୌତୁକରୂପୀ ରାକ୍ଷସକୁ ଦୂରେଇ ଦେବା ପାଇଁ ପ୍ରୟାସ କରିଛନ୍ତି । ବିଶେଷକରି ଏଥିରେ ଲେଖିକା ନାରୀ ସଚେତନତା, ନାରୀଶିକ୍ଷା ଓ ନାରୀଜାଗରଣ ଉପରେ ଗୁରୁତ୍ୱ ଆରୋପ କରିଛନ୍ତି । କବିତା, ଗଳ୍ପ, ଉପନ୍ୟାସ ପରି

ଅନୁବାଦ କ୍ଷେତ୍ରରେ ବୀଣାପାଣିଙ୍କର ଅବଦାନକୁ ଅସ୍ୱୀକାର କରାଯାଇନପାରେ। 'ପ୍ରେମଚାନ୍ଦ', 'ସୁନେଲିଚାବି', 'ସୁନ୍ଦରୀଭାସିଲିସା', ପାଚେରି ଓ ଅନ୍ୟାନ୍ୟ ଗଳ୍ପ ଆଦିରୁ ବୀଣାପାଣିଙ୍କର ଅନୁବାଦ କ୍ଷେତ୍ରରେ ଥିବା ଦକ୍ଷତାକୁ ଆକଳନ କରାଯାଇପାରେ।

ବୀଣାପାଣିଙ୍କ ରଚିତ 'ପ୍ରେମଚାନ୍ଦ' ଅନୁବାଦ ପୁସ୍ତକଟି ହିନ୍ଦୀ ସାହିତ୍ୟର କଥା ସମ୍ରାଟ ପ୍ରେମଚାନ୍ଦଙ୍କ ଜୀବନୀ ଆଧାରିତ। ପ୍ରେମଚାନ୍ଦଙ୍କ ଜନ୍ମ, ଜୀବନୀ, ଶିକ୍ଷା, ସାହିତ୍ୟ ସାଧନା, ଗାନ୍ଧିବାଦୀ ଦର୍ଶନ, ସମାଜଚେତନା ସର୍ବୋପରି ସ୍ୱାଧିନତା ସଂଗ୍ରାମ ଓ ତା'ର ବିବରଣୀ ମଧ୍ୟରେ ଏହି ଅନୂଦିତ ପୁସ୍ତକଟି ଓଡିଆ ଅନୁବାଦ ସାହିତ୍ୟରେ ଏକ ସଫଳ କଳା କୃତି। ବୀଣାପାଣିଙ୍କ ଅନୂଦିତ 'ସୁନେଲିଚାବି' ଏକ ଶିଶୁ ଉପନ୍ୟାସ। ରୁଷ୍ ଭାଷାରୁ ଅନୂଦିତ ଏହି ଶିଶୁ ଉପନ୍ୟାସଟିକୁ କଳାତ୍ମକ ରୂପ ଦେବାରେ ବୀଣାପାଣିଙ୍କର ପ୍ରଚେଷ୍ଟା ଅଭିନନ୍ଦନୀୟ। ଭାଷା, ଶୈଳୀ, ବର୍ଣ୍ଣନା ବିଳାସ ତଥା ପଦ୍ୟଧର୍ମୀ ଗୀତିମୟତା ଏହି ଶିଶୁ ଉପନ୍ୟାସଟିକୁ ଉଚ୍ଚକୋଟୀର କଳାତ୍ମକ ମୂଲ୍ୟବୋଧରେ ବିଭୂଷିତ କରିଛି। ଏକ ସାର୍ଥକ କିଶୋର ମନୋରଂଜନଧର୍ମୀ ଅନୂଦିତ କାହାଣୀ ଭାବରେ ବୀଣାପାଣିଙ୍କ 'ସୁନ୍ଦରୀ ଭାସିଲିସା'ର ତୁଳନା ନାହିଁ। ଅନ୍ଧଅନ୍ୟାୟର କୁପରିଣତି ସହନଶୀଳତାର ସୁଫଳ ତଥା ଧୈର୍ଯ୍ୟର ପରାକାଷ୍ଠା ଆଦି ନୀତିକଥା ଆଲୋଚ୍ୟପରି କାହାଣୀଟିକୁ ସଫଳ କରିପାରିଛି। "ନ୍ୟାସ୍‌ନାଲ୍ ବୁକ୍‌ଟ୍ରଷ୍ଟ ଇଣ୍ଡିଆ" ଦ୍ୱାରା ପ୍ରକାଶିତ "ପାଚେରି ଓ ଅନ୍ୟାନ୍ୟ" ଗଳ୍ପ ଅନୂଦିତ ପୁସ୍ତକଟିରେ ଅନୁବାଦିକା ଜୀବନ ପ୍ରତି ଯୁକ୍ତାତ୍ମକ ଦୃଷ୍ଟିଭଙ୍ଗୀକୁ ପ୍ରକାଶ କରିଛନ୍ତି।

ବିଶ୍ୱବିଶ୍ରୁତ କାଳଜୟୀ କୃତି ସବୁ ଚିରନ୍ତନ ଉପାଦାନକୁ ଆଶ୍ରୟ କରି ଗଢି ଉଠିଥାଏ। ପ୍ରକାଶଭଙ୍ଗୀରେ ଭିନ୍ନତା ହେଉଛି ସାହିତ୍ୟର ବୈଚିତ୍ର୍ୟ। "ସନ୍ଧ୍ୟାର ରହସ୍ୟମୟ ଗର୍ଭରୁ ଯେଉଁ ଶେଫାଳୀର ଜନ୍ମ। ପ୍ରତ୍ୟୁଷର ଶୀତଳସ୍ପର୍ଶରେ ଯେ ଝରିଯାଏ, ସେ କିନ୍ତୁ ରୂପାନ୍ୱେଷୀର ଅନ୍ତରରେ ବଞ୍ଚିରହେ ସବୁଦିନପାଇଁ, ତା'ର ମଧୁସିକ୍ତ ସୁରଭିରେ ତଥା ପ୍ରକାଶନର ବୈଚିତ୍ର୍ୟରେ"।[୮]

ମାନବର କଲ୍ୟାଣ ଓ ମଙ୍ଗଳନିମିତ୍ତ ସାହିତ୍ୟ ଅଭିପ୍ରେତ ହେବା ବାଞ୍ଛନୀୟ। 'ମଣିଷ ମନରେ  ପ୍ରେମର ମୁରୁଜ ବୁଣି ଚାଲିବାହିଁ ସବୁ ସାହିତ୍ୟର ଲକ୍ଷ୍ୟ ହେଉ'।[୯] ଗଭୀର ମାନବବାଦରେ ବିଶ୍ୱାସ କରୁଥିବା ବୀଣାପାଣି ଏପରି ମତବ୍ୟକ୍ତ କରନ୍ତି।

ଓଡିଆ ସାହିତ୍ୟର ପ୍ରତ୍ୟେକ ଗୁଣମୁଗ୍ଧପାଠକ ପାଠିକାଙ୍କର ଆଦରର 'ପାଟଦେଈ', ସହସ୍ର ସାହିତ୍ୟ ପ୍ରିୟ ମଣିଷଙ୍କ ମନଜଗତର 'ମନସ୍ୱିନୀ', ବୀଣାପାଣି ମହାନ୍ତି, ଶାଶ୍ୱତ କଳାଜଗତର ବହୁ ପରିଚିତସ୍ୱର ଓ ସ୍ୱାକ୍ଷର। ସେ ବୀଣାପାଣି – ତାଙ୍କର ଆବିର୍ଭାବ ଓଡିଆ ବାଣୀ ଭଣ୍ଡାରକୁ ସମୃଦ୍ଧ କରିବାରେ ସମର୍ଥ ନିଶ୍ଚୟ। ସାହିତ୍ୟ ଏକାଡେମୀ, କେନ୍ଦ୍ର-ସାହିତ୍ୟ ଏକାଡେମୀ, ସାହିତ୍ୟଭାରତୀ  ଆଦି ବହୁ ପୁରସ୍କାରରେ ସମ୍ମାନିତା

ବୀଣାପାଣିଙ୍କର ସାରସ୍ୱତ କୀର୍ତ୍ତିକଳା ଯେ ଅନନ୍ୟ ଏବଂ ତାହା ସମୟର ପ୍ରବାହମାନତାରେ କଦାପି ବିଲୁପ୍ତ ହେବାର ନୁହେଁ ଏହା କହିବା ବାହୁଲ୍ୟ। ଓଡ଼ିଆ ସାହିତ୍ୟରେ ତାଙ୍କର ସ୍ଥାନ ସ୍ୱତନ୍ତ୍ର। "ତେଣୁ ଓଡ଼ିଆ ସାହିତ୍ୟରେ ବୀଣାପାଣି ମହାନ୍ତିଙ୍କ ପ୍ରତିଭା ବିଯୋଗ ନୁହେଁ ବରଂ ଏକ ସଂଯୋଗ"।[୧୦] ସେ ଜଣେ ଅବିକଳ୍ପନୀୟ ଅଦ୍ୱିତୀୟା ସାହିତ୍ୟ ସାଧିକା ଏହା ନିଃସନ୍ଦେହ। ବେଦ, ଉପନିଷଦ ଓ ଗୀତା କହେ ଆତ୍ମାର ମୃତ୍ୟୁ ନାହିଁ । ଆତ୍ମା ଅମର ଓ ଆତ୍ମାଭଳି ପ୍ରତିଭା ମଧ୍ୟ ଅମର । ବ୍ୟକ୍ତିତ୍ୱର ବିଲୟ ଅଛି, ମାତ୍ର ପ୍ରତିଭାର ନାହିଁ । ଏହା ଆତ୍ମାଭଳି ପବିତ୍ର, ଈଶ୍ୱରଙ୍କ ଭଳି ସୁନ୍ଦର ଓ ଚନ୍ଦ୍ରଭଳି ସୁଧାମୟ । ବୀଣାପାଣିଙ୍କ ପ୍ରତିଭା ମଧ୍ୟ ସେହିପରି ସୁନ୍ଦର ଓ ସୁଧାମୟ ।

■

# ପ୍ରାନ୍ତଟୀକା

**ପ୍ରଥମ ପରିଚ୍ଛେଦ :-**


୧) ମହାନ୍ତି ବୀଣାପାଣି- ଲେଖା ଆରମ୍ଭ ବେଳର କଥା- ନବତରଙ୍ଗ-ଶେଷସଂଖ୍ୟା- ପୃ.-୬ ।

୨) ପ୍ରଧାନ ମନ୍ମଥ କୁମାର- ବୀଣାପାଣିଙ୍କ ସୃଷ୍ଟି ମାନସ- ଅଗ୍ରଦୂତ- ୨୦୦୧ ପୃ.- ୧୧ ।

୩) ତତ୍ରୈବ- ପୃ.-୧୨ ।

୪) ମହାନ୍ତି ବୀଣାପାଣି-ଲେଖା ଆରମ୍ଭ ବେଳର କଥା- ନବତରଙ୍ଗ-(ଶେଷ ସଂଙ୍କଳନ)-ପୃ.-୧୧ ।

୫) ମହାନ୍ତି ବୀଣାପାଣି-ପାଚେରି ସେପଟ ନଈ- ପ୍ରଜାତନ୍ତ୍ର ସାପ୍ତାହିକ- ୨୯ ଏପ୍ରିଲ- ୨୦୦୦ ।

୬) ମହାନ୍ତି ବୀଣାପାଣି-ପଶ୍ଚିମା-ଅନ୍ତରଙ୍ଗ-ମହାପୂଜା ସଂଖ୍ୟା-୧୯୯୯-ପୃ. -୨୦୦ ।

୭) ମହାନ୍ତି ବୀଣାପାଣି-ସାକ୍ଷାତକାର- ବୀଣାପାଣି ମହାନ୍ତିଙ୍କ ସ୍ରଷ୍ଟାମାନସ-ପୃ. -୧୧୬ ।

୮) ପ୍ରଧାନ ମନ୍ମଥ କୁମାର- ବୀଣାପାଣି ମହାନ୍ତିଙ୍କ- ସୃଷ୍ଟି ମାନସ- ଅଗ୍ରଦୂତ- ପ୍ର. ପ୍ର. ୦୦୧- ପୃ.- ୧୭ ।

୯) ମହାନ୍ତି ବୀଣାପାଣି-ନିଜକଥା-ପ୍ରଜାତନ୍ତ୍ର-୨୪.୧୨.୧୯୯୦ ।

୧୦) ସାହୁ ଉଷାରାଣୀ – ଅଖିଳମୋହନ ପଟ୍ଟନାୟକଙ୍କ ଗଳ୍ପରେ ମନସ୍ତାତ୍ତ୍ୱିକ ବିଶ୍ଳେଷଣ – ଗବେଷକାତ୍ମକ ନିବନ୍ଧ (ପାଣ୍ଡୁଲିପି - ୨୦୧୨)-ପୃ-୯୧-୯୨ ।


**ଦ୍ୱିତୀୟ ପରିଚ୍ଛେଦ :-**


୧) ପଟ୍ଟନାୟକ ବିଭୂତି- ସାହିତ୍ୟର ସୂଚୀପତ୍ର-ନାଳନ୍ଦା-ପୃ.-୪ ।

୨) ମହାନ୍ତି ପୂର୍ଣ୍ଣଚନ୍ଦ୍ର-ସାହିତ୍ୟର ସଂବିଧାନ- ସାରସ୍ୱତ ପୁସ୍ତକ ଭଣ୍ଡାର-ପୃ.-୬୧ ।

୩) ତତ୍ରୈବ-ପୃ.-୬୨ ।

୪) ମହାନ୍ତି ପୂର୍ଣ୍ଣଚନ୍ଦ୍ର-ସାହିତ୍ୟର ସଂବିଧାନ-ସାରସ୍ୱତ ପୁସ୍ତକ ଭଣ୍ଡାର- ସମ୍ବଲପୁର- ପୃ. -୬୧ ।

୫) ମିଶ୍ର ସଂଘମିତ୍ରା-କାବ୍ୟାଲୋକ -ଶାରଦୀୟ ବିଶେଷାଙ୍କ-ମସିହା ୨୦୧୧- ପୃ.-୧୧ ।

୬) ଷଡ଼ଙ୍ଗୀ ନୃସିଂହ-ଓଡ଼ିଆ କାବ୍ୟ କବିତାର ପ୍ରକାର ଭେଦ ଓ ପ୍ରକରଣ -ଓଡ଼ିଶା ବୁକ୍‌ଷ୍ଟୋର- କଟକ-୨-ପୃ.୭ ।
୭) ପଟ୍ଟନାୟକ ବିଭୂତି-ସାହିତ୍ୟର ସୂଚୀପତ୍ର- ନାଳନ୍ଦା-ବିନୋଦବିହାରୀ, କଟକ-ପୃ.-୩ ।
୮) ମିଶ୍ର ସଂଘମିତ୍ରା -କବିତ୍ୱ ଓ ସୃଜନଶୀଳତା-ମିତା ପ୍ରକାଶକ-କଟକ-ପୃ.-୬୧ ।
୯) ସାମଲ ବୈଷ୍ଣବଚରଣ-ସାହିତ୍ୟର ଗଠନରୀତି-ଫ୍ରେଣ୍ଡସ ପବ୍ଲିସର୍ଶ-ବିନୋଦ ବିହାରୀ. କଟକ ପୃ-୧୬ ।
୧୦) ମିଶ୍ର ଦୀପକ- କବି, କବିତା, ଓ ତାର ପୃଷ୍ଠଭୂମି- ପ୍ର. ଅକ୍ଷର - କଲ୍ୟାଣୀନଗର, କଟକ - ପ୍ର.ପ୍ର. ୨୦୦୨ - ପୃ. ୧୩୬ ।
୧୧) ରାଉତ ରତ୍ନାକର-କବିତାର କଥା- କାବ୍ୟାଲୋକ-ଶାରଦୀୟ ବିଶେଷାଙ୍କ-୨୦୧୧-ପୃ.-୧୭ ।
୧୨) ଡ଼ଃ. ଶତପଥୀ ନଟବର-କବିତାର କଥା-ସାରସ୍ୱତ ଅନ୍ୱେଷା -ଶାରଦୀୟ ପୂଜା ବିଶେଷାଙ୍କ-୧୯୯୯-ପୃ. -୯ ।
୧୩) ଷଡ଼ଙ୍ଗୀ ନୃସିଂହ-ଓଡ଼ିଆ କାବ୍ୟ କବିତାର ପ୍ରକରଣ ଓ ପ୍ରକାର ଭେଦ-ଓଡ଼ିଶା ବୁକ୍ ଷ୍ଟୋର-ପୃ.-୧୧ ।
୧୪) ମହାନ୍ତି ପୂର୍ଣ୍ଣଚନ୍ଦ୍ର-ସାହିତ୍ୟର ସଂବିଧାନ -ସାରସ୍ୱତ ପୁସ୍ତକ ଭଣ୍ଡାର- ସମ୍ବଲପୁର-ପୃ.-୬୬ ।
୧୫) ପ୍ରଧାନ ମନ୍ମଥ କୁମାର-ବୀଣାପାଣି ମହାନ୍ତିଙ୍କ ସୃଷ୍ଟି ମାନସ- ୨୦୦୧-ଅଗ୍ରଦୂତ-ପୃ.-୯୦ ।
୧୬) ପ୍ରଧାନ ମନ୍ମଥ କୁମାର-ବୀଣାପାଣି ମହାନ୍ତିଙ୍କ ସୃଷ୍ଟି ମାନସ- ୨୦୦୧- ଅଗ୍ରଦୂତ-ପୃ.-୯୧ ।
୧୭) ପଟ୍ଟନାୟକ ବିଭୂତି- ସାହିତ୍ୟର ସୂଚୀପତ୍ର-ନାଳନ୍ଦା-ବିନୋଦବିହାରୀ- କଟକ-ପୃ.-୧୧୭ ।
୧୮) ମହାନ୍ତି ପୂର୍ଣ୍ଣଚନ୍ଦ୍ର-ସାହିତ୍ୟର ସଂବିଧାନ-ସାରସ୍ୱତ ପୁସ୍ତକଭଣ୍ଡାର-ପୃ.-୨୦୨-୦୩ ।
୧୯) ପ୍ରଧାନ ଜ୍ୟୋତ୍ସ୍ନାମୟୀ -ସାହିତ୍ୟତତ୍ତ୍ୱ: ପ୍ରାଚ୍ୟପାଶ୍ଚାତ୍ୟ- ଫ୍ରେଣ୍ଡସ୍ ପବ୍ଲିସର୍ଶ-କଟକ- ପୃ.-୧୭୭ ।
୨୦) ପ୍ରଧାନ ଜ୍ୟୋତ୍ସ୍ନାମୟୀ - ସାହିତ୍ୟତତ୍ତ୍ୱ ପ୍ରାଚ୍ୟ ଓ ପାଶ୍ଚାତ୍ୟ- ଫ୍ରେଣ୍ଡସ୍ ପବ୍ଲିସର୍ଶ-ପୃ.-୧୭୯ ।

୨୧) ପଟ୍ଟନାୟକ ବିଭୂତି - ସାହିତ୍ୟର ସୂଚୀପତ୍ର- ନାଳନ୍ଦା- ବିନୋଦବିହାରୀ- କଟକ- ପୃ - ୧୧୫।
୨୨) ମହାନ୍ତି ଜାନକୀ ବଲ୍ଲଭ - ଆଧୁନିକ ଓଡିଆ ସାହିତ୍ୟ- ପୃ.- ୮୧। ପଶ୍ଚିମା ପବ୍ଲିକେଶସନ।
୨୩) ମହାନ୍ତି ବୀଣାପାଣି -ମୋ ଅନୁଭୂତିରେ ତୁମେ - ଆସିବାର ବେଳ- ୧୯୯୮ ପଶ୍ଚିମା ପବ୍ଲିକେଶନ- ପୃ.- ୧।
୨୪) ତତ୍ରୈବ- ଖେଳଣା- ପୃ. - ୫।
୨୫) ମହାନ୍ତି ବୀଣାପାଣି -ଚିରା ଚିଠି- ଆସିବାର ବେଳ- ପଶ୍ଚିମା ପବ୍ଲିକେଶନ - ୧୯୯୮- ପୃ.- ୨୩।
୨୬) ତତ୍ରୈବ- ଶ୍ରାବଣର ସ୍ୱପ୍ନ- ପୃ.- ୩୬।
୨୭) ତତ୍ରୈବ- ଏକ କ୍ରନ୍ଦସୀ ପ୍ରଭାତେ- ପୃ- ୪୪।
୨୮) ମହାନ୍ତି ବୀଣାପାଣି -ଚିରବସନ୍ତ - ଆସିବାର ବେଳ - ପଶ୍ଚିମା ପବ୍ଲିକେଶନ - ୧୯୯୮- ପୃ - ୪୭।
୨୯) ତତ୍ରୈବ- ବନ୍ଧୁତ୍ୱର ସାହାନଇ ବାଜୁ- ପୃ- ୫୦।
୩୦) ତତ୍ରୈବ- ମୁଁ ଓ ସେ - ପୃ ୬୪।
୩୧) ତତ୍ରୈବ- ଶୀତଶେଷେ - ପୃ - ୬୬।
୩୨) ତତ୍ରୈବ- ଚଇତି ବରଷା - ପୃ - ୭୦।
୩୩) ମହାନ୍ତି ବୀଣାପାଣି- ହୃଦୟ ବିହୀନ ପଥେ - ଆସିବାର ବେଳ - ପଶ୍ଚିମା ପବ୍ଲିକେଶନ- ୧୯୯୮- ପୃ- ୮୨।
୩୪) ତତ୍ରୈବ- ଖୋଲ ବନ୍ଧୁ ପ୍ରସ୍ତର ତୋରଣ- ପୃ ୧୧୫।
୩୫) ତତ୍ରୈବ- ଅରଣ୍ୟ- ପୃ ୧୩୦।
୩୬) ମହାନ୍ତି ବୀଣାପାଣି-ଧରାବନ୍ଧା- ଆସବାର ବେଳ- ପଶ୍ଚିମା ପବ୍ଲିକେଶନ- ୧୯୯୮- ପୃ - ୧୪୫।
୩୭) ତତ୍ରୈବ- ଅଶ୍ରୁ ହସ- ପୃ- ୧୫୧।
୩୮) ତତ୍ରୈବ- ଅର୍ଦ୍ଧପଥେ- ପୃ- ୧୬୫।
୩୯) ମହାନ୍ତି ପୂର୍ଣ୍ଣଚନ୍ଦ୍ର- ସାହିତ୍ୟର ସଂବିଧାନ- ସାରସ୍ୱତ ପୁସ୍ତକ ଭଣ୍ଡାର- ପୃ- ୨୧୬।
୪୦) ଡଃ. ମିଶ୍ର ସଂଘମିତ୍ରା- କବିତ୍ୱ ଓ ସୃଜନଶୀଳତା- ମିତା ବୁକ୍‌ସ - ବାଙ୍କା ବଜାର କଟକ- ପୃ .- ୫୧।

୪୧)　ତତ୍ରୈବ- ପୃ- ୫୩।

୪୨)　ତତ୍ରୈବ- ପୃ- ୫୫।

୪୩)　ଷଡଙ୍ଗୀ ନୃସିଂହ- ଓଡିଆ କାବ୍ୟ କବିତାର ପ୍ରକରଣ ଓ ପ୍ରକାର ଭେଦ- ଓଡିଶା ବୁକ୍ ଷ୍ଟୋର- ପୃ- ୧୩୨।

୪୪)　ମିଶ୍ର ସଂଘମିତ୍ରା- କାବ୍ୟ କଳା ଓ କବିତାର ମହତ୍ତ୍ୱ- କାବ୍ୟାଲୋକ- ଶାରଦୀୟ ପୂଜା ବିଶେଷାଙ୍କ- ୨୦୧୧-ପୃ ୧୩।

୪୫)　ରାୟ ଅପୂର୍ବ ରଂଜନ- କାବ୍ୟାଲୋକ- ଶାରଦୀୟ ବିଶେଷାଙ୍କ- ୨୦୧୧- ପୃ- ୪୯।

୪୬)　ଡଃ. ଜେନା ଶରତ କୁମାର- ସାହିତ୍ୟର ସ୍ୱାକ୍ଷର- ଆଧୁନିକ ଓଡିଆ କବିତାରେ ବାସ୍ତବବାଦୀ ସ୍ୱର- କାବ୍ୟାଲୋକ- ଶାରଦୀୟ ବିଶେଷାଙ୍କ-୨୦୧୧- ପୃ- ୩୪।

୪୭)　ରାଉତରାୟ ସଚ୍ଚିଦାନନ୍ଦ- କାବ୍ୟାଲୋକ- ଶାରଦୀୟ ବିଶେଷାଙ୍କ - ୨୦୧୧- ପୃ- ୩୬।

୪୮)　ମହାନ୍ତି ବୀଣାପାଣି- ଆସିବାର କଥା- ଆସିବାର ବେଳ- ୧୯୯୮- ପଶ୍ଚିମା ପବ୍ଲିକେଶନ।

୪୯)　ମହାନ୍ତି ବୀଣାପାଣି- ମୁଁ ତାରେ ବନ୍ଦନା କରେ-ଆସିବାର ବେଳ-୧୯୯- ପଶ୍ଚିମା ପବ୍ଲିକେଶନ- ପୃ- ୪୩।

୫୦)　ତତ୍ରୈବ- ଚିରବସନ୍ତ- ପୃ- ୪୭ ।

୫୧)　ମହାନ୍ତି ବୀଣାପାଣି-ଅନେକରେ ଏକ- ଆସିବାର ବେଳ- ୧୯୯୮- ପଶ୍ଚିମା ପବ୍ଲିକେଶନ-ପୃ - ୫୮।

୫୨)　ତତ୍ରୈବ- ପୃ - ୫୮।

୫୩)　ତତ୍ରୈବ- ପୂଜାଚିଠି - ପୃ - ୭୮ ।

୫୪)　ତତ୍ରୈବ- ବସନ୍ତ ସମ୍ଭାଷଣ - ପୃ - ୧୫୮ ।

୫୫)　ମହାନ୍ତି ବୀଣାପାଣି-ବସନ୍ତ ସମ୍ଭାଷଣ-ଆସିବାର ବେଳ-୧୯୯୮-ପଶ୍ଚିମା ପବ୍ଲିକେଶନ-ପୃ-୧୫୯।

୫୬)　ତତ୍ରୈବ- ପୃ -୧୬୦।

୫୭)　ତତ୍ରୈବ- ଅଶ୍ରୁ ହସ- ପୃ - ୧୫୨।

୫୮)　ତତ୍ରୈବ- ପୃ- ୧୫୨।

୫୯)　ତତ୍ରୈବ- ମୁଁ ଏକ ନୂତନ କାବ୍ୟ ଝଡର ସକାଳେ- ପୃ- ୬୦।

୬୦)	ମହାନ୍ତି ବୀଣାପାଣି-ମୁଁ ଏକ ନୂତନ କାବ୍ୟ ଝଡର ସକାଳେ-ଆସିବାର ବେଳ-୧୯୯୮-ମହାନ୍ତି ପୂର୍ଣ୍ଣଚନ୍ଦ୍ର - ସାହିତ୍ୟ ସମ୍ବିଧାନ -ସାରସ୍ୱତ ପୁସ୍ତକ ଭଣ୍ଡାର ପୃ- ୩୩, ପଶ୍ଚିମା ପବ୍ଲିକେଶନ୍- ପୃ- ୬୨।
୬୧)	ମହାନ୍ତି ପୂର୍ଣ୍ଣଚନ୍ଦ୍ର- ସାହିତ୍ୟର ସମ୍ବିଧାନ -ସାରସ୍ୱତ ପୁସ୍ତକ ଭଣ୍ଡାର- ପୃ- ୪୩।
୬୨)	ପ୍ରଧାନ ଜ୍ୟୋସ୍ନାମୟୀ-ସାହିତ୍ୟ ତତ୍ତ୍ୱ : ପ୍ରାଚ୍ୟ ପାଶ୍ଚାତ୍ୟ - ଫ୍ରେଣ୍ଡସ୍ ପବ୍ଲିସର୍ଶ-ପୃ-୨୪୬।
୬୩)	ତତ୍ରୈବ- ପୃ - ୨୪୬।
୬୪)	ମିଶ୍ର ସଂଘମିତ୍ରା- କବିତ୍ୱ ଓ ସୃଜନଶୀଳତା- ମିତା ପ୍ରକାଶକ ବାଙ୍କା ବଜାର କଟକ- ପୃ- ୫୫।
୬୫)	ଡଃ.ଜେନା ଶରତ କୁମାର- କାବ୍ୟାଲୋକ- ଶାରଦୀୟ ବିଶେଷାଙ୍କ-୨୦୧୧-ପୃ - ୪୧.।
୬୬)	ମହାନ୍ତି ବୀଣାପାଣି-ଉଷାର ନିଶିରେ- ଆସିବାର ବେଳ- ୧୯୯୮- ପଶ୍ଚିମା ପବ୍ଲିକେଶନ-ପୃ - ୨୦।
୬୭)	ତତ୍ରୈବ- ପୃ - ୧୯।
୬୮)	ତତ୍ରୈବ- ମୁଁ ତାର ବନ୍ଦନା କରେ- ପୃ- ୪୩।
୬୯)	ତତ୍ରୈବ- ମୁଁ ଏକ ନୂତନ କାବ୍ୟ ଝଡର ସକାଳେ- ପୃ- ୬୨ ।
୭୦)	ତତ୍ରୈବ- ମୁଁ ଯେ ଦୁର୍ବାର- ପୃ- ୮୭।
୭୧)	ମହାନ୍ତି ବୀଣାପାଣି-ମୁଁ ଯେ ଦୁର୍ବାର- ଆସିବାର ବେଳ- ୧୯୯୮- ପଶ୍ଚିମା ପବ୍ଲିକେଶନ-ପୃ - ୮୮।
୭୨)	ତତ୍ରୈବ- ପୃ - ୯୦।
୭୩)	ତତ୍ରୈବ- ମଇଁ ପହିଲାର ସୂର୍ଯ୍ୟ- ପୃ - ୯୧ /୯୨।
୭୪)	ତତ୍ରୈବ- ଶୋଣିତ ଶିଖା- ପୃଷ୍ଠା- ୯୬।
୭୫)	ମହାନ୍ତି ବୀଣାପାଣି -ଚାଲ୍ ଚାଲ୍ ଆରେ ଆଗେଇ ଚାଲ୍-ଆସିବାର ବେଳ-୧୯୯୮-ପଶ୍ଚିମା ପବ୍ଲିକେଶନ-ପୃ.୯୮।
୭୬)	ତତ୍ରୈବ-ଜଡର ଝଙ୍କାର- ପୃ- ୧୦୬।
୭୭)	ତତ୍ରୈବ- ଆତ୍ମ ପରାଜୟ- ପୃ- ୧୦୮।
୭୮)	ଡଃ ନାୟକ ଅର୍ଚ୍ଚନା- ଓଡିଆ ଭକ୍ତି ସଂଗୀତ- ମୁଖବନ୍ଧ- 'କ'- ସାହିତ୍ୟ ଏକାଡେମୀ।

୭୯)  ଡଃ ନାୟକ ଅର୍ଚ୍ଚନା- ଓଡିଆ ଭକ୍ତି ସଂଗୀତ- ମୁଖବନ୍ଧ- 'ଟ'- ସାହିତ୍ୟ ଏକାଡେମୀ।

୮୦)  ମହାନ୍ତି ବୀଣାପାଣି-ଗୋଟିଏ ସନେଟ୍- ଆସିବାର ବେଳ- ପଶ୍ଚିମା ପବ୍ଲିକେଶନ- ୧୯୯୮- ପୃ- ୨୬।

୮୧)  ତତ୍ରୈବ- ମତେ ଦିଅ - ପୃ- ୨୯।

୮୨)  ତତ୍ରୈବ- ପୃ - ୨୯।

୮୩)  ମହାନ୍ତି ବୀଣାପାଣି-କିଏ ତୁମେ- ଆସିବାର ବେଳ- ୧୯୯୮- ପଶ୍ଚିମା ପବ୍ଲିକେଶନ- ପୃ - ୧୩୮।

୮୪)  ତତ୍ରୈବ- ପୃ - ୧୩୯।

୮୫)  ତତ୍ରୈବ- ସ୍ୱପ୍ନର ଝିଅ - ପୃ - ୩୭।

୮୬)  ତତ୍ରୈବ- କେତେ ମୁଠାବାଲି, କେତେ ଟୋପା ରକ୍ତ - ପୃ - ୧୧୦।

୮୭)  ତତ୍ରୈବ- ପୃ - ୧୧୨।

**ତୃତୀୟ ପରିଚ୍ଛେଦ :-**

୧)  ଶତପଥୀ ନିତ୍ୟାନନ୍ଦ- ଗଳ୍ପ ଓ ଗାଳ୍ପିକ - ଓଡ଼ିଶା ବୁକ୍‌ଷ୍ଟୋର, ପ୍ର.ପ୍ର. ୧୯୮୬- ପୃ- ୩।

୨)  ପଟ୍ଟନାୟକ ବିଭୂତି-ସାହିତ୍ୟର ସୂଚୀପତ୍ର-ନାଳନ୍ଦା- ତୃତୀୟ ସଂ. ୧୯୮୨-ପୃ- ୮୮।

୩)  ତତ୍ରୈବ- ପୃ- ୮୮।

୪)  ବେହେରା କୃଷ୍ଣ ଚରଣ- କଥା ସାହିତ୍ୟ- ୧୯୬୮- ସାଥୀ ମହଲ- ପୃ- ୭୫/୭୬।

୫)  ମହାନ୍ତି ପୂର୍ଣ୍ଣଚନ୍ଦ୍ର- ସାହିତ୍ୟର ସଂବିଧାନ- ସାରସ୍ୱତ ପୁସ୍ତକ ଭଣ୍ଡାର- - ୨ୟ ସଂ. ୧୯୮୬ - ପୃ- ୧୫୩।

୬)  ଡ. ମହାନ୍ତି ଜାନକୀ ବଲ୍ଲଭ- ଆଧୁନିକ ଓଡ଼ିଆ କ୍ଷୁଦ୍ରଗଳ୍ପ- ପୃ- ୧୬୫।

୭)  ଡଃ.ପରିଡା ପ୍ରକାଶ କୁମାର- ଗଳ୍ପ ବିଚାର ବିମର୍ଶ- ବିଶ୍ୱ ବୁକ୍‌ସ- ୨୦୦୪- ପୃ- ୨।

୮)  Hudson W.H- An Introduction to the study of literature - 1975, Kalyani Publisher- P - 540 ।

୯)  ପ୍ରେମଚାନ୍ଦ- ଗଳ୍ପ ସମୁଚ୍ଚୟ ଭୂମିକା-ପୃ -୨।

୧୦) ଟାଗୋର ରବୀନ୍ଦ୍ରନାଥ- ବର୍ଷାଯାପନ- ପୃ -୫୮ ।
୧୧) ମହାପାତ୍ର ଗୋଦାବରୀଶ- ଗଳ୍ପନୁହେଁ- ୧ମ.ସଂଖ୍ୟା-୧୯୫୧-ପୃ- ୨୬।
୧୨) ବେହେରା ଚିନ୍ତାମଣି - ଆଧୁନିକତାର କ,ଖ,ଗ ଓ ଅନ୍ୟାନ୍ୟ ରଚନା - ୧୯୭୩- ପୃ- ୭୫ ।
୧୩) ସାମଲ ବୈଷ୍ଣବ ଚରଣ- ସାହିତ୍ୟର ଗଠନରୀତି- ୨୦୦୦- ଫ୍ରେଣ୍ଡସ୍ ପବ୍ଲିସର୍ଶ-ପୃ- ୨୭।
୧୪) ସାହୁ ମହାପାତ୍ର ନୀଳମଣି-ଆମକଥା ସାହିତ୍ୟର କଥା ଓ ରମ୍ୟରଚନା -୧୯୮୫- ଓଡିଶା ବୁକ୍‌ଷ୍ଟୋର-ପୃ - ୩।
୧୫) ଡ. ପରିଡ଼ା ପ୍ରକାଶ କୁମାର- ଗଳ୍ପ ବିଚାର ବିମର୍ଶ- ୨୦୦୪ - ବିଶ୍ୱ ବୁକ୍‌ସ -ବାଲୁବଜାର, କଟକ-ପୃ- ୭ ।
୧୬) ମହାନ୍ତି ପୂର୍ଣ୍ଣଚନ୍ଦ୍ର- ସହିତ୍ୟର ସଂବିଧାନ- ସାରସ୍ୱତ ପୁସ୍ତକ ଭଣ୍ଡାର- ପ୍ର.ପ୍ର. ୧୯୮୬ - ପୃ- ୧୫୩।
୧୭) ସାମଲ ବୈଷ୍ଣବ ଚରଣ- ଓଡିଆ କ୍ଷୁଦ୍ରଗଳ୍ପର ଇତିହାସ- ବୁକ୍‌ସ ଏଣ୍ଡ ବୁକ୍‌ସ- ୧୯୯୦- ପୃ- ୯୨।
୧୮) ସାମନ୍ତରାୟ ନଟବର- ବ୍ୟାସକବି ଫକୀର ମୋହନ-ପୃ-୧୭୩।
୧୯) ସାମନ୍ତରାୟ ନଟବର- ଓଡିଆ ସାହିତ୍ୟର ଇତିହାସ-ପୃ- ୫୪୦।
୨୦) ଆଚାର୍ଯ୍ୟ ବୃନ୍ଦାବନ ଚନ୍ଦ୍ର- ଓଡ଼ିଆ କ୍ଷୁଦ୍ରଗଳ୍ପ (ଆଧୁନିକ ଓଡ଼ିଆ ସାହିତ୍ୟର ଭୂମି ଓ ଭୂମିକା)।
୨୧) ଆଚାର୍ଯ୍ୟ ବୃନ୍ଦାବନ ଚନ୍ଦ୍ର- ଓଡ଼ିଆ ସାହିତ୍ୟର ସଂକ୍ଷିପ୍ତ ପରିଚୟ- ୧୯୭୫- ଗ୍ରନ୍ଥ ମନ୍ଦିର- ପୃ୨-୨୬୫।
୨୨) ନାୟକ ମୃତ୍ୟୁଞ୍ଜୟ- ଓଡିଆ କ୍ଷୁଦ୍ରଗଳ୍ପର ଉଦ୍ଭବ ଓ ବିକାଶ- (ସୃଷ୍ଟି ଓ ସମୀକ୍ଷା) ୧୯୭୩-୭୪; ସଂ- ପଠାଣି ପଟ୍ଟନାୟକ- ପୃ.୩୬-୩୭ ।
୨୩) ଛୋଟରାୟ, ଡ.ଃ ସୁରେଶ, ବୀଣାପାଣି ଗଳ୍ପମାନସ, ପଶ୍ଚିମା ପବ୍ଲିକେଶନ୍‌ସ, ୮, ୟୁନିଟ୍- ୬, ଭୁବନେଶ୍ୱର, ୧ମ ସଂ-୨୦୦୧, ପୃ -୫୦।
୨୪) ମହାନ୍ତି ବୀଣାପାଣି-ଗଳ୍ପ ସମଗ୍ର- ବିଦ୍ୟାପୁରୀ -୨୦୦୮ - ପୃ-୧୩୧- ୩୨।
୨୫) ମହାନ୍ତି ବୀଣାପାଣି-ଗଳ୍ପ ସମଗ୍ର- ବିଦ୍ୟାପୁରୀ-୨୦୦୮ - ପୃ-୮୯୮।
୨୬) ଇସ୍ତାହାର- ୫୩, ବୀଣାପାଣି ମହାନ୍ତିଙ୍କ ସହ ସାକ୍ଷାତ୍‌କାର, ପୃ- ୧୯୪।
୨୭) ସଂ. ଅଶୋକ ମହାନ୍ତି, କଥା ସାହିତ୍ୟର ସୃଜନ ବିନ୍ଧାଣୀ ବୀଣାପାଣି, ପଶ୍ଚିମା

ପବ୍ଲିକେଶନ୍ ଭୁବନେଶ୍ୱର, ୧ମ ପ୍ରକାଶନ, ୧୧.୧୧.୨୦୧୧, ପୃ - ୧୦।

୨୮) ନିଜସ୍ୱ ଅଭିବ୍ୟକ୍ତି- ପ୍ରଜାତନ୍ତ- ୨୪.୧୨.୧୯୯୦, ପୃ. ୫।

୨୯) ମହାନ୍ତି ବୀଣାପାଣି-ଚା'ମେଲିର ଚା'- ପୃ. ୧୮୭।

୩୦) ମହାନ୍ତି ବୀଣାପାଣି, କାଳାନ୍ତର (୧୯୭୨)ର ଆତ୍ମକଥା - ପୃ - 'କ', ପ୍ରକାଶକ- ବୁକ୍ସ ଆଣ୍ଡ ବୁକ୍ସ, କଟକ।

୩୧) ମହାନ୍ତି, ବୀଣାପାଣି; 'ନିଜସ୍ୱ ଅଭିବ୍ୟକ୍ତି'- ପ୍ରଜାତନ୍ତ, ତା ୨୪.୧୨.୯୦, ପୃ. ୫।

୩୨) ସାମଲ ବୈଷ୍ଣବ ଚରଣ, ପ୍ରବନ୍ଧ-ବୀଣାପାଣିଙ୍କ କ୍ଷୁଦ୍ରଗଳ୍ପରେ ନାରୀ; ଏକ ବିଚାର ବିମର୍ଶ (କଥା ସାହିତ୍ୟର ସୃଜନ ବିନ୍ଧାଣୀ) ବୀଣାପାଣି - ସଂ. ଅଶୋକ ମହାନ୍ତି) ପୃ. (୧୦-୧୧)।

୩୩) ତତ୍ରୈବ- ପୃ. ୧୩-୧୪।

୩୪) ମହାନ୍ତି ବୀଣାପାଣି- ଗଳ୍ପ ସମଗ୍ର - ପୃ. ୫୧୯।

୩୫) ମହାନ୍ତି ବୀଣାପାଣି- ଗଳ୍ପ ସମଗ୍ର- ମୁଖବନ୍ଧ - ପୃ.vi ।

୩୬) ତତ୍ରୈବ- ପୃ.vi।

୩୭) କଥା ସାହିତ୍ୟର ସୃଜନ ବିନ୍ଧାଣୀ ବୀଣାପାଣି-ସଂ.ଅଶୋକ ମହାନ୍ତି- ପଶ୍ଚିମା ପବିକ୍ଲେଶନ୍- ପୃ.୧୮୮-୮୯।

୩୮) ମହାନ୍ତି ବୀଣାପାଣି;- ପେଣ୍ଟୁ,- ଦୃଶ୍ୟାନ୍ତର- ବୁକ୍ସ ଆଣ୍ଡ ବୁକ୍ସ, କଟକ ୧୯୮୪, ପୃ. ୭୩।

୩୯) ଡଃ.ପ୍ରଧାନ ମନ୍ମଥ କୁମାର, ବୀଣାପାଣି ମହାନ୍ତିଙ୍କ ସୃଷ୍ଟି ମାନସ- ପ୍ର. ଅଗ୍ରଦୂତ, ବାଙ୍କାବଜାର, କଟକ-୨, ପ୍ରଥମ ପ୍ରକାଶନ, ୨୦୦୧-ପୃ. ୫୮।

୪୦) ଡ. ସାମଲ ଇନ୍ଦୁପ୍ରଭା, ବୀଣାପାଣିଙ୍କ ଗଳ୍ପରେ ଜୀବନ ଦୃଷ୍ଟି, ପଶ୍ଚିମା ପବ୍ଲିକେଶନ୍ସ, ୧୯୮୨,ନୟାପଲ୍ଲୀ,ଭୁବନେଶ୍ୱର-୧୨,ପୃ. ୬୩।

୪୧) ମହାନ୍ତି ବୀଣାପାଣି- ଅନ୍ଧକୂପ- ତୃତୀୟପାଦ : ପୃ-୧୦୮।

୪୨) ମହାନ୍ତି ବୀଣାପାଣି- ଭୂସ୍ୱର୍ଗ- ତୃତୀୟପାଦ : ପୃ-୬୫।

୪୩) ମହାନ୍ତି ବୀଣାପାଣି- କୁହାଳିଆ- ଅଶ୍ରୁ ଅନଳ- ପୃ.୪୬।

୪୪) ମହାନ୍ତି ବୀଣାପାଣି- ପୁନଶ୍ଚ ଫାଲ୍‌ଗୁନ- ଜନ୍ମାନ୍ତର- ପୃ. ୬୪।

୪୫) ଡ. ପ୍ରଧାନ ମନ୍ମଥ କୁମାର, ବୀଣାପାଣି ମହାନ୍ତିଙ୍କ ସୃଷ୍ଟି ମାନସ, ଅଗ୍ରଦୂତ- ୨୦୦୧, ପୃ. ୪୯।

୪୬) 'କଥା ସାହିତ୍ୟର ସ୍ରଜନ ବିନ୍ଧାଣୀ- ବୀଣାପାଣି', ପୃ.୧୧୯।
୪୭) ଡଃ ସାମଲ ଇନ୍ଦୁପ୍ରଭା, ବୀଣାପାଣିଙ୍କ ଗଳ୍ପରେ ଜୀବନ ଦୃଷ୍ଟି, ପଶ୍ଚିମା ପବ୍ଲିକେଶନ-୧୯୮୨, ନୟାପଲ୍ଲୀ, ଭୁବନେଶ୍ୱର- ପୃ.୨୭୫।
୪୮) ତତ୍ରୈବ-ପୃ-୧୪୩।
୪୯) 'କଥା ସାହିତ୍ୟର ସ୍ରଜନ ବିନ୍ଧାଣୀ-ବୀଣାପାଣି'-ସଂ. ଅଶୋକ ମହାନ୍ତି, ପଶ୍ଚିମା ପବ୍ଲିକେଶନ୍, ଭୁବନେଶ୍ୱର, ପୃ. ୩୦୧।
୫୦) ମହାନ୍ତି ବୀଣାପାଣି- ଗଳ୍ପ ସମଗ୍ର- ୧ମ ଭାଗ-ପୃ.୩୭୭।
୫୧) ତତ୍ରୈବ-ପୃ-୨୪୯-୫୦।
୫୨) ତତ୍ରୈବ-ପୃ- ୪୯୦।
୫୩) ମହାନ୍ତି ବୀଣାପାଣି - ଗଳ୍ପ ସମଗ୍ର-୧ମ ଭାଗ-ପୃ. ୮୯୭।
୫୪) ତତ୍ରୈବ- ପୃ-୮୮୧।
୫୫) ତତ୍ରୈବ- ପୃ-୮୮୧।
୫୬) ଡଃ ଗାହାଣ କପିଳେଶ୍ୱର, 'ସୀମାବଦ୍ଧତା ଓ ମୁକ୍ତିର ସ୍ୱପ୍ନ' (ଓଡିଆ କ୍ଷୁଦ୍ରଗଳ୍ପ), ଅଗ୍ରଦୂତ, କଟକ-୨, ୧ମ ପ୍ରକାଶ-୧୯୯୪, ପୃ.୧୮୭।
୫୭) ଡଃ ସାମଲ ଇନ୍ଦୁପ୍ରଭା, ବୀଣାପାଣିଙ୍କ ଜୀବନବୃତ୍ତ ଓ ସାରସ୍ୱତ ସୃଷ୍ଟି, କଥା ସାହିତ୍ୟର ସ୍ରଜନ ବିନ୍ଧାଣୀ ... ପୃ. ୧୮୯।
୫୮) ନିଜ କଥା- ଧରିତ୍ରୀ- ୨୦.୧.୯୧।
୫୯) ସାମଲ ବୈଷ୍ଣବ ଚରଣ- ଓଡିଆ ଗଳ୍ପର ଗତି : ପ୍ରକୃତି; ୧୯୭୪- ସାଥୀ ମହଲ, କଟକ, ପୃ. ୧୫୩।
୬୦) ଡ. ପ୍ରଧାନ ମନ୍ମଥ କୁମାର, ବୀଣାପାଣି ମହାନ୍ତିଙ୍କ ସୃଷ୍ଟିମାନସ, ଅଗ୍ରଦୂତ, ବାଙ୍କାବଜାର, କଟକ-୨, ପ୍ରଥମ ପ୍ରକାଶ-୨୦୦୧ପୃ- ୮୦।
୬୧) ନିଜସ୍ୱ ଅଭିବ୍ୟକ୍ତି- ପ୍ରଜାତନ୍ତ୍ର- ୨୪.୧୨.୧୯୯୦, ପୃ - ୫।
୬୨) କଥା ସାହିତ୍ୟର ସ୍ରଜନ ବିନ୍ଧାଣୀ- ବୀଣାପାଣି- ସଂ. ଅଶୋକ ମହାନ୍ତି, ପଶ୍ଚିମା ପବ୍ଲିକେଶନ,ଭୁବନେଶ୍ୱର,୧ମ ପ୍ରକାଶ-୧୧.୧୧.୨୦୧୧, ପୃ-୮୦।
୬୩) ତତ୍ରୈବ-ପୃ-୨୮୩।

**ଚତୁର୍ଥ ପରିଚ୍ଛେଦ :-**


୧)	ପଟ୍ଟନାୟକ ବିଭୂତି-ସାହିତ୍ୟର ସୂଚୀପତ୍ର-ନାଳନ୍ଦା-ବିନୋଦବିହାରୀ-କଟକ-ପୃ-୫୮ ।

୨)	ତତ୍ରୈବ- ପୃ- ୬୬ ।

୩)	ମହାନ୍ତି ପୂର୍ଣ୍ଣଚନ୍ଦ୍ର-ସାହିତ୍ୟର ସଂବିଧାନ-ସାରସ୍ୱତ ପୁସ୍ତକ ଭଣ୍ଡାର-ପୃ -୧୩୬ ।

୪)	ସାମଲ ବୈଷ୍ଣବଚରଣ-ସାହିତ୍ୟର ଗଠନ ରୀତି- ୨୦୦୦- ଫ୍ରେଣ୍ଡସ୍ ପବ୍ଲିଶର୍ସ-ପୃ-୩୬ ।

୫)	ତତ୍ରୈବ-ପୃ -୩୬ ।

୬)	ତତ୍ରୈବ ।

୭)	ପାଣିଗ୍ରାହୀ ସୁରେନ୍ଦ୍ରନାଥ-ଓଡ଼ିଆ ଉପନ୍ୟାସର କ୍ରମ ବିକାଶ -ମହାଦେବ ପବ୍ଲିକେଶନ-ପୃ -୪ ।

୮)	ପଟ୍ଟନାୟକ ବିଭୂତି-ସାହିତ୍ୟର ସୂଚୀପତ୍ର-ନାଳନ୍ଦା-ପୃ -୬୬ ।

୯)	ବେହେରା କୃଷ୍ଣଚରଣ-ଓଡ଼ିଆ ଉପନ୍ୟାସ -ପ୍ରଥମ ସଂସ୍କରଣ -ପୃ -୩ ।

୧୦)	ପଟ୍ଟନାୟକ ବିଭୁତି-ସାହିତ୍ୟର ସୂଚୀପତ୍ର-ନାଳନ୍ଦା-ବିନୋଦ ବିହାରୀ, କଟକ ପୃ ୬୮ ।

୧୧)	ପଟ୍ଟନାୟକ ବିଭୂତି-ସାହିତ୍ୟର ସୂଚୀପତ୍ର -ନାଳନ୍ଦା -ବିନୋଦବିହାରୀ, କଟକ ,ପୃ-୬୯ ।

୧୨)	ମହାନ୍ତି ପୂର୍ଣ୍ଣଚନ୍ଦ୍ର-ସାହିତ୍ୟର ସଂବିଧାନ -ସାରସ୍ୱତ ପୁସ୍ତକ ଭଣ୍ଡାର -ପୃ -୧୩୬ ।

୧୩)	ସାମଲ ବୈଷ୍ଣବ ଚରଣ-ସାହିତ୍ୟର ଗଠନରୀତି -ଫେଣ୍ଡସ୍ ପବ୍ଲିଶର୍ସ -ପୃ -୩୯ ।

୧୪)	ପଟ୍ଟନାୟକ ବିଭୂତି- ସାହିତ୍ୟର ସୂଚୀପତ୍ର- ନାଳନ୍ଦା- ବିନୋଦବିହାରୀ, କଟକ-ପୃ - ୭୧ ।

୧୫)	ପ୍ରଧାନ ମନ୍ମଥ କୁମାର-ବୀଣାପାଣି ମହାନ୍ତିଙ୍କ ସୃଷ୍ଟିମାନସ -୨୦୦୨- ଅଗ୍ରଦୂତ-ପୃ -୯୭ ।

୧୬)	ସାମଲ ବୈଷ୍ଣବ ଚରଣ -ସାହିତ୍ୟର ଗଠନରୀତି -୨୦୦୦ - ଫେଣ୍ଡସ୍ ପବ୍ଲିଶର୍ସ-ପୃ-୪୧ ।

୧୭)	ସାମଲ ବୈଷ୍ଣବ ଚରଣ-ପଚାଶବର୍ଷ : ଓଡ଼ିଆ ଉପନ୍ୟାସ ସାହିତ୍ୟ, ୨୦୦୯-

ଓଡ଼ିଶା ସାହିତ୍ୟ ଏକାଡ଼େମୀ- ପୃ-୨୮।

୧୮) ମହାନ୍ତି ବୀଣାପାଣି- ସୀତାର ଶୋଣିତ-୧୯୯୯- ପଶ୍ଚିମା ପବ୍ଲିକେଶନ୍- ପୃ- ୫।

୧୯) ମହାନ୍ତି ବୀଣାପାଣି- ସୀତାର ଶୋଣିତ- ୧୯୯୯ - ପଶ୍ଚିମା ପବ୍ଲିକେଶନ୍- ପୃ- ୨୮।

୨୦) ତତୈବ- ପୃ - ୪୭।

୨୧) ମହାନ୍ତି ବୀଣାପାଣି-କଥାରେ କଥାରେ ସେମାନଙ୍କ ନାରୀ ଚରିତ୍ର- କାଦମ୍ବିନୀ-ପୂଜା ସ୍ୱତନ୍ତ୍ର-ଅକ୍ଟୋବର- ୨୦୧୦-ପୃ-୭୬।

୨୨) ମହାନ୍ତି ବୀଣାପାଣି- ସୀତାର ଶୋଣିତ- ୧୯୯୯ - ପଶ୍ଚିମା ପବ୍ଲିକେଶନ୍- ପୃ - ୧୨।

୨୩) ମହାନ୍ତି ବୀଣାପାଣି- ସୀତାର ଶୋଣିତ- ୧୯୯୯ - ପଶ୍ଚିମା ପବ୍ଲିକେଶନ୍- ପୃ - ୧୫।

୨୪) ମହାନ୍ତି ବୀଣାପାଣି- ସୀତାର ଶୋଣିତ- ୧୯୯୯ - ପଶ୍ଚିମା ପବ୍ଲିକେଶନ୍- ପୃ - ୨୪।

୨୫) ତତ୍ରୈବ : ପୃ- ୨।

୨୬) ମହାନ୍ତି ବୀଣାପାଣି- କଥାରେ କଥାରେ ସେମାନଙ୍କ ନାରୀ ଚରିତ୍ର- କାଦମ୍ବିନୀ- ପୂଜା ସ୍ୱତନ୍ତ୍ର- ଅକ୍ଟୋବର- ୨୦୧୦ - ପୃ - ୭୮।

୨୭) ମହାନ୍ତି ବୀଣାପାଣି- ସୀତାର ଶୋଣିତ- ୧୯୯୯ - ପଶ୍ଚିମା ପବ୍ଲିକେଶନ୍- ପୃ - ୩୪।

୨୮) କଥା ସାହିତ୍ୟର ସୃଜନ ବିଧାତ୍ରୀ ବୀଣାପାଣି-ପଶ୍ଚିମା ପବ୍ଲିକେଶନ - ପୃ- ୧୩୮।

୨୯) ମହାନ୍ତି ବୀଣାପାଣି- ସୀତାର ଶୋଣିତ-୧୯୯୯- ପଶ୍ଚିମା ପବ୍ଲିକେଶନ୍-ପୃ- ୭।

୩୦) ମହାନ୍ତି ବୀଣାପାଣି- ସୀତାର ଶୋଣିତ-୧୯୯୯- ପଶ୍ଚିମା ପବ୍ଲିକେଶନ୍- ପୃ-୩୮।

୩୧) ତତ୍ରୈବ-ପୃ-୨୮।

୩୨) ସାହୁ ନକୁଳ ଚନ୍ଦ୍ର- ଫ୍ୟୁଜୋନ୍ ଅଫ୍ ଥଟ୍, ପୁରୁଣା ପ୍ରେମର ନୂତନ ପ୍ଲଟ, କାବ୍ୟାଲୋକ- ଶାରଦୀୟ ବିଶେଷାଙ୍କ- ୨୦୧୧, ପୃ- ୧୨୦।

୩୩)	ତତ୍ରୈବ-ପୃ- ୧୨୨।
୩୪)	ମହାନ୍ତି ବୀଣାପାଣି- ସୀତାର ଶୋଣିତ-୧୯୯୯- ପଶ୍ଚିମା ପବ୍ଲିକେଶନ୍- ପୃ-୨୪।
୩୫)	ତତ୍ରୈବ- ପୃ- ୭।
୩୬)	ତତ୍ରୈବ- ପୃ- ୪୩।
୩୭)	ତତ୍ରୈବ- ପୃ- ୮।
୩୮)	ମହାନ୍ତି ବୀଣାପାଣି- କୁନ୍ତୀ- କୁନ୍ତଳା- ଶକୁନ୍ତଳା - ମୁଖବନ୍ଧ - ଫ୍ରେଣ୍ଡସ୍ ପବ୍ଲିଶର୍ସ- ବିନୋଦ ବିହାରୀ, କଟକ।
୩୯)	ମହାନ୍ତି ବୀଣାପାଣି- କୁନ୍ତୀ-କୁନ୍ତଳା-ଶକୁନ୍ତଳା- ନିଜ କଥା, ୧୯୯୯, ଫ୍ରେଣ୍ଡସ୍ ପବ୍ଲିଶର୍ସ।
୪୦)	ମହାନ୍ତି ବୀଣାପାଣି-କୁନ୍ତୀ-କୁନ୍ତଳା-ଶକୁନ୍ତଳା-୧୯୯୯ ଫ୍ରେଣ୍ଡସ୍ ପବ୍ଲିଶର୍ସ ବିନୋଦ ବିହାରୀ, କଟକ।
୪୧)	ମହାନ୍ତି ବୀଣାପାଣି- କୁନ୍ତୀ-କୁନ୍ତଳା-ଶକୁନ୍ତଳା- ୧୯୯୯ - ମୁଖବନ୍ଧ- ଫ୍ରେଣ୍ଡସ୍ ପବ୍ଲିଶର୍ସ- ବିନୋଦ ବିହାରୀ, କଟକ- ପୃ- ୧୪୨।
୪୨)	ମହାନ୍ତି ବୀଣାପାଣି- କୁନ୍ତୀ-କୁନ୍ତଳା-ଶକୁନ୍ତଳା- ୧୯୯୯ - ମୁଖବନ୍ଧ- ଫ୍ରେଣ୍ଡସ୍ ପବ୍ଲିଶର୍ସ- ବିନୋଦ ବିହାରୀ, କଟକ- ପୃ - ୩୦୨।
୪୩)	ଡଃ. ପରିଡ଼ା ପ୍ରକାଶ କୁମାର- ଗଳ୍ପ ବିଚାର ବିମର୍ଶ - ବିଶ୍ୱ ବୁକ୍ସ - ବାଲୁ ବଜାର, କଟକ- ପୃ - ୬୭।
୪୪)	ମହାନ୍ତି ବୀଣାପାଣି- କୁନ୍ତୀ-କୁନ୍ତଳା-ଶକୁନ୍ତଳା - ୧୯୮୯ - ଫ୍ରେଣ୍ଡସ୍ ପବ୍ଲିଶର୍ସ - ବିନୋଦ ବିହାରୀ, କଟକ - ପୃ - ୨୭୨।
୪୫)	ମହାନ୍ତି ବୀଣାପାଣି - କୁନ୍ତୀ-କୁନ୍ତଳା-ଶକୁନ୍ତଳା - ୧୯୮୯ - ଫ୍ରେଣ୍ଡସ୍ ପବ୍ଲିଶର୍ସ - ବିନୋଦ ବିହାରୀ, କଟକ - ପୃ - ୧୬୩।
୪୬)	ମହାନ୍ତି ବୀଣାପାଣି - କୁନ୍ତୀ-କୁନ୍ତଳା-ଶକୁନ୍ତଳା - ୧୯୮୯ - ଫ୍ରେଣ୍ଡସ୍ ପବ୍ଲିଶର୍ସ - ବିନୋଦ ବିହାରୀ, କଟକ - ପୃ - ୨୭୦।
୪୭)	ତତ୍ରୈବ - ପୃ - ୪୬।
୪୮)	ମହାନ୍ତି ବୀଣାପାଣି - କଥା ସାହିତ୍ୟର ସୃଜନ ବିନ୍ଧାଣୀ - ୨୦୧୨ - ପଶ୍ଚିମା ପବ୍ଲିକେଶନ - ଭୁବନେଶ୍ୱର - ପୃ - ୨୭୩।
୪୯)	ଗଳ୍ପ ଆଳାପ - ଜୀବନବାଦୀ କଥାଶିଳ୍ପୀ - ଗାଳ୍ପିକା ବୀଣାପାଣି ମହାନ୍ତି - ପରିବେଶ ଓ ପର୍ଯ୍ୟଟନ ସଂଖ୍ୟା - ବିଶ୍ୱମୁକ୍ତି - ପୃ - ୫୩।

୫୦)	ମହାନ୍ତି ବୀଣାପାଣି - କୁନ୍ତୀ-କୁନ୍ତଳା-ଶକୁନ୍ତଳା- ୧୯୮୯ - ଫ୍ରେଣ୍ଡସ୍ ପବ୍ଲିଶର୍ସ- ବିନୋଦ ବିହାରୀ - କଟକ - ପୃ ୨୯୫ ।
୫୧)	ତତ୍ରୈବ- ପୃ - ୨୦୭ ।
୫୨)	Gupta N.K - Essays on mysticism, Page - 347 ।
୫୩)	ମହାନ୍ତି ବୀଣାପାଣି - କୁନ୍ତୀ-କୁନ୍ତଳା-ଶକୁନ୍ତଳା - ୧୯୮୯ - ଫ୍ରେଣ୍ଡସ୍ ପବ୍ଲିଶର୍ସ - ବିନୋଦ ବିହାରୀ, କଟକ - ପୃ. - ୨୭୧ ।
୫୪)	ତତ୍ରୈବ- ପୃ. - ୧୧୦ ।
୫୫)	ତତ୍ରୈବ- ପୃ. - ୬୫ ।
୫୬)	ମହାନ୍ତି ବୀଣାପାଣି-କୁନ୍ତୀ-କୁନ୍ତଳା-ଶକୁନ୍ତଳା - ୧୯୮୯-ଫ୍ରେଣ୍ଡସ୍ ପବ୍ଲିଶର୍ସ- ବିନୋଦ ବିହାରୀ, କଟକ - ପୃ.- ୧୬୬ ।
୫୬)	ମହାନ୍ତି ପୂର୍ଣ୍ଣଚନ୍ଦ୍ର- ସାହିତ୍ୟର ସମ୍ବିଧାନ - ସାରସ୍ୱତ ପୁସ୍ତକ ଭଣ୍ଡାର - ସମ୍ବଲପୁର- ପୃ. -୩୭ ।
୫୭)	ମହାନ୍ତି ବୀଣାପାଣି - କୁନ୍ତୀ-କୁନ୍ତଳା-ଶକୁନ୍ତଳା- ୧୯୮୯ - ଫ୍ରେଣ୍ଡସ୍ ପବ୍ଲିଶର୍ସ ପୃ- ୨୩୯ ।
୫୮)	ତତ୍ରୈବ ପୃ- ୯୭ ।
୫୯)	ତତ୍ରୈବ ପୃ- ୩୭ ।
୬୦)	ମହାନ୍ତି ବୀଣାପାଣି - ମନସ୍ୱିନୀ - ୨୦୦୨ -କାଦମ୍ବିନୀ ପବ୍ଲିକେଶନ୍ ପ୍ରା:ଲି:ଃ- ପୃ. - ୨୨୧ ।
୬୧)	ମହାନ୍ତି ବୀଣାପାଣି- ମନସ୍ୱିନୀ - ୨୦୦୨ -କାଦମ୍ବିନୀ ପବ୍ଲିକେଶନ୍ ପ୍ରା:ଲି:ଃ- ପୃଷ୍ଠା - ୨୫ ।
୬୨)	ମହାନ୍ତି ବୀଣାପାଣି- ମନସ୍ୱିନୀ - ୨୦୦୨ - କାଦମ୍ବିନୀ ପବ୍ଲିକେଶନ୍ ପ୍ରା:ଲି:ଃ - ପୃ - ୧୨୪ ।
୬୩)	ତତ୍ରୈବ - ପୃ - ୭୭ ।
୬୪)	ମହାନ୍ତି ବୀଣାପାଣି- ମନସ୍ୱିନୀ - ୨୦୦୨ - କାଦମ୍ବିନୀ ପବ୍ଲିକେଶନ୍ ପ୍ରା:ଲି:ଃ - ପୃ - ୫୬ ।
୬୫)	ତତ୍ରୈବ - ପୃ. - ୨୨୧ ।
୬୬)	ମହାନ୍ତି ବୀଣାପାଣି- ମନସ୍ୱିନୀ - ୨୦୦୨ - କାଦମ୍ବିନୀ ପବ୍ଲିକେଶନ୍ ପ୍ରା:ଲି:ଃ - ପୃ. - ୨୨୨ ।

୬୭)    ତତ୍ରୈବ – ପୃ. – ୨୪ ।
୬୮)    ତତ୍ରୈବ – ପୃ. – ୨୧୯ ।
୬୯)    ମହାନ୍ତି ବୀଣାପାଣି- ମନସ୍ୱିନୀ – ୨୦୦୨ – କାଦମ୍ବିନୀ ପବ୍ଲିକେଶନ୍ ପ୍ରା:ଲି:ଃ- ପୃଷ୍ଠା – ୫୬ ।
୭୦)    ମହାନ୍ତି ବୀଣାପାଣି – ମନସ୍ୱିନୀ – ୨୦୦୨ – କାଦମ୍ବିନୀ ପବ୍ଲିକେଶନ୍ ପ୍ରା. ଲିଃ. ୨୦୧୦ – ପୃ.– ୬୫ ।
୭୧)    ମହାନ୍ତି ବୀଣାପାଣି- ମନସ୍ୱିନୀ – ୨୦୦୨ – କାଦମ୍ବିନୀ ପବ୍ଲିକେଶନ୍ ପ୍ରା:ଲି:ଃ- ପୃ. – ୬୫ ।
୭୨)    ମହାନ୍ତି ବୀଣାପାଣି- ମନସ୍ୱିନୀ – ୨୦୦୨ – କାଦମ୍ବିନୀ ପବ୍ଲିକେଶନ୍ ପ୍ରା:ଲି:ଃ- ପୃ. – ୫୬ ।
୭୩)    ତତ୍ରୈବ- ପୃ. – ୧୧୩ ।
୭୪)    ତତ୍ରୈବ- ପୃ. – ୧୪୫ ।
୭୫)    ସମାଲୋଚନାର ଗତି ଓ ପ୍ରକୃତି – ବୀଣାପାଣି ମହାନ୍ତିଙ୍କ ଗଳ୍ପମାନସ – ପୃ. – ୮୨ ।
୭୬)    ମହାନ୍ତି ବୀଣାପାଣି – ମନସ୍ୱିନୀ-୨୦୦୨- କାଦମ୍ବିନୀ ପବ୍ଲିକେଶସନ- ପୃ.- ୧୧୧ ।
୭୭)    ତତ୍ରୈବ- ପୃ. – ୧୪୪ ।
୭୮)    ତତ୍ରୈବ- ପୃ. – ୧୬୪ ।
୭୯)    Nadkarni M.V - Ethics for Our Times- Oxford University, Press, Introduction, 1st Edition - 2011 ।
୮୦)    ମହାନ୍ତି ବୀଣାପାଣି- ମନସ୍ୱିନୀ – ୨୦୦୨ – କାଦମ୍ବିନୀ ପବ୍ଲିକେଶନ ପ୍ରା:ଲି:ଃ- ପୃ. – ୧୫୨ ।

**ପଞ୍ଚମ ପରିଚ୍ଛେଦ :-**

୧)    ପ୍ରଧାନ ଜ୍ୟୋତ୍ସ୍ନାମୟୀ- ସାହତ୍ୟ ତତ୍ତ୍ୱ: ପ୍ରାଚ୍ୟ ପାଶ୍ଚାତ୍ୟ – ଫ୍ରେଣ୍ଡସ୍ ପବ୍ଲିଶର୍ସ- କଟକ – ପୃ – ୧୫୪ ।
୨)    ତତ୍ରୈବ- ପୃ – ୧୫୪ ।
୩)    ତତ୍ରୈବ- ପୃ – ୧୫୪ ।

୪)	ଚାଟାର୍ଜୀ ସୁବୋଧ- ଗବେଷଣା ପ୍ରବିଧି-ବିଦ୍ୟାପୁରୀ, କଟକ - ପୃ-୯ ।

୫)	Savory T.H- The Art of Translation - Chap (III). Translation through the ages - page - 37 ।

୬)	ପ୍ରଧାନ ଜ୍ୟୋତ୍ସ୍ନାମୟୀ- ସାହିତ୍ୟତତ୍ତ୍ୱ ପ୍ରାଚ୍ୟ ପାଶ୍ଚାତ୍ୟ - ଫ୍ରେଣ୍ଡସ୍ ପବ୍ଲିଶର୍ସ - ପୃ. - ୧୫୭ ।

୭)	Shelly P.B- in defence of poetry - Page - 71 ।

୮)	ପ୍ରଧାନ ଜ୍ୟୋତ୍ସ୍ନାମୟୀ- ସାହିତ୍ୟତତ୍ତ୍ୱ ପ୍ରାଚ୍ୟ ପାଶ୍ଚାତ୍ୟ - ଫ୍ରେଣ୍ଡସ୍ ପବ୍ଲିଶର୍ସ- କଟକ- ପୃ. - ୧୫୩ ।

୯)	ଡଃ ଆଚାର୍ଯ୍ୟ ହରିରାମ- ସାହିତ୍ୟାୟନ - ଧରିତ୍ରୀ - ମାର୍ଚ୍ଚ ୧୪ - ୨୭- ପୃ. - ୪ ।

୧୦)	ପ୍ରଧାନ ଜ୍ୟୋତ୍ସ୍ନାମୟୀ- ସାହିତ୍ୟତତ୍ତ୍ୱ ପ୍ରାଚ୍ୟ ପାଶ୍ଚାତ୍ୟ - ଫ୍ରେଣ୍ଡସ୍ ପବ୍ଲିଶର୍ସ - କଟକ - ପୃ. - ୧୬୩ ।

୧୧)	ଉଦ୍‌ଗାତା ଶ୍ରୀନିବାସ- ଅନୁବାଦତତ୍ତ୍ୱ ଓ ପ୍ରୟୋଗ - ୨୦୦୦, ସଂ - ମନୋରଂଜନ ପ୍ରଧାନ- ଓଡ଼ିଶା ବୁକଷ୍ଟୋର, କଟକ ।

୧୨)	ପାଣିଗ୍ରାହୀ ବିବେକାନନ୍ଦ- କୋଣାର୍କ - ଆଧୁନିକ ଓଡିଆ ସାହିତ୍ୟ ବିଶେଷାଙ୍କ- ଓଡିଶା ସାହିତ୍ୟ ଏକାଡ଼େମୀ - ପୃ. - ୪୬ ।

୧୩)	ମହାନ୍ତି ବୀଣାପାଣି- ସୁନ୍ଦରୀ ଭାସିଲିସା - ସୁନ୍ଦରୀ ଭାସିଲିସା - ବିଦ୍ୟାପୁରୀ - ପୃ. - ୮ ।

୧୪)	ତତ୍ରୈବ- ପୃ. - ୧୫ ।

୧୫)	ମହାନ୍ତି ବୀଣାପାଣି-ଜାରେଭିକ୍ ଇଭାନ୍ ଓ ମାଟିଆ ହେଟାବାଘ-ସୁନ୍ଦରୀ ଭାସିଲିସା-ବିଦ୍ୟାପୁରୀ, କଟକ-ପୃ-୨୩ ।

୧୬)	ମହାନ୍ତି ବୀଣାପାଣି-ଜାରେଭିକ୍ ଇଭାନ୍ ଓ ମାଟିଆ ହେଟାବାଘ-ସୁନ୍ଦରୀ ଭାସିଲିସା-ବିଦ୍ୟାପୁରୀ, କଟକ-ପୃ-୨୭ ।

୧୭)	ମହାନ୍ତି ବୀଣାପାଣି- ଦୁଇ ଇଭାନ୍ - ସୁନ୍ଦରୀ ଭାସିଲିସା - ବିଦ୍ୟାପୁରୀ, କଟକ- ପୃ - ୩୬ ।

୧୮)	ମହାନ୍ତି ବୀଣାପାଣି- ଫେନିଷ୍ଟ ବାଜପକ୍ଷୀ- ସୁନ୍ଦରୀ ଭାସିଲିସା- ବିଦ୍ୟାପୁରୀ, କଟକ, ପୃ - ୪୧ ।

୧୯)	ତତ୍ରୈବ- ପୃ. - ୪୮ ।

୨୦)	ତତ୍ରୈବ- ପୃ. - ୪୯ ।

୨୧)	ମହାନ୍ତି ବୀଣାପାଣି– ସୁନ୍ଦରୀ ଭାସିଲିସା – ସୁନ୍ଦରୀ ଭାସିଲିସା – ବିଦ୍ୟାପୁରୀ, କଟକ – ପୃ – ୯ ।
୨୨)	ତତ୍ରୈବ– 'ଭଉଣୀ ଆଲ୍ୟୋନୁଶ୍‌କା ଓ ଭାଇ ଇଭାନୁଶ୍‌କା' – ପୃ – ୫୫ ।
୨୩)	ମହାନ୍ତି ବୀଣାପାଣି– ସୁନେଲି ଚାବି – ୨୦୦୪ – ବିଦ୍ୟାପୁରୀ, କଟକ – ପୃ – ୫ ।
୨୪)	ମହାନ୍ତି ବୀଣାପାଣି– ସୁନେଲି ଚାବି – ୨୦୦୪ – ବିଦ୍ୟାପୁରୀ, କଟକ – ପୃ. – ୧୩ ।
୨୫)	ମହାନ୍ତି ବୀଣାପାଣି– ସୁନେଲି ଚାବି – ୨୦୦୪ – ବିଦ୍ୟାପୁରୀ, କଟକ – ପୃ – ୨୩ ।
୨୬)	ତତ୍ରୈବ– ପୃ – ୩୮ ।
୨୭)	ମହାନ୍ତି ବୀଣାପାଣି– ସୁନେଲି ଚାବି – ୨୦୦୪ – ବିଦ୍ୟାପୁରୀ, କଟକ – ପୃ – ୬୩ ।
୨୮)	ମହାନ୍ତି ବୀଣାପାଣି – ସୁନେଲି ଚାବି – ୨୦୦୪ – ବିଦ୍ୟାପୁରୀ, କଟକ – ପୃ – ୮୯ ।
୨୯)	ତତ୍ରୈବ – ପୃ – ୯୫ ।
୩୦)	ତତ୍ରୈବ – ପୃ – ୧୦୦ ।
୩୧)	ମହାନ୍ତି ବୀଣାପାଣି– ସୁନେଲି ଚାବି – ୨୦୦୪ – ବିଦ୍ୟାପୁରୀ, କଟକ – ପୃ – ୮୯ ।
୩୨)	ତତ୍ରୈବ– ପୃ – ୧୮ ।
୩୩)	ତତ୍ରୈବ – ପୃ – ୭୧ ।
୩୪)	ତତ୍ରୈବ – ପୃ – ୧୯ ।
୩୫)	ତତ୍ରୈବ– ପୃ – ୩୩ ।
୩୬)	ମହାନ୍ତି ବୀଣାପାଣି– ପୁରସ୍କାର – ପାଚେରି ଓ ଅନ୍ୟାନ୍ୟ ଗଳ୍ପ – ୨୦୦୪ ନ୍ୟାସ୍‌ନାଲ୍ ବୁକ୍ ଟ୍ରଷ୍ଟ ଇଣ୍ଡିଆ – ପୃ – ୨୦ ।
୩୭)	ମହାନ୍ତି ବୀଣାପାଣି– ନୀରବ ପ୍ରେମ – ପାଚେରି ଓ ଅନ୍ୟାନ୍ୟ ଗଳ୍ପ – ୨୦୦୪– ନ୍ୟାସ୍‌ନାଲ୍ ବୁକ୍‌ଟ୍ରଷ୍ଟ ଇଣ୍ଡିଆ – ପୃ – ୨୫ ।
୩୮)	ତତ୍ରୈବ– ପୃ – ୩୧ ।
୩୯)	ମହାନ୍ତି ବୀଣାପାଣି– ସମସ୍ତଙ୍କ ପ୍ରାପ୍ୟ କ'ଣ ସମାନ ? – ପାଚେରି ଓ ଅନ୍ୟାନ୍ୟ ଗଳ୍ପ– ୨୦୦୪ ନ୍ୟାସ୍‌ନାଲ୍ ବୁକ୍ ଟ୍ରଷ୍ଟ ଇଣ୍ଡିଆ – ପୃ – ୬୫ ।

୪୦)  ମହାନ୍ତି ବୀଣାପାଣି- ସେଲୋବାଦକ ଗୋର୍ଶ - ପାଚେରି ଓ ଅନ୍ୟାନ୍ୟ ଗଳ୍ପ - ୨୦୦୪ ନ୍ୟାସ୍‌ନାଲ୍ ବୁକ୍ ଟ୍ରଷ୍ଟ ଇଣ୍ଡିଆ - ପୃ - ୧୨୦।
୪୧)  ମହାନ୍ତି ବୀଣାପାଣି - ଆଲୋକିତ ରାତ୍ରି - ପାଚେରି ଓ ଅନ୍ୟାନ୍ୟ ଗଳ୍ପ - ୨୦୦୪ ନ୍ୟାସ୍‌ନାଲ୍ ବୁକ୍ ଟ୍ରଷ୍ଟ ଇଣ୍ଡିଆ - ପୃ - ୧୧୭।
୪୨)  ତତ୍ରୈବ- ପାଚେରି - ପୃ - ୯୯।
୪୩)  ମହାନ୍ତି ବୀଣାପାଣି - ପାଚେରି - ପାଚେରି ଓ ଅନ୍ୟାନ୍ୟ ଗଳ୍ପ - ୨୦୦୪ ନ୍ୟାସ୍‌ନାଲ୍ ବୁକ୍ ଟ୍ରଷ୍ଟ ଇଣ୍ଡିଆ - ପୃ - ୯୯।
**୪୪**  ଭଂଜ ଡ.ସଂଘମିତ୍ରା-ପ୍ରତିଭା ପରିଚର୍ଚ୍ଚା-ପ୍ରକାଶକ-ଟାଇମ୍‌ପାସ, ପ୍ରଥମ ସଂସ୍କରଣ-୨୦୨୨, ପୃ.୧୨୯ ।
୪୫  ମହାନ୍ତି, ବୀଣାପାଣି- ବିତିଯାଇଥିବା ଦିନ-ପଶ୍ଚିମା ପବ୍ଲିକେଶନ୍ସ- ପ୍ରଥମ ସଂସ୍କରଣ-୨୦୧୬-ପୃ.୨୮ ।
୪୬  ତତ୍ରୈବ- ପୃ-୮୪ ।
୪୭  ରଥ ସୁସ୍ମିତା- କଥା ଶିଳ୍ପୀ ବୀଣାପାଣି-ବିଦ୍ୟାପୁରୀ-ପ୍ରଥମ ସଂସ୍କରଣ-୨୦୧୬, ପୃ-୯
୪୮  ମହାନ୍ତି ବୀଣାପାଣି - ବିତିଯାଇଥିବା ଦିନ - ପଶ୍ଚିମା ପବ୍ଲିକେଶସନ - ପ୍ରଥମ ସଂସ୍କରଣ - ୨୦୧୬ - ପୃ-୧୭୩।
୪୯  ତତ୍ରୈବ, ପୃ-୧୯୮ ।
୫୦  ତତ୍ରୈବ, ପୃ-୨୦୦ ।
୫୧  ତତ୍ରୈବ, ପୃ-୨୦୪ ।
୫୨  ତତ୍ରୈବ, ପୃ-୩୨ ।
୫୩  ତତ୍ରୈବ, ପୃ-୯୯ ।
୫୪  ତତ୍ରୈବ, ପୃ-୧୦୮ ।
୫୫  ତତ୍ରୈବ, ପୃ-୩୮ ।
୫୬  ତତ୍ରୈବ, ପୃ-୪୨ ।
୫୭  ତତ୍ରୈବ, ପୃ-୯୭ ।
୫୮  ତତ୍ରୈବ, ପୃ-୧୬୬ ।

ଉପସଂହାର :-


୧)	ମହାନ୍ତି ପୂର୍ଣ୍ଣଚନ୍ଦ୍ର- ସାହିତ୍ୟର ସଂବିଧାନ - ସାରସ୍ୱତ ପୁସ୍ତକ ଭଣ୍ଡାର - ସମ୍ବଲପୁର- ପୃ - ୧୭।

୨)	ତତ୍ରୈବ- ପୃ - ୧୪।

୩)	ପ୍ରଧାନ ମନ୍ମଥ କୁମାର- ବୀଣାପାଣି ମହାନ୍ତିଙ୍କ ସୃଷ୍ଟି ମାନସ - ଅଗ୍ରଦୂତ - ୨୦୦୧ - ପୃ - ୧୧୧।

୪)	ପ୍ରଧାନ ମନ୍ମଥ କୁମାର- ବୀଣାପାଣି ମହାନ୍ତିଙ୍କ ସୃଷ୍ଟି ମାନସ-ଅଗ୍ରଦୂତ - ୨୦୦୧ - ପୃ -୧୧୨।

୫)	କଥା ସାହିତ୍ୟର ସୃଜନ ବିନ୍ଧାଣୀ ବୀଣାପାଣି ପଶ୍ଚିମା ପବ୍ଲିକେଶନସ୍ - ଭୁବନେଶ୍ୱର - ପୃ -୨୮୧ ।

୬)	କାବ୍ୟତତ୍ତ୍ୱ- କବିତା ସମକ୍ଷରେ ଅନୁବାଦ- ଯତୀନ୍ଦ୍ର ମୋହନ ମହାନ୍ତି-ପୃ.. ୭୭।

୭)	ମହାନ୍ତି ବୀଣାପାଣି- କଥାସାହିତ୍ୟର ସୃଜନ ବିନ୍ଧାଣୀ - ବୀଣାପାଣି . ସଂ. ଅଶୋକ ମହାନ୍ତି- ପୃ.-୨୮୧।

୮)	ପ୍ରଧାନ ମନ୍ମଥ କୁମାର - ବୀଣାପାଣି ମହାନ୍ତିଙ୍କ ସୃଷ୍ଟି ମାନସ ଅଗ୍ରଦୂତ - ୨୦୦୧ -ପୃ -୧୧୩।

୯)	କଥା ସାହିତ୍ୟର ସୃଜନ ବିନ୍ଧାଣୀ ବୀଣାପାଣି - ସଂ. ଅଶୋକ ମହାନ୍ତି ପଶ୍ଚିମା ପବ୍ଲିକେଶନ୍ -ପୃ - ୨୬୮।

୧୦)	ପ୍ରଧାନ ମନ୍ମଥ କୁମାର - ବୀଣାପାଣି ମହାନ୍ତିଙ୍କ ସୃଷ୍ଟି ମାନସ - ଅଗ୍ରଦୂତ - ୨୦୦୧ -ପୃ - ୧୧୩।


■

# ସହାୟକ ଗ୍ରନ୍ଥସୂଚୀ

## ବୀଣାପାଣି ମହାନ୍ତିଙ୍କ ମୌଳିକ ରଚନା


**ଗଳ୍ପ:**

୧.　ମହାନ୍ତି, ବୀଣାପାଣି-କସ୍ତୁରୀ ମୃଗ ଓ ସବୁଜ ଅରଣ୍ୟ, ନିୟୁ ଷ୍ଟୁଡେଣ୍ଟ୍ସ୍ ଷ୍ଟୋର।

୨.　ମହାନ୍ତି, ବୀଣାପାଣି-କାଳାନ୍ତର, ବୁକ୍ସ ଏଣ୍ଡ ବୁକ୍ସ-୧୯୭୭।

୩.　ମହାନ୍ତି, ବୀଣାପାଣି-ତଟିନୀର ତୃଷ୍ଣା, ଓଡ଼ିଶା ବୁକ୍ସଷ୍ଟୋର-୧୯୮୦।

୪.　ମହାନ୍ତି, ବୀଣାପାଣି-ବସ୍ତ୍ରହରଣ, ବୁକ୍ସ ଏଣ୍ଡବୁକ୍ସ-୧୯୮୦

୫.　ମହାନ୍ତି, ବୀଣାପାଣି-ଆରୋହଣ, ସାଥୀ ମହଲ-୧୯୭୮।

୬.　ମହାନ୍ତି, ବୀଣାପାଣି-ଅଭିନେତ୍ରୀ, ଆର୍ଯ୍ୟ ପ୍ରକାଶନ-୧୯୯୭।

୭.　ମହାନ୍ତି, ବୀଣାପାଣି-ଏକାକୀ ପରାଶର, ଆର୍ଯ୍ୟ ପ୍ରକାଶନ-୧୯୯୪।

୮.　ମହାନ୍ତି, ବୀଣାପାଣି-ଅଶ୍ରୁ ଅନଳ, ଗ୍ରନ୍ଥ ମନ୍ଦିର-୧୯୯୨।

୯.　ମହାନ୍ତି, ବୀଣାପାଣି-ଶକୁନିର ଛକା, ଓଡ଼ିଶା ବୁକ୍ ଷ୍ଟୋର-୧୯୯୨।

୧୦.　ମହାନ୍ତି, ବୀଣାପାଣି-ଖେଳ ଚାଲିଛି, ଗ୍ରନ୍ଥମନ୍ଦିର-୧୯୯୮।

୧୧.　ମହାନ୍ତି, ବୀଣାପାଣି-ଅନ୍ୟ ଅରଣ୍ୟ, ଫ୍ରେଣ୍ଡସ୍ ପବ୍ଲିଶର୍ସ-୧୯୮୧।

୧୨.　ମହାନ୍ତି, ବୀଣାପାଣି-ସାୟାହ୍ନର ସ୍ୱର, ସାଥୀ ମହଲ-୧୯୭୩।

୧୩.　ମହାନ୍ତି, ବୀଣାପାଣି-ବର୍ଷ ବର୍ଷ ଭାରତବର୍ଷ, ଲାର୍କ ବୁକ୍ସ-୨୦୦୪।

୧୪.　ମହାନ୍ତି, ବୀଣାପାଣି-ଅପହଞ୍ଚ ଆକାଶ, ପଶ୍ଚିମା ପବ୍ଲିକେଶନ୍ସ-୨୦୦୭।

୧୫.　ମହାନ୍ତି, ବୀଣାପାଣି-ଅନ୍ଧକାରର ଛାଇ, ସାଥୀ ମହଲ-୧୯୭୬।

୧୬.　ମହାନ୍ତି, ବୀଣାପାଣି-ପଦ୍ମ ଘୁଞ୍ଚି ଘୁଞ୍ଚି ଯାଉଛି, ପଶ୍ଚିମା ପବ୍ଲିକେଶନ୍ସ-୨୦୦୧।

୧୭.　ମହାନ୍ତି, ବୀଣାପାଣି-ପାଟଦେଇ, ବିଦ୍ୟାପୁରୀ-୧୯୮୬।

**ଉପନ୍ୟାସ : -**

୧.ମହାନ୍ତି, ବୀଣାପାଣି-ସୀତାର ଶୋଣିତ, ପଶ୍ଚିମା ପବ୍ଲିକେଶନ୍ସ, ୧୯୯୯।

୨.ମହାନ୍ତି, ବୀଣାପାଣି-ମନସ୍ୱିନୀ, କାଦମ୍ବିନୀ ପବ୍ଲିକେଶନ୍ସ ପ୍ରା.ଲିଃ.-୨୦୦୨।

୩.　ମହାନ୍ତି, ବୀଣାପାଣି-କୁନ୍ତୀ-କୁନ୍ତଳା-ଶକୁନ୍ତଳା, ଫ୍ରେଣ୍ଡସ୍ ପବ୍ଲଶର୍ସ-୧୯୯୯।

**ଜୀବନୀ/ ଆତ୍ମଜୀବନୀ :-**

୧　ମହାନ୍ତି, ବୀଣାପାଣି-ବିତିଯାଇଥିବା ଦିନ, ପଶ୍ଚିମା ପବ୍ଲିକେଶସନ୍ସ -୨୦୧୬।

୨.	ମହାନ୍ତି, ବୀଣାପାଣି(ସଂ)-କବି ବିଦ୍ୟୁତ୍ ପ୍ରଭା, ବିଦ୍ୟୁତ୍ ପ୍ରଭା ସ୍ମରଣିକା କମିଟି, ଶ୍ରୀ ଅରବିନ୍ଦ ଆଶ୍ରମ-୧୯୭୮

**ସମୀକ୍ଷା ଓ ସମାଲୋଚନା ପୁସ୍ତକ:-**

୧.	ଆଚାର୍ଯ୍ୟ, ବୃନ୍ଦାବନ ଚନ୍ଦ୍ର-ଓଡ଼ିଆ ସାହିତ୍ୟର ସଂକ୍ଷିପ୍ତ ପରିଚୟ, ଗ୍ରନ୍ଥମନ୍ଦିର ୧୯୭୫।
୨.	ଉଦ୍‌ଗାତା ଶ୍ରୀନିବାସ-ଅନୁବାଦ ତତ୍ତ୍ୱ ଓ ପ୍ରୟୋଗ, ଓଡ଼ିଶା ବୁକ୍ ଷ୍ଟୋର୍: ୨୦୦୦।
୩.	ଗାହାଣ, ଡ.କପିଳେଶ୍ୱର-ସୀମାବଦ୍ଧତା ଓ ମୁକ୍ତିର ସ୍ୱପ୍ନ: ଓଡ଼ିଆ କ୍ଷୁଦ୍ରଗଳ୍ପ, ଅଗ୍ରଦୂତ-୧୯୯୫।
୪.	ଚାନ୍ଦ, ପ୍ରେମ-ଗଳ୍ପ ସମୁଦାୟ ଭୂମିକା ।
୫.	ଚାଟାର୍ଜୀ, ସୁବୋଧ-ଗବେଷଣା ପ୍ରବିଧି, ବିଦ୍ୟାପୁରୀ।
୬.	ଛୋଟରାୟ, ଡକ୍ଟର ସୁରେଶ-ବୀଣାପାଣି ଗଳ୍ପମାନସ, ପଶ୍ଚିମା ପବ୍ଲକେଶନ୍, ଭୁବନେଶ୍ୱର, ପ୍ରଥମ ସଂସ୍କରଣ-୨୦୦୧ ।
୭.	ଟାଗୋର, ରବୀନ୍ଦ୍ରନାଥ-ବର୍ଷା ଯାପନ।
୮.	ନାୟକ, ମୃତ୍ୟୁଞ୍ଜୟ-ଓଡ଼ିଆ କ୍ଷୁଦ୍ରଗଳ୍ପର ଉଦ୍ଭବ ଓ ବିକାଶ, ୧୯୭୩।
୯.	ପଟ୍ଟନାୟକ, ବିଭୂତି-ସାହିତ୍ୟର ସୂଚୀପତ୍ର, ନାଳନ୍ଦା, ୧୯୭୬।
୧୦.	ପ୍ରଧାନ,ମନ୍ମଥ କୁମାର-ବୀଣାପାଣି ମହାନ୍ତିଙ୍କ ସୃଷ୍ଟି ମାନସ, ଅଗ୍ରଦୂତ,୨୦୦୧।
୧୧.	ପ୍ରଧାନ, ଜ୍ୟୋତ୍ସ୍ନାମୟୀ-ସାହିତ୍ୟ ତତ୍ତ୍ୱ : ପ୍ରାଚ୍ୟ ପାଶ୍ଚାତ୍ୟ, ଫ୍ରେଣ୍ଡସ ପବ୍ଲିଶର୍ସ, କଟକ, ୧୯୯୦।
୧୨.	ପରିଡା, ଡ.ପ୍ରକାଶ କୁମାର-ଗଳ୍ପ ବିଚାର ବିମର୍ଶ, ବିଶ୍ୱବୁକ୍ସ, କଟକ, ୨୦୦୪।
୧୩.	ପାଣିଗ୍ରାହୀ, ସୁରେନ୍ଦ୍ରନାଥ- ଓଡିଆ ଉପନ୍ୟାସର କ୍ରମବିକାଶ, ମହାଦେବ ପବ୍ଲିକେଶନ୍ସ, ୨୦୦୬।
୧୪.	ପାଣ୍ଡବ ଶତ୍ରୁଘ୍ନ-କଥାଶିଳ୍ପୀ ମନୋଜ ଦାସ, ଫ୍ରେଣ୍ଡସ୍ ପବ୍ଲିସର୍ଶ-୧୯୯୪
୧୫.	ପ୍ରଧାନ, କୃଷ୍ଣଚନ୍ଦ୍ର-ଓଡିଆ ସାହିତ୍ୟର ସାମାଜିକ ସାଂସ୍କୃତିକ ବିକାଶ ଧାରା (ଆଦି ଓ ମଧ୍ୟ ଗର୍ବ), ବିଦ୍ୟାପୁରୀ, ୧୯୯୨ ।
୧୬.	ବେହେରା କୃଷ୍ଣଚରଣ-କଥା ସାହିତ୍ୟ-ସାଥୀମହଲ, ୧୯୬୮ ।
୧୭.	ବେହେରା, ଚିନ୍ତାମଣି-ଆଧୁନିକତାର କ' ଖ' ଗ ଓ ଅନ୍ୟାନ୍ୟ ରଚନା, ୧୯୭୩।
୧୮.	ବେହେରା କୃଷ୍ଣଚରଣ-ଓଡିଆ ଉପନ୍ୟାସ - ଜଗନ୍ନାଥ ରଥ, ୧୯୯୦ ।

୧୯. ଭଞ୍ଜ ସଂଘମିତ୍ରା-ପ୍ରତିଭା ପରିଚର୍ଚ୍ଚା-ପ୍ରକାଶନ-ଟାଇମ୍ ପାଶ୍, ପ୍ରଥମ ସଂସ୍କରଣ-୨୦୨୨।

୨୦. ମହାନ୍ତି ପୂର୍ଣ୍ଣଚନ୍ଦ୍ର-ସାହିତ୍ୟର ସମ୍ବିଧାନ, ସାରସ୍ୱତ ପୁସ୍ତକ ଭଣ୍ଡାର. ୧୯୮୬।

୨୧. ମିଶ୍ର, ସଂଘମିତ୍ରା-କବିତ୍ୱ ଓ ସୃଜନଶୀଳତା-ମିତାପ୍ରକାଶନ, କଟକ

୨୨. ମହାନ୍ତି, ଡ. ଜାନକୀ ବଲ୍ଲଭ-ଆଧୁନିକ ଓଡିଆ ସାହିତ୍ୟ, ଗ୍ରନ୍ଥମନ୍ଦିର, ୧୯୭୮।

୨୩. ମହାନ୍ତି, ଡ. ଜାନକୀ ବଲ୍ଲଭ-ଆଧୁନିକ ଓଡିଆ କ୍ଷୁଦ୍ରଗଳ୍ପ।

୨୪. ମହାପାତ୍ର ଗୋଦାବରୀଶ-ଗଳ୍ପ ନୁହେଁ, ପ୍ରଥମ ସଂଖ୍ୟା-୧୯୫୧।

୨୫. ମହାନ୍ତି, ଅଶୋକ-'କଥା ସାହିତ୍ୟର ସୃଜନ ବିନ୍ଧାଣୀ, ବୀଣାପାଣି'- ପଶ୍ଚିମା ପବ୍ଲିକେଶନ୍ସ, ୨୦୧୧।

୨୬. ମହାନ୍ତି ପ୍ରଫୁଲ୍ଲ ଚନ୍ଦ୍ର-ଫକୀର ମୋହନଙ୍କ ସାହିତ୍ୟରେ ସମକାଳୀନ ଓଡିଶାର ଚିତ୍ର, ଫ୍ରେଣ୍ଡସ ପବ୍ଲିଶର୍ସ, ୧୯୮୪

୨୭. ମହାନ୍ତି, ଅରୁଣା-ସଚ୍ଚିରାଉତରାୟଙ୍କ କବିତାରେ ନାରୀ- ଓଡିଶା ବୁକ୍‌ଷ୍ଟୋର, ୧୯୯୫।

୨୮. ଶତପଥୀ ନିତ୍ୟାନନ୍ଦ-ଗଳ୍ପ ଓ ଗାଳ୍ପିକ - ଓଡ଼ିଶା ବୁକ୍‌ଷ୍ଟୋର, ୧୯୮୬।

୨୯. ଷଡଙ୍ଗୀ, ନୃସିଂହ- ଓଡିଆ କାବ୍ୟକବିତାର ପ୍ରକରଣ ଓ ପ୍ରକାରଭେଦ, ଓଡିଶା ବୁକ୍‌ଷ୍ଟୋର, କଟକ, ୧୯୯୫।

୩୦. ସାମଲ, ବୈଷ୍ଣବଚରଣ-ସାହିତ୍ୟର ଗଠନରୀତି, ଫ୍ରେଣ୍ଡସ୍ ପବ୍ଲଶର୍ସ, କଟକ, ୨୦୦୦।

୩୧. ସାହୁ, ମହାପାତ୍ର ନୀଳମଣି-ଆମ କଥା ସାହିତ୍ୟର କଥା ଓ ରମ୍ୟ ରଚନା, ଓଡିଶା ବୁକ୍‌ଷ୍ଟୋର, ୧୯୮୫।

୩୨. ସାମଲ, ବୈଷ୍ଣବ ଚରଣ-ଓଡିଆ କ୍ଷୁଦ୍ରଗଳ୍ପର ଇତିହାସ, ବୁକ୍‌ସ ଆଣ୍ଡ ବୁକ୍‌ସ, କଟକ, ୧୯୯୩।

୩୩. ସାମନ୍ତରାୟ, ନଟବର-ବ୍ୟାସ କବି ଫକୀର ମୋହନ - ବିଦ୍ୟାପୁରୀ, ୧୯୬୪ ।

୩୪. ସାମନ୍ତରାୟ ନଟବର-ଓଡିଆ ସାହିତ୍ୟର ଇତିହାସ, ଗ୍ରନ୍ଥାଳୟ, ୧୯୮୩ ।

୩୫. ସାମଲ, ଡ.ଇନ୍ଦୁପ୍ରଭା-ବୀଣାପାଣିଙ୍କ ଗଳ୍ପରେ ଜୀବନ ଦୃଷ୍ଟି, ପଶ୍ଚିମା ପବ୍ଲିକେଶନ୍ସ-୧୯୮୨।

୩୬. ସାମଲ ବୈଷ୍ଣବ ଚରଣ-ଓଡିଆ ଗଳ୍ପର ଗତି ଓ ପ୍ରକୃତି-ସାଥୀ ମହଲ, ୧୯୯୧ ।

୩୭. ସିଂହ, ବିଜୟାନନ୍ଦ-ଫତୁରାନନ୍ଦଙ୍କ ସୃଷ୍ଟିରେ ହାସ୍ୟ - ଫ୍ରେଣ୍ଡସ୍ ପବ୍ଲିଶର୍ସ,

୧୯୯୦ ।
୩୮. ସାମଲ ବୈଷ୍ଣବ ଚରଣ-ନାରୀର ମୁହଁ, ଓଡିଶା ବୁକ୍ ଷ୍ଟୋର, ୧୯୯୦।
୩୯. ସାହୁ ଉଷାରାଣୀ - ଅଖିଳ ମୋହନ ପଟ୍ଟନାୟକଙ୍କ ଗଳ୍ପରେ ମନସ୍ତାତ୍ତ୍ୱିକ ବିଶ୍ଳେଷଣ - ଗବେଷଣାତ୍ମକ ନିବନ୍ଧ (ପାଣ୍ଡୁଲିପି - ୨୦୧୨)।

**ପତ୍ର ପତ୍ରିକା ଓ ସମ୍ବାଦପତ୍ର :-**

୧. ଇସ୍ତାହାର-ନିତ୍ୟାନନ୍ଦ ଶତପଥୀ (ସଂ)୧୯୮୦, ଶାରଦୀୟ ବିଶେଷାଙ୍କ ।
୨. କାବ୍ୟାଲୋକ-ଭିକାରୀ ଧଳ (ସଂ), ୨୦୧୧, ଶାରଦୀୟ ବିଶେଷାଙ୍କ ।
୩. କାଦମ୍ବିନୀ-ଇତି ରାଣୀ ସାମନ୍ତ (ସଂ) ଅକ୍ଟୋବର ୨୦୧୦, ପୂଜାସ୍ୱତନ୍ତ୍ର।
୪. କୋଣାର୍କ-ଆଧୁନିକ ଓଡିଆ ସାହିତ୍ୟ ବିଶେଷାଙ୍କ, ଓଡିଶା ସାହିତ୍ୟ ଏକାଡେମୀ ୧୯୯୪ ।
୫. ପ୍ରଜାତନ୍ତ୍ର ସାପ୍ତାହିକ-୨୪ଏପ୍ରିଲ୍ ୨୦୦୦ ମସିହା ।
୬. ପ୍ରଜାତନ୍ତ୍ର-୨୪ ଡିସେମ୍ବର ୧୯୯୯ ।
୭. ମାତୃଭୂମି-୧୯୮୯ ପୂଜା ବିଶେଷାଙ୍କ ।

■

# ଗାଳ୍ପିକାଙ୍କ ସହିତ ସାକ୍ଷାତ୍‌କାର

ତା.୦୪,୧୦,୨୦୧୩ ରିଖ ଶୁକ୍ରବାର। ଆଜି ପବିତ୍ର ମହାଳୟା ଅମାବାସ୍ୟା, ଫୁଲ୍ଲୋରୀ ଓଷା, ପୁଣି ଶ୍ରୀ ବିରଜା ଦେବୀଙ୍କ ପବିତ୍ର ରଥଯାତ୍ରା। ଧରଣୀରାଣୀ ପାର୍ବଣର ପ୍ରସ୍ତୁତିରେ ମଗ୍ନ। ଭାଦ୍ରବର ଭୋଦେଇଫୁଲକୁ ମଥାରେ ଖୋସି ମାଟି ମା' ସ୍ୱାଗତ କରୁଛି ଅଶିଣରେ ଶକ୍ତିମୟୀ, ମାତୃସ୍ୱରୂପିଣୀ ମା' ଦଶଭୂଜାଙ୍କର ଶୁଭ ଆଗମନକୁ। ଚାରିଆଡ଼େ ଲୋକାରଣ୍ୟ... କୋଳାହଳ... ଚଳଚଞ୍ଚଳ... ମା'ଙ୍କର ମୃଣ୍ମୟୀ ପ୍ରତିମା ପ୍ରସ୍ତୁତି... ତୋରଣ ତିଆରିରେ ସମସ୍ତେ ବ୍ୟସ୍ତ। ସତେ ଯେମିତି ଚଳଚଞ୍ଚଳ ସମସ୍ତେ ମା'ଙ୍କର ଆସିବା ବାଟକୁ ଚାହିଁ। ସବୁବେଳେ ତ ମା'ଙ୍କର ଆସିବାର ବେଳ। କିନ୍ତୁ ଆଶ୍ୱିନର ଆଗମନ ଟିକେ ନିଆରା। ଘରେ ଘରେ ପ୍ରସ୍ତୁତିର ପର୍ବ ସଭିଙ୍କର। ଆଉ ଦିନ କେତେଟା ପରେ ମା'ଙ୍କର ସପ୍ତମୀ ପୂଜା। ତା'ପରେ ଦଶହରା। ଘରେ ଘରେ ହେବ କେତେ ପିଠାପଣା। ପିଠା ଓ ମିଠାରେ ବାସି ଉଠିବ ଘର। ନବବସ୍ତ୍ର ପରିଧାନ କରିବେ ସମସ୍ତେ। ଏଇଭଳି ଏକ ଶୁଭ ମୁହୂର୍ତ୍ତରେ ମା' ଆସି ଆଶିଷ ଅଜାଡ଼ି ଦେବେ ସଭିଙ୍କ ମଥାରେ। ଦୁଷ୍ଟ ଶକ୍ତିର ବିନାଶ ଘଟାଇ ସୁଖ ଶାନ୍ତିର ବାରି ବରଷି ଦେବେ ମାଟି ମା'ର ପ୍ରଶସ୍ତ ଛାତିରେ...। ସେ ଆସିବେ....ଏଥର ନୌକା ବାହନରେ।

ସମୟ ଅପରାହ୍ନ। ପ୍ରାୟ ଚାରିଟା ପାଖାପାଖି। ସୂର୍ଯ୍ୟଙ୍କ ତେଜକୁ ମେଘଖଣ୍ଡେ ଘୋଡ଼େଇ ଦେଇ ହସୁଥିଲା ଆକାଶରେ। କିନ୍ତୁ ବରଷିବାର ନାଁ ଗନ୍ଧ ଧରୁନଥିଲା। ମଝିରେ ମଝିରେ ପବନରେ ଭାସିଯାଉଥିଲା ପଶ୍ଚିମ ଆକାଶ ଆଡ଼େ। ଆକାଶରେ ଖରାବଉଦର ବୋହୁଚୋରୀ ଖେଳବେଳେ ଆମେ ପହଞ୍ଚିଲୁ ଗାଳ୍ପିକା ବୀଣାପାଣି ମହାନ୍ତିଙ୍କ କଟକ ବାଦାମବାଡ଼ି ସନ୍ନିକଟ ବାସଭବନରେ। ଆମେ ବୋଲି କିଏ କି? ମୁଁ ଏବଂ ମୋର ସନ୍ଦର୍ଭର ଦିଗ ପ୍ରଦର୍ଶକ ଡଃ ପ୍ରଦୀପ୍ତ ଚୌଧୁରୀ ସାର୍ ଆଉ ମୋର ଅଧ୍ୟାପକ ବନ୍ଧୁ ଲୋକନାଥ ସାର୍। ପୂର୍ବରୁ ମୁଁ ଅନେକ ଥର ଆସିଥିଲି ଗାଳ୍ପିକାଙ୍କ ବାସଭବନକୁ ବେଳ ଅବେଳରେ ଗବେଷଣା କାର୍ଯ୍ୟରେ ଆବଶ୍ୟକ କିଛି ପୁସ୍ତକ କିମ୍ବା କିଛି ବୁଝିବା ପାଇଁ। ସବୁବେଳେ ବି ଦେଖାହୁଏନି ତାଙ୍କ ସହିତ। ତଥାପି ବେଳେବେଳେ ତାଙ୍କର ସାକ୍ଷାତ, ସହଯୋଗ, ସମୟବ୍ୟୟ ଯୋଗୁଁ ହିଁ ମୋ ଗବେଷଣା କାର୍ଯ୍ୟ ତ୍ୱରାନ୍ୱିତ ହୋଇଛି। ତେବେ ଆଜି ତାଙ୍କ ନିକଟକୁ ଆସିବାଟା ଥିଲା ନିଆରା। ପୂର୍ବରୁ ସେ ଏଥିପାଇଁ ସମୟ ଦେବାକୁ ରାଜି ହୋଇନଥିଲେ, ଅଥଚ ଫୋନ୍‌ରେ ଆଜି ସମୟ ଦେବାକୁ ପ୍ରତିଶ୍ରୁତି ଦେଇଥିଲେ ଅତିକ୍ରାନ୍ତ ବୟସରେ ସବୁ ଅସୁସ୍ଥତା ସତ୍ତ୍ୱେ। ତେଣୁ ଆମେ ଆସିଲୁ ତାଙ୍କ ସହ ସାକ୍ଷାତକାରଟିଏ

ପାଇଁ। ସାଙ୍ଗରେ ଥାଏ କ୍ୟାମେରା, ଭଏସ୍ ରେକର୍ଡ଼ର ପ୍ରଭୃତି। ବହୁ ଉତ୍କଣ୍ଠାରେ ଆମେ ଫାଟକର ଲକ୍ ଖୋଲି ଭିତରକୁ ଗଲୁ। ମୁଁ କଲିଂବେଲ୍ ଚିପିଲି, କ୍ରିଂ... କ୍ରିଂ... କ୍ରିଂ...କ୍ରିଂ ।

ମନରେ ଆମର ଉତ୍କଣ୍ଠା। କିଛି ମିନିଟ୍ ପରେ ବହୁ କଷ୍ଟରେ ଚାଲି ଚାଲି ଆସି ଝରକା ଖୋଲିଲେ ଜଣେ ବୃଦ୍ଧା..., 'ପାଟଦେଈ'ର ଗାଳ୍ପିକା ବୀଣାପାଣି ମହାନ୍ତି। ଅସୁସ୍ଥ...ଶରୀରରେ ତାଙ୍କର ବୟସ୍ୟାଧିକାର ଛାପ, ଅଥଚ ସହାସ୍ୟ ବଦନରେ ସେ ଆମକୁ ପାଛୋଟି ନେଲେ ଭିତରକୁ। କହିଲେ- "ଆସ...ଆସ... ଭିତରକୁ ଆସ... ମୁଁ ତୁମରି ଅପେକ୍ଷାରେ ଥିଲି।" ତାଙ୍କୁ ଦେଖି ଲାଗୁଥିଲା ସତେଯେମିତି ସେ ଆମରି ଅପେକ୍ଷାରେ ଥିଲେ। ଡ୍ରଇଂ ରୁମ୍‌ର ପଙ୍ଖା ସୁଇଚ୍ ଅନ୍ କଲେ। ସୋଫା ଦେଖାଇ କହିଲେ- "ଏଠି ବସ। ତୁମେ ଦୂରରୁ ଆସିଛ। ମୁଁ ଟିକିଏ ତୁମ ପାଇଁ ଥଣ୍ଡା ଆଣେ।" ବାରଣ କଲୁ ଆମେ। ନାଁ ଥାଉ। ଏତେବଡ଼ ଘର 'ଇଣ୍ଟରଭିୟୁ' ର ନାୟିକା 'ଅଶ୍ରୁ ଅନଳ'ରେ ସନ୍ତପ୍ତ। 'ଆରୋହଣ' ତାଙ୍କର ସରିଯାଇଛି। 'ମଧ୍ୟାହ୍ନ'କୁ ଟପି ସେ 'ସାୟାହ୍ନର ସ୍ୱର' ଶୁଣୁଛନ୍ତି। 'ବହ୍ନି ବଳୟ' ମଧ୍ୟରେ ତଥାପି ତାଙ୍କର 'ଖେଳ ଚାଲିଛି'। ସେ ଅପେକ୍ଷା କରିଛନ୍ତି 'ପାଚେରୀ ସେପଟ ନଈ'କୁ।

ଆମର ଅନ୍ୟ ମନସ୍କତାକୁ ଭଙ୍ଗ କରି ସେ କହିଲେ- "ହଉ। କଣ ପଚାରିବ ପଚାର। ବୟସ ଆଉ ସାଥ୍ ଦଉନି। ଶରୀର ଅସୁସ୍ଥ। ଆଉ ଲେଖା ଲେଖି ପାଇଁ ବେଶି ସମୟ ଦେଇ ହେଉନି। ଇଲେକ୍‌ଟ୍ରୋନିକ ମିଡ଼ିଆବାଲା, ଟିଭିବାଲା ଖାସ୍ ଆସି ସାକ୍ଷାତ୍‌କାର ନେଉଛନ୍ତି। ବିରକ୍ତ ଲାଗୁଛି। ମୁଣ୍ଡଟେକି ବେଶି କଥା ହେଇପାରୁନି। ଦେହରେ ଯନ୍ତ୍ରଣା ହେଉଛି। ବାସ୍ତବରେ ଅବସର ସମୟ...ଭାରି କଷ୍ଟଦାୟକ।" ତାଙ୍କ କଥା ଶୁଣି ଲାଗୁଥିଲା ସତେ ଯେମିତି ସିଏ ଏକାଥରକେ ତାଙ୍କର ସବୁ ଦୁଃଖ କଷ୍ଟ ଅବସୋସକୁ ଆମ ଆଗରେ ପରସି ଦେବାକୁ ଚାହୁଁଛନ୍ତି !

ତାଙ୍କର ମୁଖ ଇଙ୍ଗିତରେ ମୁଁ ଏଥର ପ୍ରଶ୍ନ ପଚାରିବାକୁ ପ୍ରସ୍ତୁତ ହେଲି। ସେ ମଧ୍ୟ ନିଜକୁ ପ୍ରସ୍ତୁତ କରିନେଲେ ମୋ ପ୍ରଶ୍ନର ଉତ୍ତର ଦେବା ପାଇଁ। ମୁଁ ପ୍ରଶ୍ନ କଲି-

**ପ୍ର:- ଅବସର ସମୟ ଆପଣ କିପରି ଅତିବାହିତ କରୁଛନ୍ତି ?**

ଉ:- ସମସ୍ତେ କର୍ମଜୀବୀ କର୍ମରୁ ଅବସର ନିଅନ୍ତି। ମୁଁ ମଧ୍ୟ ମୋ ବୃତ୍ତିଗତ କର୍ମରୁ ଅବସର ନେଇଛି। ବୟସାଧିକ୍ୟ କାରଣରୁ କର୍ମଦକ୍ଷତାର ଶିଥିଳତା ପାଇଁ ତ ସରକାର ଏଭଳି ନିୟମ କରିଛନ୍ତି। କିନ୍ତୁ ବୃତ୍ତିଗତ ଜୀବନରୁ ଅବସର ନେଲାପରେ ମଣିଷ ଟିକେ ଏକୁଟିଆ ହେଇଯାଏ। ତାର ଲୋକ ସଂପର୍କ ସାଙ୍ଗ ସାଥୀ ମୁହଁ ଚାହାଁ ଟିକେ କମିଯାଏ। ବୟସର ଭାର ତାକୁ ମାଡ଼ି ବସେ। ତଥାପି ସେ ବଞ୍ଚେ ବୟସର ବୋଝ ବୋହି। ମୁଁ ସେଥିରୁ ବାଦ ଯାଇନି। ସମସ୍ତଙ୍କ ଭଳି ମୁଁ ବି ସେହି

ଧାରାରେ ସାମିଲ୍। କିନ୍ତୁ ଅବସର ସମୟକୁ ମୁଁ ଅଧିକ ପଢ଼ାପଢ଼ି, ଲେଖାଲେଖି ଏବଂ ସଭାସମିତିରେ କଟାଉଛି। ସାହିତ୍ୟ ପାଇଁ ଆଉ କିଛି କରିବାକୁ ଚେଷ୍ଟା କରୁଛି। ଯେପର୍ଯ୍ୟନ୍ତ ହାତ ଚଲୁଥିବ ଲେଖାଲେଖି ନିଶ୍ଚୟ ଚାଲିବ। 'ନଈକୁ ରାସ୍ତା' ଗଳ୍ପରେ ମୁଁ ଅବସର ଜୀବନ କଥା ହିଁ ଲେଖିଛି। ପରିଣତ ବୟସରେ ସ୍ୱାଭାବିକ ଭାବେ ଶରୀର ଅବସନ୍ନ ହେବ ଓ କିଛି ବ୍ୟାଘାତ ସୃଷ୍ଟି କରିବ, ଏହା କେହି ରୋକି ପାରିବେ ନାହିଁ। ଦେଖାଯାଉ କ'ଣ ହେଉଛି।

ପ୍ର:- **ଅତିକ୍ରାନ୍ତ ବୟସରେ ଆପଣଙ୍କ ଲକ୍ଷ୍ୟ କ'ଣ ?**

ଉ:- (ଟିକିଏ ଚିନ୍ତା କରି) ସାରା ଜୀବନ ଲେଖାଲେଖିରେ ସମୟ କାଟିଥିବା ମଣିଷର ଆଉ କ'ଣ ଲକ୍ଷ୍ୟ। ତେବେ ମୋର ସମସ୍ତ ସାହିତ୍ୟକୃତି ଗୁଡ଼ିକରେ ମୋ ଜୀବନର ସବୁ ସ୍ୱପ୍ନକୁ ମୁଁ ସାହିତ୍ୟ ରୂପ ଦେଇଛି। ସେଗୁଡ଼ିକରେ ମୋର ଚେତନା ଓ ସ୍ୱପ୍ନ ଚୁନା ଚୁନା ହୋଇ ରହିଥିବା ପାଠକେ ନିଶ୍ଚୟ ହୃଦୟଙ୍ଗମ କରିଥିବେ।

ପ୍ର:- **ଆପଣଙ୍କୁ ଯଦି ପଚରାଯାଏ ଆପଣଙ୍କ ଶେଷଇଚ୍ଛା କ'ଣ ? ଆପଣ କି ଉତ୍ତର ଦେବେ ?**

ଉ:- (ଟିକିଏ ମୁରୁକି ହସି) ହଁ। ସମସ୍ତଙ୍କର ତ କିଛି ନା କିଛି ଶେଷ ଇଚ୍ଛା ଥାଏ। ମୋର ବି ଅଛି। କିନ୍ତୁ ସବୁ ଇଚ୍ଛା କ'ଣ ମଣିଷର ପୂରଣ ହୁଏ ? ତଥାପି ଶେଷଇଚ୍ଛା ହେଉଛି ମୁଁ ଯାହା ଲେଖିପାରି ନାହିଁ କିମ୍ବା କିଛି କିଛି ଲେଖିଛି, ସେ ସବୁକୁ ଯଥା ସମ୍ଭବ ସାରିଦେବା ପାଇଁ।

ପ୍ର:- **ଆପଣ ଏବେ ଲେଖିବା ପାଇଁ ଶାରୀରିକ ସ୍ଥଳେ ଅସୁସ୍ଥତା ଅନୁଭବୁ ଥିବେ। ଏପରିକି ଆପଣଙ୍କ ହୃଦୟରେ, ଅନୁଭୂତିରେ ବହୁ ଭାବନା ପ୍ରବଳ ବେଗରେ ବେଗବତୀ ସ୍ରୋତସ୍ୱତୀ ପରି ବହିଯିବାକୁ ଚାହୁଁଥିବେ ଶବ୍ଦରୂପ ନେଇ କିନ୍ତୁ ଆପଣ ଦେଇପାରୁ ନଥିବେ ସେଗୁଡ଼ିକୁ ରୂପ-ବିଗ୍ରହ ଏପରି ସମୟକୁ କେମିତି ସାମ୍ନା କରନ୍ତି ଆପଣ ?**

ଉ:- ଆରେ ବାଃ...ଭଲ ପ୍ରଶ୍ନଟିଏ ପଚାରିଲ। ସତରେ ଲେଖକଟିଏ, ସ୍ରଷ୍ଟାଟିଏ କେବଳ ତାର ସ୍ୱପ୍ନର କି କଳ୍ପନାର କଥା କହି ନଥାଏ ତା କୃତିରେ। ସେ ତା'ର ଲେଖାପାଇଁ ଉପାଦାନ ସଂଗ୍ରହ କରିଥାଏ ତା' ଆଖି ଦେଖୁଥିବା ଦୁନିଆ ଭିତରୁ। ସେ ଚଲୁଥିବା ସମାଜ ଭିତରୁ। ସବୁଦିନ ସାମ୍ନା କରୁଥିବା ଘଟଣାରୁ ସେ ଉପାଦାନ ସଂଗ୍ରହ କରେ। ନିତି ଦେଖୁଥିବା ଚରିତ୍ରମାନଙ୍କୁ ସେ ସାଉଁଟି ତା' ଲେଖାରେ ତାକୁ ସାଇତି ରଖିବାକୁ ଇଚ୍ଛା କରେ। କିନ୍ତୁ ତାହା କ'ଣ ସମ୍ଭବ ? ବହୁତ ସମୟରେ

ବହୁତ ଘଟଣା- ଦୁର୍ଘଟଣା ମନକୁ ଆସେ। ବହୁ ଚରିତ୍ରବି ଲେଖିଲାବେଳେ ଆଖିରେ ନାଚନ୍ତି। କିନ୍ତୁ ସବୁ ଘଟଣା ଓ ଚରିତ୍ରମାନଙ୍କୁ ଧରି ରଖିବା ସମ୍ଭବ ହୁଏନି। ଗୋଟାଏ ଘଟଣା ଲେଖୁ ଲେଖୁ ଆଉ ଗୋଟିଏ ଘଟଣାକୁ ଭୁଲିଯାଏ। ଗୋଟିଏ ଚରିତ୍ର କଥା କହୁ କହୁ ଆଉ ଗୋଟିଏ ଚରିତ୍ର ମୁହଁ ଲୁଚାଇ ଦିଏ କିମ୍ବା ମତେ ବିବ୍ରତ କରାଏ। ସବୁ ଲେଖିବା ତେଣୁ ସମ୍ଭବ ହୁଏ ନାହିଁ। ପୁଣି ଅବେଳାରେ ଅସମୟରେ ଅନେକ କଥା ମନକୁ ଆସେ ଅଥଚ ତାକୁ ଧରି ରଖିବାକୁ ମୋର ପରିସ୍ଥିତି ସବୁବେଳେ ସହାୟ ହୁଏ ନାହିଁ। ପୁଣି କ୍ଷଣଭଙ୍ଗୁର ସମୟ, ସମାଜ ଓ ମୋର ଚତୁଃପାର୍ଶ୍ୱ ବେଳେବେଳେ ସହାୟ ହୁଅନ୍ତି ମଧ୍ୟ। ମନ ଭିତରେ ତ ସବୁବେଳେ ଲେଖିବା ପାଇଁ ଭାବନାର ସଂଘର୍ଷ, ପରନ୍ତୁ ତାହା ଆୟତ୍ତ କରିବା ଅସମ୍ଭବ। ଠିକ୍ କହିଲି ନା ?

(ଚଷମା ଫାଙ୍କରେ ଚାହିଁ ଟିକିଏ ହସିଦେଲେ)

**ପ୍ର:- ଓଡ଼ିଆ ସାହିତ୍ୟକୁ କେଉଁ ସ୍ତରରେ ଦେଖିଲେ ଆପଣ ଖୁସି ହେବେ ?**

ଉ:- ଆଜି ଓଡ଼ିଆ ସାହିତ୍ୟ ଯେଉଁଭଳି ଲେଖାଯାଉଛି ବା ଯେଉଁ ସ୍ତରରେ ପହଞ୍ଚିଛି ତାହା ନିଶ୍ଚୟ ମୋ ଲେଖାଲେଖି ଆରମ୍ଭ ବେଳଠାରୁ ଅଧିକ ଉନ୍ନତ ଓ ସମୃଦ୍ଧ। ଓଡ଼ିଆରେ ଲେଖକ, ପାଠକ ଓ ପ୍ରକାଶକଙ୍କ ସଂଖ୍ୟା ବଢ଼ିଛି ନିଶ୍ଚୟ। କିନ୍ତୁ ମୁଁ କହିବି, ଆମ ଓଡ଼ିଆ ଭାଷାରେ ଯେଉଁ ଭଲ ଲେଖା ଗୁଡ଼ିକ ରହିଛି; ସେଗୁଡ଼ିକୁ ଯଦି ଅନ୍ୟାନ୍ୟ ଭାଷାରେ ଅନୁଦିତ ହୋଇପାରନ୍ତା; ତାହେଲେ ଆହୁରି ଖୁସି ଲାଗନ୍ତା।

**ପ୍ର:- ଆପଣଙ୍କର ପ୍ରକାଶ ଅପେକ୍ଷାରେ ଥିବା ସାହିତ୍ୟକୃତି ସଂପର୍କରେ କୁହନ୍ତୁ।**

ଉ:- ଏବେ ମୋର ବହୁଲେଖା ପ୍ରକାଶନ ସଂସ୍ଥା ପାଖରେ ରହିଛି, ଯାହା ଏଯାଏ ପ୍ରକାଶ ପାଇପାରିନି। ଆଗକୁ ପୂଜା ସଂଖ୍ୟାରେ ବହୁ ପତ୍ରପତ୍ରିକାରେ ମୋ ଲେଖା ବାହାରିବ। ଗୋଟିଏ ଗଳ୍ପ ପୁସ୍ତକ ବାହାରିବାର ଅଛି। ପୁଣି ବିଭିନ୍ନ ସମୟରେ ଲେଖା ଯାଇଥିବା କବିତାରୁ ବାଛି ବାଛି ଆଉ ଗୋଟିଏ କବିତା ସଂକଳନ ପ୍ରକାଶ ପାଇବ। ତେବେ ସବୁଠାରୁ ଖୁସିର କଥା ଯେ ମୋର ସ୍ମୃତିଲିପି "ବିତି ଯାଇଥିବା ଦିନ" ଆଗକୁ ପ୍ରକାଶ ଅପେକ୍ଷାରେ।

**ପ୍ର:- କେଉଁ କୃତିକୁ ଆପଣ ନିଜର ଶ୍ରେଷ୍ଠକୃତି ବୋଲି କହିବେ ?**

ଉ:- ଏହି ପ୍ରଶ୍ନ ଯଦି ଜଣେ ପିତା କିମ୍ବା ମାତାକୁ ପଚରାଯାଏ ଯେ, ଆପଣଙ୍କ ସନ୍ତାନମାନଙ୍କ ମଧ୍ୟରୁ କିଏ ଶ୍ରେଷ୍ଠ - ସେ ନିରୁତ୍ତର ରହିବେ ନିଶ୍ଚୟ। କାରଣ ସ୍ରଷ୍ଟା ପାଇଁ ତାର ସବୁ ସୃଷ୍ଟି ସମାନ। ସେସବୁ କୃତିକୁ ସମାନ ମନେକରେ।

ଅବଶ୍ୟ ପାଠକୀୟ ଆଦୃତିରେ କେଉଁ ପୁସ୍ତକ ପୁନଃ କିମ୍ବା ପୁନଃପୁନଃ ପ୍ରକାଶ ଲଭିପାରେ। ପାଠକକୁ କେଉଁ କୃତି ଭଲଲାଗେ ସେଥିପାଇଁ ଲେଖକ ଯେ ତାକୁ ତାର ଶ୍ରେଷ୍ଠକୃତି କହିବ ତା ନୁହେଁ। ତା ପାଇଁ ସବୁ କୃତି ସମାନ। ଏ ପରିପ୍ରେକ୍ଷୀରେ ଅବଶ୍ୟ ମୁଁ ଏହା ସ୍ୱୀକାର କରିପାରେ ଯେ, "ପାଟଦେଈ"ର ଉତ୍ତରଣ ଏଯାଏଁ ହୋଇନାହିଁ।

**ପ୍ରଃ-** **ଆପଣ ପ୍ରଥମେ କବିତା ରଚନା ପ୍ରତି ଆକୃଷ୍ଟ ହେବାର କାରଣ କ'ଣ ?**

ଉ:- (ଟିକିଏ ହସି) ତୁମେ କାହିଁକି ଆଉ ସେ କବିତା ରଚନା କଥା ପଚାରୁଛ। ମୋଟ ଉପରେ କହିବାକୁ ଗଲେ ମନରେ କେତେବେଳେ କେଉଁ ଭାବଧାରା ଓ ଶୈଳୀର ଉଦ୍ରେକ ହୁଏ, ତା'ର ନିର୍ଦ୍ଦିଷ୍ଟ କାରଣ କହିବା ବା ବୁଝାଇବା ସବୁବେଳେ ସମ୍ଭବପର ହୁଏ ନାହିଁ। ମୁଁ ଜାଣେ ମଣିଷର ଏକ ନିର୍ଦ୍ଦିଷ୍ଟ ବୟସ ଓ ସମୟ ଥାଏ। ଯେତେବେଳେ କବିତା ଲେଖିବାକୁ ମନହୁଏ, ସେତେବେଳେ ମଧ୍ୟ ପ୍ରଚୁର କବିତା ଲେଖାଯାଇଥାଏ। ଅନେକଙ୍କ ଜୀବନରେ କବିତାର ଜୁଆର ଜୀବନର ଭଟ୍ଟା ପର୍ଯ୍ୟନ୍ତ ଅବ୍ୟାହତ ଓ ଚଞ୍ଚଳ ରହେ। ଅଧିକାଂଶଙ୍କର ଅସମୟରେ ଭଟ୍ଟା ପଡ଼ିଯାଏ। ମୁଁ ପ୍ରଥମ ଅବସ୍ଥାରେ ବହୁ କବିତା ଲେଖିଥିଲି ଓ କବି ହେବା ପାଇଁ ମୋର ପ୍ରବଳ ଇଚ୍ଛା ଥିଲା, ମାତ୍ର ପାଠକମାନଙ୍କ ଦାବିକୁ ସ୍ୱୀକାର କରି ମୁଁ କବିତାକୁ ବାଦ୍ ଦେଇ ପରେ ଗଳ୍ପ ଲେଖିବାକୁ ସ୍ଥିର କଲି। ଶେଷରେ ପାଠକ ମୋତେ ଗ୍ରହଣ କଲେ ଗାଳ୍ପିକା ଭାବରେ।

**ପ୍ରଃ-** **ଆପଣ ଗଳ୍ପ ରଚନାରେ ଭାବ ଅପେକ୍ଷା ଚରିତ୍ରକୁ ବେଶି ପ୍ରାଧାନ୍ୟ ଦିଅନ୍ତି କାହିଁକି ?**

ଉ:- ଭାବ ନଥିଲେ ସୃଷ୍ଟି କ'ଣ ସମ୍ଭବ ? ଦୁଇ ଯୁକ୍ତ ଦୁଇ ଫର୍ମୁଲାରେ ମୁଁ ଗଳ୍ପ ଲେଖେ ନାହିଁ। ଭାବ ଚରିତ୍ର ମାଧ୍ୟମରେ ପରିସ୍ଫୁଟ ହୁଏ, କେବେ ମଧ୍ୟ ଘଟଣା ପରିବେଶ ଦେଇ ଲେଖକର ନିଜସ୍ୱ ବକ୍ତବ୍ୟରେ ଗଳ୍ପକୁ ଏକ ନୂଆ ଶୈଳୀରେ ବିଭୂଷିତ କରେ। ଯେଉଁ କାହାଣୀ ଚରିତ୍ର ପ୍ରଧାନ ବା ଘଟଣା ପ୍ରଧାନ ତା'ର ସଠିକ୍ ବିବରଣୀ ଦେବା ଏଠାରେ ସମ୍ଭବପର ନୁହେଁ। ପ୍ରତ୍ୟେକ ଗଳ୍ପରେ ଭାବ ଅଛି, ନିଜସ୍ୱ ବକ୍ତବ୍ୟ ଅଛି, କେତେବେଳେ କିପରି ଆବେଗ ଚାଲିଆସେ, ତାହା କୌଣସି ସ୍ରଷ୍ଟା କହିବା ମୁସ୍କିଲ।

**ପ୍ରଃ-** **ଆପଣଙ୍କ ମତରେ ଗଳ୍ପ ଓ ଉପନ୍ୟାସ ମଧ୍ୟରେ କିଛି ତଫାତ୍ ଅଛି କି ?**

ଉ:- ହଁ। ଅଛିତ ନିଶ୍ଚୟ। ଗଳ୍ପ ମଧ୍ୟରେ ଏକ ଚରିତ୍ର ଘଟଣା ଓ ବକ୍ତବ୍ୟ ଥାଏ।

ଗୋଟିଏ ମୁହୂର୍ତ୍ତରେ ଏହା ଆଧାରିତ। କିନ୍ତୁ ଉପନ୍ୟାସର ପରିସର ବ୍ୟାପକ, ବ୍ୟକ୍ତି, ସମାଜ ଓ ବିଭିନ୍ନ ଚରିତ୍ରର ସୀମାହୀନ ସମୟକୁ ଏଥିରେ ତର୍ଜମା କରି ଏକ ସ୍ୱଷ୍ଟ ଚିତ୍ର ପରିବେଷଣ କରାଯାଇପାରେ। ଗୋଟିଏ ଆଖି ବନ୍ଦ କରି ଏକ ଛୋଟ ଗର୍ତ୍ତ ମଧ୍ୟ ଦେଇ ତାଜମହଲ ଦେଖିବା ଏବଂ ଜ୍ୟୋସ୍ନାବିଧୌତ ରାତ୍ରିରେ ତାଜମହଲ ପାର୍ଶ୍ୱରେ ଦଣ୍ଡାୟମାନ ହୋଇ ତା'ର ସୌନ୍ଦର୍ଯ୍ୟ ଉପଲବ୍ଧି କରିବା ସମାନ କଥା ନୁହେଁ। ତାହାହିଁ ଗଳ୍ପ-ଉପନ୍ୟାସ ମଧ୍ୟରେ ଫରକ୍। ବୁଝିଲ ?

**ପ୍ରଃ-** **ଆପଣଙ୍କର ବହୁ ଗଳ୍ପରେ ନାରୀ ସମସ୍ୟାର ଚିତ୍ର ରହିଛି କାହିଁକି ?**

ଉଃ- (ଟିକିଏ ହସି) ମୁଁ ଜଣେ ନାରୀ। ନାରୀ ଭାବରେ ନାରୀର ସମସ୍ୟା ଅଧିକ ଜାଣେ। ନାରୀ ହୋଇ ନାରୀକୁ ସହାନୁଭୂତି ଦେଖାଏ। ତାର ସୁଖ-ଦୁଃଖ, ହର୍ଷ-ବିଷାଦ ପ୍ରଭୃତିକୁ ଗଳ୍ପରୂପ ଦିଏ। ମାତ୍ର ତାର ସମସ୍ୟା ଓ ନିର୍ଯ୍ୟାତନାକୁ ମୁଁ ଜଣେ ନାରୀ ଭାବରେ ସହିପାରେ ନାହିଁ। ତେଣୁ ପ୍ରତିବାଦ କରେ। ସମବେଦନା ଜଣାଏ।

**ପ୍ରଃ-** **ଆପଣଙ୍କୁ ଶେଷ ପ୍ରଶ୍ନ। ଆପଣଙ୍କ "ଓଡ଼ିଶା ଲେଖିକା ସଂସଦ" ଗଠନର ଉଦ୍ଦେଶ୍ୟ କ'ଣ ?**

ଉଃ- ଯେଉଁ ଯେଉଁ କାରଣରୁ ନାରୀମାନେ ଆଜି ସମାଜରେ ଦ୍ୱିତୀୟ ଶ୍ରେଣୀ ନାଗରିକ ଭାବେ ପରିଚିତ, ସେହି କାରଣରୁ ମୁଁ ୧୯୯୩ ମସିହାରେ 'ଓଡ଼ିଶା ଲେଖିକା ସଂସଦ' ଗଠନ କଲି ଏବଂ ଏଯାବତ୍ ମୁଁ ତାର ପ୍ରତିଷ୍ଠାତ୍ରୀ ସଭାପତି ରହିଆସିଛି। ଏହି ସଂସଦରେ ଅଦ୍ୟାବଧି ପ୍ରାୟ ୬୦୦ରୁ ଊର୍ଦ୍ଧ୍ୱ ସଭ୍ୟା ଅଛନ୍ତି। ଲେଖିକାମାନେ ନିଜ ନିଜ ଭିତରେ ଭାବର ଆଦାନ ପ୍ରଦାନପାଇଁ ଏକ ମଞ୍ଚ ପାଇବେ, ନିଜର ଦୋଷ ତୃଟି ସଜାଡ଼ି ସମାଜର ସକଳ କ୍ଷେତ୍ରରେ ନିଜର ମାନ ରକ୍ଷା କରିବାପାଇଁ ଚେଷ୍ଟା କରିବେ, ପ୍ରତିଷ୍ଠିତ ହେବେ- ଏହି ଉଦ୍ଦେଶ୍ୟରେ ଏହି ସଂସଦ ଗଠିତ। ସଂପ୍ରତି ଏହାର କାର୍ଯ୍ୟାଳୟ ଓ ବାର୍ଷିକ ଉତ୍ସବ ତଥା ସାହିତ୍ୟସଭା ଭୁବନେଶ୍ୱରର ରାଜଧାନୀ କଳାସଂସଦ ସଭାଗୃହରେ (ମାସର ପ୍ରଥମ ରବିବାର ୪ଟା ବେଳେ) ଅନୁଷ୍ଠିତ ହେଉଛି।

ଏଥର ସରିଲା ସାକ୍ଷାତ୍କାର ପର୍ବ। ମୋର ସବୁ ପ୍ରଶ୍ନର ଉତ୍ତରକୁ ସେ ଅତି ଧୈର୍ଯ୍ୟର ସହ କହି ଚାଲିଲେ। କ୍ଳାନ୍ତ ଶରୀର ଅଥଚ ଅଧୈର୍ଯ୍ୟ ନହୋଇ ସେ ବସିଥିଲେ ସୋଫା ଉପରେ। ତାଙ୍କର ପ୍ରତି ଉତ୍ତରକୁ ଭଏସ୍ ରେକର୍ଡରେ ଟେପ୍ କରୁଥିଲେ ମୋର ଅଧ୍ୟାପକ ବନ୍ଧୁ। ଶେଷରେ ଗାଳ୍ପିକାଙ୍କର କେତୋଟି ଫଟୋ ଓ ସାହିତ୍ୟ କୃତିର ଫଟୋଚିତ୍ର ଉତ୍ତୋଳନପାଇଁ ଇଙ୍ଗିତ ଦେଲେ ଦିଗ ପ୍ରଦର୍ଶକ ଚୌଧୁରୀ ସାର୍। ଫଟୋ ଉଠାଇଲେ ମୋ ଅଧ୍ୟାପକ ବନ୍ଧୁ। ତାଙ୍କ ଲାଇବ୍ରେରୀ, ସାହିତ୍ୟ କୃତି ସମୂହ, ସାହିତ୍ୟିକ ସମ୍ମାନ ଓ

ସମ୍ବର୍ଦ୍ଧନାର କିଛି ଫଟୋ ଉଠାଇବା ପରେ ଆମେ ବିଦାୟ ମାଗିଲୁ ତାଙ୍କୁ ଯିବାପାଇଁ । ସେ ହସି ହସି କହିଲେ- "ହଉ । ସବୁବେଳ ତ ତୁମର ଆସିବାର ବେଳ । ହେଲେ ଯେତେବେଳେ ଆସିବ ନିଶ୍ଚୟ ଫୋନ୍ କରି ଆସିବ ।"

ମୁଣ୍ଡ ହଲାଇ ସମ୍ମତି ଜଣାଇବା ଭଙ୍ଗୀରେ ଆମେ ପ୍ରଣାମ କଲୁ ତାଙ୍କୁ । ଏତେବଡ଼ ଗାଳ୍ପିକାଙ୍କ ନିକଟରୁ ବିଦାୟ ନେବାକୁ ଇଚ୍ଛା ନଥିଲେବି ବିଦାୟ ନେବାକୁ ହେଲା । ପାଦ ବାଟ ବଢ଼ାଇ ନେଲା ଦୁଆର ବନ୍ଧ ଡେଇଁ ଗେଟ୍ ଯାଏ । ସମୟ ସନ୍ଧ୍ୟା ସାତଟା ପାଞ୍ଚ ମିନିଟ୍ । ଆକାଶରେ ଅନ୍ଧାରର ରାଜୁତି । ମେଘମୁକ୍ତ ଆକାଶରେ ତାରାଫୁଲର ଟହଟହ ହସ । କଟକ ସହରର ଷ୍ଟ୍ରିଟଲାଇଟ୍ ଜଳିଲାଣି କେତେବେଳୁ ରାତ୍ରିକୁ ସ୍ୱାଗତ କରି । ଆମେ ଗାଡ଼ି ଷ୍ଟାର୍ଟ କଲୁ । ଘୁଁ...

■

# BLACK EAGLE BOOKS

www.blackeaglebooks.org
info@blackeaglebooks.org

Black Eagle Books, an independent publisher, was founded as a nonprofit organization in April, 2019. It is our mission to connect and engage the Indian diaspora and the world at large with the best of works of world literature published on a collaborative platform, with special emphasis on foregrounding Contemporary Classics and New Writing.

www.ingramcontent.com/pod-product-compliance
Lightning Source LLC
Chambersburg PA
CBHW060555080526
44585CB00013B/575
* 9 7 8 1 6 4 5 6 0 5 0 3 4 *